서기행 목사 평전

교역과 교정 그리고 한국 교회

서기행 목사 평전

2018년 6월 18일 초판 발행
지은이 문병호

편집 곽진수 디자인 박인미
펴낸곳 (사)기독교문서선교회
등록 제16-25호(1980.1.18)
주소 서울특별시 서초구 방배로 68
전화 02-586-8761~3(본사) 031-942-8761(영업부)
팩스 02-523-0131(본사) 031-942-8763(영업부)
이메일 clckor@gmail.com
홈페이지 www.clcbook.com

ISBN 978-89-341-1821-3 (03230)

이 도서의 국립중앙도서관 출판시 도서목록(CIP)은 서지정보유통지원시스템 홈페이지 (http://seoji.nl.go.kr)와 국가자료공동목록시스템(http://www.nl.go.kr/kolisnet)에서 이용하실 수 있습니다. (CIP제어번호: CIP2018014702)

이 책의 저작권은 저자와 (사)기독교문서선교회가 소유합니다.
신저작권법에 의하여 한국 내에서 보호받는 저작물이므로 무단 전재와 무단 복제를 금합니다.

서기행 목사 평전

교역과 교정
그리고
한국 교회

문병호

장모 정영숙 사모님을 추억하며

이는 그가 여러 사람과 나의 보호자가 되었음이라(롬 16:2)

위주헌신(爲主獻身), 목양일념(牧羊一念). 하나님의 거룩한 뜻 받들어 시종여일 목회자의 길을 걸어오신 서기행 목사님에 대한 평전이 발간됨을 진심으로 축하드리며 주 하나님께 감사 영광을 드립니다.

오늘의 서기행 목사님은 성공적인 목회자의 진면목을 지닌 아름다운 삶의 금자탑을 이루신 주인공이십니다.

한국교회와 예장합동 교단의 파란만장한 혼란의 소용돌이 속에도 오늘의 본 교단 합동총회가 장자적 대교단으로 우뚝 설 수 있는 것은 서기행 목사님께서 앞서서 개혁신학, 보수신앙 지키는 일에 한 치 일각도 흔들림 없이 희생적으로 헌신하시며 앞선 분들이 이루신 정통 교단의 정체성을 계승하는 데 공헌하셨기 때문입니다. 목사님께서는 예리한 판단력과 합리적인 공감대를 형성하는 정치력으로 많은 난제를 해결하는 지혜를 지니시고 본 교단의 화합된 발전 여건을 성공적으로 이루신 지도자이십니다.

칼빈주의 개혁신학, 정확무오한 성경 말씀을 일점일획도 가감하지 않는 보수신앙의 본 교단 정체성을 지키기 위해 불편한 몸으로 솔선수범 헌신하는 그 신앙 정력을 높이 존경합니다. 또한 WCC와 신복음주의 등 비성경적인 자들과 맞서는 결전에 지금도 선두주자의 위치를 지키시는 용기에 격려를 드립니다.

인간적인 면모에서도 서기행 목사님은 인정이 많으셔서 베푸는 성품으로 모든 주위 분들과 잘 어울리시고, 친화력 있는 동역자 관계를 맺으시며, 상대의 실수와 시행착오를 넓게 포용하고 이해하는 대인이시며, 애향심으로도 유명하십니다. 또한 물질에 결코 욕심이 없어 필요한 곳에 희생적으로 사용하시고, 옳은 일은 책임감 있게 결단하고 추진하는 분이십니다. 서기행 목사님은 대성교회 목회 과정과 거대 수도노회에 법질서를 세우고 화합된 모범적인 노회로 발전시킨 일을 통해 교회 행정력이 탁월한 지혜 있는 지도자임이 입증되었습니다.

목회자들과 성도들이 본서『서기행 목사 평전: 교역과 교정 그리고 한국 교회』를 통해 큰 감명을 받고, 체험적 신앙과 목회에 유익과 용기와 지혜를 얻을 줄 믿어 추천드립니다.

주 하나님의 크신 은총이 본서의 발간에 수고하신 분들께 넘치고, 특별히 서기행 목사님의 남은 생애가 더욱 성령의 충만한 은총으로 강건하시기를 간절히 기원드립니다. 아멘.

김동권 목사 | 대한예수교장로회 증경총회장, 진주교회 원로

추천사

반가운 소식입니다. 존경하는 증경총회장 서기행 목사님께서 그동안 주변의 많은 사람들로부터 회고록 집필을 권유받으셨으나 거절해 오셨는데, 금번 이렇게 문병호 박사님을 통해 『서기행 목사 평전』이 작성되어 세상에 나오게 됐다는 것은 교단적으로나 한국교회사적으로 매우 귀한 일이요 기뻐할 일입니다.

서기행 목사님께서 이루어 놓으신 많은 업적 중 중요한 몇 가지를 든다면,

첫째, 제89회 총회장이 되시어 26년간 서로 헤어져 있었던 형제인 합동 교단과 개혁 교단이 2005년 제90회 총회에서 역사적인 재결합(합동)을 이루게 하셨습니다. 이 일은 서기행 목사님이 아니셨더라면 아무도 이루지 못할 교회사적 사건이었습니다. 이 일로 인해 우리 교단의 보수신앙 기반은 더욱 견고해졌고 지금 우리는 한국 교회의 최대 교단이 되었습니다.

둘째, 서기행 목사님은 2013년 WCC 제10차 부산총회(2013.10.30-11.8.)를 앞두고 2011년부터 우리 교단의 WCC대책위원장이 되시어 여러 권의 책도 출판하시고, 또 보수 교단과 연합해 성명서도 발표하시어 전국적으로 WCC 반대 운동을 일으키셨고, 성공적인 열매를 거두셨습니다. 이런 일로 인해 WCC가 한국 교회에서 가지를 뻗치고 꽃을 피우려 계획한 일의 싹을 잘라 버리셨습니다. 이런 결과로 우리 교단 산하에서는 교회적으로나 개인적으로도 WCC에 찬동하는 사람이 없었습니다. 그리고 한국 교회는 WCC를 반대하는 입장에 더욱 굳게 서게 되었습니다. 이는 참으로 감사한 일입니다.

셋째, 조직신학자인 박형룡 박사님은 우리 교단은 물론 한국 교회 보수신학의 아버지로서 존경받고 계십니다. 그런데 서기행 목사님은 목회자요, 부흥사요, 또 교단 정치가로서, 박형룡 박사님의 그 보수신학을 전승하고 확산시키는 운동가이셨습니다.

서기행 목사님은 평소 "나는 청년 때부터 51인 동지회 목사님들의 신앙지도를 받고 자랐다"라고 말씀하셨습니다. 그리고 훗날 신학교에 입학하여 박형룡 박사님을 만나 뵙고 가르침을 받으면서 박형룡 박사님은 과연 귀하신 분이시고 하나님께서 우리 교단의 보수신학을 위해 보내 주신 귀한 선물임을 알아 그분을 사랑하고 존경하게 되었다고 하셨습니다. 이런 일로 인해 서기행 목사님은 박형룡박사기념사업추진위원회 위원장이 되셔서 그분에 관한 책을 발행하는 등 박형룡 박사님의 신학을 전승하기 위해 열심을 내셨습니다.

저는 서기행 목사님을 가까이에서 모시고 그분의 여러 가지 행적을 보면서 서기행 목사님은 하나님께서 보수신앙을 가진 우리 교단을 위해 오늘날 만들어 보내신 특별한 세기적 인물이요, 역사적 인물이라고 생각하게 되었습니다.

금번 발간되는 『서기행 목사 평전』이 후배들에게 널리 읽혀져 후배들이 우리 교단을 더욱 잘 알고 사랑하여, 서 목사님의 성경 말씀 제일주의의 신학과 그 신앙을 계승해 나가는 일이 있게 되길 바라면서 본서의 일독을 적극 추천합니다. 아울러 본서를 출간해 주신 서기행 목사님께 거듭 감사드립니다.

홍정이 목사 | 대한예수교장로회 증경총회장, 안디옥교회 원로

서기행 목사님의 생애를 총신대학교 신학대학원 조직신학 교수이자 서랑 되시는 문병호 박사님이 평전으로 서술하여 한 권의 책으로 출판한다는 말을 듣고 크게 하나님께 감사하였습니다. 그것이 한 목회자와 교회행정가의 일생에 대한 사적인 서술에 그치는 것이 아니라 한국 교회의 과거를 반추하고 현재를 숙고하는 귀한 시금석이 되리라는 생각이 들었기 때문입니다.

서기행 목사님은 기도를 많이 하시고 말씀을 깊이 연구하시며 강단에서는 언제나 사자후를 토하십니다. 교회를 사랑하는 마음과 영혼구원을 위한 뜨거운 열정이 남다르십니다. 언제나 정직하시며 허사나 허언이나 사사로이 행하는 것을 결코 금하십니다. 행동거지가 반듯하여 신중하시되 추진력이 강하십니다.

서기행 목사님의 강도(講道)에 대한 열정은 남달라 주일 예배 등은 물론이고 날마다 드리는 새벽 예배도 원고를 작성하여 설교를 하셨습니다. 부흥회도 원고를 작성하여 하나님의 말씀을 가감 없이 전하셨습니다. 꼼꼼히 수기하여 지금까지 남긴 설교집만 큰 노트로 150권이 넘는다고 하니 하나님의 인도하심에 감사할 따름입니다.

서기행 목사님은 수도노회 소속 대성교회에서 견실한 목회를 다하신 후 지금은 원로목사로 계십니다. 그 탁월함은 목양뿐만 아니라 교정에도 돋보였습니다. 총회장을 비롯한 총회의 요직, 수도노회장, 총신대학교 운영이사장 등을 두루 섬기시면서 원만한 운용과 인화로 널리 귀감이 되었습니다.

서기행 목사님이 남긴 업적을 한두 가지로 다 말할 수는 없지만 총신대학교의 종합관과 신학대학원의 총신개교 100주년 기념 예배당을 건립하는 데 운영이사장으로서 주도적 역할을 감당하셨고 예장개혁과의 교단 합동과 총회 산하 WCC대책위원회 위원장으로서 2013년 WCC 부산총회의 외풍으로부터 한국 교회를 지켜낸 일은 교회사적으로 크게 평가받아 마땅합니다.

본서에 기술된 서기행 목사님의 천로역정을 통하여 우리는 하나님께서 자기를 경외하고 그의 인자하심을 바라는 자들을 기뻐하신다는 사실을 뚜렷이 목도하게 됩니다(시 147:11). 부디 본서를 통하여 이러한 은혜가 널리 증거 되기 바라며, 모든 영광을 오직 하나님께만 올립니다.

전계헌 목사 | 대한예수교장로회 총회장(제102회), 동산교회 담임

추천사 / 04

한 사람의 인생이 기록이 되기까지, 숱한 희노애락(喜怒哀樂)의 시간들이 쌓이고 부딪혀서 글을 만들고 그림을 만듭니다. 우리는 거기서 추억과의 만남을 노래합니다.
여기, 또 하나의 추억의 정거장이 세워졌습니다.
이곳에서 만날 분은 서기행 목사님입니다.
목사님은 큰 산이셨습니다.
언제나 처음처럼, 흔들림이 없는 중심(中心)이셨습니다.
늘 있어야 할 곳에 있으면서 그 어떤 흔들림에도 균형(均衡)을 이루셨습니다. 교단의 어른으로서 그리하셨습니다.
때로는 무심한 듯, 때로는 차가운 듯, 바람이 불 때에도 눈비가 내릴 때에도 목사님은 그냥 커다란 산이셨습니다. 상실의 아픔 앞에서도 그리하셨습니다.
그럼에도 다정하고 다감한 인정 넘치는 어른이셨습니다.
후배들 앞에서는 속살을 보이는 따뜻함이 그러했습니다.
바람도 품어 안고, 지진도 삼켜 내며, 거목도 잡목도 다 끌어안는 큰 산처럼, 교단을 섬기는 자리에서 목사님은 그리하셨습니다.
십 년이 훌쩍 넘는 오래전 일입니다. 저는 서기행 목사님이 섬기시던 교회에 부흥회 강사로 다녀왔습니다. 젊고 어린 후배에게 매일같이 숙소에 전화와 방문을 하시면서 불편함이 없는지를 확인하셨습니다. 그리고 그 이후 지금까지 만날 때마다 강사님이라 부르시며 그때를 기억해 주셨습니다. 그래서 반가움을 더 크게 하는 분이십니다. 목사님은 탁월한 관계 리더십으로 기억되는 지도자가 되셨습니다.
본서는 한 목회자의 일생(一生)이고, 목회의 백서(白書)이며, 우리 교단의 야사(野史)이기도 합니다. 그래서 목회자에겐 지침이 되기도 하고, 교단을 섬기는 지도자들에게는 거울이 되기도 할 것입니다. 그뿐만 아니라 흥미롭기도 할 것입니다. 그래서 기쁜 마음으로 본서를 추천합니다.
이 귀한 선물이 우리 곁에 남도록 수고를 아끼지 않은 문병호 박사님께도 고마움을 전합니다.

이승희 목사 | 대한예수교장로회 부총회장(제102회), 반야월교회 담임

금번에 평소 존경하던 서기행 목사님의 평전이 발간되어 기쁜 마음 감출 수가 없습니다. 주지의 사실대로 서기행 목사님은 사단법인 찬송가공회 회장, 총신대 운영이사장, 제89회기 총회장, 개혁교단 합동추진위원장, WCC대책위원장, 증경총회장단 회장 등을 지내신 본 교단의 원로요 어른이십니다. 소속된 노회와 총회에서 '법통'으로 불릴 만큼 원칙을 중요시하고 법에도 밝은 분이셨지만, 사석에서는 소탈함과 위트가 넘치는 분이셨습니다. 목사직을 성직으로서 귀히 여기고 후배 목회자들의 든든한 방패와 후견인으로 자처하셨던 부분들도 기억에 남습니다. 독자들 역시 본서를 통하여 성경과 개혁주의 신학, 헌법과 총회 결의를 소중히 여긴 뚝심과 저력의 리더십을 만날 수 있을 것입니다.

총회 정치를 오래 해 오시던 분들 중에 목회에서까지 성공을 거두는 사례를 찾아보기가 쉽지는 않은데, 서기행 목사님은 그에 해당하시는 분 중 하나입니다. 64년의 역사를 가진 대성교회에 담임목사로 부임한 뒤 원로목사로 은퇴하시기까지 한 교회에서 38년간의 성역을 특별한 흠 없이 마치셨습니다. 서기행 목사님이 계시는 동안 대성교회는 질적, 양적 성장을 거듭하여 오늘날 본 교단에서 모범이 될 만한 중견 교회로 자리 잡았습니다. 그런가 하면 서기행 목사님은 설교자요 부흥사로도 전국 교회를 섬겨 오셨을 뿐 아니라, 세계 선교에도 열심을 내셨던 균형 있는 목회자이십니다. 독자들은 이를 본서의 제5부에서도 확인하실 수 있을 것입니다.

일반적으로 회고록은 개인 역사의 기록으로서 후배들에게 삶의 교훈을 준다는 데 의미가 있으나, 본서 『서기행 목사 평전』은 그 감동을 넘어 우리 총회의 과거와 현재, 미래에 대한 안목과 시야를 열어주는 유익이 있다는 면에서도 일독을 권하는 바입니다. 다시 한번 본서의 발간을 축하드립니다.

최우식 목사 | 대한예수교장로회 총무, 전 목포예손교회 담임

추천사 / 06

서기행 목사님의 평전이 나온다는 소식을 듣고 먼저 반갑고 기뻤습니다. 작금의 우리 합동 교단의 현실을 바라보면서 자신보다 주를 위해 헌신하며 살아오신 목사님의 생애가 주는 교훈이 크다고 여겼기 때문입니다.

제가 목사님을 가까이서 뵙게 된 것은 2006년 가을 총회에서 합동 측과 당시 개혁 측의 합동이 26년 만에 이루어졌을 때입니다. 당시 참으로 넘어야 할 산이 많았습니다. 그러나 목사님은 총회장으로서 개혁 측 내의 불만의 목소리와 합동 측 내의 이견들을 슬기롭게 대처하며 합동을 은혜롭게 마무리하셨습니다. 특히 2010년 광주중앙교회가 사상 초유의 어려움을 겪었을 때 목사님은 우리에게 정규오 목사님에 관한 이야기를 많이 들려주시면서 자신이 평생을 정통 보수신학과 신앙 속에 살아올 수 있었던 것은 젊었을 때 정 목사님과 같은 보수신앙의 목사님들 속에 둘러싸여 있었기 때문이라고 했습니다.

목사님이 교회에서 은퇴하신 후, 2013년 10월에 부산 벡스코(Bexco)에서 WCC 총회가 열렸습니다. 예수님의 구속 은혜 없이도 구원받는다는 비성경적인 주장을 하며 종교혼합주의를 지향하는 WCC 부산 집회를 우리 합동 교단이 강력하게 저지하였습니다. 총회에서는 WCC대책위원회를 구성하고 서기행 목사님을 위원장으로 추대했으며, 목사님은 3년 이상 헌신적으로 이 일을 섬겨 주셨습니다. 총회의 경비가 부족할 때에는 본인의 사비로 많은 돈을 충당하며 전국 각지에서 집회를 열고, 보수신학자들을 결집하고, 성명서도 발표하며, WCC 진영과 공개 토론을 제안하기도 했습니다. 바른 신학 수호라는 목표 앞에서 물불을 가리지 않은 서 목사님의 열정과 추진력은 주위의 많은 사람에게 감동을 주었습니다.

본서에서 우리는 성공한 목회자이고 가정의 다정한 아버지이며 교계에서 훌륭한 지도력을 발휘한 교정가를 만나 볼 수 있을 것입니다. 목사님은 경건한 삶과 호방함과 원만한 인품으로 많은 사람의 존경을 받으셨습니다. 이런 점은 목사님이 총신대학교 운영이사장으로 4회 연속 선출되셨다는 사실만으로도 잘 증명됩니다. 목사님의 목양 열정은 남다릅니다. 그동안 섬기셨던 유수한 교회들은 하나같이 부흥하고 있습니다. 지금도 목사님은 선교와 교회개척에 전심으로 헌신하고 계십니다.

본서의 저자인 문병호 박사님은 서기행 목사님의 사위인 동시에 신학과 신앙의 후계자로서 목사님의 평전을 쓰기에 가장 적합한 분으로 여겨집니다. 본서를 통해 독자들이 단지 한 목회자의 삶을 반추하는 데 그치지 않고 자신의 신앙생활을 돌아보는 가운데 하나님이 기뻐하시는 변화가 일어나는 은혜가 있기를 소원하며 기쁨으로 본서를 추천합니다.

정규남 박사 | 광신대학교 총장

서기행 목사님께서는 은퇴 직전에 총회장이 되셔서 교회사에 큰 족적을 남기는 업적을 수행하셨습니다.

첫째 큰 사역은 개혁 측과 합동을 이룬 쾌거입니다. 1979년에 합동 측 총회에서 분리하여 개혁 총회를 구성하고 26년간 빛나는 발전을 거듭하여 개혁 측 총회는 중견 총회로서 견실한 발전을 하였습니다. 그런 개혁 측을 영입하여 다시 한 총회를 구성하였습니다. 고려 총회와 합동하여 합동 측 총회가 되었었는데 이제 개혁 측을 영입하여 한국 교회에서 가장 큰 총회로 발돋움하게 되었습니다. 이 장한 작업을 서기행 총회장께서 이루어 내셨습니다.

둘째 큰 사역은 WCC 제10차 총회가 한국 부산에서 회집되었을 때 세계교회협의회(WCC)의 신학과 그 과정의 위험성을 널리 홍보하여 한국 교회로 하여금 대폭적으로 세계교회협의회에 가담하지 못하도록 하였습니다. 우리 합동 측 교단은 말할 것도 없고 한국 교회의 보수 진영은 결코 WCC에 가담하면 안 되는 것을 널리 홍보하였습니다. 이 거룩한 직임을 서기행 총회장께서 잘 수행하셨습니다. 이 큰 업적으로 그는 총회 역사에 길이 남을 것입니다.

서철원 박사 | 전 총신대학교 신학대학원장

목차

추천사　07

저자의 말: 프롤로그를 대신하여　16

제1부 택하여 빛으심

제1장 은혜로운 생장(生長)　24
대치리 생 | 영천들 영흥교회 | 전 가족의 회심 | 소명 | 꿈여울 독배기 | 배우기 좋아하는 고등학생 집사 | 천로역정 | 숱한 죽음이 낳은 생명의 길 | 회고

제2장 총신 그리고 군종 시절　50
총신 | 예과와 본과 | 군종생활 | 복학과 결혼

제2부 교회의 종

제3장 초기 담임목회　84
김제 송지동교회 담임전도사 | 담임강도사 | "신앙의 원리" 수립 | 목포동문교회 담임목사 | "주일학교 교안" 수립 | 목포영락교회 담임목사

제4장 대성교회 성역　140
북부교회 | 북부교회 위임목사 | 목양 방침: 초대 교회로 돌아가자 | 부흥과 연단 | 교회의 재도약 | 기도의 어머니를 보냄 | 세 번째 예배당 건축 | 새로운 예배당에서

제3부 교단의 종

제5장 거룩한 교정(敎政)　194
교회 정치에 입문 | 총신대학교 운영이사장 4회 연임 | 찬송가공회 회장 | 부총회장 당선 | 사모를 먼저 보냄 | 대한예수교장로회 총회 | 노년에 병중에 있는 종을 특별히 세우심 | 제89회 총회장 취임과 회무관장 | 참 신학과 신앙에 서는 총회 | 우리가 서 있는 자리 | 총회장직 수행

제6장 생명이 다할 때까지　276
총회장의 고뇌를 넘기다 | 담임목사에서 원로목사로 | 남겨진 일들 | 증경총회장단 활동

제4부 한국 교회의 종

제7장 예장합동과 예장개혁의 합동을 주도 308
교단분열사 | 합동의 당위성 | 물길을 하나로 | 네가 이 자리에 있는 것은 | 역류를 거슬러 | 끝내 교단 합동을 이룸 | 위대한 유산

제8장 WCC에 맞서 한국 교회를 지키다 343
준비된 종 | WCC 문제는 진리 문제 | 보수신학자들을 결집 | 신학교 성명서 발표 | 전국적인 전열을 갖춤 | 비판을 심화시킴 | 공개 토론을 제안 | 공론화 | 내외적 도전에 응전함 | 재결집 | 수성을 넘어 공성으로 | 누가 이 일을 하였는가

제5부 말씀의 종

제9장 생명의 말씀에 생명을 걸다 415
기록의 사람 | 면밀한 설교계획과 구성 | 강단의 신학 | 교회력에 따른 설교 | 새벽 예배

제10장 부흥사 449
전국 교회를 품 안에 | 말씀을 잘 전하고 능력이 크게 나타나는 부흥사 | 산상수훈 공부 | 교회론 공부

제11장 강해설교자 471
기도에 대한 강해 | 십계명 강해 | 교리적 강해: 로마서, 갈라디아서, 고린도전서 | 빌립보서 강해 | 창세기 장별 강해 | 주일 낮 마가복음 강해 | 요한계시록 강해

에필로그: 다 담을 수 없는 아름다운 이야기들 619

연보 637
사진으로 보는 서기행 목사의 천로역정 639

부록 | 설교 목록 651

저자의 말:
프롤로그를 대신하여

본서를 통하여 부족한 종은 두려움과 떨림 가운데, 마음 깊이 존경하는 서기행 목사님의 생애와 사상을 어떤 가공도 없이 진솔하게 나누는 기회를 갖고자 했습니다. 처음에는 몇 자 글을 남겨 후일의 추억담이라도 삼아 보자는 가벼운 마음으로 시작했습니다.

 그런데 목사님이 지금까지 살아오신 인생의 역정(歷程)을 두루 살피고 지금도 곧 눈물이 배어 나올 듯한 150권이 넘는 설교집과「기독신문」을 비롯하여 여러 곳에 산재한, 추려도 수백 페이지는 족히 되는 기록물을 모아 한 장씩 넘기며 열람하는 과정에서 이 일이 한 가정의 소사(小事)로 파묻혀서는 안 되며 하나님 나라와 동시대 및 후대의 믿음의 백성들, 무엇보다 한국 교회를 위하여 좀 더 널리 공유될 필요가 있다는 생각에 미치게 되었습니다.

 교단(敎壇)에서 신학을 가르치고 있는 필자는 지금까지 몇 권의 책과 다수의 논문들을 저술했고 그 가운데 칼빈을 비롯한 특정한 신학자들의 사상을 다룬 적이 많았지만 본서에서와 같이 한 인물의 생애 자체를 전기(傳記)의 양식으로 쓰는 것은 처음입니다. 누군가의 생애를 글로 써 한 책을 엮을 때, 그것이 그저 삽가(揷架)되거나 혜존(惠存)되는 데 그치지 않고 요긴하게 탐독(耽讀)되려면 모종의 객관성을 확보하고 독자로부터 신뢰를 얻어야 할 것입니다. 그것이 가족의 글이라면 더더욱 그러할 것입니다.

필자의 장인이 되시는 서기행 목사님은 일상이 예배인 삶을 추구했습니다. 생각이 깊고 언사(言辭)가 진중했지만 결코 은밀하거나 삿되지 않았습니다. 집에서건 교회에서건 식탁에서건 목양실에서건 투명했습니다. 다니는 길이 분명했습니다. 보내는 시간이 어김이 없었습니다. 몇 차례 큰 수술을 받은 때에도 조금도 모습을 흩트리지 않았습니다. 오히려 그런 때일수록 더욱 꼿꼿했습니다. 언제나 하나님 앞에서 "예"와 "아니오"가 분명했습니다. 말씀하신 것은 필히 지키려고 노력했고, 혹 다 지키지 못한 부분이 있으면 굳이 그것을 들춰 자신의 부족함과 부덕함을 탓했습니다. 막연하거나 모호한 것은 말이든 행동이든 그 자체로 죄가 된다고 여겼습니다.

결코 남을 음해하려 들지 않았습니다. 어려운 일이 있으면 더욱 기도했으며 사사로이 활로를 찾지 않았습니다. 총회나 노회나 교회의 일로 애매한 고난도 많이 당했지만 한 번도 누군가를 세상 법정에 고소한 적이 없습니다. 총회나 신학교에서 여러 요직을 두루 거쳤지만 한 번도 누군가를 어느 자리에 추천해 본 적이 없습니다.

기도의 자리는 아주 깊었지만 행보는 남보다 아주 신속했습니다. 화살이 과녁을 향하여 나르듯 생각이 일정했습니다. 오직 하나님 앞에서만 긍휼을 구할 뿐, 사람에게 아쉬운 소리를 하지 않았습니다. 가계의 신력(信歷)이나 구원의 연조(年條)를 내세우기 전에 지금 자기의 모습이 어떠한지 경계하라고 자식들에게 엄히 교훈했습니다. 사도 바울이 그리스도의 진리가 자기 속에 있음을 내세워 자기의 사도권을 변호했듯이(고후 11:10), 하나님의 말씀을 외치며 내뿜는 사자후와 그때 흐르는 뜨거운 눈물을 참 목사의 표로 삼았습니다. 기도하면서, 말씀을 읽고 듣고 전하면서 많은 눈물을 흘렸습니다. 언제나 무슨 일에나 어린아이와 같이 무구하게 기도에 매달립니다.

하실 말씀은 다 하지만 결코 다변은 아닙니다. 남의 말을 걸고넘어지거나 남의 말에 토를 달지 않습니다. 동의하지 않는 부분은 웃음으로 넘기고 맙니다. 풀기 어려운 문제에 봉착하면 한동안 정면을 응시하면서 침묵합니다. 그리고 상대의 동의를 겸손하게 구합니다.

필자가 본서에 대하여 "평전"이라고 제목을 삼는 데 딜레마가 없지 않았습니다. '이렇듯 객관적이고 투명한 장인의 삶에 "평(評)"을 다는 것이 과연 가당한가?' '그렇다고 해서 "평"이 아주 없다면 단지 주관적인 술회에 그치고 말 것 아닌가?'

그러나 본서의 궁극적인 주인공은 한 사람이 아니라 주·객관을 넘어 절대적으로 존재하시며 절대적으로 모든 일을 행하시는 하나님이시라는 확신을 갖게 되면서부터는 그 긴장감이 오히려 글의 호흡이 되어 사뭇 느슨해지기 쉬운 한 인물의 전기에 생생하고 긴박한 리듬감을 부여했습니다.

필자는 본서를 한 줄 한 줄 메꾸어 가면서 하나님이 자기 백성을 통하여 일하시는 방식이 얼마나 묘하고 능하며 귀한 것인지를 다시금 마음속에 깊이 새기게 되었습니다. 하나님이 친히 자기 종을 미리 준비시키셔서 자기 일을 이루심으로 그 놀라운 섭리의 비밀을 통하여 송영을 받으심을 뚜렷이 목도하게 되었습니다. 글을 쓰면서 많이 배웠습니다. 많이 울고, 기쁨에 넘쳐 찬송도 많이 했습니다. "아멘, 아멘" 할 때도 많았습니다. 누가 계획할 수도, 설계할 수도, 상상하거나 그려낼 수도 없는 일을 하나님이 한 목회자의 생을 통하여 이루셨습니다.

본서는 5부 11장으로 구성되며 마지막에는 에필로그가 있습니다. 전체적으로 본론의 목차는 연대기를 따르고 있습니다. 다만 교단통합과 WCC부산총회대책위원회의 위원장으로서의 서기행 목사님의 활동은 별도로 실었습니다. 그리고 본서의 거의 사분의 일 이상을 차지하는 목사님의 설교에대한 부분도 한꺼번에 따로 다루었습니다. 부록으로는 먼저 목사님이 젊은 시절부터 기록해 둔 노트들 및 설교집에 수록된 몇 가지 글들과 강단에서의 설교 목록을 실었습니다. 그리고 간략하게 연보를 정리해 두었습니다.

제1부 "택하여 빛으심"은 제1장 "은혜로운 생장(生長)"과 제2장 "총신 그리고 군종 시절"로 구성됩니다. 제1장에서는 출생에서부터 고등학교 때까지의 신앙생활에 역점을 둡니다. 격변기에 태어나 일제 강점기와 6.25 전쟁을 겪는 과정에서 어떻게 주님을 영접하여 하나님의 자녀가 되었는지 그리고 언제부터 어떤 계기로 목사가 되려고 마음을 먹었고 이를 위해 일찍이 어떻게 기도하고 준비했는지 살핍니다. 이와 더불어 어머니를 비롯한 가족들의 신앙 내력과 어릴 때부터 정통적인 신학 및 신앙에 서게 된 배경에 대해서 주목합니다. 제2장에서는 총신 예과와 본과에서의 신학적 수련과 군종으로서 병역을 치른 이야기를 주제로 삼습니다. 신학교에서 배운 과목들과 주된 관심 그리고 섬긴 사역이 무엇이었는지를 먼저 다루고 군에서 교회를 섬기며 철저히 목회자로서 훈련을 받았음에 주목합니다. 그리고 결혼도 다룹니다.

제2부 "교회의 종"은 제3장 "초기 담임목회"와 제4장 "대성교회 성역"으로 이루어집니다. 제3장에서는 신학교를 졸업하면서부터 담임전도사와 담임강도사로 섬기게 된 전라북도 김제 송지동교회에서의 목회와 이후 목포동문교회 및 목포영락교회에서의 담임목사 사역을 다룹니다. 이 시기의 목양과 더불어 힘을 쏟은 강단에서의 설교와 주일학교 봉사 그리고 부흥사로서의 설교 및 말씀 공부에 주목합니다. 제4장에서는 상경하여 담임목회를 한 대성교회에서의 사역을 다룹니다. 부임할 당시 개척교회 정도의 교세를 지니고 있었는데 어떻게 이를 부흥시켰고 교회의 예배당을 세 차례에 걸쳐서 건축했는지, 교회에 몰아친 교단 분열의 여파를 어떻게 이겨 냈는지, 성도들의 삶을 어떻게 경건하게 변화시키고 헌신하는 하나님의 자녀들

로 양육시켰는지를 살핍니다.

제3부 "교단의 종"은 제5장 "거룩한 교정(教政)"과 제6장 "생명이 다할 때까지" 두 부분으로 이루어집니다. 제5장은 교회 정치에 입문하고, 총신대학교 운영이사장을 무려 4회나 연임하며, 찬송가공회 회장을 지내며, 마침내 부총회장에 당선된 후 총회장으로서 교단을 대표하여 섬긴 일을 다룹니다. 이를 통하여 교정의 중심을 정통적인 신학과 신앙의 보수에 두었음을 상기합니다. 제6장은 은퇴 후 원로목사와 증경총회장으로서 어떻게 교회와 교단을 오늘날까지 계속 섬겨오고 있는지를 주목합니다. 정치적 지형도가 급변하고 여러 세력의 대립각이 극단화되는 교단과 교계의 소용돌이 속에서 여전히 주어지는 역할을 어떻게 지혜롭고 순결하게 풀어나갔으며 지금도 그렇게 하고 있는지를 주목합니다.

제4부 "한국 교회의 종"은 제7장 "예장합동과 예장개혁의 합동을 주도"와 제8장 "WCC에 맞서 한국 교회를 지키다" 두 부분으로 이루어집니다. 제7장에서는 예장합동과 예장개혁의 합동이라는 시대적 거사를 주도한 일을 조명합니다. 그동안 고질적으로 승수(乘數)적 분열을 거듭해 오던 한국 교회의 축을 되돌려 교단통합이라는 쾌거를 이루게 된 배경과 과정과 결실과 전망에 대해 주목합니다. 제8장에서는 제10차 WCC 부산총회를 반대하며 조직된, 총회의 대책위원회의 위원장으로서의 활동에 대해서 다룹니다. WCC를 단지 몇몇 구호나 물리적 저지로 막는 수준이 아니라 진리문제로 접근하였던바, 수차의 논문 발표와 세미나와 책 출간을 통하여 한국 교회 전체가 차제에 오히려 정통신학과 신앙으로 돌이키는 주요한 계기가 되었습니다.

제5부 "말씀의 종"은 제9장 "생명의 말씀에 생명을 걸다," 제10장 "부흥사," 제11장 "강해설교자"로 이루어집니다. 제9장을 통하여 "기록의 사람"으로서 면밀하게 설교를 계획하고 구성한 후 꼼꼼히 기록하여 말씀을

전하였음과 교회력에 따른 설교와 신학이 있는 설교를 하였음을 발견하게 됩니다. 제10장에서는 전국 교회를 다니면서 말씀을 강해하고 가르침으로써 복음의 진리를 온전히 전하는 데 치중한 부흥사로서의 면모를 소개합니다. 제11장에서는 대표적인 강해설교를 정리하여 소개했습니다. 기도와 십계명에 대한 강해, 로마서와 갈라디아서와 고린도전서에 대한 교리적 강해, 빌립보서와 창세기와 마가복음과 요한계시록에 대한 강해 등을 담고 있습니다.

마지막에 에필로그로 실은 "다 담을 수 없는 아름다운 이야기들"은 사족이 되지 않을까 염려가 없지 않으나 사위인 필자의 눈에 비친 장인의 아름다운 모습을 편안한 논조로 몇 가지 그려냈습니다. 이는 책 서두에 나오는 저자의 말(프롤로그)과 동일한 연장선에 있습니다.

본서를 쓰기 전에 글의 현장감을 조금이라도 더 얻고자 지난 해 여름 아내와 함께 일종의 답사를 다닌 적이 있었습니다. 장인과 몇 차례 담소하면서 아내와 함께 적어 놓았던 노트의 메모들이 여행의 기본 지침이 되었습니다. 서해안 고속도로를 타고 내려가 함평군 엄다면으로 진입한 후 무안군 몽탄면을 더듬고 목포를 지나 김제를 거쳐 귀경하는 여정이었습니다. 무안과 목포에서 각각 하루씩 두 밤을 보냈으니 그리 길지 않은 여정이었습니다. 가급적 장인의 삶의 행적을 시간순으로 좇아가 보려고 했습니다.

안동 하회마을의 물굽이를 연상시키는, 회도는 영산강을 지긋이 바라보며 식영정 마루에 앉아 쉬기도 했습니다. 아내가 특히 즐거워했습니다. 가는 곳마다 교회부터 들렀습니다. 예고 없이 들렀는데도 처처에서 섬기시는 목사님을 한 분도 빠짐없이 만나 정담을 나눌 수 있게 되었습니다. 김제 송지동교회의 원로장로님 한 분은 아내가 태어난 곳을 지금은 교역자실로 사용하고 있다고 하시면서 그곳으로 우리를 안내하셨는데 반세기가 넘는 시간의 자취가 머무는 듯했습니다. 그리고 그 장로님은 심방에서 돌아오신 담임목사님과 인근에서 점심까지 챙겨 주셔서 귀경길에 궁하지 않게 하셨습니다. 아름다운 씨가 뿌려지면 후일에 꼭 아름다운 열매가 맺는구나, 생각해 보았습니다.

아내는 처음에는 본서를 저와 함께 같이 써 볼까 하는 마음도 지녔지만 제가 이 일에 즐겁게 몰두하는 모습을 보고는 어느 순간 단념하고 말았습니다. 그때가 아마 소천하신 어머니를 회고하며 쓴 장문의 글을 저에게 넘겨준 이후였을 것입니다. 아내는 아버지의 회고록을 내는 데 적극적이었는데 하늘에 계신 어머니가 분명 이 일을 좋아하실 것이라고 믿어서였습니다. 남편의 목회를 뒷바라지하시면서 얻은 몇몇 병으로 먼저 우리 곁을 떠나신 장모님보다 본서의 출간을 더 기뻐하실 분은 어디에도 없을 것입니다. 굳이 이 졸저라도 누군가에게 헌정될 수 있다면, 그분은 마땅히 장모님이실 것입니다.

장인께서는 언제나 변함없이 귀감이 되는 삶을 사십니다. 하나라도 더 섬기려 하시고 하나라도 더 돕고자 하십니다. 기도를 많이 하십니다. 꼭 꺼내서 무엇을 주시려고 하십니다. 이제 자식들도 웬만큼 장성했는데, 여전히 그리하십니다. 우리를 잘 길러 주셔서 감사합니다. 지금도 우리를 위해서 많이 기도하시고 눈물로 간구하시니 감사합니다. 하나님의 은혜로 참 많은 일을 행하시고 큰 열매를 많이 맺으셨는데, 우리 후손은 그것을 다 이고 가지도 못하니 회한이 앞설 뿐입니다. 다만 "부득불 자랑할진대 내가 약한 것을 자랑하리라"라고 한 사도 바울이 전한 말씀을(고후 11:30) 떠올리며 그나마 위로를 받을 뿐입니다. 다만 오직 모든 감사와 영광과 존귀와 찬송을 하나님께 올려 드리니, 언제나 그렇듯이 주께서 이 모든 일을 다 이루셨습니다.

2018년 5월 8일

우면산 자락에서 새벽에

제1부
택하여 빚으심

어릴 때 하나님을 만나 믿음의 능력과 소망을 알고 성경 말씀을 듣고 읽기와 그 말씀을 붙들고 기도하기를 즐거워하던 중 신학교에 입학하여 주의 종으로서 모난 것은 징치고 성한 것은 가꾸어 오직 은혜, 전적 은혜로 잘 익은 전병과 같이 되었다.

제1장
은혜로운 생장(生長)

대치리 생

영산강(榮山江), 대나무골 담양에서 발원하여 광주와 나주의 샛강들로부터 흘러드는 푸른 물을 곁들여 목포 바다를 향해 유유히 내려간다. 강물은 마냥 깊은 것은 아니지만 호남 넓은 들에 젖줄을 대고도 모자람 없이 흘러내린다. 이 강은 통일 신라 때는 나주의 옛 이름인 금성(錦城)을 본 따 금천(錦川) 혹은 금강(錦江)이라고 칭하기도 했으나 고려 때 왜구에 밀려 신안군 영산도(永山島) 섬사람들이 이 강을 역류하여 올라와 마을을 이루어 영산포(榮山浦)라고 했으며 그들이 수완이 좋아 그 지역이 번성하게 되자 그 강도 이리저리 이름이 영산강으로 바뀌게 되었다.

　영산강은 하류로 갈수록 수량(水量)을 더하는 반면 유속은 오히려 느려져 아주 비옥한 충적토 평야를 이루는데 나주와 함평의 경계를 이루는 학다리(鶴橋)평야와 무안 몽탄(夢灘) 주변의 비옥한 들(野)이 그 땅들이다. 몽탄은 영산강의 끝 여울이다. 이곳에서는 물이 S자로 굽이쳐 가는 듯 머무는 듯 하는데 그 강을 곡강(曲江)이라고 하고 그 지역을 '늘어지'라고 하는 이유가 이에 있다.

그래서인가 이곳 사람들의 인심은 후하고 성정은 대체로 너그러운 편이다. 세상을 조금 뒤로 물러서서 사는 사람들 같다. 주변에는 연꽃을 가득 담은 못들이 많고, 병풍같이 드리워진 산들은 점점이 흩어진 바위들과 수목들이 잘 어우러져 그리 계곡이 깊지 않아도 맑은 산곡의 물을 내려 주고 그 물을 쪼느라 분주한 새들의 무리도 늘 볼 수 있다.

그때나 지금이나 몽탄역은 여전하다. 서울을 기점으로 목포를 향하여 내달리는 호남선 기차가 한시름 놓고 쉬어 가는 곳이다. 요사이는 고속전철이 이곳을 지나치는데, 물이 느려 그러한지, 이쯤 오면 기차도 느려지는 것 같다. 여느 면 소재지와 다를 바 없이 몽탄도 몽탄역이 없으면 그저 밋밋할 뿐이다. 서기행 목사가 태어난 곳은 몽탄역에서 지천(支川) 하나를 타고 올라가면 갓 10리 정도 벗어난 곳에 위치한 대치(大峙)리였다.

지금도 그렇듯이 몽탄면에는 군데군데 이천(利川) 서(徐)씨 집성촌이 있었다. 반월산이 드리운 대치리에도 서씨들이 많이 살고 있었다. 이곳은 꽤 큰 곡(谷)을 이루는 산들이 사방 위요하고 있어 평야가 아주 넉넉지는 않지만 그렇다고 해서 단지 옹색하지만도 않다. 그리하여 한 혈족이 터를 잡고 가계를 이루어 그럭저럭 살아가기에 큰 모자람이 없다. 그렇다고 해서 마냥 넉넉하지만 않았으니, 당시 한발(旱魃)이나 수해(水害)라도 겪는 해는 살림이 매우 곤궁하였다.

1934년 음력 8월 25일, 그해 양력 10월 24일에 기행(基行)은 부친 서장환(徐長煥)과 모친 김찬례(金讚禮)의 일곱째로 태어났다. 위로는 기삼(基三), 기은(基殷), 기봉(基奉), 양금(良金), 기산(基山), 기옥(基玉) 형 다섯과 누이 하나가 있었다. 아버지는 목수로 설계부터 준공까지 혼자 다 책임지고 해낼 수 있는 도편수요, 무엇보다 문짝을 잘 만들어 내는 정밀한 기술자였다.

기행이 태어날 당시 경작한 논이 자가 30마지기 이상과 일본인에게서 도지(賭地)로 한 50마지기를 포함해서 80마지기가 넘었으니 인근에서 두 번째로 많은 소출을 내는 대농이었다. 게다가 당시 집을 짓고 고치고 하는 데가 많아 목공으로 벌어들이는 수입도 쏠쏠했으니 부자라면 부자였다.

이 일곱째를 낳을 때 어머니는 얼마나 심하게 산고를 겪었던지 거의 혼절하다시피 했으며 한동안 그 후유증에 시달려 정신을 못 차리고 멍하게 계실 때가 많았다. 산모가 산고를 잊어버리는 것은 인지상정(人之常情)이라고 하지만, 간간이 그 고통이 떠오를 때 그것이 단지 모질다고만 느껴지지 않았다. 어머니는 내심 이 육남(六男)이가 유별이 우렁찬 소리를 뱉으며 몸을 크게 뒤틀며 났으니 후일에 커서 만만찮은 일을 해낼 것이라고 믿었다. 그 큰일이 하나님의 일이 될 줄이랴!

영천들 영흥교회

기행이 태어난 지 한 달 후 아직 옹알이도 없을 때 그 가족은 대치에서 20여 리 떨어진 무안군 엄다면 영흥리로 이사하게 되었다. 영흥리는 엄다면에서 한두 손가락에 꼽히는 큰 마을로서 150-200호가 살았다. 아버지는 기행이 나기 전부터 시작해서 일 년이 넘도록 새로 이사 갈 집을 직접 짓고 있었다. 어머니가 가재도구며 철 지난 옷가지며 틈틈이 들어서 나를 만한 것들을 옮겨 놓아서 정작 이삿날에는 그리 분주하지 않았다. 크게 태어난 새 아기가 좀 무겁게 느껴졌을 뿐이다. 굽이굽이 가는 길이 참 아름다웠다. 무안에서 함평으로 군명(郡名)이 바뀌기는 하지만 영산강을 끼고 따라 내려가는 길이니 그리 섭섭할 것도 없었다. 그곳에는 아버지의 일감도 더 많고 벼농사, 보리농사 지을 땅도 넓고 소채 가꿔 먹을 텃밭도 넉넉하다 하니 발걸음이 무거울 리 없었다.

　한 달배기 기행이 알 리 만무하지만 가족이 영흥리에 도착했을 때 그들을 반긴 것은 사랑채와 안채와 바깥채를 갖추고 마당이 꽤 깊은 아름다운 집이었다. 얼마나 옹차게 엮었는지 초가지붕이 막 기름을 바르고 빗질한 듯 기름져 보였다. 담 너머 펼쳐진 평야가 가슴을 시원하게 했다.

　영흥리는 19세기 후반에 인동(仁同) 장(張)씨가 몽탄면에서 이곳으로 이주하여 정착한 이래 오늘날까지도 그 후손이 주성(主姓)을 이루며 마을을 형성하고 있다. 서장환이라고 새로운 문패가 달린 집은 뒤로는 언덕이 소의 잔등같이 매끈히 자리 잡고 있고 앞으로는 저 멀리까지 영천(永川) 들(野)이 펼쳐져 있다. 그 들 너머로는 영산강이 유유자적 흘러가고 간혹 기적을 울리며 레일을 밟고 철컹철컹 지나가는 기차 소리가 낮이나 밤이나 잊을 만하면 들리고는 했다. 서울에서 내려오는 호남선이었다. 임산배수(臨山背水)라, 좀 더 멀리 바라보면 영천들을 어우르고 있는 그 형세가 용과 호랑이를 닮은 산이 놓여있다. 조선총독부에서 이곳을 "용호동"(龍虎洞)이라고 칭했던 까닭이다.

　영흥리에서 어린 기행에게는 두 여동생이 생겼다. 각각 아래로 3년 그리고 5년 터울이 진 양숙(良淑)과 양순(良順)이었다. 두 딸을 낳은 후 어머니의 건강은 더욱 악화되었다. 군데군데 몸이 아프고 결리고 해서 일상적 삶이 어려울 지경이었다. 어머니의 건강이 걱정이었지만 집안에는 큰 우환이 없었고 자녀들도 다 별 탈 없이 자라갔다. 누구보다 말째 양순이는 귀염을 독차지했는데 가정에 웃음을 주었다. 양순이만 아버지를 이겼다. 매사에 주장이 뚜렷하셨던 아버지는 가족 모두에게 엄하였으나 유독 양순에게만큼은 너그러움으로 일관했다. 일례로 가족이 교회 가는 것을 엄금했지만 양순에게는 뭐라 하지 않았다. 아버지는 고루하지는 않았으나 선대로부터 제사를 갖춰서 지내고 심지어 점쟁이가 상주할 때가 있을 정도로 굿을 많이 하는 집안의 내력을 굳이 벗어나고자 하지 않았다.

마을의 영흥교회는 집 대문을 나와 들길로 10분 거리였다. 그 거리가 약 7백 미터 정도 되었다. 누가 먼저라 할 것 없이 교회가 있으니 한번쯤 가 보고 했지만, 어머니는 달랐다. 어머니는 교회에 들르게 되면 하나님께 자기의 몸을 낫게 해달라고 진심으로 기도하고는 했다. 아버지는 어머니가 교회 가는 것을 탐탁지 않게 여겼지만 이런 간절함이 있고 보니 나서서 말릴 수도 없는 노릇이었다. 그런 가운데 놀라운 일이 일어났다. 어느 날 동네 교회에 들른 박제봉 목사님께 어머니가 기도를 받으셨는데 그동안의 병이 언제 그랬냐는 듯 감쪽같이 사라진 일이었다. 이후 어머니는 평생 병원에 간 적이 없었으니 그날의 기적은 이전의 병뿐만 아니라 이후의 병도 모두 가져갔던 것이다.

소년 기행도 교회 가는 것이 좋았다. 어머니의 병이 자기 때문이라는 자책이 없지 않았는데 하나님이 그 병을 낫게 하셨으니 하나님이 누구신지 잘 모르기는 해도 너무나 감사했다. 교회를 처음 다닌 것은 친구의 전도 덕이었다. 해방 후 첫해였으니까 1946년 초등학교 4학년 때였다. 엄다초등학교는 면 소재지에 있었다. 집에서 10리가 조금 못되었는데 영천들을 가로질러 친구들과 놀기도 하고 가기도 하다 보면 40분 정도가 걸렸다.

그때 가장 친한 친구들 가운데는, 영흥교회 전도사를 지낸 적도 있었으며 목포시 연합장로회 회장을 역임했던 노남규와 대한예수교장로회 개혁 총회장을 역임했던 정종환 목사의 동생으로 대한예수교장로회 홍은 총회장을 역임했던 정종수가 있었다. 남규와 종수는 각각 장로님 가정과 집사님 가정에서 태어나서 어려서부터 교회를 잘 다니고 있었다.

영흥교회는 함평군의 네 번째 교회로서 용성교회, 나산교회, 문장교회를 이어 경술국치 한 해 전인 1909년 3월에 세워졌다. 목포선교부에 속하였던 류서백(J. S. Nisbet), 로나복(Robert Knox), 민도마(T. D. Murphy) 선교사가 전해 준 복음의 열매였다. 니스벳은 초대 당회장으로서 오채규, 강익수, 노재삼 등의 조사들을 보내 교회를 섬기게 하였다. 험악한 시기를 보내는 동안 영흥교회에도 시련이 닥쳐왔지만 일제 강점기에 자행되었던 신사참배를 거부하고 6.25 전쟁 때에도 신앙의 변절을 보이지 않았다. 주기철 목사님과 같이 일사각오로 신사참배를 의연히 거부했으며, 후에 재건파에 속하였던 장현경 전도사가 영흥교회에 미친 영향도 적지 않았다.

영흥교회에는 엄다면 인근에서는 물론 4-6킬로미터 떨어진 몽탄면에 속한 사창리와 기동리에서도 성도가 모여들었다. 후에는 그 성도들이 중심이 되어 학다리교회, 기동교회, 사창교회로 분립되었으며, 엄다면 송로리에서 다니던 집사님이 주축이 되어 엄다교회를 설립하게 되었다. 영흥교회는 특히 많은 신앙의 인물들을 배출했는데, 연세대를 나와 일찍 관직에 나가고 한남대 총장을 두 차례 역임했던 이원설 박사도 그중 하나로 꼽을 수 있다. 그는 기행보다 네 살이 더 많았다.

전 가족의 회심

여러 정이 각별하지만 오누이의 정은 특히 더하다. 다섯 살 아래 동생 양순에게 생긴 일은 기행의 삶은 물론 가정 전부를 바꾸어 놓았다. 양순이 미친 개에 물려 개 짖는 흉내를 내며 허덕이다가 끝내 죽고 만 어처구니없는 일이 일어났다. 그런데 놀랍게도 그 시신을 관에 누이려할 때 동생이 죽은 다음 날 아침에 보란 듯이 다시 살아났다. 1948년, 양순이 초등학교 1학년 때, 기행은 초등학교 졸업반 때였다. 잔망스럽다고나 할까, 다시 깨어난 동생은 이원설의 아버지 이신영 장로, 훗날 서울 성동구 하왕십리동에 위치한 왕도교회에서 위임받아 목회한 조옥룡의 아버지로서 영흥교회 초대장로였던 조수만 장로, 정종환과 종수의 아버지 정봉진 장로를 불러 반말로 "예수님 믿을래 안 믿을래" 다그치면서 믿겠다는 서약을 받아 낸 후에는 "나는 오늘밤에 간다" 말하면서 찬송하는 가운데 그 밤에 다시 숨을 거두었다. 그 와중에 양순은 육남이 오빠 기행에게도 한 말을 남겼으니, "미친개를 잡을 사람은 오빠밖에 없으니 아버지에게 몽둥이 달라 해"라고 했다. 그저 애꿎은 어린 날의 한 삽화라고 치부하고 말 것인가? 아버지는 딸의 유언을 이루고자 기행이 초등학교를 졸업할 때까지 직접 깎아 만든 몽둥이를 들고 다니게 하셨다.

동생의 죽음은 집안에 영적 파장을 일으켰다. 다시 살아난 양순은 하나님이 전도하고 오라고 했다며 눈을 떴는데, 그 계기로 집안의 모든 식구가 믿게 되었다. 아버지는 그 후에도 당분간 교회에 다니시지 않았으나, 어머니가 강권하여 집의 안방에 머물게 한 주의 종이 차림을 받은 쌀밥을 물리치고 같이 보리밥을 먹자고 하시는 모습에 감동되어 어느 날 집 대문을 나서 교회로 발걸음을 딛게 되었다. 양순의 죽음 후 어머니가 슬픔을 삭일 곳은 교회밖에 없었다. 어느 때부터 어머니에게는 교회 일이 더 중요하게 여겨졌다. 자신의 병을 낫게 하신 하나님이 양순을 품에 안고 있음을 생각하며 찬송을 부르거나 기도할 때 많이 눈물을 흘렸다.

기행은 어머니를 따라 다니면서 새벽 예배에 일찌감치 길들여졌다. 어머니는 어딜 가나 기도로 머물고 기도로 떠났다. 무엇이든 드시기 전과 후에 기도했다. 물을 마실 때도 그리했다. 식기도도 건성으로 하지 않고 길게 했다. 음식이 식을 때까지 기도하셨다. 어머니는 하루도 빠지지 않고 교회에 나가 새벽 예배를 드렸으며, 그 동행은 언제나 기행의 몫이었다. 예배를 마친 후 오래 기도하시던 어머니를 기다리며 졸기가 일수였지만 그 가운데 기행도 점점 새벽의 선선함 속에 기도하는 즐거움을 배워가기 시작하였다.

양순의 죽음 이후 기행의 믿음도 확고해졌다. 하나님은 살리기도 하시고 죽이기도 하시되, 사나 죽으나 모두 하나님의 은혜라는 사실이 마음에 믿어졌다. 동생은 죽었으나 그저 죽은 것이 아님을 믿었다. 가족 전부가 믿게 되고 아버지조차 그러하니 교회 다니는 것이 즐거웠다. 주일이 되어 형들과 누나, 동생, 어머니, 아버지 모두 대문을 빠져나와 교회로 향하니 그 행렬이 내심 멋있게도 느껴졌다. 영천들을 가로지르며 교회를 향해 나아가는 가족들의 모습이 아름다웠다.

당시 교회에서 말씀을 전하셨던 김일남 전도사님이 오시는 목요일에는 분주하게 방바닥을 훔치고 불을 지폈다. 전도사님 시중은 기행의 몫이었으니, 마실 물과 세숫물을 받아드리고, 이불도 봐 드렸다. 그때 서울에 공부하러 간 넷째 형 기산의 방을 기행이 같이 쓰고 있었는데, 전도사님이 오시면 그 방을 내드렸다. 후일 목포제일교회를 담임하시고 제64회 총회장까지 역임하셨으며 인품이 말할 바 없이 좋아서 성자라고까지 불리셨던 김일남 전도사님은 무릎을 꿇고 기도를 오랫동안 하고는 하셨는데 그 모습이 기행에게는 특히 오래 새겨졌다.

그리고 조반을 물리고 전도사님과 전 가족이 모여 함께 드리던 가정 예배도 잊을 수 없었다. 김일남 전도사님의 가정 예배 설교는 주일설교 못지않게 길었다. 전도사님은 성격이 느긋했을 뿐 아니라 언제나 말씀이 속에 가득해 그것을 다 풀어놓으면 시간이 오래 걸릴 수밖에 없었다. 훗날 목사님이 되어서도 차표를 끊으면 두 번 중 한번은 늦는다는 말이 있을 정도였으니, 이런 연유가 아닌가 한다. 김일남 전도사님은 후일 2005년 교단 합동을 하는 자리에 개혁 측을 대표해서 제일 먼저 입장하셨다. 그때 그 큰일을 이루고 단상에서 그를 맞이한 합동 측 총회장이 허드레 일로 자기의 시중을 들고 총명한 눈을 뜨고 비스듬히 쳐다보며 설교를 듣던 영천들의 그 소년 기행일 줄 누가 상상이라도 할 수 있었겠는가. 하나님의 섭리가 오묘하다고 할 수밖에.

소명

동생 양순에 대한 기억의 뒤안길로 기행은 1949년 봄 학다리중학교에 입학하였다. 해방 한 달 후 학교(鶴橋)초급중학교로 설립이 인가되었으며 2년 후 이 이름으로 개명되었다. 집에서 초등학교 가는 거리와 비슷해서 빨리 걸으면 20분에도 갈 수 있었다. 학교면 소재지에 위치하여 여러 점포가 있고 5일마다 장도 서고 해서 학교 가는 길이 심심치 않았다. 학교면은 부락의 형국이 학과 같다고 해서 그리 불린다는 말도 있고 부락까지 물이 차오를 때면 학이 많이 날아와서 그리 불린다는 말도 있다. 기행은 걸음이 빨라 걷는 것인지 뛰는 것이지 알 수 없을 만큼 날렵하게 학교를 오갔다.

기행은 어릴 적부터 책 읽기를 좋아했다. 당시 읽을거리가 귀한 때였지만, 서울에서 성균관 법대를 다니던 넷째 형 기산이 사다 주는 여러 책을 많이 읽었다. 그중에는 성 프란시스와 인도의 성자라고 불리는 썬다 싱(Sundar Singh)의 전기와 백범 김구의 글과 톨스토이의 소설 등이 있었다. 당시 주중에 한 번씩 집에 머무시던 김일남 전도사님이 기산에게 읽어 보라고 두고 가곤 하시던 잡지로서 51인 동지회가 1947년에 창간호를 펴낸「불 기둥」은 갓 중학교에 입학한 기행에게 축자영감설이 무엇이고 기독교의 근본 교리가 무엇인지를 처음으로 알려 주었다. 그즈음 기산은 형사소송법, 민사소송법 등의 법서들도 기행에게 소개해 주었는데 그 기억이 평생 남아 훗날 교회에서 회의를 할 때나 사세를 분별하고 그 정당성을 판단할 때 크게 도움이 되었다.

다른 교회와 크게 다를 바 없이 당시 영흥교회에서도 입교 연령을 오늘날에 비해서 두서너 해 늦게 잡았으며 대체로 세례를 받으면 청년부에 들어갈 때가 된 것으로 보았다. 그때에는 세례를 받기 전이라도 한 달에 두어 차례 설교를 시켜 보고는 했는데, 처음 기행이 설교를 한 것은 1950년 중학교 2학년 어느 날이었다. 얼마나 중히 받아들였던지 설교 후 주기도문을 하는 것도 까먹고 고개를 숙인 채 황급히 뛰어서 집으로 돌아왔다.

첫 설교는 요한복음에 나오는 주님의 7대 기적 중 첫 번째인 가나의 기적 부분을 본문으로 삼았다. 동일한 제목의 설교를 신학교 다닐 때나 그 이후에도 몇 차례 한 적이 있었는데, 그 요지는 다음과 같다. 주님은 표적을 통해서 자기가 누구시라는 것을 나타내셨으며 동시에 우리가 어떠해야 할 것을 교훈하셨다. 우리는 물이 포도주로 바뀐 것과 같이 이제는 무색무취해서는 안 되며 제대로 거듭난 자로서의 맛을 내야 한다. 또한 포도주는 값이 비싼즉 우리도 하나님의 자녀로서 제값을 하는 성도가 되어야 한다.

이 설교에 대한 반향은 적지 않았다. 이를 듣고 형 기산은 기행이 목사가 되면 큰 목사가 될 터이니 그 길로 가라고 비장하게 느껴질 만큼 엄중히 말했다. 그리고 기산의 절친한 친구였던 원설의 어머니도 주위 사람들에게 기행은 목사를 시켜야 한다고 틈만 나면 되새기고는 했다. 그래서인가, 기행도 점차 마음을 다잡고 목회자로서의 자기 인생행로를 그려보고는 했다. 그때마다 김일남 전도사님이나 썬다 싱과 같이 말씀을 선포하고 전하는 것보다 더 고귀한 일이 없을 것이라는 확신이 들었다. 베드로와 요한이 기도하니 미문의 앉은뱅이가 걷게 되었듯이 자기도 권능 있는 종이 되고 싶었다. 목사님이 기도하니 어머니가 낫지 않았는가? 그리고 동생의 마지막 말도 떠올랐다.

그해 여름은 초입부터 무척이나 더웠다. 그러나 더위를 느낄 겨를도 없이 동족상잔의 6.25 전쟁이 발발했다. 그 상흔이 한반도 어디라고 없겠는가. 인민군이 영흥리에 군화를 절벅이며 나타난 것은 1950년 7월 20일경이었다. 그리고 약 세 달 동안은 그들의 천하였다. 교회 예배당이 그들의 사무실로 사용되었다. 이때 구사일생으로 살아난 이원설은 조옥룡과 함께 넷째 형 기산의 친구였는데, 어떻게 알았는지 인민군들은 둘째 형 기은과 기산을 부르주아로 몰아 찾아내 죽이려고 했다. 이런 위경에 처하여 기행의 가족은 살림을 단출하게 꾸려서 몽탄으로 이사를 갔다. 가세가 급히 기울어진 것은 이때부터였다.

한번 물러간 인민군은 다시 나타나지 않았다. 그러나 여전히 위험이 만만치 않았다. 함평에도 빨치산이 출몰해서 낮에는 태극기가 밤에는 인공기가 펄럭이는 형국이었지만, 다행히 영천들 주변에는 깊은 산이 없어 그 위험이 그리 크지는 않았다. 1951년 전시였지만 학교 수업은 다시 개시되었다. 이전의 일상을 되찾아 가고 있었다. 기행의 가족은 전란의 화를 피해 터전을 몽탄으로 옮겼지만 주일에는 영흥교회에서 예배드리고 섬겼다.

기행이 세례를 받은 것은 봄의 신록이 완연하던 5월 18일이었다. 당시 함평읍교회에서 시무하시고 영흥교회 당회장을 겸하고 계셨던, 훗날 기장 측의 큰 지도자가 되신 김병두 목사가 세례를 주었다. 친한 친구였던 남규와 종수는 유아세례를 받았기 때문에 입교를 하였고 기행은 학습교인으로서 세례를 받았다. 그때부터 청년부 활동이 시작되었다. 당시에는 교회에 교역자가 없을 때가 많았고 전도사님이 부임하셔도 주일학교는 대부분 자체적으로 운영되었다. 기행의 설교는 주일학교에서 인기가 많았다. 큰 덩치로 율동을 하면서 찬송을 가르치는 선생님을 아이들은 좋아했다. 훗날 영광 법성교회 담임목사를 역임했던 정종옥 목사는 어릴 적 서기행 선생님에게서 배운 한글, 영어, 일어, 중국어 4개 국어로 된 노래를 선교할 때 부른 적도 있다고 회고한 적이 있다.

나는 기뻐요 나는 기뻐요 나는 기뻐요 항상 기뻐요.
아이엠 쏘 해미 아이엠 쏘 해피 아이엠 쏘 해피 해피 올더데이.
와다시와 후레시 와다시와 후레시 와다시와 후레시 이쓰모 후레시.
와짱 카일라 와짱 카일라 와짱 카일라 짱짱 카일라.

꿈여울 독배기

몽탄, 그냥 풀면 꿈여울. 누가 꿈여울이라고 알기나 할까 해서 주변을 둘러 보았더니 아니나 다를까 그 이름이 적힌 곳이 없지 않았다. 무슨 관공서 같기도 했다. 태조 왕건이 인근 수역에서 견훤에 밀려 사면초가가 되었는데 꿈속에서 길을 찾고 지혜를 얻어 물리치게 되었다는 전설에서 나온 이름이라고 보는 것이 대체적이다.

기행의 가족이 자리 잡은 곳은 몽탄역을 벗어나 왼쪽으로 돌아 약 5리쯤 벗어난 신작로 가에 있었다. 뒤로는 꽤 산그늘이 짙은 야산이 있었고 바로 보이지는 않지만 길 너머 들을 지나면 영산강이 흐르고 있었다. 물이 늘어진다고 해서 이름 붙인 늘어지가 그곳이다. 그 강가에는 식영정(息營亭)이라는 꽤 큰 현판이 붙어 있는 정자가 있어 동네 사람들이나 간혹 찾는 나그네의 시름을 달래는 곳이 되고는 했다. 그곳에서 넌지시 내려 보는 영산강 물은 고요하기 그지없어 한쪽에 붙어 있는 솔개가 날고 물고기가 뛴다는 연비어약(鳶飛魚躍)이라는 말이 좀 생소하게 느껴지기도 한다. 그러나 내유외강이라는 말도 있지 않은가? 강물이라고 어찌 그 품성이 없겠는가? 부질없는 생각을 해 보게도 된다.

새로 이사한 곳은 몽탄면 사천리였다. 사람들은 산자락에 걸린 그 동네를 독배기라고 불렀다. 잎이 무성한 철에는 보이지 않지만 앙상한 가지가 남는 겨울이 되면 큰 바위가 하나 박혀 있기 때문에 그 이름을 지녔다고 한다. 또 오동나무가 많은 산이라 하여 오동뫼(梧山)라고도 하였다. 언뜻 보아도 영천들에 비하면 호구지책이 쉽지 않아 보였다. 몽탄이 가까워 목공의 일을 물어 오기는 쉬울 줄 몰라도 당장 부칠 땅이 변변치 않으니 삶이 옹색할 수밖에 없었다.

그러나 누가 알았겠는가? 이곳에는 점토가 아주 차지기도 하고 색도 깊어 지금은 그 터가 도자기를 굽는 곳이 되어 있다. 기차를 타고 몽탄역을 지나칠 즈음 역전 쪽으로 난 차창에 고개를 묻고 있으면 몇 초 내에 3-4층 되어 보이는 건물이 지나가고 그 옆으로 퇴색한 기와집이 놓여있는 것을 보게 되는데, 그 건물이 남도에서 유일한 도자기 명장 칭호를 받은 김옥수 명장이 국가의 도움을 받아 관장하는 박물관이며 그 기와집이 기행의 가족이 살던 곳이었다.

일전에 수염을 기르고 툇마루에 앉아 무슨 무늬를 새기고 있는 명장에게 불쑥 다가서 이곳에 혹시 서씨가 사신 적이 있느냐고 필자가 물었더니, 들은 적이 있고 자기들보다 두 번 앞선 주인으로 사신 적이 있으며 그 가마터가 확실하다고 말해 주었다. 자기는 지금 몽탄역 앞에 있는 기장 측 한샘교회를 다니고 있는데, 그 서씨 중에 목사인가 하는 사람이 독배기 바위에서 많이 기도했다는 말을 들었다고 했다. 필자는 그가 후에는 목사가 된 분이지만 당시에는 몽탄중앙교회의 집사였을 것이라고 응수했다. 그리고 할 수 없이 그가 지금 제 옆에 있는 아내의 아버지시며 저의 장인이라고 사족을 붙였다. 그 한샘교회가 기행이 몽탄으로 교회를 옮기고 처음에 다녔던 몽탄역전교회임을 필자는 알고 있었으나, 그것까지는 말하지 않았다. 이를 말하게 되면 무슨 교단이니 하는 것을 말하게 될 것 같았고, 그것이 분위기에 어울리지 않아 보였기 때문이다.

중학교를 마치고 기행은 1952년 4월 1일에 학다리고등학교에 입학했다. 본교는 6.25 전쟁이 발발한 이듬해 1951년에 학다리중학교와 한 울타리 안에 교사(校舍)를 두고 6학급으로 시작되었고 오늘날까지 명문의 면모를 유지하고 있으며 많은 인물을 배출했다. 기행은 시험을 쳐서 당당히 이 학교에 우수한 성적으로 합격했다. 이미 주의 종이 되고자 하는 좌표가 뚜렷했기 때문에 학교 시험 때에는 공부에 몰두했으나 평소에는 성경과 교회에 관련된 책들을 읽기를 좋아했다.

그때에는 몸이 단단하고 기골이 굳건해서 학내 대대장을 맡아 여러 활동을 했다. 간혹 쌈질도 하였다. 아무도 그의 주먹을 당해 내지 못했다. 한번은 후배가 친구를 때린 하극상이 있었는데, 마치 학년 대표라도 되듯이 행세하면서 그 후배를 몇 대 친 것이 그만 눈을 빠지게 한 일이 있었다. 다행히 눈은 금방 다시 제자리로 들어갔지만, 큰 곤혹을 치르게 되었다. 당시 집사님이셨던 담임선생님이 기행을 절대 그저 그럴 학생이 아니라고 옹호해 주셔서 별 탈은 없었지만, 어머니에 이끌려 교회에 가 기도한 후에는 다시는 남을 때리지 않았다.

폭풍노도의 시절이랄까, 전쟁의 와중에 시대까지 어수선하니, 누가 온전할 것인가. 기행은 글쓰기를 좋아해서 학생들의 본분이라는 글을 학보에 기고하기도 하였다. 또한 100미터를 12초 좀 넘게 달려 고2 때에는 함평군 체육대회에서 1등을 할 만큼 준족 건각을 자랑했다. 먹을 것도 부족하고 차비도 없어 독배기에서 학교까지 13킬로미터를 허기진 배를 움켜잡고 지름길인 철로로 걸어 다니고는 했다. 간혹은 올 때는 기차를 타기도 했지만 대게 걸어서 30리 이상을 통학했다. 그러나 그런 어려움이 오히려 기행의 삶을 더욱 서릿발과 같이 엄정하게 세워 주었다.

공부도 줄곧 반에서 상위권에 속하였지만, 무엇보다 기행을 사로잡은 것은 성경의 진리와 신학이었다. 점차 양순이가 말한 몽둥이가 무엇인지 깨달아 가고 있었다. 동생이 오히려 죽음조차도 가볍게 여기고 오빠에게 당부한 그것이 다름 아닌 영적인 검, 즉 말씀이라는 것을 차츰 알게 된 것이다.

배우기 좋아하는 고등학생 집사

집에 감나무가 많았던 독배기 집에 정착하면서 기행의 가족은 몽탄역전교회를 다니게 되었다. 이 교회는 오늘날 한샘교회로 이름을 바꾸었고 그때나 지금이나 기장 측에 속한다. 영흥교회와 이곳의 분위기는 다소 달랐다. 무엇보다 51인 동지회의 일원이었던 김일남 전도사님의 보수신학과 그 전령 역할을 했던 「불 기둥」의 영향을 지대하게 받았던 기행과 그 가족으로서는 이 교회가 축자영감설을 거부하고 신신학에 서 있는 것을 참기 어려웠다. 그리하여 기행을 포함한 남집사 2명과 여집사 4명이 중심이 되어 교회를 나와 몽탄중앙교회를 개척했다. 그리고 1954년에 몽탄면에 속한 약곡교회, 대치교회, 사창교회와 더불어 합동 측 교단에 가입하게 되었다.

몽탄중앙교회는 당시 40명 가까이 모였는데 두 전도사가 돌보고 있었다. 기행이 서리집사로 임명된 것은 1954년 6월 6일이었다. 그러니까 고3 때였다. 그즈음 교리와 기독교사에 대해서 열심히 독학하였다. 교리는 성경통신학교 문제를 노트에 베껴서 나름대로 정리하여 열심히 익혔다. 그것은 요한복음 말씀에 비추어 묻고 답하는 식으로 구성되었다. 제1과 "요한복음에 대한 연구"가 15문답, 제2과 "하나님의 보호하심과 그의 나라"가 14문답, 제3과 "하나님의 말씀"이 12문답, 제4과 "신자의 생활"이 17문답이었다. 이를 빽빽이 기록하였는데 그 양이 6페이지를 조금 넘었다. 그중 제1과를 소개하면 다음과 같다.

1) 요한복음은 왜 썼습니까?
  요 20:31. 우리로 하여금 예수님의 이름을 믿어 생명을 얻게 함이라.
2) 요한복음 1:9과 8:12에 예수의 칭호를 무엇이라고 하였습니까?
  나는 세상의 빛, 생명의 빛이라 하심.
3) 많은 사람은 빛 되신 예수 그리스도에 대하여 어떤 태도를 취합니까?
  요 1:5, 11; 3:19. 자기 행위가 악함으로 빛 되신 예수 그리스도를 따르지 않음.
4) 많은 사람이 어두운 가운데 살고자 하는 이유는 무엇입니까?

요 3:19-20. 빛은 선하고 어두움은 악한 것이라, 많은 사람이 악을 행하고 죄가 많으므로 드러날까 봐서.

5) 어떤 종류의 사람이 하나님의 말씀 듣기를 즐겨하지 않습니까?

요 8:47. 바리새교인, 하나님께 속하지 않은 사람이다.

6) 어떤 사람이 하나님에게 심판을 받는 사람입니까?

요 3:18. 예수 그리스도를 믿지 않는 사람은 심판을 받습니다.

7) 예수가 하나님의 아들 곧 하나님이심을 믿지 않는 사람은 어떤 형벌을 받습니까?

요 3:36. 영생을 보지 못하고 하나님의 진노가 떠나지 않습니다.

8) 누가 능히 세상 죄를 없이 할 수 있습니까?

요 1:29, 36. 세상 죄를 지신 어린양 예수 그리스도시다.

9) 예수께서 재판을 받으실 때에 그에게 무슨 죄가 있었습니까?

요 18:38; 19:4. 아무 죄도 없었습니다.

10) 하나님의 아들 예수 그리스도께서 죽으실 때에 어떤 종류의 형벌을 받으셨습니까?

요 19:1, 2, 17, 19. 채찍질과 가시면류관과 죄인의 옷과 십자가를 등에 맴. 십자가에 못 박히신 것.

11) 하나님께 왜 자기의 독생자가 십자가 위에서 죽는 것을 즐거이 허락하셨습니까?

요 3:16. 이 세상의 모든 죄인을 위하는 사랑이 많기 때문이다.

12) 예수께서 죽으신 후에 그의 시체를 어디 두었습니까?

요 19:40, 42. 십자가에 못 박히신 곳에 동산이 있는데, 동산 안에 아직 장사한 일이 없는 새 무덤에 장사함.

13) 예수께서 매장당하신 후에 그의 시체가 어떻게 되었습니까?

요 20:9, 11. 죽은 지 사흘 만에 다시 사셨습니다. (성경에 기록된 것과 같음)

14) 예수 그리스도를 믿고 의지하는 자는 어떤 생명을 가지게 됩니까?

요 3:15; 17:3; 11:25-26. 믿는 자는 죽어도 살고, 믿는 자는 영생을 얻습니다.

15) 하나님의 자녀가 되기 위하여 당신은 무슨 일 한 가지를 반드시 해야 됩니까?

요 1:12. 하나님의 자녀가 되기 위하여 예수 그리스도를 믿어야 합니다.

기행은 또한 초대 교회의 기독교 역사를 노트에 정리하여 숙지하였는데, "제1기 원시 시대에서 노스틱 위기(危期)," "제2기 노스틱 위기에서 콘스탄틴까지," "제3기 로마제국기(帝國期) 국교"로 분류하였다. 여기에는 단지 역사적 사건에 머물지 않고 삼위일체론, 기독론, 구원론, 성례론 등이 니케아 공의회나 정통교부들을 통하여 어떻게 정립되어 왔으며 이에 맞서 이단들은 어떤 사술을 부렸는지를 핵심을 파악하여 조목조목 기록하고 있다. 예컨대 말시온(Marcion)은 기독교가 율법에 속박되어 있으므로 자비의 하나님을 되찾아야 한다는 신념을 가지고 구약의 하나님을 부인하고 율법의 폐지를 주장하며 마태, 마가, 요한의 복음을 유대주의의 영향을 받은 것으로 여겨 배척하고 누가복음만을 가치 있게 보아 이를 바울의 서신들과 합하여 법전형식으로 편찬한 최초의 인물로서 기독교를 분립시켰다고 적고 있다.

기행은 성경 전체를 분류하여 익히기를 좋아했다. 그리고 이를 주일학교 시간이나 설교 때 자주 언급하였다. 모든 성경을 성격에 따라서 분류하고 그 장과 절의 수(數)를 낱낱이 노트에 기록해 두었다. 예컨대 신약을 다음과 같이 분해하고 있다.

· **사기(史記) 5부**

1) 공관복음 3부: 마태복음 28장 1061절, 마가복음 16장 673절, 누가복음 24장 1151절

2) 특수복음 1부: 요한복음 21장 879절

3) 전기(傳記) 1부: 사도행전 28장 1607절

· 서신 21부

1) 교리서신 2부: 로마서 16장 433절, 갈라디아서 6장 149절

2) 정치서신 2부: 고린도전서 16장 437절, 고린도후서 13장 537절

3) 옥중서신 4부: 에베소서 6장 155절, 빌립보서 4장 104절, 골로새서 4장 85절, 빌레몬서 1장 25절

4) 전도서신 2부: 데살로니가전서 5장 89절, 데살로니가후서 3장 47절

5) 목회서신 3부: 디모데전서 6장 113절, 디모데후서 4장 83절, 디도서 3장 46절

6) 기타서신 8부: 히브리서(신앙서신) 13장 303절, 야고보서(신앙서신) 5장 108절, 베드로전서(소망서신) 5장 105절, 베드로후서(소망서신) 3장 61절, 요한일서(사랑서신) 5장 105절, 요한이서(사랑서신) 1장 13절, 요한삼서(사랑서신) 1장 14절, 유다서(경고서신) 1장 25절

· 예언 1부: 요한계시록 22장 404절[1]

천로역정

고등학생 집사로서 기행은 교회 내에서 섬기는 것은 물론 인근 교회 여기저기에서 설교를 했다. 두 군데 부흥회도 다녔다. 약 15리 떨어진 약곡교회에서 주일학교와 목요일 밤에 설교하였다. 전국남전도연합회 회장을 역임하고 합동 측 총회에서 많은 활동을 하고 있는 서울노회 소속 신현교회 양성수

장로도 그때 주일학교 학생 가운데 하나였다. 존 번연(John Bunyan)의 『천로역정』 전권을 요약해서 노트 10페이지에 촘촘히 적어 놓고 읽고 또 읽어 거의 외우다시피 하여 설교에 자주 반영하였다. 그 내용을 일별하면 이렇다.

자기 집을 떠나 천성을 향하여 가는 나그네 인생의 삶에 진 짐이 무겁고 바깥의 유혹도 많으나 기름을 준비한 다섯 처녀들과 같이 항상 깨어 있어야 한다. 사망의 음침한 골짜기에서라도 하나님이 지시하시는 좁은 길 벗어나지 않고 십자가 바라보며 가노라면 그 짐이 언제인지도 모르게 댕강 떨어져 나가고 몸에는 흰 두루마기가 입혀지며 손에는 성경의 두루마리가 들려진다. 그 구원의 투구를 쓰고 의의 호심경을 가슴에 붙이고 진실한 띠를 허리에 굳게 띠고 화평의 복음의 신을 신고 성신의 검을 가지고 믿음의 방패로 화전을 막으며 나아가라.

들려온다 들려온다 천당종이 들려온다
천사장의 나팔소리 우리 귀에 들려오네
요단강이 깊다 한들 주님 앞에 맡기면 건너갈 수 있겠구나
빨리빨리 건너가세

가까온다 가까온다 멀리 뵈던 하늘나라
한 걸음씩 가까온다 나의 본향 여기로다
예루살렘 복된 내 집 멀리보고 반겼더니
이제 와서 목도하니 하려하고 찬란하다.

당시 기행은 주일학교 설교나 강습을 할 때는 예수님의 행적과 아브라함, 요나, 삭개오 등 성경의 인물을 주제로 자주 전하였다. 반면 일반인을 대상으로 할 때에는 복음의 본질과 성도의 삶에 대해서 중점적으로 선포

하였다. 1954년 1월 3일 신년 벽두에 마태복음 16:13-17을 본문으로 전한 "예수는 누구인가?"라는 설교는 다음과 같은 내용을 담고 있다.

첫째, 예수는 구주이십니다. 마태복음 1:21에서 아들을 낳거든 예수라 하라고 했습니다. 이는 자기 백성을 저희 죄에서 구원하시리라는 뜻입니다. 예수께서 탄생하실 때 천사가 목자들에게, 무서워 말라 내가 너희에게 크게 기뻐할 아름다운 소식을 갖고 왔으니 이는 만민에게 미칠 것이라. 오늘날 다윗성에 너희를 위하여 한 구주가 나셨으니 곧 그리스도 주시니라고 누가복음 2:10에 전합니다. 요한일서 4:9에 있는 말씀과 같이 우리는 예수 그리스도로 말미암아 죄에서 구원 받아 살아나게 되었습니다.

둘째, 예수는 목자가 되십니다. 삭개오가 자기의 죄를 회개하는 것을 보고 나는 잃어버린 자를 찾으러 왔다고 주님은 말씀하십니다(눅 19:10). 예수는 100마리 양 중 99마리를 두시고 잃어버린 한 마리 양을 찾으시는 목자이십니다.
누가 참된 목자입니까?
주님은 품꾼들의 목자이십니다. 따뜻하시며 용감하신 선한 목자이십니다. 양을 위하여 자신의 목숨을 내놓는 용감한 목자이십니다(요 10:11, 15). 우리는 그가 기르시는 양입니다.

셋째, 예수는 능력이십니다. 많은 사람을 살리시고 치유하시며 놀라운 기적들을 행하셨습니다. 그가 하신 일을 다 기록하려면 천지를 채우고도 모자랍니다(요 21:25). 예수를 만나면 우상숭배를 하지 않고 하나님을 믿는 능력을 얻게 됩니다. 그리고 베드로와 같이 목숨을 내걸고 주의 일을 감당하게 됩니다. 밤새 그물을 던져도 고기 한 마리 잡지 못하던 무능한 어부가 사람을 낚는 어부가 됩니다(막 1:17). 이 능력을 기리어 세계만방의 백성이 주님을 찬송하고 주님께 영광을 올리게 됩니다.

이 모든 역사를 이루시기 위하여 주님은 부활하셨습니다. 부활하신 주님은 죽음을 이기셨습니다. 그는 우리의 처음이요 나중이 되십니다. 시작이요 마지막이 되십니다(계 1:17; 21:6). 그와 함께 우리는 영생을 누립니다. 그를 믿는 자마다 신령한 몸으로 다시 살아납니다(고전 15:44). 그리하여 영원히 영화로운 삶을 살게 됩니다.

이러한 구속자 그리스도의 은총과 더불어 성도의 삶에 있어서의 기도와 경건과 헌신이 설교 중에 줄곧 강조되었다. 고등학교 3학년의 설교라고는 믿기지 않을 만큼 다음과 같은 성숙한 내용을 담고 있었다.

잠잠히 하나님 앞에 나아가 기도할 때 사울 왕이나 부자 청년과 같이 자기 영광을 위해서 구하면 안 된다. 풍성한 열매를 맺는 삶을 살기 위해서는 옥토에 떨어진 씨와 같이 성령의 감화를 받아 잘 썩어야 한다. 칠흑의 물고기 뱃속을 사흘 만에 빠져 나온 요나가 돌이켜 빛의 자녀로 살아가게 되듯 우리도 어둠의 심연에 속한 옛 습관을 버리고 새 사람으로 살아가야 한다. 이기심, 탐욕, 교만, 거짓을 버려야 한다. 인색한 마음, 시기하고 질투하는 마음, 불평하는 마음을 버려야 한다. 아브라함이 그랬듯이 세속의 영화가 가득한 갈대아 우르의 옛 터를 떠나 하나님이 지시하시는 가나안의 새 땅으로 가야 한다. 소돔과 고모라처럼 보기 좋고 밟기 쉬운 땅으로 들어가지 말고 썬다 싱과 같이 눈 덮인 험산준령 히말라야로 나아가야 한다.

그 험난하고 협착한 곳에 시온의 대로가 있다. 자기를 태워 빛을 내고 자기를 녹여 맛을 내라. 자기를 발산하여 향기를 내라. 스데반의 피가 끝내 사울이 바울이 되게 하였으니, 우리도 그 고난의 자리로 나아가자. 기꺼이 천로의 역정을 감사와 간구로 감당하자.

숱한 죽음이 낳은 생명의 길

독배기 산에서 기행은 많이 기도하고 울고 부르짖었다. 미리 작성한 설교문을 들고 아무도 듣는 이 없는 그곳에서 목이 터져라 외쳤다. 자기에게 은혜가 되지 않으면 어찌 남에게 은혜를 끼칠 것인가, 생각했다. 기행은 설교의 은혜는 하나님이 베푸시는 것이지만, 설교자가 열심을 다하여 준비하면 그 가운데 하나님이 은혜롭게 하신다는 굳은 신념이 있었다. 준비되지 않는 설교는 받지 않으시고, 혹 그것이 많은 감화를 끼치는 듯해도 사람이 보기에 그러할 뿐이라고 여겼다.

　살림은 갈수록 더 옹색해졌다. 부모를 모셔야 한다는 부담이 점점 커져갔다. 첫째 형 기삼은 처음부터 사천리 쪽으로 오지 않고 대치리 쪽으로 가버렸고, 가장 촉망을 받았던 넷째는 불과 28살에 죽고 말았다. 양순의 마지막 모습이 이제 겨우 잊을 만했는데 기산의 죽음이 뒤따랐던 것이다. 법관을 꿈꾸던 기산은 생계를 위하여 일시 수학선생을 하기도 했었는데 성균관대 법대 3학년 재학 중 그의 나이 28세 때 유복자를 남기고 세상을 떠났다. 이때부터 어머니는 아예 교회에 살다시피 했다. 이후 죽음의 소식이 잇달아 가족의 시름이 더욱 더해 가고 무엇보다 어머니의 주름에 골이 더 깊어졌다. 이어서 첫째 형수가 두 남매를 남겨 두고 죽었으며 어머니가 그들을 맡아서 기를 수밖에 없게 되었다. 또한 다섯째 형 기옥이 31세에, 셋째 형 기봉이 38세에 가족의 곁을 떠나갔다. 그리고 상처(喪妻)를 당한 후

새 형수에게서 네 자녀를 얻은 첫째 형 기삼도 46세에 부음을 남기고 본처의 뒤를 따르게 되었다.

　기행은 어릴 때부터 어머니와 새벽 예배에 동행하면서 자식을 잃고 흐느끼는 어머니의 슬픔이 얼마나 크고 가련한 것인지를 지켜보았다. 그럴 때마다 죽음을 탓하기보다 죽음의 의미를 생각하고자 했다. 마치 양순이가 마지막 말로 앞길을 지시했듯이, 형 기산의 죽음 또한 사명을 재촉하는 듯했다. 어머니는 가족들의 연이은 죽음으로 인한 시름이 깊어갈수록 더 많이 기도했다. 사람들이 교회 다녀 자식 잡아먹는다고 손가락질을 해도, 친척이 와서 지붕에 화로를 집어던져 불을 내기도 했어도, 일과를 다 마치고 밤 10시쯤이 되어서야 교회에 가면 그곳에서 철야하고 다음날 새벽 예배 마치고 집에 돌아왔다. 이런 철야기도를 죽을 때까지 38년 동안 어김없이 하셨다.

　어머니는 하나님 외에 그 어디에도 소망을 두지 않았다. 그 제일 기도 제목이 육남인 기행이 바울과 같이 "작은 자"라는 이름을 가지고 겸비하되 하나님의 큰 종이 되는 것이었다. 어머니는 88세까지 사셨는데 56세 때 네 살 위의 남편을 먼저 여의고 네 아들과 딸 하나 그리고 자부 하나를 먼저 하늘에 보내셨다. 그 단장의 고통 가운데 부르짖는 기도는 무엇이었겠는가?

　'하나님이여 다윗과 같이, 이 말째도 사용하여 주소서, 데려가시는 것은 하나님의 뜻이로되, 이 세상에서 오래토록 마음껏 사용해 주소서!'

　기행은 누구보다 건강하였다. 그 기골이 약한 사람 둘은 합해 놓은 것 같아 몸이 단단하고 풍채가 반듯했다. 그러나 하나님의 돌보심이 없다면 사람의 건강으로 죽음에 맞설 수는 없는 노릇이라고 생각했다. 그렇다면 어떻게 죽음에 맞설 것인가? 그것은 죽음으로 죽음을 이기신 주님의 길을 따르는 것 외에 달리 방도가 없어 보였다. 죽음은 살고자 하는 자에게 먼저 오고, 죽고자 하는 자는 죽음을 이긴다. 죽음을 이기려면 먼저 죽는 수밖에 없다. 다만 그 죽음은 주님과 함께 죽는 것이다. 주님과 함께 죽어야 주님과 함께 살아난다. 다음과 같은 찬송처럼 말이다.

> 구주와 함께 나 죽었으니 구주와 함께 나 살았도다
> 영광의 그 날이 이르도록 언제나 주만 바라봅니다
> 언제나 주는 날 사랑하사 언제나 새 생명 주시나니
> 영광의 그 날에 이르도록 언제나 주만 바라봅니다.

주만 바라보고 죽음의 길, 좁은 길, 좁은 문으로 가야 생명의 문이 열린다. 우리가 주님의 부활과 연합하여 신령한 삶을 살려고 하면 먼저 주님의 죽음과 연합하여야 한다(롬 6:5). 죽기를 무서워하면 평생 죽음에 매여 종노릇할 수밖에 없다(히 2:15). 당장 먹을 것이 없고 입을 것이 없어 죽게 될 지경이라도 그 죽음이 주님만 함께 하는 죽음이라면 그저 죽음이 아니라 영원히 살아나는 것이다. 그 죽음의 길이 주의 종의 길이다. 기행은 이제 그 죽음의 길, 생명의 길을 나서게 되었다.

회고

후일에 서기행 목사는 어린 시절 시골에서의 교회생활이 평생 목회의 모판이었음을 다음과 같이 회고한다.

> 내가 지금 목사로서 삶을 살아가는 것, 주일학교를 거쳐 학습교인, 세례교인으로서 신자가 된 것은 하나님의 조건 없는 선택과 상상을 초월한 하나님의 은혜였다.

목사로서 이 자리에 있는 것은 평생을 교회당에서 철야기도 하신 내 사랑하는 어머니 고 김찬례 권사님과 나에게 성경 말씀을 가르쳐 준 평생의 친구 노남규 장로, 그리고 목자상을 심어준 고 김일남 목사님 덕분이다.

내 사랑하는 어머니께서는 산후통과 위염으로 고생하시다가 1945년 해방 후 전남 함평군 엄다면 영흥리 소재 영흥교회를 다니셨다. 어머니는 아들 여섯과 딸 셋을 두셨는데 1948년에 주일학교 다니는 초등학교 1학년 서양순이 죽었다. 그리고 만 하루가 지나서 살아나서 온 식구에게 복음을 전하고 예수님의 부탁을 전하고 천국에 갔다.

그 큰 사건 후 부모님과 형님들 다섯 분, 형수 네 분, 누나, 동생까지 교회에 등록하고 모든 우상숭배와 선조들의 제사를 다 버리고 그리스도인의 가정이 되었다.

어머니는 주일 새벽 예배를 참석하셔야 했는데 7백 미터 정도의 교회당으로 가는 캄캄하고 협소한 길을 병드신 몸으로 가실 수가 없어 늘 나를 깨워 부축을 부탁하셨다. 어머니는 예배당에서 눈물과 비명소리 같은 소리를 내시면서 해가 떠서 밝아올 때까지 기도하셨다.

그래서 나는 어려서 기도를 배우게 되었다. 중학교 2학년 때까지 이런 생활을 했다. 아침식사 전과 저녁식사 후 매일 2번씩 어떠한 경우에도 가정 예배를 주선하시고 독려하신 어머님의 믿음에 나는 목사가 되었다.

친구 노남규 장로는 초등학교에서 마을까지 4킬로미터 정도 떨어져 있는데 늘 학교 수업을 마치고 올 때면 노아의 이야기, 아브라함의 이야기, 야곱의 이야기, 요셉의 이야기, 룻의 이야기 등을 재미나게 들려주었다. 그러다가 그 내용이 있는 성경을 사서 읽었다. 울면서 읽기도 하고 밥도 먹지 않고 하룻밤과 이틀 낮 동안 신약성경을 다 읽기도 했다.

이렇듯 시골교회는 내가 평생 목회하는 데 모판 역할을 했다. 어린 시절부터 성년이 될 때까지 나는 학교보다 교회가 더 좋았고, 거의 교회에서 살다시피 했다.

학교에서는 경찰전문학교나 사관학교를 가는 것이 좋겠다고 했으나, 어머니와 고 이원설 박사님의 어머님은 신학교 가서 한국 교회를 위해 일할 사람이라고 하셔서 나는 고등학교 다닐 때 신학교 이외에 다른 학교는 생각지도 않고 총신에 입학했다.

나는 어릴 때 주일학교 가는 날이 가장 행복했고, 학교에서 우등상을 받은 기쁨보다 성경 찬송을 사 가지고 집에 왔을 때 그 기쁨이 내 가슴에 지금도 큰 흔적으로 남아 있다. 그때가 그립다.[2]

제2장

총신 그리고 군종 시절

총신

6.25 전쟁 이후 여러모로 삶이 핍절했다. 재건(再建)이라는 슬로건이 나돌았으나 군수물자로 방출되거나 전화(戰禍)에 녹아버려 길에서 쇠붙이 하나 찾기가 어려운 지경이었다. 군데군데 장탄식(長歎息)만 난무할 뿐 재건은커녕 연명도 어려운 판국이었다. 기행의 가정도 크게 다를 바 없었다. 대치의 안온함과 영천의 넉넉함은 다 어디로 가고 독배기 아래서 끼니 때우기도 변변치 않은 삶이 당분간 계속되었다.

    기행은 사즉생(死卽生)의 각오로 기도했다. 무슨 일이 있어도 고등학교를 졸업하고 총회신학교에 진학해서 목사가 되어야 한다는 좌표를 뚜렷이 설정했다. 목포노회에서 목회자 후보생 고시도 치렀다. 영락교회 한경직 목사와 같은 식견과 언변을 갖추기는 하되, 김일남 목사와 같은 건전한 보수 신학을 견지하는 목사가 되고자 했다. 기행은 51인 동지회 출신의 목사님들이 주도하여 펴낸 잡지「불 기둥」에 실린 글들이 자기의 신앙을 대변한다고 여겼다. 1907년 독노회가 채택한 장로교 12신조도 이 잡지를 통해 알게 되었다. 그 제1조가 항상 마음 깊이 새겨졌다. 곽안련 선교사님이 말씀하셨듯이 여기에 칼빈주의의 본질이 있음을 깨달았다.[1]

신·구약 성경은 하나님의 말씀이니 신앙과 본분(本分)에 대하여 정확무오(正確無誤)한 유일(唯一)의 법칙이다.

기행은 1955년 2월 21일에 학다리고등학교를 졸업하였다. 어려운 시기였음에도 1학년 때는 212일 수학 일수 중 사흘만, 2학년 때는 226일 수학 일수 중 사흘만, 3학년 때는 240일 수학 일수 중 닷새만 결석하였다. 결석은 주로 집안 일로 말미암았다. 3년간 배웠던 과목으로는 국어, 사회생활, 수학, 과학, 교련체조, 외국어(영어), 논리, 중국어, 독어가 있었다. 성적은 줄곧 상위를 벗어나지 않았다. 육상 선수를 했지만 독서를 좋아해서 눈에 띠는 책은 그 자리에서 독파하고는 했다. 이러한 버릇은 특별히 그를 아꼈던 넷째 형 기산에게서 배운 것이다. 가산이 여의치 않아 고생이 이만저만이 아니었지만 늠름하고 의연하게 대학생활을 헤쳐 나가는 기산의 모습은 기행에게 큰 도전이 되었다. 자기도 형과 같이 기도하면서 이겨 내리라 믿었다.

오늘날 총신대학교의 전신이 되는 장로회신학교는 당시에는 남산에 자리 잡고 있었다. 1901년 대한예수교장로회 공회의 결의에 의해 평양 조선예수교장로회신학교로 문을 열었다. 초대교장은 마포삼열이라는 우리식 이름을 지닌 새뮤얼 A. 모펫(Samuel A. Moffet) 박사였다.

본교는 전국 교회의 부흥과 더불어 약진하다가 1938년 일제가 강압적으로 요구한 신사참배를 거부했다는 이유로 문을 닫게 되었는데, 1945년 제32회 총회의 결의에 의해 조선신학원이 인준되었다. 그러나 장공 김재준을 중심으로 그 신학사상이 자유주의화 되어 가자 제35회 총회는 평양 조선예수교장로회신학교의 전통을 계승한 장로회신학교를 설립키로 하고 1948년 5월 서울 남산에서 장로회신학교로 개교했다. 그 교사(校舍)는 일본인들이 건축한 신궁을 사용하였다. 조선신학원은 1947년 새로 인가된 재단법인 한신학원에 속한 조선신학대학으로 개편되었다.

이후 1951년 5월 조선신학교와 장로회신학교를 발전적으로 해체하고 대한예수교장로회 총회신학교를 대구 계명대학교 기숙사에서 열었으며, 1953년 교사를 서울 남산으로 다시 이전했다. 이때부터 죽산 박형룡 박사가 교장을 맡았다. 이곳에서의 수업은 박병훈 목사가 국제기독교협의회 (ICCC, International Council of Christian Churches) 칼 매킨타이어(Carl McIntire) 박사에게 원조를 호소하여 10만 불을 희사 받아 구입한 용산 역전의 총면적 5백 평을 지닌 4층 건물로 이전한 1960년까지 계속되었다. 여기에서 졸업기수로 제53회, 제54회, 제55회가 배출되었다. 서기행 전도사는 예과(豫科)를 남산에서, 본과(本科)를 남산과 용산에서 다녔고, 졸업기수는 제55회였다. 부전교회 백남조 장로가 1만 8천 평을 매입하고 헌납하여 1965년에 지은 사당동 교사에서 공부한 전도사들은 최소한 서너 기 후배들이었다.

예과와 본과

아직 교육부의 인가가 없었으므로 그저 예과와 본과로 불렀을 뿐이나, 오늘날로 말하면 대학교와 대학원에 해당하는 과정이었다. 예과 2년 과정을 마치고 졸업하면 모두 무시험으로 본과 3년 과정에 진학할 수 있었다. 총신은 인가는 없었지만 갑종학교로 등록되어 신학교 가운데 유일하게 군대를 연기할 수 있는 특혜가 부여되었다. 서기행 전도사는 1955년 4월 6일에 예과에 입학하였다. 그해에는 120명 모집에 5백 명 이상이 지원해서 경쟁률이

4:1를 훌쩍 넘었는데 그 난관을 뚫고 합격한 것이다.

여러모로 형편은 열악했다. 대부분 학생이 등록금 마련하기에 급급했다. 소명에 대한 확신과 학업에 대한 열의는 넘쳤으나 혹독한 가난으로 그 길이 지난(至難)했다. 남산까지 오르락내리락 하는 것도 만만치 않았다. 아침에 식당에서 콩나물국이라고 주기는 하지만 콩나물을 찾아보기가 어려웠다. 그래도 기도는 뜨거웠고 찬송은 우렁찼다.

예과 1학년 1학기에는 4학점 과목으로 성경(구약열람), 3학점 과목으로 영어독본, 2학점 과목으로 교육학, 국문학, 동양사, 법학, 사회학, 영어문법, 영어회화, 자연과학, 철학사, 1학점 과목으로 실천, 심리학, 종교음악을 공부했다. 총 28학점을 들었다. 1학년 2학기에는 4학점 과목으로 성경(구약열람), 3학점 과목으로 영어독본, 2학점 과목으로 논리학, 동양사, 사회학, 심리학, 영어문법, 영어회화, 자연과학, 정치학, 철학사, 1학점 과목으로 교육학, 국문학, 실천, 종교음악을 공부했다. 총 29학점이었다. 1학년 마치고 나니까 40명이 휴학하고 그나마 남은 학생들 가운데 17명이 시험 때 부정행위를 하다가 정학을 당하는 불미스러운 일이 벌어졌다. 같이 입학한 120명 중 많은 수가 줄어들어 다음 해에는 교실이 많이 허전했다.

이듬해 1956년 예과 2학년 1학기에는 4학점 과목으로 성경(신약열람), 3학점 과목으로 영어독본, 2학점 과목으로 경제학, 문명사, 문학개론, 서양사, 영어문법, 영어회화, 철학개론, 현대철학, 1학점 과목으로 실천, 종교음악, 중간사, 총 26학점을 수강했다. 그리고 같은 해 가을 예과 마지막 학기인 2학년 2학기에는 4학점으로 과목 성경(신약열람), 3학점 과목으로 영어독본, 2학점 과목으로 경제학, 고고학, 서양사, 수사학, 영어문법, 영어회화, 요리문답, 윤리학, 철학개론, 현대철학, 1학점 과목으로 실천, 종교음악, 중간사, 총 30학점의 강의를 들었다. 예과 과목 중 특히 구약과 신약을 개괄적으로 공부하는 것과 인문학 전반에 관심을 많이 쏟았다. 무엇보다 경건과 예배의 실천에는 어김없었다. 예과 학생 중 신세원(창신교회 원로목사), 박문재(광주 중흥교회 원로목사), 김영규(전 삼일교회 담임목사), 임택권(전 아세아연합신학대학교 총장), 이영희(장성교회 원로목사)만 합동 측에 남고 나머지는 모두 통합 측으로 떠났다.

예과 시절은 숨 가쁘게 지나갔다. 대체로 2학점 과목으로 구성된 총 113학점의 커리큘럼을 2년 만에 마친다는 것은 여간 버거운 일이 아니었다. 그러나 성경과 요리문답 등 목회적 양식을 갖추는 일뿐만 아니라 여러 분야로 나눠 진행된 영어 수업과 철학, 법학, 정치, 윤리, 역사 등을 통하여 인문적 양식을 섭취하는 일은 보람되었다. 여러 과목을 공부하면서 핵심을 간파하고 개념을 습득하여 익힌 후 잘 새겨서 설교에 반영하는 일에 남다른 소양을 보였다. 훗날 설교를 작성할 때 성경 인용이 풍부할 뿐만 아니라 각 구절을 인문학적으로 적용함에 있어서 번뜩이는 기지를 보인 것은 이에 기인한다.

이 시절 서기행 전도사는 공부도 열심히 했지만 새벽 예배 드리기에 힘썼다. 어릴 때부터 어머니를 따라 다녔던 습관이 계속 된 것이다. 학교에서 공식적인 일정이 없을 때에도 동료들을 깨워 예배드리고 기도하였다. 당시 마포구 대흥동에 위치한 동막교회(현 통합 측)에서 성가대와 고등부 반사로 섬겼다. 아직 교육전도사 제도가 없었기 때문이었다. 담임 김덕수 목사님은 51인 동지회의 일원으로 나주 남평 출신인 엄두섭 목사님과 동향이셨는데, 젊은 신학생에게 설교도 시키셨다. 사례는 없었지만 부서를 맡아 섬기는 것이 좋았으며 학생들의 수도 많이 늘어났다. 이렇게 학기를 보내고 방학이 되면 하계와 동계 성경학교 4주간을 어김없이 주일학교 강사로 다녔다. 주로 무안과 함평 시찰에 다녔는데 가는 곳마다 학생들이 가득차고는 했다. 부흥회 사례는 거의 다 학비에 충당되었다.

주일학교의 아동설교는 간략하게 기록하여 전하였다. 예컨대 1955년

10월 8일 설교문은 다음과 같이 적혀있다.

> 창세기 4:8. 가인이 그 아우 아벨과 수작하더니 가인이 밭에서 일어나 그 아우 아벨을 쳐서 죽이니라.
> 첫째, 가인과 같이 교회에 와서 질투하고 시기하고 싸움하며 다른 학생들을 미워하는 것은 큰 잘못입니다.
> 둘째, 장난을 다하고 여유를 부리며 노는 시간으로 알고 교회에 오는 것도 큰 잘못입니다.
> 셋째, 학생들은 모두 아벨의 제사를 본받아 하나님을 두려워하며 잘 순종하는 아이가 되어야 합니다.

장년에게 설교할 때에는 거침이 없었다. 강단에 꼿꼿이 서서 정면을 응시하고 또렷또렷하게 말씀을 선포하였다. 그야말로 공기라도 가르는 듯 했다. 위 아동설교와 같은 날 했던 출애굽기 3:1-13을 본문으로 한 "신을 벗으라"는 제목의 설교는 다음과 같이 노트에 기록되어 있다.

신을 벗으라

모세는 바로의 혹독한 탄압 밑에서 태어났습니다. 생후 3개월에 강물에 던짐을 받았습니다. 모세는 바로의 궁실에서 공주의 아들로 40년을 공부와 인격의 도야를 가졌습니다. 그러던 중 동족에 대한 연민과 이스라엘에 대한 애국심에 타오르는 마음을 참지 못하여 한 사람을 밀쳐 죽이고 바로의 눈을 피하여 미디안 광야로 도망을 쳤습니다. 그곳에서 40년간을 양을 치며 하나님께 기도하며 하나님 앞으로 가까이 나아가는 생활을 하였습니다.

하루는 양을 치는데 호렙산 가시덤불 사이에서 불이 타오르며 "모세야 모세야" 부르는 소리가 들렸습니다. "내가 여기 있나이다"라고 하니, 하나님이 다음과 같이 이르셨습니다.

> 이리로 가까이 오지 말라 네가 선 곳은 거룩한 땅이니 네 발에서 신을 벗으라.

첫째, 혈기의 신을 벗으라. 모세는 자기의 힘으로 이스라엘을 어떻게 하여 보려고 사람을 죽이기까지 하였습니다. 혈기는 가인과 같이 형제를 죽입니다. 베드로는 말고의 귀를 깎았는데 이는 하나님의 뜻에 어긋납니다. 검을 쓰는 자는 검으로 망합니다. 성내기는 더디 해야 합니다. 혈기를 버림이 거듭난 자의 표입니다. 모세도 혈기가 남아 있어서 반석을 지팡이로 치고 율법을 적은 판을 내던졌습니다. 잠언 22:24-25은 다음과 같이 말하고 있습니다.

> 노를 품는 자는 사귀지 말며 울분한 자와 동행하지 말지니 그의 행위를 본받아 네 영혼을 올무에 빠뜨릴까 두려움이니라.

둘째, 지식의 신을 벗으라. 모세는 바로의 궁전에서 많은 학문을 배웠습니다. 그리하여 그 배운 것을 좇아 이스라엘을 정치적으로 개혁하고 사상적이고 이지적으로 해방시켜 볼까 했던 것입니다. 이 시대는 학문이 고도로 발전되어 가고 있습니다. 그런데 그 배움을 곡해하고 악용하여 하나님이 없다는 극단적인 망언을 일삼기도 합니다. 1908년 12월 28일에 이태리의 메시나(Messina)라는 도시에 지진이 일어나 무려 8만 4천여 명이 사망했습니다. 그 사흘 전에 「일 텔레포나」

(*Ill Telefona*)라는 잡지에서 만약 하나님이 계시면 이 도시를 지진으로 멸하시라고 악담을 퍼부은 일이 있었는데 이러한 참사가 일어난 것입니다. 윌리엄 헤이그우드(William Haguewood)라는 사람은 부흥회를 반대하여 하나님이 어디 계시냐며 따로 모임을 가지고 강연을 하였는데 혀가 오그라져 사경을 헤매게 되었습니다. 그 일이 있자, "나는 이제 지옥이 있음을 믿습니다"라고 고백하였습니다. 과학자 뉴턴(Isaac Newton)은 하나님을 모르는 인생은 기계에 모래를 넣는 것과 다름이 없다고 하였습니다. 아인슈타인(Albert Einstein)은 인간의 지식은 하나님의 능력에 가닿지 못한다고 하였습니다. 잠언 1:7은 다음과 같이 전합니다.

여호와를 경외하는 것이 지식의 근본이거늘 미련한 자는 지혜와 훈계를 멸시하느니라.

셋째, 교만의 신을 벗으라. 모든 사람은 자기 잘난 맛으로 산다고 합니다. 그러나 잘난 체하며 자기를 높이는 것은 결국 자기 체면을 깎아내리는 것입니다. 길 가던 사람이 밭을 가는 농부에게 어느 소가 일을 잘 하는지 물었다고 합니다. 그러자 그 농부가 그 행인의 귀에 손을 대고 나지막이 말하기를 소도 칭찬에 춤추므로 그런 말로 편을 지으면 안 된다고 하였다 합니다. 천하를 호령하던 골리앗은 교만에 빠져 목동 다윗에게 목이 베이고 말았습니다. 교만한 사람은 자기최면에 빠져 결국 남을 억누르고 자기만 높이려는 아집에 사로잡혀 살 수밖에 없습니다. 빌립보서 2:3에서는 무슨 일을 하든지 다투거나 허영으로 하지 말고 "오직 겸손한 마음으로" 서로 자기 자신보다 남을 낫게 여기라고 했습니다. 잠언 16:18은 다음과 같이 말하고 있습니다.

교만은 패망의 선봉이요 거만한 마음은 넘어짐의 앞잡이니라.

하나님은 교만한 바리새인의 기도가 아니라 가슴을 치며 회개하는 세리의 기도를 받으십니다. 자기를 의롭다고 높이는 자는 낮아지고 자기를 낮추고 긍휼을 구하는 자는 높아집니다(눅 18:9-14). 세례 요한은 주님의 신발 끈을 풀기도 감당하지 못하겠다고 자기를 낮추었습니다(막 1:7). 그런 세례 요한을 여자가 낳은 자 중에 이보다 큰 자가 없다고 주님은 칭찬하십니다(눅 7:28).

넷째, 개인주의의 신을 벗으라.
여러분은 남을 위하여 살아본 적이 있습니까?
동냥하는 자에게 따뜻한 마음으로 밥을 줘 본 적이 있습니까?
우리는 돈을 주고 물건을 사서 아무 생각 없이 사용하지만, 무엇 하나 그냥 있는 것은 없습니다. 누군가가 장구한 세월 동안 땀을 흘려 그 물건을 만든 것입니다. 불을 밝히는 라이터 돌 하나도 그렇습니다. 개인이 산중에 들어가 혼자 산다고 해도, 완전히 사회를 떠나 살 수는 없습니다.
인간은 사회적 동물이라는 말이 있지 않습니까?
사도 바울은 남을 위하여 자기의 생을 바쳤습니다. 이는 그가 주님의 사랑을 거저 받았기 때문입니다. 그는 유대인과 헬라인 모두에게 자기가 빚진 자라고 하면서 그들을 섬겼습니다(롬 1:14). 주님을 만난 사람은 삭개오와 같이 자기를 것으로 남을 섬기는 데 힘써야 합니다(눅 19:8). 남을 위해 베풀 때에는 인색하게 하지 말고 정성을 다하여야 합니다(고후 9:7). 개인주의는 나를 위하는 주의가 아니라 남을 위하지 않는 주의입니다.

다섯째, 명예의 신을 벗으라. 나는 장로니까, 나는 집사니까, 나는 신학생이니 목사니 전도자니 하면서 거만을 떨면 안 됩니다. 명예를 내세우면 허영에 빠져 자기 자신을 올바로 바라볼 수 없게 됩니다. 직분을 주시는 분은 하나님이십니다. 하나님이 주시지 않은 명예는 모두 헛됩니다. 영국의 한 왕은 나라를 잘 다스렸는데, 이는 그가 교회에서 예배를 드리며 들은 하나님의 책망을 새겼기 때문이라고 합니다. 한번은 한 신하가 예배를 마치고 평복을 입고 나오는 그 왕에게 예의를 갖춰 인사를 하였더니 그는 말하기를 "나는 은혜를 받고 나오는 사람일 뿐입니다"라고 했습니다. 우리의 사회적 지위나 관직이 구원을 주지 못합니다. 우리는 자기를 낮추고 언제나 주께 하듯이 해야 합니다. 주님의 이름으로 아이를 하나 영접하면 그것이 주님을 영접하는 것입니다(마 18:5). 주님을 올바로 아는 지식이 없으면 야고보와 요한과 같이 주님의 오른편과 왼편에 앉아 고관의 지위를 누리고자 합니다. 그러나 섬기는 자가 크고, 섬기는 자가 으뜸입니다(막 10:35-45).

우리는 '나는 어떤 사람인가'를 생각하며 먼저 자기 자신을 살피고 교회에 들어와야 합니다. 하나님 앞에 서니 모세는 자기의 지위도, 지식도, 명예도, 교만도 다 버리게 되었습니다. 세상의 것이 분토와 같이 여겨져야 버리게 됩니다. 주님이 천하보다 귀하고 복음이 만물보다 값질 때 세상 것이 덧없어 지는 것입니다. 교회에 들어올 때는 신을 벗어야 합니다. 교만과 아집과 시기와 질투와 개인주의와 이기주의의 신을 벗고 들어와야 합니다. 세상에 속한 것, 세상의 죄의 짐을 다 벗어버리고 하나님의 집에 들어와야 합니다. 이사야 59장을 읽어 보시기 바랍니다. 죄악이 우리와 하나님의 사이를 갈라놓았습니다(2절). 우리의 손과 손가락에 피가 가득하고 우리의 입술은 거짓을 말하고 우리의 혀는 악독을 냅니다(3). 재판도 거짓되고 독사의 알을 품고 거미의 줄을 쳐 멸망의 나락으로 치닫고 있습니다(4-5절). 우리의 행위는 죄악의 행위이며 우리의 발은 행악하기에 빠르고 우리의 생각은 악한 생각입니다(6-7절). 우리에게는 정의가 없고 평강도 없습니다(8절). 우리에게는 빛이 없고 어둠밖에 없습니다(9절). 이 어둠을 물리칠 것은 빛밖에 없습니다. 주님이 참 빛으로 오셔야 우리가 어두움의 신발을 벗게 됩니다(요 1:9). 성도의 삶은 그릇을 닦는 삶이 되어야 합니다. 그리하여 은혜로 채움을 받게 됩니다. 무엇을 입고 신는 것보다 먼저 벗어야 합니다. 그리하여 하나님의 덧입힘을 받아야 합니다.

이 당시에는 하나님의 은혜를 입은 자녀가 어떤 삶을 살아야 하는가를 많이 전하였다. 마태복음 6:33을 본문으로 "천국민의 생활원리"라는 제목으로 행한 설교는 이를 잘 보여 주고 있다.

성도는 이 땅에 살지만 하나님의 나라에 산다. 우리는 먼저 하나님의 나라와 의를 구하여야 한다(마 6:33). 주님의 나라는 이 세상의 나라가 아니다(요 18:36). 성도에게는 이후에 주어질 면류관이 예비되어 있다(딤후 4:3). 영원히 살고자 하는 자는 이 땅에서 죽고자 해야 한다. 목숨을 내놓는 자가 생명을 얻는다(마 10:39). 죽어 썩지 않으면 열매를 맺을 수 없다(요 12:24-25). 겉으로는 살아 있으나 속으로는 죽은 자가 많다. 우리는 겉보다 속을 깨끗이 해야 한다. 밖에서 들어가는 것이 더러운 것이 아니라 우리 속에서 나오는 것이 더럽다(막 7:18). 모든 악한 것이 다 속에서 나온다(막 7:23). 우리는 다 회칠한 무덤과 같으니, 먼저 안을 깨끗이 해야 한다. 그리하면 겉도 깨끗하게 된다(마 23:26-27). 천국의 시민으로서 우리는 자기를 부인하고 십자가를 지고 주님을 좇는 삶을 살아야 한다(마 16:24).

그리고 누가복음 22:39-46을 본문으로 행한 "기독교의 삼대위력(三大偉力)"이라는 설교도 주목된다. 이 설교는 이후 수차례 더 선포되었다. 동일한 본문과 제목으로 내용을 더욱 첨가하며 새로 작성하고 설교하였다. 노트에 보면 이 설교의 제목 위에는 이후 설교했던 대치교회, 성경학교, 중앙교회, 조교동교회, 신령제일교회, 동막교회, 노대교회, 망원교회, 하원목장교회, 일로역전교회, 군인교회, 영천제일교회, 간척교회, 금성교회, 원동교회, 송지동교회, 신학교기숙사 등의 이름이 가지런히 적혀있다. 이렇듯 서리집사 때나 신학생 때 했던 많은 설교들을 평생에 걸쳐 수차례 선포하는 경우가 많았다. 이 설교는 다음과 같이 노트에 기록되었다.

기독교의 삼대위력

우리 주님 예수 그리스도께서 탄생하신 이후 기독교가 나날이 광범하게 부흥하고 발전되어 가 금일 전 세계를 흔들고 있다고 해도 어패가 없습니다. 2천 년 전 유대 땅 베들레헴 작은 고을에서 하나님의 아들 예수 그리스도께서 탄생하실 때는 자유와 해방을 하나님 앞에 구하던 목자들과 천문학을 연구하던 동방의 박사들만이 와서 그를 경배했으나 지금은 온 세상이 그를 찬미하고 경배합니다. 수억의 성도들이 주님을 믿고 그의 복음을 전하기 위하여 구령의 대사업에 열성을 다하고 있습니다. 그 거대한 힘과 세력은 이루 다 말할 수가 없습니다.

이러한 힘과 세력이 어디로부터 왔습니까?

물론 이는 살아서 역사하시는 우리 하나님의 섭리와 경륜 가운데서 이루어졌습니다. 복음의 진리에는 힘이 내포되어 있습니다. 그러므로 복음이 닿는 곳에는 놀라운 일이 생깁니다. 큰 부흥이 일어나고 대변혁이 일어납니다.

이러한 기독교의 첫째 위력은 땀입니다. 우리 주님께서는 최후의 만찬을 잡수신 후 명일(明日) 당할 고난을 앞에 두시고 무거운 발걸음을 옮기시어 제자들과 함께 겟세마네 동산을 향하여 가시며 수심에 잠긴 찬미를 부르셨습니다. 그리고 사랑하는 제자 베드로와 야고보와 요한을 데리고 더 위로 올라가셔서 말씀하시기를 너희는 시험에 들지 않게 기도하라 하시고 더 나아가 얼굴을 땅에 대시고 엎드려 기도하시며 "아버지여 만일 아버지의 뜻이거든 이 잔을 내게서 옮기시옵소서 그러나 내 원대로 마시옵고 아버지의 원대로 되기를 원하나이다" 하셨습니다(눅 22:42). 이렇게 기도하시고 제자들에게 가보니 그들은 잠만 자고 있었습니다. 세 번이나 가 보았으나 그리했습니다. 주님께서는 그들에게 깨어 기도하라고 하셨습니다. 그러나 그들의 마음에는 원이 있으나 육신이 약함을 알고 계셨습니다(막 14:38). 그리고 그들이 슬픔 때문에 잠든 것도 아셨습니다(눅 22:45). 주님은 제자들의 모습이 어떠하든 기도하기를 더욱 힘썼습니다. 얼마나 애써 간절히 기도했던지 땀이 땅에 떨어지는 핏방울같이 되었습니다(눅 22:44).

우리 주님은 성업을 완수하실 때까지 땀을 흘리셨습니다. 우리 인간은 땀을 흘려야만 살 수 있게 정죄함을 받았습니다. 그러나 어느 장소에서 어느 시간에 땀을 흘리느냐에 따라서 그 가치는 말할 수 없이 달라집니다. 악한 일을 위하여 땀을 흘리는 것은 지옥을 소유할 것이며 선한 일에 땀을 흘리는 자는 후세에 아름다운 이름을 남기게 될 것입니다. 저 유명한 단테(Dante)는 20년간이나 잉글랜드, 불란서, 이태리를 다니며 파란곡절을 당하던 중『신곡』을 저술했습니다.

그는 이태리의 라미나(Ramina)에서 죽었는데 그가 흘린 땀이 드높이 세계를 움직이고 있습니다. 밀턴의 『실락원』도 땀을 흘린 대가입니다. 그는 눈이 멀어 아무것도 할 수 없는 무능한 사람과 같이 되었으나 영적인 눈을 열어 자기가 본 것을 써 책을 출판하였습니다. 그리하여 금일 식자들의 칭찬을 듣습니다.

우리는 모두 땀을 흘리며 삽니다. 그러나 그 땀이 단지 나를 위한 것이 되어서는 안 됩니다. 우리는 주님을 위하여 땀을 흘려야 합니다. 이 땅의 성도는 주인이 금을 몇 달란트씩 맡기고 떠난 종과 같습니다. 우리는 그중 다섯 달란트와 두 달란트 받은 자와 같이 "착하고 충성된 종"이라는 말을 들어야 합니다. 그래야 주인이 더 많은 것을 맡기고 주인과 함께 즐거움에 참여할 수도 있습니다(마 25:21). 한 달란트 맡은 자는 심지 않아도 거두고 헤치지 않아도 모으시니, 자기는 아무 일도 할 필요가 없다고 여깁니다(마 25:24). 그러나 우리의 주인이신 하나님은 우리의 땀을 요구하십니다. 땀이 없으면 "악하고 게으른 종"이라고 책망하십니다. 더 맡기시는 것은 고사하고 맡기신 것도 앗아 가십니다(마 25:26, 28). 땀흘림이 없는 교회는 무너지고 맙니다. 우리는 교회를 위하여 어떤 수고도 아끼지 않아야 합니다.

기독교의 둘째 위력은 눈물입니다. 모든 사람은 울면서 태어납니다. 울음에는 눈물이 따릅니다. 모든 사람은 날 때부터 울고 눈물의 삶을 살게 됩니다. 인간사가 언제나 순풍에 돛을 달고 항해하듯 되지 않습니다. 그 수명이 길수록 사람은 험산준령의 길을 가고 파란곡절의 신음과 노도광풍의 회오리에 시달립니다. 빙산과 암초가 앞에 널려 있습니다. 인생은 이미 닥친 고난을 힘들어하고 앞으로 닥칠 고난을 염려하며 하루도 삶의 무게에서 자유로울 수 없습니다.

불교의 교주 석가모니가 하루는 행로에 묘에서 울고 있는 여인을 보았습니다. 그 여인은 과부였는데 독자인 아들을 잃고 울고 있었습니다. 자초지종을 들은 석가모니는 그 여인에게 내가 이러이러한 일을 당하여 슬퍼하노라고 큰 도시에 가서 사람들에게 말해 보라고 했습니다. 그대로 한즉 너도나도 다 그런 슬픔을 당해 보았노라고 했다는 것입니다. 이를 보아 이 세상에 고통이 없는 사람이 없고 눈물을 흘리지 않고 사는 사람이 없다고 석가모니는 가르쳤습니다. 저 유명한 나폴레옹은 유럽을 휩쓸고 그 누구도 당할 자가 없었으나 세인트 헬레나 섬에서 유배되어 죽어 가면서 육대주에 부는 바람은 세인의 한숨이요 오대양에 치는 물결은 세인의 눈물이라고 하였습니다. 이러한 세인의 눈물이 없지 않으나 우리가 오늘 살피고자 하는 눈물은 이러한 눈물이 아닙니다. 우리 기독교는 다음과 같은 눈물을 흘리라고 말합니다.

먼저 시편 51편에서 보듯이 우리는 죄를 회개하는 눈물을 흘려야 합니다. 다윗은 우리아의 아내 밧세바를 범하고 우리아까지 죽인 범죄를 감추고 살다가 나단 선지자의 책망을 듣고는 금식하고 회개하였습니다. 하나님은 우리가 은밀히 개인적으로 흘리는 눈물을 기다리고 계십니다. 우리는 마리아가 옥합을 깨뜨리고 향유를 붓기 전에 흘린 그 눈물을 흘려야 합니다. 마리아는 그 눈물로 주님의 발을 적시고 자기의 머리카락으로 그것을 닦았습니다(눅 7:36). 그리고 예수를 죽어도 따르겠다고 호언장담하던 베드로가 주님을 세 번 부인한 후 회개할 때 흘렸던 그 눈물을 우리도 흘려야 합니다(마 26:28).

그리고 우리는 교회를 위하여 울어야 합니다.

> 내가 마음에 큰 눌림과 걱정이 있어 많은 눈물로 너희에게 썼
> 노니 이는 너희로 근심하게 하려 한 것이 아니요 오직 내가 너
> 희를 향하여 넘치는 사랑이 있음을 너희로 알게 하여 함이라
> (고후 2:4).

또한 우리는 우리 자녀와 우리 사회 국가를 위하여 울어야 합니다.

> 예루살렘의 딸들아 나를 위하여 울지 말고 너희와 너희 자녀를
> 위하여 울라(눅 23:28).

주님도 이 땅에 계실 때 심히 통곡하시며 눈물로 간구하셨습니다 (히 5:7). 이 눈물은 개인, 교회, 국가, 아니 전 세계 만민을 위하여 지실 십자가를 앞에 두고 우시는 눈물이었습니다. 이 눈물이 기독교를 창설했고, 우리를 위로하고 살립니다. 이 눈물의 힘은 이루 말할 수 없습니다. 우는 자가 많아야 합니다. 깨어서 주님과 함께 눈물 흘리며 우는 자가 많아야 합니다.

기독교의 셋째 위력은 피입니다. 우리 기독교는 예수 그리스도의 핏값으로 성립되었다는 것은 누구나 다 아는 사실입니다. 피 흘림이 없이는 사함이 없습니다(히 9:22). 주님이 자기 자신을 단번에 제물로 드려 우리가 새 생명과 거룩함을 얻었습니다(히 9:26; 10:10). 인류 역사에 있어서 큰 변화와 변동이 있을 때마다 많은 사람들의 피가 뿌려졌습니다. 옛날에는 자기 씨족이나 부족을 위하여 피를 흘리고 국가

를 위하여 목숨을 바쳤습니다. 우리 한국의 역사에 있어서도 백제의 성충이나 여말(麗末)의 정몽주, 단종 복위를 꾀했던 사육신, 독립투사 33인, 안중근, 윤봉길, 이봉창 등 모두 나라를 위하여 흘린 피로 역사의 한 페이지를 장식했습니다.

그리스도의 피는 이러한 여느 사람의 피와는 그 성격이 다릅니다. 그의 피는 하나님의 아들이 사람의 아들이 되셔서 흘리신 무죄한 피입니다. 그 피는 대속의 피입니다. 오순절 성령감림으로 구원을 받은 신약의 성도는 모두 주님의 피로 구원 받은 백성입니다. 주님의 피로 구원 받아 주님의 종이 된 주의 백성들이 이제 자기 피를 흘려 주님의 증인이 되었습니다. 초대 교회는 처음에는 예루살렘 교회 하나였으나 스데반 집사의 순교로 흩어져 세계에 자리를 잡게 되었습니다. 머리와 이마와 가슴과 팔다리에 돌을 맞고 흘린 그의 피가 씨앗이 되어 지구촌 전역에 복음이 전파되었습니다. 순교행전은 지금까지 끝이 없으니, 사도 베드로는 로마에서 거꾸로 십자가에 달려 돌아가시고 사랑하는 제자 야고보는 목이 베여 돌아가시는 등 끝까지 남은 제자들 모두가 순교의 피를 흘리며 주님의 품으로 나아갔던 것 같습니다. 우리 학교 교장이신 박형룡 박사님이 로마에 가보니 삼척천(泉)이 있는데 바울을 작두로 목을 벨 때 피가 솟구쳐서 땅에 떨어진 곳에서는 오늘날에도 생수가 나온다고 합니다. 우리 기독교는 이러한 피 흘림이 없다면 존재할 수 없습니다.

주님은 만민을 위하여 십자가에 달리셨습니다. 피고름이 나는 문둥병자 대신, 장님들 대신, 노예들 대신, 가난한 사람들 대신 십자가에서 죽임을 당하셨습니다. 이것이 아가페의 사랑입니다. 로마의 병정들과 유대인 무리가 하나가 되어 주님을 조소하고, 능멸하고, 침을 뱉고, 뺨을 때리고, 매질을 하고, 못을 박아 십자가에 달려 죽게 했으나 주님은 그들을 미워하지 않았습니다. 오히려 그들을 위하여 기도하셨습니다. 그들의 용서를 아버지께 구하였습니다. 주님은 도수장에 끌려가는 양과 같이 잠잠하셨습니다. 그리하여 순종하는 가운데 인류 구속의 의를 다 이루고자 하셨습니다. 주님의 피가 구원의 값이 되었으니, 우리나라에서도 많은 성도들이 그 은혜에 감사하며 순교하였습니다. 칼에 찔리고 돌로 침을 당하고 나무에 달려 불에 타 죽었습니다. 초대 교회 터툴리안(Tertullian)이 말했듯이 순교자의 피가 교회의 씨앗이 되었습니다.

주님은 예루살렘을 위하여 우시고 겟세마네에서 땀이 피가 되도록 기도하셨습니다. 그리고 기도 후 잡혀 밤새 심문을 받으시고 매질을 당하신 후 넘겨져 다음날 십자가에 달려 죽임을 당하셨습니다. 주님의 땀과 눈물과 피가 교회의 씨요 생명이요 위력이 됩니다. 우리 교회도 이 위력을 발휘해야 합니다. 이 땀과 눈물과 피가 있어야 능력 있는 참 성도라고 할 것입니다.

하계와 동계에 성경학교를 할 때에는 "즐거운 노래"라고 해서 학생들이 재미있게 부를 수 있는 찬송을 많이 가르치고 동화도 들려주었다. 예배 때에는 설교를 통하여 주님이 누구시며 교회는 무엇이고 어떻게 신앙생활을 해야 하는 것인지를 분명히 각인시키고 예배 후 관련되는 성경요절들을 암송하도록 하였다. 성경공부는 성경 66권에 대한 소개와 더불어 구약과 신약 시대의 역사를 시대별로 가르치는 데 중점을 두었다. 이와 더불어 『천로역정』을 마치 한 기독교인(基督者)의 전기와 같이 다루어 학생들이 교훈을 얻게 했다. 거의 외우다시피해서 이를 긴박하고 입체적으로 설명해 주었으므로 흥미가 넘쳤을 뿐만 아니라 회개와 감사의 눈물과 결단하는 각오가 넘치는 시간이었다. 한편 부흥회를 할 때는 주제를 정해서 월요일은 "은혜의 강수," 화요일은 "사랑," 수요일은 "그리스도는 누구신가," 목요일은 "대효(大孝)의 중요성," 금요일은 "소망"을 다루는 식으로 하였다. 복음의 본질과 기쁨과 열매를 잘 버무려 전하였으므로 큰 감화가 넘쳤다.

예과 2년은 고생도 많았지만 화살과 같이 신속히 날아갔다. 예과를 마치던 해인 1957년 4월에 본과에 입학하였다. 당시 520명이 공부하였는데 본과는 70명이었고 나머지는 별과였다. 본과에서 비로소 신학 공부가 본격화되었다. 1학년 1학기에는 3학점 과목으로 구약사, 헬라어, 칼빈사상과 2학점 과목으로 종교심리학, 강도학, 공관복음, 교회사(상고2시대), 구약총론, 변증학, 조직신학(신학서론), 1학점 과목으로 체육, 실천, 영어강독청강, 총 26학점을 들었다. 그리고 그해 가을 1학년 2학기에는 3학점 과목으로 조직신학(신론), 헬라어, 2학점 과목으로강도사, 강도학, 공관복음, 교회사(상고3시대), 험증학, 신약사, 신약총론, 1학점 과목으로웅변학, 종교음악, 체육, 종교교육, 실천, 영어강독청강, 총 26학점을 들었다.

본과 1학년 수업을 통해 칼빈사상이 무엇인지 배우게 되었으며 그동안「불 기둥」을 통하여 접해 왔던 보수신학의 실체가 무엇인지도 조직신학 서론과 신론, 변증학, 험증학, 공관복음 수업 등을 통하여 뚜렷이 인식하게 되었다. 본과에 진학해서도 기도에 더욱 매진했다. 동료들 사이에 새벽 예배 철저히 드리고 기도 많이 하고 우렁차게 한다는 소문이 퍼졌다. 이때에는 중구 신당동에 위치한 금성교회(현 통합 측)에서 주일학교 전체를 섬겼으며 사례도 받게 되었다. 그렇다고 해서 더욱 찌들어 가는 생활고를 감당할 수가 없었다. 그나마 이를 모면하는 길은 군으로의 도피였다.

본과에 들어오면서 서기행 전도사의 설교에는 점차 교리적인 색채가 더하여졌다. 대체적인 양식이나 메시지 전달 자체에는 큰 변화가 없었지만 본문이 말하고자 하는 것의 신학적 의미를 항목을 나누어 전하고자 하는 노력이 역력하게 나타났다.

예컨대 요한일서 4:7-16을 "사랑"이라는 제목으로 설교하면서 하나님은 본질에 있어서 사랑이시므로 그의 사랑 가운데 거하면 그와 하나가 되고 그 사랑으로 이웃을 자기 자신과 같이 사랑하게 된다고 전하고, 마태복음 7:15-27을 "맺어야 할 열매"라는 제목으로 설교하면서 기독교인에게 세 가지 열매가 있어야 하는데 첫째, 회개의 열매는 신앙이 첫 열매로서 자기 자신을 돌이켜 물과 성령으로 씻음을 받고 하나님의 품에 들고 하나님의 뜻을 행하는 길에 서는 자격이요, 둘째, 진리의 열매는 길이요 진리요 생명이신 주님이 안에 살아 주님의 향과 맛을 내고 주님의 빛을 비추는 것으로서 빌라도와 같이 진리에 대해서는 반문하는 것이 아니라 진리를 받아들이는 것 곧 말씀의 열매를 맺는 것이요(요 17:17; 18:38), 셋째, 성신의 열매는 그리스도를 구주로 증거하는 성령의 감화에 복종하여 사랑, 희락, 화평, 오래 참음, 자비, 양선, 충성, 온유, 절제의 맛을 내는 것이라고(갈 5:22-23) 전한다.

이러한 경향이 군 입대하기 직전에 행한 로마서 8:18-27을 본문으로 한 "탄식하는 세상"이라는 설교에도 잘 드러나는 데 그 내용은 다음과 같다.

첫째, 만물의 탄식은 아담의 범죄로 인하여 땅이 저주를 받고 인류의 수고에도 불구하고 땅이 가시덤불과 엉겅퀴로 소산을 가로막는 지경이 된 것으로서 인류와 피조물이 서로 상합하지 못함을 뜻한다(창 3:17).

둘째, 기독교인의 탄식은 하나님의 자녀로 인침을 받았음에도 여전한 죄와 허물로 애통하며 아파하는 성도의 곤고함을 말한다(롬 7:24).

셋째, 성령의 탄식은 거듭났음에도 불구하고 여전히 내가 주인이 되어 살아가고자 하는 나의 자아를 다스려 나를 완전한 하나님의 자녀로 삼고자 하시는 성령의 감화를 이른다(롬 8:26).

군종생활

많은 동료들이 그랬듯이 서기행 전도사도 재학 중에 군에 입대하게 되었다. 아직 본과 1학년 2학기 중이었던 10월 24일에 병영을 향하였다. 당시에는 수업시간의 3분의 2 이상을 수강하면 학점을 부여받을 수 있었기 때문에 미리 학기를 마치고 그때 입소하였던 것이다. 군 생활은 만기 때까지 2년 6개월 동안 계속되었다. 복무한 곳은 경북 영천에 소재한 1205호 건설공병단 군종과 군종하사단이었다. 신앙인으로서 살아가는 데 어려움도 없지 않았으나 오히려 그것이 전화위복의 계기가 되기도 하였다. 당시 군대에서 지급되던 담배를 받지 않고 건빵으로 받았는데, 이를 모아 두었다가 다른 사병에게 나누어 주곤 하여 인기가 좋았다.

주일에는 종일 여러 교회에서 섬겼다. 오전 9-10시에는 군인교회에서 오르간 반주를 하고 설교를 했다. 바로 이어서 오전 11시에는 인근에 위치한 조교동교회와 단포교회에서 말씀을 전했다. 오후 3시부터는 나환자 천막촌에서 예배와 여러 일을 돕거나 목사님이 계시지 않으면 설교를 했다. 그리고 이 일을 마치면 곧바로 내달아 오후 5시부터 장기복역수들이 있었던 군인형무소에서 설교를 했다. 이 일도 모자라 중앙선 기차를 타고 신령제일교회(현, 신령교회, 통합 측)에서 말씀을 선포하기도 했는데, 군목의 반대가 없지 않았으나 단장에게 부탁해서 허락을 받게 되었다. 한동안은 거의 뛰어다니다시피 하면서 이 모든 일을 섬기느라 몸에 땀이 흥건했는데, 나중에는 주변에서 자전거를 마련해 주어서 그것을 타고 한층 수월하게 다닐 수 있게 되었다. 칼빈이 제네바에서 쫓겨나 스트라스부르에 머물게 되었을 때 그곳에서 약 3년간 프랑스 망명객들을 목회하면서 교회의 모든 일을 배우게 되었듯이, 하나님은 그런 기회를 주셨던 것이다. 그것도 군역을 감당하는 가운데 그리하셨으니 놀라울 따름이다.

신령제일교회에서 주일학교 설교를 한 후 부서가 많이 부흥되었다. 교회에 처음 나온 아이들이 모여 들었을 뿐만 아니라 인근 교회에서도 옮겨와 금방 350명이 넘게 되었다. 이런 소문은 주변에 곧 널리 퍼져 나갔다. 몸 건장하겠다, 얼굴 반듯하겠다, 설교 잘하고 성실하기까지 하니, 혼담도 자연히 오갔다. 편견이 없지 않아 전라도내기라고 깔보는 시선도 없지 않았으나 어투가 워낙 반듯하고 목청이 우렁차며 행동이 신의가 두터워 그런 불신은 곧 사라지고 말았다.

　　한때 인근에서 가장 큰 교회였던 영천제일교회에서 설교를 한 적이 있었는데, 기독교의 3대 위력은 예수님의 눈물, 땀, 피라는 설교를 듣고 많은 사람들이 감화가 되었다. 신학교 때 했던 설교문에 새로운 내용을 덧붙여 전하였다. 주님의 눈물은 전적인 타락으로 말미암아 죽음의 종노릇하고 수고와 노고가 넘쳐도 열매는 드문 비참한 삶을 우리에게서 가져가시기 위함이요, 주님의 땀은 우리에게 영원한 새 생명을 주실 뿐만 아니라 거룩한 새 생활을 주시기 위한 하나님의 아들의 열심이요, 피를 흘림이 없이는 죄를 사함이 없고 생명이 피에 있다고 했으니 피는 우리를 값 주고 사셔서 자녀이자 상속자 삼기 위함이라는 것이 그 요지였다.

　　군인들은 하나같이 군대생활이 주는 현실적 고뇌와 세대적으로 겪는 미래의 삶에 대한 막연한 불안함을 가지고 있었다. 그리하여 군 복무 기간에는 보이지 않는 신령한 존재에 의존하고자 하는 마음이 어느 때보다도 강하게 일어난다. 군대 오면 효자 아닌 사람이 없다고 하듯이, 군대 안에 있으면 종교적이 되지 않는 사람 역시 찾기 힘들다. 서기행 전도사는 군대를 전도를 위한 장으로 삼고자 하였다. 신학교서는 공부하고 교회 섬기느라 오히려 전도의 기회가 적었으나 병영 내에서는 종일 사람을 접촉하고 애환을 나눌 기회도 많아 자연히 인생이 어떻고 삶이 어떻고 하는 깊은 얘기를 꺼낼 수 있었다. 설교를 작성하거나 듣거나 할 때 노트에 기록하던 습관은 이때도 계속되었다. 어느 한 곳에 다음과 같이 적혀있다.

전도의 노래
이 천지는 변하여도 주님 말씀 불변해
이 시대의 징조 보라 문 앞에 주 오신다
예비하라 성도들아 주님 다시 오신다
기쁘도다 할렐루야 아멘 주여 옵소서!

당시 설교는 말씀을 중심으로 전한다는 점에서는 이전과 별반 차이가 없었으나 군인들의 정서를 헤아려 작성되었다. 예컨대 누가복음 3:2-17과 마태복음 11:11을 본문으로 한 "새 운동의 선구자"라는 설교를 보면 이러한 경향이 잘 나타난다. 이는 입대 후 10개월이 지났을 때 전한 말씀인데 그 내용을 요약하면 다음과 같다.

지금은 일본 제국주의와 북한 공산주의가 사라진 시대로서 곡식을 추수할 때이다. 그런데 추수할 일꾼이 부족하다. 옛날에는 군사 백 명이면 한 도시라도 호령하고, 군령을 잘 발하고 기강을 갖추면 나라라도 넘볼 수 있었는데 요사이는 원자탄과 수소탄이 개발되고 각양의 신식 무기가 만들어져 군인의 존귀함이 많이 사라졌다. 그러나 하나님의 일은 세상 전쟁 하는 것과 다르다. 복음은 전파하는 자가 없으면 들을 수 없다(롬 10:14). 세례 요한은 광야의 소리가 되어 주님의 길을 예비하여 사람 중에 그보다 더 큰 자가 없다고 일컬음을 받았다(마 11:11). 오늘날 군인은 세례 요한을 통하여 배워야 한다.

첫째, 그는 물질에 예속되지 않았다. 메뚜기와 석청을 먹고 살았다.

둘째, 종교주의에 빠지지 않았다. 바리새인과 사두개인의 교파에 휩쓸리지 않았다.

셋째, 죄를 꾸짖음에도 추호의 주저함이 없었다. 헤롯이 헤로디아를 아내로 삼은 것을 비판하였다.

넷째, 정치적인 구속을 받지 않았다. 무리가 자기를 따랐지만 정치적인 결사를 만들고자 하지 않았다.

다섯째, 순교의 피를 흘렸다.

세례 요한의 이러한 면모는 그가 주님은 누구시며 자기는 누구인지를 올바로 알았기 때문이다. 주님은 흥해야 하고 자신은 쇠하여야 한다. 주님은 늦게 오셨으나 먼저 계시는 영원하신 하나님의 아들이시다. 자기는 물로 세례를 주지만 주님은 불과 성령으로 세례를 주신다. 주님이 세상 죄를 지고 가는 하나님의 어린 양이시다.

이렇듯 군인은 세례 요한과 같이 자기 위치를 정확히 알고 시대를 정확히 분별하는 선각자가 되어야 한다. 그런데 오늘날 군인은 어떠한가. 군인이 국가를 지키는 것이 아니라 망치고 있지 않은가. 술과 계집은 식은 죽 먹기요 장교는 사병의 등골을 깎아서 자기 배를 채우고 장교부인은 춤바람이 나 있으니 어찌 그 몽롱한 심령과 안목으로 선각자의 체통과 품위를 논할 수 있겠는가.

군종으로서 설교 가운데 가장 강조한 것은 다음 몇 가지로 정리할 수 있다.

첫째, 철저한 회개이다. 죄를 안고 사는 것은 큰 돌을 발에 걸고 길을 가는 것과 같다. 죄 짐을 주님께 맡겨야 한다. 그리고 다시 죄를 짓지 않도록 힘써야 한다.

둘째, 주일성수를 철저히 해야 한다. 주일에는 장날이 서도 나가보지 말아야 한다. 초종(初鍾)을 치면 움직여야 하는데 재종(再鍾)이 울려도 아직 자기 볼 일을 보고 있으니 한심한 노릇이다.

셋째, 헌금생활에 철저해야 한다. 하나님의 것을 자기의 것으로 여기는 자가 바리새인이요 강도다.

넷째, 기도생활이다. 하루도 빠뜨림 없이 은밀히 하나님 앞에 나아가 기도해야 한다. 그리하여 은밀히 갚으시는 하나님의 손길을 체험해야 한다.

다섯째, 주님만 자랑하는 삶을 살아야 한다. 내 자랑이 남은 사람은 십자가를 질 수 없다. 내가 앞서는 사람은 복음을 위하여 목숨을 걸 수 없다.

여섯째, 교회를 위하여 헌신하는 성도가 되어야 한다. 하나님은 아들을 이 땅에 보내셔서 그를 머리로 삼아 그 지체가 되는 성도들과 한 몸을 이루게 하셨다. 이 비밀이 크다.

일곱째, 순교의 신앙을 가져야 한다. 주기철 목사님과 같이 주님 위하여 죽기 위해 살고 죽기 위해 준비해야 한다.

이러한 일곱 가지에 있어서 군인이라고 방만하지 말고 군인이기 이전에 성도로서 깨어 있어야 한다.

이러한 설교와 더불어 공부 시간에는 『천로역정』을 가르쳤다. 이를 다시 노트에 옮겨 썼다. 1958년 7월 29일에 그리했다. 이전에 썼던 내용과 대동소이했지만 이번에는 이야기 자체보다 교훈에 집중하였고 성경 인용을 더욱 보강하고 좀 더 체계적으로 교리적인 내용을 정리하였다. 예컨대 한 소년이 빗자루를 들고 마루를 쓸고 있는 곳을 지날 때 먼지가 자욱하여 숨이 막혔는데 이에 물을 뿌리니까 가라앉았다는 부분을 이전에는 율법으로 죄가 드러나자 숨이 막혔는데 그리스도의 피로 숨을 돌리게 되었다고만 노트에 기록해 두었는데. 그러나 이번에는 이에 덧붙여 다음과 같이 기록하고 있다.

ㄱ. 율법은 모세로 말미암아, 은혜는 그리스도로 말미암아 왔다(요 1:17).
ㄴ. 율법은 죄의 값은 사망이라 하고, 은혜는 하나님의 선물은 영생이라 한다(롬 6:23).
ㄷ. 율법은 범죄한 영은 반드시 죽으리라(겔 18:4) 하고, 은혜는 누구든지 주를 믿으면 영생을 얻으리라 한다(요 3:16).

이렇게 바쁜 와중에 청도 태생으로 대구여고를 다닌 적이 있는 정영숙을 만나게 된 것은 동료 박신일 전도사의 소개로 인하였다. 건강하고 자태가 고우며 믿음이 좋다고 했다. 살림도 궁하지 않고 집안의 신앙 내력도 좋다고 했다. 처음 만나 본인은 상대의 손만 보고 상대는 본인의 발만 보았지만, 둘은 어느덧 결혼을 약속하기에 이르렀다. 상대의 사진을 몽탄에 계시는 어머니께 보내드린 후 기도를 부탁했는데 참 좋게 여겨진다는 회신을 받았다. 누구나 할 것 없이 그때 결혼풍속도가 그러했다. 당시 성가대원으로 섬기고 있었던 그 상대의 증조 할아버지가 그리 멀지 않은 청도군 풍각면 송서교회(현 풍각제일교회, 통합 측)에 땅 5백 평을 바친 적이 있다는 말을 아주 후일에 들은 적이 있었다. 송서교회는 그 상대가 영천에 이사 오기 전 중학교 때까지 다녔던 교회였다.

전역할 때가 다가올수록 그 이후의 삶을 걱정하지 않을 수 없었다. 집안에 드리운 수심은 점점 짙어만 갔다. 가세는 더욱 기울어만 갔다. 형들 악상이 이어졌고 아버지는 망연자실하여 경제력을 상실했다. 조카들 중 누구누구는 고아원에 맡겼다는 말도 들렸다.

'이런 와중에 내 살길만 찾아서 되겠는가.'
'목사가 된들 뭔 대수겠는가.'
'어찌할 수 없어 신학교에 다시 복학을 한다고 한들 등록금 마련은 어찌할 것인가.'

이런 상념이 머리를 가득 채웠다. 차제에 굳이 신학을 해서 목사가 되는 것이 하나님의 뜻인가 다시 물어보자 마음먹었다. 이러한 상심이 깊어 가면서 깊이 병이 닥쳤다. 몸이 점점 시들어 가더니 급기야 밤새 눈을 붙일 수 없는 지독한 불면증이 생긴 것이다. 이제는 살면 뭐하겠는가는 생각조차 들었다. 마음에 둔 사람은 있지만, 아내를 맞이하여 가정을 꾸린다는 것이 그저 요원한 꿈만 같이 여겨졌다. 부대를 강원도 양구군 방산면에 있는 전방 12사단으로 옮겨야 했는데, 이 일로 상황은 더욱 악화되었다. 그나마 활기차던 군종으로서의 삶도 아련하게 되었다. 군 생활 자체는 말년이라 아무래도 수월한 점이 없지 않았으나 정작 자기 자신의 문제로 점점 초췌해 갔다.

그러던 중 일생일대의 대사건이 그에게 일어났다. 평소처럼 산(山)기도를 하던 중 일어난 일이었다. 그날도 다음과 같은 생각을 하면서 기도하고 있었다.

'살아서 뭐 할 것인가.'

'하나님의 종이 되어서 뭐할 것인가.'

'우리 가정이 이 지경이 되었는데 이를 모른 체하고 나만 살자고 목사가 된답시고 해도 될 것인가.'

'이럴 바에야 연줄을 닿아 국회의원이 되거나 대상(大商)을 해서 가정을 다시 살리는 것이 정상인이 할 일 아닌가.'

그런데 기도가 깊어 가던 중 갑자기 내 죄가 하늘과 바다를 채우고도 남는다는 통회와 "네가 걸어 다니는 것도 하나님의 은혜요 네가 밟고 선 땅도 하나님의 것인데 너는 어찌하여 근심하고 의심하면서 내 종이 되지 않으려고 하느냐"는 하나님의 음성이 뇌리를 치면서 "주여 집안에 무슨 일이 있어도 신상에 어떤 일이 일어나더라도 좋은 주의 일꾼이 되겠나이다"라는 말이 그의 입에서 그저 흘러나오게 되었다.

모든 의심이 사라지고 마음이 가벼워지고 찬송이 입에 다시 맴돌고 밤에는 잠도 잘 자게 되었다. 복학하는 것이나, 결혼하는 것이나, 목사가 되는 것 모두 하나님이 하실 것이라는 확신이 들었다. 하나님의 음성을 들은 것이다. 성령의 불을 뜨겁게 체험한 것이다. 사도 바울이 부활하신 주님을 다메섹 도상에서 만나고 눈에 비늘을 벗겨 영안을 갖게 되었듯이 이전 것을 지나 보내고 새 것이 되었음을 확신했다. 그날이 1960년 5월 18일이었다.

복학과 결혼

이 일이 있은 후 불과 두 주도 되지 않아 5월 말에 전역을 하였다. 5월 30일 아버지의 장례와 맞물렸다. 자식들을 하나둘 먼저 보내시고 후벼 파는 마음의 상심이 깊었던 탓일까, 이제는 당신이 아예 그 길에 서고 말았다. 또 하나의 주검 앞에 선 어머니의 모습이 그저 애처로이 여겨질 따름이었다. 신록이 무상하게 느껴지기까지 하였다. 그러나 어머니의 삶에는 어떤 변화도 없었다. 예와 다름없이 교회의 터를 다지며 밤이 새도록 기도하셨다.

전역이라고 했지만, 몽탄의 집에 머물며 마냥 쉴 수만은 없었다. 영산강은 여전했으나 그곳에서 소일(消日)할 시간이 없었다. 당시 누구라 할 것 없이 삶이 만만치 않았지만 오히려 교회는 부흥되고 있었다. 한 전도사로서, 교회는 소명의 터일 뿐만 아니라 또한 생계의 터였다. 하나님의 일과 인생의 생계가 따로 여겨지지 않았다. 레위 지파가 그러하지 않았던가. 주님이 가르쳐 주신 제자도가 그렇지 않은가.

당시에는 총신 예과를 나와 본과를 다니고 있다고 하면 앞 다투어 전도사로 모시고자 하는 교회가 많았다. 서기행 전도사는 목포동문교회에서 섬기게 되었다. WCC에 반대해서 목포동부교회에서 갈라져 나온 교회였다. 월 사례금은 5천 원이었다. 이에 쌀 한 가마니를 더하여 준다는 교회도 있었으나 마다하였다. 교회에는 주중에 계속해서 거처할 곳이 마땅치 않았을뿐더러 몽탄의 집에도 소소히 할 일이 적지 않아 토요일 밤에 갔다가 주일과 월요일까지 섬기고 내려오면 다시 수요일 오후에 갔다가 목요일에 돌아오곤 하였다. 집에 내려오면 일제가 고사포 사격장으로 쓰려고 파놓은 우묵한 곳에서 늦게까지 기도하고는 했다. 목포와 몽탄을 오가는 차비도 만만치 않았으니 고충이 컸다. 형편이 이렇다 보니 복학해서 앞으로 2년 동안 낼 등록금 마련도 여의치 않았다. 교회의 사례비와 이곳저곳 부흥회 다니며 받은 사례비를 아낄 수 있는 한 아껴 썼지만 그때그때 연명하고 나면 남는 것이 없었다.

그래서 굳이 서울까지 갈 것 없이 가까운 광주의 신학교에 다닐까 하는 마음도 없지 않았다. 그러나 이런 생각은 잠시뿐 그리 오래 가지는 않았다. 내심 총신 아니면 아무 데도 다닐 마음이 없었던 것이다. 이러한 확고한 신념을 갖게 된 것은 전역을 얼마 안 남기고 당시 교장이셨던 죽산 박형룡 박사와 주고받은 서신 덕이 컸다. 1959년 통합 측의 이탈 이후 교회와 목사님들뿐만 아니라 신학생들도 거취에 대한 결단을 요구받게 되었다. 친구들 중에 3분의 2 가량이 통합 측으로 옮겨갔다. 통합 측 이탈로 그야말로 알맹이는 다 빠져 나가고 껍데기만 남은 형국이었다. 선교사들조차도 대부분 통합 측에 정서적으로 공감하였다. 군에 있던 서기행 전도사의 마음에도 이에 대한 갈등이 없지 않았다. 통합 측으로 오면 목포 선교부에 속한 선교사님을 통해 유학의 길이 열릴 것이라는 솔깃한 제안도 맴돌았다.

그즈음 서기행 전도사는 서울로 편지를 썼던 것이다. 이에 대한 답장으로 온 5장의 편지에서 죽산은 먼저 제자를 따뜻한 말로 위로하신 후 WCC는 그 사상이 용공주의에 물들어 있고, 혼합주의와 다원주의에 경도되있으며, 로마 가톨릭과 교감하고, 성경의 가르침을 멀리하여 사회복음에 빠져 있으므로 결코 이를 지지하는 통합 측에 기웃거려서는 안 된다는 점을 분명히 지적했다. 이 편지를 받은 후 어떤 일이 있어도 합동 측을 떠나지 않을 것이라는 의지를 굳혔다.

무엇보다 전역을 했을 때 무안에는 김일남 목사님, 함평에는 전상섭 목사님이 두 지주와 같이 버티고 계셨음이 큰 힘이 되었다. 동기 임택권과 신세원 등이 요동함 없이 소신을 가지고 있다는 소식도 마음을 다잡는 데 도움이 되었다. 갈등이 생길 때마다 "참 목사 5명이 거짓 목사 10명보다 낫다"라는 박형룡 박사님의 말씀이 뇌리를 쳤다. 그리하여 총신 본과로 복학하는 데에는 어떤 의구심도 없었다. 다만 경제 형편이 녹록치 않았다는 것이 문제라면 문제였다.

1960년 12월 16일, 결혼은 단출하게 치렀다. 신부는 어떻게 모았는지 소정의 금액을 등록금 하라며 신랑에게 내밀었다. 학다리 중학교와 고등학교를 모두 함께 나온 친구 박찬옥도 등록금 일부를 도왔다. 공군사관학교를 졸업한 후 군직에 있었던 그의 도움은 이후 두 학기 동안 계속되었다. 다시 복학하게 되니 서울 아니면 결코 안 된다고 주장하시던 어머니의 시름도 가시게 되었다.

1961년 본과 2학년 1학기에는 3학점 과목으로 히브리어, 2학점 과목으로 종교철학, 조직신학(인죄론), 요한복음, 시서총론과 강해(시편, 아가), 교회사(중세 시대), 구약성경신학, 농촌교회사업, 1학점 과목으로 갈·엡석의(갈라디아서와 에베소서, 원어 사용), 강도학, 고등설교학, 실천, 체육, 헬라어, 현대사교, 총 24학점을 수강하였다. 동문교회 사역은 1학기 중 그만 두었다. 2학기에는 3학점 과목으로 히브리어, 신약성경신학, 2학점 과목으로 칼빈의 사상, 교회사(종교개혁 시대), 조직신학(기독론), 대선지총론과 강해(이사야), 교리사, 1학점 과목으로 주교사업, 강도학, 고등강도학, 빌·골·몬석의(빌립보서, 골로새서, 빌레몬서, 원어 사용), 실천, 헬라어, 체육, 총 23학점을 들었다. 이즈음 조직신학과 성경신학에 대한 식견이 깊어지고 무엇보다 설교문 작성과 전달법에 많은 관심을 기울이게 되었다.

1962년 1학기에는 어거스틴, 루터, 칼빈이라는 제하의 3학점 과목, 2학점 과목으로는 기독교 사회학(교회와 사회), 교회사(근세 시대), 조직신학(구원론), 세계종교사, 기독교윤리학, 교회 정치(권징조례 포함), 1학점 과목으로 강도학, 목회서신, 실천, 체육, 히브리어, 한국교회사, 아모스석의(원어 사용), 총 22학점을 수강했다. 1학기 마칠 즈음해서는 일찍이 영흥교회에서 분립한 몽탄면 사창리 소재 사창교회에서 섬기게 되었다. 이곳에는 부부가 함께 머물 처소가 마련되었다. 결혼 1년 반이 넘도록 아기가 없다고 적잖이 구박을 받아 온 사모가 이곳으로 옮겨 오게 되니 많이 기뻐하였다.

마지막 3학년 2학기는 3학점 과목으로 조직신학(교회론·내세론), 2학점 과목으로 위기신학, 권징조례, 종교심리학, 목회학, 교회사(최근세 시대), 1학점 과목으로 교회행정, 예배모범, 장로교사, 전도학, 강도학, 히브리어, 체육, 보통서신, 스·갈·야석의(원어 사용), 실천, 선교사, 졸업논문, 총 25학점을 들었다. 졸업논문은 종교개혁 당시의 로마 가톨릭의 거짓 신학을 비판하고 면죄부의 폐해를 지적한 후에 칼빈이 개진한 개혁신학의 탁월성을 루터, 멜랑흐톤, 쯔빙글리 등과 비교하면서 고찰하였다.

무엇보다 여기에서는 그동안 박형룡 박사를 통하여 배웠던 서론부터 종말론에 이르는 정통교리에 대한 지식과 『기독교근대신학난제선평(基督教近代神學難題選評)』을 통하여 익혔던 식견을 충실히 반영하여 참 신학을 변증하고 거짓 신학을 반박하는 데 주력하면서 성도의 칭의와 성화가 오직 그리스도의 의로 말미암음을 강조하였다. 이리하여 본과 3년 동안 총 146학점을 수강하였다. 주로 2학점과 1학점 과목이 많았기 때문에 학업은 매우 벅차게 전개되었다.

복학한 후 수업에 매진했을 뿐만 아니라 교내 설교를 노트에 적으며 열심히 들었다. 그중 박형룡 박사의 설교도 포함되었다. 1961년 10월 11일에 시편 132:1-6을 본문으로 "형제 합동의 선"이라는 제목으로 선포된 말씀이 노트에 기록되어 있다. 여기에서 죽산은 모든 민족이 명절에 모여 하나님의 공의를 찬미하며 하나가 되는 것이 레위 지파인 아론의 수염으로부터 흘러내리는 기름이라고 본문에 묘사되었다고 하면서 그것은 예배의 일체감을 뜻한다고 전하였다.

그 이후 11월이 되기 전에 전한 또 한 차례의 죽산의 설교가 노트에 기록되어 있다. 예레미야 23:29-30을 본문으로 한 "거짓 선지자와 참 선지자"라는 제목의 설교였다. 그 요지는 다음과 같다. 교회의 환난은 바깥에서 들어오는 것이 아니라 거짓의 영에 사로잡혀 사술을 부리고 행음을 일삼는 안에 있는 자들로부터 비롯된다. 부름 받아 나선 자들은 소멸하는 불이신 하나님을 두려워할 줄 알아야 한다(히 12:29). 참 선지자는 무엇을 담으려고 하기 전에 먼저 자신을 깨끗이 비워야 한다. 그리하여 그 속에 새 영이 임하여 마음이 부드러워지고 그 밭에 신령한 말씀의 씨앗이 떨어져 풍성한 열매를 맺게 해야 한다(겔 36:26).

이 당시 서기행 전도사의 설교는 박형룡 박사의 조직신학 강의와 설교의 영향이 많이 반영되어 나타난다. 무엇보다 이전에 비해 기독론과 구원론을 역동적으로 연결시키는 설교가 현저히 늘어났다. 예컨대 1961년 9월 27일에 사도행전 1:8을 "성령의 힘"이라는 제목으로 선포한 말씀에서는 오순절에 강림한 보혜사 성령이 빌립보서 2:5-11과 베드로전서 3:18에 노래된 중보자 그리스도의 영이심을 강조하였다(롬 8:9). 성령의 임재로 그리스도가 우리 안에 계신다. 성경은 그리스도가 우리 안에 실제로 내재함을 증언한다(갈 2:20; 골 1:27-28; 고후 13:5). 그리하여 그리스도가 우리 믿음의 주시며 우리를 온전하게 하신다(히 12:2).

이후 그해 추수감사절을 지나고 난 후 창세기 28:10-11을 "하나님의 약속"이라는 제목으로 전한 설교에서는 여기에 나타나는 자손의 축복은 그리스도가 오실 것을 약속하며 복음의 은총을 담고 있다고 구속사적 관점을 견지하였다. 하나님이 나그네의 길에 동행하시겠다는 벧엘의 약속이 궁극적으로 그리스도 안에서 이루어짐을 간파한 것이었다. 이러한 경향은 당시 신세원 등 몇몇과 함께 번갈아 가면서 했던 총신대 기숙사의 새벽 예배의 설교에도 나타났다. 예컨대 1961년 10월 4일 설교에서는 에베소서 1:3-14을 "3위격의 구속사역"이라는 제목으로 설교하였다. 본문은 창세 전에 삼위일체 하나님이 그리스도 안에서 인류의 구원을 작정했음을 전하는 말씀으로서 삼위일체론, 기독론, 구원론, 예정론이 함께 계시하고 있다.

졸업식은 12월 13일에 있었다. 이때는 이미 한 아들의 아버지가 되어 있었다. 첫 아들 성용이 1962년 9월 27일에 사창교회에서 태어났던 것이다. 어머니는 졸업식에 참석하였으나 사모는 육아로 인하여 올라올 수 없었다. 당시 본과 졸업생은 불과 16명에 남짓했다. 예과를 함께 나온 임택권, 신세원, 박문재를 비롯하여 서울대를 나왔던 이진태, 통역장교를 했던 신홍식, 수석졸업생으로 이후 광주신학교 학장을 역임한 김창대 등이 그 면면들이었다. 그 어려운 역경을 이겨 내고 예과와 본과 259학점을 단 한 번의 과락도 없이 취득했다는 것 자체가 하나님의 큰 은혜였다. 중도에 학업을 포기하거나, 형편이 닿지 않아 학업을 무한정 유예하거나, 심지어 소명 자체를 버리고 길을 바꾼 동료들도 적지 않았지만, 어김없이 이 과정을 마치게 된 것이 감사할 따름이었다.

무엇보다 당시 학장이셨던 조직신학자 박형룡 박사, 부학장이셨던 실천신학자 명신홍 박사, 교무처장이셨던 역사신학자 한철하 박사, 구약과 히브리어를 가르치신 최의원 박사, 고신과의 합동으로 들어오신 구약신학자 오병세 박사, 복음전도에 열성을 지녔던 차남진 박사 등으로부터 심오하고도 정통적인 신학을 배우고 설교를 들을 기회를 가졌음이 감사하였다.

# 제2부

교회의 종

신학교 마칠 즈음의 전도사 때부터 강도사와 목사가 되기까지 줄곧 전임으로 교회를 맡아 섬기면서 말씀을 깊이 연구하고 묵상하여 선포함으로써 성도들이 각자와 교회를 향한 하나님의 뜻을 온전히 분별하는 가운데 자신의 삶을 영적 산 제물로 드리도록 힘쓰게 했다.

제3장

초기 담임목회

김제 송지동교회 담임전도사

김제는 호남에서도 곡창 지대로 손꼽힌다. 만경강을 젖줄로 삼아 넓게 펼쳐진 평야에서는 벼농사뿐만 아니라 각종 곡물이 풍부히 재배된다. 이곳에 세워진 처음 교회가 송지동교회이다. 만경강 상류를 따라 들어온 군산 선교부 소속 전위렴(William M. Junkin) 선교사의 전도를 받은 송원선(宋元善)을 비롯한 성도들이 1896년에 사랑방을 기도처로 삼아 이 교회를 세웠다. 등록은 그 다음 해 5월 3일에 하였다. 우리 교단의 여덟 번째 교회였다. 1905년부터 당회록이 있고 지금까지 한 번도 폐(閉)당회를 한 적이 없으며, 한 번도 싸워서 교회가 분열된 적이 없었다.

그 당회가 파격적으로 서기행 전도사를 담임으로 청빙하고자 공동의회를 열기로 결의한 것은 1962년 11월 3일이었으며 청빙을 결의한 것은 1962년 11월 14일이었으니 졸업 몇 주 전이었다. 부임은 졸업식 바로 다음날 12월 14일에 있었다. 원래 ㄱ자 교회당이었던 곳의 일부를 개조하여 사택으로 마련해 주었다. 이곳을 보금자리로 삼아 사모와 아직 백일이 채 되지도 않은 맏아들이 함께 살게 되었다. 교회에서는 매월 쌀 한 가마니와 고구마 두 가마니를 사례하였고 고기반찬도 심심찮게 섬겨 주었다. 방도 4개나 있어 살아가기에 불편함이 없었다. 이곳에 오고부터 처음으로 삶에 여유가 생기기 시작하였다. 사모의 얼굴에도 모처럼 화색이 돌았다.

서기행 전도사는 부임 두 주 후인 성탄절 설교에서 누가복음 2:1-20을 본문으로 다음과 같이 전하였다.

큰 기쁨의 좋은 소식

당시 로마의 황제 가이사 아구스도는 영을 내려 로마 판도에 거하는 모든 백성들에게 호적 등록을 하라 하므로 정혼한 요셉과 마리아는 유대의 혈통을 따라 베들레헴에 가서 이를 행하였는데 출산할 기한이 이르렀으나 나그네의 서러움이 더해 사관에 의지할 곳 없어 말구유에서 아기를 낳게 되었습니다.

금일과 같이 교통이 발달한 시대에도 임신 만삭이 된 이는 여행을 피하는데 2천 년 전 걸어서 베들레헴에 오시기에 얼마나 고생이 많았으며 일과가 피곤했겠습니까?

하나님의 아들 그리스도를 배 안에 안고 다니는 것이 어찌 쉬운 일이겠습니까?

우리 신앙생활은 그리스도를 우리 심령 가운데 모시고 사는 것입니다. 그러하니 한숨과 눈물과 답답한 일도 대단히 많을 것입니다.

그 밤에 그 지역에서 양을 치던 목자들에게 주의 천사가 곁에 와 서고 주의 영광이 두루 비치자 그들이 크게 무서워하였습니다. 그러자 주의 사자가 전하였습니다.

무서워하지 말라 보라 내가 온 백성에게 미칠 큰 기쁨의 좋은 소식을 너희에게 전하노라 오늘 다윗의 동네에 너희를 위하여 구주가 나셨으니 곧 그리스도 주시니라(눅 2:10-11).

인류의 역사에 있어서 문화와 과학과 경제가 발전하고 예리해진다고 해서 즐거움과 기쁨이 계속되는 것은 아닙니다. 인간의 물질적인 욕망이나 쾌락은 끝이 없기 때문에 도무지 그 무엇으로도 다 채워지지 않습니다. 인간의 욕구는 무한해서 한숨과 신음과 애처로운 눈물 가운데도 생에 대한 끈질긴 애착을 거두지 않습니다. 굶주려 가며 땀을 흘리고 살아가도 안식처는 보이지 않고, 잠시의 쾌락은 있으나 영원한 즐거움은 어디에도 없습니다.

이와 같이 눈물 없이 살 수 없는 세상에서 목자들은 천사의 음성을 들었습니다. 나라도 잃고, 민족도 잃고, 종교도 잃고, 죄를 물마시듯이 하는 세상에, 그저 답답하고 안타까워할 뿐 아무것도 나서서 할 수 없는 그들의 처지에, 산중에서 밤을 밝히고 피리를 불며 양을 치는 목자들에게 "큰 기쁨의 좋은 소식"이 전하여졌습니다. 그리스도 예수께서 탄생하신 것입니다.

오늘은 모두 즐거워하는 날입니다. 전 인류는 오늘을 휴일로 삼습니다. 크리스마스 새벽송을 돌고, 크리스마스 캐럴을 부르고, 크리스마스 선물을 주고받습니다. 어른이나 아이나, 군인이나 일반인이나, 추운 곳이나 더운 곳이나, 오늘은 모두가 즐거운 명절로 알고 먹고 마시고 즐거워하며 교회에 모여 예배를 드립니다.

오늘 우리는 어떤 마음으로 이 날을 맞이하셨습니까?
이 시간 무슨 의식(意識)으로 우리가 이곳에 나와 앉아 있습니까?
구주 성탄이 어찌 우리에게 "큰 기쁨의 좋은 소식"이 됩니까?

첫째, 구주가 오셨으매 크게 기뻐할 소식인 것입니다. 아담 이후로 죄에 빠진 인류는 그 값으로 하나님의 심판의 사형장에 서 있습니다. 나면서부터 우리는 그 형벌의 두려움에 사로잡혀 아우성치고 있습니다. 주님은 기름 부음을 받은 그리스도로서 우리의 죄를 대신 짊어지시고 죽음의 형벌을 당하셨습니다. 그리하여 우리의 죄를 사하여 주셨습니다. 그러하니 구주 성탄이 우리가 크게 기뻐할 좋은 소식인 것입니다.

영국의 에드워드 3세가 불란서와 싸워 한 시(市)를 점령하고 시민 혁명을 일으킨 자들을 사형에 처한다고 포고한 후 고시하기를 만일 시민 중에 인격자 5명만 대신 죽는 자가 있으면 그들로 나머지 시민 모두를 대신하겠다고 했습니다. 그때 불란서 사령관 등 5명이 자진하여 사형장으로 향하여 나머지는 모두 살게 되었습니다. 드물게 이런 일도 있지만 그래도 그 5명은 자기 형벌을 치룬 것에 불과합니다.

우리 주님은 죄가 없으시나 우리를 위하여 죽기까지 고난 당하셨습니다. 요한복음 10:18에서 주님은 "나는 스스로 버리노라" 하셨습니다. 그는 본래 하나님의 아들이셨습니다. 그가 이 땅에 오신 것은 우리를 위하여 자기 자신을 주시기 위함이셨습니다. 하나님으로서는 죽으실 수 없기 때문에 우리와 같이 사람이 되신 것입니다. 죄인으로서는 의를 이룰 수 없기 때문에 죄는 없으셨습니다(히 4:15).

그는 근본 하나님의 본체시나 하나님과 동등됨을 취할 것으로 여기지 아니하시고 오히려 자기를 비워 종의 형체를 가지사 사람들과 같이 되셨고 사람의 모양으로 나타나사 자기를 낮추시고 죽기까지 복종하셨으니 곧 십자가에 죽으심이라(빌 2:6-8).

크리스마스에 우리는 선물을 주고받습니다. 그러나 크리스마스의 선물은 우리를 위하여 자기 자신을 주신 주님 자신임을 알아야 합니다.

둘째, 아기 예수가 인류 평화가 되심이 크게 기뻐할 소식입니다. 구주 성탄을 송축하여 하늘과 천군과 천사들이 찬송했습니다.

지극히 높은 곳에서는 하나님께 영광이요 땅에서는 기뻐하심을 입은 사람들 중에 평화로다(눅 2:14).

지금은 대단히 혼란스럽고 공포에 사로잡혀 살아갈 수밖에 없는 때인 줄 압니다. 언제 휴전선 이북에서 다시 쳐내려올지 모르며 제2차 세계 대전의 종지부를 찍은 원자탄이 언제 어느 시기에 우리에게 떨어질지 모릅니다. 미국과 소련은 부들부들 떨며 서로 으르렁거리고 있습니다. 세상에 왜 싸움이 끊이지 않는지 아무도 그 이유를 말할 수는 없습니다. 죄에는 이유가 없습니다. 아담은 배가 고파서 죄를 지은 것도 아니고 지식이 모자라 죄를 지은 것도 아니었습니다. 유혹에 넘어가 무조건 하나님의 명령에 불순종한 것입니다. 이러한 맹목적인 죄악이 관영한 세상에 주님은 화평을 주러 오셨습니다.

그리스도가 이 땅에 오심으로 하나님과 원수 된 우리가 다시금 하나님과 화목하게 되었습니다. 주님은 자기 자신을 희생제물, 화목제물로 드리셨습니다. 그리하여 끝없이 시기하고 질투하고 쟁투하던 우리가 서로 하나가 되게 하셨습니다. 주님이 막힌 담을 허셨습니다. 그는 우리의 화평이십니다. 그가 원수 된 것을 십자가로 소멸하셨습니다 (엡 2:14, 16). 그가 우리를 "새 사람," "새로운 피조물," "새 것"으로 지어 "화목하게 하는 직분"을 주시고 "화목하게 하는 말씀"을 맡기셨습니다(엡 2:15; 고후 5:17-19). 아기 예수는 화목하게 하시는 주님으로 이 땅에 오셨습니다. 그러므로 이제 무기를 버리고 그것으로 낫과 보습을 만들어야 합니다. 우리가 지금 서 있는 이곳에서부터 평화의 새 예루살렘을 만들어 가야 합니다. 내 마음에서부터 화목의 주로 오신 아기 예수를 모셔야 합니다.

셋째, 아기 예수를 통하여 하나님께 영광을 돌리게 되니 큰 기쁨의 소식입니다. 동방 박사들은 별을 보고 아기 예수를 경배하러 왔습니다. 그들은 그 밤에 "유대인의 왕"이 나셨다고 믿었습니다(마 2:2). 그들은 아기께 경배하고 보배합을 열어 황금과 유향과 몰약을 예물로 드렸습니다(마 2:11). 성탄절은 먼 걸음을 한 동방 박사들과 같이 수고를 아끼지 않고 아기 예수를 경배하는 날입니다. 그들은 사막과 험산과 물을 건너 왔습니다. 도적의 위험을 무릅쓰고 왔습니다. 굳이 그들이 세 사람이었다고 볼 필요는 없습니다. 그들이 바벨론에서 왔다고도 하고 바사에서 왔다고도 하지만 그것이 중요하지는 않습니다.

오늘 우리는 이 땅에 오신 주님을 진심으로 경배해야 합니다. 보배합을 열어 귀한 것을 드려 찬미해야 합니다. 남방의 여인이 솔로몬을 찾아와 지혜를 배우고 간 것이 귀하지만, 동방 박사들이 주님을 찾아온 것은 이에 비할 바 없습니다. 주님은 생명의 구주가 되시기 때문입니다. 온 세상을 화평케 하실 화목제물이 되시기 때문입니다.

우리가 가진 황금과 유향과 몰약이 무엇입니까?

그것은 위로는 마음과 뜻과 정성과 힘과 목숨을 다하여 여호와 하나님을 사랑하는 것입니다. 그리고 옆으로는 이웃을 내 몸과 같이 사랑하는 것입니다.

크리스마스는 카드를 받고 선물을 받고 즐겁게 노는 세속적 명절이 아니라 아기 예수를 경배하고 찬미하며 하나님께 영광을 돌리는 가장 복된 날입니다. 오늘 우리는 모두 목자들의 자리에, 동방 박사들의 자리에 서야 합니다. 오직 그리스도의 이름을 높여야 합니다. 아멘.

송지동교회는 일제 강점기에는 장년 1,500명까지 모이던 교회였으나 멀리 오던 성도들이 거리상 다니기 어려운 문제로 여러 차례 분립되면서 교세가 많이 약화되었다. 담임으로 전도사를 모시기는 이때가 처음이었다. 본당이 80평이었으며 장로가 셋 있었다. 60리를 걸어서 다니던 김만수 장로라는 분도 있었다. 예배 때에는 150명가량이 모였다.

언덕배기에 위치한 아름다운 이 교회는 사시사철 풍광이 좋았다. 멀리 보이는 들판은 싱그러운 맛을 더했으며 가까이는 각양각색의 꽃이 때마다 만발하였다. 무엇보다 겨울에는 서해안에서 불어오는 수분을 가득 안은 바람이 많은 눈을 내려 그 정취가 심오했다.

눈이 많이 올 때면 서기행 전도사는 대나무를 길게 잘라 엇대어 큰 삽과 같은 것을 만들어 각 성도의 집 앞까지 밀고 다니며 길을 내었다. 보통 새벽 1시에 시작하여 4시가 넘도록 3킬로미터가 되는 길을 그렇게 쓸고 다녔다. 그때면 겨울이라도 땀이 온몸에 흥건해 김이 모락모락 올랐다. 이렇게 새벽 예배에 열성을 내니 성도들이 모이지 않을 수 없었다. 교회가 점점 부흥되고 새벽 예배만 100명 가까이 나오게 되었다.

성도들의 헌신도 더해 갔다. 처음 쌀 6가마니 정도 하던 십일조가 62가마니로 늘어났다. 십일조를 거의 강제하다시피 하니 이를 노회에 고발할 것이라고 엄포를 놓던 성도들도 없지 않았으나 대체로 이에 순종하였다. 무엇보다 하나님이 성도들의 가정에 윤택함을 더하셔서 추수감사주일 때 부흥과 이적이 많이 일어났다. 그리하여 성도가 3백 명에 육박하게 되었다. 당시 서울에도 이 정도 모이는 교회는 손에 꼽을 정도였으니, 시골에 위치한 교회로서는 교세가 대단했던 것이다.

담임강도사

서기행 전도사는 전혀 예기치 않은 일로 원년에 강도사고시를 통과할 수 없었다. 시험은 잘 쳤으나 복귀했던 고려파가 1963년에 다시 환원하면서 강도사고시 시험지를 가지고 돌아가서 성적을 낼 수가 없었기 때문이다. 그해에는 70명 중 단지 6명만 시험지가 확인되어 합격되었다. 다른 과목은 별탈이 없었는데 조직신학 과목의 답안지를 찾을 수 없었기 때문이었다. 오히려 이 일을 기화로 서기행 전도사는 한 해 동안 조직신학 책을 거의 외우다시피 할 수 있어서 유익함이 없지 않았다.

이 와중에 둘째 성희가 우여곡절 끝에 태어났다. 1963년 11월 17일 주일이었다. 첫째와 연년생으로 났는데, 둘째를 임신하고는 젖이 나오지 않아 첫째가 거의 아사 직전에 이르게 되었다. 무슨 수를 써도 생기가 돌아오지 않고 시들시들 거의 죽어 가고 있었는데, 기도하는 가운데 원기소라는 영양제를 어떻게 구하게 되어서 그것을 갈아 먹여 살리게 되었다.

이런 일이 없지 않았지만 이듬해 1964년에 강도사인허를 받았다. 이제 담임강도사가 된 것이다. 송지동교회에서의 목회와 삶은 아주 보람되었다. 그때까지 없었던 예배당 현관을 입구에 연이어 13평 증축하는 공사도 별 탈 없이 마쳤다. 이 일을 위하여 헌금 설교를 자주 하였다. 각 교회의 예배당은 각 교회의 성도가 자기가 가진 가장 귀한 것을 드려 감당해야 복이 있음을 강조하였다.

신학교에서 말씀의 검을 장만했다면 송지동교회에서 서기행 전도사는 검의 날을 더욱 각이 지게 세우는 설교를 하였다. 설교의 대지와 소지를 나누는 것이 더욱 세분화되었으며 각각의 항목에 해당하는 성경 인용의 수가 훨씬 늘어났다. 예화는 책에서 읽은 것보다 실제 경험한 것을 점차 더 많이 사용하였다. 어떤 주제를 정하여 성경 전체를 전체적으로 조망하고 기독교 역사상 이와 관련된 사건이나 인물들을 통하여 그 가르침을 확정하는 방식의 설교가 자주 눈에 띈다.

예컨대 디모데후서 1:3-6을 "믿음에서 본 여자의 힘"이라는 제목으로 전한 설교에서는 본문에 나오는 디모데의 외조모 로이스와 어머니 유니게를 비롯하여 출애굽에 있어서 홍해를 건널 때 앞장섰던 여자들, 에스더, 사르밧 과부, 기생 라합, 룻, 주의 어머니 마리아, 막달라 마리아, 나사로의 누이 마르다와 마리아, 브리스길라 등의 성경의 인물과 고아들을 특별히 돌본 그레고리 감독의 어머니, 어거스틴의 어머니 모니카, 콘스탄티누스 황제의 어머니 헬레나, 요한 웨슬레의 어머니 수산나, 주기철 목사의 사모인 오정모 집사 등의 신앙의 인물들을 열거하며 다루었다.

마가복음 5:25-34을 본문으로 한 "성경에서 본 병들"도 주목된다. 바로가 아브라함을 취하려다 그 집에 내린 병(창 12:7), 출애굽 때 애굽에 임한 역병(출 7:10), 주님의 말씀에 순종하지 않을 때 임하는 폐병과 열병(레 26:14-16),

하나님의 말씀에 순종하지 않을 때 임하는 재앙(레 26:21), 악을 행할 때 닥치는 염병, 폐병, 열병, 염증(신 28:21-22), 미리암에 닥친 나병(민 12:4-10), 모세에 거역한 이스라엘 백성에게 임한 전염병(민 14:11-12) 등 구약에 나타나는 병과 일곱 귀신들린 막달라 마리아, 소경 바디매오, 주님이 고친 10명의 나환자, 죽음 후 살아난 나사로, 육체의 가시라고 한 병을 지닌 바울 등 신약의 인물들을 열거한 후, 칼빈, 요한 웨슬레, 조지 뮬러, 황은균 목사, 한경직 목사, 김창인 목사 등 신앙의 인물들로서 큰 병을 앓은 사람들을 소개한다.

사도행전 1:1-13을 본문으로 한 "성경에서 본 교회"라는 설교는 마치 교회론 강의를 담고 있는 듯하다. 구약 여러 시대의 다양한 교회의 형태와 오순절 성령 강림으로 형성된 신약 시대 교회를 조목조목 원어를 사용하여 소개하고 난 후 마지막에는 많은 교회지도자를 배출한 영흥교회 청년회에 대해서 언급한다.

누가복음 21:5-9을 본문으로 한 "무질서한 말세"라는 제목의 설교에서도 이러한 경향이 뚜렷이 나타난다. 먼저 성경이 말하는 말세의 우주적, 사회적, 교회적 무질서를 말하고 난 후 온갖 이단을 열거하며 한국 교회의 난맥상을 전하고 있다.

이런 설교는 일종의 신학적 자기훈련의 의미도 있었다. 설교 때 다 전하지 못하는 내용도 배움과 후일의 심화를 위하여 설교문에는 기록해 두었다. 교리를 직접 전하는 경우도 있었다. 예컨대 누가복음 24:36-43을 본문으로 한 "부활하신 그리스도"라는 제목의 설교에서는 주님의 부활을 부인하는 학자들 중 주님이 잠시 죽었다가 살아났다는 기절설, 빈 무덤은 주님의 시체를 누가 훔쳐갔기 때문이라는 도적설, 아리마대 요셉이 시체를 다른 곳으로 옮겼다는 처치설, 부활의 증인들이 다른 무덤을 보았다는 착오설, 주님을 너무 사모한 나머지 정신착란에 이르렀다는 망상설 등이 그대로 전해지기도 하였다.

점차 설교가 변증적이 되어감에 따라 초대교부들과 종교개혁자들 그리고 정통적인 신학자들의 글로부터 인용하는 횟수가 눈에 띠게 늘어났다. 그중 칼빈의 인용이 단연 현저했다. 아무 사람이든지 날마다 주님의 죽음과 부활을 기쁨으로 내다보지 않으면 한 걸음도 전진할 수 없다고 한 사실, 고운 옷을 입고 타인이 죄를 짓게 하는 것 역시 죄라고 한 사실, 예수님의 용서의 음성은 전쟁을 그치게 한다고 한 사실과 더불어 비록 교리에 대한 입장차가 있었음에도 불구하고 칼빈과 루터가 서로 남을 낫게 여겼다는 사실과 칼빈이 사일열(四日熱)에 걸려 사흘이 지나면 오한이 오나 그 이전에 시간을 아껴 하나님의 일을 죽기까지 계속해서 하였다는 사실을 들고 있다. 그리고 김익두 목사, 주기철 목사, 손양원 목사, 이성주 목사, 주남선 목사 등에 관한 언급이 자주 나타난다.

강도사가 된 이후에도 이러한 경향이 설교에 계속 나타났다. 다만 이전에 비해서 그리스도의 대리적 속죄의 의와 그 가치 그리고 그리스도를 닮아 가는 성도의 삶에 대해서 더욱 빈번히 전하였다. 1964년 후반기에 마태복음 26:26-28을 본문으로 한 다음 설교는 그 전형적인 예가 된다.

그리스도의 피

우리 기독교의 본질은 주님의 십자가에서 방울방울 떨어진 피, 전 인류를 위해 흘린 그 피의 은혜에 있습니다. 십자가의 피는 한 사람이 다른 사람을 위하여 수고하고 협력하며 흘리는 땀이나 다른 사람을 동정하며 흘리는 눈물과는 다릅니다. 정성을 다하여 힘을 쏟는 땀과 마음을 다하여 동정하는 눈물도 비할 바 없이 귀하지만 생명을 내놓는 피에는 그 값이 미치지 못합니다.

주님의 피로 하나님은 아들을 주셔서 우리를 자기 자녀로 삼으셨습니다. 아들의 생명으로 우리 생명의 값을 치르신 것입니다. 그 핏줄기가 복음에 실려 온 땅을 적셨습니다.

첫째, 주님의 피는 우리가 죄 사함을 얻게 하시려고 흘리신 피입니다. 무거운 죄 짐에 눌린 자 양심의 견책으로 괴로워하는 자의 유일한 특효약은 그리스도의 피뿐입니다. 죄는 사람을 어둡게 만듭니다. 하나님을 보지 못하도록 눈을 가립니다. 우리의 마음을 완악하고 강퍅하게 해서 하나님이 주시는 구원을 받아들일 수 없게 만듭니다. 이사야 선지자는 전합니다.

> 여호와의 손이 짧아 구원하지 못하심도 아니요 귀가 둔하여 듣지 못하심도 아니라 오직 너희 죄악이 너희와 너희 하나님 사이를 갈라 놓았고 너희 죄가 그의 얼굴을 가리어서 너희에게서 듣지 않으시게 함이니라(사 59:1-2).

죄악의 문제는 생사의 문제라 사람이 죄를 지으면 멸망하게 되는 극단적인 책임을 집니다. 죄는 돈으로 속하지 못합니다. 천하의 무엇으로도 값을 치를 수 없습니다. 죄의 삯은 사망이고 그 사망은 오직 무죄한 피로써 배상됩니다. 이는 하나님이 정하신 법이니, 히브리서 9:22에 말하기를 "피흘림이 없은즉 사함이 없느니라"라고 하였습니다.

어떤 사람이 자기에게는 죄감이 없다고 여긴다면 이는 그에게 죄가 더 많다는 증거입니다. 그런 사람은 사죄의 필요를 못 느낄 것입니다. 스펄전(Charles H. Spurgeon) 목사는 자기의 죄감을 느낀 다음,

해결을 받으려고 경건한 삶을 살았던 백스터(Richard Baxter) 목사나 도드릿지(John Doddridge) 목사의 책을 읽어 보기도 하였지만 끝내 위로를 얻지 못하였습니다. 그러다가 "여호와는 우리의 왕이시니 그가 우리를 구원하실 것임이라"라는 이사야 선지자의 말씀을(사 33:22) 듣고 심중에 큰 위안을 얻었습니다.

속죄의 피는 타락한 인류를 정죄하신 하나님 자신이 친히 예비하셨습니다. 그 피를 믿는 자는 든든한 구원의 반석 위에 서게 됩니다. 구약 시대에 속죄제물을 올려놓고 태우는 제단은 사람이 가공하지 않은 흙이나 다듬지 않는 돌로 쌓았습니다. 일체 사람의 공로가 그곳에 미치지 못하게 하려 하심이었습니다. 거기에 내린 불 역시 하늘에서 내렸습니다(레 9:24). 하나님은 친히 마련하신 제물을 친히 마련하신 제단에서 친히 불을 내려 사르십니다. 구약의 제사법은 이를 보여주는 의식입니다. 그 실체가 그리스도의 십자가에서의 희생제사입니다.

> 하물며 영원하신 성령으로 말미암아 흠 없는 자기를 하나님께 드린 그리스도의 피가 어찌 너희 양심을 죽은 행실에서 깨끗하게 하고 살아 계신 하나님을 섬기게 하지 못하겠느냐(히 9:14).

하나님의 속죄사역은 창세 전에 작정하신 것으로서 그 베푸신 능력이 창조보다 지극히 더 큽니다(엡 1:14, 19). 창조는 하나님이 말씀으로 만물을 지으신 것이지만 구원은 하나님이 그 말씀이신 자기 아들을 주셔서 이루신 것입니다. 그러므로 사도 바울은 예수 그리스도와 그가 십자가에 못 박히신 것 외에는 아무것도 알지 아니하겠다고 하였습니다(고전 2:2). 종교개혁자 루터(Martin Luther)는 하나님의 아들은 우리를 사랑하여 자기 자신을 주셨으니 그것은 율법의 의와 인간이 삶을 살아가는 어떤 공로로도 비할 바 아니라고 하면서, 만약 당신이 하나님의 아들을 비교할 수 없는 보화로 여긴다면 모든 종교의식과 행위와 공로를 지옥으로 던지라고 외쳤습니다. 하나님의 아들의 죽음 외에는 하나님의 진노를 멈추는 방법이 없다고 믿었기 때문입니다.

둘째, 주님의 피는 언약의 피입니다. 인간은 피조물의 연약함을 지녔을 뿐만 아니라 패역한 죄인이기 때문에 하나님을 향하여 입을 열 만한 자격과 권리를 가지지 못하였습니다. 그러나 하나님은 친히 인간을 찾아오셔서 말씀을 주셨으니 그것은 옛 언약과 새 언약 곧 신구약 성경 말씀입니다.

타락한 인류가 다시금 이성적이며 도덕적인 실존을 회복하여 고급스러운 삶을 살게 되는 것은 하나님과 맺은 언약에서 비롯됩니다. 가정을 이루는 혼인과 사회를 이루는 계약은 지상의 것에 국한되지만, 하나님이 자기 백성에게 무조건적인 은혜를 베푸시는 십자가 언약은 하나님의 자녀로서 영원한 복락을 누리는 영생을 선물로 주십니다. 십자가의 피는 구약의 모든 언약에 대한 성취요 지금과 이후의 영원한 삶을 보장하는 값입니다.

언약의 피는 주님이 무조건 은총을 베푸시는 은혜의 피입니다. 언약은 하나님이 일방적으로 그 조건을 이루셔서 이제는 사람이 그것을 믿기만 하면 그의 자녀가 되는 구원의 약속입니다. 그러므로 누구든지 자기 자신의 의를 의지하는 자는 그 은혜를 받을 수 없습니다. 자기 자질, 자기 공로를 믿는 자는 "일한 것이 없이 하나님께 의로 여기심을 받는 사람의 복"을(롬 4:6) 누릴 수 없습니다. 오직 의인은 믿음으로 말미암아 삽니다(롬 1:17). 믿음이 없이는 하나님을 기쁘시게 하지 못합니다(히 11:6).

하나님은 창세 전 구원작정을 친히 이루십니다. 그 일을 이루시기 위하여 독생자 예수 그리스도를 동정녀 마리아에게서 성령으로 잉태되어 나게 하셨습니다(창 3:15; 사 7:14; 갈 4:4). 하나님은 뜻하신 바를 친히 이루십니다. 다만 자기 백성이 그 행하시는 일을 잠잠히 믿게 하십니다. 홍해를 건너라고 하신 하나님이 밤새 동풍을 보내 바닷물을 물러가게 하셨습니다. 이스라엘 백성은 가만히 있으라고 하셨습니다(출 14:14, 21). 믿고 기도하라는 것이었습니다. 여리고 성도 무너뜨리라고 명령하신 하나님이 친히 무너뜨리셨습니다. 이스라엘 백성은 잠잠히 그 성을 돌기만 하였습니다. 그들이 제사장들의 나팔소리에 맞추어 마지막으로 지른 함성은 하나님이 그 성을 주실 것임을 확신하며 미리 외치는 승리의 함성, 믿음의 함성이었습니다(수 6:16).

성도의 믿음은 자기의 공로를 바라보지 않고 오직 예수의 피만 바라봅니다. 자기를 살피지 않고 밝히 보이는 십자가만을 바라봅니다(갈 3:1). 하나님은 아들을 대속물로 주셨을 뿐만 아니라(막 10:45) 그와 함께 모든 좋은 것을 더하여 주셨습니다(롬 8:32). 믿음은 바라는 것들의 실상입니다(히 11:1). 구원의 믿음은 하나님의 약속을 믿는 것입니다. 하나님이 친히 이루심을 믿는 것입니다. 그러므로 믿음 앞에서 우리의 힘과 공로는 잠잠해지는 것입니다.

우리가 만일 하나님 나라에 선한 일을 한 것이 나라고 생각한다면 이는 아직 구원의 진리에 미치지 못한 것입니다. 주님은 우리가 두 달란트와 다섯 달란트 받은 사람과 같이 열심을 다하여 명령받은 일을 이루며 이 땅의 삶을 살아가되 마지막 하나님 앞에 서게 되면 무익한 종이라고 하라고 하셨습니다(눅 17:10). 요셉은 죽음을 앞두고 자기는 죽으나 하나님이 끝내 아브라함과 이삭과 야곱과 맺은 언약을 이루실 것이라고 하였습니다.

> 나는 죽을 것이나 하나님이 당신들을 돌보시고 당신들을 이 땅에서 인도하여 내사 아브라함과 이삭과 야곱에게 맹세하신 땅에 이르게 하시리라(창 50:24).

셋째, 주님의 피는 영생의 피입니다. 주님의 살을 먹고 피를 마시지 않으면 영생이 없습니다(요 6:53). 주님의 피는 구약에 예언된 모든 약속을 이루는 피입니다. 하나님의 약속이 그 아들 안에서 성취되었습니다.

> 하나님의 아들 예수 그리스도는 예 하고 아니라 함이 되지 아니하셨으니 그에게는 예만 되었느니라 하나님의 약속은 얼마든지 그리스도 안에서 예가 되니 그런즉 우리가 아멘 하여 하나님께 영광을 돌리게 되느니라(고후 1:19-20).

아들은 아버지의 말씀을 순종하시되 부분적으로만 하신 것이 아니라 온전히 하셨습니다. 그리하여 아버지를 영화롭게 하셨습니다(요 17:4). 아들은 아버지의 지시를 좇아 자기의 때에 아버지의 일을 다 이루셨습니다(요 2:4; 7:1; 19:30). 아들은 구약의 예언을 다 성취하셨습니다. 친히 율법의 일점일획도 경히 여기지 아니하시고 다 순종하셨습니다. 아들은 고난 가운데 온전히 아버지의 뜻에 순종하셨습니다. 그리하여 영원한 구원의 근원이 되셨습니다(히 5:9). "엘리 엘리 라마 사박다니"라고 외치면서도 죽기까지 순종하셨습니다(마 27:46).

그리스도의 피를 믿는 자에게는 영생이 있습니다. 그는 죽어도 살고 살아서는 다시 죽지 않는 영원한 삶을 누립니다(요 11:25-26). 피라는 말은 성경에 7백 번 이상이나 나옵니다. 그러나 어떤 짐승의 피로도, 어떤 사람의 피로도 구원을 얻을 수 없습니다. 오직 예수의 피로만 우리가 구원을 얻을 수 있습니다. 그는 하나님의 아들로서 사람이 아들이 되셔서 친히 자기 자신을 우리를 위한 제물로 드리셨습니다(갈 1:4; 엡 5:2). 영원하신 하나님의 아들이 사람의 아들이 되셔서 자기 피로 교회를 사셨습니다(행 20:28). 그가 유월절 어린 양이 되셨습니다(고전 5:7). 세상 죄를 지고 가는 하나님의 어린 양이 되셨습니다(요 1:29). 그가 단번에 자기 몸을 드려 우리의 죄를 없애시고(히 9:26), 우리를 거룩하게 하셨습니다(히 10:10).

그리스도의 피가 우리를 살리고 거룩하게 합니다. 우리의 공로는 어디에도 없습니다. 성경해석가 맥크라렌(Brian McClaren)은 죽음을 앞두고 자기의 의를 믿게 될까 두려워서 자기의 모든 원고를 불살라 버렸다고 합니다. 우리에게는 아무 의도 없습니다. 거듭난 이후 주님을 닮아 가는 삶을 살아가는 것도 은혜입니다. 주님의 살과 피 외에는 아무 공로도 없습니다. 토마스 아 켐피스(Thomas à Kempis)는 주님이 사시는 천국에 가기를 원하는 사람은 많으나 주님이 지신 십자가를 질 사람은 적다고 했습니다. 그러나 은혜가 임하면 십자가를 지게 됩니다. 주님의 멍에를 메게 됩니다. 성도는 그것이 쉽이라는 것을 알기 때문입니다(마 11:29).

어떤 경건한 신자가 뉴잉글랜드에 있는 한 교회를 방문했는데 그 교회 목사는 성찬 때 떡과 포도즙 대신 절기에 따라 피는 좋은 꽃을 나누어 주겠다고 하더라는 것입니다. 주님이 대속주로서 몸을 상하시고 피를 흘리셨다는 것을 자기는 몹시 싫다고 했다는 것입니다. 그러나 꽃이 아름답다고 한들 어찌 그것이 영생의 값을 지니겠습니까. 아 켐피스의 말을 상기하자면, 모든 일은 십자가 위에 있습니다. 십자가에 매달려 죽지 않고는 생명과 평화를 얻을 수 없습니다.

"신앙의 원리" 수립

서기행 강도사는 목사가 되기 위해서는 무엇보다 먼저 성경이 계시하고 있는 구원의 도를 종합적이면서도 체계적으로 마음속에 새길 필요가 있다고 여겼다. 그리하여 이를 조목조목 설교하면서 일목요연하게 정리하고자 하였다. 영산강의 물이 농부의 필요에 따라 여기저기 갈래져 논이나 밭으로 흘러들어 가듯이 말씀을 전하는 자는 그 속에 말씀의 맥이 뚜렷이 잡혀 누구에게라도 구령을 위하여 요긴하게 가닿아야 한다고 여겼다. 신학교 때 배운 조직신학에 기초해서 그동안 읽었던 여러 신앙서적과 잡지를 참조하고 몇 권의 노트에 기록해 둔 본인의 설교를 두루 반영시켜서 이를 작성하다 보니 어느새 노트 두 권의 분량이 되었다. 처음에는 이에 "신앙의 원리"라는 제목을 붙였으나 이를 다시 한 권의 노트에 정리하면서 "신앙의 도리"라고 이름을 바꾸었다. 그리고 이후에는 그 내용을 더욱 보충하고 체계화하여 두 차례 더 그것을 각각 한 권의 하드커버 설교집에 실었다. 그때 "신앙의 원리"라는 이름을 다시 사용하였다.

여기에는 고등비평에 기초한 자유주의 신학과 방언과 현세적 복을 기독교의 본질과 같이 여기는 오순절주의를 모두 배격하고, 오직 말씀을 들음으로 구원에 이르는 성경적 가르침에 충실한 정통적 신학을 지향하는 입장이 잘 나타난다. 이에 대한 요점을 정리하여 부흥회 낮 공부 때 사용한 것이 "신앙생활의 기본원리"라는 이름의 팸플릿이었다. 이 팸플릿의 목차와 내용을 기본으로 삼고 3권의 노트와 2권의 설교집에 기록되어 있는 내용을 적절히 가미하여 소개하면 다음과 같다.

신앙생활의 기본원리

I. 서론: 신앙의 정의

1. 바라는 것들의 실상(히 11:1). 믿음은 그 대상인 하나님이 우리를 사랑하신다는 사실에 대한 신뢰에 의지한다. 우리가 어머니를 믿는 것이 그 사랑으로 말미암음과 같다.

2. 보지 못하는 것들의 증거(히 11:1). 우리는 예수를 보지 못하나(벧전 1:8-9) 기록된 하나님의 말씀인 성경을 통하여 믿는다(롬 10:17).
   우리가 소망으로 구원을 얻었다. 보이는 소망은 소망이 아니다(롬 8:24). 보지 않고 믿는 자가 복되다(요 20:29).

3. 과학적 사실보다 신앙적 사실이 위대하다. 바람, 천체, 공기, 대기 등 자연 현상도 하나님의 섭리를 드러낸다.

II. 본론

1. 신앙의 의의: 영적 생활의 자본

1) 하나님이 주신 선물(엡 2:8; 약 2:1). 영접하는 그 이름을 믿는 자는 하나님께로부터 난 자이다(요 1:12-13). 주님 자신이 선물이다.
2) 성령의 각양 은사(고전 12:7-11, 30-31). 은사에 따라 교회의 직분도 다양하다(고전 12:28-29).
3) 예수께서 온전케 함(히 12:2). 내게 능력 주시는 자 안에서 내가 모든 것을 할 수 있다(빌 4:13). 그릇된 기복주의와 은사주의를 탈피하여 진정한 복음주의로 회복되어야 한다.

2. 신앙의 방법
1) 하나님을 아버지라 믿을 것(마 6:9; 고전 8:6; 시 42:2). 그리스도를 영접하고 믿는 자가 하나님의 자녀가 되는 권세를 얻는다(요 1:12-13). 공중의 새도 먹이고 들의 백합화도 입히시거든 하물며 우리이겠는가(마 6:26-30). 육신의 부모도 좋은 것으로 줄줄 알거든 하물며 하늘에 계신 아버지가 더 좋은 것으로 주지 않으시겠는가(마 7:11).
2) 예수를 구주라 믿을 것(마 1:21).
   ① 구원의 주장(롬 5:19). 한 사람 아담으로 말미암아 모든 인류가 사망에 이른 것과 같이 한 사람 예수 그리스도의 은혜로 우리가 구원에 이른다.
   ② 영원한 구원의 근원(히 5:9). 자기를 온전하게 하심으로 자기에게 순종하는 모든 자를 온전하게 하신다.
   ③ 구원을 위해 이 땅에 오심(딤전 1:15). 의인이 아니라 죄인 중의 괴수라도 부르려고 오셨다.
   ④ 구원하시려고 십자가에 죽으심(갈 1:4). 자기 자신을 희생제

물로 드려 인류를 구원하셨다(엡 5:2).

⑤ 유일한 구주(행 4:12). 우리 구원을 위한 유일하신 중보자 시다(딤전 2:5).

⑥ 전 인류 구주(행 2:21; 롬 5:15, 18). 주 안에서 택함을 받은 백성은 누구든지 그를 믿어 구원에 이른다(엡 1:4; 딤전 2:6). 그를 믿는 자마다 율법의 예속(갈 4:5), 율법의 저주(갈 3:8), 죄의 종(롬 6:17-26), 사망(고전 15:55-57), 죽음의 환난(고후 1:8-10), 악한 세대(갈 1:4), 악인의 손(렘 15:21)에서 해방하신다.

3) 성령의 권능을 믿을 것(행 1:8). 성령은 영원하시고(히 9:14), 무소부재하시며(시 139:7-8), 무소불능하시며(눅 1:35; 행 1:3; 롬 15:19), 무소부지하시며(고전 2:10), 창조자 되시며(창 1:2), 구원자 되신다. 이 땅에 오신 주님도 사람의 아들이 되사 성령을 통한 생을 사셨다. 특히 그의 잉태, 세례, 기도, 승천 후의 삶이 이를 잘 보여 준다. 성령은 구원의 영으로서 다음과 같이 역사하신다.

① 중생케 하심(요 3:5). 거듭나 새 것이 되게 하신다(고후 5:17).

② 하나님의 자녀가 되게 하심(롬 8:15; 갈 4:6). 하나님의 아들이신 그리스도의 영을 받게 하심으로써(롬 8:9).

③ 진리 가운데로 인도하심(요 14:17; 15:26; 16:13). 은혜와 진리가 충만하신 그리스도의 영을 받게 하심으로써(요 1:14, 17).

④ 증인이 되게 하심(행 1:8). 친히 그리스도를 증언하신다(요 15:26). 복음을 전하고 가르치기와 전도하기를 그치지 않게 하신다(벧전 1:12; 행 5:42).

⑤ 사랑을 주심(롬 5:5). 그리스도를 닮아 모이기에 힘쓰고 서로 떡을 떼고 유무상통하게 하신다(행 2:44-26).

⑥ 부흥케 하심(행 2:37-42). 말씀을 들어 믿는 자의 수가 늘어나

게 하신다(행 2:38, 41; 4:43).

⑦ 묵시와 영감(딤전 3:16). 하나님의 말씀을 받아들여 그것을 전하고 기록하게 하신다(벧전 1:11; 벧후 1:21).

3. 신앙의 효력

1) 의롭다 함을 얻음(롬 5:1; 갈 2:16-17). 의인은 하나도 없다(롬 3:10). 오직 믿음으로 불가항적 은혜를 받아 구원에 이른다(롬 3:26).

2) 의인의 생활의 자료가 됨(롬 1:17). 의인은 믿음으로 믿음에 이른다. 새 생활과 새 인격과 새 성품을 형성한다. 욕심, 음욕, 시기, 질투, 악담을 버린다.

3) 죄 사함을 얻게 됨(막 2:5). 죄를 사해 주시는 권능이 주님께 있다(행 5:31). 예수의 피가 우리를 정결케 함(요일 1:7). 죄를 숨기는 자는 형통치 못하나 하나님께 죄를 내어놓고 버리는 자는 긍휼을 입는다(잠 28:13).

4) 예수를 모심(마 25:40). 형제 사랑하는 것이 주님을 모시는 것이다(히 13:1; 벧전 4:9).

5) 병 고침을 얻게 됨(막 10:52). 믿음을 보시고 낫게 하신다(눅 5:20; 7:9; 8:50).

6) 능치 못할 것이 없음(막 9:23). 믿음이 겨자씨만큼만 있어도 산을 움직인다(마 17:20). 믿음의 기도로 모든 일을 이룬다(막 9:29).

7) 그리스도의 사랑에서 더 굳게 됨(롬 8:35, 38-39). 환난이 많을수록 자기를 부인하고 십자가를 지고 주님을 좇는 삶을 산다(마 16:24).

8) 하나님 앞에 들어가게 됨(엡 3:12). 믿음은 하나님께 나아가는 것이다(히 11:6; 요 6:35). 십자가에 달리신 그리스도의 육체가 그 길

이 되신다(히 10:20).

9) 하나님을 기쁘시게 함(히 11:6). 무엇이든 하나님의 영광을 위하여 해야 함(고전 10:31).

① 죄인이 회개할 때(눅 15:22-24).

② 하나님의 말씀에 순종할 때(신 30:9-10).

③ 하나님의 일을 할 때(시 104:31; 요 4:36).

④ 하나님께 예배를 드릴 때(시 147:11).

⑤ 복을 주실 때(렘 32:41).

⑥ 백성을 구원하실 때(습 3:17; 마 9:2).

10) 영생을 얻게 됨(요 3:16; 6:53-59). 아들을 믿는 자에게 영생이 있다(요 3:36). 믿음은 주님의 영생의 말씀을 들음으로 말미암는다(요 6:18; 롬 10:17; 마 17:5).

4. 타락해 가는 신앙

1) 병든 믿음

① 사랑이 식어감(마 24:12). 교회 사랑, 성도 사랑, 주의 종 사랑이 식어간다. 사랑이 없으면 내가 아무것도 아니다(고전 13:2).

② 믿음이 작음(마 8:23-27). 믿음이 작은 자에게는 염려와 근심이 많다(눅 12:28).

③ 말을 많이 함(엡 5:4). 남을 해하는 말, 자기를 위한 말, 덕이 없는 말, 은혜가 되지 않는 말을 많이 한다(엡 4:29).

④ 의심함(마 14:31). 하나님과 그의 말씀인 성경과 그가 행하신 이적을 의심한다. 하나님의 말씀을 사람의 말로 받는다(살전 2:13).

⑤ 염려하는 믿음(마 6:25-26). 주께 맡기지 못한다(벧전 5:7). 입고

먹고 사는(衣食住) 세상일에 미련을 가진다(마 19:16-22).

2) 죽어 가는 믿음

① 분쟁함(고전 3:3). 분쟁은 지혜 없이 거는 시비(잠 17:14), 다툼을 좋아하는 마음(잠 17:19), 과격한 말(잠 15:1), 미련함(잠 20:3), 교만함(잠 22:10), 말쟁이(잠 26:20), 탐심(잠 28:25)에서 생긴다.

② 남의 허물만을 봄(마 7:3-6). 남의 약점과 교회와 주의 종과 성도들의 단점을 들춰낸다. 미련하여 자기의 행위가 옳은 줄 여긴다(잠 12:15).

③ 원망함(빌 2:14). 실패할 때, 미워할 때, 손해가 있을 때, 의견이 맞지 않을 때 남을 탓한다. 원망을 하면 심판(약 5:9), 멸망(고전 10:10), 정죄(유 15-16)가 따른다.

④ 사람에게 보이고자 함(마 23:5). 회칠한 무덤과 같이 겉만 아름답다(마 23:27). 보이려고 기도하고 금식한다(마 6:5, 16).

⑤ 이익을 탐함(딤전 6:10). 돈을 사랑하는 자는 믿음에서 떠난다.

3) 죽은 믿음

① 세상을 짝함(딤후 4:10; 약 4:4). 세상은 아담이 타락하여 저주받은 곳이다.

② 성령을 속임(행 5:3). 성령의 지시와 탄식을 무시하고 거짓을 일삼는다.

③ 배로 하나님을 삼음(빌 3:19). 땅의 일을 생각하고 육체의 소욕에 진력한다.

④ 행함이 없음(약 2:26). 행함이 없는 믿음은 영혼 없는 몸과 같다.

⑤ 저주 받음(벧후 2:14). 음심과 탐욕을 추구하여 하나님을 떠난다.

⑥ 사실은 죽음(계 3:1). 살았다 하는 이름만 있을 뿐 죽은 자이다.

5. 장성한 신앙

1) 신령한 믿음

① 회개한 믿음(행 2:38). 회개가 없이 천국에 들어가지 못한다(마 3:1; 4:17).

② 중생한 믿음(요 3:3-5). 속사람의 변화가 일어난다(마 23:25-26). 이제 주 안에 거한다(요 15:4).

③ 자기를 죽이는 믿음(마 16:24-25). 십자가상의 7언에 함의되어 있다(눅 23:34, 43; 요 19:26-27; 마 27:46[막 15:34]; 요 19:28, 30; 눅 23:46).

④ 영과 진리로 예배하는 믿음(요 4:24). 하나님의 말씀에 따른 참 예배를 드린다(왕상 18:21-46).

⑤ 성령이 충만한 믿음(행 2:22). 하나님 아버지의 영이 우리 안에서 친히 말씀하신다(마 10:20). 성령이 임하면 권능을 받는다(행 1:8).

2) 거룩한 믿음

① 성결한 믿음(벧전 1:14-16). 우리의 몸은 우리 자신의 것이 아니요 성령의 전이다(고전 6:19). 여호와의 거룩하심과 같이 거룩하라(레 19:2; 20:7, 26).

② 흠 없이 행하는 믿음(빌 2:14). 행함이 없는 믿음은 죽은 것이다(약 2:17).

③ 온전한 믿음(마 5:48). 온전함에 이르렀다 함이 아니라 온전함에 이르도록 항상 깨어 기도하고 매사에 부지런히 힘써야 한다(골 4:2-3; 벧후 1:5-7).

④ 하나님과 함께 일하는 믿음(고전 3:5). 착하고 충성된 종으로 하나님의 일에 충성한다(마 25:21, 23).

⑤ 범사에 감사하는 믿음(살전 5:17). 아무것도 염려하지 않고 감사함으로 하나님께 구하여 얻는다(빌 4:6).

3) 보배로운 믿음

① 연단한 믿음(벧전 1:7). 하나님은 우리의 마음을 연단하신다(잠 17:3; 시 66:10).

② 시험을 이기는 믿음(약 1:12). 고난의 풀무에서 우리를 택하신다(사 48:10). 주님이 말씀으로 시험을 이기셨듯이(마 4:1-11) 우리도 그러해야 한다.

③ 빛을 발하는 신앙(마 5:14-16). 우리는 주 안에서 빛의 자녀들이다. 어둠의 일을 벗고 빛의 갑옷을 입자(엡 5:8; 롬 13:12).

④ 보물을 하늘에 쌓는 믿음(마 6:20-21). 재물로 친구를 사귀고 구제하고 연보하라(눅 16:9; 잠 11:25; 고후 9:5).

⑤ 예수 제일주의 신앙(마 10:37). 주님을 부모나 형제나 처자보다 더 사랑해야 한다(눅 14:26; 18:29).

4) 복 받는 믿음

① 주일을 거룩히 지키는 믿음(출 20:8-11). 주일은 존귀한 날이라 오락에서가 아니라 여호와 안에서 즐거움을 누려야 한다(사 58:13-14).

② 하나님 말씀대로 행하는 믿음(신 28:2). 아브라함은 하나님의 말씀을 좇아 갈 바를 알지 못하고 떠난다(창 12:4). 롯의 아내

는 말씀에 불순종하여 소금 기둥이 됨(창 19:26). 하나님의 말씀을 지키는 자가 복이 있다(눅 11:28).

③ 시험을 참는 믿음(약 1:12). 사람들이 미워하고 핍박할 때 복이 있으니 기뻐할 것임(눅 6:22). 시험을 참고 주를 섬긴다(행 20:19). 그리스도의 이름으로 욕을 받으면 복이 있다(벧전 4:14).

④ 십일조를 드리는 믿음(말 3:8-10). 하나님의 것을 자기의 것으로 취하지 않고 온전히 드려야 한다.

⑤ 주를 앙모하는 믿음(시 38:15). 여호와를 앙모하는 자는 새 힘을 얻는다(사 40:31). 여호와를 멀리한 애굽은 가장 미약한 나라가 된다(겔 29:14-15).

5) 상 받는 신앙

① 주님을 영접하는 믿음(마 10:40). 제자들을 영접하는 것은 주님을 영접하는 것이다. 주님도 보내심을 받은 사도시다(히 13:2).

② 남을 대접하는 믿음(마 7:12). 남에게 대접을 받고자 하는 대로 남을 대접하라.

③ 구제하는 믿음(잠 19:17; 약 1:27). 가난하고 연약한 자를 불쌍히 여겨 도와주는 것은 여호와께 꾸어 드리는 것이다.

④ 겸손한 믿음(약 4:6). 하나님은 교만한 자를 물리치고 겸손한 자를 높이신다.

⑤ 드리는 믿음(고후 9:6-8). 하나님은 즐겨 내는 자를 사랑하신다.

6) 열심 있는 신앙

① 열심으로 주를 섬김(롬 12:11). 올바른 지식을 따라 섬긴다(롬 10:2). 모든 것을 품위 있고 질서 있게 한다(고전 14:40).

② 열심으로 형제를 사랑(벧전 4:8-9). 서로 돌아보아 사랑과 선행을 격려한다(히 10:24).

③ 열심으로 전도(렘 20:9; 고전 9:16). 때를 얻든지 못 얻든지 말씀을 전한다(딤후 4:2).

④ 열심으로 회개(계 3:9). 우리에게는 죄로 말미암은 여전한 곤고함이 있으나(롬 7:24) 하나님은 미쁘시사 우리가 죄를 자백하면 깨끗하게 하신다(요일 1:9).

⑤ 열심으로 기도(눅 18:1). 기도를 계속하고 기도에 깨어 있으라(골 4:2; 살전 5:17).

7) 헌신적 생활

① 하나님께 몸을 드림(롬 12:1). 우리 지체를 의의 무기로 드린다(롬 6:13).

② 날마다 주를 찬송함(시 72:15). 즐거이 여호와를 노래한다(시 95:1-2).

③ 종일 주께 기도함(시 86:3). 기도를 쉬는 죄를 범하지 않는다(삼상 12:23).

④ 매일 서로 권면함(히 3:13; 골 3:16). 그리스도 안에 있는 권면을 한다(빌 2:1).

⑤ 매일 성경을 상고(요 5:39). 간절한 마음으로 말씀을 받고 성경을 상고한다(행 17:11)

⑥ 매일 십자가를 짐(눅 9:23). 자기를 부인하고 십자가를 지고 주님을 좇는다(마 16:24).

6. 신앙생활의 기본적 자세

1) 몸으로 그리스도의 큰 사역을 나타냄(고후 4:10). 예수의 죽음과

생명을 몸에 짊어진다. 살든지 죽든지 내 몸에서 그리스도가 존귀하게 된다(빌 1:20).

2) 그리스도의 마음을 품을 것(빌 2:5; 고전 2:16). 그리스도는 자기를 낮추시고 죽기까지 복종하셔서 지극히 높이 되신다. 그리스도 안에서 새 마음을 가진다(롬 12:2).

3) 예수 안에 거할 것(요 15:1-7). 예수 안에서 우리가 죄 사함을 받고 하나님의 자녀가 된다(엡 1:7; 갈 3:26).

4) 그리스도로 옷 입을 것(롬 13:14). 그리스도와 합하여 세례를 받은 자는 그리스도로 옷 입는다(갈 3:27). 그것은 빛의 갑옷으로 전신갑주이다(롬 13:12; 엡 6:13).

5) 화목하기를 힘쓸 것(딤후 2:22). 그리스도가 우리를 위한 화목제물이시다(요일 2:2). 먼저 하나님과 화목함으로 이웃과 화목하게 된다(골 1:20; 고후 5:18-19).

목포동문교회 담임목사

송지동교회에서 많은 보람이 있었으나 서기행 강도사에게는 이곳이 마냥 흡족하지만은 않았다. 아무리 주석을 심층적으로 읽고 연구해서 말씀을 전하여도 성도들이 잘 알아듣지 못하는 것 같아서 목회의 한계가 느껴지고 간혹 자괴감이 들기도 하였다. 누구랄 것 없이 성도 한 분 한 분을 열심히 섬기고 그들에게 생긴 일이라면 대소사 간에 가리지 않고 돌보았다. 교회의 부흥도 많이 이루었다. 하지만 채워지지 않는 무엇이 없지 않았다. 도회지에서 목회하는 동료들의 소식도 자극이 될 수밖에 없었다. 이런 마음을 더욱 자극한 것은 김제로 오기 이전에 전도사로서 섬긴 바 있었던 목포동문교회 성도들이 그를 다시 찾은 것이다. 당시 교회가 두 파로 나뉘어 알력이 심했는데 그가 오면 이를 일거에 해결할 수 있을 것이라고 당위성을 부각시키면서 그리했다.

이에 서기행 강도사는 1965년 5월 3일 송지동교회를 사임하고 만 일주일 후 5월 10일에 목포동문교회 제3대 담임으로 부임하였다. 그가 떠나온 송지동교회는 지금도 그 아름다운 언덕 위에 다소곳이 자리 잡고 있다. 이전에 있던 건물을 나누어 교회당과 사택으로 절반씩 사용하던 곳이 이제는 교역자실로 바뀌었고 본당은 그 위쪽으로 자리 잡은 언덕에 새로 높게 지었다. 현재 본당을 위요하는 터까지 합하면 그 부지가 거의 5천 평에 달한다. 주일이면 송지동 주민뿐만 아니라 인근 김제 사람들, 그리고 멀리 전주와 군산에서도 모여 3백여 명 성도가 예배를 드린다. 주일학교 시설을 잘 갖추어 어릴 때 이 교회를 다니던 성도들이 나이가 들어서도 자녀들과 함께 계속 출석하고 있기 때문에 교세가 약화되지 않고 있다.

새로 부임한 목포동문교회는 여러 가지로 열악하였다. 보수 신앙을 지키고 말씀대로 신앙생활 하고자 하는 열의는 컸으나 성도들 서로 간의 상처가 컸다. 일찍이 이곳에서 초대 담임목사로 섬기신 백준걸 목사는 서울 강남에 위치한 남포교회 박영선 목사의 외조부가 되는데 요한계시록을 앞뒤로 다 외웠다고 알려져 있다. 이곳에서의 고생은 말로 다할 수 없을 만큼 컸다. 이곳은 목포에서 제일 가난하고 부자가 없는 동네였다. 사찰이 없어 교회 일을 도맡아 다 해야 했다. 끼니를 때울 수 없어 두 자녀를 거의 교인들에게 위탁하다시피 해야 했다.

서기행 강도사는 이곳에서도 무엇보다 말씀을 깊이 분석하여 전하는 데 힘썼다. 현재 목포동문교회는 자리를 옮겨 서해안 고속도로가 끝나는 지점 언덕에 크게 자리 잡고 목포에서 손꼽히는 교회로 성장하고 있다. 이곳에 있는 동안 1965년 11월 5일 목포노회에서 안수를 받았다. 그 나흘 전인

11월 1일에는 셋째 성운이 태어났다.

목포동문교회에서의 설교에는 고난 가운데서도 주님과 같이 아버지의 뜻을 이루기 위하여 끝까지 순종해야 하는 성도의 삶을 중점적으로 선포하였다. 이는 당시 교회가 처한 상황과 자신의 각박한 처지와 무관하지 않았다. 부임한 초기부터 그런 경향이 농후하였다. 마태복음 4:10과 누가복음 4:1-13과 마가복음 1:12-13을 본문으로 한 "대사(大事) 전의 기도"라는 제목의 설교에서는 주님이 임박한 고난을 바라보며 고민하시면서도 아버지의 원대로 순종하고자 땀이 피가 되도록 드리신 기도를, 마태복음 5:1-13을 본문으로 한 "하나님께서 원하시는 마음"에서는 애통하고 핍박을 받지만 온유한 자가 복이 있다는 팔복을, 예레미야 4:19-20을 본문으로 한 "고통의 심정"에서는 오직 하나님의 뜻을 바라보고 거짓 선지자들과 맞서는 참 선지자의 눈물을, 창세기 32:24과 다니엘 10:7과 마태복음 28:20을 본문으로 한 "고적(孤寂)"에서는 하나님의 음성을 듣고 순종하는 삶을 살고자 하는 자들의 외로움에 대해서 선포하였다.

이러한 설교는 계속되었다. 요한복음 17:1-26을 본문으로 한 "고난과 성도"에서는 하나님의 자녀가 겪는 환난은 세상에는 미련하게 보이나 오히려 능력이 됨을, 마태복음 6:31-34를 본문으로 한 "기독신자의 고민"에서는 성도의 삶에 염려와 근심을 물리치고 먼저 하나님의 나라와 의를 구할 것을 전한 것이 그렇다.

이 당시의 설교가 성도의 고난과 애통과 고난을 많이 다루었지만 그렇다고 해서 그저 그렇다는 것을 알리는 데 머물지 않았다. 이러한 처지를 단지 수동적으로 받아들일 것이 아니라 그리스도의 의에 힘입어 적극적으로 이겨 내는 것이 성도의 삶이라는 것을 강조한 것이다. 이러한 설교의 경향은 평생토록 계속된다.

빌립보서 2:1-11을 본문으로 한 "그리스도의 마음을 품으라"와 "십자가의 길"이라는 두 설교에서는 낮아짐을 통한 높아짐의 도를, 요한복음 17:1-26을 본문으로 한 "예수님의 기도를 배우자"에서는 기도로 고난에 정면으로 맞서는 주님의 모습을, 사도행전 2:42-47을 본문으로 한 "예루살렘 교회를 본받으시라"에서는 환난과 핍박이 더할수록 모여서 기도하고 교제하기를 힘쓰는 보혜사 성령을 받은 성도의 삶의 전형을 선포했다. 이 당시에는 시편 설교를 주일 오후와 수요일에 많이 했는데 그 주제도 대체로 이와 같이 성도가 처한 상황과 그것을 이겨 내는 기도에 대한 내용이 주를 이루었다. 1965년 후반기에 로마서 8:5-11을 본문으로 한 다음 설교는 그 한 전형을 보여 준다.

그리스도의 사람

본문은 육를 좇는 사람과 영을 좇는 사람을 지적하면서 육의 생각은 사망이요 영의 일을 생각하는 것은 생명과 평안이 깃들게 될 것이라고 전합니다. 우리 인류에게는 육을 향하여 달리는 사람과 영의 일 곧 그리스도의 사람으로 사는 사람이 있음을 밝히고 있는 것입니다. 곧 보이는 세계만을 보고 사는 사람과 보이지 않는 세계를 바라보고 사는 사람이 있다는 것입니다. 육만이 생애의 목적이 되어 있는 사람도 있고, 그 반면에 영적인 사람 즉 하늘나라를 사모하면서, 날 위해 십자가에 달리시고 죽은 지 사흘 만에 부활하신 그리스도만을 심령에 모시고 사는 그리스도의 사람이 있다는 것을 본문에서 말하고 있습니다. 본문에 따르면 육을 좇고 육신의 생각만을 하는 사람은 천지만물을 창조하신 하나님을 기쁘시게 하지 못하며 끝내 하나님과 원수가 된다는 사실을 가르쳐 주고 있습니다.

그리스도의 사람은 누구입니까?

오늘날 인기가 절정에 오르고 있는 영화배우입니까?

아닙니다. 그들은 관람객들에게 환영을 받고 있을 뿐입니다.

운동을 잘하는 스포츠맨입니까?

그들은 트랙에서나 환호를 받습니다. 옷을 잘 입는 멋쟁이나, 말 잘하는 능변가나, 돈 많은 부자나, 춤 잘 추는 댄서나, 지식 많은 박사나, 밤중에 남의 집을 타넘는 강도나 절도나 모두 아닙니다. 그리스도의 사람은 믿음의 소리를 들으며 하나님의 뜻을 수행하여 하나님께 칭찬을 받는 사람입니다.

오늘은 본문에서 전하는 참 그리스도의 사람이 되어 천국 백성의 복락을 누리기를 바라며 함께 은혜를 나누기를 원합니다.

첫째, 육의 일을 좇지 않는 사람이 그리스도의 사람입니다. 육을 좇는 사람은 육의 일을 도모하고 하나님과 원수가 되며 하나님의 명령을 우리 조상 아담과 같이 불순종합니다. 이스라엘의 왕 아합의 아내 이세벨과 같이 하나님을 거역하고 하나님의 종들을 괴롭히며 하나님 외에 아세라 목상과 바알 신을 섬기는 마귀의 사람입니다. 그들은 모두 그리스도의 원수입니다. 골로새서 3:5에서 말하듯이,

> 그러므로 땅에 있는 지체를 죽이라 곧 음란과 부정과 사욕과
> 악한 정욕과 탐심이니 탐심은 우상 숭배니라.

한 나라의 백성은 그 나라가 원하는 백성이 되어야 하고 그 주인을 섬기는 종은 주인의 뜻대로 살아야 하는 것과 마찬가지로 그리스도께서 기뻐하시고 그리스도께서 원하시는 일을 해야 천국 백성인

그리스도의 사람입니다. 그리스도의 사람은 육을 위한 불의한 생활과 악의를 품은 언사를 멀리하고 육을 위한 잔인한 행동을 금해야 합니다. 악은 그 그림자라도 버려야 합니다.

> 의에 주리고 목마른 자는 복이 있나니 그들이 배부를 것임이요 (마 5:6).

육에 속하여 사는 사람은 육욕을 좇아 살아가나 그리스도의 사람은 사욕을 따르지 않고 하나님을 기쁘시게 하는 일만이 복되다는 것을 생활의 규범으로 삼고 살아갑니다. 야고보서 1:15에서는 욕심이 잉태하여 죄를 낳고 죄가 장성하여 사망을 낳는다고 했습니다. 그리스도의 사람은 악한 정욕과 탐욕과 탐심을 멀리하고 멸시와 천대와 학대를 받더라도 육의 소욕에 조종을 받아서는 안 됩니다. 로마서 1:29-31은 그리스도의 사람이 오히려 멸시하고 천대하며 배척해야 할 것들을 다음과 같이 나열하고 있습니다.

> 곧 모든 불의, 추악, 탐욕, 악의가 가득한 자요 시기, 살인, 분쟁, 사기, 악독이 가득한 자요 수군수군하는 자요 비방하는 자요 하나님께서 미워하시는 자요 능욕하는 자요 교만한 자요 자랑하는 자요 악을 도모하는 자요 부모를 거역하는 자요 우매한 자요 배약하는 자요 무정한 자요 무자비한 자라.

사울 왕은 사무엘을 통하여 아말렉을 진멸하라는 명령을 받았음에도 이에 순종하지 않아서 왕위가 그 자손에게서 떠나게 되었습니다. 아말렉은 모세가 출애굽하여 가나안으로 나아가려고 할 때 대적하였습니다. 하나님은 이를 기억하시고 사울에게 그들 남녀와 소아와 젖 먹는 아이와 우양과 약대와 살진 소와 나귀를 죽이라고 지시하셨습니다. 사울 왕은 20만 병력을 거느리고 가서 승리를 쟁취했는데 그릇된 생각에 사로잡혀 살진 소와 양을 가지고 왔습니다. 어떤 동기와 명분이 있더라도 하나님은 자기의 뜻을 거역하는 것을 가장 싫어하십니다. 그리하여 하나님은 사울을 왕으로 세운 것을 후회한다고 하시기까지 하였습니다(삼상 15:1-35).

관원이요 부자였던 청년은 모든 계명을 지키었어도 육에 끌리어 그만 주님의 축복의 자리에서 벗어나고야 말았습니다. 주님은 그 청년에게 한 가지 부족한 것이 있으니 그가 가진 모든 것을 팔아 가난한 사람에게 나누어 주면 하늘에서 보화가 있으리라고 하셨습니다. 그러나 그 청년은 큰 부자인 고로 이 말씀을 듣고 심히 근심할 뿐이었습니다(눅 18:18-25).

이 세상에 사는 동안 육의 만족을 채우려고 하면 영은 쇠퇴하고, 육의 만족을 추구하는 사람은 올바른 신앙을 소유하지 못하며, 육의 만족으로 향락을 삼는 목적을 가지고 있으면 점차 신앙의 세계에서 멀어지고 맙니다. 사망의 문은 넓어 모든 사람에게 들어갈 수 있으나 생명의 문은 두드리는 자에게만 열려지고, 사망의 길은 누구에게나 펼쳐지나 생명의 길은 고독하고 좁아 고적(孤寂)하게 느껴집니다. 그러나 사망의 길은 우는 사자와 유혹의 뱀이 득실거릴 뿐 생명나무의 실과를 먹을 수는 없습니다.

옷 잘 입어 보는 것이 내 마음이었고, 떨어진 옷보다 좋은 옷을 내 몸이 좋아했고, 물이 새고 쓰러지는 오두막집보다 양옥집이 탐스럽습니다. 거친 김치나 된장보다는 맛 좋은 고깃국이 더 입에 맞습니다. 이것이 나의 생활의 전부일까요?
그럴 수는 없습니다. 산 너머 고갯길은 험해도, 개울 너머 창해가 있어도 가야 할 길 천국길이니 육의 생각 버리고 그리스도의 사람 되리. 찬송컨대,

> 나는 갈 길 모르니 주여 인도하소서
> 어디가야 좋을지 나를 인도하소서
> 어디가야 좋을지 나를 인도하소서.

둘째, 영의 일을 생각하는 사람이 그리스도의 사람입니다. 영의 일을 생각하는 사람은 생명과 평안이 그 속에 깃들게 됩니다. 성도는 그리스도의 영을 받은 자로서 그 영의 소욕대로 살아갑니다(롬 8:9; 갈 5:16-17). 그리하여 그리스도를 바라보며 그의 형상을 온전히 이루어 갑니다. 노란 전등, 파란 전등, 붉은 전등이 있으나 빛은 하나입니다. 우리는 각양의 형태로 삶을 살아가지만 우리 속에는 그리스도의 빛이 있습니다. 그리하여 우리가 빛의 자녀가 되고 빛의 갑옷을 입습니다(엡 5:8; 롬 13:12).

우리의 태생이 어떠하든 우리가 어느 집안의 자녀이든 우리의 형편이 어떠하든 우리 속에 그리스도가 사시면 우리는 모두 그리스도와 함께 하나님의 자녀가 되며 상속자가 됩니다(롬 8:15, 17). 프란시스(Francis of Assisi)는 회개하고 그리스도의 사람이 되면 그 얼굴이 그리스도의 얼굴과 같이 되어 광채가 난다고 했습니다. 사도 바울은

자기가 그리스도를 본받는 자 된 것처럼 고린도 사람들도 자기와 같이 되기를 바란다고 했습니다(고전 11:1).

1965년 10월 22일자 「한국일보」, 「동아일보」, 「중앙일보」에 실린 기사입니다. 임예근 씨는 51세인데 남편은 1.4 후퇴 때 헤어져 종적을 모르고 3대 독자 23세 박태원과 함께 우리 지역인 용산구 단간 셋방에서 이웃에 의지하여 근근히 연명하고 있었습니다. 그런데 아들이 일하는 금은방(成寶當)에 강도가 들어와 그만 그 아들이 죽고 말았습니다. 처음에는 그 살인자도 죽이고 자기도 죽고자 했습니다. 그러나 이내 그 쓰린 가슴을 추스르고 기독교 신자로서 원수를 내 몸과 같이 사랑해야 한다는 말씀에 붙들려 서울고등형사부 재판장 성태원 부장 판사를 찾아가 아들을 죽인 24세 홍복의를 살려 달라고 애걸했습니다. 자기의 소원은 두 가지뿐이니 헤어진 남편 박학순 씨를 다시 만나는 것과 이 살인자를 아들 삼는 일이라고 했습니다.
이것이 그리스도를 닮는 삶이 아니겠습니까?

바울은 로마서 8:35에서 "누가 우리를 그리스도의 사랑에서 끊으리요 환난이나 곤고나 박해나 기근이나 적신이나 위험이나 칼이랴"라고 했습니다. 육의 일을 버리고 영의 일을 생각하는 사람의 삶은 언제나 이러합니다. 자기 자신을 드러내고 일신의 영달을 꾀하는 것이 아니라 살든지 죽든지 오직 내 안에서 그리스도가 존귀하게 되기를 바랄 뿐입니다(빌 1:20). 그리스도의 사람은 예수로 만족합니다. 불평과 원망이 치고 올라올 때에도 그리스도로 말미암아 감사하고 기뻐합니다. 진정 그가 두려워하는 것은 예수 없는 삶입니다. 예수의 사랑에서 끊긴 삶입니다. 그러나 아무도 그 사랑에서 자신을 끊을 수

없음을 확신하는 삶입니다. 우리가 찬송하듯이,

> 구주 예수 의지함이 심히 기쁜 일일세
> 허락하심 받았으니 의심 아주 없도다
> 예수 예수 믿는 것은 받은 증거 많도다
> 예수 예수 귀한 예수 믿음 더욱 주소서.

아무리 육이 세상 편으로 잡아당겨도 그리스도께 이끌려 살아감으로 하나님을 기쁘시게 하는 성도님들이 되시기 바랍니다.

셋째, 그리스도의 사람은 하나님만을 기쁘시게 하는 사람입니다. 군대에 가보면 지휘관이나 상관을 기분 좋게 하려고 사병들은 청소를 철저히 하고 부관 이하 참모들은 아침에 차에서 내리는 그들에게 깍듯이 경례를 하는 모습을 일상 보게 됩니다. 언제 바뀔지 모르고 길어야 몇 년 있는 윗사람도 그렇게 지극하게 모시는데 하물며 영원토록 우리와 함께 사실 주님을 모시는 것은 그보다 훨씬 더한 마음과 정성을 쏟아야 하지 않겠습니까.

하나님은 언제 기뻐하실까요?
네 가지로 이를 생각해 보면, 먼저 하나님은 죄인이 회개하고 돌아올 때 기뻐하십니다. 삭개오가 죄를 자복하고 갚을 것을 청산할 때 주님은 대단히 기뻐하셨습니다(눅 19:1-10). 집 나간 탕자가 창기들과 어울려 부모의 유산을 다 낭비하고 거지로 돌아왔으나 자기의 잘못을 뉘우칠 때 그 아버지는 송아지를 잡고 금가락지를 끼워 주고 새 옷을 입혀 친구들을 불러 잔치를 베풀어 주었습니다. 이런 마음이 하나님의 마음이 아니겠습니까. 양 아흔아홉 마리를 우리에 놓고 잃어버린 한 마리 양을 찾아다니시다가 찾으면 기뻐하시듯이 하나님은 죄인 하나가 돌아오는 것을 천하 그 무엇보다 기뻐하십니다(눅 15:1-10).

그리고 하나님은 이유, 형편, 사정에 개의치 않고 자기의 뜻에 순종할 때 기뻐하십니다. 아담이 불순종하니 하나님께서 이를 싫어하셨습니다. 그 죄로 세상에 죽음과 수고의 형벌이 들어왔습니다. 그러나 아브라함이 순종하니 이를 기뻐하셨습니다. 그리하여 땅과 후손과 복을 약속하셨습니다(창 12:1-3). 하나님은 언약을 어기고 제물을 들고 와 제사를 드리는 것보다 하나님을 알고 경외하며 그의 인자를 바라는 것을 기뻐하십니다(호 6:6; 시 147:11).

또한 하나님은 가장 귀한 것을 드릴 때 기뻐하십니다. 주님은 제자들이 전부를 버리고 자기를 따를 때 금생에도 복을 받고 내세에도 복을 받는다고 하셨습니다. 하나님은 처음 난 것, 제일 좋은 소나 나귀, 처음 익은 열매를 받고자 하십니다. 사람이 쓰고 남은 것을 받으시는 분이 아닙니다. 하나님은 만물을 처음 있게 하시는 창조주이시기 때문입니다. 하나님은 우리가 가정에 쓸모가 없는 것을 버리기가 아깝다 하면서 바칠 때 받지 않으십니다. 우리가 가장 소중히 여기는 것을 바칠 때 받으십니다. 아브라함이 독자 이삭을 바칠 때(창 22:12), 마리아가 주님의 머리에 옥합을 깨뜨려 가장 귀한 향유를 부어 드릴 때(마 26:7) 기뻐하셨습니다.

또한 하나님은 우리의 믿음을 기뻐하십니다. 믿음이 없이는 하나님을 기쁘시게 하지 못합니다(히 11:6). 믿음으로 에녹은 죽음을 보지 않고 하늘로 옮겨졌습니다. 그리고 하나님을 기쁘시게 하는 자라는 이름을 얻었습니다(히 11:5). 경건하고 평안한 가운데 선하고 받으실 만한 소원과 간구와 기도를 올려 드릴 때(딤전 2:1-4), 정직한 자의 기도를(잠 15:8), 우리 몸을 산 제사로 드릴 때(롬 12:1), 기쁨으로 드리는 연보를(빌 4:18), 복음 전파할 때(살전 2:4) 기뻐하십니다.

마지막으로 하나님은 우리가 괴로움을 참아낼 때 기뻐하십니다. 주님의 이름으로 고난을 받고 주님의 십자가를 지는 삶을 기뻐하십니다. 그러므로 선을 행하다가 낙심하면 안 됩니다(살후 3:13). 사탄은 온갖 술수를 부려 선을 행하는 자가 낙담하고 절망하게 만듭니다. 그러나 하나님은 우리의 마음을 위로하시고 모든 선한 일과 말에 더욱 굳건하게 하십니다(살후 2:17).

> 죄가 있어 매를 맞고 참으면 무슨 칭찬이 있으리요 그러나 선을 행함으로 고난을 받고 참으면 이는 하나님 앞에 아름다우니라(벧전 2:20).

우리는 사탄에 속한 사람이 아니라, 저 지옥의 백성이 아니라, 그리스도의 사람, 천국의 백성입니다. 그러므로 겨와 같이 사라지고 분토와 같이 못쓸 육의 일을 생각하지 말고 신령한 열매를 맺고 영생하는 기쁨이 있는 영의 일을 힘쓰는 성도가 되어야 합니다. 하나님을 기쁘시게 하는 것만이 우리에게 유익하고 즐거움이 됨을 고백하시는 삶을 사시기 바랍니다.

"주일학교 교안" 수립

서기행 목사는 일생 두 사람을 마음에 담고 살았다. 한 분은 기도 많이 하시며 일생 꼿꼿함을 잃지 않으셨던 어머니시며 한 이는 동생 양순이었다. 어머니의 주검은 묘에 묻었다면 철없는 양순의 죽음은 가슴에 묻혔다. 죽음은 안중에도 없는 듯 오물오물 할 말을 다하며 죽어 가던 초등학교 1학년 동생을 생각하면 자기도 다시 그 앞에 서 있는 초등학교 6학년 아이가 되는 것 같았다.

양순을 생각하며 커서 아이들을 잘 가르치는 목사가 되고자 하였다. 그리하여 주일학교나 아동설교 등에 대한 책도 많이 읽었다. 양순을 생각하면 왠지 나이는 어른들보다 상난지기 좋아하고 호기심 많으며 눈동자가 그지없이 맑기만 한 아이들이 천국에 더 가까이 있다는 생각이 마음에 새겨지고는 하였다. 그런 마음이 있어서인가 아이들을 보면 그냥 즐겁고 마음이 동하여 격의 없이 끌어안고 기도해 주고 하였다. 그러하니 언제나 주일학교가 부흥되었고 하계와 동계 성경학교 강사로 초빙되어 가서 말씀을 전하면 아이들이 마음을 빼앗겨 울고 웃고 하였던 것이다.

그런 가운데 굳이 주일학교를 위한 목사가 되겠다는 생각이 부질없음을 알게 된 것은 송지동교회에서 전임으로 목회를 하면서부터였다. 어려운 일, 얼토당토않은 일, 막막한 일, 한심한 일, 측은한 일, 몽매한 일, 도무지 앞뒤가 맞지 않는 일 등 이 일 저 일을 하루가 멀게 겪으면서 어른들도 아이들과 다를 바 없이 돌봄이 필요하다는 사실을 깨닫게 되었다.

주님은 어린아이와 같이 되지 않으면 천국에 들지 못한다고 하셨다. 의원이 건강한 자가 아니라 환자에게 필요하듯이 이 땅에 오신 주님은 의인이 아니라 죄인을 찾으신다. 주님은 철든 어른이 아니라 철없는 아이를 찾으신다. 그러므로 자기가 철든 어른이라고 생각하는 자는 주님과 아무 상관이 없다. 어린아이와 같이 되어야 주님이 만나 주시기 때문이다. 이렇게 볼 때 구령의 목회와 교육과 전도에 어른과 아이가 따로 없다. 모두 아이와 같이 여겨야 한다. 아이와 같이 되도록 가르쳐야 한다. 진정 딱딱한 음식을 먹는 자는 스스로 철든 자가 아니라 하나님 앞에 철없는 어린아이와 같이 서서 은혜를 누리는 사람이다.

서기행 목사는 1965년 목포제일교회에서 개최되었던 교사강습회에서 주일학교 설교법, 동화법, 교수법(교화법)을 가르쳤다. 그 내용을 보면 대상이 아이들이므로 그 눈높이에 맞추어야 한다는 점이 부각되거나 강조되기는 하지만 본질에 있어서는 어른들을 대상으로 하는 가르침과 다르지 않음을 알 수 있다. 여기에서는 설교법에 대해서만 소개하도록 한다.

아동설교법

1. 아동설교란 무엇인가?

아동설교를 한마디로 정의한다면, "예수님을 통하여 그 시대에 말씀된 하나님의 뜻을 이 시대에 살고 있는 어린이들에게 잘 깨닫도록 새겨서 전달하는 것이다." 정히 이를 나누어서 생각한다면,

  1) 설교란 철저하게 하나님의 뜻(생각)을 순수하게 전달하는 것이다.
    ① 내 생각을 설명하는 것이 아니다.
    ② 종교에 대한 지식을 설명하는 것도 아니다.
    ③ 성경에 있는 이야기만을 하는 것도 아니다.
    ④ 훌륭한 사람의 감상이나 경험을 소개하는 것도 아니다.
  2) 설교의 기초는 성경에 둔다.
    ① 동화에 기초를 둘 수는 없다.
    ② 위인의 교훈에 기초를 둘 수도 없다.

③ 자기의 경험에서 나온 간증도 설교의 기초는 될 수 없다.
3) 설교는 예배 중 가장 중요한 위치를 차지한다. 설교는 소명을 가진 자가 성령의 도움으로 해야 한다. 그렇지 않으면 하나님이 말씀을 통하여 만백성에게 드러내신 뜻을 반듯이 전할 수 없다.

2. 설교의 종류

아동설교는 다음과 같이 3가지 방법으로 분류한다.
1) 때와 계절에 따른 분류
① 특별한 주일의 설교. 일 년 중에 특별한 주일이 있다. 즉 크리스마스, 부활주일, 어린이주일, 어머님주일, 감사절 등에 하는 설교가 있다.
② 어른 예배에 있어서 아동설교. 어른과 아이가 함께 모여서 예배할 때의 설교이다.
③ 수시 예배(informal worship)의 설교. 즉 캠프나 야외 나가서 하는 설교이다.
④ 유년주일학교에서의 설교.
2) 내용 전개에 의한 분류
① 해석설교. 설교자가 본문을 전한 후에 그 본문에 대한 해석을 하는 것이다. 이 경우 본문과 해석이 잘 조화되어야 한다. 어린이들이 듣고 잘 받아들여 그 말씀이 실생활에 살아 움직일 수 있어야 한다.
② 제목설교. 어린이들이 공통적으로 직면하는 문제들을 제목으로 하여 그들의 종교적 성장에 도움을 주도록 하여야 한다.
③ 지식을 주는 설교(informational sermon). 역사적 사실이나 선교 사역에 관한 자세한 내용을 알려 하나님의 뜻을 전달할 수

있는 설교이다.

④ 상징적인 설교. 유사한 물건이나 표현을 사용하여 종교적 개념이나 윤리적 교훈을 가르쳐 주는 설교이다.

⑤ 월정(月定)제목설교. 한 주에 설교하기는 부족하여 한 달을 두고 하는 설교이다.

2) 전달 방법에 의한 분류

보통 아이들에게 듣는 것으로는 15%, 듣고 보는 것으로는 45%, 듣고 보고 경험하는 것은 85%의 능률이 있다.

① 듣는 것
   a) 이야기를 통한 설교
   b) 희화(戱畵)로 시작하는 설교

② 듣고 보는 것
   a) 실물설교
   b) 융판그림설교
   c) 그림을 사용하는 설교

③ 듣고 보고 경험하는 것
   a) 극(劇)을 통한 설교

3. 아동설교자의 자격
   · 기독교신앙이 철저해야 한다.
   · 성경과 신학에 대한 기본 지식이 있어야 한다.
   · 어린이의 심리를 이해해야 한다.
   · 어린이를 사랑해야 한다.
   · 어린이와 함께 교제할 줄 알아야 한다.
   · 기도로 성령의 능력을 얻는 사람이어야 한다.

4. 설교의 준비

1) 평소에 메모책을 볼 것. 메모책을 가지고 다니다가 설교의 제목이나 예화나 줄거리가 될 만한 것을 생각나는 대로 수시로 적어둔다.

2) 설교집이나 예화집을 참고할 것.

3) 설교를 작성하려면 먼저 제재(題材)를 택한다. 이에는 세 가지 종류가 있다.

① 교리적인 제재

하나님, 그리스도, 성령, 성경, 기도, 교회, 천국, 죄 등.

② 생활을 중심한 제재

사랑, 인내, 용서, 협동, 친절, 겸손, 절제 등.

③ 절기를 중심으로 한 제재

a) 자연의 절기: 봄, 여름, 가을, 겨울.

b) 교회의 절기: 성탄절, 부활절, 감사절, 수난절, 부모님주일, 어린이주일.

c) 일반적인 절기: 설날, 3.1절, 입학, 해방(광복), 졸업 등.

4) 제재를 택한 후에는 성경 본문을 찾아야 한다. 그리고 그 본문에서 하나님의 뜻을 찾아야 한다.

5) 설교를 구성한다.

5. 아동설교의 난점

어떤 설교가는 말하기를 장년이나 청년을 위한 설교를 준비하는 것보다 아이들의 설교를 준비하는 것이 훨씬 더 시간이 많이 걸린다고 한다. 아동설교는 결코 쉬운 것이 아니다.

1) 설교의 훈화. 많은 경우에 있어서 아동설교가 도의적 훈화에서

벗어나지 못하고 있는 실정이다.
2) 아동의 언어 이해 문제. 아동에게 실질적인 것을 가르쳐야 하는데 상징적인 언어를 많이 사용하고 있다.
3) 아동과의 인격 상통. 아동의 특성을 잘 파악하지 못하여 참 복음을 인격적으로 받아들이게 하는 데 실패하고 있다.

6. 아동심리에 적응한 설교
   1) 이야기 자체가 아동의 심리에 적응되어야 한다.
   2) 설교의 진행과 함께 심리 포착을 하여야 한다. 소극적으로는 아동의 특성을 잘 이해해야 하고, 적극적으로 그 특성을 잘 활용하여 구연 가치를 높일 줄 알아야 한다.
   3) 아동의 자발성을 이끌어 내야 한다. 강요보다는 의욕을 길러 주는 방향으로 이끌어야 한다. 권면이나 꾸중을 하기 전에 칭찬할 것을 먼저 찾아야 한다. 설교 중에 시종여일하게 의욕을 잃지 않도록 관심을 가져야 한다.

7. 아동설교의 구성
   1) 설교의 두 가지 방향
      ① 제목설교의 경우
      ② 본문설교의 경우
   2) 설교의 구성
      ① 제목
      ② 내용
      ③ 결론
   3) 구성을 위한 재료

① 예화 응용

② 동화 응용

③ 실물 응용

④ 시청각교재 응용

8. 아동설교의 언어

1) 어휘를 만들 것. 어린아이들이 아는 말로 꾸며 설교할 것이다.

2) 올바른 말을 쓸 것. 틀린 말이나 은어나 비속어는 사용하지 말아야 한다.

3) 글체보다는 말체로 할 것. 딱딱한 문어체보다는 마음에 와닿는 구어체를 사용하는 것이 좋다.

4) 말을 가려 쓸 것. 성장하는 아이들에게 가장 유익한 말을 엄정하게 사용해야 한다.

목포영락교회 담임목사

서기행 목사는 목포동문교회에 부임한 이듬해 1966년 9월 사직하고 목포영락교회 제4대 담임목사로 청빙을 받게 되었다. 김방호 목사님을 포함한 77인의 순교자를 낸 영광염산교회와 김일남 목사님이 시무하셨던 목포제일교회에서도 부름이 있었지만 마다했다. 목포영락교회에는 당시 장로가 두 명이었으며, 성도는 150명 가까이 모였다. 이곳에는 120명 남짓 되는 학생들이 모이는 목포고등성경학교가 있었다. 그곳의 교감을 맡았다. 그들 대부분은 이후 목사나 사모가 되었다. 후에 개혁 측 총회장을 역임한 홍정이 목사도 이곳에서 교장을 역임한 적이 있었다. 서기행 목사는 부임한 이후 첫 주일에 사도행전 20:17-37을 본문으로 다음과 같이 설교하면서 새로운 직임을 부여 받은 자로서의 다짐과 성도들에 대한 권면과 당부를 전하고 있다.

교회를 사랑하자

사도 바울은 그가 아직 사울일 때 예수님을 핍박하다가 다메섹 도상에서 눈에 비늘이 덮일 정도로 강력한 빛 가운데 나타나신 주님의 음성을 듣고 완전히 새 사람으로 거듭나게 되었습니다. 그리고 아라비아로 들어가서 3년 동안 회개하고 기도한 후 예루살렘에 나타났으며 그곳을 벗어나 고향인 다소에 머물다 바나바의 권유로 안디옥에 이른 후 세 차례에 걸친 전도 여행을 다니면서 소아시아와 마게도냐 지역에 많은 교회를 세우고 복음을 가르치고 전하여 구령의 큰 열매를 맺었습니다. 오늘 본문은 제3차 전도 여행을 마치고 예루살렘으로 돌아가는 도중 밀레도 섬에서 된 일을 기록한 것입니다.

사도 바울은 이곳에서 복음을 전하는 가운데 성령의 증언으로 예루살렘에서 당할 환난과 결박을 바라보게 되었습니다. 그리하여 다시는 이곳에 못 올 것이라고 여겨 밀레도에서 에베소 교회의 장로들을 부르게 되었습니다. 그리고 그들에게 눈물 섞인 음성으로 마지막 인사와 더불어 권면했습니다.

"보라 이제 나는 성령의 매임을 받아 환난과 결박이 기다리는 예루살렘으로 가는데 다시는 너희들의 얼굴을 보지 못할 것 같구나. 나는 유대인들에게 잡혀 어떤 시험과 고난을 당할지 알지 못하노라 그러나 내 갈 길 다 가는 동안 나의 생명조차 조금도 귀한 것으로 아끼지 아니하노라"(행 20:22-24).

"너희를 위하여 온 양떼를 위하여 삼가라. 성령 하나님이 너희를 감독자로 삼으셨으니 하나님이 자기 피로 사신 교회를 치게 하셨느니라"(행 20:28).

"내가 떠난 후에 흉악한 이리가 나타나 양들을 아끼지 아니하고 제자들을 끌어들여 자기편을 삼으려고 어그러진 말을 하는 자들이 일어날 것이다. 그러므로 내가 3년이나 밤낮 쉬지 않고 눈물로 각 사람을 훈계한 것을 기억하라. 약한 사람을 돕고 주는 것이 받는 것보다 복이 있다는 말씀을 기억하라"(행 20:29-31, 35).

우리 성도들 가운데 교회를 사랑하시지 않는 분은 없을 것입니다. 사람 중에 교회를 가장 사랑한 사람을 찾는다면 바울 사도일 것입니다. 그는 그리스도의 일꾼으로서 수고를 넘치도록 하고 매와 돌을 수없이 맞고 굶고 헐벗고 자지 못하고 거짓 형제들과 동족과 이방인들로부터 위험을 당하고 눈물이 마를 날이 없었으니 교회를 위한 염려 때문이었습니다(고후 11:23-28). 이 모든 고난을 이겨 낸 것은 오직 하나님의 은혜였습니다. 그는 부득불 자랑한다면 자기의 약한 것밖에 없다고 하였습니다(고후 11:30).

오늘은 제가 영락교회에 부임하는 첫 주일입니다. 저는 바울과 같이 영락교회를 사랑할 것입니다. 여러분도 바울과 같이 교회를 사랑하시는 성도가 되시기를 바랍니다.

주님께서 교회를 사랑하셨으니 우리도 교회를 사랑해야 합니다. 결혼을 앞둔 약혼자들은 상대가 좋아하는 것을 해 주어 마음을 흡족하게 하려고 노력하는 것을 볼 수 있습니다. 사랑하는 사람이 부탁하면 가능한 한 다 해 주려고 노력합니다. 주님을 사랑한다면 우리는 주께서 사랑하시는 교회를 사랑하여야 합니다.

본문 28절에서는 하나님이 자기 피로 사신 교회라고 전하고 있습니다. 예수님께서 교회를 세우시기 위하여 하나님의 아들로서 직접 초림하셨습니다. 하나님의 아들이 천한 목수로 망치와 톱으로 손을 다쳐 가면서 거친 일을 하셨습니다. 그것은 교회를 세우시기 위한 고생이었습니다. 교회를 세우시기 위하여 주님은 40일 동안 굶으시고 기도하셨습니다. 교회를 어떻게 세울 것인지 아버지의 뜻을 묻고자 3년 공생애 동안 산과 들에서 밤을 새우며 기도하셨습니다. 주님은 수십 리, 수백 리 먼 길을 걸어 다니셨습니다. 길을 가시다 피곤하여 주저앉기도 하셨습니다(요 4:6).

주님은 병인(病人)을 고치셨습니다. 귀머거리, 장님, 정신병자, 문둥이, 반신불수, 열병을 고치셨습니다. 죽은 사람도 살리셨습니다. 사람들에게 먹을 것을 주셨습니다. 주님은 제자들을 시켜 천국복음을 전하게 하셨습니다. 그래도 사람들은 교회를 세우려고 하지 않았습니다. 그저 각기 제 갈 길 가는 양과 같았습니다.

주님은 성전을 정화하셨습니다. 노끈으로 채찍을 만들어 거룩한 곳에서 세상 일 하는 사람들을 내치셨습니다. 그래도 사람들은 돌이키지 않았습니다. 주님은 끝내 자기 자신을 드리셔서, 자기 몸으로 교회를 세우기로 하셨습니다. 헤롯 성전은 46년 동안 조성되었는데, 주님은 죽으시고 사흘 만에 부활하시어 그 권능으로 교회를 세우셨습니다. 자기 몸이 교회가 되었습니다. 그리하여 그 지체 된 성도들은 그 부활의 날에 몸 된 교회에서 주일을 지키게 되었습니다.

주님은 교회를 위하여 고난 당하시고, 수욕 당하시고, 매질 당하시고,

침 뱉음을 받으시고, 못질당하시고, 창에 찔리시고, 몇 번이고 몇 번이고 넘어지면서 지고 올라오신 십자가에서 죽임을 당하셨습니다. 그 십자가 우리가 어찌 마다하겠습니까.

내 주의 지신 십자가 세인은 안질까
십자가 각기 있으니 내게도 있도다.

주님은 교회를 세우시기 위하여 양손과 양발에 못이 박히셨습니다. 그의 손과 발에서 피가 뚝뚝 떨어지고, 찔려 구멍 난 그의 옆구리에서는 숨을 쉴 때마다 피가 방울방울 솟구쳐 올랐습니다. 하나님이 그 피로 교회를 사셨습니다. 그 피가 교회의 기초요 교회의 몸, 교회 그 자체입니다. 주님이 이처럼 사랑하여 세우신 교회를 우리는 사랑해야 합니다.

우리는 은혜 받은 자리에서 교회를 사랑해야 합니다. 주님이 오신 후 지난 2천 년 동안 교회는 구원의 방주의 역할을 감당했습니다. 교회는 주님의 몸입니다. 주님은 교회의 머리이십니다. 우리는 그 몸의 지체입니다(엡 1:22-23; 5:30). 주님을 사랑하는 사람은 교회를 사랑합니다. 그리스도의 비밀을 맛본 사람은 교회의 비밀을 깨닫게 됩니다. 교회에서 성도는 그리스도와 하나가 됩니다. 부부가 한 몸이 되듯이 그렇습니다. 그 비밀이 큽니다(골 1:27; 2:2-3; 엡 5:32).

많은 순교자들이 주님을 위하여, 교회를 위하여 목숨을 바쳤습니다. 초대 교회 터툴리안이 말했듯이 순교자들의 피가 교회의 씨앗입니다. 스데반의 돌무덤, 사도바울의 목 베임, 폴리갑의 장작불이 없었다면 초대 교회는 큰 부흥을 이루지 못하였을 것입니다. 아브라함이 이삭을 바친 터에 예루살렘 성전이 세워졌듯이, 피와 눈물과 땀이 범벅이 돼야 교회가 섭니다. 자기부인과 애통과 헌신이 없이는 교회가 설 수 없습니다. 한국 교회는 손양원 목사님과 주기철 목사님 등 숱한 선조들의 피가 뿌려져 세워졌습니다.

우리 영락교회는 우리 자신만 은혜 받는 자리가 아닙니다. 우리 자녀, 손자, 손녀, 먼 후손들이 이 터에서 하나님께 예배드리고 헌신을 다하며 신령한 복과 상급을 받을 것입니다. 돈도 필요하고 책도 필요하지만 모두 일순간 유익을 채울 뿐입니다. 그러나 교회는 영원히 우리의 복지(福地)가 됩니다. 교회의 문이 열리면 그 순간 천국의 문이 열립니다. 그 문으로 들어가면 주님과 한 몸이 됩니다. 주님과 더불어 먹고 마시게 됩니다. 주님의 살을 양식으로 주님의 피를 음료로 먹고 마시게 됩니다.

저는 오늘 말씀에 비추어 사도 바울과 같이 영락교회를 섬기고자 합니다. 제 자신이나 다른 사람이나 세상에 매이지 않고 성령에 매여 살겠습니다(행 20:22). 유익한 것은 무엇이든지 누구나 가리지 않고 거리낌 없이 전하고 가르치겠습니다(20-21절). 은혜의 복음을 증언함에 있어서 생명조차 귀한 것으로 여기지 않겠습니다(24절). 주님이 자기 피로 사신 교회를 목자가 양을 돌보듯이 보살피겠습니다(28절). 밤낮 쉬지 않고 눈물로 각 사람을 훈계하고 권면하겠습니다(31절). 받는 것보다 주는 것이 더 복됨을 알고 남을 세우고 채우기에 힘쓰겠습니다(32-35절).

주의 종은 하나님의 은혜로 목양을 감당할 뿐 스스로 강하지도 지혜롭지도 못합니다. 우리 영락교회는 영락교인이 사랑해야 하듯이, 영락교회의 목사인 저 역시 영락교인이 기도해 주시고 도와주셔야 합니다. 디모데가 자식이 아비에게 하듯이 바울을 도와 복음을 위하여 수고하였듯이(빌 2:22), 에바브로디도가 형제요 군사 된 자로서 바울의 쓸 것을 도왔듯이(빌 2:25), 부족한 종과 하나가 되어 하나님을 영화롭게 하고 온전한 구원을 이루어 가는 이 땅에서의 교회의 삶, 성도의 삶을 살아가게 되기를 바랍니다. 오직 하나님께만 영광을 올립니다. 아멘.

목포영락교회의 형편은 여러모로 목포농눈교회보다 나았다. 이곳에서도 서기행 목사는 말씀 연구와 설교에 매진하였다. 그렇다고 해서 성도를 섬기고 심방하며 상담하는 일을 등한히 하지 않았다. 목회의 본질이 하나님을 사랑하는 가운데 성도를 사랑하는 것이라는 사실을 이전의 목회에서 절감한 바 있었다. 주님께서 자기 양을 베드로에게 치라고 하신 것은 베드로가 주님을 사랑한다고 세 번 고백한 이후였다는 것을 상기하였다.

서기행 목사는 사랑의 원자탄이라고 불리는 손양원 목사님을 한국 교회에 있어서 최고의 거성으로 여겼다. 박형룡 박사는 학자로서, 김익두 목사는 부흥사로서, 길선주 목사는 사경사와 예언자로서, 최봉석 목사는 권능의 일꾼으로서 기려지는 거목들이지만, 신사참배에 의연히 반대하여 가혹한 일제의 옥고를 5년간이나 치르고 두 아들 동인과 동신을 죽인 공산주의자 안재선을 입양하며 평생 나환자들을 어루만지며 그들의 고름을 닦아 주며 그것도 안 되면 입으로 빨아내주며 섬기다가 6.25 난중에 피난을 마다하고 그들과 함께 끝까지 여수 애향원에 남아 교회의 종을 울리며 예배를 드리다가 공산당의 흉탄 앞에 쓰러진 손양원 목사님이야말로 참 목자상을 가장 잘 보여 주는 하나님의 종이라고 굳게 믿었다. 동인과 동신의 장례식에서 손양원 목사님은 다음과 같이 아홉 가지 감사를 열거하며 하나님께 영광을 올렸다.

1. 나 같은 죄인의 혈통에서 순교의 자식들을 나게 하시니 감사.
2. 허다한 많은 성도들 중에서 이런 보배를 나에게 주셨으니 감사.
3. 3남 3녀 중에서 가장 귀중한 장남과 차남을 바치게 하였으니 감사.
4. 한 아들의 순교도 귀하거늘 하물며 두 아들이 순교하였으니 감사.
5. 예수 믿고 와석종신(臥席終身)해도 복이라고 했는데 전도하다 총살 순교했으니 감사.
6. 미국 가려고 준비했던 아들이 미국보다 더 좋은 천국 갔으니 내 마음이 안심되어 감사.
7. 내 아들을 죽인 원수를 회개시켜 아들을 삼고자 하는 사랑의 마음을 주신 하나님께 감사.
8. 내 아들의 순교의 열매로서 무수한 천국의 열매가 생길 것을 믿으면서 감사.
9. 역경 속에서도 하나님의 사랑을 깨닫게 하시고 이길 수 있는 믿음을 주신 하나님께 감사.

나에게 분에 넘치는 과분한 큰 복을 내려 주신 하나님께 모든 영광을 돌립니다. 이 일들이 옛날 내 아버지, 어머니가 새벽마다 부르짖던 수십 년간의 눈물로 이루어진 기도의 결정(結晶)이요, 나의 사랑하는 나환자 형제자매들이 23년간 나와 내 가족을 위해 기도해 준 그 성의의 열매로 믿어 의심치 않으며 여러분께도 감사드립니다.

서기행 목사는 하나님과 이웃을 위한 고난을 감사하지 못하는 사람은 이렇듯 손양원 목사님이 보이신 아가페의 사랑을 할 수 없다고 생각했다.

하나님의 사랑은 아들을 주시는 사랑이 아닌가. 아들을 아끼지 않고 내어 주신 분이 그 아들과 함께 모든 것을 더하여 주지 않으시겠는가. 우리가 그 큰 사랑을 받았으니 서로 사랑함이 마땅하지 않은가. 우리가 십자가의 사랑을 받았으니 서로 십자가를 지는 것이 복되지 않은가. 십자가의 길은 자기부인의 길, 자기비하의 길, 자기희생의 길이니, 그 종착에는 새 생명의 부활이 있지 않은가.

요한복음 3:1-8을 본문으로 한 설교와 마태복음 10:34-39을 본문으로 한 설교의 제목에서 보듯이, "새 사람의 길"은 "십자가의 길"이다. 십자가의 길은 죽음의 길이나 생명의 실이다. 십자가의 노는 죽어야 다시 사는 부활의 도이다. 이 도를 알지 못하면 그 누구도 아가페의 사랑을 할 수 없다. 이 당시 행한 누가복음 10:27을 본문으로 한 "사랑"이라는 설교, 디모데전서 6:11-16을 본문으로 한 "하나님의 사람아"라는 설교, 베드로전서 1:13-25을 본문으로 한 "주의 종의 발자취"라는 설교 등에는 이러한 메시지가 현저히 드러난다.

이러한 일련의 설교를 통해서 서기행 목사는 먼저 자기 자신을 담금질하고 채찍질했다. 손양원 목사님이 떠오를 때마다 새겨지는 고난, 감사, 사랑이라는 세 단어가 심령 깊은 곳에서 메아리칠 때면 순교의 좁은 길을 모색했다. 어디가 죽을 곳인지 찾기 시작하였다. 하나님이 지시하시는 곳은 아골 골짜기라도 가기로 마음먹었다. 그곳은 전통과 규모를 갖춘 교회가 아니었다.

당시 5백여 명의 성도가 모여 예배드렸던 나주의 영산포읍교회에는 고등학교 은사이셨던 김길현 장로님이 계셨는데 자기 제자를 극구 담임목사로 모시고자 했다. 1904년 설립되어 여러 차례 분열을 겪었던 곳으로서 당시 7백여 명의 성도가 모였던 광주의 양림교회에서도 청빙이 타진되었다.

그러나 서기행 목사의 마음은 이미 영산강 유역을 벗어나 있었다. 그 마음이 향한 곳은 변변한 예배당도 없이 12명 남짓 되는 성도가 모여 예배드리던 서울 이태원에 소재한 북부교회였다. 그곳은 남산으로부터 흘러내리는 골짜기 끝자락의 한 쪽 둔덕에 자리 잡고 있었다. 큰물에 가야 크게 용트림할 수 있다고 입버릇 같이 되뇌고 하시던 어머니는 자식이 서울 대처로 간다는 것 자체로 무조건 기뻐하셨다. 그것이 오랜 기도의 응답이라고 여기신 것이다.

그러나 우리가 어떻게 하나님의 뜻을 다 헤아릴 수 있겠는가.

겨우 사후(事後)에 경험적으로 인과 관계를 추지할 뿐인 우리가 과연 무슨 필연성을 들먹일 수 있겠는가.

다만 한 가지는 분명하였다. 북부교회는 서기행 목사를 진정 필요로 하는 곳이었다.

> 누가 주의 마음을 알았느냐 누가 그의 모사가 되었느냐 누가 주께 먼저 드려서 갚으심을 받겠느냐 이는 만물이 주에게서 나오고 주로 말미암고 주에게로 돌아감이라 그에게 영광이 세세에 있을지어 다 아멘(롬 11:34-36).

제4장

대성교회 성역

북부교회

조선 시대에는 청계천을 경계로 한양 북쪽 일대를 북촌(北村), 그 남쪽을 남촌(南村)으로 불렀다. 남촌은 오늘날 남산으로 불리는 목멱산(木覓山) 기슭에 자리 잡고 있다. 조선 시대 남촌에는 정치의 주류에 속하지 못하고 권력에서 소외된 사람들이 많이 모여 살았다. 그리하여 남인(南人)이라는 말이 그런 뜻으로 여겨지기도 했다.

 한강을 건너 남산을 넘어 숭례문을 들어서면 바로 한양 도성에 당도한다. 그러므로 남산은 어떤 이에게는 공성(攻城)의 요처가 되며 어떤 이에게는 수성(守城)의 최후방어선이 된다. 이곳에 일찍이 산성이 둘러쳐지고 여러 군영과 화약고와 봉수대가 위치한 까닭이다. 무엇보다 이곳은 소나무가 울창하고 물이 청량해 사람이 살기에 좋았다. 비기(祕記) 좀 읽었다는 사람치고 이곳을 조선 땅에서 손에 꼽히는 길지(吉地)라고 여기지 않는 사람이 없었다. 이런 연유로 요사이 소위 명문가 저택이 이곳에 군집한다고 하는 말도 있으나 사정을 알 길 없다.

　　높이 265.2미터의 남산은 남북으로 완만하게 기슭을 이루는데, 남쪽 한강 쪽으로 부챗살을 펼치듯 흉곽(胸廓)을 이루는 곳에 이태원(梨泰院) 마을이 들어서 있다. 조선 시대 때 이곳에 말을 갈아타던 역원(驛院)이 있었으며 배나무 밭이 많아 그리 불린다고 보는 것이 대체적이나 어떤 사서에는 이태원(李泰院)이라고 기록되어 있어 오얏나무(자두)가 많아서 그랬다는 둥 이씨가 많아 살아서 그랬다는 둥 설이 많다. 남산이 군사적 요충지로서 중요한 가치가 있음은 분명해 보이는 바, 부대가 도성 쪽이 아니라 이태원 쪽으로 자리 잡았다. 임진왜란 때나 일제 강점기 때에도 이곳에 부대가 주둔하였다. 그리고 6.25 전쟁 이후 미군이 주둔한 곳도 이곳이었다.

　　지금은 덜하지만 이태원은 온갖 무속과 점이 난무하던 곳이었다. 군데군데 당집 깃발이 대나무에 걸려 있고 이태원 골짜기를 타고 내려오는 계곡 길가에는 점치고 내려놓은 밥이니 나물이니 하는 것들이 늘려져 있지 않은 날이 없었다. 조선 태조 이성계는 남산의 산신을 목멱대왕으로 봉하고 목멱신사(木覓神祠)를 지어 국사당(國祀堂, 國師堂) 대우를 하면서 봄가을로 하늘의 별들에 제사를 드리게 했다. 이런 습속이 사대부가 흥기하여 무속을 업신여기던 조선 중기까지 계속되었다.

　　이후 국가적 행사로서는 이곳에서의 제사가 철폐되었으나 그것이 민간에 전승되어 오히려 푸닥거리가 더욱 기승을 부렸다. 신내림 받았다며 행세하는 자들은 이곳을 마치 성지와 같이 여겼다. 교회에서 언덕을 올라가다 보면 부근당(夫根堂)이라고 하여 남자의 생식기를 섬기는 말 못할 곳도 있었다. 불임의 부부들이 각지에서 모여 들었는데 서울 시내 사람들이 주를 이루었다. 흉물 앞에 빌기도 하고 그것도 성에 차지 않으며 아예 작심하고 굿판을 벌이기도 했다. 말하자면 이곳은 인근에서 당집의 총본산 격이었다. 이곳의 영기는 웬만한 무기(巫氣)로는 감당할 수 없다는 소문이 나돌았다.

그러니 이 지역에 교회가 늦게 들어설 수밖에 없는 노릇이었는지도 모른다.

서기행 목사가 부임한 북부교회가 자리 잡은 곳이 여기였다. 한강 나루에 내려 녹사평을 지나 숭례문 쪽으로 방향을 잡고 길을 재촉할 때 나그네와 말의 목을 축여 주던 물이 흘러내리던 이태원 골짜기 끝자락이었다. 북부교회는 원래 대한예수교장로회 세광교회라는 이름으로 몇몇 권사와 집사를 포함한 남자 성도 3명, 여자 성도 12명이 전경선 전도사를 모시고 예배를 드림으로써 1954년 4월 25일에 창립되었다. 이듬해, 오늘날까지 터를 지켜 온 용산구 이태원 2동 303-2번지에 대지 150평 건물 24평을 매입하는 등 기세를 더하여 장년 120명, 어린이 100명까지 부흥을 이루고 두 장로를 세우는 데 이르렀다.

그러나 내홍도 만만찮았으니 설립한 당해 7월에 전경선 전도사 후임으로 초빙을 받은 오영복 전도사가 강도사 인허를 받고 시무를 계속하던 중 소천하게 되자 1958년 오창흠 목사가 담임으로 부임하였으나 일 년 만에 사임하고 이어서 이듬해 부임한 송재묵 목사도 그리 오래지 않아 신상의 문제를 포함한 여러 일로 배척을 당하기 시작하였다. 그 가운데 그나마 1959년의 통합 측 이탈 때에는 잘 견뎠으나 1963년에 교회의 이름을 북부교회로 변경하고 난 후 얼마 안 있어 경기노회를 탈퇴하여 박병훈 목사가 주도하던 호헌파 장로회에 가입하게 되었다. 이 일이 가장 큰 화근이 되었다.

추석을 한 주 앞둔 1967년 9월 둘째 주일에 부임한 서기행 목사는 이 문제를 신속히 해결하였다. 몇몇 남지 않은 성도들의 만장일치 가결을 이끌어 내 다시금 경기노회로 복귀한 것이다. 이를 염두에 두고 부임했으니 뜻대로 된 것이다. 그리고 그해가 가기 전 11월 15일에 2층 예배당을 건축하였다. 각 층이 44평이었으니 연건평 88평이었다. 꼭 성냥갑과 같이 생겼다. 교회 1층에 교육관이 사택이 있었다. 1층 일부 공간과 교회에서 몇 발자국 떨어진 곳에 지은 가건물 6채를 전세로 주었다. 미진한 건축 비용을 충당하기 위해서였다.

당시 회계를 담당했던 한 집사가 돈을 유용하여 그 직에서 물러가게 한 일이 있었는데, 이를 빌미로 업자와 둘이 찾아와서 입에 담기 어려운 욕을 해대며 발로 몸을 걷어차며 모욕을 주었다. 남편이 교회 바로 옆에서 병원을 하던 한 여자 집사가 이 모습을 보고 총 부채의 절반인 70만 원을 무이자로 빌려줌으로 이 일이 무마되기는 하였지만 인심이 얼마나 사나운지를 깨닫게 한 사건이었다. 돈을 갚던 날 그날 들은 욕설을 일일이 기록한 종이에 서명을 하게 하였는데 오히려 그쪽이 궁지에 몰린 형색이 되었다. 결국 서명을 하고 그 집사와 동조하던 사람들이 교회를 떠나 오히려 이 일이 새로 부임한 목사가 새롭게 터전을 다지는 계기를 마련해 주었다.

사택에는 정방형의 방 2개와 부엌이 딸려 있었다. 예배당 건물은 경리단과 붙어 있었는데 그쪽 하수가 벽을 타고 스며들어 벌레들이 많이 생겼다. 둘째 성희는 아버지가 새벽 예배를 위해서 본당으로 올라가시고 어머니가 그 뒤를 정리하고 집을 나설 때면 문고리를 걸고 푸는 것을 맡았다. 손이 닿지 않아 신발장 위에 올라가서 그렇게 하고는 했는데, 한번은 문고리를 걸다가 넘어져 문 쪽으로 걸려 있던 빨랫줄에 목이 감겨 질식할 뻔했던 적도 있었다. 그날도 하나님께 감사하며 어김없이 아침 6시에 가정 예배를 드렸다.

북부교회 위임목사

새로 온 젊은 목사는 새벽 예배를 강조하였으며 심방에 매진하였다. 설교에는 오묘함과 더불어 큰 힘이 느껴졌다. 주일 오전에는 절기를 기본으로 큰 틀을 짜고 복음의 진수와 성도들의 삶에 요긴한 말씀들을 적재적소 선포하였다. 주일 오후와 수요 삼일 밤 예배 때에는 성경을 본문의 순서대로 풀어서 전하는 강해설교를 가미하였다. 거침없이 뿜어 나오는 사자후에 성도들은 매료되었다. 새벽이면 이태원 골짜기에 사람 그림자가 무성했고 교회 근처에는 아이들이 언제나 북적거렸다.

이곳은 개천을 마주 볼 때 교회 쪽으로는 점치고 굿하는 당집들이 줄을 서 있었고, 개천 너머에는 낮이면 쌀이며 가재도구며 이것저것을 파는 소점포들과 노점 상인들이 분주했고, 밤이면 길 건너 용산 미군 부대로부터 흘러나온 외국 군인들과 함께 섞이거나 혹은 따로 우리 군인들이 모여들어 홍등 아래서 가락을 돋우고는 했다. 그 음란의 잔해가 낮이면 계곡에 고스란히 드러났는데, 술병이며 담뱃갑이며 알 수도 없는 온갖 더러운 것들이 너절했다. 간혹 누가 버렸는지 태아가 발견되기도 했다. 그래서 어른들은 아이들이 개천으로 내려가지 못하도록 하였다. 그곳 물은 영산강이나 만경강과는 달랐다. 오수와 폐수로 색이 누르죽죽했을 뿐만 아니라 악취가 진동하였다. 그러나 서기행 목사는 하루에도 이곳을 몇 번이나 가로지르고 오르락내리락 했다. 육상으로 단련된 몸이라 걸음의 재기가 남달라 멀리서도 금방 눈에 띠었다.

가리지 않고 집에 찾아가고 길에서 만나고 하면서 전도에도 열성을 쏟았다. 여러 이적이 일어나기도 하였다. 기도하면 많은 사람의 병이 나았다. 부근 당의 점쟁이들은 이 젊은 목사를 두려워하였다. 그가 나타나면 점치다가도 실어증에 걸린 사람마냥 우물주물거리고 머뭇거리다가 몸을 떨며 쓰러지기도 하였다. 그중 예수 믿고 권사가 된 사람도 있었다.

전도의 효과는 주일학교에서 먼저 나타났다. 아이들은 재치 있는 말씀과 신나는 찬송을 좋아했다. 무엇보다 큰 덩치를 흔들며 율동을 하시는 목사님의 몸짓에 아주 매료되었다. 남산으로 오르는 길옆에 있었던 군인아파트의 주민들은 시장의 상인들과 더불어 가장 주요한 전도의 표적이었다.

군인들은 전도하기는 어려워도 한번 교회에 출석하면 임지를 옮기지 않는 한 꾸준히 잘 다녔다. 학교에 몇 과목을 들었던 영어 실력을 발휘해 길에 오가거나 간혹 교회를 찾기도 하는 외국 군인들을 전도하고 그들이 주일에 교회에 들르기도 하였으나 감당하기는 어려웠다.

교회는 날로 부흥했으나 목회자와 그 가정의 삶은 만만치 않았다. 동질감을 찾기 어려웠던 여러 종류의 사람들을 대하는 것이 무엇보다 어려웠다. 이태원에는 보기에는 뜨내기 사람들이 많이 사는 듯해도 이곳에도 토박이들의 근성이 만만치 않아 텃세도 컸다. 이곳의 삶이 외국인을 주로 상대하다 보니 사람들의 심성이 거칠고 사술이 적지 않았다. 이국의 낯선 정서를 감당치 못하고 방황하는 외국 군인들과 섣불리 장래를 약속하고 몸을 의탁하다가 버림을 받고 힘들어 하는 여자 성도들도 간간이 있었다. 미군 부대로부터 흘러나오는 물품들을 암거래하거나 아예 밀수하여 매매하던 사람들도 교인들 가운데 없지 않았다. 그중 구속되는 일도 있었다.

그렇다고 해서 이곳이 마냥 세속에 물든 것만은 아니었다. 해방촌 쪽방에서 집인지 방인지도 구별이 안 될 만큼 그저 칸막이만 치고 열악하게 살고 있던 성도들도 적지 않았으니 그들은 여느 시골 사람들 못지않게 촌티가 넘쳤으며 지극히 순박한 구석이 있었다. 이런 사람들이 교회에 적지 않았지만 교회의 직분자들 가운데는 다수의 장교들, 국회의원, 학자, 의사 등 식자층이 많았다. 월남하여 북쪽을 간절히 망향하는 성도들도 적지 않았으니, 통일을 염원하는 기도 소리가 목회기도 중 그치지 않았다.

이런 환경은 사모의 역할을 막중하게 요구하였다. 심방하고 전도하면서 올망졸망한 세 자녀를 키워내기가 여간 힘든 일이 아니었다. 발이 붓도록 다니고 손이 닳도록 닦고 훔치고 해도 역부족이었다. 사방 널려 있는 자질구레한 일들을 할 사람은 본인 외에는 없었다. 성도들은 점점 많은 일들로 젊은 사모를 찾고 막무가내로 의탁하였다. 좁은 사택은 뉘 집이랄 것도 없이 손들로 북적거렸다. 그때면 세 자녀는 알아서 바깥에 나가 놀다 오고는 했다. 그리고 한동안 여기저기 기웃거리다가 집에 들어오면 휑할 뿐 어머니는 또 심방 나가고 없는 경우가 다반사였다.

한번은 막내 성운을 일을 돕는 친척에게 맡기고 심방을 가셨는데, 그 새를 못 참고 긁적거리며 방문을 열고 나와 나뒹굴어 숭늉이 펄펄 끓고 있는 큰솥 속에 빠진 적이 있었다. 살이 다 벗겨져 병원에서도 손 쓸 도리가 없다고 했는데, 저번에 맏아들을 살리신 하나님이 이번에는 막내를 살리셨으니, 하나님 앞에 애통하며 기도하던 중 생각지도 않게 미군 부대를 통하여 화상에 좋다는 바셀린를 구하게 되어 비록 흉은 많이 졌지만 잘 낫게 되었다. 이 일로 성도들은 자기들의 담임목사가 얼마나 열악한 형편 가운데 살고 있는지 깨닫는 계기를 얻게 되었다.

서기행 목사는 부임 후 그야말로 질주하는 말과 같이 거침없이 내달았다. 배운 대로 목회하면 된다는 신념 가운데 모든 일을 과단성 있게 추진했다. 참 신학을 제대로 선포하고 가르치며 열성껏 섬기면 하나님이 필히 모든 일을 친히 이루시리라는 확신이 넘쳤다.

WCC와 자유주의 신학에 대해서는 단호한 선을 그었다. 신사참배가 잘못된 것은 분명하나 그것이 교단 분열이나 이탈의 빌미가 되어서는 안 된다고 여겼다. 성도는 신앙고백이 분명해야 하고 성경 말씀을 정확무오한 하나님의 말씀으로 믿고 본연의 경건한 삶을 살아야 함을 설교 등을 통하여 강조하였다. 예배가 삶의 중심이 되어야 하며 십일조를 비롯한 헌금생활에 충실해야 한다는 점도 더불어 각인시켰다. 이 모든 일에 본인이 솔선수범하였다. 여름 7-8월에는 월요일에서 토요일까지 삼각산 민족기도원에서 금식하며 기도하였다. C.C.C 총재를 역임한 김준곤 목사, 한기총 대표를 역임한 이만신 목사, 부흥사 신현균 목사 등이 40일 금식을 한 곳이었다.

부임 후 불과 10개월 만에 장로 한 명을 더 두었다. 그리고 20개월 만인

1969년 6월 17일에 경기노회에서 목사위임식이 거행되었다. 청암교회 이환수 목사의 설교가 있었다. 이제 이태원이 사지(死地)가 된 것이다. 주님이 울며 기도하신 예루살렘의 사람들에게 죽임을 당하셨듯이 이제 이곳 사람들을 가장 사랑해야 할 것이며 결국 그들을 위하여 전제와 같이 부음을 받게 되어야 할 것이라고 다짐했다.

지금까지의 천로역정이 주마등과 같이 스쳐갔다. 몽둥이를 들으라고 유언을 내뱉고 죽은 여동생과 너는 큰 목사가 될 것이라고 격려하던 형 기산의 모습이 떠올랐다. 어머니의 기도와 아내의 헌신, 무엇보다 강원도 산중에서 들려주셨던 하나님의 음성이 메아리쳤다. 디베랴 바닷가에서 주님의 음성을 듣고 세 번 주님을 부인했던 베드로가 세 번 주님을 인정한 후 이제는 자기의 띠가 아니라 주님의 띠를 졸라매고 거꾸로 달려 죽임에 이르게 되었듯이, 종도 그리해 달라는 심정으로 낮은 자리에서 위임을 받았다. 위임 받은 다음 주일인 1969년 6월 22일 낮에 마태복음 25:14-30을 본문으로 전한 다음 설교에 그 다짐이 잘 나타나 있다.

내 맡은 일

1969년 6월 17일은 본 교회에서 뜻 깊은 날이었습니다. 목사와 권사와 교우들이 여섯 번이나 손을 들어가며 하나님께 무거운 책임, 사명, 일 등을 맡았습니다. 맡은 자에게 구할 것은 충성이라고 했습니다(고전 4:2). 주의 일을 맡은 자는 죽도록 충성하라고 했습니다(계 2:10). 가정에 고양이를 기르는 것은 쥐를 잡기 위해서이고 개를 기르는 것은 도적이 들어오는지 지키기 위해서이며 소와 말은 농사와 승용이나 운반을 위해 키우며 돼지는 고기를 원해서 사육합니다.

하나님께서 저를 북부교회의 위임목사로 세운 것은 교회의 장식품을 삼고자 하심도, 회사의 중역이나 사원을 두는 것도, 취직을 알선하는 봉사자로 세운 것도, 돈을 벌어서 가난한 사람을 먹여 주라고 세운 것도 아니라고 봅니다. 우리 주님께서는 승천하시기 직전에 너희는 예루살렘을 떠나지 말고 기도하며 성령이 너희에게 임하시면 예루살렘과 유대와 사마리아와 땅 끝까지 이르러 내 증인이 되라고 책임을 맡기셨습니다(행 1:8).

목사는 선지적 성직을 맡은 것입니다. 주일 새벽, 주일 낮, 주일 밤, 삼일기도회, 오일기도회, 매일 새벽 기도회, 대심방, 장례, 결혼, 경축, 회갑 때 하나님의 뜻을 백성에게 전하는 것입니다.

또한 목사는 제사장직입니다. 각종 제사를 드립니다. 번제(burnt offering)는 하나님과 그 백성 사이의 이상적인 관계를 나타내는 것으로서 남김없이 불살라 화제(fire offering)로 드립니다. 이는 여호와께 향기가 됩니다(레 1:9). 속죄제(sin offering)는 제사장, 족장, 평민을 위하여 하나님이 명령하신 제물을 잡아 피를 뿌리고 기름과 내장을 불태워 드림으로써 속죄의 사함이 됩니다(레 4:20, 26, 35). 속건제(guilt or trespass offering)는 뜻과 성격은 속죄제와 다르지 않으나 남에게 피해를 입히거나 성물을 범하거나 하는 경우 등 하나님의 법에 규정된 의무를 태만하거나 위반하여 허물이 있는 경우 이를 속죄하여 사함을 받습니다(레 5:17-19). 화목제(peace offering)는 감사함으로 드려 하나님과 사람 사이의 교제를 회복합니다(레 7:12, 15). 이외에도 그 성격이나 방식이나 제물의 종류에 따라 여러 가지로 제사가 있습니다. 목사는 이 모든 제사를 다 이루신 그리스도의 사자(使者)로서 성도들을 위하여 기도하고 예배드리는 일을 감당합니다. 그 기도는 국가, 민족, 사회,

가정, 개인에 미쳐야 하며 국내복음화는 물론 세계선교화를 지향해야 합니다.

마지막 세 번째로 목사는 왕직입니다. 장로, 전도사, 집사, 권사, 성가대, 주일학교 학생회, 학습세례, 유아세례, 성찬 등 치리를 담당합니다. 왕은 군림하거나 호령하는 것이 아니라 나 자신을 내어 주는 것입니다. 하나님 나라의 통치 방식은 주는 것입니다. 햇빛과 공기와 양분을 주셔서 하나님은 만물을 보존, 운행, 통치하십니다. 목사가 성도를 다스림은 성도를 잘 섬기고 자기의 땀과 노력과 정성과 힘을 다 쏟아 부어 주는 것입니다. 주님이 자기 자신을 주심으로 우리를 다스리듯이, 목양의 다스림도 그러해야 할 것입니다.

이러한 거창한 일을 부족한 종이 맡았습니다. 기도하는 것과 말씀전하는 것에 전무하리라 하는 사도들의 말과 같이 내가 맡은 일이 이것인데(행 6:4), 어찌 이 일을 다 감당할지 두렵고 떨림이 있습니다. 오늘 맡겨진 우리의 일은 1년, 5년, 시간을 정하여 주어진 것이 아닙니다. 목사, 권사, 집사, 우리에게 위임된 직분은 생명이 끊어지는 순간까지 사라지지 않습니다.
오늘 우리 각자 내가 맡은 일이 무엇입니까?
이를 세 가지로 살펴봅니다.

첫째, 내가 맡은 일은 나 자신이 감당할 수 없습니다. 나는 너무 연약하고 부족하기 때문입니다.

하나님께서 작정하신 많은 일을 인간에게 위임하여 행하십니다.

인류 가운데 일부를 불러서 하나님의 사람으로 사용하십니다. 모세를 불러서, 여호수아를 불러서, 기드온을 불러서, 사무엘을 불러서, 다윗을 불러서, 그리고 엘리야, 엘리사, 예레미야를 불러서 하나님의 일을 행하게 하셨습니다.

평양 산정현교회 주기철 목사님은 노회와 일본 경찰서에서 와서 교회를 떠나라고 할 때 "나는 하나님께서 이 교회 목사로 임명하셔서 와 있다"고 하면서 "하나님이 내가 이 교회에서 나가야 한다고 명령하시더냐?"고 되물었다는 이야기가 있습니다.

저는 다른 사람과 동일한 육체와 동일한 환경에 영향을 입는 인간입니다. 천사가 아니요 신이 아닙니다. 저는 여러분과 똑같은 성질을 지니고 있습니다. 제 몸에는 여러분과 같은 피가 흐르고 있습니다. 여러분과 다름없이 가족이 저에게 있습니다. 사모님이 있습니다. 세 자녀 성용, 성희, 성운이도 다른 아이처럼 웁니다. 목사의 아들딸이라고 해서 거룩하고 천사와 같은 행동을 하는 것이 아닙니다. 병도 우리 가정 식구에게 옵니다. 혈기도 옵니다. 미련도 있습니다. 그리고 돈과 양식이 꼭 필요한 인간입니다.

나는 언젠가는 죽는 인간입니다. 눈에는 보이지 아니하나 여러분이 미치는 곳에 제가 미치지 못하는 부분이 아주 많을 것이라고 생각할 때 어찌 저 천국의 비밀을 여러분께 전할 것인지요.

나는 죄인입니다. 의인이 아닙니다. 여러분이 지닌 범죄의 가능성보다 더 많은 부분이 저를 차지하고 있습니다. 욕심도 있습니다.

명예욕도 있습니다. 그리고 과거에 시기, 질투, 불효, 분쟁, 불화, 편애 등 미숙하고 부족하고 못난 죄를 경험한 죄인입니다. 나보다 죄를 더 많이 지은 사람은 없을 것입니다. 술 담배 안 먹으니 의인이 아니요, 주일 잘 지키니 의인이 아닙니다. 주님의 일을 알고도 다 행치 않으니 죄인이요 부족한 종입니다. 5살짜리는 밥을 흘리며 울어도 부모의 마음을 상치 않지만, 장성한 30세 된 아들이 밥을 흘리며 울면서 먹고 있으면 어찌 불효자라 아니하겠습니까. 같은 죄라도 성직에 따라 다를 것인데, 이 무거운 성직을 제가 어떻게 감당하리까.

손양원 목사님을 쳐다봅니다. 주기철 목사님을 쳐다봅니다. 칼빈이나 리빙스턴(David Livingston), 다미안(Damien the Leper), 썬다 싱, 성 프란시스, 무디, 빌리 그래함을 쳐다봅니다.

주여, 이 성직 막중하오니 착하고 충성되고 신실한 주의 일꾼 되게 하소서. 교회를 위해 울지언정 내 가정 때문에 울지 않게 하소서. 주님을 위해 몸 바칠지언정 내 몸을 위해 비굴하지 않도록 하소서.

둘째, 시대가 대단히 어려운 때에 내 맡은 일이 너무나 무겁습니다.

6천 년 인류 역사 중에 지금처럼 세계가 어지러운 때는 없었습니다. 창녀들이 이리 떼처럼 떼를 지어 청결하고 상태가 양호한 자들의 가정과 개인의 마음을 갈가리 찢어 놓아 이미 치료불능의 청년이 어느 시대보다 많은 시대입니다.

6천 년의 역사 중에 지금처럼 황금에 팔려 휘둘리는 시대는 어느 때도 없었습니다. 영화배우는 돈만 주면 별의별 역을 다하며 운동선수도 뻔히 질줄 알면서도 돈만 많이 주면 원정을 나가고 국회의원 표나 대통령 표도 돈으로 파는 시대입니다. 더 나아가서 목사도 돈으로 사오고 목사와 부흥사가 사례금을 미리 정하는 이 탐욕의 시대에 어찌 이 성직을 감당하리까. 충성된 종이라고 칭찬 듣고 살기에는 아주 어려운 때를 당했습니다.

도덕적 부패가 하늘을 찌르니, 암몬과 모압 족속이 날마다 늘어 가고 있습니다. 거듭나기 전의 수가성의 여인과 같은 삶을 살아가는 사람들이 점점 늘어 가고 있습니다. 윤리는 사람의 자유의지를 구박하는 것이라고 하면서 나체주의가 나타나고 있는 실정입니다.

특히나 90년 미만밖에 안 되는 기독교의 역사를 지닌 우리 교회가 신라, 고려, 이조까지 1,500여 년 동안 깊이, 깊이 뿌리박힌 불교와 싸워야 하는 현실은, 엘리야가 바알과 아세라와 싸우던 때보다 더 힘든 때입니다. 바울과 바나바가 루스드라에서 그랬듯이(행 14:19), 우리는 생명을 걸고 불교와 싸워야 합니다. 이러하니 이 성직이 어찌 무겁지 않겠습니까.

하나님의 축복으로 목사나 장로들이 대통령, 장관, 국회의원들로 해방 후 첫 정부수립에 참여했으나 오늘날은 불교의 우상을 숭배하는 자들이 위정자랍시고 교회의 강단과 기독교인들의 회합에서 축사를 하고 있고 여러 곳에 깊이 침투해 있으니 참으로 어려운 때를 당했습니다.

타락한 서구에서 만신창이가 되어 바다를 건너온 벌거벗은 것 같은 옷에는 민감하고 하나님의 뜻에는 둔감해져 가는 것이 이때가 아닌가요. 서구의 물질문명과 유행의 회오리바람에 휘말려 신자들의 입에서 찬송과 기도의 소리를 앗아간 것이 이미 오래 되었습니다. 그리하여 가정에서 그 소리를 들을 수가 없게 되었습니다. 북한 공산당들의 악행을 피할 반공호를 파는 데는 신경을 쓰고 있지만, 그것보다 더 위험한 세속주의에 대한 대비는 얼마나 하고 있습니까. 하나님의 품 속에 안겨 참 위로와 평강을 누리며 사는 즐거움이 부차적인 것이 되었으니 참 딱한 노릇입니다.

성경과 기도와 전도를 해야 한다고 설교하면 목사가 준비를 못해서 또 하는 소리라고 생각하고, 마치 바리새인들이 시장에서 기도하듯 사람의 구미를 맞추는 설교를 하면 잘한다 하면서 박수를 치고 있으니, 한국 교회는 어디로 가고 있습니까.

주여, 모세에게 주셨던 지팡이를 주시든지, 엘리사에게 주셨던 엘리야의 두루마기를 주시든지, 삼손에게 주셨던 나귀 턱뼈를 주시든지, 다윗에게 주셨던 물맷돌을 주시옵소서. 이 어지러운 세상, 이 어지러운 타락한 사회, 하나님을 떠난 이 시대의 교회에서 목회할 수 있도록 주시옵소서.

셋째, 부족한 종이 장기간 목회의 길을 어찌 다 가리까.

사도 요한이 환상 가운데 본 에베소 교회는 여러 칭찬을 받았지만 처음 사랑을 버렸다고 책망을 받았습니다(계 2:4). 처음 몇 달, 몇 년은 괜찮지만 일생을 이곳에서 목회하기로 서약한 죄인의 마음은 무겁기 그지없습니다.

사람은 본시 있을 때는 단점만 보고 없을 때는 장점만 남는 것인데, 날이 가면 갈수록 단점만 드러날 것이요 칭찬보다는 미숙과 멍청한 행동만이 표가 날 것입니다.

우리 한국은 일제의 탄압과 공산주의자들에게 심한 홍역을 치르고 나서 지금도 비루한 침묵을 지키고 있습니다. 교회가 어떻게 되든지 사회와 국가가 어떻게 되든지 상관하지 않고 자기 주변의 영달만 꾀합니다. 그러한 목적이 이루어지면 그것이 하나님의 뜻이라고 치부합니다.

우리 교회도 깨어 있지 않으면 에베소 교회와 같이 변심하게 될 것입니다. 인내가 변덕으로, 순결이 탐욕으로, 감사가 불평으로 바뀌어 갈 것입니다. 하나님 앞에서 은밀히 외치는 기도 소리는 점차 약해지고 모여서 웅성거리는 말만 늘어나게 될 것입니다. 모여서 회의하는 데에만 시간을 쓰지 정작 일은 하지 않는 교회가 될 것입니다. 술 몇 잔은 괜찮지 하는 교직자들이 섞여 들어올 것이고, 담배 피우는 다른 교회 집사가 순전한 우리 교회를 농락하기도 할 것입니다. 잘못된 신학과 신앙관에 사로잡혀 비성경적 사색이나 기복이나 신비주의에 빠진 사람이 오갈 것이며 주일성수를 대충하는 사람이 성도라고 행세하는 경우도 보게 될 것입니다.

하나님은 우리가 어린아이와 같이 되기를 바라십니다. 우리가 첫 사랑을 회복할 것을 바라십니다. 사람 바라보고 교만하고 불평하고 시기하는 상대적인 믿음이 아니라 하나님 앞에서 가슴을 치고 매달리는 절대적인 믿음을 갖기를 원하십니다. 우리 교회는 상대주의를 버리고 절대주의에 서야 합니다. 바알과 아세라도 좋고 여호와도 좋다는 식으로 신앙생활 할 수 없습니다. 하나님 한 분만을 섬기지 않는 것은 모두 우상숭배입니다.

오늘 장년 250명, 유년 350명, 학생 100명 등 총 700명 교우들의 영혼을 책임 맡은 저는 매일 기도하지 않을 수 없습니다. 제가 기진맥진하거든 아론과 훌과 같이 저의 어깨를 쳐들어 주시기 바랍니다. 우리 교회에서 하나님의 일꾼을 많이 길러 내고 배출해야 하니 이를 위하여 협력해 주시기 바랍니다.

베드로를 위해 기도하던 예루살렘 교회처럼 제가 책임감에 사로잡혀 불과 같이 타올라 성역을 감당할 수 있도록 기도해 주시기 바랍니다. 이곳에서 반드시 모세와 엘리야와 같은 일꾼이 나도록 기도해 주시기 바랍니다.
주여, 교회를 해하는 충이 되지 아니하고 하나님의 진실한 종이 되게 하소서. 아멘.

위임 이후 목회에 더 많은 힘이 실렸다. 교회는 더욱 확고한 체계가 잡혀갔다. 무엇보다 여러 경로로 전라도 출신 성도들이 많이 모여들어 교세가 비등했다. 그해 10월에는 주일 예배를 처음으로 2부제로 드렸다. 그리고 이듬해 여름 장로 한 명을 더 세우게 되었으며 가을에 연건평 340평의 4층 교회당을 착공하였다. 1970년 9월 1일이었다. 그리고 두 달 후 교회 명칭을 대성교회로 변경하여 경기노회의 허락을 받았다. 잦은 분란과 여러 일로 오명을 지닌 이전의 이름을 버리고자 한 것이었다. 새로운 건축을 위한 전문적인 도면 제도는 설계사의 도움을 받았지만 교회의 외관이나 구조나 배치는 담임목사가 직접 맡아서 했다. 일찍이 도편수를 했던 선친의 영향도 없지 않았다.

그 공사는 1974년 11월 7일 헌당될 때까지 4년이 넘게 소요되었다. 여러 어려움이 없지 않았다. 그러나 공사하는 가운데 네 명의 장로와 여러 협동 장로를 세우는 일을 하였다. 그리고 교역자들도 부목사, 강도사, 시무전도사, 교육전도사 체제를 갖추었다. 사람을 세우는 일에는 신중에 신중을 거듭했지만 일단 확신이 서면 주저하지 않았으며 한 번 뽑으면 되도록 신뢰를 거두지 않았다.

성전 건축이 어디 사람의 뜻대로 되는가. 다윗은 하나님의 집을 지어 법궤를 그곳에 모시고자 했으나 하나님이 허락지 않으시고 그 아들 솔로몬에게 그 일을 맡기지 않으셨던가. 스룹바벨과 느헤미야의 대역사(大役事)가 어찌 사람의 힘으로 가능할 것인가. 부임 후 당해에 첫 번째로, 그리고 위임 후 곧바로 착공하여 5년 만에 두 번째로 예배당을 건축했으니, 하나님이 이를 허락하셨음이 감사할 일이요 이를 감당할 힘을 주셨음이 또 감사할 일이었다.

서기행 목사는 모든 설교를 설교집에 기록해서 하였다. 고등학교 때부터 그리하였다. 설교집을 새로 쓸 때는 겉장에 기도문을 쓰는 경우가 많았다. 한 기도문에는 다음과 같이 기록되어 있다. 이를 통하여 그 당시 그의 심정을 헤아릴 수 있다.

강단 밑에 밤마다 밤을 새우며 기도한 지 6일째입니다.
이 밤마다 감기약을 삼키며 양들을 잘 인도하기에는 무능과 무지에 사로잡혀 전능하신 하나님 내 아버지께 기도드립니다.

주여, 또 설교집을 쓰기 전에 하나님 전에 눈물을 적시며 펜을 잡습니다.
주여, 도우소서. 주여, 이 죄인을 인도하소서.
살아 계신 주님이시여, 나와 함께 하소서.
가시와 엉겅퀴 때문에 피곤해져만 가나이다.

함박눈을 맞아가며 목회자의 참상(慘狀)을 그리며 고개 숙입니다.
아버지 하나님, 주의 양들을 부탁합니다.

성도들의 가슴 깊이, 깊이 병들어 가는 안락주의와 게으름과
불신의 쇠사슬에 점점 매여만 가나이다.

성령이 가슴들을 두들겨 주시옵소서.
죄인은 주님의 도움이 없이는 아무것도 할 수가 없는 것을
확실히 깨닫게 되었나이다.

주여. 1973년 11월에
먼 희망에서 살아가지 못하고
한계선에 포박되어 하늘에서 내리는 새 힘
새 능력을 기다리며 강단 밑에서 기도드립니다.
주여, 도우소서.
주여, 지켜 주소서. 주여, 새 힘을 주소서.
예수님 이름으로 기도합니다.

1973. 11. 16. 밤 11시.

가히 새 예배당은 이태원 골짜기에 우뚝 솟아 그 용자(勇姿)를 뽐냈다. 기존의 건물을 철거하지 않고 골격은 유지시켰다. 1층은 그냥 두고 2층을 헐어 옆으로 확장시켜 꼭대기까지 올렸다. 언덕배기에 위치하여 길을 가면서 보노라면 고개를 한창 쳐들어야 종탑이 다 안겨왔다. 건물은 아주 실용적으로 설계되었고 단단하여 웬만한 풍파에는 끄떡없어 보였다. 본당은 공간을 최대한 활용하여 직사각형 형태로 깊숙이 들어앉혔다. 니스 칠을 매끄럽게 한 장(長)의자가 끄트머리까지 줄줄이 빼곡히 놓여 고풍스러운 맛을 더했다. 천정이 높아 반향이 잘 되었으며 위아래로 길게 난 창 사이로 햇빛이 풍부하게 내려쬐었다. 본당 후미에는 가운데를 잘라 층을 나누어 더 많은 성도들이 위아래로 앉을 수 있게 하였다. 주일학교 교실도 많이 확충되었다.

사택은 1층 그 자리에 그냥 두었다. 방도 이전과 다를 바 없이 사용하였다. 다만 몇 자 마루를 새로 만들어 방 앞에 붙여 놓았다. 부엌도 개량식으로 한층 편리해지고 더 넓어졌다. 그렇다고 생활이 마냥 편리해진 것만은 아이었다. 사택이 성도들의 공동주거와 같이 되어버렸기 때문이다. 마루는 성도들의 쉼터와 교제의 자리가 되었고, 교회의 부엌이 따로 없이 이곳 부엌이 사용되었다. 주일 식사가 그 마루에서 있었고, 부교역자들은 주중에도 그곳에서 식사를 하였다. 이렇다 보니 나란히 초등학교를 다니고 있었던 세 자녀가 진득이 집에 머물며 공부하거나 할 시간이 많지 않았다. 어머니는 항상 분주하셨고 아버지는 주로 당회장실에서 주무셨다.

목양 방침: 초대 교회로 돌아가자

대성교회는 서기행 목사가 부임하여 교단 복귀와 예배당 건축을 함으로써 사실상 개척과 다름없는 새 출발을 하였다. 교회에 새 바람이 불자 다시금 생기가 감돌았다. 교회의 종탑이 솟아오르고 성도들은 교회 종소리를 기다리게 되었다. 초종이 울리기 전에 준비를 마치고 재종이 울리면 벌써 교회에 와 있는 성도들이 많았다. 모이면 예배드리고 흩어지면 전도하며 각각의 처소에서는 기도하는 삶이 얼마나 기쁜 것인지 성도들은 점차 깨달아갔다.

무엇보다 담임목사의 설교에 힘이 있어 성도들은 강단에서 흘러나오는 말씀을 갈급해했다. 데살로니가 교회가 하나님의 말씀을 사람의 말로 받지 아니하고 하나님의 말씀으로 받았을 때 믿음의 역사, 사랑의 수고, 소망의 인내로 칭찬을 받았듯이(살전 1:3; 2:13), 대성교회도 그런 모습을 닮아갔다. 담임목사의 설교는 명쾌한 교리에 풍부한 성경 구절이 가미되어 처음에는 좀 어렵다고 느껴지기도 했지만 곧 익숙해져서 예배 때마다 말씀이 생수의 강과 같이 흘러넘쳤다. 말씀을 통하여 다음과 같은 교회가 하나님이 기뻐하시는 참 교회라는 점이 천명되었다.

첫째, 교회의 신학이 정통적이어야 한다. 칼빈의 신학에 터 잡은 개혁신학을 보수하고 근본 교리에서 추호도 벗어나서는 안 된다. 신구약 성경 전부의 성령영감성과 규범적, 역사적, 문자적 무오를 믿는다(딤후 3:16). 성경은 하나님의 말씀으로서 완전하고 충족하며 그 계시는 종결되었다. 그러므로 구약의 폐지를 말하는 세대주의, 새로운 계시를 말하는 신비주의, 성경의 계시성을 부인하는 자유주의 신학, 이를 곡해하여 성경이 아니라 성경을 통하여 얻게 되는 실존적 의미가 계시라고 보는 신정통주의는 모두 배격된다.

둘째, 교회의 신앙이 정통적이어야 한다. 하나님의 말씀은 성령의 조명과 감화로 성도 각자에게 역사하므로 다른 어떤 수단이나 방법을 동원하여 인위적으로 이를 조장하려고 들어서는 안 된다. 믿음은 말씀을 들음에서 비롯되므로, 교회는 가르치고 선포하고 전도하는 일에 매진해야 한다(롬 10:17; 행 5:42). 믿는다고 하면서 사람을 좇거나 세상의 이론이나 사변을 좇아서는 안 되며, 하나님이 주신 믿음의 비밀을 지니고 실족함이 없이 믿음으로 살아가야 한다(딤전 3:9; 롬 14:22).

셋째, 성도는 하나님 중심의 삶을 살아야 하는 바, 그것은 이 땅에서 교회 중심의 삶으로 나타나야 한다. 교회의 유일하신 머리는 그리스도이시다. 주님은 우리 구원을 위한 모든 의를 다 이루셨기 때문에 오직 그분만이 우리의 유일하신 중보자가 되신다(요 19:30; 딤전 2:5). 교회는 지체된 성도들이 그 머리이신 그리스도와 연합하여 이루는 한 몸이다(엡 1:23; 5:30). 각 지체는 머리이신 그리스도께로 날마다 자라가야 한다(엡 4:15). 그러므로 성도는 교회를 위하여 열심을 다하여 봉사해야 하며 그 질서에 순복해야 한다. 교회의 이 비밀이 크다(엡 5:32).

넷째, 예배가 삶의 중심이 되어야 한다. 예배는 어떤 목적을 위하여 드리는 것이 아니라 그 자체가 목적이 되어야 한다. 성도는 교회의 예배를 빠짐없이 드려야 한다. 설교는 예배의 일부로서, 성도는 그 말씀을 사람의 말이 아니라 하나님의 말로 들어야 한다(살전 2:13). 강단에서 선포되는 말씀이 하나님이 자기백성에게 적재적소 적시에 들려주시는 음성이다. 하나님께서 우리의 몸이 거룩한 산 제물이 되어 드려지는 영적 예배를 받기를 원하신다(롬 12:1). 그러므로 삶이 예배가 되어야 한다.

다섯째, 성도는 경건의 비밀을 지니고 경건의 모양만 낼 것이 아니라 경건의 능력이 있어야 한다(딤후 3:5; 딤전 3:16). 우리 속에 임하신 보혜사 성령이 마음껏 사시도록 우리 자신을 깨끗하게 닦아야 하며 하나님의 말씀으로 그 속을 채워야 한다. 은밀한 기도와 구제에 힘써야 하며 성경 말씀을 주야로 묵상하여 하나님의 어떠하심과 우리를 향하신 뜻을 삶의 순간순간마다 영적으로 잘 분별해야 한다.

여섯째, 성도는 한 사람에게 한 것이 곧 주님께 한 것이라는 사실을 굳게 믿고 이웃을 사랑하며 특히 연약하고 소외된 사람들에게 온정을 베풀어야 한다(마 25:45). 행함이 없는 믿음은 죽은 것이다(약 2:26). 하나님은 사랑이시므로 우리를 먼저 사랑하시사 우리가 서로 사랑하게 하신다(요일 4:7-8). 구제는 은밀히 해야 한다(마 6:4). 은밀히 기도하는 사람만 은밀히 구제할 수 있다(마 6:6).

일곱째, 모든 것이 주로 인하고 주로 말미암고 주에게로 돌아감으로 오직 영광을 하나님께만 돌려야 한다(롬 11:36). 이 땅의 삶이 궁극적인 가치를 갖는 것이 아니므로 성도는 자기가 가진 어떤 것이나 자기에게 일어나는 어떤 일이 아니라 자기 자신으로 말미암아 하나님께 영광을 돌려야 한다. 그래야 항상 기뻐하고 쉬지 않고 기도하고 범사에 감사할 수 있다(살전 5:16-18). 하나님께 영광이 되지 않는 일로 기뻐할 일이 없다. 하나님께 영광이 되는 일만이 나에게 유익한 일이다. 이제는 내가 사는 것이 아니라 내 속에 사시는 그리스도가 기뻐하시는 삶을 살아야 하기 때문이다(갈 2:20). 그러므로 성도는 없어질 헛된 영광을 구하지 말고 성령으로 살고 성령으로 행하여야 한다(갈 5:25-26).

대성교회는 이러한 좌표를 뚜렷이 설정하고 그 모범이 되는 초대 교회로 돌아가고자 하였다.

초대 교회는 어떠했는가?

첫째, 하나님의 말씀을 들었다. 베드로가 설교하였을 때 "그 말을 받은 사람들"이 3천이나 더하였다(행 2:41). 추수할 곡식은 많으나 일꾼이 부족하다. 들을 귀는 많은데, 들을 말씀이 없다. 복음을 듣고 전하는 아름다운 발이 되어야 한다. 먼저 듣고 입을 열어야 한다. 그래야 말이 분명해진다(막 7:35).

둘째, 서로 교제하고 떡을 떼고 모든 물건을 서로 통용하였다. 재산과 소유를 팔아 각 사람의 필요를 따라 나눠 주었다(행 2:42, 44-45). 주님의 이름으로 서로 교제함이 있어야 한다. 성도 각자가 먼저 그리스도와 하나가 되고 난 후에야 성도 서로 간의 하나가 이루어진다. 성도 각자가 그리스도와 하나가 됨 없이 성도 서로 간에 교제만을 말하면, 그것은 세상 모임 같이 되어 버린다.

셋째, 날마다 각자의 집에 모여서 음식을 먹고 떡을 떼고 성전에 모이기를 힘썼다(엡 2:46). 교회에 모이기를 등한시하면서 집에서만 모이는 것은 옳지 않다. 성전에 모인다는 것은 모여서 예배드리는 것을 말한다. 무엇보다 예배에 모이기를 힘써야 한다. 예배의 모임이 온전해야 전도와 선교를 위한 흩어짐이 온전해진다. 전도와 선교는 하나님의 영의 임재의 확산이다. 그것은 영적인 사업이다. 그 시작은 교회 성도들이 예배에 모여서 함께 하나님께 영광을 돌리는 일부터 시작되어야 한다. 예배가 한 주 삶의 시작이자, 중심이 되어야 한다.

넷째, 오로지 기도하기를 힘썼다(행 2:42). 기도가 없이는 아무 일도 일어나지 않는다. 하나님은 말의 힘이 세다고 우리 다리가 억세다고 기뻐하지 않으신다. 하나님은 그를 경외하고 그의 인자를 간구하는 자를 기뻐하신다(시 147:10). 기도 가운데 내가 원하는 것이 아니라 하나님이 원하시는 것을 간구해야 한다. '그리 아니하실지라도'를 반복하면서 나를 향한, 우리 가정을 향한, 우리 교회를 향한 하나님의 뜻을 찾아야 한다(단 3:18). 내가 구하는 것이 하나님의 뜻에 합할 때 하나님은 뜻하시면 그 뜻대로 모든 것을 이루시므로 우리가 기도하면 무엇이든 얻게 되는 것이다(요 15:7; 요일 5:14-15).

다섯째, 성령이 임하니 기사와 표적이 많이 나타났다(행 2:43). 하나님은 이적적 은사와 행사를 베푸신다. 다만 그것이 우리의 영예나 자랑이 아니라 하나님께 영광이 되어야 한다. 주님은 많은 표적들을 통하여 자신이 하나님의 아들이시자 그리스도이심을 드러내셨다. 무엇보다 우리가 알 것은 우리 자신이 거듭난 것 자체가 하나님의 제일 기사와 표적이라는 사실이다. 그러므로 우리 자신이 그리스도의 빛이요 향기요 맛이요 편지가 되어야 한다.

여섯째, 온 백성에게 칭찬을 받았다. 초대 교회 성도들은 처음에는 예수를 따르는 저주의 무리라고 배척을 당하고 핍박을 받았다. 예수가 십자가에서 저주의 죽음을 당했다고 생각했기 때문이다. 그러나 죽음조차도 즐겁게 맞이하고 핍박과 저주를 받아도 오히려 축복하는 그들의 신행(信行)을 보고 점차 두려움을 갖게 되었으며(행 5:11) 급기야 그들을 칭찬하기에 이르렀다(행 2:47). 성도는 그리스도를 욕되게 하는 삶을 살아서는 안 된다. 그리스도와 같이 오래 참고 사랑하여 끝내 아버지의 뜻을 이루는 자리에 서야 한다.

일곱째, 보혜사 성령이 임하여 그리스도를 믿고 그리스도를 닮아가게 되니 사람들에게서 "그리스도인"이라고 칭함을 받게 되었다(행 11:26). 무엇보다 예수를 그리스도이시라고 가르치고 전도하기를 쉬지 않자 이 이름이 붙여졌다(행 5:42). 그리스도를 믿고 영접한 자는 하나님의 자녀가 되는 권세를 얻게 되니(요 1:12) 그 최고 권세 중 하나가 그의 증인이 되어 땅 끝까지 복음을 전하는 것이다(행 1:18). 주님이 영원토록 함께 하시기 때문에 모든 족속을 제자로 삼고 가르치고 세례를 베풀어야 한다(마 28:19-20). 이 일을 위하여 자기 자신을 아낌이 없어야 할 것이니, 우리 안에 사시는 분이 그리스도이시니 죽는 것도 유익하기 때문이다(빌 1:21).

부흥과 연단

새 예배당 헌당식과 함께 장로 한 명과 집사 및 권사 수 명을 세웠다. 이를 기화(奇貨)로 장로 장립과 취임이 거의 한 해 걸러 한 번 꼴로 있었다. 헌신하는 종들이 많아지자 주일학교와 구역 모임도 그만큼 활기를 띠었다. 직분을 맡은 자들은 믿음과 행함에 있어서 남다른 점이 있었다. 주일성수와 예배 참석을 어김없이 해야 함은 물론이고 헌금과 구제와 전도에 있어서 타의 모범이 되어야 했다. 주초(酒草)는 엄격히 금하였다. 부모에 대한 효가 인생사에 있어서 제일 덕목으로서 강조되었다. 자식의 도리를 다하지 못하는 사람은 금수와 다름없어 하나님을 온전히 섬길 수 없음이 각인되었다. 부부간에도 서로 화목하고 하나님의 뜻 안에서 정조를 지키는 가운데 서로 사랑해야 함을 누누이 천명하였다.

국가적으로도 새마을 운동을 전개하여 삶의 질과 양이 급격히 개선되어 가던 시절이었다. 그 선한 영향이 교회에도 없지는 않았으나, 경제적 여유가 더해감에 따라 이태원 지역의 마약과 술과 음란과 퇴폐 문화도 더 심해갔다. 경리단을 옆으로 끼고 올라 좌로는 해방촌, 우로는 하얏트 호텔 쪽을 아우르는 이곳 이태원 2동 지역은 상대적으로 외국인들이 모여들어 불야성을 이루는 이태원 1동 지역보다는 훨씬 덜 속화되었으나 이곳도 만만치 않았다. 그만큼 그 틈바귀에서 성도로서의 삶을 올바르게 살아가기 위해서는 더 많은 기도와 거룩한 삶에 대한 경각심과 노력이 필요하였다.

새로운 예배당을 건축한 이듬해 주일 오전 예배에 참여한 장년 성도가 처음으로 3백 명을 넘어섰다. 그리고 계속 부흥하여 교회가 분열의 어려움을 겪은 1970년대 말에는 4백 명에 육박하였다. 수요일의 삼일밤 예배에는 2백여 명이 꾸준히 참석하였으며 금요일의 오일밤 예배는 150여 명이 모였다. 오일밤 예배는 금요일 밤에 예배를 시작하여 토요일 새벽까지 계속되었다. 새로 등록하는 성도들 가운데 대다수는 처음으로 주님을 영접한 사람들이었다. 이태원 골짜기가 들썩였다. 그러나 새로 오는 사람도 많았지만 다른 곳으로 떠나가는 사람도 많았다. 점점 윤택해지는 삶을 충당하기에 이 골짜기는 너무 협착했기 때문이다.

주일학교 학생들도 동네에 북을 치고 다니며 전도하였다. 그때에는 아이들도 주일 낮, 주일 밤, 삼일밤 예배가 따로 있었다. 주일학교에 특별한 관심이 더해졌다. 좋은 부교역자들을 모시기 위하여 심사숙고했으며 재정을 아끼지 않았다. 성도가 늘어나니 구역도 늘어났다. 거의 50구역에 육박하였다. 구역 예배가 많이 활성화되어서 그 수가 거의 주일 오후 예배에 참여하는 수와 비슷했다.

당시에 담임목사는 도봉산제일기도원을 다니며 금식하며 기도했다. 신년에는 부교역자들과 같이 금식을 하기도 했다. 한번은 교회의 부흥을 간절히 간구하며 기도하였는데 둘째 형의 지인의 소개로 서울특별시 중부기술교육원의 전신(前身)인 서울시립 한남직업학교를 다니던 학생들 150명이 한꺼번에 교회에 출석하게 된 일도 있었다. 그중 거의 모두가 학습을 받고 세례를 받게 되었다. 교회는 여러모로 흥왕해 갔다.

성도들의 헌금도 강조되었다. 처음에는 십일조를 하는 성도가 거의 없었다. 그나마 적었던 감사헌금보다도 더 적었다. 주일헌금은 꾸준히 늘어갔지만 십일조는 오히려 줄어들고 있었다. 하나님 앞에 빈손으로 나와서는 안 되니 주일헌금만 하면 된다고 성도들은 생각했다. 십일조헌금이 획기적으로 늘게 된 것은 1970년대 중반을 넘어서면서부터였다. 이전 김제 송지동교회에서 그랬듯이 십일조는 성도가 마땅히 해야 할 의무라는 것을 말씀을 통하여 지속적으로 가르친 결과였다. 그러나 두 번의 건축이 있었지만 건축헌금을 별도로 한 적은 한 번도 없었다. 결국 마지막 책임은 담임목사의 몫이었다.

이제 사십 대가 된 서기행 목사는 이 당시부터 약 15년 동안 주일에는 아침 금식을 한 채 설교를 하였다. 물만 마셨다. 혁대를 졸라매고 말씀을 선포했다. 주린 만큼 하나님의 은혜를 간절히 구하는 마음으로 강단에 서니 말씀에 힘이 있었을 뿐만 아니라 감화가 깊었다. 거침없는 말씀에 성도의 심령에 아멘이 넘쳤다. 눈물로 적신 설교문이 많았다. 당시 서울에는 전라도 출신의 목사를 찾기가 힘들었다. 많은 수가 이북 출신이었으며 서울과 기호 지방 아니면 경상도 출신이 주를 이루었다. 누구에게 의지할 수도 없고 오직 하나님만 붙들어야 하는 백척간두에 선 심령으로 기도하였다. 기도할 때마다 눈물이 흘러넘쳤다. 그 애통함과 간절함을 설교에 실었다.

신년, 종려주일, 고난주간, 부활절, 맥추절, 추수감사주일, 성탄절, 송구영신의 순으로 한 해의 설교를 이어감에 있어서 매번 깊이 연구하여 그 뜻을 전하니 성도들의 삶이 점차 교회의 질서대로 맞추어지게 되었다. 그뿐만 아니라 국가적으로 중요한 날인 3.1 운동, 6.25 전쟁, 8.15 해방 등에는 그 각각의 의미를 적절한 성경 말씀으로 각인시켜 주니 세상 속에서 살아가는 그리스도인으로서의 의식도 일깨워 주었다.

당시 대성교회에는 장로 등 요직을 맡은 성도들 가운데 정치인들이 많았다. 여낭과 야낭이 골고루 있었다. 한번은 주일 예배 때 당시 충현교회를 다니던 전직 대통령 김영삼 장로가 기도를 한 적이 있었다. 본래 순서를 맡았던 장로가 그의 유세부장이었는데 선거의 표를 모으기 위해 그리한 것이었다. 이후 예배 때마다 경찰 3개 중대가 동네에 배치되고 교회 일을 감시하는 사태가 벌어졌다. 무엇보다 안타깝게도 여당에 속한 정치인이었던 두 장로가 이 일로 교회를 떠나게 되었다. 이를 계기로 정치가 교회에 개입될 때 얼마나 그 폐해가 막심한지를 깨닫게 되었다. 그래서 이후에 총회장 때나 원로목사일 때 교단이나 교계의 지도자로서 여러 차례 청와대의 초청을 받은 적이 있었지만 한 번도 이에 응하지 않았다.

1970년대 중후반에 이러한 일을 겪고 처음으로 교인의 수가 감소했지만 곧 회복되었다. 새롭게 장로도 7명 장립하였다. 주변의 땅도 154평을 더 구입하였다. 그런데 이도 잠시, 교회의 분열이라는 더 험한 일이 예기치 않게 일어났다. 1979년 대구 동부교회에서 개최되었던 제64회 총회에서 교단을 이탈한 비주류 측이 합동보수 교단을 세운 것이 그 단초가 되었다.

비주류 측은 정규오 목사를 주축으로 최선재 목사, 변남주 목사, 조경대

목사 등이 힘을 합하고 있었는데, 이영수 목사를 수장으로 영남과 이북 세력이 결집한 주류 측과의 교권 경쟁에서 밀려 그런 결단을 하게 되었다. 비주류 측은 총신에 김의환 박사의 신복음주의, 김희보 학장의 문서설, 신성종 교수와 차영배 교수의 좌경신학이 활개치고 있다는 점, 이영수 목사가 15인으로 구성된 재단이사회를 좌지우지하여 정관을 불법으로 변경하는 등 총신의 사유화를 획책하고 있다는 점, 타락한 일부 교권주의자들에 휘둘리는 교단을 정화해야 한다는 점 등을 기치로 내걸었다.

그들은 총회신학교 복구위원회라는 이름으로 1978년 11월 10일자 공고문에서 방배동 소재 영광교회당에 교사를 마련하고 주변 서초동에 6,700평을 확보하여 권위 있는 교수들 상당수를 모시고 이듬해부터 학생들을 모집하여 가르침으로 평양신학교의 전통을 계승하는 대한예수교장로회 총회신학교를 복구한다고 선포하였다. 평소에 입버릇처럼 "국가의 흥망은 교회에 있고 교회의 흥망은 신학교에 있다"고 주장해 온 정규오 목사의 논법대로라면 이는 사실상 새로운 교단의 출발을 알리는 신호탄이었다. 결국 이듬해 대구에서 열린 제64회 총회에서 온갖 수모를 당한 후 비주류 측은 제64회 총회장 김일남 목사가 청암교회당에서의 속회를 공고함으로 별도로 모이게 되었다. 그리고 총신이사장에 이환수 목사, 재단이사장에 정규오 목사, 총신교장에 박아론 박사를 선임하였다. 1979년 11월 6일이었다.

이러한 외풍이 전라도 출신의 성도들이 다수를 점했던 대성교회에도 불어 닥쳤다. 그러나 처음에는 요동치 않고 내부의 결속을 잘 다져갔다. 그러나 봄날에는 생명의 약진이 있는 반면에 지반이 약해지듯이 그런 염려가 없지 않았다. 이러한 목양의 심정이 1980년 4월 27일에 에베소서 5:24-33을 본문으로 전한 설교에 잘 배어난다.

성장하는 교회

해롤드 L. 피켓(Harold L. Fickett)이 쓴 『교회성장의 10가지 원리』(Hope for Your Church: Ten Principles of Church Growth)에는 교회성장의 조건이 다음과 같이 제시되어 있습니다.

① 예수 중심의 교회.
② 성경 중심의 교회.
③ 전도하는 교회.
④ 교인의 중생 확신.
⑤ 신임 받는 지도력.
⑥ 성경적인 재정 정책.
⑦ 충분한 직원.
⑧ 믿음의 동력화.
⑨ 교회 봉사의 전문화.
⑩ 이 모든 것의 균형을 유지.

윌리엄 M. 스미스 박사(William M. Smith) 박사는 캘리포니아에 있는 밴나이스제일침례교회를 다음과 같이 평하였습니다.

> 성전에 들어서는 순간 영적 생명의 약동이 느껴진다. 집회 때마다 빈틈없이 메워지는 자리, 셀 수도 없이 많은 여러 가지 교회의 활동, 이 모두 성경 중심의 목회와 기쁨으로 섬기는 교회 회중의 혼연일체에서 일어난 결과이다.

이 교회의 연혁을 보면 세계에서 가장 아름답고 힘이 있고 가장 큰 교회로 성장하는 지침서를 읽는 듯합니다. 그것은 교회성장이 교인의 질이나 교회당의 위치나 교역자의 자격에 달린 것이 아니라 하나님의 말씀을 강조하고 성령의 역사에 전적으로 의지하는 믿음과 그것을 실천하고자 하는 열심에 있음을 보여 주고 있습니다.

우리 대성교회는 최고 큰 교회가 아니라 가장 위대한 교회를 세우는데 최대의 관심을 쏟아야 합니다. 그래야 하나님께 영광을 돌리게 됩니다. 규모야 커도 좋고 작아도 좋습니다. 거룩하고 서로 사랑함으로 하나로 모인 주님의 사람들로서 서로 아끼고 돌보아야 합니다. 맑고 깨끗한 성경의 교리로 불신과 배타와 타락의 탁류를 몰아내야 합니다. 진리가 풍성한 그 생수를 맘껏 마시고 세상을 비추는 빛으로 살아야 합니다. 위대한 교회는 규모가 큰 교회가 아니라 주님의 백성이 주님의 품에 안겨 서로 하나가 되고 함께 하나님의 은혜를 풍성히 누리는 교회입니다.

불란서 파리는 세계에서 가장 하수도 시설이 잘 되어 있는 도시로 정평이 나 있습니다. 우리나라 도시들은 상수도 시설은 어느 정도 완비되어 있으나 하수도 시설은 열악하기 짝이 없습니다. 한국 교회의 상수도는 세계 제일인 것 같습니다. 강단의 말씀, 기도의 열정, 전도의 열심, 올곧은 성경관이 그렇습니다. 그러나 그 배후의 하수도는 악취가 끊이지 않습니다. 냉대, 시기, 불평, 음란, 투기, 무고(誣告)가 가득 차 있습니다. 믿음의 가정에서도 그 사정은 별반 다르지 않습니다.

주님은 우리 속으로 들어가는 것이 아니라 우리에게서 나오는 것이 더럽다고 했습니다(마 15:11). 하나님이 지으신 것이 모두 선하니 감사함으로 받으면 버릴 것이 없습니다(딤전 4:4). 우리는 선한 것을 누리고 사나 그 선한 것이 우리 안에서 오물이 되지 않도록 회개해야 합니다. 하나님의 사랑을 받은 우리가 그 사랑을 빌미로 남 앞에 교만하거나 남을 정죄하거나 해서는 안 됩니다. 오히려 남을 나보다 낫게 여기고 서로 허물을 덮어 주고 사랑해야 합니다.

첫째, 교회는 주님 예수께서 제일 사랑하시는 그 자신의 몸입니다(엡 5:25). 주님은 교회를 위하여 자기 자신을 주셨습니다. 주님 자신의 지위, 권세, 능력, 거룩, 몸, 피, 살, 땀, 생명 등 모든 것을 주셨습니다. 주님은 성부의 사랑과 성령의 권능 … 가운데 교회를 다스리십니다. 그 통치는 군림하는 것이 아니라 베푸시는 것입니다. 각양의 은사를 주심으로써 다스리십니다. 주님은 교회를 정결한 신부로 삼습니다. "물로 씻어 말씀으로 깨끗하게 하사 거룩하게" 하십니다(엡 5:26). 이는 오직 그리스도의 물과 피와 성령으로 말미암습니다(요일 5:6). 교회의 성도가 서로 가까워진 것은 그리스도의 피로 정결함을 받았기 때문입니다(엡 2:13).

둘째, 교회는 하나님의 사람들이 모여서 하나님의 일을 하는 곳입니다. 사람의 뜻이 아니라 하나님의 뜻을 이루어 이 땅에 하나님의 나라가 세워지고 흥왕하게 되는 터가 바로 교회입니다. 교회는 하나님의 뜻을 이루어 하나님께 영광을 올려드리는 송영의 터입니다. 그리하여 "영광스러운 교회"라고 불립니다. 무엇보다 먼저 우리 자신을 돌아보아 거룩하고 주름 잡힌 것이나 흠이 없어야 합니다(엡 5:27). 교회는 하나님이 친히 양육하시고 보호하십니다(엡 5:29). 그러나 두 달란트와 다섯 달란트를 받은 종과 같은 사람들의 충성을 통하여 그 일을 이루십니다.

우리 대성교회는 목사인 저와 장로 12분, 권사 21분, 안수집사 12분, 집사 173명, 강도사 3분, 교육전도사 1분이 직분을 맡아 섬기고 있습니다. 성도들 중에는 의학박사 1분, 약사 4분, 육군소장, 대령, 중령, 소령 등 다수의 군인들, 경찰서장, 경정, 경위 등 다수의 경찰들, 언론사 편집국장, 대학교수, 회사 사장 등 여러 직업에 종사하시는 분들이 있습니다. 그러나 우리가 생각할 것은 교회가 이렇듯 성장했다고 해서 우리 각자의 신앙이 그만큼 자랐는가, 우리의 삶이 그만큼 거룩해졌는가, 과연 하나님이 우리를 기뻐하실 만큼 성숙해졌는가, 깊이 숙고할 일입니다.

셋째, 교회는 주님이 자기 피로 사셨습니다(행 20:28). 교회는 못 박힌 그리스도의 십자가를 자랑해야 합니다.

> 십자가의 도가 멸망하는 자들에게는 미련한 것이요 구원을 받은 우리에게는 하나님의 능력이라(고전 1:19).

헬라인은 지혜를 구하고 유대인은 표적을 구하나 우리는 십자가에 못 박히신 그리스도를 전합니다(고전 1:23). 세상 사람들이 미련하고 무능하다고 업신여기는 십자가가 우리에게 지혜가 되고 능력이 됩니다. 그 십자가를 밝히 보고 좌로나 우로나 치우치지 말아야 합니다(갈 3:1). 우리 대성교회는 "전도의 미련한 것"을 들고 땅 끝까지 나아가야 합니다(고전 1:21; 행 1:8). 주님이 "만물 위에 교회의 머리"가 되십니다(엡 1:22). 우리가 열심히 봉사하여 그 몸을 세워가야 합니다.

그리고 장성한 분량에 이르도록 채워가야 합니다(엡 4:12-13).

교회는 주님의 음성을 들어야 합니다. 주님이 이끄는 대로 가야 합니다. 주님이 움직이실 때 함께 움직이고 주님이 멈추시면 함께 멈춰 서야 합니다. 교회의 계획, 진행, 열매는 모두 주님의 뜻을 따라야 합니다. 십자가의 도에 어긋나는 것은 아무 능력이 없습니다. 말을 하기보다는 말을 듣기에 힘써야 합니다. 큰 소리를 내기 전에 기도해야 합니다. 무리를 지어 의견을 내기 전에 먼저 성도 본연의 자세를 갖추고 열심히 교회에 봉사해야 합니다. 십일조, 봉사, 헌신, 전도, 교육, 구제, 건축 등이 모두 성경적이어야 합니다.

몸을 떠난 손과 발은 육체가 아니라 물체일 뿐입니다. 성도는 교회를 떠나 살 수 없습니다. 부부가 한 몸을 이루듯이 교회와 그리스도는 한 몸을 이룹니다. 교회의 이 비밀이 큽니다(엡 5:32). 성도는 신자이며 교인이어야 합니다. 거룩한 성도는 잘 믿을 뿐만 아니라 충실한 교회의 지체가 되어야 합니다. 나아가서 교회는 자기 교회에만 머물러서는 안 되고 다른 교회를 도와야 합니다. 고린도 교회와 빌립보 교회가 연보를 해서 예루살렘 교회와 사도 바울을 도운 것처럼 우리도 그리해야 합니다. 우리 교회 남전도회와 여전도회에서 12개 교회를 돕고 있으며 맹인교회에 방문해서 쌀을 5가마니 드리고 올 계획을 가지고 있으니 하나님이 이를 얼마나 기뻐하시겠습니까.

교단을 뛰쳐나가 조직된 합동보수 교단은 이후 곧 이합집산과 핵분열이 일어나 20여 개의 개혁 교단이 생기게 되었는데 급기야 그 여파가 대성교회에도 미치게 되었다. 기존의 몇몇 장로와 새로 장립을 받은 장로 얼마가 중심이 되어 이탈을 공공연히 지지하고 나섰다. 급기야 1980년 10월에는 새로 장립을 받은 엄기연 장로와 김영환 장로가 이탈 측 총회의 임원이 되었고 본 교단 총회에서는 이들을 전권위원장의 이름으로 제명한 일이 일어났다. 그러나 담임목사는 이탈 측에 서는 것을 거부하였다. 비록 전라도 지역의 교회 90%가 옮겨갔다고 해도 서울의 사정은 다르다고 판단하였다. 대성교회는 전라도 교회가 아니라 하나님의 교회라는 사실을 되새겼다. 정규오 목사와 측근 여러분이 사모님들과 함께 찾아와 4시간 가까이 설전을 벌였으나 뜻을 굽히지 않았다.

정규오 목사가 1979년 7월 그해 총회가 있기 전에 "총회가 하나 되기 위한 성명서"를 통하여서도 천명한 바 있는, 신학과 신앙이 같을 때에는 요한복음 17:21의 말씀에 의하여 하나가 되는 것을 주님의 뜻으로 확신하고 절대로 분열하는 것을 반대하지만 신학과 신앙이 다를 때에는 고린도후서 6:14-18의 말씀에 의거하여 하나가 되는 것은 주님의 말씀을 거역하는 것이라는 논법으로 일관했다. 그러나 사안의 본질은 신학이 아니라 교권에 있음을 서기행 목사가 모를 리 없었다. 무엇보다 김일남 목사님을 따르지 못하는 것이 마음에 사무쳤다. 정치에 있어서는 대로행(大路行)을 하는 것이 주님이 말씀하신 좁은 길을 거쳐 좁은 문으로 들어가는 것이라는 신념을 굳히지 않았다.

이 일로 전라도 쪽에 약속된 부흥회 46군데가 즉시 취소되었다. 무엇보다 교회 내의 수습이 난제였다. 제명당한 2명의 장로를 포함한 8명의 장로가 자기들을 따르는 사람들과 함께 2층에서 따로 예배를 드렸다.

그 와중에 서기행 목사는 두 달 동안 설교를 하지 않고 강대상 밑에서 성경과 총회헌법을 두 손에 들고 밤새 기도하였다. 총회헌법을 거의 다 외우다시피 했다. 사모는 충격을 받아 혈변을 봤고 당뇨까지 닥쳤다. 목포 둘째 형 집에 계시던 어머니까지 올라와 철야로 기도하셨다. 이런 여러

난고를 겪고 난 후 제직회를 열게 되었는데 136:84로 상대편을 압도하게 되었다.

이러한 결과를 얻게 된 데에는 노회의 실세였던 김현중 목사의 도움이 컸다. 김현중 목사는 정치적으로 서기행 목사를 붙잡았고, 서기행 목사는 신앙적으로 김현중 목사를 붙들었다. 김현중 목사의 하나님 나라와 목양에 대한 헌신과 경건한 삶을 옆에서 지켜보아 왔던 탓이다. 노회에서뿐만 아니라 총회에서도 상당한 정치력을 발휘하여 차세대 지도자로 주목받고 있었던 경상도 목사가 이른 나이에 상경하여 박토에 교회를 일구며 고군분투하고 있는 전라도 목사의 손을 잡아준 것이었다.

이듬해 1981년 1월 18일 교회를 떠난 성도들이 재력이 있었던 어느 한 장로가 집 두 채 팔아서 대성교회 근처에 지은 예배당에 모여 세광교회를 세웠다. 이로써 본 사안은 일단락되었다. 떠났던 성도들 중 얼마가 다시 돌아왔다. 다시 돌아온 성도들은 이후 교회에서 주도적인 역할은 할 수 없었다. 하나님이 그렇게 하셨다. 큰 환난이고 연단이었지만, 잃은 것 못지않게 얻은 것도 적지 않았다.

서기행 목사는 교단의 분열에 가담하지 않았지만 누구 못지않게 그 해를 크게 당하였다. 주 안에서 형제자매인 성도들이 서로 화합하지 못하고 합당한 이유도 없이 끝없이 질시하며 멀어진다는 것이 얼마나 그릇되며 얼마나 고통스러운 일인지 절감하게 되었다. 총회의 분열이 없었다면 대성교회의 분열도 없었을 것이다. 총회나 노회에서 장로회 정치의 원리가 제대로 작동하지 않을 때 그 몫은 고스란히 회원 교회와 성도에게 돌려진다는 것을 깨닫게 한 일이었다. 당을 짓는 것이 하나님이 싫어하는 죄라고 그렇게 자주 성경에 거론되는 이유를 알 것 같았다.

교회의 재도약

주님의 몸 된 교회는 주님이 친히 주장하시고 붙드신다. 교회의 비밀이 크다. 그 어려운 일을 겪었지만 교회는 급속히 회복되어 갔다. 여전히 오가는 말들은 없지 않았지만 오히려 이전보다 교회가 더 평화롭고 서로 나누는 대화도 훨씬 정감이 넘쳤다. 여느 교회와 다를 바 없이 대성교회도 5월을 가정의 달로 여겨 어린이를 각별히 돌보고 부모를 무조건 공경하고 스승에게 다함없는 예의를 갖출 것을 힘주어 설교하였다.

회오리가 지나간 그해 1981년 5월에 그동안 진행되던 목사관이 완공되어 입주하게 되었다. 연건평 70평의 이층집이었다. 지하가 있어 서재로 사용되었다. 경리단 너머로 교회와 나란히 붙어 있었다. 그러나 언덕배기를 깎아 지은 탓으로 교회는 아주 높아 보였고 목사관은 깊이 내려앉은 모습이었다. 결혼 후 처음으로 독립된 공간에서 가족이 살게 된 것이다. 여전히 성도들의 왕래는 잦았지만 이전과 같이 사생활이 크게 침해당할 정도는 아니었다. 햇빛이 잘 들고 경리단 쪽에 심겨진 나무들이 뒤로 둘러쳐져 풍광도 좋았다. 앞으로 도로가 보이지만 꽤 들어와 있기 때문에 차량의 소음이나 길가는 행인들이나 상인들의 소리도 거슬릴 정도로 들리지는 않았다. 마당도 좁지 않아 베란다 오르는 길까지 옹색하지 않았다. 고즈넉함과 쾌적함이 잘 어우러져 어릴 때 살던 영천들에 놓인 집에서와 같은 안온함이 없지 않았다.

또한 같은 달에 경기도 양평군 서종면 서후리에 위치한 3,500평의 땅을 수양관으로 매입하고 오가는 편을 위하여 소형버스까지 그 가을에 구입했으니 그 넉넉함이 더하였다.

교회는 담임목사 중심으로 일사불란하게 움직였다. 성도의 헌신이 특별히 강조되었다. 십일조를 안 내고 주일성수를 제대로 안 하면 안수집사 청원을 하지 못하도록 했다. 집사가 되면 헌금 주머니를 들고 헌금을 걷어야 할 텐데 본인이 십일조를 하지 않으면서 그 직분을 맡을 수는 없는 노릇이며, 집사가 되면 교회 여러 일을 돕고 예배 안내를 해야 될 텐데 본인이 주일성수를 하지 않으면서 그 일을 할 수는 없는 노릇이라는 이유에서였다. 그런데도 대부분 시기가 되면 청원을 하였다. 그만큼 믿음생활이 반듯했다는 반증이었다.

성도들의 이탈이 있은 후 한 해가 지나자 그 수가 이전과 같아졌고 주일 오전 예배 드리는 인원이 1982년에는 4백 명, 1983년에는 5백 명, 1984년에는 6백 명, 그 이후에는 7백 명에 육박했다. 1983년부터는 오전 예배를 2부로 드렸다. 주일 오후 예배도 3백 명 가까이 모였다. 구역의 수도 점차 늘어나 거의 110구역에 달하게 되었다. 이러한 부흥이 더욱 값진 것은 그것이 교회가 큰 어려움을 겪고 난 이후 일어난 일이라는 점과 많은 사람들이 이태원을 빠져 나가 아파트가 밀접한 인근의 이촌동이나 강남 등지로 이사를 가는 추세를 역행하여 일궈낸 것이라는 점에 있었다. 무엇보다 군인아파트가 옮겨가 많은 성도들이 떠났음에도 불구하고 오히려 그것이 자극이 되어 더욱 전도를 열심히 하였다는 점이 주목된다.

문제는 주일학교였다. 30대와 40대 청장년층이 구직이나 이사 등으로 새로운 곳으로 떠나게 되자 점차 아이들이 모여 다니는 모습이 성겨 보였다. 주위의 초등학교의 반이 줄어들어 가는 것에 비례해서 주일학교에서 예배드리는 아이들의 수도 줄어들어 갔다.

서기행 목사는 목회는 기도를 통하여 하나님의 뜻을 구하며 그 뜻대로 하나님의 양을 먹이는 것이라고 여겼다. 기도가 없이는 목회를 할 수 없다고 생각한 것이다. 그 잣대는 새벽 예배에 있었다. 미명에 야음을 가르며 걸음을 옮겨 하나님께 예배드리는 것이야말로 중심을 드리는 것이 아니겠는가. 그리하여 국내 어느 곳에 있든지 새벽 예배 시간 전에 닿을 수만 있으면 내달아 본 교회에서 예배를 드리고자 하였다. 급한 일로 새벽 2시나 3시에 귀경하는 경우에도 새벽 예배는 거르지 않았다.

　이와 같이 하루를 예배와 기도로 시작하는 것과 더불어 인격 목회를 강조하였다. 하나님은 사람을 들어 사용하셔서 자신의 일을 이루신다. 하나님의 일을 맡은 사람은 하나님이 능력을 주시고 자기의 뜻대로 일을 이루시며 그 일을 감찰하신다. 그러므로 하나님의 일꾼들은 높낮이가 없으며 서로 하나가 되어 함께 하나님의 뜻을 이루어 가야 한다. 부교역자나 직원, 교사, 여러 봉사자들 할 것 없이 모두 서로 인격적으로 대해야 하며 사랑해야 한다. 서로 견제하거나 판단하는 것이 아니라 남을 나보다 낫게 여기고 서로의 부족함을 서로 간에 채워가며 끝내 하나님이 다 행하셨다는 고백을 서로 나누는 데 이르러야 그것이 참 목회이고 동역이다.

　교회가 부흥되자 부교역자들의 수가 늘어났다. 이에 부응하여 부교역자관 302평을 건립하였다. 새로 예닐곱의 장로도 세웠다. 그리고 해를 걸러 그 정도 수의 장로를 또 장립하였다. 권사도 많이 세움을 받았다. 제1대 선교사를 필리핀에 파송하였다. 남녀전도회와 각 주일학교 부서에서는 최선을 다하여 교육과 전도에 힘썼다. 토요 노방전도와 심방에도 전력을 다했다. 성도들의 기도생활을 위하여 수양관에 식당과 방으로 쓸 별관을 지었다. 그리고 부지도 1천 평 더 추가 매입하였다. 성도들이 헌금생활에 대한 훈육을 잘 받아들여 등록교인으로서 출석을 잘 하는 서리집사쯤 되면 대개 십일조를 충실히 하였다. 감사헌금과 선교헌금도 이전보다 많이 걷혔다.

기도의 어머니를 보냄

어머니가 천국으로 가셨다. 새벽 예배 가시려다 마루에서 떠나셨다. 1986년 5월 1일이었다. 장례식은 사시던 목포에서 있었다. 조문객이 끊이질 않았다.

가족들은 물론 교회 성도들과 서울에서 오신 분들이 많았다. 목사님들로 들 끓었다. 부음을 접하자 순간 하나님의 뜻을 헤아렸지만 천붕의 고통이 몰아치는 것을 어쩔 수 없었다. 무엇보다 큰 기도의 그늘막이 사라지니, 애통함이 더했다.

어머니는 남다른 신앙인이셨다. 끼니를 잊고 기도하셨다. 모진 세월 거센 풍상과 세파가 그칠 새 없었지만 기도하고 또 기도하셨다. 밤은 수면의 시간이 아니라 기도의 시간이었다. 가족들 모두의 이름을 불러가며 기도하셨다. 알토란 같은 9자녀를 두셨으나 하나 둘 악상을 치르며 먼저 보내시고 급기야 남편마저 보내시니 삶의 무게에 휘청거리실 만도 했으나 오히려 그때마다 더 꼿꼿한 모습을 보이셨다. 기도를 하실 때에는 이 땅에 계시는 분이 아닌 것 같이 보였다. 한나와 같이 성령에 취해 기노하셨다. 무슨 일이든 기도하기 전에는 가타부타하지 않으셨다. 마음에 드는 일이든 상하는 일이든, 갠 날이든 궂은 날이든, 화급한 일이든 느긋한 일이든 기도하시기 전에는 뭐라 하지 않으셨다.

서기행 목사는 어릴 적부터 어머니의 기도 소리를 듣고 자랐다. 새벽 여명에 어둠을 가르고 영천들을 헤쳐 나가던 그 발걸음이 지금도 익숙하다. 그 선선함이 괜히 좋기만 했다. 목회를 하면서 기도 없이는 불가능하다는 것을 알게 되었다. 모든 일의 처음과 끝은 하나님의 섭리에 달려 있으며, 그 섭리는 기도가 차야 때를 맞는다. 기도하는 시간이 즐겁지 않으면 목회자는 끝없는 절망의 나락에 빠져들어 헤어날 수가 없게 된다. 일 자체로 좋고 나쁜 것은 없다. 일이 생기면 감사함으로 받고, 말씀에 비추어 기도하면 그것이 모두 거룩해진다.

> 하나님께서 지으신 모든 것이 선하매 감사함으로 받으면 버릴 것이없나니 하나님의 말씀과 기도로 거룩하여짐이라(딤전 4:4-5).

아무리 궁리하고 신중하게 대처해도 일은 생긴다. 일이 생기는 것을 막을 수는 없다. 주님에게도 시험하는 일이 많이 닥쳤다. 중요한 것은 일이 없기를 바라는 것이 아니라 기도하면서 생긴 일에 대처하는 데 있다. 어머니는 매사에 기도하셨다. 어머니는 체구가 왜소하고 발도 작은 오이만 했다. 언제나 한복을 입고 띠를 허리에 졸라매고 계셨다. 일생 머리를 단정히 빗고 은비녀로 쪽을 트셨다. 얼굴은 항상 말끔하셨다. 자태가 단아하셨다. 무엇을 먹든 마시든 기도하셨다. 모처럼 손자 손녀들을 만나게 되시면 "내 새끼, 내 새끼" 하시며 정감을 드러내신 후, "하나님 감사합니다. 하나님 감사합니다"라는 말만 되뇌셨다. 그렇다고 해서 언제나 유하시지만은 않았다. 아닌 것은 아니라고 단호하게 말씀하셨다.

어머니는 목포에 형님 자녀들과 함께 사셨다. 육남이 서기행 목사가 집을 마련해 주었다. 인근으로 부흥회를 가게 되면 어김없이 어머니가 찾아오시거나 아니면 찾아가 뵙고 하였는데, 그때는 부흥회 사례를 모두 어머니께 드렸다.

서기행 목사는 사시사철 새벽의 서정이 맘에 와 닿았다. 새벽 3시 반이면 기침하여 말끔히 씻고 집을 나섰다. 목소리를 트고 헌신하는 하루의 첫 발을 내디디면서 "내 주를 가까이 하게 함은 십자가 짐 같은 고생이나 내 일생 소원은 늘 찬송하면서 주께 더 나가기 원합니다"라고 크게 찬송하였다. 마지막 4절까지 다 외워 그리했다.

> 야곱이 잠깨어 일어난 후 돌단을 쌓은 것 본받아서
> 숨질 때 되도록 늘 찬송하면서 주께 더 나가기 원합니다.

교회에 도착하여 당회장실에 이르면 강단에 서기 전에 미리 준비한 설교 원고를 두어 차례 읽고 난 후 그날 부를 찬송을 부르고 기도하면서 예배를 준비하였다. 혹자는 새벽 예배가 무용하다고 하지만, 구약 시대에는 날마다 상번제를 드리지 않았는가. 초대 교회에는 어찌 하루에 한 번만 모였겠는가. 새벽 예배로 하루의 첫 시간을 하나님께 드리고 말씀 듣고 기도하며 마음을 다잡는 것이 지당하지 않은가. 이러한 확고한 믿음이 있었기 때문에 만년에 이를수록 새벽 예배에 더욱 치중하였다. 루터가 말했던가. 일이 바쁠수록 한시라도 더 빨리 일어나 기도할 것이라고. 뭐라 해도 총회장 재임 시 가장 바쁘지 않았겠는가. 그때 오히려 새벽 예배에 힘써서 수기한 원고를 부교역자에게 타자로 치게 해서 인쇄물로 매일 나눠 주었다. 그것이 이후 『새벽예배강해』 3권과 『새벽 성경각장 요절강해』 2권으로 출판되었다.

　어머니를 떠나보내기 14년 전에 쓴 설교집 겉장에는 노모를 향한 애틋한 마음이 다음과 같은 기도문으로 표현되어 있다.

　　주여.
　　오늘은 웬일인지 눈에서 눈물만 흐르고 있습니다.
　　72세의 노령에 계신 어머님의 모습이 온 종일 떠오르며
　　불효의 몸을 둘 바를 몰라 주여 이 죄인을 어찌 하오리까.

　　그러나 죄인은 사람 구실 못하고 자식 구실 못해도
　　주의 성단(聖壇)만을 아끼고 사랑했습니다.

　　십자가의 그 피는 나의 심령을 움직여 그 고마움에
　　뛰는 가슴을 억제치 못하고 날마다 주의 따뜻한
　　사랑의 그 가슴을 더듬는 이 죄인을 주여 도와주소서.

　　사람의 악취만이 가득한 이 죄인의 형체 속에서라도

그리스도의 사랑을 간직할 곳은 있나봅니다.
내가 받은 그 사랑 내가 받은 그 용서
내가 받은 그 로고스를
이 둔한 입으로는 못 증거하네.

성령이여 나의 입술에 능력을 주옵소서.
나의 심령 속에 성령의 능한 힘을 주시사
시들어 가는 저 양들을, 대성제단에 모여드는
주의 양들을 겸손히 공손하게 치게 하소서.

1972. 3. 20.

세 번째 예배당 건축

주일 예배를 2부로 나누어 드려도 교회가 점점 비좁아졌다. 무엇보다 주차의 어려움이 컸다. 교회가 나눠지는 어려움을 겪은 후 모든 모임은 가급적 교회에서 주일 오후에 할 것이 방침으로 정해져, 주일학교 부서실, 남녀전도회실, 성가대연습실, 권사실, 재정부실, 권사실 등의 모임이 그때 겹쳐 어려움이 적지 않았다. 이런 형편에 이르자 일각에서는 교회를 새로 지어야 한다는 말이 솔솔 나오기 시작하였다. 새로 장립되어 취임한 장로님들 사이에 이러한 뜻을 공론화하려는 움직임이 노골화되었다. 선임 장로님들도 굳이 반대 의견을 개진하지는 않았다.

그러던 어느 날 당시 경찰서장이었던 어느 장로를 심방하던 차에 함께 모였던 모든 장로들이 자신들의 합의된 뜻이라며 예배당 건축을 담임목사에게 건의하였다. 다시 건축을 하게 되면 자신들이 최선을 다해서 헌신할 것이라는 다짐도 없지 않았다. 담임목사보다 그 필요성을 더 절감하는 사람이 있겠는가. 그러나 누가 그 일을 책임질 것인가. 끝내 그 몫은 고스란히 담임목사의 것이 아닌가. 이미 두 번의 건축을 통하여서 이를 통절히 경험하지 않았던가.

문제는 다시 건축을 하게 되면 어디에 할 것인지에 있었다. 어련히 목사관을 헐고 주변의 부지를 더 매입해서 반듯하게 대지를 잡아 지금 있는 곳에 짓고자 하는 마음이었다. 그러나 지금의 터는 이미 한계를 노정하고 있지 않은가. 협착한 이태원 골짜기는 사람이 빠져나가면 나갔지 더 이상 유입되는 곳은 못되었다. 그나마도 미군 부대가 주변에 있어 온갖 규제에 묶여 발전의 가능성은 거의 전무했다. 주변의 학교는 초·중·고 할 것 없이 강남은 말할 것도 없고 강북의 여느 학교보다도 격이 떨어져가고 학생들의 수도 현저히 줄어들고 있었다. 이미 이곳을 떠나 멀리서 교회에 출석하는 성도들도 많았다. 그들 중 얼마는 강남에서 오갔다. 이런 사정을 고려하지 않을 수 없었다.

이곳을 떠난다는 것이 그리 낯선 일도 아니었다. 충현교회나 창신교회는 강남에 잘 안착하여 부흥을 이루고 있지 않은가. 인근 산정현교회도 잘 자리 잡지 않았는가. 김창인 목사는 교회를 강남으로 이전해야 한다고 아예 단언을 하셨다. 무엇보다 그 권면이 폐부를 찔렀다. 그리하여 몇 차례 적지를 찾아 강남의 여러 지역을 돌아보기도 하였다.

담임목사의 의중은 부지 이전에 기울어 있었다. 그러나 성도들은 건축 자체는 동의했지만 교회를 옮기는 것에는 마음을 모으지 못했다. 가장 많은 반대는 권사들로부터 나왔다. 결국 이전에 대한 논의는 수면 아래로 가라앉게 되었다. 그러나 이런 과정을 거치면서 예배당 건축을 해야 한다는 마음은 하나로 모이게 되었다. 이번에는 먼저 건축헌금을 작정하고 어느 정도의 액수가 찰 때 기공한다는 원칙에 모두 동의하였다.

그리고 1984년 12월 30일부터 작정한 건축헌금을 시작하였다. 담임 목사의 솔선수범이 있었다. 집을 팔아 전세로 옮기고 헌금하는 장로도 있었다. 모든 부서의 예산 가운데서도 일정 분량을 건축헌금으로 돌렸다. 헌신예배 헌금도 그렇게 사용하였다. 주일학교 아이들도 건축헌금을 하였다. 예배당 건축의 시계가 돌아갈수록 이에 지쳐 교회를 떠나는 성도도 늘어났다. 주일 오전 예배 출석인원이 1987년에는 5백 명대, 기공하던 1993년에는 4백 명대, 완공하던 1994년에는 3백 명 중반대로 줄어들었다.

새로운 예배당을 짓기 위한 기공 예배는 1993년 9월 11일에 있었다. 그때의 애타는 심정이 새로운 설교집에 설교를 작성할 때면 그 겉장에 쓰곤 했던 한 기도문에 잘 표현되어 있다.

주여 붙드소서.

주의 일터는 성스럽기만 합니다.
그러나 주의 종 죄인은 미숙한 목회로 후회가 가득합니다.

주의 도우심과 성령님의 인도함이 없을 때
나 스스로는 한 번도 주의 일을 성공적으로 한 일이 없습니다.

오 주여, 나의 능력의 원천되시는
주 예수 나의 구주여, 힘을 주소서.

하나님의 전은 하나님의 뜻을 따라
1993년 9월 11일 기공 예배를 드렸습니다.

주의 전의 일감은 많으나 5백 명의 적은 힘으로
350만 불(27억)을 가지고 성전을 지어야 하는데
그 돈을 내야하는 신앙과 상식적인 힘이 없나이다.

오 주여, 주의 크신 능력으로 도와주소서.
주의 종을 주의 도구로 사용하여 주소서.

1993. 9. 19. 아침.

    그동안 교회 대지와 건물을 두 차례 걸쳐 매입하여 직사각형 모양의 반듯한 대지가 마련되었다. 예배당을 어떤 모양으로 지을 것인지 세계 여러 교회를 직접 방문하기도 하고 사진을 구하여 보기도 하였다. 하나님께 영광을 올려드리는 터로서 빛날 뿐만 아니라 가장 효율적으로 공간을 활용할 수 있는 예배당을 짓고자 하였다. 매일 이곳에서 기도하였다. 공사가 시작되자 인근 건물의 지하 주차장을 빌려 주일 오전 예배와 오후 예배를 드렸다. 주일학교는 오전 예배 전에 드렸다. 일주일 간 까맣게 앉은 자동차의 먼지를 밀대로 닦아내고 길게 끊은 아이보리색 천을 깔고 구석에 옮겨 놓았던 강대상을 옮기는 것은 주일학교 전도사와 교사들의 몫이었다. 새벽 예배와 삼일 밤 예배와 금요 심야 예배는 인근 건물의 한 층을 빌려 사용하였다.
    하나님께 영광이 되면서도 가장 효율적인 건축을 위하여 담임목사는 미국과 구라파 등지를 다닐 일이 있으면 주변의 예배당을 둘러보았으며 사진첩을 통하여 세심히 살펴보기도 하였다. 이번에도 설계는 전문회사에서 했지만 전체적인 조감과 공간 활용과 방 배치는 담임목사가 주도하였다. 모든 경과는 어김없이 당회에 보고하였다. 몇 페이지나 되는 설계도를 들고 거의 매주 진행 상황을 장로들에게 알려 주었다. 땅을 팔 때나 거푸집을 짤

때, 레미콘을 넣어 다지고 벽돌을 쌓을 때, 매 공정마다 담임목사가 인부들을 격려하며 사실상 감독을 하였다. 건축 중 목사관은 인근 아파트를 전세로 사용하였다.

교회당이 점점 모습을 갖추어 가자 성도들도 더욱 힘을 얻게 되었다. 연한 갈색이 은근히 비치는 붉은 벽돌로 촘촘히 쌓아올린 고딕양식의 건물이 솟아오르자 저녁 석양의 때에는 해가 그 뒤로 숨어 내리는 듯했다. 마침내 십자가가 위로 솟은 종탑이 건물 위에 놓이자 외장이 모두 갖춰졌다. 1995년 7월 13일, 8년 만이었다. 지상 5층과 지하 2층으로 연건평 1,246평이었다. 내부 비품비로 2억을 포함하여 총공사비 36억이 들었다. 그리고 두 달 후 9월 28일에 헌당 예배를 드렸다. 그 전주 주일인 9월 24일 낮 설교는 디모데전서 3:14-16을 본문으로 다음과 같이 선포되었다.

하나님의 교회

1995년 9월 28일 예배당 헌당을 앞에 두고 있습니다. 구약 말씀에서 보듯이 성전에는 성스럽고 깨끗한 것만이 있어야 합니다.

성전의 떡상에는 거룩한 떡이 진설되어야 합니다(출 25:30). 성전 안에 있는 떡상에는 이스라엘 12지파를 대표하여 12떡덩이가 진설되어 있고 한 주일에 한 번씩 더운 떡으로 갈아 놓아야 합니다. 이는 하나님과 이스라엘 백성 사이의 영원한 언약을 나타냅니다(레 24:8). 그리고 성전에는 향단에 향불이 끊어지지 않게 해야 합니다(출 30:34-38). 그 향은 성도의 기도라고 요한계시록은 전합니다(계 5:8). 또한 성전에는 거룩한 금 촛대가 있으며 감람으로 짠 순수한 기름이 있습니다(출 27:20; 대하 13:11). 이는 거룩하게 준비하여 신랑을 맞이하는 신부의 모습을 뜻합니다(마 25:1).

첫째, 교회의 설립 위치가 중요합니다. 주님은 세상 속으로 오셨습니다. 교회는 교통의 중심지나 사람이 많이 사는 곳인 아파트 단지 등에 위치하는 것이 좋습니다. 오지에도 교회가 있어야 하지만, 교회가 사람을 피하여 있어서는 안 됩니다. 그렇다고 해서 여기에서 말하는 것은 이러한 교회의 지리적 여건이 아닙니다.

교회는 "주는 그리스도시요 살아 계신 하나님의 아들이시니이다"라는 베드로의 신앙고백 위에 굳게 서야 합니다(마 16:16). 그리고 교회는 초대 교회가 오순절 성령 강림으로 세워졌듯이 성령충만한 곳에 우뚝 서야 합니다. 주님은 승천하시면서 제자들에게 예루살렘을 떠나지 말고 성령충만을 받으라고 말씀하셨습니다. 교회는 예수님의 말씀을 믿고 따라야 합니다. 주님의 지시와 명령에 순종해야 합니다. 주님께서 죽으시고 부활하시고 승천하신 후 500명 중 380명이 떠나고 120명만 남아서 10일 동안 오로지 기도에 힘썼습니다. 제자들과 주님의 어머니 마리아와 주님의 동생들도 기도에 전력했습니다(행 1:14-15).

교회는 말씀을 붙들고 기도해야 합니다. 주님이 다시 오신다는 약속을 믿고 기름을 준비하고 밤에도 깨어 있는 5처녀와 같아야 하고, 이 땅에 있는 동안 아버지의 뜻을 잘 분별하여 충성을 다하는 5달란트와 2달란트 받은 자들과 같아야 합니다(마 25:1-30). 교회는 기도 위에 세워져야 합니다. 그 기도는 말씀에 비추어 의와 진리를 구하는 기도여야 하며 죄를 토설하고 용서를 구하는 회개의 기도여야 합니다. 기도가 없이는 하나님과 동행할 수 없습니다. 기도로 우리는 그리스도의 몸을 통하여 지성소의 삶의 신령한 복을 캐내는 것입니다.

둘째, 하나님의 교회는 팽창하는 교회여야 합니다. 자라나려면 생명이 있어야 합니다. 아들이 있는 자는 생명이 있고 아들이 없는 자는 생명이 없습니다(요일 5:12). 태초에 계신 하나님의 말씀에 생명이 있고 그 생명이 사람들의 빛입니다(요 1:4). 예수님 자신이 생명의 떡이요 갈하지 않는 생수이십니다(요 6:35). 생명이 있는 교회는 거듭난 교회, 중생한 교회, 변화된 교회를 의미합니다. 하나님의 자녀는 거듭나면 그리스도 안에서 한 형제자매입니다.

교회는 하나님의 통치 가운데 살아가야 합니다. 하나님의 말씀을 바라보고 좌로나 우로나 치우치지 않으며 길을 나아가야 합니다(수 1:7). 가지는 나무에 붙어 있어야 물관과 체관을 통하여 수분과 양분을 얻습니다. 그것이 다스림을 받는 것입니다(요 15:1-7). 이러한 다스림 가운데 하나님을 사랑하고 이웃을 사랑하는 것이 교회의 대강령이자 법도입니다(마 22:34-40). 손과 발은 서로 짐이 되지 않고 서로 받들어 큰 짐을 나룹니다. 그 손과 발은 또한 심장에 붙어 있습니다. 교회는 하나님의 다스림 가운데 그리스도의 심장으로 한 마음이 되어야 합니다(빌 1:8; 고전 2:16).

교회는 온 땅에 복음을 전하여야 합니다. 오순절 성령 강림으로 "하나님의 큰 일"이 각국의 언어로 제자들의 입에 말씀으로 담겼습니다(행 2:11). 그들은 그 말씀을 사방으로 흩어져 선포하였습니다. 주님이 갈릴리 방방곡곡을 다니시며 말씀을 선포하고 가르치셨듯이 그들도 가르치기와 전도하기를 그치지 아니하였습니다. 그들이 전한 "하나님의 큰 일"은 예수가 십자가에 죽으심을 당한 후 사흘 만에 부활하셨다는 사실 곧 예수는 그리스도이시라는 사실이었습니다. 그들은 이 일의 증인으로 땅 끝까지 나아갔습니다(행 1:8; 3:15; 5:42).

제자들이 말씀을 선포하니 그것을 듣고 3천 명, 5천 명이 믿고 세례를 받게 되었습니다(행 2:41; 4:4). 큰 이적도 일어났습니다. 선천적 앉은뱅이가 나사렛 예수의 이름으로 일어나 걷고 뛰었습니다(행 3:6-8). 다른 이름으로는 구원을 얻을 수 없고 오직 예수 그리스도의 이름만이 그 권능이 있음이 선포되었습니다(행 4:12). 보혜사 성령이 임하니 이방인 고넬료의 집안이 구원을 얻고, 예수를 믿는 자들을 박해하던 사울이 바울이 되고, 이방 안디옥에 큰 부흥이 일어났습니다.

복음선노는 제자들과 주님의 동생 야고보 등의 순교에 이어심에 따라 더욱 요원(燎原)의 불길과 같이 타올랐습니다. 교회는 어떤 환난이나 핍박이 있더라도 복음을 전하는 일에 게을리 해서는 안 됩니다. 우리 대성교회는 초대 교회와 같이 먼저 모이기에 힘쓰고, 모여서 기도하고, 흩어져서 전도해야 합니다.

셋째, 주님께 칭찬받는 교회가 참 좋은 교회입니다. 초대 예루살렘 교회는 많은 핍박이 있었지만 성령이 충만하여 온 백성에게 칭송을 받는 교회가 되었으며 세계에 흩어져 있는 모든 교회의 모교회가 되었습니다(행 2:47). 데살로니가 교회는 믿음의 역사, 사랑의 수고, 소망의 인내로 칭찬을 받았습니다. 이는 그들이 하나님의 말씀을 사람의 말로 받지 아니하고 하나님의 말씀으로 받았기 때문입니다(살전 1:3; 2:13). 서머나 교회는 환난을 받았으나 죽도록 충성하였습니다(계 2:10). 155년 2월 23일 이곳에서 속사도 폴리캅(Polycarp)이 순교하였습니다. 빌라델비아 교회는 작은 능력을 가지고도 하나님의 말씀을 지켰습니다. 그들은 여러 유혹과 고난이 있었지만 끝내 "인내의 말씀"을 지켰습니다(계 3:8-10).

사람에게 칭찬받기 좋아하는 교회, 추한 사람의 냄새가 나는 교회는 하나님이 기뻐하지 아니하십니다. 고린도 교회에는 하나님을 기쁘시게 한 많은 일꾼들이 있었지만 사람들은 오히려 이를 기화로 바울파, 게바파, 아볼로파 하면서 사람을 중심으로 당을 지었습니다(고전 1:12). 그리고 오늘날 교회에서도 볼 수 있는 은사, 직분, 구제, 송사, 남녀의 신분, 율법, 민족, 인종 문제 등을 안고 있었습니다. 그들은 심지어 바울의 사도권을 문제 삼기도 하였습니다. 물론 문제가 많은 교회는 교회도 아니라고 해서는 안 됩니다. 사도 바울은 이러한 고린도 교회를 "하나님의 교회"라고 부르고 있음을 기억해야 합니다(고전 1:2; 고후 1:1).

하나님은 부르시고 은혜를 베푸신 구원의 백성을 다시 내치지 않으시듯 교회도 불법과 허물과 연약함이 있다고 아주 멸하시지는 않으십니다. 그렇다고 해서 교회가 그저 교회로 남기만 할 뿐 하나님을 기쁘시게 하는 일을 게을리 해서는 안 됩니다. 우리 대성교회는 하나님의 종을 길러 내는 교회, 선교하는 교회, 서로 상처를 포용하고 남과 나를 넘어서서 서로 사랑하는 교회가 되어야 합니다.

새로운 예배당에서

하나님은 스스로 자신의 일을 이루시되 사람을 도구로 사용하신다. 보이지 않는 하나님의 섭리가 보이는 사람의 손을 통하여 이루어진다. 그렇다고 해서 이를 사람이 했다고 해서는 안 된다. 하나님은 끝내 요나를 사용하셨다. 하나님이 어찌 니느웨를 스스로 구원하지 못하시겠는가. 모세가 없다고 출애굽이 불가하겠는가. 열 가지 재앙을 애굽에 내리시고 밤새 동풍을 불어 홍해에 길을 내시는 하나님이, 만나와 메추라기를 하늘로부터 내리시고 바위에서 물이 나오게 하시는 하나님이 어찌 한 늙은 목부(牧夫)에 불가한 모세가 없다고 자신의 일을 이루지 못하시겠는가. 그럼에도 하나님은 사람을 세워 자신의 일을 이루시니 여기에 하나님의 형상을 한 인류를 지으신 목적이 있는 것이다.

세 번 예배당 건축을 위하여 사용되었으니 하나님께 감사할 일이었다. 이번 건축은 후대를 위한 것이라고 생각했다. 담임목사로서 누구보다 솔선수범하였다. 처소에 기거하고 식음을 위하여 사용되는 비용을 제외하고는 거의 다 건축을 위하여 헌금하였다. 사모는 시종 교회에서 철야하며 기도하였다. 이번에도 예나 다름없이 여러 시련이 닥쳤다. 건축이 진행됨에 따라서 교회를 떠나는 성도들이 점점 늘어났다. 굳이 건축 때문이라고 할 수만은 없겠으나, 여하튼 큰 시련이 아닐 수 없었다. 헌금 작정을 하고 그냥 떠나는 경우가 태반이었다. 그것은 고스란히 남은 자들의 몫이 되었다. 가장 큰 난간은 막바지에 있었다. 재정을 맡았던 한 장로가 수억의 건축헌금을 유용한 사건이 일어난 것이었다. 그러나 누구하나 이런 일로 담임목사를 비난하지는 않았다. 그 열심과 간구와 눈물과 헌신을 모르지 않았기 때문이었다.

예배당은 고딕 양식을 취하였다. 짙은 갈색으로 구워낸 벽돌을 층층이 쌓아올려서 여름에는 시원하고 겨울에는 따뜻해 보였다. 넓은 각도의 이등변 삼각형 모양을 한 지붕을 감싸는 네 모서리 끝에는 탑신(塔身)이 솟아올라 먼 곳에서 보면 마치 중세 시대의 망루와 같았다. 그 한 곳 위에 길게 창공을 향해 뻗어난 피라미드 탑을 올리고 십자가를 꼭대기에 달았다. 그 탑은 동(銅)으로 되어 있어서 해가 움직임에 따라 다각도로 그 빛을 넉넉하게 뿌려 주었다.

새로운 예배당의 1층은 당회장실, 당회원실, 사무실, 휴게실을 배치하고 유아부실도 두었다. 2층과 3층은 교육부서실과 성가대실 등으로 사용하였다. 2층의 절반을 소 예배실로 사용하였는데 그곳에서 새벽 예배, 삼일 밤 예배, 금요 예배를 드렸다. 본당은 4층과 5층을 터서 함께 사용하였다. 그 좌석 수가 820석에 이르렀다. 기본적으로 이전과 구조는 달라지지 않았으나 훨씬 넓고 높고 깊어졌다. 위아래로 길게 창문을 내 스테인드글라스를 은은하게 입혀서 해가 들면 아주 밝으면서도 그 빛이 따갑지는 않았다. 본당의 장의자는 이전보다 더 짙은 니스로 칠이 되어 주목으로 만든 강대상과 어우러져 엄정함과 안온함을 더했다. 전과 같이 후미 쪽은 2층으로 공간을 나눠 사용했는데, 자모실을 넓게 두고 그 가(邊)로 작은 방을 따로 두어 방송실로 썼다.

예배 시간에도 큰 변화는 없었다. 모든 예배는 이전과 다를 바 없이 드렸다. 다만 주일밤 예배는 줄곧 7시 혹은 7시 30분에 드려오다가 1987년 2월부터 오후 예배로 5시에 드리게 되었으며 1993년 8월 건축을 시작할 때부터는 오후 1시 30분이나 2시에 드렸다. 그러다가 예배당의 골조가 갖춰지고 공간을 확보할 수 있게 되었을 때부터는 다시 오후 5시나 5시 30분에 드렸다. 이후 오후 4시로 앞당겨 드렸다가 다시 3시로 변경되었는데 이는 먼 곳에서 다니는 성도들이 점점 많아졌기 때문이다.

건축은 굴착할 때 큰 바위가 나와 한때 시간이 지체되었지만 이후에는 원활하게 진행되었다. 생각지도 않게 큰 바위가 나왔으나 오히려 기초를 다지는 데는 유리하였다. 기공을 한 지 7개월이 되는 1994년 4월 24일에 대성교회 창립 40주년을 맞이해서 본당 지하로 이전하여 주일 예배를 드리게 되었다. 그리고 이듬해 5월에는 헌당 예배를 드리기 전에 "3,000명 예수 초청 큰 잔치"를 열기도 했다. 떠나는 성도들도 적지 않았지만 교회가 모양을 갖춰감에 따라 관심을 가지고 교회를 찾는 사람들도 많았다.

제3부
교단의 종

교회의 목양을 전심으로 충실하게 수행했을 뿐만 아니라 교정도 하나님이 부여하신 거룩한 소명이라고 여겨 노회와 총회 그리고 총회신학교의 주요한 직책을 두루 섭렵하면서 열심을 다하여 지혜롭게 섬겼으며 은퇴 후에도 교단을 위하여 주어진 일에 최선을 다하였다.

제5장
거룩한 교정(敎政)

교회 정치에 입문

서기행 목사가 처음 노회 정치에 관여한 것은 어떻게 보면 도생(圖生)의 방편이었다. 당시 전라도 목사가 서울에서 목회하기란 여간 어려운 일이 아니었다. 무엇보다 경기노회의 사정은 더욱 그러했다. 대성교회가 경기노회에 가입할 당시 그 두 축은 제47회 총회장을 역임한 청암교회 이환수 목사 및 제51회 총회장으로서 혜성교회를 설립한 박찬목 목사를 중심으로 하는 신앙의 자유를 찾아 월남한 소위 이북파와 김현중 목사를 필두로 일군의 세를 형성했던 소위 경상도파였다. 그 틈바귀에서 살아남기 위해서 모든 정성을 다 쏟았다. 수모와 멸시가 없지 않았지만 꿋꿋이 맡긴 일을 감당하였다. 온갖 구석진 일을 도맡아 하고, 여력이 닿는 한 교회도 이를 위하여 헌신하고자 하였다.

그리하여 총신 예과와 본과를 졸업한 목사로서 정통보수신학에 분명히 서면서도 목양의 열정, 뜨거운 기도, 냉철한 판단력, 좌고우면하지 않는 추진력을 지닌 젊은 목사가 겸손하게 예를 잘 갖춘다는 평을 받게 되었다. 개혁 측 이탈의 여파로 교회가 나눠지는 어려움을 당하면서도 기도하면서 잘 수습해 가는 모습을 지켜보면서 노회원들은 물론 총회에서도 서기행 목사의 출중한 면모를 각인하게 되었다.

서기행 목사가 정규오 목사의 집요한 권유도 물리쳤다는 사실과 전라도 목사로서 경상도 출신 김현중 목사와 손을 잡고 난국을 헤쳐 총회 안에 한 교회를 계속 존치시켰다는 사실이 두루 인구에 회자되었다. 이때부터 서기행 목사에게 있어서 교회 정치는 단지 살아남는 방편이 아니라 하나님이 주신 규범이자 제도로서 성심껏 지켜 가야 할 무엇으로 인식되기 시작하였다. 금식하고 기도하면서 강대상에 엎드려 성경과 함께 총회헌법을 외우다시피 새기고 또 새기면서 장로교 정치 구조가 하나님이 세우신 질서라는 점과 하나님이 사람을 세워 이를 지켜 가실 것이라는 점을 확신하면서 하나님이 능력과 지혜를 주시면 본인이 이 일을 감당해 보리라 다짐하였다.

서기행 목사가 부임하여 북부교회가 복귀했던 경기노회는 규모가 비대해져 가칭 경기지역, 서울지역, 중부지역으로 분립되었다. 그중 경기지역은 수도노회, 서울지역은 서울노회, 중부지역은 경기노회가 되었다. 이러한 총회의 지시에 따라 1972년 4월 25일에 성도교회에서 제1회 수도노회가 개최되었다. 소집장은 윤두환 목사였다. 그때 제1-2회 임원으로 임채윤 목사가 노회장이 되었으며 서기행 목사는 부서기로 선출되었다. 이립(而立) 30대에 정치에 공식적으로 입문한 것이었다. 이후 1974년에는 제5-6회 노회 부회록서기로 선출되었다.

그 후 한동안 임원을 맡지는 않았지만 노회의 여러 일을 맡아 오던 중 교회가 나눠지는 아픔을 겪은 후에는 실권을 쥐고 있었던 김현중 목사의 측근으로서 위치를 공고하게 다지게 되었다. 매년 파송되는 총회 총대의 지위는 붙박이가 되었으며 용산시찰을 사실상 이끌었다. 신학적인 일을 처리하는 데 중요한 역할을 맡아 문선명 집단에 대한 조사위원장을 역임하기도 했다. 그리고 당시 김현중 목사가 학장이었던 서울신학교 이사회 서기를 맡아서 2년간 섬겼다.

1982년 가을 김현중 목사가 제67회 총회장으로 당선되었다. 선거 과정에서 서기행 목사는 문서와 관련된 제반 일을 맡아 사실상 개인비서와 같은 최측근 참모의 역할을 다했다. 이듬해 1983년 봄에 제23-24회 수도노회 서기로 선출되었는데, 1984년에는 제25-26회 노회 서기로 한 회기 더 같은 직을 섬겼다. 이때 총회 정화 방안에 대한 헌의건을 총회에 올렸다. 그리고 1986년에는 제29-30회 노회 부노회장으로, 1987년에는 제31-32회 노회장으로 선출되었다. 자기를 대신해서 총신대학교 이사로 가라는 김현중 목사의 요청은 정중히 사양하였다. 김현중 목사가 현직에 있을 동안은 그렇게 하지 않으리라 마음먹었다.

1985년 제70회 '정화총회'에서는 그동안 총회를 쥐락펴락했던 이영수 목사가 축출되었다. 이영수 목사는 1973년 총회 서기가 된 후 8년간 서기, 부서기, 회록서기 등을 오르락내리락 거리며 자신의 정치적 야심을 펼쳤으며 1980년에 총회장을 맡은 이후에는 그 위세가 하늘의 새도 떨어뜨릴 정도였다. 가히 '이영수 시대'라고 할 만큼 독보적인 위치를 구축하고 총회와 신학교와「기독신보」등에 자파의 사람들을 심어 종횡으로 무소불위의 권력을 구가하였다. 힘이 집중되니 가시적인 성과도 많았다. 총회회관 건립, 총신대학교 양지캠퍼스 부지 확보, 통일 찬송가 발행 등이 대표적인 치적이었다.

그러나 횡보가 과하여 기독교실업인 대학교를 꿈꾸며 설립한 중부대학교가 인가를 받고 조동진 박사를 교장으로 내세워 힘차게 출발은 했지만 난항을 거듭한 가운데 좌초하고 말았으며 당시 총회 유지재단 이사장을 맡아서 추진했던 총회회관과 양지캠퍼스의 공사비 미납으로 궁지에 몰리게 되었다. 설상가상 목회자 윤리 문제까지 겹쳐 끝내 정치적 철퇴를 맞게 되었던 것이다.

'정화총회'의 사령관 역할은 김현중 목사가 하였으며 김인득 장로의 막후 지원이 컸다. 그리고 서기행 목사를 비롯하여 김인득 장로, 김계희 목사, 김명규 목사, 김상중 목사, 박일웅 목사, 윤두환 목사, 이종근 목사, 지태수 목사, 김인태 목사, 문원채 장로가 포진하였다. 이들이 세칭 '12인 정화위원'의 면면들이었다. 당시 총회 부서기로 선출되어 직을 담당하던 서기행 목사가 김현중 목사의 장자방 노릇을 했다. 사실상 모든 일을 계획하고 실행하는 창구 역할을 했던 것이다. 서기행 목사는 이듬해 제71회 총회에서도 부서기로서 직을 계속 수행함으로 정화의 후속 조치를 어김없이 해 나갔다.

'정화총회'의 결의로 이영수 목사는 총회에서 선임된 모든 공직에서 물러났다. 하늘의 새도 떨어뜨린다는 14년의 교권을 뒤안길로 처참한 말로를 맞이하게 되었다. '정화총회' 후 총회 산하의 핵심 기관인 총회 유지재단, 총신대 이사회, 「기독신보」 이사회 해체 및 사장단 해임이라는 특단의 조치가 취해졌다. 그리고 이듬해 1986년 제71회 총회에서는 김현중 목사를 위원장으로 한 전권위원회가 구성되어 이영수 목사를 면직시키고 그를 옹호하던 목사들과 증경총회장들에게 공직정지 처분이 내려졌다. 이 일의 여파로 대전중앙교회가 혼란에 빠지게 되었고 처절한 몸싸움을 겪은 후에 분열되고 말았다.

'정화총회'에 대한 합당한 역사적 평가를 내리기에는 아직 시기상조라고 할 것이다. 그러나 성도가 날마다 거룩해져 머리이신 그리스도께 자라가야 하듯이 교회도 날마다 새로워져야 한다는 것은 하나님의 뜻이자 명령이다.

개혁교회는 항상 개혁되어져 가고 있어야 한다(*Ecclesia reformata est semper reformanda*).

이런 점에서 1970년대 초중반부터 서울의 이환수 목사, 박찬목 목사, 황금천 목사, 백동섭 목사, 영남의 노진현 목사, 이성헌 목사, 김태운 목사, 호남의 정규오 목사, 최석홍 목사, 김일남 목사 등에 의해서 끈질기게 추구되어 온 교단정화의 과제가 1985년 '정화총회'에서 결실을 맺었다고 보아야 한다는 점에서는 이견이 있을 수 없을 것이다. 여하한 경우든, 이 일을 순수하게 주도한 사람들과 이 일이 있은 후 이에 무임으로 편승하여 교권을 누리고자 했던 사람들과는 확연히 구별해야 한다.

총신대학교 운영이사장 4회 연임

부침(浮沈)이 없는 정치가 있겠는가. 서기행 목사는 1985년 제70회 '정화총회' 이후 정치적으로 승승장구하게 되었다. 각종 위원회에 참여하여 실질적으로 교단의 주요사항을 좌지우지하게 되었다. 수도노회에서도 김현중 목사를 공로목사로 추대한 후 사실상 그 바통을 이어받았다. 이후 은퇴 때까지 15년 동안 임직식 설교를 매번 맡아서 하였다.

우선적으로 노회 임원 9명을 호남 3명, 영남 3명, 중부 3명으로 할당하여 지역 구도를 확립함으로써 인사 문제에 있어서 탕평책을 취하였다. 그리하여 각 지교회의 당회에서 묵묵히 섬기면서 노회에 대한 책무를 다하는 목사와 장로가 상회(上會)에서 섬길 기회를 골고루 제공하였다. 그뿐만 아니라 서로 견제하게 함으로써 노회 안에 인위적인 인맥이 조성되는 것을 사전에 차단하였다. 수도노회에서 총회에 봉사하는 많은 인재가 난 것도 이러한 구조 덕택이었다. 무엇보다 괜한 일에 연루되어 교회가 분열되거나 담임목사의 신분에 위해를 가하거나 하는 일이 없도록 울타리와 방호막이 되는 노회의 역할을 강조하였다. 그리고 개척교회를 돕고 선교하는 데 힘을 쏟도록 체제와 기구를 정비했다.

그러나 시련도 없지 않았으니, '정화총회' 4년 이후 열렸던 제74회 총회에서 당회장권을 제외한 공직정지 2년의 수모를 당하게 되었다. 김현중 목사는 1년이 더 긴 3년이었다. 전북신학교와 총대 등의 문제에 대하여 총회 의사를 지연시켜 회무를 방해했다는 것이 이유였다. 결국 시벌에 과한 점이 있음이 인정되어 1년 후 같이 연루되었던 나머지 사람들과 함께 모두 해벌이 되었지만 이 일로 오히려 정치적 입지가 강화된 면이 없지 않았다. 이후 총회 정치부장을 역임하는 데 이르도록 그 행보가 거침이 없었다.

어려움을 겪는 동안 혈혈단신 미국의 칼빈신학교와 웨스트민스터신학교 등과 유수한 대학교들을 둘러보면서 많은 것을 새롭게 깨달았다. 그동안 견문을 넓히거나 예배당 건축을 위해서 그리고 선교나 기타 목적으로 이스라엘, 이집트, 미국, 영국, 그리고 동부, 서부, 남부 구라파 각국과 서부 아프리카 등지를 다니고 칼빈과 낙스의 종교개혁지를 탐방하고 루터란 목사였던 덴마크의 아버지 그룬트비(Severin Grundtvig)의 족적을 더듬어 보았지만 신학교를 중점적으로 다녀 본 것은 이번이 처음이었다.

하나님은 이러한 행보를 이후의 일을 위하여 준비하셨으니, 1994년 10월 31일 총신대학교 운영이사장에 취임한 것이다. 총신대학교는 재단 법인으로 등록되는 이사들로 구성된 이사회와 재단이사를 뽑고 그 활동을 인준하며 주요한 일을 함께 수행하는 운영이사회로 구성된다. 운영이사회는 각 노회에서 한 명씩 파송하는데 총회 정치의 판도와 지형이 여기서 읽힌다고 해도 과언이 아니다.

서기행 목사는 김현중 목사를 이어 운영이사가 되었으며 금방 두각을 드러내 한석지 목사와 정문호 목사와 함께 부이사장이 되었다. 그리고 예기치 않은 불미스러운 일로 이사장직에서 물러난 이성헌 목사의 공백을 메꾸고자 세웠던 수석부이사장 자리에 올랐다. 벽산그룹 회장 승동교회 김인득 장로의 강력한 추천이 작용해서였다. 그 직을 1년간 감당하다가 마침내 이사장으로 선출되었다. 장장 4시간 30분이나 걸린 투표를 통해서였다. 그리고 1996년 9월 17일에는 재선되었다. 정화파의 핵심을 이루었던 지태수 목사, 윤두환 목사, 김상중 목사, 김인태 목사 등이 협력하였다. 그리고 그 세가 계속 유지되어 1998년 9월 27일에는 삼선에 성공하였다. 당시 임원진 전원이 유임되었다. 여러 일들을 효과적으로 수행하고 김의환 총장 체제에서 학교 발전과 학사 운영도 원활하여 큰 무리가 없이 세 번째로 피선되었다.

서기행 목사는 당선되자마자 힘 있는 운영이사장으로서의 면모를 과시하였다. 무엇보다 우선적으로 자체 정비에 착수하였다. 노회에서 파송된 이사로서의 의무를 충실히 감당해야 하며 그렇지 않으면 재선될 수 없도록 규정을 강화하였다. 노회에서 부담하는 이사회비를 20만 원에서 600만 원으로 상향조정하였다. 이에 고무되어 1,000만 원씩 내는 이사들이 15명이나 되었다. 서기행 목사는 이사장으로서 1,500만 원을 냈다. 1년에 4억 3천만 원이 회비로 걷혔다. 그 회비가 오늘날까지 변동이 없으니 생각해 볼 일이다. 그리고 총회 목회대학원 운영위원회 위원장으로서 목회대학원을 총신대학교에 예속시키고 운영이사회가 운영하도록 하였다. 그리고 운영이사회 규칙수정위원회 위원장으로서 수정안을 마련하였다. 그중 그동안 재단이사회에 일임했던 총장후보추천권을 재단·운영 양 이사회에서 가지기로 하고 3분의 2 이상을 가결정족수로 하며 4년 단임으로 하기로 못 박았다.

이러한 자체 정비와 함께 대외적인 치적을 이루었으니, 김의환 총장이 추진했던 총신 살리기 운동에 부응하여 우선 1995년 10월 31일 양지캠퍼스에 제2기숙사를 공사비 12억 5천만 원에 착공하고 이어서 사당캠퍼스의 종합관 기공 예배가 두 달 후 12월 28일에 있었다. 이는 처음에는 120억을 예상했으나 마지막까지 132억이 소요되는 공사였다. 김윤배 재단이사장과 함께 각각 30억원을 모금하기로 하였다. 모금은 순탄하여 김윤배 목사는 30억,

서기행 목사는 42억을 걷었다.

그리하여 여세를 몰아 총신 100주년이 되는 2001년에 헌당을 목표로 양지캠퍼스에 기념 예배당을 짓고자 결의하였다. 교수연구실과 세미나실 그리고 기숙사 등은 연차적으로 추진하기로 하였다. 그 건축위원장을 서기행 목사가 맡았다. 양지의 100주년 기념 예배당은 1,500평 대지에 2,500석을 갖춘 큰 건물로서 73억 8천만 원으로 계약되었으나 실제 훨씬 더 많은 비용이 소요되었다. 2000년 4월 26일에 양지캠퍼스에서 기공 예배를 드렸다. 이를 위하여 우선 운영·재단이사가 속한 교회에서 출석교인 1인당 월 2천 원씩, 총신대 교수는 1인당 3천 원씩, 총신대 학생은 1인당 천 원씩 헌금하기로 하였다.

이러한 헌신으로 마침내 2002년 2월 19일에 뒤로 양지뒷산을 병풍 삼아 하나님의 집인 예배당이 양지골에 장엄하게 들어서게 되었다. 그 첫 행사로 제95회 졸업식과 준공감사 예배가 함께 드려졌다. 그동안 임시 막사 같은 곳에서 어렵게 예배를 드리던 학교와 학생들의 소원 및 간구가 일거에 이루어진 것이었다. 그리고 서울 사당동에 부속유치원도 세웠다.

운영이사장 재직 동안 가장 큰 난제는 김의환 총장 후임 선출 문제였다. 김의원 교수와 박아론 교수가 밀고 당기기를 거듭하면서 인사의 난맥상을 여실히 드러냈다. 수차례의 회의와 규칙 수정을 통해서 기틀을 마련했지만 총신대학교 신학대학원 교수 3인의 신학 문제와 재단이사 선임 문제까지 불거져 더욱 난항을 거듭했다. 급기야 새로운 규칙에 따라 재단·운영이사회에서 복수 추천한 전임 총장이었던 김의환 목사와 박아론 교수를 두고 투표를 하였지만 어느 후보도 3분의 2를 넘지 못하여 실패하고 말았다. 그 후 정성구 교수를 추천하였으나 학적 문제가 불거져 오히려 안한 만 못하였다. 이러한 현실하에 현 제도로는 총장 선출이 어렵다고 여겨 새롭게 규칙을 제정하고자 하는 입장을 모으는 중에 김의환 목사를 단일후보로 내세워 투표하였으나 또 4표가 모자라 부결되었다.

그리하여 급기야 그 며칠 후인 2000년 9월 25일에 김의원 교수를 단독후보로 내세워 투표 없이 가부를 물어 만장일치로 총장을 선출하였다. 그리고 이사장 선거를 치렀다. 서기행 목사와 길자연 목사가 후보로 자웅을 겨루었는데 서기행 목사가 67표 가운데 40표를 얻어 23표를 얻은 길자연 목사를 17표차로 누르고 선출되었다. 총회의 결의를 얻게 되면 4선이 되는 순간이었다.

서기행 목사는 불편부당(不偏不黨)하게 하나님이 세우신 총신대학교를 바로 세우고자 노력하였다. 그동안 둘러 본 미국과 구라파의 유수한 신학교를 늘 마음에 두었다. 교수는 열심히 정통적인 개혁보수신학을 잘 가르치고 이사들은 학교를 정치의 장으로 여기지 말고 불심양면으로 헌신하는 자리에 서야 함을 큰 원칙으로 여겼다. 학교가 성장하는 것은 좋지만 이 물 저 물을 다 대는 것이 아니라 가려서 좋은 모를 키우는 판이 되어야 한다고 여겼다. 그리하여 편목과 지방신학교 무시험입학생의 수를 감축해야 한다는 입장을 견지하였다. 막겠다는 것이 아니라 가려 뽑겠다는 뜻이었다.

그러나 이에 대한 오해가 커져갔다. 무엇보다 신대원 교수들의 신학 문제는 교수 사회를 양분시키는 큰 회오리를 일으켰다. 서기행 목사는 총신 신학자 신학사상 조사위원회 위원장으로서 문제가 된 정일웅 교수, 심창섭 교수, 정훈택 교수에 대해서 개별처리를 원칙으로 하고 중징계는 하지 않을 것이라는 점을 분명히 천명하였다. 총회에 보고하여 결정된 사항은 정훈택 교수는 경고, 정일웅 교수는 6개월간의 해외수련 후 논문 1편 제출, 심창섭 교수는 1년 6개월간의 수련으로 마무리되었다. 이들에 대한 극단적 징계를 거론하며 영구 복귀를 막자는 의견이 강력하게 개진되기도 하였으나 이를 무마시켰다.

이런 중대한 일을 여러 가지 겪고 보니 자연히 총신대학교가 총회 정치의 중심으로 부상하게 되었다. 그리고 이에 대한 정치적 견제가 만만치 않았다. 그 결과 2000년 9월 27일 제85회 총회석상에서 총신대 운영·재단 양 이사회의 총사퇴가 전격 결의되는 초유의 사태가 일어났다. '총회신학원 양 이사장 사퇴 긴급동의 개의안'이 표결에 부쳐져 총신대 재단이사회와 운영 이사회 이사 전원의 총회 파회 후 60일 이내 사퇴 및 새 이사회 구성이 가결된 것이다. 총장 선출 및 신학 문제로 인한 교수 사회의 양분 등이 주요 명분이었다.

진행 중인 총회 100주년 기념 예배당이 준공될 때까지 일을 맡겨 달라는 김윤배 재단이사장의 요청과 이는 총회 규칙과 만국통상법에도 위배된다는 서기행 운영이사장의 항변이 있었지만 투표를 단행 총사퇴가 결정됐다. 총회 역사상 이사회 퇴진은 이영수 목사에 의해서 주도된 1971년 56회 총회와 김현중 목사에 의해 주도된 1985년 70회 총회를 이어 세 번째이며 이사장과 이사들이 전원 퇴진하는 것은 최초였다. 긴급동의안에 대한 개의 안을 총회 현장에서 논의하는 것은 불법이라며 철회를 주장하는 일부 총대들의 거센 항의가 있었으나 단지 메아리로 돌아올 뿐이었다. 하나님은 서기행 목사를 운영이사장으로 세워 양지골에 생애 네 번째 교회당을 짓게 하신 것이었다. 이로 무한히 감사할 일 아닌가.

찬송가공회 회장

서기행 목사는 어릴 때부터 찬송 부르기를 좋아하였다. 아이들을 가르칠 때에는 찬송가를 재미있게 편곡하여 관심을 모았다. 담임목사가 찬송을 부르면 모든 성도가 좋아했다. 새벽 예배 때는 직접 찬송을 인도하였는데 다 은혜를 받았다. 교회 성가대도 최고를 추구하였다. 성가대 지휘자는 국내

굴지의 음대 교수로서 국가의 큰 행사를 맡아서 할 만큼 재원이었다. 성가대에는 성부를 다 갖춰 솔로도 두었다. 예배 때마다 대곡들이 힘차고 장중하면서도 환희가 넘치는 음조로 드려졌다.

한국찬송가공의회는 새 찬송가 출간을 앞두고 각 교단의 추인도 받아야 하는 일 등으로 목사 대표회장이 필요하다는 인식이 있어 서기행 목사를 대표회장으로 2001년 5월 17일에 선출하였다. 우리 교단이 참여한 유일한 연합사업기관의 수장이 된 것이다. 이후 곧 구조 조정과 인선에 들어갔다. 6개 분과를 두고 새찬송가위원회와 개편찬송가위원회 측이 각각 3개 분과씩 위원장을 맡기로 하였다. 대표회장 선출과 조직구성에 대한 이견이 많았지만 특유의 뚝심과 원활한 회의 진행으로 점점 궤도를 찾아갔다.

21세기 찬송가를 발행하기 위한 성사(正寫) 작업은 일찌감치 끝났으나 저작권과 출판사 지분, 수익금 배분 등 여러 사정으로 출간이 늦어지고 있었다. 통일찬송가에서 479곡, 한국 신작 찬송가에서 61곡, 외국 찬송가에서 57곡, 공모 찬송가 24곡, 교단추천 찬송가 26곡(곡과 가사 13곡, 가사 13곡) 등 총 647곡이 220회에 걸친 회의를 통해 선별되었다. 교독문과 색인까지 한국 교회의 현실에 맞도록 작업이 완료되었다. 이를 마치면 군선교를 위한 찬송가, 청소년찬송가, 어린이찬송가, 성가곡 등 전문적인 찬송가를 후속으로 발간할 계획을 가지고 있었다.

이후 조직구성과 인선에 있어서 난항을 거듭하던 중 찬송가공회는 새찬송가위원회 측과 개편찬송가위원회 측이 공동으로 모든 임원을 내는 이원체제로 운영하고자 결정하였다. 그리하여 공동회장으로 서기행 목사와 전희준 장로가 선출되었다. 서기행 목사는 공동회장과 새찬송가위원회 위원장을 겸임하였다. 이후 여러 의견을 수렴하기 위하여 가사전문위원회, 음악전문위원회, 작곡전문위원회를 두었다. 세 차례의 공청회를 통하여 여러 표현을 바로잡고 문제가 있는 작사가와 작곡가의 곡들은 과감히 배제하고 회중에 와 닿지 않는 것도 제외시켰다. 그리고 세미나를 개최하여 여론을 수렴하는 데에도 힘을 쏟았다.

이후 2003년 11월 17일 새로운 임원이 선출되었다. 임태득 목사가 김활용 목사와 함께 공동회장의 직을 이어받았다. 서기행 목사는 임원으로 남아 가사분과위원장 직을 수행했다. 공청회가 계속되었으며 검토수정위원회가 가칭 '21세기 찬송가 시제품'을 다방면으로 검수하였다. 서기행 목사는 가사분과위원으로서 위원장을 맡았는데, 각 찬송의 가사를 검수하였을 뿐만 아니라 그것에 해당하는 성경 구절을 정하고 교독문을 작성하는 일을 직접 맡았다.

이러한 과정을 겪어 새찬송가가 2006년 11월 6일 간행되었다. 오랜 숙원이었던 찬송가공회의 50% 지분을 교단이 찾았다. 그리고 존재하지도 않았던 예장출판사를 설립하여 독점적인 판권을 갖게 한 것은 획기적인 일이었다. 이후 여러 논란이 많았지만 이러한 성과를 낸 것은 서기행 목사를 비롯하여 총회가 파송한 한명수 목사, 홍 광 장로, 류재양 장로의 공이 컸다고 할 것이다.

부총회장 당선

서기행 목사는 이미 1995년 80회 총회 첫째 날에 치른 부총회장 선거에서 낙선의 고배를 마신 적이 있었다. 김준규 목사, 김종석 목사와 경쟁하였는데 김준규 목사가 선출되었다. 정치 실세들의 지원과 서울권과 호남권의 지지가 컸지만 당선이 되면 운영이사장과 겸임할 것이라는 왜곡된 인식이 퍼져 부정적으로 작용한 점이 없지 않았다. 그리고 후보 3자 서로 간에 약속한 공명선거의 원칙이 훼손되어 과열된 점도 원인이라고 볼 수 있었다.

그 5년 후 수도노회는 제51회 정기회에서 다시금 서기행 목사를 부총회장으로 추천하였다. 그러나 교단 중진 70여 명을 초청한 자리에서 "잘못된 선거풍토로 인해 총회 총대들과 임원 후보들이 지탄의 대상이 되어선 안 될 것"이라고 전제하면서, "총회를 위해 봉사하느라고 했으나 상처만 주었으며 스스로 부족하고 유능하지 못함을 깨닫고 총회임원 후보를 사퇴한다"고 밝힘으로 이를 정중하게 고사하였다.

그리고 3년 후 노회는 2003년 제88회 총회의 목사부총회장 후보로 서기행 목사를 또 다시 추천하였다. 후보자 등록이 마감되자 고제동 목사, 김삼봉 목사, 김조 목사, 김춘환 목사, 최승강 목사까지 6명이 서로 경쟁하게 되었다. 이때는 제비뽑기를 두 단계로 실시하였다. 먼저 지역예선이라고 해서 다수의 입후보자 가운데 2명을 제비뽑기를 통하여 가려내었다. 그리고 총회석상에서 그 둘 가운데 한 명을 최종으로 제비뽑아 선출하는 방식이었다. 먼저 예선의 성격을 띤 제비뽑기가 신세원 목사가 시무하던 창신교회에서 있었다. 여기서 경기노회 보린교회 고제동 목사와 함께 둘이 최종후보로 하나님의 낙점을 받았다.

누가 그 결과를 알겠는가. 그러나 칼빈의 말대로 비 한 방울 떨어지는 것도 하나님의 섭리라고 했으니 거룩한 하나님의 총회를 한 회기 동안 이끌 일꾼을 뽑는데 어찌 절대적인 작정이 없겠는가. 대성교회의 모든 성도들이 열심히 기도하였다. 사모와 몇몇 권사들은 철야로 기도하였다. 시골에 계시는 둘째 형 서기은 장로는 기도로 밤을 밝히고 새벽을 깨우는 기도의 용장이었으며 기도하면 많은 환자가 낫기도 하였는데 이번에는 동생이 꼭 당선될 것이라고 전언했다. 이런 주변의 권유와 진심어린 간구가 있었지만 정작 본인은 이번 출마를 처음부터 탐탁지 않게 여겼다. 암을 몸속에 지니고 심장에 스텐을 박은 본인의 건강도 문제이거니와 오랫동안 당뇨로 고생해 온 사모의 건강도 걱정이 되었다. 그러나 이번이 마지막 기회이고 총회를 위하여 목사님이 꼭 필요하다는 주변의 강권을 무조건 마다할 수만은 없었다.

9월 23일 개회를 선언한 제88회 총회는 임원선거에 돌입하여 첫 번째로 목사부총회장 제비뽑기를 실시하였다. 그때 서기행 목사는 빨간색 구슬을 뽑아서 좌중을 향하여 들었는데 그 색이 451표를 얻어 고제동 목사가 뽑은 노란색 구슬의 438표보다 13개가 많아 당선되었다. 어릴 때부터 하나님의 일을 크게 할 것이라고 믿고 철야로 외치던 어머니의 기도가 응답되는 순간이었다. 동생 양순이 초등학교 1학년 때 다시 살아나 오빠에게 몽둥이를 들라고 마지막 남겼던 유언이 이루어지는 순간이기도 했다. 하나님이 노년의 모세와 갈렙에게 기회를 주셨듯이, 삼손에게 마지막 힘을 회복시키셨듯이, 목회자로서 마지막 힘을 교회의 교역과 총회의 교정을 위하여 동시에 쏟게 하셨다.

당선 그 다음 주에 있었던 인터뷰에서, 서기행 목사는 다음과 같은 일성을 발하였다.

전국 교회가 기도하는 교회가 되고, 구제와 전도에 최선을 다하는 교회다운 교회가 되도록 최선을 다할 생각입니다. 특히 주일학교는 물론 우리 교단 교육의 모체가 되는 총신대에 관심을 갖고 귀한 일꾼이 양성되도록 노력하겠습니다.

그리고 교단에 속한 교회와 성도의 성령충만한 삶과 부흥을 위하여 1907년 평양 대부흥 운동을 진작시켜 나갈 것이며, 세례교인헌금이 총신대, 세계 선교, 은퇴교역자를 위한 생산적인 일 등에 적절히, 투명하게 사용되도록 협력하겠다고 하였다. 그리고 교단 화합에도 우선순위를 두겠다고 포부를 밝혔다. 그리고 다음과 같이 맺었다.

해노회에서 최소한 1년에 1개의 개척교회를 설립하고 해외 선교사도 1명 이상 파송토록 일을 추진할 계획입니다. 우리 교단의 역량은 전도와 선교가 으뜸이거든요.

그러나 이 모든 것보다 더 복심에 둔 것이 있었으니, 그것은 우리 교단으로부터 떨어져 나간 교단과의 합동이었다. 염두에 두고 있었던 대상은 개혁 측이었다. 정규오 목사가 함께 나가자고 권유했다면, 이제 정규오 목사를 들어오라고 할 때라고 여겼다. 그러나 이에 대해서는 언급하지 않았다. 그만큼 신중해야 할 일임을 누구보다 잘 알고 있었기 때문이다.

사모를 먼저 보냄

남편이 부총회장이 되었다는 소식을 들을 때쯤 이미 사모의 몸은 쇠약할 대로 쇠약해져 있었다. 사모병(師母病)이 따로 있을까만, 교회가 나눠지는 어려움을 당할 때 얻은 당뇨병이 떠나지 않았다. 그 와중에 수두증(水頭症)이라는 병도 발견되었다. 머리에 물이 차는 병인데 그냥 두면 치매가 온다고 했다. 그래도 이를 수술하고 한시름 놓았는가 싶었는데, 더 이상 어떻게 해 볼 수 없는 또 다른 병에 걸렸다는 진단이 나왔다. 암 중에서도 가장 무섭다고 알려진 췌장암, 그것도 말기였다. 언제나 답을 주던 서울대 병원도 이번만큼은 잠잠했다. 더 손을 쓸 수가 없으니 퇴원해서 잘 요양하라는 말 외에 없었다. 3개월 정도 남았다고 보면 된다고 했다. 부총회장 당선의 소식이 있고 불과 두 달 후의 일이었다.

당장 변한 것은 없어 보였다. 새벽 예배도 계속 드리고 있었다. 미국에 가 있는 두 아들의 가정과 영국 에든버러에서 박사과정 공부를 하고 있는 딸 가정을 위하여 하루도 거르지 않고 기도했다. 네 손자와 두 손녀를 위해서도 기도를 아끼지 않았다. 췌장암이 발견되었을 즈음 사위는 박사학위 논문을 제출하고 심사를 기다리고 있었다. 불과 3년에 채 못 미치는 기간 내에 칼빈의 기독론적 율법관에 관한 논문을 다 써서 제출한 것이었다. 영국 학생들과 외국 학생들을 포함해서 동료들 가운데서 제일 먼저였다. 사모는 사위가 소기의 목적을 잘 이루도록 병든 몸으로도 많이 기도하셨다.

사모는 1년 반 전쯤 여러 목사님과 사모님 내외분들과 함께 일본에 여행을 갔다가 호텔에서 의식을 잃고 쓰러져 새벽 3시에서 아침 6시 30분까지 깨어나지 못한 적이 있었는데 놀랍게도 아무 일 없었다는 듯이 의식이 돌아왔다. 그때 모두 가슴을 쓸어 내렸다. 그렇게만 된다면 좋으련만, 이번에는 도무지 출구가 보이지 않았다. 영국에서는 딸이 급히 들어와 간호를 맡았다. 어떻게 주선하여 찬송을 잘 부르시는 젊은 한의사 한 분이 전적으로 마지막 연명의 치료를 도왔다. 달리 치료법이 없어 관장을 때때로 하고 상황버섯을 음용하며 무슨 약침을 놓는 것이 전부였다.

사위가 박사학위를 취득했다는 소식을 접한 것은 추운 어느 날 새벽 예배 가려고 집을 나설 때였다. 딸로부터 이 소식을 듣고 감사하며 눈물을 흘렸다. 그 기쁨도 잠시 점점 다리가 붓고 배에 물이 차올라 서울대 중환자실에 다시 입원하게 되었다. 정한 시간에 찾아가 손이라도 잡고 기도할 때면 미동도 않은 채 몇 방울 눈물만 떨구곤 했었다. 모르핀을 쓸 정도의 고통이 있을 것이라는 의사 선생님의 말씀이 있었으나 그리 긴 시간이 지나지 않아 아직 새벽 찬기가 여전한 4월 중엽 어느 새벽 하나님은 사모를 데려가셨다. 딸이 잠시 자리를 비운 사이에 숨이 다했는데, 딸과 귀국한 사위가 시신을 만지며 오열할 때 다시 잠시 맥박이 있은 후 아주 멈추고 말았다.

사모는 내색은 없었지만 신앙에 있어서는 남편을 닮고자 했다. 남편의 말이 다 옳다고 여겼다. 남편처럼 열심히 기도하고 남편처럼 주를 위해 살아야 한다고 생각했다. 누가 남편을 못마땅해 하거나 대적하면 절대 용납하지 않았다. 남편이 참 목사라고 여겼다. 남편이 가장 즐겨 부르는 찬송을 가장 좋아했다. 지상의 삶을 그리 많이 남겨 두지 않은 어느 날 저녁 병중에서도 즐거운 마음으로 그 찬송을 불렀다. 자식들이 녹음한다고 하니까 말리지 않고 오히려 좋아했다. 여전히 목소리가 맑고 크게 울렸다. 자식들 외에 그 누구 앞에서도 이렇게 찬송을 한 적이 없다.

내 주를 가까이 하게 함은 십자가 짐 같은 고생이나
내 일생 소원은 늘 찬송하면서 주께 더 나가기 원합니다
내 고생하는 것 옛 야곱이 돌베개 베고 잠 같습니다
꿈에도 소원이 늘 찬송하면서 주께 더 나가기 원합니다
천성에 가는 길 험하여도 생명길 되나니 은혜로다
천사 날 부르니 늘 찬송하면서 주께 더 나가기 원합니다
야곱이 잠깨어 일어난 후 돌단을 쌓은 것 본 받아서
숨질 때 되도록 늘 찬송하면서 주께 더 나가기 원합니다.

절반의 목회는 사모가 한다는 말이 있다. 사모의 열심은 표가 나지 않는다. 눈물을 담을 병조차 없다. 목사는 사모에게라도 피하지만 사모는 진정 어디로 피할 곳도 없다. 사모는 사모이기 전에 한 남편의 아내가 되어야 한다고 현대목회학에서는 말하지만 사모의 남편은 남편이기 전에 교회의 목사인 걸 어떡하겠는가. 교회에 회오리가 몰아쳐 그동안 온갖 수발을 다 들었던 성도들이 한 무리 빠져 나갔을 때 사모에게는 당뇨병이 심하게 들어왔다. 남편에게 고성을 지르며 달려들어 몸을 밀치거나 당기면서 온갖 기세를 다 부리던 몇몇 낯익은 성도들의 모습이 잔상으로 남아, 그때부터 당회가 있는 날이면 끝날 때까지 좌불안석 어찌할 줄 몰랐다.

서기행 목사는 목회 초창기에는 성도들에게 성자(聖者)라고 불렸다. 설교에는 맺고 끊는 조리가 분명했지만, 강단을 내려오면 그 자상함과 부드러움이 한이 없었다. 성도의 형편을 끝까지 살피고 가급적 다 이해하려고 애썼다. 가난한 성도나 어려움을 당하는 성도가 있으면 만사 제쳐 두고 자기 일같이 돌보았다. 그러나 목회를 해 갈수록 점점 더 강직해지고 어떤 면에서는 직선적이 되어 갔다. 모든 사람에게 부드럽게 대해서만은 진정 보호해야 할 누군가를 올바로 돌볼 수 없다는 생각을 한 것이었다. 그리하여 점차 성도 개개인에 대하여 외유내강형에서 외강내유형의 면모를 드러내었다. 사모도 이러한 남편의 모습에 맞추어 갔다. 속으로는 한없이 정이 많고 남을 가엾게 여기며 한 영혼 한 영혼을 애틋한 심정으로 감싸 안았지만 겉으로는 엄정했다. 딸은 어머니의 모습을 다음과 같이 회상한다.

엄마의 말투에는 경상도 사투리가 묻어났지만 심하지는 않았다. 집에서는 홈웨어라고 여자들이 집에서 입는 허리 여밈이 없는 무릎까지 오는 통치마를 입으셨다. 주로 금요일에는 목욕을 하셨으며 토요일에는 미용실에서 고대 머리를 하시고 은행에 가서 헌금을 새 돈으로 바꾸어 주일을 준비하셨다.

엄마는 키가 컸다. 대구여고 시절에는 허리에 벨트를 매는 교복을 입으셨는데, 그것이 잘 보이도록 밥도 굶으셨단다. 눈이 크고 예뻐서 국어 선생님이 엄마에게 시를 써 준 적이 있었다. 교내 악단에서 피리를 불었고, 김소월 시를 좋아하셨다.

엄마는 하루 종일 일을 하셨다. 청소, 이불 꿰매기, 밥, 반찬, 김치, 고추장, 된장, 간장은 집에서 직접 담가서 먹었다. 엄마는 음식을 모든 정성을 다해서 아주 정갈하게 만드셨다. 아버지와 식구들 밥은 매끼 새 밥을 지어 주셨다. 밥그릇, 국그릇은 각자의 것을 구별해서 사용하게 했고 우리가 좀 커서는 은수저를 모든 가족이 사용하게 했다.

엄마는 사람을 좋아하신다. 사람들이 집에 끊이지 않았다. 시장 갈 때, 목욕 갈 때 혼자 가신 적이 거의 없다. 집에 성도들이 오시면 언제나 정감어린 목소리로 "어서 오세요"라며 반갑게 맞으셨고 집에서 식사도 하시고 집안일도 하시면서 늦게까지 담소를 나누셨다. 밤늦게 손님이 찾아오시는 일도 적지 않았다. 우리가 자고 있는 방까지 손님과 나누시던 대화가 들려 잠결에 들었던 기억이 난다. 음식을 할 때는 우리 먹을 것만 하지 않고 아주 많이 하셔서 성도 집에 갖다 주라고 심부름을 많이 시키셨다. 그런데 교회가 나눠진 후에는 동네 시장과 동네 목욕탕을 다니시지 않으셨다.

엄마는 부끄러움이 많아서 공식적인 자리에서는 한 번도 사람 앞에 나선 적이 없으시다. 가정 예배, 구역 예배에서도 대표기도를 하신 적이 없으신 걸로 안다. 교회에서도 물론 대표로 기도를 하신 적이 없으시다. 구역 예배를 드릴 때나 함께 모여 기도회를 하는 경우도 마찬가지다. 노회가 교회에서 모이면 엄마가 음식 장만을 총지휘 하신다. 장보는 것부터 메뉴 정하기, 같이 일할 집사님 등을 정하는 일까지. 그러나 상을 차리고 접대할 때면 엄마는 부엌에 계시고 성도들이 하게 한다. 교회 음식을 준비할 때 엄마는 밤을 새는 게 여사이다. 엄마는 음식을 좋아하시는데, 음식을 만들 때는 즐겁게 하시나 절대 간을 입으로 보시는 경우가 없으시다. 교회 부엌살림은 여전도회 몫이라고 하지만 사실 엄마가 다 하신다. 해마다 교회에서 김장을 담을 때면 엄마가 배추 사는 것, 양념 사는 것 모두 하신다.

엄마는 길눈이 어두우시다. 그야말로 길치이시다. 그런데 남대문시장, 동대문시장, 중부시장, 노량진수산시장에 따라가 보면 골목골목 모르시는 데가 없으시고 단골이 많아 엄마를 모르는 분들이 거의 없으시다. 믿고 사기에 흥정을 그리 많이 하지 않고 물건을 사신다. 물건을 살 때 가격이 얼마인가 묻기 전에 상품이 최고인가를 따지신다. 좀 비싸도 물건 좋은 것을 사시고 고춧가루는 전라도 아버지 친척에게 부탁해 태양초를 쓰시며 성찬에 사용할 포도는 직접 포도밭에 가서 시식하신 후 사신다. 재료가 그릇되면 영양도 맛도 망친다고 생각하셨기 때문이다.

엄마는 교회의 안일을 도맡아 하셨다. 그런데 표를 내지 않으셨다. 언제나 먼발치에서 보고 계신 듯했지만 그때쯤이면 이미 할 일을 다 하신 후였다. 주일학교 수련회 때에는 집사님들과 같이 주무시면서 학생들 밥을 했고 수련회 마치면 수고하신 집사님들과 목욕과 식사를 하시고 꼭 답례도 하셨다. 교회 장례가 나면 밤새 성도들과 흰 면 소재에 붉은 십자가를 만들고 분홍색 장미로 꽃을 넣은 테두리를 만드셨다. 엄마가 관보를 아주 예쁘게 만든다고 사람들이 칭찬하는 소리를 들은 적이 있었다. 심방은 아버지와 동행하셨다. 그것이 뜸해진 것은 동생 성운이가 끓는 물에 데고 난 후부터였다. 교회 성도들의 결혼식과 장례식에는 꼭 가셨다. 결혼식에는 한복을 입고 가신 것으로 기억한다.

엄마는 노래를 좋아했다. 찬송에 은혜를 많이 받으신다고 했다.

엄마의 철야기도는 14년 동안 계속되었다. 장로의 부인으로서 가정에 기도할 것이 많은 김상례 집사님과 교회 1층 유치부실에서 밤늦게 기도하시고 그곳에 붙어 있는 교회 식당 마루에서 이불을 펴고 그 집사님과 함께 주무셨다. 밤 11시에 교회 가서서 함께 성경 1장 읽으시고 "할 수 있다 하신 이"라는 복음성가를 매일 부르시고 기도하시고 주기도문 하신 후 주무신다. 그리고 새벽 3시 30분에 일어나셔서 새벽 예배를 드리시고 집에 오셔서 아침식사를 준비하셨다.

엄마가 교회에서 밤새 기도하지 않으시고 잠을 잔다고 수군거리는 사람도 있었다. 어찌 종일 피곤한 몸으로 밤을 다 새우며 기도만 하실 수 있겠는가. 그것도 14년 동안이나. "오늘은 교회 가서 기도하지 않고 피곤하니까 집에서 잘까" 하신 날에도 누우면 잠이 오지 않는다고 하시면서 다시 교회로 가셨다. 아버지는 이것이 하나님의 은혜이고 할머니가 돌아가시고 엄마가 할머니 다음으로 아버지를 위해서 기도한다고 하셨다.

나는 미국에서 공부하면서 누군가 나를 위해 기도하고 있다고 생각한 적이 많았다. 낯선 곳에서 운전할 때 정말 그 느낌을 떨칠 수가 없었다. 내비게이션도 없던 시절 아닌가. 누구 동승하는 사람도 없고 길도 낯선 곳을 지도책 하나 들고 길을 헤쳐 갈 때에는 그것을 뚜렷이 느낄 수 있었다. 꼭 그때만이 아니지 않았겠는가. 무슨 두려운 일이나 낯선 일이 닥치면 부모님의 기도를 듣는 듯했다.

아버지는 다정하시지만 어떤 일에는 엄하셨다. 엄마는 그런 일이 있으면 우리를 풀어 주셨다. 아니 그냥 받아 주셨다. 아버지는 우리에게 거의 간섭을 하지 않으셨으나 예배시간에 떠들거나 장난치면 정말 무섭게 혼내셨다. 그땐 정말 무서웠다. 언젠가 동생이 한 번 많이 혼난 적이 있었다. 내가 초등학교 1학년 때인가, "성희야. 목사 딸은 교회에서 말하는 거 아니야"라고 엄마가 말씀한 이후로 나는 당시 주일학교 반장이었지만 아무 말도 하지 않았다. 그때부터 말수가 줄어들어 대학을 가고 청년이 되어서도 교회에서는 되도록 조용히 있었다. 엄마가 그렇게 말씀하신 이유를 이제 내가 사모가 되어 보니 조금은 알 것 같다. 엄마는 자식이 아버지의 목회에 도움을 주기는 어렵지만 어려움을 주기는 쉽다는 것을 알고 계셨던 것이다. 이제 나도 어머니가 교회에서 철야하신 그 나이가 되고 보니 목회자의 가정에서는 가족도 일정한 몫의 목회를 감당해야 한다는 생각을 하게 된다.

자식에 대한 엄마의 사랑은 지극했다. 초등학교 다닐 때 나는 점심시간에 맞추어 오빠 교실에 도시락을 갖다 주고는 했다. 엄마의 명령이었다. 나는 오후반이니까 괜찮지만 오빠는 오전반이라 아침에 도시락을 들고 가면 찬밥을 먹게 된다는 것이 그 이유였다. 오빠는 창피하다고 싫어했지만 엄마는 막무가내였다.

초등학교 다닐 때 시골 외할아버지 댁에 간 적이 있었다. 아버지는 교회 일 때문에 인사만 하신 후 먼저 올라가시고 엄마와 우리 오누이 셋은 튜브를 타고 물놀이를 했다. 그런데 오빠가 그만 튜브를 놓쳐 물에 빠지고 말았다. 물이 꽤 깊어 허우적거렸다. 이를 보고 동생이 어찌해 보려다가 또 물에 빠졌다. 이를 물가에서 지켜본 엄마가 들고 계시던 양산을 내팽개치시고 물속에 몸을 던지셨다. 그래서 오빠,

동생, 엄마가 다 물에 빠져 죽게 되었다. 난 무서워 들어가지 못하고 큰 소리로 울고만 있었다. 마침 그 근처에 자갈을 채취하러 오신 한 아저씨가 내 소리를 들으시고 뛰어들어 모두 구해 주셔서 큰 화를 면하게 되었다. 엄마는 자식을 위해서라면 물불을 가리지 않고 달려가셨다.

내가 대학원 다닐 때 너무 피곤하면 엄마가 학교에 날 데리러 오셔서 늦은 밤 같이 집에 오기도 하고 새벽에 학교에 갈 때 기사 집사님과 함께 학교에 날 태워 주기도 하셨다. 시험의 스트레스로 잠을 못 자면 엄마는 내 침대에 누워 날 재워 주신다고 다 큰 딸을 안고 눕기도 하셨는데, 내가 잠들기 전에 피곤하신 엄마가 먼저 곯아떨어지신 적이 더 많았다.

엄마는 아버지의 목회를 전적으로 지지했으며 아버지 목회에는 관여하지 않으셨다. 아버지가 헌금을 교회에서 가장 많이 하셔도 어떤 말도 하신 적이 없다. 목회는 아버지가 하시고 엄마는 아버지 건강에 더 많이 신경을 쓰셨다. 마이크가 변변치 않던 시절 부흥회 1주일 하시고 목이 다 쉬어 아버지가 오시면 엄마는 직접 개고기를 고르셔서 음식을 만들어 드리셨다. 한 번에 한 마리를 잡아서 할 때도 많았는데, 장로님들과 교역자들을 대접하기 위해서였다. 평소에 우리 집은 한약 달이는 냄새가 많이 났다. 그 냄새는 아버지 건강을 위한 어머니의 정성이었다. 엄마는 색깔을 잘 고르신다. 아버지 옷은 아주 좋은 감으로 맞춰드렸다. 부활절에는 흰 양복을 입으시고 성탄절과 신년 예배 때에는 한복을 입으셨는데 엄마가 정성껏 마련해서 아주 멋져 보이셨다.

언젠가 교회 사택이 1층일 때 대낮에 앞집 사람이 무슨 앙심을 품고 칼을 들고 나타나 아버지를 찾은 적이 있었다. 엄마는 아버지께 위험하니까 피하라고 하시고 직접 상대하셨다. 그때 나는 자고 있었는데 그 소리를 들었다. 아버지는 금식을 자주하셨다. 그때면 엄마는 우리가 아버지 근처에 얼씬거리지 못하도록 하셨다. 아버지는 바깥에 있었던 일을 재미있게 다 말씀해 주시고는 하셨다. 힘든 일, 어려운 일은 말씀하시지 않으시고 좋은 일만 말씀하셨다. 어떤 일이든 좋게만 말씀하신 것이다. 나는 대학교 때 아버지가 총회 정화 운동을 하신다면서 새벽 두 시나 세 시경에 들어오셔서 눈도 부치시지도 않고 소파에 잠시 의지하셨다가 새벽 예배 가시는 모습을 종종 보았다. 어머니는 그때에도 잠시라도 바깥 이야기를 듣고 다시 주무셨다.

엄마는 피곤하다는 말씀을 거의 하지 않으셨다. 그러나 아버지가 부흥회 가시면 머리에 띠를 감고 자리에 누우셔서 일어나지 못하셨다. 아버지가 금요일이나 토요일에 오시면 언제 아팠냐는 듯이 또 일어나 식사를 준비하셨다. 아마 아버지가 안 계신 동안은 긴장이 풀려 그러하셨던 것 같다.

맏딸이신 엄마는 리더십이 선천적으로 몸에 배인 것 같았다. 엄마는 아래로 세 여동생을 평생 돌보셨다. 어려움도 많이 겪으셨지만 그들이 불쌍하다고 하시면서 금방 옛일은 잊곤 하셨다. 엄마는 한번 일을 시작하시면 끝을 맺을 때까지 식사도 안 하신다. 그러니 엄마가 손을 대면 일에 표가 났다.

엄마는 사람들에게 다정다감하셨다. 성도들은 우리 집에 오시면

어지간히 일어설 줄을 모르셨다. 엄마가 편해서 그런 것 아니겠는가. 성도들은 사람들에게 말하실 수 없는 것을 아버지와 엄마에게 털어놓으셨다. 특히 여자 성도들은 아버지를 어려워해서 아버지가 엄마와 함께 계실 때나 엄마를 통해서 용건을 전하시고는 했다. 성도들이 밤늦게 우리 집에 와서 우는 모습을 나는 자주 보았다. 그럴 때면 엄마는 성도들의 깊은 한숨을 다 아시는 것 같은 모습이었다.

엄마는 성도들과 정말 친하게 지내셨다. 누구에게는 어머니, 누구에게는 친구, 누구에게는 언니가 되어 주셨다. 엄마는 성도들과 같이 시장가는 것과 성도들의 집안일을 돕는 것을 좋아하셨다. 성도들의 집에 애경사가 있으면 그 물품을 같이 사러 다니셨다. 그러다가 늦게라도 오시는 날에는 아버지는 못마땅한 표정을 지으며 "예수 똑바로 믿어요"라고 나지막하게 말씀하셨다. 그럼 엄마는 미안하신지 나를 보시며 끅끅 웃으셨다. 나는 엄마가 늦게 오시는 게 크게 싫지는 않았다. 왜냐하면 매일 집에만 계시고 가끔 그러시니까.

2003년 겨울에 췌장암이 발견되고 수술하려고 했으나 열고 그냥 닫을 수밖에 없었다. 항암 치료도 할 수 없었다. 3개월의 시간이 남았다는 의사선생님의 덤덤한 말씀이 있었다. 당시 66세. 아버지는 부총회장으로 정말 바쁘셨다. 중요한 많은 일이 있으신 것 같았다. 엄마의 췌장암 소식을 듣자마자 당시 논문의 결론 부분을 쓰느라 경황이 없었던 남편은 아무 말 없이 나의 짐을 꾸려 주었다. 그동안 여러 병을 겪을 때마다 남편이 밤새 컴퓨터를 뒤져 정보도 얻고 서울대학교 의사선생님과 직접 연락도 하곤 했었는데, 이번에는 그저 걱정스러운 눈빛에 수심만 비칠 뿐이었다.

나는 두 아이들을 두고 다급히 영국을 떠나 한국으로 들어왔다. 엄마는 여전히 집사님들과 담소를 나누시고 병에 대해서 내색을 하지 않으시고 그저 태연하셨다. 엄마는 아버지가 총회 때문에 늦게 오셔도 따로 묻지 않으셨다. 아버지는 "여보, 사랑해" 하시면서 엄마의 얼굴도 만져 주시고 손도 쓰다듬고 하셨다. 그러나 이전과는 달리 바깥 얘기는 없으셨다. 엄마는 그냥 그 사랑을 믿고 좋아하셨다.

엄마는 병중에도 새벽 예배를 빠지지 않으셨다. 모든 예배를 참석하셨다. 집에는 점차 성도들의 발걸음이 뜸해졌다. 그들을 궁금해 하기도 하셨으나 굳이 찾거나 하지는 않으셨다. 엄마와 낮에는 아파트 주변을 걸으며 찬송뿐만 아니라 귀에 익은 정겨운 노래를 부르기도 하였다. 엄마의 목소리는 더 맑아 보였다. 그러나 배여 있는 외로움과 그리움은 숨길 수 없었다.

엄마는 1990년대부터 당뇨와 여러 병들로 수술도 몇 차례 하셨다. 그러나 병을 두려워하는 모습을 본 적이 없다. 병 때문에 성도들에게 심려를 끼치지도 않으셨다. 췌장암 말기였음에도 엄마는 무서워하지 않으셨다. 2004년 2월에 남편은 박사논문이 통과되었다. 곧바로 전화로 그 소식을 들었다. 새벽 3시 30분 여느 때나 다름없이 아버지와 엄마는 새벽 예배 가려고 준비하고 계셨다. 난 평소와 달리 아버지가 아닌 엄마에게 먼저 "엄마! 문 목사 박사 받았어"라고 했다. 핏기 없으신 엄마의 얼굴, 그 눈에는 순간 빛이 났다. 아버지는 하나님께 기도하자 하셨다. 우리 셋이 하나님께 감사기도 드렸다. "네가 그동안 얼마나 마음을 졸였니?" 병중에도 딸을 먼저 살피셨다. 엄마는 항상 그러셨다.

2004년 4월 16일 새벽 6시 엄마는 아버지와 자식들이 다 모일 때까지 기다리신 후 숨을 거두셨다. 마지막 숨까지도 자식을 위해 몰아쉬셨다. 전부 주고만 가셨다. 그리운 엄마.

대한예수교장로회 총회

장로교 정치 구조 곧 정체(政體)는 대의정(代議政)에 기초한다. 당회, 노회, 총회의 세 심급을 둔다. 총회는 교단의 최고 회의체이다. 매년 한 번 정기회로 모여서 회무를 처리하고 결의된 사항이나 위임된 사항을 임원회에서 한 해 농안 처리한다. 총회장은 해(該) 회기 동안 교단을 대표하며 임원회의 장으로서 봉직한다.

총회의 역사는 교단의 역사와 함께 한다. 1884년 이후 우리나라에 들어온 선교사들에 의해 1893년 장로회 선교공의회가 조직되었고, 이후 1901년 9월에 선교사 25명과 한국인 장로 등이 함께 모여 장로회공의회가 최고 치리회로서 조직되어 각 지역에 대리회를 둔 것을 기화로 그것이 점점 발전적으로 분화된 후 다시 통합되어 1907년 9월 17일 선교사 38명, 목사 33명, 장로 36명이 출석한 대한예수교장로회 독노회가 평양 장대재(峴)교회에서 수립되었다. 원산과 평양의 대부흥운동에 고무된 결과였다. 이 독노회에서 제1회 장로회신학교를 졸업한 방기창, 서경조, 양전백, 한석진, 이기풍, 길선주, 송인서 7명이 최초로 목사 안수를 받았다.

나라가 위경에 처하고 사회가 혼란했던 그 시대에 교회는 오히려 흥왕해졌으니, 드디어 1912년 9월 1일 평양 장로회신학교에서 조선예수교장로회 총회가 창립되었다. 그동안 활발했던 선교와 전도의 열매가 맺혀 독노회 아래 생겨났던 7개 대리회를 모두 노회로 승격시켜 구성하였다.

초대 총회장은 선교사 마포삼열(Samuel A. Maffet)이 맡았다. 총회가 창립되던 1912년의 장로교 교세는 목사 128명, 장로 225명, 교인 127,228명, 교회 254개였다. 창립 예배는 평양 여성경학원에서 1912년 9월 1일 오전 10시 30분에 드렸다. 독노회 회장 이눌서(William D. Reynolds) 목사는 히브리서 12장 말씀을 본문으로 삼아 "장자회"(長子會)라는 제목의 설교를 하였다. 당시 5천 명 이상의 성도가 참석하였다. 초대 임원으로는 총회장에 원두우(Horace G. Underwood) 선교사, 부회장 길선주 목사(평양), 서기 한석진 목사(서울), 부서기 김필수 목사(군산), 회계 방위량(William N. Blair) 선교사, 부회계 김석창 목사(선천)로 지역을 골고루 안배하였다. 최초 한국인 총회장은 1914년 전주 서문교회에서 개최된 제4회 총회에서 선출된 김필수 목사였다. 그는 평양 장로회신학교 2회 졸업생이었다.

    이후 몇몇 선교사들이 총회장을 맡기도 했지만 점차 국내 목사가 모든 직을 수임했다. 그러던 중 1922년에는 헌법을 제정하여 교단이 장로교 정체에 따른 신앙노선과 교리체계에 서 있음을 천명하였다. 가장 큰 위기는 1938년 9월 10일 27회 총회가 신사참배를 결의한 사건으로 말미암았다. 이에 반대하는 50여 명의 목사들이 순교하고 평양신학교는 폐교의 수모를 겪었다. 그리고 1943년 일제의 강압으로 일본기독교조선장로교단으로 개편된 뒤 1945년 해방되기 한 달 전에는 일본기독교조선교단에 통합되고 말았다.

    광복을 맞이한 후 1947년에 총회를 재건하였다. 그리고 1949년 4월 22일에 교단 명칭을 대한예수교장로회로 변경하였다. 이후 여러 차례 분열을 거듭하였다. 1952년 9월 11일 고려신학교 측이 부산과 경남 지역을 중심으로 대한예수교장로회 총노회(總老會)를 조직하여 이탈했다. 1953년 6월 10일에는 조선신학교 측이 대한기독교장로회를 조직하여 독자적인 교단을 형성하였다. 그리고 1959년 9월 28일에는 대한예수교장로회 통합 측이 이탈하였다. WCC(세계교회협의회) 가입 문제가 단초가 되어 당시 정치역학적인 문제가 복합적으로 작용하였다. 통합 측은 성경무오설은 인정한다고 하나 축자영감설은 거절하였다. 결국 성경비평에 문을 열어 두었다.

본 교단 대한예수교장로회 합동 측은 WCC를 영구히 탈퇴하고 성경의 성령영감에 따른 무오설을 믿는다. 곧 축자영감설을 따른다. 1963년에 총회를 사회단체로 등록하고 1965년부터 「기독신보」를 교단지로 발행하였다. 1982년 총회유지재단 설립 인가를 받은 뒤 지금에 이르고 있다. 본 교단은 칼빈의 신학에 터 잡아 형성된 개혁신학과 신앙에 굳게 선 장로교를 정치 구조로 삼고 그 원리를 헌법에 명기하고 웨스트민스터 신앙고백서와 대소요리문답(교리문답)을 교리의 표준으로 삼는다. 그리고 오직 성경의 복음만이 성경적 복음임을 믿고 초대 교회 이후 수립된 정통교리를 교회의 서고 넘어짐의 조항으로 여긴다. 이러한 터에 굳게 서서 오직 그리스도만이 구원의 주가 되심을 가르치고 선포하는 전도와 선교에 역점을 둔다. 이후 개혁 측과 호헌파 등의 이탈로 인한 지형 변화가 없지 않았으나 그 근간은 흔들림이 없었으며 교세는 연부년 더 확장되었다.

노년에 병중에 있는 종을 특별히 세우심

서기행 목사는 누구보다도 이러한 교단의 총회장이 된다는 것이 무엇을 의미하는지를 잘 알고 있었다. 구령의 사업에 진력하되 신학에는 일체의 타협도 없어야 한다. 신학이 같고 신앙이 같다면 누구와도 만나야 한다. 이러한 신념이 확고했다.

서기행 목사는 부총회장 당선 이후 이미 '총회장 같은 부총회장'의 역할을 감당했다. 당시 총회장은 총회은급재단과 평강제일교회(박윤식) 문제 등 여러 난제로 정치적 수세에 몰려 있어서 여러 가지로 제동이 걸려 있었기 때문이다. 부총회장으로서 총회장을 제쳐 두고 가칭 한국보수교단성경번역추진위원회의 추진위원장을 맡은 것도 이러한 역학 구조에서였다. 대한성서공회에서 출간한 개역개정판 성경에 받아들이기 어려운 부분이 적지 않으므로 보수교단이 연합하여 새로 번역해야 한다는 공감대 가운데 관련 총회들의 대표자들이 모인 곳에서 만장일치로 추대되었다. 무엇보다 부총회장 때부터 개혁 측과의 합동을 위한 사전 정지 작업을 진행하였다. 개혁 측에서도 이에 적극적이었다. 그들은 서기행 목사가 총회장 때 이 일을 성사시키지 않으면 아주 요원해진다는 공감대가 있었다.

하나님은 70해 정년의 마지막 한 해를 총회장으로 섬기게 하셨다. 심장병과 전립선암이 있었지만 하나님은 노년의 종을 갈렙과 같이 사용하셨다. 2002년 1월 31일 오전 10시 30분 지하철역에서 심장 쇼크가 일어났다. 그날따라 교회 승용차를 사용할 수 없어서 부득불 지하철을 탈 수밖에 없어 지하 계단을 내려가고 있었는데 갑자기 숨이 턱까지 차고 온 몸에 식은땀이 흘러내렸다. 현기증이 나서 몸을 가누기가 어려웠지만 하나님의 은혜를 구하며 이미 거동이 어려운 몸을 끌어올리다시피 해서 계단을 되밟아 지하철 출구를 벗어나게 되었고, 가까스로 지나가던 택시를 잡게 되었다. 절체절명의 순간이었다. 그러나 하나님의 특별한 은혜로 한 번도 신호등의 막힘이 없이 직진하여 장충동 삼성제일병원 응급실에 입원하게 되었고 중환자실로 옮겨 심장에 스텐을 삽입하는 수술을 받게 되었다. 그리고 이틀 만에 일반 병실로 옮기게 되었다. 그동안 숨이 가쁘고 식은땀이 나는 증상이 없지 않았지만 대수롭지 않게 여겼는데 사실상 큰 병이 진행되고 있었던 것이다. 하나님의 특별한 은혜가 없었다면 회생하기 어려웠을 것이다.

퇴원 후 얼마 안 있어 또 한 번 주위를 놀라게 한 일이 일어났다. 백의당뇨(白衣糖尿)라고 해서 의사 앞에만 서면 당수치가 오르는 증상이 있는 모양인데, 이를 오인하여 처방받은 고강도의 약을 먹고 당이 급격히 떨어지는 증상이 생긴 것이었다. 이 일로 2월 23일에 다시 같은 병원 응급실에 실려 가서 처치를 받고 중환자실에서 치료를 받게 되었다. 이번에도 하나님이 붙들어 주심으로 위경을 벗어나게 되었다. 그리고 3월 3일부터는 설교도 할 수 있게 되었다.

그즈음 서울대병원에 다니고 있었는데 한번 해 보라는 소변 검사에 응하였다가 전립선암이 발견되었다. 암수치인 PSA가 높지는 않아 한시름 놓았지만 잘 관리하지 않으면 급격히 진행될 수 있다고 하였다. 수술과 항암 치료는 이후 생각할 일이고 우선 방사선 치료부터 받자고 했다. 9주 동안 방사선 조사(照射)가 계속되었다. 몸에 무리가 왔지만 너끈히 감당해 냈다. PSA를 관리하는 호르몬 주사도 일정 기간마다 한 번씩 맞았다. 암을 안고 살게 된 것이다. 그렇다고 이 병으로 인해 설교를 거른 적은 한 번도 없었다.

하나님은 약한 것을 들어 강한 것을 부끄럽게 하지 않으시는가(고전 1:27). 이스라엘 백성이 여리고를 돌기 전에 군마를 갖추고 병기를 갈게 하지 않으시고 오히려 할례를 거행하게 하지 않으셨는가(수 5:2-9). 그리하여 다 내려놓고 전쟁은 여호와께 속함을 인정하게 하지 않으셨는가. 그 건각준족을 자랑하던 강골의 육체도 쇠하여 이제는 몸속의 병명을 하나 둘 헤아리는 처지가 되었으니. 그나마 마지막 한 해 남은 목회 아닌가. 하나님은 무슨 섭리로, 무슨 경륜으로, 종을 여기까지 굴러오게 하셨는가. 우리 인생의 천로역정을 걸음걸음 주장하시는 에벤에셀의 하나님이시여(삼상 7:12). 신세원 목사님, 한명수 목사님, 김동권 목사님 등 여러 동료들은 좀 더 이른 시간에 이 자리에 세우셨는데 왜 종은 이때까지 남겨 두셨는지. 모세를 노년까지 두신 것은 출애굽의 큰일을 이루시기 위하여, 갈렙을 85세 노년까지 두신 것은 가장 모진 헤브론을 정복하게 하려 하심이 아니었는가. 종은 무슨 일로 이 노년에, 이 병중에, 지금 이 자리에 세우셨는가.

총회장 취임을 20여 일 앞둔 시점에서 「기독신문」과의 인터뷰에서 서기행 목사는 하나님이 노종을 세우신 뜻을 술회하였다. 서기행 목사는 인터뷰에서 교단이 봉착한 여러 난제가 있지만 항공모함처럼 슬기롭게 극복해 갈 것이라는 포부를 잠잠히 밝혔다. 은급재단 문제에 연루된 사람은 반드시 책임을 물을 것이고, 성경번역은 7-8년 후를 내다보며 원문에 가장 가까운 번역을 추진할 것이며, 예장개혁 교단 영입은 총회의 결의를 거쳐 합동을 모색하고, 전도 총회 복귀는 교단 정서와 맞지 않다는 부정적인 입장을 분명히 피력했다. 그리고 2007년 평양 대부흥 운동 100주년을 앞두고 대부흥기도회를 전개해 나갈 것이라는 포부를 밝혔다. 인터뷰의 내용은 아래와 같다(「기독신문」은 "기독," 서기행 목사는 "서"로 표기한다).

기독: 이제 교단 총회의 수장이 되실 준비로 매우 마음이 분주하시겠습니다. 1년 동안 총회장을 보필하는 위치에서 보이지 않게 많은 역할을 하셨는데, 한 회기를 마감하시는 소감을 말씀해 주시지요.

서: 제 건강 상태가 좋지 못한 가운데 부총회장을 감당하게 되어 부담감이 컸습니다. 그러나 하나님은 오히려 더 강건하게 지켜 주셨습니다. 이번 회기는 은급재단 문제, 총회장의 여성비하 발언, 전도 총회 복귀 건 등 우리 교단 정서에 맞지 않는 일이 정말 많이 발생했습니다. 저는 총회장의 위치가 흔들리는 것을 지켜보면서 총회까지 흔들려서는 안 된다고 생각했습니다. 무언중에 총회장을 지키려고 나름대로 무척 애를 썼습니다. 개인의 실수로 총회 전체가 휘말리면 총회 방향이 흔들릴 것 같아 개인의 견해와 상관없이 많이 참았습니다. 역사상 오점을 남기는 총회가 되지 않도록 노심초사하며 총회장을 보필해 왔습니다.

기독: 지난 회기는 주목받는 이슈들이 교단 안팎에 많이 불거졌습니다. 중대한 현안들이 많아 제89회 총회는 심한 진통이 있을 것이라는 여론입니다. 제89회 총회를 이끌어 가실 분으로서 어떻게 총회를 준비하고 계십니까?

서: 사상적으로 우리 교단을 옥토로 만드는 데 힘쓸 생각입니다. 돌들을 제하고 최고의 상품을 심어야 합니다. 이런 뜻으로 저는 내년 목사장로기도회 때 칼빈주의 석학인 영국 스코틀랜드 에든버러대학교의 데이비드 라이트 박사를 초청하여 칼빈과 스코틀랜드 장로교의 성경관, 교회관, 율법관 등을 교단 지도자들에게 강의토록 할 계획입니다. 그뿐만 아니라 미국 칼빈학회을 이끌고 있는 존 헤셀링크 박사도 초청할 준비를 하고 있습니다. 이런 거장들을 불러 신학의 옥토를 일구고 싶습니다. 극상품의 씨를 뿌려 양질의 교역자를 배출하자는 말입니다. 지금 우리 교단은 이삭에 많은 잡초가 접붙은 형태로 움직이고 있습니다. 남에게 지탄의 대상이 되지 않도록 노력해야 합니다. 현재 총회가 임의단체들에 휘말리고 있는 것도 어찌 보면 잡초가 많기 때문입니다. 성경으로 돌아가야 합니다. 이런 맥락에서 우리는 새로운 씨를 많이 뿌리면서 동시에 잃은 양 찾기를 해야 합니다. 신학이 같고, 성경관이 같고, 정치(헌법)가 같다면 서로 포용하며 함께 가야 합니다. 잃은 염소가 아니라 잃은 양을 찾을 시기입니다.

기독: 이번 총회에 헌의된 안건들을 정리해 보면 짧은 기간 동안 얼마나 심도 있게 다룰까 염려됩니다. 중요한 사안들이 많은 만큼 효율적이면서 심도 있는 논의들이 펼쳐져 교단에 유익을 끼치

는 명쾌한 결론들이 도출되길 기대합니다. 과거 많은 경우 시간에 쫓겨 졸속으로 처리되거나 일방적으로 다뤄지는 안건들이 왕왕 있었는데 어떻게 회의를 주재하고 이끌 계획이십니까?

서: 지금 우리 교단은 알고 보면 사건은 별 것 아닌데 크게 벌려 놓은 것들이 많습니다. 회의는 '옳은 것은 옳다, 아닌 것은 아니다'라고 하면 됩니다. 사건의 사실 자체는 협상의 대상이 절대 아닙니다. 성경에 비추어 볼 때 하나님께 영광이 돌려지는 가운데 총회와 교회가 옳다고 여기는 것은 옳은 것입니다. 얼마 남지 않은 생애 가운데 주어진 총회장의 일을 감당하는 동안 정말 죄를 짓지 않고 싶습니다. 회무를 처리함에 있어서 총대들의 의견을 충분히 듣고 그 각각을 존중해 시시비비를 논할 것입니다. 결코 일방적으로 진행하지 않을 것입니다. 총회장 이취임식 때 성경과 헌법과 고퇴를 넘겨주는 뜻을 곰곰이 생각해 보면 답이 분명해집니다. 기준에 따라 올바르게 회의를 이끌 것입니다. 물론 문제가 복잡하고 다루기 힘든 안건은 위원을 선정해 다음 회기로 넘길 수도 있습니다. 연구도 하고, 처리도 하고, 수습도 하는 방향에서 진중하게 회의를 진행하겠습니다.

기독: 성경번역, 은급재단, 개혁 교단 영입, 대회제 실시, 21세기 찬송가 채택여부 등 이번 총회의 중요 현안에 대한 부총회장님의 소신을 듣고 싶습니다.

서: 성경번역에 대해 먼저 말씀드리겠습니다. 원문에 가까운 성경을 번역하려면 최소한 5년, 또는 7-8년은 족히 걸려야 할 것이라고

생각합니다. 이에 대해서 취지가 부합하면 대한성서공회와 같은 방향으로 가게 되겠지만, 정 안되면 우리라도 단독으로 번역해야 한다고 생각합니다. 그리고 성경번역은 반드시 총회의 결의를 얻어 시행해야 합니다. 지난해 총회에서는 성경을 번역하기로 결의를 한 적이 없습니다. 연구해서 발표토록 전권을 준 것뿐입니다. 이런 중요한 일은 총회 결의를 얻어야 합니다.

은급재단에 대한 전국 교회의 관심도 상당한 것으로 알고 있습니다. 8월 말 저는 은급재단 이사장과 이사직을 모두 사임했습니다. 양심상 손을 떼야 된다는 생각이 들어 더 이상 이사직을 맡고 있을 수 없었습니다. 5월에 이사장직을 맡은 것은 총회의 전반적 분위기가 시끄러워 수습 차원에서였습니다. 은급재단은 가입자들을 모아 그중에서 이사를 구성하는 것이 바람직하다고 봅니다. 지금 상황을 놓고 볼 때 은급재단 때문에 총회 전체가 흔들려서는 안 된다는 점을 분명히 주지해야 합니다. 말할 나위도 없이 이사회 결의 없이 인출해 간 돈은 마땅히 책임을 져야 합니다. 총회가 이래서야 되겠습니까. 이 문제를 해결하기 위하여 이번 총회에서 이사를 배제한 가운데 위원회를 구성하여 법적 대응을 하든지 다른 방법으로 조사처리를 하든지 해야 할 것입니다.

개혁 교단 영입과 전도 총회 복귀에 대해서도 말씀드리지요. 예장개혁과는 어느 정도 이야기가 오고 가고 있는 중입니다. 우리 교단의 헌법을 수용하겠다는 뜻을 밝혔기 때문에 큰 걸림돌은 없다고 생각합니다만, 이 또한 총회의 결의를 얻어 추진하는 것이 바람직하다고 봅니다. 광신대도 효율적으로 운영할 수 있는 방안을 모색하기로 얘기가 되고 있습니다. 전도 총회는 이미 1996년 우리 교단에서 이단으로 규정했습니다. 신학자들의 말에 의하면 지금 신학사상도 과거와 비교하여 별로 달라진 게 없다고 합니다. 아마 이번 총회에서 전도 총회 복귀는 거론도 되지 않을 것입니다. 제가 말씀드리지 않았습니까. 잃은 '양'은 찾아야 하지만 '염소'는 안됩니다.

기독: 성경번역 문제와 예장개혁 교단 복귀가 무관하지 않다는 여론이 비등합니다.

서: 이 두 문제는 철저히 분리되어 있습니다. 간혹 그런 얘기들이 들리는데 사실 그렇지 않습니다. 성경번역과 교단 영입은 별개입니다. 21세기 찬송가도 총회 결의를 얻어 추진해야 한다는 당위론만 말씀드리고 싶습니다. 대회제는 물론 헌법에 명시되어 있지만 사실상 사장되어 있는 법입니다. 개인적으로 대회제는 우리 실정에 맞지 않다고 생각합니다. 대회제가 실시되면 오히려 부정과 부패가 심해 분쟁을 일으킬 소지가 다분하다고 봅니다. 타 교단과 교류 문제도 매우 중요합니다. 우리는 회기가 바뀔 때마다 임원회에서 연합단체의 위원을 새롭게 파송하는 경향이 많은데 이러다보니 전문성이 떨어집니다. 연합사업위원회를 구성하여 여기서 타 교단과의 관계를 정립해 나가는 것이 중요하다고 생각합니다.

기독: 특히 부총회장님께서 심혈을 기울이시는 대부흥기도회에 대한 취지와 각오를 다시 한 번 밝혀 주시지요.

서: 이번 제89회 총회에서 1907년 평양 대부흥 운동 100주년을 기념

하여 대부흥기도회를 가질 생각입니다. 우리는 많이 뿌려야 합니다. 선교나 전도 모두 앞장서서 씨를 뿌려야 합니다. 대부흥기도회는 우리 교단의 정체성을 되찾는 동시에 보수교단의 기도 운동의 모범을 보이자는 취지로 기획됐습니다. 오랜 기간 기도하고 준비하는 가운데 '하나님의 음성을 듣자'라는 제목을 정했고, 사건에 휘말리는 총회가 되지 말고 성경에 휘말리는 총회가 될 것을 권면하며 준비했습니다. 그래야만 항공모함처럼 든든히 움직이는 총회가 될 것입니다. 지금, 우리는 기도할 때입니다. 총회는 물론 우리나라를 위해서도 기도해야 합니다. 이번 총회를 통해서 하나님 말씀이 살아 있음을 선포하고, 사람의 욕심은 배제한 그런 기도 운동을 펼치고자 합니다. 믿는 우리가 바르게 서지 못하기 때문에 나라가 어렵고 경제가 어렵다는 것을 깨달아야 합니다. 22일 수요일 밤에 열리는 저녁기도회에 모든 총대들이 전적으로 동참해 주실 것을 부탁합니다. 서울을 비롯한 경기 일원 목회자들은 총대가 아니시더라도 모두 이 시간에 참여해 주시고 가급적이면 전국 교회도 이날 저녁 예배를 부흥기도회 겸 드렸으면 좋겠습니다. 이 운동은 단지 하루로 끝나는 것이 아니라 2007년까지 계속 전개시켜 나갈 생각입니다.

기독: 총회장에 취임하시면 교단과 한국 교회를 위해 펼치고 싶으신 일들은 어떤 것들입니까?

서: 우선 교단에서는 총신대학교, 기독신문사, 총회세계선교회의 기관장과 1년에 2차례씩 만나 허심탄회하게 교단 발전을 위해 논의하고 싶습니다. 또한 남녀전도회, 주일학교연합회, 청장년면려회

와 같은 산하기관들도 주기적으로 만나 협력하는 자리를 마련할 것입니다. 차근차근 합력하여 선을 이루는 방법을 찾아볼 계획입니다. 연합사업을 통해 한국 교회가 보수 신앙을 견지하도록 노력하겠습니다.

기독: 마지막으로 오늘의 한국 교회를 보면서, 총회를 섬기는 동역자들에게 당부의 말씀을 전해 주십시오.

서: 첫째도 기도, 둘째도 기도, 셋째도 기도입니다. 인간의 방법으로는 아무것도 할 수 없습니다. 하나님께 구하는 자세가 절실히 요청됩니다. 감사합니다.[1]

제89회 총회장 취임과 회무관장

2004년 9월 21일 오후 2시부터 24일 오후 5시까지 제89회 총회가 김성관 목사가 시무하던 충현교회 예배당에서 개최되었다. 회원 1,002명 중 목사 492명과 장로 492명, 총 984명의 총대가 출석하였다. 첫째 날 임원 선출이 있었다. 부총회장 서기행 목사는 만장일치 기립 박수로 총회장에 추대되었다. 제비뽑기를 통하여 황승기 목사가 부총회장으로 선출되었다. 장로부총회장은 단독출마한 류재양 장로가 선출되었다. 서기와 회록서기와 회계는 이병선 목사, 이치우 목사, 신원종 장로가 각각 부에서 정으로 추대되었다. 그리고 부서기에 최병용 목사, 부회록서기에 서정배 목사, 부회계에 천충길 장로가 새로 선출되었다. 이로써 총무 이재영 장로와 함께 전체 임원진이 꾸려졌다.

성경과 헌법과 고퇴를 넘겨받은 후 총회장 인사말이 다음과 같이 이어졌다.

전국에 흩어진 총회 산하 하나님의 교회와 모든 성도 여러분께, 하나님 우리 아버지와 주 예수 그리스도로 좇아 위로부터 내리는 은혜와 평강과, 성령 하나님의 돌보시고 인도하시는 역사가 함께 하시기를 원합니다.

때를 좇아 가장 선한 것으로 주시는 전능하신 하나님의 구속 경륜과 섭리를 확신하기 때문에, 우리는 당면한 많은 과제들을 불요불굴한 담대함을 가지고 헤쳐 왔습니다. 부족한 사람이 교단을 대표하는 총회장의 직분을 감당하게 되어서 두렵고 떨리는 마음으로 지금 이 자리에 섰습니다. 먼저 제가 가진 역량을 총회를 위해 쏟을 수 있는 기회를 주신 하나님께 감사를 드리며 영광을 올립니다. 겸손히 순종하는 마음으로 맡겨진 임무를 성실하게 감당할 것을 여러분 앞에서 다짐합니다.

다사다난했던 제88회 총회를 지키시고 인도하신 하나님께 또한 영광을 올립니다. 산적한 난제들을 남기고 긴 터널을 뚫고 나온 것 같습니다. 한 해 동안 섬기신 총회장 이하 모든 임원들께, 그리고 무엇보다도 총회를 믿고 독려하며 기다려 준 동역자들의 성숙한 의식과 사랑의 수고에 심심한 사의를 표합니다.

우리 총회는 89회에 이르는 유구한 역사를 가지고 있습니다. 일제의 탄압을 신앙적 저항과 순교적 정신으로 이겨 냈으며, 민족이 하나님의 말씀으로 개화되고 근대화되는 데 주도적인 역할을 감당해 왔습니다. 우리는 오늘날의 위상을 세우기 위해서 모든 것을 바쳐 헌신한 선배들의 믿음과 열심을 본받아야 합니다. 수성(守成)이 공성(攻城)보다 어렵다는 말이 있습니다. 지금은 온전한 국내 복음화와 세계 선교를 위해서 일사각오의 기도와 헌신이 필요한 때입니다.

작금의 상황을 보면, 교회가 세상을 선도(先導)하지 못하고 오히려 세상의 잘못된 풍조가 교회를 물들여 가는 경향이 있습니다. 그중의 하나를 대표적으로 든다면, 지역감정이라고 생각합니다. 이는 세상 정치 영향 탓도 있지만, 우리의 이기심이 만들어 낸 폐습(弊習)이 아니라고 할 수 없습니다. 우리가 먼저 이것을 고쳐 가야 합니다. 기득권을 가진 사람들은 열린 자세를 견지(堅持)해야 하며, 피해의식을 가진 사람들은 대립의식을 버려야 합니다. 우리 모두가 평등과 양보의 미덕을 보이며, 하나님의 참사랑의 도를 덧입는다면 고질적인 지역감정은 봄날 눈이 녹듯이 사라질 것입니다.

지금 우리는 스스로를 돌아보는 반성의 시간이 필요합니다. 예기치 않은 일들로 교단의 위상이 추락하고, 성도들은 우려의 마음을 감추지 못합니다. 그러나 주변만 바라보고 남을 원망하거나 스스로 절망하지 맙시다. 어려운 문제들일수록 하나님의 공의의 법을 좇아서 방향을 정하여 풀어 가야 할 것이며, 화해와 공존이 필요한 일들은 하나님의 사랑의 법을 좇아서 풀어 가야 할 것입니다. 모두 희망을 가집시다. 믿고 기도하며 기다리면 성숙한 열매가 맺힐 것입니다.

기도가 필요합니다. 힘을 모은 회개와 간구의 기도가 있어야 합니다.

우리 자신을 바라보면서 스스로 할 수 있다는 자신감을 갖기보다는, 겸손하게 엎드려서 기도해야 합니다. 우리는 그동안 하나님 앞에서, 이 민족과 사회 앞에서, 무엇보다도 우리 자신들에 대해서 자만함이 없지 않았습니다. 먼저 회개하는 기도를 드려야 합니다. 진정으로 잘못을 뉘우치고, 잘못된 길로는 다시 가지 말아야 합니다. 이제는 말로만 외칠 것이 아니라 먼저 행실로 보여 주는 목회를 하고, 먼저 본을 보여서 성도들을 감독하는 직분을 감당하도록 합시다. 그리하여 한국 교회에 다시 한 번 희망의 불을 지핍시다.

지금 한국 교회는 진일보(進一步)하느냐 주저앉느냐 하는 중대한 기로(岐路)에 서 있습니다. 1907년 평양 대부흥 운동의 순수하고 뜨거운 열기를 이 시대에 다시금 되살려 이 고비를 넘겨야 합니다. 아니 한 걸음 더 나아가서 세계 교회에 우뚝 서야 합니다. 이 기회를 통해서 하나님의 음성을 들읍시다. 모든 악의 세력들을 물리치고, 새롭게 거듭나서 한국교회사에 획을 긋는 역사(役事)를 이루고, 이 사회를 이끌고 가는 교회가 되도록 합시다. 먼저 지도자들이 나서야 합니다. 먼저 우리가 베옷을 입고 금식하며 기도하는 신앙의 열정을 회복해야 하겠습니다.

우리는 교단 안에서만 안주할 수가 없습니다. 연합 운동과 대(對)정부 및 사회 활동에도 적극 나서야 합니다. 정체성은 분명히 지키면서 타 교단과의 교류의 폭을 넓혀 가야 합니다. 이 사회와 민족을 끌어안읍시다. 세계 복음화를 위해서 현재에 머물지 말고 선교를 위하여 기도와 물질로 더욱 헌신합시다.

미래 한국 교회는 후배 목회자들과 교회 지도자들의 자질과 역량에 달려 있습니다. 그래서 교육이 무엇보다도 중요합니다. 우리 교단에는 우수한 일꾼들이 많이 있습니다. 그들을 양육해야 할 뿐만 아니라, 적재적소에서 하나님의 나라를 위해서 헌신할 수 있는 기회를 주도록 해야 합니다. 인재양성에 관심을 쏟읍시다. 그래서 대교단으로서 관용과 화합의 모범을 보이면서 확고한 리더쉽을 확보해 갈 수 있도록 힘을 모아 갑시다.

이번 89회 총회를 기해서 저와 함께 책임을 갖고 일할 분들이 정해질 것입니다. 하나님의 명령을 수행하는 일꾼으로서 교단을 받들고 성도들에게 봉사하는 마음으로 각자 맡은 분야에서 성실하게 사명을 감당해 주실 것을 당부 드립니다. 기존에 안주하는 정체된 생각을 버리고 항상 연구하고 새로운 아이디어를 찾는 개혁된 사고를 갖기 바랍니다. 가능하다면 각 부서별로 회기 말에 성적표를 만들어 평가하고 격려하는 방법도 검토해 볼 수 있을 것입니다. 아무튼 1년 동안 일사분란하게 작전을 수행하는 항공모함처럼 순항하는 총회가 되게 합시다. 의인의 길로 매진(邁進)해서, 마음 아프고 속상한 사람들이 없도록 합시다.

먼저 총회 산하 기관들은 양보와 협력으로 단합에 힘써 주기 바랍니다. 몇 년 전부터 산하 기관들이 매년 가을 체육 행사를 하고 있는 것으로 알고 있는데, 봄에 한 번 더 총회 발전을 모색하고 봉사의 기쁨을 나누기 위한 연합 프로그램을 만들어 보고자 합니다. 가능하면 더 자주 만나 대화함으로써 한 지체라는 의식을 확인할 때, 일의 활력이 돋고, 궁극적으로 교단의 발전을 위해서 헌신하게 될 것입니다.

원칙과 법을 존중해야 하겠으나, 하나님이 우리에게 선물로 준 사랑이 있는 총회가 돼야 합니다. 사랑이 있으면 모든 것은 자연히 풀리고 이루어집니다. 다음으로 영적으로 충만하고 경건한 풍토가 조성돼야 합니다. 모든 일이 하나님 앞에서, 하나님의 이름으로 이루어져야 합니다. 이를 위해서는 기도로써 준비하는 총회가 돼야 합니다. 인간적인 생각과 방법은 뒤로 미룹시다. 물론 사람들이 모여서 조직을 이루고 일을 해야 하기 때문에 질서가 있어야 하며 법과 원칙도 필요합니다. 운용의 묘를 살리고 합의를 도출하기 위해서는 서로 양보가 필요합니다. 그러나 법과 원칙을 초월해서는 안 됩니다. 이런 원칙을 지키면서 총회를 이끌어 가겠습니다.

이 모든 일과 더불어서, 우리의 신학을 보수(保守)함으로써 교단의 정체성을 지켜 가는 것은 매우 중요합니다. 갈수록 횡횡하는 이단 세력들과 비기독교 사상들의 도전에 직면해서 우리 신앙을 더욱 확고하게 지켜 가야 합니다. 조그만 개미굴이 큰 둑을 무너뜨리듯이 신학적 빈틈이 생기면 불순세력들이 침투하고 한번 무너지면 걷잡을 수 없는 지경에 이를 수 있습니다.

작금의 정치, 경제 상황은 순탄치만은 않습니다. 우리가 바로 서지 못하기 때문에 나라가 흔들리고 경제가 어렵다는 것을 깨달아야 합니다. 1907년 평양 대부흥 운동을 상기하며 총회 기간 중 22일 밤에 대부흥기도회를 갖습니다. 모든 총대들과 뜻있는 교인들은 참가해 주시기 바랍니다. 이 시간에 가능하다면 전국의 모든 교회들도 부흥기도회로 드려 주시기 바랍니다. 이 기도 운동은 단지 하루로 끝나는 것이 아니라 평양 대부흥 운동 100주년이 되는 2007년까지 계속될 것입니다.

지구촌은 전쟁과 기근, 지진과 질병으로 혼돈스럽습니다. 테러로 인해서 세계가 공포에 떨고 있습니다. 세계를 껴안고 세계를 움직이는 총회가 되어야 합니다.

새 회기에는 새로운 질서 속에 공존하는 역사가 이루어지며, 어둡고 그늘진 곳에 희망과 기쁨이 싹트기를 원합니다. 정치가 살아나고, 경제가 부흥되며, 우리 사회에 기쁨과 희망이 넘치고, 서로가 신뢰하고 베풀며, 사랑할 줄 아는 아름다운 모습이 회복되기를 바랍니다.

하나님이 주시는 능력 가운데, 제가 앞장을 서겠습니다. 시종 강건하게 주님의 일을 감당할 수 있도록, 바른 시각과 판단력으로 좌로나 우로 치우치지 아니하는 정도를 걸어갈 수 있도록, 총회를 어지럽히거나 사욕을 채우려는 세력들에 휘말리지 않도록, 무엇보다도 하나님의 음성을 좇아서 모든 일을 이루어 가는 담대함을 가질 수 있도록, 저와 모든 임원들을 위해서 기도해 주시기 바랍니다. 감사합니다.

임원회는 구성되자마자 회무처리에 앞서 국가 현안에 대한 총회적인 입장을 담은 성명서를 초안하여 이를 총무가 낭독한 후 만장일치 박수로 발표를 허락받았다. 채택된 성명서는 일제침략기의 신사참배강요와 6.25 전쟁 중에 있었던 공산당의 기독교 말살정책 등의 큰 수난을 겪으면서도 신앙을 지키고 나라와 민족의 제사장 역할을 감당해 온 총회의 위상과 노력을 언급한 후 현안이었던 사립학교법 개정을 반대하고 국가보안법의 무분별한 폐지를 거부하는 입장을 분명히 천명하며 정부의 국민통합, 민심안정, 경제발전 등을 촉구하는 내용을 담았다. 이로써 단체나 개인의 이름으로 무분별하게 정치적 소신을 피력하거나 행동하여 사회적 지탄을 받고 있는 다른 교단들과 차별을 꾀하였다.

총회 사흘째 있던 "제89회 총회대부흥기도회"는 본 총회의 성격을 뚜렷이 드러내 보였다. "하나님의 음성을 듣자"라는 주제로 충현교회 본당에서 2004년 9월 22일 오후 7시 30분부터 9시 30분까지 2시간 진행되었다. 주최는 총회가 했으며 총회 총대뿐만 아니라 총회와 총회 산하 기관의 직원, 본 교단 신학생, 그리고 수도권에 소재한 본 교단 교인 및 참여를 원하는 모든 교인을 대상으로 하였다. 사회는 총회장인 서기행 목사가 보았다. 기도와 기원을 통하여 모임이 선포된 후 수도노회 목사 장로 찬양대 약 250명과 총회에 속한 전국 노회의 노회장과 장로 부노회장 전체 186명으로 이루어진 찬양대의 찬송이 이어졌다. 그리고 회개, 인내, 사랑, 화합, 교육, 부흥, 선교로 이루어진 일곱 가지 주제를 정하여 시무 중인 증경총회장 최기채 목사, 김준규 목사, 신세원 목사, 길자연 목사, 김동권 목사, 예종탁 목사, 임태득 목사가 그 각각에 부합하는 성경 말씀을 봉독한 후 회중과 함께 기도함으로써 기도회가 뜨겁게 진행되었다. 그 큰 예배당이 흔들리는 듯했다. 이어지는 헌금과 감사와 영광의 기도는 총회장이 했다. 이때에도 아멘의 소리가 웅장하게 울려 퍼졌다.

서기행 목사의 회무 진행은 남다른 면이 있었다. 민감한 사안일수록 의견 청취의 시간을 길게 가졌다. 가부가 엇갈리는 경우에는 발언자들을 동수로 세워 공정을 꾀하였다. 보충 질의와 답변의 시간도 되도록 충분히 갖고자 하였다. 그리고 토론이 무르익고 좌중의 이해가 심화되었다고 생각되면 의견을 정리해서 반포하고 동의와 제청을 물어 가부를 결의하였다. 총회 기간 중에 다룬 주요한 안건을 열거해 보면 다음과 같다.

- 개혁 교단 영입 준비위원장 서기행 목사의 보고를 받아 개혁 교단을 영입하기로 하고 임원회에 맡겨 15인 위원을 선정하여 추진하기로 하다.
- 대회제는 현행과 다를 바 없이 실시하지 않기로 하다.
- 전도 총회(다락방)는 받아들이지 않기로 하다.
- 본 교단이 독자적으로 성경을 번역하여 출간하는 것은 불가하며 개역성경을 강단용으로 사용하고 5인 위원을 임원회가 선정하여 1년간 대한성서공회로 하여금 개역개정판 성경을 개정하게 한다. 이를 받아들이지 않을 경우 내년 총회에 보고하여 독자 번역을 추진하기로 하다.
- 예장출판사 이사 파면과 교체권은 임원회에 맡겨 처리하기로 하다.
- 21세기 찬송가 발행 연기와 찬송가공회원 교체 파송 및 제반규정 제정은 임원회에 맡겨 처리하기로 하다.
- 총회은급재단 건은 특별조사처리위원을 두기로 한다. 위원은 감사부 특별위원을 포함하여 임원회에서 15인을 선정하여 공고하기로 하다.
- 총회신학원은 총신운영이사회와는 별도로 총회가 직영하도록 하다. 총회신학원 운영위원장은 총회장이 당연직으로 하고, 총신운영 이사 5인, 총신재단이사 3인, 3개 구도 지역 원로급 목사 각 2인으로 하여 총 15인으로 하기로 하다.
- 총회세례교인헌금을 총회신학원에 적극 지원키로 하다.
- [총신운영]이사회를 통하여 총장이 선출되면 총회가 인준해 주기로 하다.
- 대부흥대회 및 기도 운동 추진을 임원회에 맡겨 처리하기로 하다.
- 칼빈 선생 출생 500주년 기념 학술대회 준비를 임원회에 맡겨 처리

하기로 하다.
- 헌법 수정보완을 위하여 연구위원회를 두어 연구하기로 하다.
- 상비부장, 총신대 운영이사장, 「기독신문」이사장, 사장, GMS 이사장 투표는 제비뽑기로 하기로 하다.
- 주기도문, 십계명, 사도신경은 현행대로 사용하기로 하다.
- "중보기도"란 용어대신 "이웃을 위한 기도"를 사용하기로 하다.

알력과 다툼이 많을 것이라고 여겨졌던 사안들이 하나 둘 풀려나가자 좌중에서는 탄성이 울려 나왔다. 경우에 따라 소란도 없지 않았지만 대체로 무난하게 난제들이 풀려 갔다.

가상 많은 헌의가 올라왔던 독자적인 성경번역을 거부하는 문제는 일단 이러한 의도가 없었음이 해명되었고 개역개정판 성경의 미비한 점을 수정해서 사용하는 선에서 일단락 지었다. 그리고 21세기 찬송가 출간도 무모하게 다루지 않고 임원회를 통하여 적정 절차를 지켜 추진하기로 하였다. 관심이 뜨거웠던 전도 총회 영입에 관한 헌의는 이전의 입장을 견지하여 영입하지 않기로 했다. 이러한 현안들과 더불어 총회 정치 구조와 관련하여 대회제 실시가 헌의되었는데 받아들여지지 않았다. 총회신학원과 관련하여, 교육부의 인가를 받지 않은 과정을 이원화한 점과 총회세례교인헌금으로 학교에 적극 지원하기로 한 점이 주목된다. 또한 총신운영이사회에서 선출한 총장을 총회에서 승인하게 함으로써 학교가 총회의 직영에 있음을 확인한 점도 중요하다. 이와 함께 제비뽑기를 주요 기관장 선출에 확대하였고, 헌법 수정보완이 지시되었으며, 성도들이 이웃을 위하여 하는 기도를 "중보기도"라고 부르는 것을 불허하였다. 또한 2007년 평양 대부흥 운동 100주년, 2009년 칼빈 출생 500주년을 앞두고 준비할 것을 결의한 점이 여타 총회보다 앞서 간 횡보로 평가받을 만하였다.

참 신학과 신앙에 서는 총회

총회장은 1년 동안 교단을 대표한다. 그리고 총회 기간 중에 맡겨진 일을 수행한다. 수임되지 않은 일을 해서는 안 된다. 총회장은 여러 당연직이 따르기 때문에 공식적인 순서만 맡는 데도 분주하다. 서기행 목사는 총회장 기간 중에도 전혀 어김없이 교회의 담임목사로서의 직분을 충실히 감당하였다. 이전과 다를 바 없이 정성껏 설교를 준비하였다. 피치 못할 경우가 아니면 주일 오전과 오후, 수요일 밤, 금요일 심야에 드리는 예배에 빠짐없이 참석하였으며 직접 설교하였다. 새벽 예배도 거의 빠짐없이 드렸다. 먼 곳에 갈 일이 있어도 가급적 새벽 예배 전에 올 수만 있으면 돌아와 예배를 드렸다.

서기행 목사는 총회장 재임 기간 동안 총회의 역사적 맥을 뚜렷이 부각시키고 신학적 정체성을 공고히 하기 위하여 노력하였다. 그 일환으로 대동강 초입에서 순교당하시면서 우리나라에 최초로 성경을 전래하신 토마스 선교사(Robert J. Thomas, 1939[1940]-1866) 기념도서관 기공 예배에 참석하여 건립성금을 전달하기 위하여 영국 웨일즈의 웨일즈복음주의신학교(Wales Evangelical School of Theology)를 방문할 목적으로 2005년 1월 12일에서 21일까지 여정에 올랐다. 총회 총무 이재영 목사와「장로신문」을 발간한 김성호 장로가 동행했다. 당시 총신대학교 신학대학원에서 조직신학을 가르치고 있었던 문병호 목사가 통역을 맡고 일정의 진행을 도왔다.

스코틀랜드 수도 에든버러 공항에 내려 창립자 녹스(John Knox, 1513?-1572)의 동상이 있는 "뉴 칼리지"(New College)라고 불리는 에든버러대학교 신학부를 둘러보고 그곳에서 칼빈, 부써, 어거스틴, 스코틀랜드 신학 분야에 세계적인 권위를 지닌 석학 라이트(David F. Wright, 1937-2008) 교수를 만나 여러 요긴한 대화를 나누었다. 그리고 성경을 최초로 한글로 번역하셨던 존 로스(John Ross, 1842-1915) 선교사님의 행적을 더듬어 1909년에 설립된 스코틀랜드 성서공회 건물을 방문했다. 그곳에서 당시 제작된 마태복음 한글 번역본 분권 한 권을 선물로 받기도 하였다. 이후 에든버러 시내의 존 녹스 생가와 언약성도들의 순교지인 지붕 없는 감옥 등과 로스 선교사님의 무덤을 둘러보았다.

스코틀랜드를 떠나 웨일즈에 이르러서는 토마스 선교사의 생가와 교회를 들리기 전에 로이드존스(Martyn Lloyd-Jones, 1899-1981) 목사님이 만년에 목회한 교회를 둘러보았다. 그리고 저녁 저물 무렵에 토마스 선교사가 태어나고 자란 작은 도시 하노버(Hanover)에 도착하였다. 하노버에 도착하자마자 토마스 선교사님을 파송한 하노버교회를 방문했다. 예배당은 2층으로 된 작은 건물이었다. 낯익은 토마스 선교사의 사진이 한쪽에 걸려 있었다. 한국의 성도들이 방문한 흔적이 여기저기에 여실했다. 본래 17세기에 이 교회가 창립할 때에는 회중교회에 속했으나 이후 영국개혁 교단(URC)으로 소속을 옮겼다. 이곳에서 토마스 선교사의 아버지 로버트 토마스 목사가 37년간 목회하였다. 그 사택이 교회 건너에 나지막이 위치해 있었다. 토마스 선교사가 속한 런던 선교부에 선교사로 추천을 받을 때만 해도 성도가 몇 백 명이 되어 몇 부로 나누어 예배를 드렸으나 이제는 노인 열 명 정도가 모인다고 했다. 함께 모여 기도를 드린 후 돌아서는 마음이 숙연함과 함께 뭔가의 책임감으로 아렸다.

다음날은 웨일즈복음주의신학교를 방문했다. 학교가 생각보다 너무 작았다. 도서관도 변변치 않았으며 장서도 부족해 보였다. 모금을 하고 있는 중이라고 했다. 고즈넉함은 없지 않았으나 퇴색한 웨일즈 부흥사의 한 페이지를 넘기는 듯했다. 그러나 교수들과 학생들의 모습은 활기찼다. 한국 학생들이 태반이었다. 모국의 방문객이 있으니 그러려니 했지만, 이런 구석진 작은 시골 도시에 이렇게 많은 신학생들이 모여서 공부하고 있다는 사실이 조금은 낯설게 느껴지기도 했다. 데이비스(Eryl Davies) 학장은 일행을 자기 집에 초청하여 책도 선물하고 쿠키도 나누는 환대를 베풀었다. 처음 만났지만 이런 애틋한 형제애를 보이는 것은 우리가 한 복음의 진리에 서 있기 때문이라는 생각이 들었다.

저녁 때에는 한인 학생들과 함께 예배를 드렸다. 서기행 목사의 설교는 예나 다름없이 말씀을 풀어서 선포한 것이었지만, 특히 위로와 권면이 많이 묻어났다. 창세기 2장에 나오는 에덴에서 흘러나와 동산을 적시는 비손, 기혼, 힛데겔, 유브라데, 4대 강의 이름에 하나님의 뜻과 복이 계시되어 있음을 전하였다. 꼭 마을회관과 같이 생긴 건물에 삼삼오오 모인 서른 명 남짓이 모였는데, 출신과 목적을 일일이 물을 수 없어 다 알 수는 없었지만 대개 보수적인 교단에서 신앙생활을 하다가 신학을 공부하여 목회자나 선교사 혹은 교회 관련 사역을 감당하는 지도자가 되고자 온 학생들과 가족들이 주를 이루었다. 미국이나 영국 등지의 여타 신학교에서 석사나 박사과정을 공부하러 오는 유학생들보다는 좀 더 젊어 보였다. 어학 공부를 하러 온 학생들도 적지 않았다. 예배 후 가졌던 식사 시간에 자연스럽게 환담이 이어졌는데 그곳 생활의 유익함을 자랑하는 어조가 주를 이루었다.

서기행 목사는 다음 날 밤에 또 한 번 설교를 하였다. 웨일즈 부흥 운동의 중심 역할을 했던 어느 한 교회에서였다. 교회는 도시의 근교에 위치하고 있었다. 아담한 돌담과 뒤로 펼쳐진 초원이 인상적이었던 하노버교회와는 분위기가 달랐다. 도시에 있는 교회가 대체로 그렇듯이 앞마당 대신에 주차장이 먼저 반겼다. 웨일즈 하늘의 석양은 그 구름이 매우 짙었다. 그 어스름 아래로 사람들이 하나씩 둘씩 모여들었다. 세대를 두루 아울렀다.

예배당은 단층에 자리를 널찍이 배치해 넉넉해 보였다. 열을 지어 서 있는 아이보리 색 조명등에서 은은한 빛이 흘러나와 눈이 부시지 않으면서도 또렷이 성경을 보기에는 전혀 어둡지 않았다. 중앙 강대상 너머로

꾀나 오래되어 보이는 파이프 오르간이 서 있었다. 낮 예배 때에만 사용하는 것 같았다. 벽안의 회중이 모인 강단에서 일찍이 "은둔의 나라"(The Hermit Nation)라고까지 불렸던 동방의 고요한 나라 한국에서 온 지긋한 한 노목사의 설교가 카랑카랑하면서도 웅장하게 울려 퍼졌다. 마치 부흥사경회를 하는 듯했다. 그 요지는 이러했다.

> 우리는 믿음의 주요 온전하게 하시는 예수 그리스도 한 분을 바라보아야 합니다(히 12:2). 그가 우리를 위하여 모든 대속의 의를 다 이루셨습니다(요 19:30). 아버지가 아들에게 모든 것을 다 주시고 이제 그 아들이 우리를 부르십니다. 수고하고 무거운 짐을 진 모든 사람을 다 "내게로 오라" 하십니다(마 11:27-28). 우리는 그리스도를 믿고 영접하여 하나님의 자녀가 되었습니다. 그것은 우리의 혈통이나 육정이나 뜻이 아니라 오직 하나님께로부터 우리가 났기 때문입니다(요 1:12-13). 믿음은 들음으로 들음은 오직 그리스도 예수의 말씀으로 말미암습니다(롬 10:17). 그 믿음이 없이는 하나님께 나아갈 수도 없고 하나님을 기쁘시게 할 수도 없습니다(히 11:6).
>
> 나는 생명의 떡이니 내게 오는 자는 결코 주리지 아니할 터이요 나를 믿는 자는 영원히 목마르지 아니하리라(요 6:35).
>
> 하나님은 독생자 예수 그리스도의 의를 우리의 의로 삼아 주셔서 우리를 자녀로, 또한 상속자로 삼아 주셨습니다. 그런데 하나님 나라의 상속자로서 우리는 그리스도와 함께 영광을 받기 위하여 고난도 함께 받아야 합니다(롬 8:17). 그것은 자기를 부인하고 자기 십자가를 지고 주님을 좇는 것입니다(마 16:24). 주님의 멍에는 쉽고 그 짐은 가볍

습니다. 우리 마음이 진정한 쉼을 누리려면 주님의 멍에를 메고 주님께 배워야 합니다(마 11:29). 이제 밤이 깊고 낮이 가까웠으니 우리는 어둠의 일을 벗어버리고 빛의 갑옷을 입어야 합니다(롬 13:12). 오직 예수 그리스도로 옷 입어야 합니다(롬 13:14). 제네바 종교개혁이 모토로 삼았듯이, "어두움을 지나서 빛으로"(post tenebras lux) 나아가야 합니다. 다시금 우리는 하박국 선지자와 같이 기도해야 합니다.

> 여호와여 내가 주께 대한 소문을 듣고 놀랐나이다 여호와여 주는 주의 일을 이 수년 내에 부흥하게 하옵소서 이 수년 내에 나타내시옵소서 진노 중에라도 긍휼을 잊지 마옵소서(합 3:2).

누구 하나 잠시라도 강단에서 눈을 떼지 않았다. 점차 열기가 고조되었다. 우리는 그리스도와 함께 하나가 된 하나님의 자녀로서 믿음도, 성령도, 교회도, 진리도 하나이므로, 한 푯대를 향하여 끝까지 경주를 다해야 한다는 말씀에 이르러서는 모두 아멘으로 깊이 화답하였다. 웨일즈대부흥과 평양대부흥이 말해 주듯이, 이 일을 위하여 우리는 말씀을 가르치고 선포하며 기도하는 데 전무한(행 5:42; 6:4), 초대 교회와 같이 되어야 한다고 전했을 때, 좌중은 그 아멘 소리를 더 높였다.

그 감동이 얼마나 컸던지, 설교 후 예고도 없이 질의응답 시간을 갖자는 제안이 들어왔다. 이미 꽤 늦은 시간이었지만 마다할 이유가 없었다. 한국 교회가 부흥한 이유가 무엇인지에 대한 질문이 주를 이루었다. 그리고 한국 교회에는 왜 그렇게 많은 교단이 있는지도 물었다. 서기행 목사는 이에 대해서 특유의 재치를 발휘해 좌중을 압도하는 답을 하였다. 한국 교회가 부흥한 이유는 새벽에 닭이 울면 모여서 예배를 드리고 기도를 하기 때문이라고, 초대 교회가 예루살렘의 박해 후 흩어졌기 때문에 세계 선교와 부흥을 이루었듯이 한국 교회가 나누어진 것도 그런 차원에서 보아야지 단지 부정적인 시각으로만 볼 것은 아니라고 하였다. 서로 모순되어 보이는 두 질문에 대하여 사실상 하나의 답으로 응수하였던 것이다.

우리가 서 있는 자리

당장 앞에 닥친 일을 아니었지만 2007년 평양 대부흥 운동 100주년과 2009년 칼빈 출생 500주년을 준비해야 했다. 총회에 헌의된 안건으로서 이에 대한 결의가 있었다. 이 두 가지 일은 서로 분리된 것으로 여겨지지 않았다. 평양 대부흥 운동은 단지 양적 부흥을 이룬 사건에 그친 것이 아니라 말씀 사경회를 통한 진리의 운동이었다는 점을 주목해야 한다. 칼빈의 신학은 단지 관념적이거나 사변적이지 않으며 말씀을 가르치고 선포하여 생명을 살리고 생활을 변화시키는 구령신학, 전도신학, 부흥신학, 삶의 신학이었다는 점 역시 간과해서는 안 된다. 종교개혁이 무엇인가. 그것을 한마디로 말한다면, 길이자 진리이며 생명이신 그리스도를 유일한 중보자로 믿는 믿음 외에는 구원을 얻은 자 아무도 없음을 천명한 역사적 사건이 아니었는가 (행 4:12).

초대 교회에서 3천 명, 5천 명이 믿고 세례 받는 사람들의 수가 늘어난 것은 그들이 말씀을 들었기 때문이다(행 2:41; 4:4). 한국 교회가 다시금 부흥의 은혜를 누리기 위해서는 말씀을 듣기에 힘써야 한다. 그리하여 여호와를 알기에 힘써야 한다(호 6:3). 이 시대가 경건의 모양만 있고 능력이 없는 것은 말씀을 듣기에 힘쓰지 않기 때문이다(딤후 3:5). 지금 세대가 달리 기갈이 든 것이 아니라, 여호와의 말씀을 듣지 못한 기갈이 든 것이다(암 8:11). 많은 사람이 교회가 비고 성도가 없다고 한탄하지만, 들을 귀가 없는 것이 아니라

들을 말씀이 없다. 익어 희어 추수할 곡식은 많으나 추수할 일꾼이 부족하다(마 9:37). 이 세대에 반듯한 말이 부족한 것은 먼저 귀가 열리지 않아 말하는 것이 분명하지 않기 때문이다(막 7:34-35).

서기행 목사는 이 점을 직시하였다. 총회에 속한 교회와 성도들이 우리가 서 있는 신학과 신앙의 자리가 어딘지를 확실히 깨닫는 것이 시급하다고 생각하였다. 온갖 사조에 휩쓸려 교단의 신학이 모호해지고 온갖 기복주의, 윤리주의, 심리주의가 들어와 있음을 직시하였다. 우리는 칼빈의 신학에 터 잡은 개혁신학과 신앙의 정통에 서 있다. 이는 하나님 주권과 함께 인간의 책임을 강조한다. 오직 믿음으로(*sola fide*) 구원에 이르되, 그 믿음은 오직 성경을 믿는 것이다(*sola Scriptura*). 성경은 오실 그리스도와 오신 그리스도를 구약과 신약으로 전한다. 그러므로 오직 성경을 믿음은 오직 그리스도를 믿음으로(*solo Christo*) 귀결된다. 그리스도가 대속의 모든 의를 다 이루었다. 그러므로 전적으로 오직 은혜이다(*sola gratia*). 우리에게는 어떤 공로도 없다. 살아남도 살아감도, 칭의도 성화도 영화도 모두 은혜이다. 어거스틴이 말한 바, 상급도 은혜이다. 그러므로 오직 하나님께만 영광을 돌려야 한다(*soli Deo gloria*).

총회는 이 신학과 신앙을 계승, 심화시켜 왔다. 진리와 부흥은 상치되거나 상반되는 것이 아니라 함께 한다. 진리가 없이는 부흥이 없다. 옥토에 떨어진 씨는 제대로 된 씨라야 30배, 60배, 100배의 결실을 맺는다. 진리가 우리를 자유롭고 거룩하게 해야 진정한 부흥이 있다(롬 8:32; 요 17:17).

서기행 목사는 우리 교단의 신학과 신앙이 올바르게 선양되기를 절실히 염원했다. 자신이 총회장으로 있는 동안 할 일 중 이 일보다 더 중요한 일은 없다고 생각했다. 개혁 교단 영입이나 총회신학원 문제나 성경번역과 찬송가 문제 등 모든 현안의 근저에는 신학 문제가 도사리고 있음을 직시했다. 그리하여 서기행 목사는 2005년 5월 9일부터 11일까지 2박 3일간 정필도 목사가 시무하는 부산 수영로교회에서 열리는 전국목사장로기도회는 이 주제에 우선을 두기를 바랐다. 주제를 다윗의 회개 시편인 51편 10절의 말씀을 좇아 "새롭게 하소서(시 51:10)"라는 제목으로 정한 것은 이런 취지에서였다. 무엇보다 진리로 새롭게 해 달라는 뜻을 담았다. 기도회의 첫 번째 기도제목을 "신앙정체성 회복과 부흥"으로 삼은 것도 같은 맥락에서였다. 이번이 제42회였다.

제1회 목사장로기도회는 1964년 2월 5-28일까지 당시 서울 충무로에 소재한 김창인 목사가 시무하던 충현교회에서 열렸다. 총회임원단과 신학교 이사진이 공동으로 주최하였다. 강사는 박형룡 교수와 박윤선 교수였다. 당시는 오랫동안 기도회를 했는데 총회 현안을 두고 하루 이틀 금식을 하기도 하였다. 말씀과 기도가 잘 조화된 부흥사경회의 모습을 띤 것이었다.

서기행 목사는 개회설교에서 "새롭게 하소서"라는 동명의 제목으로, "새 사람은 그리스도의 사랑에 붙잡힌 사람"이라고 단언한 후, "죄에서 나를 건져주신 예수 그리스도를 바라보며 심령을 새롭게 하자"라고 강조하였다. 무엇보다 교회의 지도자들이 "방향 감각을 상실하며 살던 옛 사람의 모습을 버리고 성령의 인도하심에 따라 성경으로 돌아가 새 사람이 되자"라고 역설하였다.

그리고 첫째 날 오전과 오후에 걸쳐서 에든버러대학교의 데이비드 라이트 교수의 주제 강의가 있었다. 이는 목사장로기도회에 역사상 유래가 없는 일이었다. 라이트 교수는 자타가 공인하는 세계적인 석학이다. 그는 옥스퍼드대학교에서 박사과정을 공부하던 중 20대 후반에 에든버러대학교에 교수로 초빙되었다. 그의 학문은 어거스틴으로부터 시작해서 칼빈과 부써와 스코틀랜드 장로교에 미친다. 각각의 분야에서 모두 가히 독보적인 존재이다. 라이트 교수는 일찍이 세계칼빈학회 회장, 스코틀랜드칼빈학회 회장, 칼빈구약주석 총 편집장 등 중요한 요직을 역임하셨다. 그리고 전립선 말기 암으로 투병 중인 가운데서도 웨스트민스터 신앙고백서 총람(전 5권) 총 편집장을 맡았다. 서기행 목사와는 동변상련의 마음이 있었다. 더 이상 치료할 수단이 없어 고강도의 약물로 연명하는 가운데서도 라이트 교수는 스코틀랜드의 암 환우들을 위한 자원봉사대를 조직하고 그들에게 하나님의 사랑과 위로를 전하고 있었다. 결국 라이트 교수의 마지막 방한이 되고 만 강연에서 우리는 교리사에 남을 만한 귀한 옥고를 얻게 되었다. "우리를 떠낸 반석"이라는 제목으로 오전과 오후 2부로 강연되었다. 이하 그 전문을 싣는다.

우리를 떠낸 반석(The Rock from Which We Were Hewn)
1. 16세기 제네바로부터 21세기 서울로

> 의를 따르며 여호와를 찾아 구하는 너희는 내게 들을지어다 너희를 떠낸 반석과 너희를 파낸 우묵한 구덩이를 생각하여 보라 너희의 조상 아브라함과 너희를 낳은 사라를 생각하여 보라 아브라함이 혼자 있을 때에 내가 그를 부르고 그에게 복을 주어 창성하게 하였느니라(사 51:1-2).

사람의 조상과 가계(家系)를 추적(追跡)하는 것은 성경적인 관심사입니다. 이사야 51장에서 선지자는 아브라함과 사라에 이르는 혈통과 모든 인류를 축복하기 위해서 하나님께서 한 사람 아브라함과 맺으신 은혜와 믿음의 언약(창 12:3)을 기억하라고 촉구합니다. 기독교인들의 영적인 가계는 예수 그리스도로부터 시작됩니다. 예수는 우리를 떠낸 바위입니다. 성령의 역사를 통하여 믿음으로 말미암아 '예수 안에' 뿌리를 내리고 있음이 성도의 본질적 정체성입니다.

참으로 우리는 그리스도의 교회의 역사, 특히 종교개혁의 역사를 통해서 예수 그리스도로부터 발원(發源)되는 우리의 계보를 찾아가야 합니다. 21세기 장로교인들로서 우리는 또한 16세기 개신교 종교개혁의 후손들이라는 사실을 잊지 말아야 합니다. 개혁교회의 특징은 널리 알려진 다음 네 가지의 표어 가운데 간명하게 표현됩니다.

- 오직 성경으로(sola Scriptura)
- 오직 그리스도로(solo Christo)
- 오직 믿음으로(sola fide)
- 오직 은혜로(sola gratia)

우리는 지금 개혁주의를 주창한 선조들이 서 있는 자리에 서 있습니까? 그들과 같이 우리도 우리의 정체성의 닻을 전체 종교개혁이 지향하고 돌아가고자 했던 초대 교회에 내리고 있습니까?
성경에 기록된 하나님의 말씀이 우리에게 '신앙과 삶의 최고 법칙'이 됩니까?
하나님의 말씀이 인간의 철학, 오늘날의 삶의 구조, 교회의 전통, 공의회들, 신조들, 신학자들과 그 체계들, 우리가 좋아하는 설교자들과 그들의 설교들, 그리고 성경 주석들보다 과연 앞서고 있습니까?

성경의 메시지는 오직 예수만이 인류를 향한 하나님의 마지막 계시임을 명확히 보여 줍니다. 영국 종교개혁의 선구자 토마스 크랜머(Thomas Cranmer, 1489-1556)의 표현을 빌면 예수는 인류의 죄를 사하시고 구속하기 위해서 십자가에서 죽음을 당하심으로써 단번에 충족하고 완전하며 충분한 제물과 제사를 드리시고 우리의 죗값을 무르셨습니다. 다른 구원자는 없습니다. 하나님과 사람 사이에 다른 중보자는 없습니다. 오직 예수 그리스도만이 우리 믿음의 반석이십니다. 어떤 종교적인 성취도, 교회의 어떤 고상한 사역도, 어떤 믿음의 영웅들도 주권자이신 하나님 면전(面前)에서 죄인인 우리들을 위해서 중보할 수 없습니다.

구원은 그리스도께서 스스로, 온전히 이루신 일입니다. 그러므로 믿음으로써만, 오직 그리스도 안에서 우리를 향하신 하나님의 자비를 신뢰함으로써만 그 구원이 우리의 것이 됩니다. 아담의 후손으로서 우리는 본질상 죄인이며, 전체적으로, 전인격적으로 부패하고 오염되어 있습니다. 우리에게는 도무지 구원의 공로를 헤아릴 것이 남아 있지 않습니다. 구원은 오직 믿음의 빈손으로, 그리스도 안에서 그저 주신 하나님의 선물로서 받는 것입니다. 우리가 헌신하거나 경건할지라도, 다른 사람을 위해서 모든 힘을 쏟는다 하더라도, 가난한 사람을 먹이기 위해서 우리의 재물을 다 쓴다고 하더라도, 목사로서 장로로서 집사로서 오랫동안 신실하게 섬긴다 하더라도, 우리에게는 구원에 이를 아무 공로가 없습니다.

믿음 자체가 하나님의 은혜의 선물이기 때문에 믿음의 행위에는 아무 공로가 없습니다. 은혜는 기독교를 기독교 되게 하는 복음의 정수(精髓)입니다. 은혜는 하나님께서 우리에게 값없이, 공로 없이, 그저 주시는 것엡니다. 하나님께서 우리에게 주신 최고의 선물은 독생자 그리스도이십니다. 그와 같은 선물은 어떤 공로로도 취할 수 없고, 어떤 값으로도 살 수 없습니다. 그것은 오직 은혜로, 오직 그리스도를 통해서 용서하시는 하나님의 호의로만 우리의 것이 됩니다.

이 가르침이 여러분들께 전혀 새로운 것이 아니라는 것을 믿습니다. '오직 성경으로, 오직 그리스도로, 오직 믿음으로, 그리고 오직 은혜로' 라는 네 가지 표어는 성도들이 세상을 살아갈 때 굳게 견지(堅持)해야 할 복음의 핵심입니다. 이것이 교회의 서고 넘어짐의 조항들(articuli ecclesiae stantis et cadentis)로서 참 교회(ecclesia vera)의 지표(指標)가 됩니다. 이 메시지가 종교개혁의 기치(旗幟)였으며, 우리를 파낸 우묵한 구덩이입니다.

종교개혁은 광범위한 운동이었습니다. 그것은 마치 큰 물결이 많은 수로로 나누어져 흐르는 것과 같았습니다. 장로교는 개혁교회라는 지류로부터 나왔습니다. 개혁주의는 본 뿌리를 제네바와 그곳의 목사였던 존 칼빈(1509-1564)의 신학에 두고 있습니다.
장로교도 혹은 칼빈주의자라고 알려진 개혁주의 기독교인으로서의 우리의 정체성은 무엇입니까?
무엇보다도 먼저 우리는 '오직 성경, 오직 그리스도, 오직 믿음, 오직 은혜'로 요약되는 개혁주의 유산을 공유하고 있습니다. 그리고 초대교회를 통하여서 참 교회를 발견하고 이로 돌아가고자 했던 개혁주의자들의 신앙과 열정을 공유합니다.

'오직 성경으로'라는 표어를 먼저 살펴보겠습니다. 개혁주의자들은 루터란과 영국성공회 교회들보다 더욱 날카롭고 명확하게 과거의 예배 형식으로부터 단절을 시도했습니다. 칼빈과 녹스(John Knox, 1513?-1572)는 카톨릭 미사의 뿌리와 가지를 모두 우상숭배로서 배척했습니다. 녹스는 칼빈의 신학을 계승, 발전시켜서 성경 자체에서 명백하게 인정된 것만 하나님의 예배 가운데 받아들인다는 원칙을 수립했습니다. 이 원칙은 19세기에 이르기까지 수 세기 동안 스코틀랜드 교회를 지배했으며 오늘날도 소수의 교회들 가운데서 여전히 지켜지고 있습니다. 그들은 오직 성경의 시편만을 찬송하며 공 예배 시 어떤 악기도 사용하지 않습니다. 그들은 성경에 기록되지 않았다는 이유로 주일 외에 어떤 절기, 예컨대 성탄절과 부활절도 지키지 않습니다.

한편 루터(Martin Luther, 1483-1546)와 부써(Martin Bucer, 1491-1551)와 같은 루터란 종교개혁 지도자들은 공 예배의 개혁에 대해서 좀 더 온건한 접근을 해서 성경과 모순되지 않고 명백하게 성경의 가르침과 배치되는 것이 아니면 무엇이든 허용하고자 했습니다. 그럼으로써 그들은 로마 가톨릭과 개혁주의의 중간 입장을 고수해서 오늘날 영국성공회와 같은 의식(儀式)을 강조하는 예배를 추구했습니다.

칼빈은 녹스와 같이 극단적인 입장을 취하지는 않았습니다. 그는 성찬상(聖餐床)의 개혁을 넘어서서 강단의 개혁을 이루고자 했습니다. 단순하고 간단한 장식과 기구들만 교회당에 두었으며 설교에 큰 비중을 두었습니다. 요란한 색으로 된 봉헌 사제들의 미사용 의복을 제네바의 검은 가운(교사의 가운)으로 대체했습니다.

칼빈은 하나님께서 지정하신 방법대로 하나님을 예배해야 한다는 개혁주의 예배관을 개진(開陳)했는데, 이는 우리에게 교훈하는 바가 적지 않습니다. 오늘날 많은 교회들의 예배가 오락주의와 혼합주의로 물들어 가고 있습니다. 예배를 드리는 것은 교회 구성원들이 자기표현의 만족에 빠지는 것이 아닙니다. 예배는 예배드리는 자들을 즐겁게 하거나 만족시키는 것에 머무는 것이 아닙니다. 우리는 하나님을 예배함에 있어서 정성을 다하여서 하나님의 존영(尊榮)을 지켜 가야 하며, 성경의 가르침에 비추어서 양립할 수 없는 무가치한 음악적, 극적, 가시적 요소들로 말미암아 예배의 질이 떨어지지 않게 해야 합니다. 또한 우리는 다른 종교들로부터 이교적인 관념들과 의식들을 도입하지 않도록 스스로 경계해야 합니다.

여기에서 개혁주의 교회들이 어떤 형태의 설교를 성경적인 것으로서 깊이 있게 추구했는지를 살펴보는 것이 중요합니다. 종교개혁 초창기 몇 년 동안에 취리히, 스트라스부르, 제네바의 개혁주의 목사들은 어거스틴(Augustine, 354-430), 존 크리소스톰(John Chrysostom, 349-407)과 같은 초대 교회 교부들을 따라서 성경 전체, 예컨대 마태복음과 예레미야서와 같은 말씀들을 매주 설교했습니다. 개혁주의 설교자들은 특정한 신학적 주제들(*loci*)에 직접 관련된 성경의 본문들에만 집착한 것이 아니라 전체 성경을 장과 절에 따라서 강해하고 설교했습니다.

16세기 개혁주의 성경해석의 가장 중요한 특징은 구약을 하나님의 말씀으로서 신약과 마찬가지로 중요하게 다루었다는 사실입니다. 개혁주의 교사들은 전체 성경 계시를 하나로 연합시키는 중심으로서 구약에 나타난 하나님과 인류와의 언약(*foedus, pactum*)을 강조했으며, 하나님의 통치하에 있었던 이스라엘 국가의 모습과 그 가운데 전개되는 다양한 삶의 형태를 모델로 전체 사회를 기독교적 규범으로 다스리고자 했습니다. 그들은 칼빈을 좇아 율법의 본질을 경건하고 올바른 삶의 규범(*regula vivendi pie et iuste*)으로 보고 성도들을 위한 율법의 역할을 강조했습니다.

지금까지 살펴 본 개혁주의 신앙의 제일 원리인 '오직 성경으로'는 '오직 그리스도로'라는 표어에 연결됩니다. 예수 그리스도는 유일하신 중보자이기 때문에 마리아와 성인(聖人)들을 특별히 경배해야 할 자리를 남겨 둘 필요가 없습니다. 성인들을 위하여 부르는 송영이라든지 그들을 향하거나 그들을 통한 기도 그리고 그들의 도움을 구하는 기도는 마땅히 폐지되어야 합니다. 이 부분에 있어서는 루터란들과 영국성공회 교회들은 오히려 로마 가톨릭의 전통주의(traditionalism)를 지지합니다.

스코틀랜드 장로교회는 성직 취임과 안수를 위한 예배를 드릴 때 항상 "그리스도는 교회의 왕이자 머리이시다"라는 장려(壯麗)한 문구를 고백합니다. 이 문구는 예수 그리스도가 그의 말씀과 영으로써 교회를 다스리시기 때문에 세상의 어떤 정사나 권세도 교회 안에 혹은 교회 위에 자리를 잡지 못한다는 선포입니다. 제네바는 종교개혁의 극장(theatrum)으로서 교회가 시민정부의 우월한 권위에 매이지 아니하였으며 특히 권징에 관해서는 거의 완전한 자유를 누리고 있었습니다. 제네바는 모든 개혁주의 도시들을 대표하는 모본(母本)이 되었습니다. 제네바 종교개혁이 있은 지 수십 년 후 스코틀랜드에서는 왕의 권좌로부터 교회의 자유를 지키기 위한 언약 성도들의 부르짖음이 있었는데, 때때로 격렬하고 유혈적이었습니다.

제1세대 개혁주의 신학자들은 그리스도의 말씀을 배우고 순종하여 오직 그만이 그의 백성들의 총회를 다스린다고 확신했습니다. 그들은 참 교회의 결정적인 표지(標識)로서 말씀의 선포를 강조하면서 목자가 그의 양들의 이름을 부르며 앞서 가면 "양들이 그의 음성을 아는 고로 따라오되"라는 요한복음 10:4 말씀을 종종 인용했습니다. 칼빈은 당시 작은 도시였던 제네바의 『교회 규칙서』(*Ecclesiastical Ordinances*)에서 지교회 감독자들의 모임인 당회, 각 회중들을 지역으로 묶은 모임인 노회 그리고/혹은 대회, 그리고 전국적 모임인 대회 혹은 총회로 구성된 세 단계의 치리회 구조를 제정했습니다. 이 교회 구조가 처음에는 불란서에서 다음에는 스코틀랜드에서 국가적인 체계로 발전, 변화해 갔습니다.

마지막으로 저는 '오직 은혜로'와 '오직 믿음으로'를 간단히 살펴보고자 합니다. 위대한 믿음의 선조이신 어거스틴을 따라서 개혁주의자들은 선택의 교리는 은혜와 믿음이 모두 하나님께서 그저 주시는 선물이라는 것을 확증한다고 가르쳤습니다. 선택에 나타난 하나님의 사랑의 비밀은 하나님 자신의 경륜 속에 감춰져 있습니다. 이 교리는 우리의 믿음에는 어떤 공로도 없으며, 그것은 전적으로 하나님의 주권으로 말미암는다는 것을 명백하게 가르칩니다. "너희가 나를 택한 것이 아니요 내가 너희를 택하여 세웠나니"라고 주님께서 말씀하십니다(요 15:16).

1560년의 스코틀랜드 신앙고백서는 선택에 관한 조항의 서론 부분에서 다음과 같이 선포합니다.

> 영원히 동일하신 하나님과 오직 은혜로 그의 아들 예수 그리스도 안에서 세상의 기초가 놓이기 전에 우리를 선택하신 아버지께서 그를 우리의 머리요 우리의 형제요 우리의 목자요 우리 영혼의 위대한 감독으로 정하셨다.

선택의 비밀은 하나님은 영원 전부터 우리를 향한 선한 뜻을 가지고 계신다는 사실에 있습니다. 구원은 모든 차원에서 하나님의 선물입니다. 그것은 선택하시는 하나님의 은혜를 믿는 자에게만 수여됩니다. 이것이 우리의 신앙을 선도한 선구자들의 개혁주의 복음이었습니다. 이것이 우리를 구별해서 캐낸 반석이며 우묵한 구덩이입니다. 이것이 우리에게 전해 준, 값으로 헤아릴 수 없는 유산입니다. 이제 이 유산을 우리는 다른 사람에게 전해야 합니다.

2. 신학적 유산

개혁주의 신학의 요체로 알려진 '은혜의 교리'는 기원 후 5세기에 히포의 주교 어거스틴이 펠라기우스주의자들을 반박하면서 주창했던 인간의 죄악과 하나님의 은혜와 주권에 관한 성경의 가르침들, 특히 바울의 가르침을 교리화한 것으로서, 16세기 개신교 신학자들이 거의 예외 없이 강조했던 교회의 핵심적인 가르침이었습니다. 아담과 하와로부터 우리 모두는 원죄로 말미암아 범죄와 도덕적 무능에 빠졌습니다. 우리는 특정한 죄를 짓기 전에 이미 죄책을 가지고 태어난 죄인입니다. 우리에게는 선을 행하거나, 하나님께 복종하거나, 하나님을 사랑하거나, 하나님을 신뢰할 능력이 없습니다. 죄와 연약함이라는 이중적인 곤경이 모든 사람들의 타고난 조건입니다.

어거스틴은 예수 그리스도의 사역이 세례 가운데서 우리에게 적용됨으로써 우리의 죄가 사해진다는 것을 가르쳤습니다.
어떻게 새로 태어난 유아들이 세례에 이르게 되는 것이 공로와 관계된다고 말할 수 있습니까?
그것은 하나님의 은혜의 선물입니다. 하나님께서 먼저 우리를 향하지 않으시면 아무도 하나님께 갈 수 없습니다. 오직 성령의 내적 역사에 의해서만 우리의 선천적 한계가 극복됩니다. 종교 문학의 고전이 된 『고백록』에서 어거스틴은 인간의 마음에 내재한 죄의 끈질김과 그러한 인간의 성향을 다스리는 하나님의 은혜의 지고함을 동시에 잘 묘사하고 있습니다.

어거스틴 신학의 유산은 하나님의 사랑의 부요함을 아는 고상한 지식과 표현할 수 없는 하나님의 능력에 대한 겸손한 자각을 내포하고 있습니다. 어거스틴은 하나님의 전적 은혜를 변증하기 위해서 반복해서 로마서 11:33-36으로 돌아갔습니다.

> 깊도다 하나님의 지혜와 지식의 풍성함이여, 그의 판단은 헤아리지 못할 것이며 그의 길은 찾지 못할 것이로다 누가 주의 마음을 알았느냐 누가 그의 모사가 되었느냐 누가 주께 먼저 드려서 갚으심을 받겠느냐 이는 만물이 주에게서 나오고 주로 말미암고 주에게로 돌아감이라 그에게 영광이 세세에 있을지어다 아멘.

펠라기우스(Pelagius, 360?-420)를 반박하는 작품들 중에서 어거스틴이 빈번히 인용한 또 다른 성경 말씀은 고린도전서 4:7입니다.

> 누가 너를 남달리 구별하였느냐 네게 있는 것 중에 받지 아니한 것이 무엇이냐 네가 받았은즉 어찌하여 받지 아니한 것같이 자랑하느냐.

펠라기우스는 원죄를 부인하고 인류는 하나님의 계명을 완성할 수 있는 능력이 있다고 봄으로써 교회를 도덕적 완전을 최고 가치로 추구하는 엘리트 기독교인들의 단체로 만들고자 했습니다. 반면에 어거스틴에 의하면 교회는 죄인들을 위한 학교이며 질병으로부터 회복되거나 완치되고 있는 사람들의 병원이었습니다. 그는 알곡과 가라지에 대한 예수님의 비유(마 13:24-30, 36-43)를 사용해서 교회는 순수한 사람들만이 모여서 교제하는 곳이 아니라 본질적으로 택자들와 비택자들이 섞여있는 단체로서 그렇게 마지막 심판까지 계속된다고 보았습니다.

어거스틴의 교회론은 주후 3세기의 신학자였던 카르타고의 키프리안(Cyprian, 200?-258)이 주장한, "교회 밖에는 구원이 없다," "교회를 어머니로 고백하지 않는 사람은 하나님을 아버지로 고백할 수 없다"라는 사상에 정초합니다. 이 사상이 칼빈의 신학에 흘러 들어가 깊이 새겨졌습니다. 칼빈의 말을 들어 보겠습니다.

> 이 어머니[가시적 교회]가 우리를 모태에서 가지시고, 낳고, 가슴으로 기르며, 마침내 우리가 죽을 육신을 벗어 버리고 천사와 같이 될 때까지 돌보시고 인도하심으로써 우리를 지키지 않는다면, 생명에 나아갈 어떤 길도 없다. 우리는 연약하기 때문에 우리의 전 생애를 통하여서 온전히 훈육되지 않는다면 그 학교를 떠날 수 없다. 교회의 가슴을 떠난 어떤 용서와 구원도 소망할 수 없다(『기독교 강요』, 4.1.4).

"하나님이 짝지어 주신 것을 사람이 나누지 못할지니라"(막 10:9).

그러므로 하나님이 아버지인 사람들에게 교회는 또한 어머니
이다(『기독교 강요』, 4.1.1).

교회 안에서 구원의 산파가 되는 것보다 더 고상한 소명이 우리 생애 중에 무엇이겠습니까?
칼빈은 에베소서 4:12 주석에서 다음과 같이 말합니다.

> 교회는 모든 경건한 사람들의 한 어머니이다. 교회는 낳고 젖
> 을 먹이며 아이들이 하나님께로 자라게 한다. 왕이든 농부든
> 차별이 없다. 이것이 이루어짐은 교회의 사역을 통해서이다.

그러므로 목사들과 설교자들은 어머니와 같은 사역을 감당해야 합니다! 여러분은 사람들을 영적 진리로 인도하고, 그들이 영적인 아동기에 있을 때 교육하며, 그들을 영적인 성숙으로 이끄는 측량 못할 특권을 가지고 있습니다. 이를 위한 말씀 사역이 여러분에게 맡겨 주신 하나님의 근본 과업입니다. 다시 칼빈의 말씀을 보겠습니다.

> 하나님이 인류를 장식하시기 위해서 주신 많은 뛰어난 은사들
> 중에 가장 특별한 특권은 그가 자신을 낮추셔서 사람의 입들
> 과 혀들을 거룩하게 해서 그의 음성이 그것들 가운데서 울리게
> 한다는 사실에 있다(『기독교 강요』, 4.1.5).

칼빈이 1541년에 기초한 『교회 규칙서』는 제네바 종교개혁의 청사진으로서 "교회 통치를 위해서 주님께서 정하신 직분의 네 가지 규칙"이라는 항목에서 목사(*pastor*, 혹은 사역자, *minister*), 박사(*doctor*) 즉

교사(*paedagogus*), 장로(*presbyter*), 집사(*diaconus*)의 직분을 규정하고 있습니다. 여기서는 처음 세 가지 직분에 대해서만 다루는 것이 합당하다고 생각됩니다. 가장 중심 되는 목사의 직분에 대해서 칼빈은 다음과 같이 말합니다.

> 하나님의 말씀을 선포하고, 공적으로나 사적으로 가르치고 훈계하고 권고하고 책망하며, 성례를 거행하며, 장로들과 동료들과 더불어서 형제애를 가지고 잘못을 바로 잡는 일을 한다.

목회사역은 광의로 가르치며 설교하는 것, 즉 말씀의 사역과 관계됩니다. 그래서 목사 안수 후보자들이 심사를 받을 때에는 '선하고 거룩한 성경 지식'이 가장 먼저 고려되며 그들이 사람들의 건덕(*aedificatio*)을 위해서 바르게 교통할 수 있는 능력이 있는지 살핍니다. 그들은 교회에 의해서 승인된 교리를 수납할 것과 그것이 위반되는 것을 막기 위해서 헌신할 것을 공포합니다. 제네바에는 세 개의 교구 교회가 있었습니다. 세 교회 모두 매 주일마다 두 번의 설교와 정오의 신앙교육서(*catechismus*) 교육이 있었습니다. 또한 매주 월요일, 화요일, 금요일에 설교가 있었습니다. 이와 같은 말씀 중심의 목회사역 개념을 강조하는 것은 중요합니다. 이것은 오늘날 행정 혹은 경영의 역할(교회 운영)을 강조하는 교회나, 일대일 상담을 강조하는 교회, 말씀보다 성례를 더욱 중시하는 교회, 설교자보다 오히려 집사같이 실제적인 구제를 더욱 강조하는 교회와는 현격하게 대조됩니다.

칼빈이 제네바를 위해서 작성한 『교회 규칙서』는 목사들의 선출과 임명뿐만 아니라 일단 임명된 목사들에 대한 감찰과 교정에 대해서도 면밀하게 다룹니다. 목사들은 교리적인 일치를 지켜 나가기 위해서 열심을 다해야 합니다.

> 먼저 모든 목사들은 그들 가운데 교리의 순수함과 일치를 지켜 가기 위해서 매주 특정한 날에 함께 모여서 성경에 대해서 토론하는 것이 유익할 것이다. 합법적인 이유가 없다면 모든 목사는 이 모임에 참석해야 한다.

목사들이 모여서 함께 나누는 매주 성경공부는 불어로 "congrégation"(회집, 會集)이라고 불립니다. 칼빈은 매주 쉼 없이 성경 주석 작업을 하면서 동시에 종종 이러한 모임들에서 서론적 성경 강해를 했습니다. 심지어 위대한 칼빈조차도 그의 동료들과 성경 해석과 적용에 관해서 토론하면서 많은 유익을 얻었습니다. 또한 제네바 『교회 규칙서』에는 목사들 사이에 교리적인 불일치가 있을 때와 목사들을 교정해야 할 필요가 있을 때 적용해야 할 절차가 규정되어 있습니다. "목사에게 있어서 도무지 묵과될 수 없는 위반들"과 "형제간의 직접적인 충고가 있을 동안에는 참아야 하는 과오들" 사이에 명확한 구분이 있었습니다. 통상적으로 목사들과 장로들은 소원(訴願)된 사건들을 함께 다루었습니다. 권징과 관계되는 사건들에 대한 합법적인 입장을 견지하기 위해서 목사들은 사건의 상황을 살펴보기 위해서 세 달마다 한 번씩 모였습니다.

『교회 규칙서』에 나타나는 두 번째 사역 형태는 "박사"의 사역, 간단하게 말해서 라틴어의 "교사"(*paedagogus*)에 해당하는 사역입니다. 칼빈은 이 직분은 "하나님의 교리를 보존하고 교회를 목사들과 장로들의 잘못으로부터 지켜 가기 위한 도움과 가르침들"을 포함한다고 말합니다. 교사에 관한 규칙은 광의로 "학교의 규칙"이라고 불렸습니다. 왜냐하면 교사는 "아이들이 시민정부뿐만 아니라 교회 사역을 위해서 자신들을 준비하게끔 가르치는 대학"으로서 "올 세대에 아이들이 교회를 떠나지 않도록 하기 위해서 자손들을 필히 양육하여야 한다"라고 규정하고 있기 때문입니다.

칼빈이 제1차 제네바 체류 기간 중 처음으로 받은 공식적인 지위는 "성경교사"였습니다. 칼빈은 좀 더 높은 수준의 가르치는 직분으로서 신학강의와 신약과 구약에 관한 강의를 생각했습니다. 신학은 조직신학이나 교의신학과 같이 독립된 과목으로 가르쳐진 것이 아니라 성경강해를 통해서 이루어졌습니다. 1559년에 가서야 전임으로 가르치는 교수들을 둔 제네바학교(the Academy in Geneva)가 설립되었습니다. 이 학교가 지금의 제네바대학교로 발전했습니다. 제네바대학교의 모델을 받아들여서 에든버러대학교가 1583년에 개혁주의 대학교로서 스코틀랜드에 설립되었습니다.

개혁주의 진영의 종교개혁자들은 학교와 대학교를 조직하고, 개혁하고, 세우는 데 명민한 관심을 보였습니다. 스코틀랜드 장로교의 『제1 치리서』는 목사와 장로들에 의해서 감독을 받는 학교장을 두어서 전국적으로 매 교구마다 한 개의 대학교를 세우라고 규정하고 있습니다. 스코틀랜드의 교육 제도는 그 국민들을 위한 교회의 구제의 일부로서 발전되었습니다.

칼빈이 주장한 세 번째 직분은 장로입니다. 칼빈은 스트라스부르의 부써의 모델을 수용했습니다. 헬라어의 음을 딴 라틴어 단어 "*presbyter*"는 "연장자"와 "직분자"라는 의미를 내포하고 있습니다.『교회 규칙서』에서 칼빈은 장로를 언급하면서 불어로 "anciens"(라틴어 *seniores*)라는 단어를 사용합니다. 그러나 "*presbyter*"라는 단어는 사용하지 않음으로써 장로직을 목사직과 구별하고 있습니다.

> 장로들의 직분은 모든 사람의 삶을 살피고, 잘못을 범하고 무절제한 생활을 하는 사람들을 사랑으로 충고하고, 필요할 때에는 자신들 스스로 혹은 다른 사람들과 함께 형제적인 사랑으로 교정을 지시하는 것이다.

장로들의 협력 사역은 목사들과 함께 매주 화요일 아침에 모여서 개개의 사건들에 대해서 듣고 권징을 실시하는 사역에서 완성됩니다. 이 매주 모임은 목사장로회(Consistory, 불어 Consistoire)라고 불렀습니다. 이 앞에 선 사람들은 의장석에 있는 칼빈으로부터 흘러나온 성경적인 권고와 충고를 받고 물러 나왔습니다. 이것은 칼빈이 제네바에서 행한 또 다른 말씀 사역이었습니다.

제네바의『교회 규칙서』는 장로는 "착하고 정직한 남자들로서 비난과 의심을 받지 않고 무엇보다 하나님을 두려워하며 영적인 현명함"을 가져야 한다고 천명합니다. 후기 스코틀랜드 종교개혁의 산물인『제2 치리서』는 다음과 같이 규정하고 있습니다.

> 목사들과 교사들이 가르치고 말씀의 씨앗을 뿌리는 일에 부지런해야 하듯이, 장로들은 뿌려진 그 씨앗의 열매를 사람들

가운데서 신실하게 찾아야 한다.

동역자들 간에 서로 일을 나누어 분담하고, "위로의 아들" 바나바와 같이 "모든 사람에게 굳건한 마음으로 주와 함께 머물러 있으라"(행 4:36; 11:23) 권하고, 어떤 사람들이 뒷걸음질 칠 때 믿음과 순종으로 양육시켜 돌이키게끔 하고, 성령의 은사들을 분별하고 드러내며, 하나님의 일에 대한 새로운 소명을 키우는 일이 장로의 직분입니다.

이것이 오늘날 우리에게 주어진 도전일 것입니다.
여러분은 하나님의 영의 이끌림을 받아서 미답지(未踏地)의 길로 떠나 새로운 기회를 맞이할 준비가 되어 있습니까?
그리하여 사람들 가운데서 말씀의 열매를 구할 준비가 되어 있습니까?
영원히 오직 하나님께만 영광을 올립니다(*Soli Deo Gloria in Aeternum*)![2]

총회장직 수행

총회에서 수임된 사항을 본격적으로 다루는 총회임원회가 2004년 10월 28일 총회회관 회의실에서 비공개로 열린 것을 시점으로 총회장의 업무가 개시되었다. 이 날은 일부 특별위원회를 조직하는 것으로 마쳤다. 11월 9일에는 총신대학교 총장대행 신세원 목사에게 총신발전기금 1억 5천만 원을 전달했다. 이즈음 예장개혁과의 합동 추진이 비로소 본격화되었다(이에 대해서는 "제7장 예장합동과 예장개혁의 합동을 주도"를 보라).

제89회 총회회의록을 일일이 축조하여 채택한 것은 11월 25일이었다. 예년에 비해 빨리 이루어진 일이었다. 12월 1일에는 CTS 기독교 TV

(사장 감경철 장로)의 공동 대표회장으로 추대되었다. 그리고 12월 2일에는 한국 교회 연합을 위한 교단장협의회의 공동 상임회장에 선임되었다. 12월 20일에는 총회사회복지재단 법인의 설립을 위한 발기인 대회가 열렸다. 직접 이사장을 맡기로 했다. 그리고 같은 날 개역개정판성경대책위원회 제89회기 첫 회의가 열려 위원장으로 선임되었다. 여기에서 대한성서공회가 개역개정판 성경을 수정할 뜻이 있으면 그 발행과 시판을 중지해야 한다는 입장에 마음을 모았다. 12월 30일에는 한국 교회 연합을 위한 교단장협의회의 정기총회가 있었다. 여기에서는 통일된 연합체 구성을 위한 포럼과 심포지엄 실시와 회원 교단 서로 간의 교류에 대한 계획이 수립되었다.

2005년 새해에는 벽두부터 총회장으로서 여러 일들을 추진하였다. 1월 4일에 있었던 신년하례에서 우리 교단을 "예수 그리스도와 너불어 새로운 사람이 되어 진리를 안고 나가는" "하나님이 사랑하는 헌신된 포도원으로 만들자"라고 역설했다. 같은 날 은급재단15인특별조사위원회가 선정되었다. 그리고 제비뽑기, 평양 대부흥 운동 100주년, 칼빈 출생 500주년 등과 관련한 위원 선정과 향후 계획을 논의하였다. 1월 6일에는 선거관리위원회(위원장 김동권 목사)에 상비부장 및 각 기관단체장 제비뽑기와 관련하여 연구해 줄 것을 의뢰하였다. 1월 28일에는 그동안 10년 동안 지속적으로 추진해 온 사회복지법인 설립이 열매를 맺어 서울특별시로부터 대한예수교장로회 총회(합동 측)복지재단으로 정식 허가를 받았다.

2월 2일에는 한국대학생선교회(CCC, 총재 김준곤 목사, 대표 박성민 목사)와의 선교협정을 맺고 본격적인 협력선교 시대를 열어 가기로 했다. 여기에는 총회세계선교회(GMS) 이사장 김선규 목사도 참여하였다. 2월 18일에 있었던 총회임원회에서는 총회은급재단이 공사업자와 화해조정을 위하여 지급하기로 한 22억 관련 서류를 각하하기로 했다. 2월 22일에는 선거관리위원회로부터 총회임원회가 결의한 대로 "총회 상비부장 및 기관단체장 제비뽑기 시행세칙(안)"을 받기로 했다. 3월 22일에는 한민족완전복음화운동의 설명회 및 간담회에 참석하여 교회개혁과 사회변혁이 맞물려 있음을 강조하고 대형교회의 부패에 경종을 울렸다. 4월에는 한영자 권사가 회장으로 있는 전국여전도회연합회에 권고하여 이탈 측과 화합 예배를 드리도록 하였다.

그리고 교단 목사와 장로들 3천 명 이상이 5월 9일부터 2박 3일간 부산에서 모여서 드렸던 전국목사장로기도회를 마친 얼마 후 5월 16일에 미국 뉴저지 주에서 열린 제27회 대한예수교장로회(합동) 해외총회에 참여하여 설교하고 격려하였다. 워싱턴노회가 당해 총회 때 회원권을 얻었으며 중국북경노회와 영국런던노회가 가입을 앞두고 있는 등 활기찬 모습을 보이고 있었다. 귀국 후 5월 23일에는 오정호 목사가 시무하는 대전 새로남교회에서 열린 "SCE(전국기독학생면려회) 재건대회 및 청소년 심포지움"에 참여하여 설교를 통해 독려하였다. 이런 일들을 통하여 총회의 외연확장을 꾀하였다. 그 결실은 6월 29일 예장개혁 교단의 홍정이 목사와 합동을 최종 서명한 일이었다(이에 대해서는 "제7장 예장합동과 예장개혁의 합동을 주도"를 보라).

이러한 외연 확장과 더불어 내실을 기하는 데에도 힘을 쏟았다. 7월 12일 총회임원회를 갖고 세례교인 수를 실수(實數)로 보고하여 헌금토록 지시하였다. 그리고 총회 지시사항에 불응하여 세상의 법정에 고소와 고발을 일삼는 것에 엄중히 대처할 것을 결의했다. 7월 15일에는 "총회사태에 대한 비상대책위원회" 명의로 발표된 성명서의 진위를 파악하고 이에 대해서 적극적으로 대처하기로 하였다. 그 일환으로 전국노회의 노회장, 서기, 회계가 모이는 연석회의를 개최하여 논란이 되거나 오해가 많은 현안들에 대해 의견을 듣고 설명하는 시간을 갖기로 하였다.

개혁 교단 영입, 평강제일교회 가입 문제, 은급재단 문제, 개역개정판 성경 사용 문제 등이 초미의 관심사였다. 그중 평강제일교회 문제는 신학

문제로서 이론의 여지가 없는 것이며, 은급재단은 관계자들이 일차적으로 책임을 지는 자세를 가지고 용퇴를 분명히 해야 하고 그 후 총회가 가장 투명하고 합리적인 방식으로 해결해 가면 큰 어려움이 없을 것이라고 보았다. 제90회 총회 개최 일주일 전인 9월 21일에는 총회은급재단조사처리위원회의 보고를 받고 제89회 총회 결의대로 관련사항을 모두 공고하기로 하였다. 현 은급재단 이사들의 전원사퇴와 59억 불법대출에 대한 책임을 지고 이사장은 당회장을 제외한 모든 공직을 1년 사퇴하도록 하였으며 실무를 본 사무국장은 해당 노회에서 권징하도록 하였다. 그리고 새로운 이사회를 구성하는 동안 3인의 관리인을 두기로 하였다.

개역개정판 성경 사용 문제는 문제가 되는 구절들에 대한 수정 작업이 원만히 진행되고 있고 현재 판은 발행과 유통을 중지하고 새롭게 세4판을 찍어 전국 교회가 함께 사용하자는 데 의견을 모으고 있었으므로 낙관적이었다. 그런 분위기 속에서 7월 29일에 서기행 목사는 총신대 서철원 교수와 칼빈대 김의환 총장과 함께 성서공회 측과 합의문에 서명함으로써 사실상 이 문제에 대해 종지부를 찍었다. 그리하여 한국 교회가 '하나의 성경'의 전통을 지켜갈 수 있게 되었다. 임기의 마지막까지 가장 여력을 쏟은 것은 개혁 교단과의 합동 문제였다. 이는 유안건(留案件)이므로 제89회 총회장이 매듭지어야 할 사안임을 분명히 하였다.

제90회 총회를 앞두고 서기행 목사는 「기독신문」과의 인터뷰에서 다음과 같이 지난 회기 동안 한 일들과 앞으로의 전망에 대해서 술회했다.

기독: 다사다난(多事多難)했던 한 회기가 지나가고 있습니다. 회기를 마감하는 시점에서 감회를 말씀해 주십시오.

서: 제89회 총회는 은급재단 관련 직전총회장의 공금유용 사건, 개역

개정판 성경번역 문제, 기독신문사 문제, 다락방 전도협회 가입여부 등 산적한 문제들이 많아 어려움이 예상됐습니다. 그러나 의외로 총회를 은혜 가운데 마쳤습니다. 정말, 감사한 일이지요. 저는 총회장에 취임하면서 성실, 공의, 정직을 모토로 기도 운동을 전개했습니다. 총신대학교 신학대학원만 해도 새벽기도 참석자가 2천 명이 넘는다는 총장의 보고를 들었습니다. 거기다 총회회관 건물에 입주해 있는 총회산하 기관이 매월 첫 주를 공동 예배로 드리며 총회를 위해 기도하고 있다고 들었습니다. 이런 운동이 지속되었으면 하는 바람입니다. 특히 1907년 평양 대부흥운동은 현재 한국대학생선교회(CCC)와 조인(調印)하여 진행하고 있습니다. 집회뿐만 아니라 성령의 역사에 대한 재조명이 이뤄질 것으로 믿습니다.

기독: 지난해 성경번역 문제는 초미의 관심이었습니다. 5인위원회에 맡겨 추진하라고 했는데 현재 어디까지 진행됐습니까? 아직 대한성서공회와 문제를 매듭 짓지 않았다는 말도 들립니다.

서: 지난 총회에서 개역개정판 성경에 대해서는 5인위원회를 구성하여 대한성서공회와 대화를 모색하여 교단에서 수정을 요구한 부분을 논의하라고 했습니다. 만일 교단의 입장이 반영되지 않으면 자체적으로 번역토록 가결했습니다. 이후 개역개정판성경대책위원들은 수차례에 걸쳐 대한성서공회 관계자와 만나 신학적으로나 교리적으로 문제가 되는 부분을 수정토록 요구했습니다. 그래서 개역개정판 성경 33곳을 이미 수정했습니다. 이것은 기존의 개역개정판 수정에 관한 것이고, 거기다 앞으로 새로 성경번역

작업이 진행될 때에는 교세비율에 따라 우리 교단의 번역진을 대폭 수용키로 합의했습니다. 이 부분은 총회실행위원회에 보고되었습니다. 그것이 총회에 보고되면 개역개정판 제4판부터 수용될 것으로 예상됩니다. 최종 조인(調印)도 제90회 총회 전까지는 이뤄질 것입니다. 그래서 이번 총회에서 개역개정판 성경 사용의 건은 무난히 통과되리라 봅니다.

기독: 개혁 교단과 합동(영입)은 어떻게 추진되고 있는지요? 유안건이라는 것에 대해서도 의견을 달리하는 분들도 계시고, 개혁 교단과 합의한 12개 조항이 총회 결의나 헌법정신을 넘어서고 있다고 지적하는 분들도 있습니다.

서: 올해 최대 이슈는 역시 개혁 교단과의 합동입니다. 분명히 말씀드리는데 이 부분은 유안건입니다. 제89회 안건이지, 제90회 총회의 안건이 아니라는 말입니다. 제89회 총회에서 개혁 교단을 영입하기로 가결하고 위원을 낸 것입니다. 당시 개혁 교단은 우리 헌법을 사용한다고 했습니다. 이는 신조, 예배모범, 권징조례, 대소요리문답 등 우리 교단 것을 그대로 쓰겠다는 얘깁니다. 그래서 12개 조항 합의문을 발표했습니다. 노회도 21당회로 명문화했고, 대회제도 헌법에 있는 대로 사항을 다루어 실시한다는 것입니다. 광신대는 우리 교단 직영신학교인 대신대나 칼빈대 수준으로 하여 받고 목사들 또한 이전해 주기로 했습니다. 이렇게 큰 틀은 결정했습니다. 그렇다고 다 된 것이 아닙니다. 말 그대로 개괄적인 부분만 합의했을 뿐 오밀조밀한 부분까지는 시간이 걸릴 것으로 생각됩니다. 양 교단의 위원이 지금도 모여 세부적인

사항들을 논의하고 있습니다.

개혁 교단 합동과 관련해서 이제 와서 이러저러한 조건을 덧붙이는 것은 솔직히 합동하지 말자는 얘기 아닙니까? 알면서 왜들 이러는지요?

개혁 교단과 합동은, 첫째, 보수교단의 집약을 의미합니다. 교단적으로 만(萬) 교회를 구현하여 위상을 높이면 명실상부한 장자교단으로 거듭날 것입니다. 선교나 전도도 박차를 가할 수 있는 계기가 될 것입니다.

둘째, 연합사업에서도 우리 교단이 상당히 우위를 점할 것입니다. 과거 보수교단은 교계 연합사업에 소원했던 것이 사실인데 그동안 개혁 교단 인사들이 중요한 부분에서 좋은 역할을 펼쳐 교단이 합치면 탄력을 받을 것으로 생각됩니다. 지금 개혁 교단에 계신 분들은 흡수된다고 생각하여 자존심이 많이 상했다는 얘길 들었습니다. 여타 다른 부분에 있어서도 거부감을 갖지 않고 순수하게 합동이 되도록 서로 협력하는 것이 필요하다고 생각됩니다. 지금은 아기가 태어났는데 옷을 완전히 입히지 못한 상태입니다.

기독: 몇 년째 이슈가 되고 있는 은급재단 문제가 아직도 미결인 채로 남아 있습니다. 근본적인 문제는 무엇이고, 해결방안은 없는지요?

서: 은급재단은 이사회 결의 없이 이사장의 말만 듣고 돈을 대출한 것이 첫 번째 문제입니다. 처음에 20억이다, 60억이다 하다가 현재는 80억원 이상이 나간 것으로 알고 있습니다. 제가 총회장이 되어 은급재단에 관심을 갖고 살펴보다가 문제의 핵심인 납골

당이 당시 사무국장 김장수 목사 명의로 되어 있는 것을 발견하고 하루 빨리 총회로 명의변경을 할 것을 지시했습니다. 일단 재산만이라도 총회 앞으로 해두는 것이 좋을 듯하여 그런 조치를 취했습니다. 솔직히 저도 은급재단에 대해 잘 모릅니다. 그런데 명의변경 하는데 6-7억원이 들어간다고 들었습니다. 그래서 그걸 결정해 준 적은 있습니다. 지난 총회에서 은급재단의 납골당 문제를 조사처리위원을 내서 조사하여 공고하도록 했습니다. 이것이 총회의 결의입니다. 보고서가 임원회에 오면 임원회는 그것을 공고하는 임무를 수행할 것입니다. 아직 조사처리위원회에서는 보고서를 내놓지 않고 있습니다. 만일 총회 전까지 조사처리위원회가 보고를 하지 않으면 제90회 총회에 넘어가는 것입니다.

기독: 우리 교단은 개혁주의 신학과 신앙을 보수하는 것을 최고의 자부심으로 여겨왔습니다. 게다가 이단과 사이비 문제에 대해서는 더욱 엄격한 입장을 취해 왔습니다. 그런데 최근 서북노회에 이단성이 있는 것으로 인정돼 온 평강제일교회가 가입했습니다. 교단 중진들도 이 교회행사에 참여하거나 집회를 인도하기도 했습니다.

서: 상식적인 얘기지만 교회가입은 노회의 고유권한입니다. 서북노회에서 평강제일교회를 받아들여 여기저기서 문의가 쇄도하고 있습니다. 헌의도 막 올라오는 것으로 알고 있습니다. 평강제일교회와 광성교회 가입은 제90회기에 어떤 식으로든 다뤄지리라 봅니다. 현재는 이래라저래라 할 입장이 아니라고 봅니다. 총회임원이 평강제일교회 행사에 참여한 것과 관련해 교단의 품위를 생각

하라고 공식석상에서 얘기한 적이 있습니다. 물론 개인적으로 이에 대해서 말하기도 했습니다. 총회장으로서 할 말은 했다고 봅니다. 이 부분은 제90회 총회에서 심도 있게 다뤄질 것입니다.

기독: 소위 비상대책위원회가 구성되어 총회임원회에서 불법단체로 규정했습니다.

서: 소위 비상대책위원회의 행보와 관련해서 말씀드리겠습니다. 저도 그분들의 뜻은 좋다고 생각합니다. 그런데 인기몰이를 하면 되는 줄 알고 있는데 이는 매우 잘못됐습니다. 교단 지도부와 대화할 통로가 열려 있는데 그런 식으로 하면 안됩니다.

기독: 지금까지 금기시되었던 무지역노회 분립이 우후죽순 늘고 있습니다. 그동안 통일을 기대하면서 무지역노회를 존속시켰으나 무분별한 확장은 자제하는 분위기였는데, 작년 무지역노회 분립합법화 결정 이후 경향이 나타나는 것 같은데요.

서: 무지역노회가 기하급수적으로 증가하고 있는데 반해 지역노회는 발전이 아주 더딥니다. 다 그런 것은 아니지만 대체로 무지역노회는 질서가 없습니다. 함북노회에서 갈려 나간 50여 명의 목회자가 타 교단에 가지 않고 현재까지 남아 있습니다. 저는 무분별하게 다른 교단에 받아들이는 것보다 특별한 문제가 없고 21당회가 넘으면 나눠 주는 것도 좋다고 생각합니다.

기독: 대회제와 제비뽑기 선거제도 등에 대해서도 말씀해 주시지요.

서: 대회제는 우리 교단과 맞지 않습니다. 우리는 오랫동안 당회, 노회, 총회라는 제도에 익숙해져 있습니다. 약 2년 동안 대회제를 실시한 적이 있었으나 실정에 맞지 않아 그만두고 그 후로는 실시하지 않고 있는 것으로 알고 있습니다. 영남 정서가 대회제를 하자는 분위기로 많이 흐르고 있습니다. 이번 제90회 총회에 헌의한 노회만도 상당한 수에 이르러 실시될 가능성이 있다고 여겨집니다. 참 불행한 얘기지만 제비뽑기 제도는 최선의 방법이 아닙니다. 초등학교도 이렇게 하지는 않습니다. 금권 타락선거로 인해 이를 채택했는데, 우리의 서글픈 단면이 여기에 있습니다. 장로교의 기본원리는 무기명 비밀선거입니다. 하지만 큰 변화 없이 제비뽑기 제도가 상비부장까지 확대되어 진행되고 있는 점은 감사한 일입니다.

기독: 10월 말이 되면 총회장님께서는 목회를 마감한다고 들었습니다. 후진들을 위해 은퇴 준비와 아울러 감회를 말씀해 주십시오.

서: 목사나 장로들이 기도의 용사가 되어 성도들 앞에 솔선수범하는 태도를 보여 주었으면 좋겠습니다. 성도들은 목사나 장로들의 경건생활을 척도로 삼고 배우려고 합니다. 정말 기도 많이 하는 목사가 되길 바랍니다.

우리 교단의 위상이 날로 높아지면서 연합사업을 하는 곳이나 다른 곳에서 할 일이 많이 생겼습니다. 그러다 보니까 총회장으로서 어려울 때도 많았습니다. 다 좇아 다닐 수 있는 형편도 안 되고, 그렇다고 무시할 수도 없는 경우가 많았습니다. 이 점에 있어서 죄송한 마음이 듭니다. 하지만 저는 총회산하 기관이 초청하는 곳은 몸이 불편해도 꼭 참석했습니다. 제가 개인이 아니라 공인이라는 위치 때문이었습니다. 기관의 집회를 내팽개치고 개인적으로 집회를 다닌 적은 없습니다.

섬기는 교회의 새벽 예배도 빠짐없이 인도했습니다. 새벽에 제단을 쌓는 성도들을 보면 우리에게 희망이 남아 있다는 것을 느낍니다. 우리 교단은 그래서 든든합니다. 새벽에 기도하는 분들이 엄청납니다. 그리고 자기 일에 최선을 다하며 성실히 사는 성도들이 되었으면 하는 바람입니다. 물론 목회자들은 일념으로 목양에 열심을 다해야 하겠지요. 아무튼 부족한 사람을 위해 기도하고 격려해 주신 전국 교회 성도님들께 깊은 감사를 드립니다. 저는 제90회 총회가 끝나고 10월 24일에 은퇴하지만 뒤에서라도 우리 교단의 발전을 위해 열심히 기도하는 종이 되겠습니다.[3]

2005년 제90회 총회는 9월 27일부터 대전중앙교회에서 개최되었다. 여기에서 서기행 목사가 총회장으로서 수행한 마지막 일은 개혁 교단과의 합동이었다. 개혁 교단에 속한 48개 노회 461명의 총대가 눈물과 환호 가운데 입장하여 미리 준비된 자리에 동석하였다. 이제 은퇴를 한 달도 남겨 놓지 않은 노종을 통하여 하나님의 큰 일(*magnalia Dei*)이 이루어진 것이다.

제6장

생명이 다할 때까지

총회장의 고퇴를 넘기다

부총회장과 총회장 기간 중 첨예한 논란이 일었던 여러 사안을 감당했다. 넘겨받은 일, 새로운 일, 완수한 일, 넘겨준 일, 참으로 많은 일들이 있었다. 평강제일교회의 서북노회 가입 건에 대해서는 신학자들의 신학적 판단이 존중되어야 한다는 선에서 사실상 불가 입장을 천명했으며 광성교회의 서북노회 가입 건에 대해서 선례로 볼 때 그 자체로는 문제될 것이 없으며 사안을 미숙하게 다룬 통합 측에 일차적인 책임이 있기 때문에 합동 측을 비난하는 것은 옳지 않다고 선을 그었다. 대회제에 당회, 노회, 총회라는 삼심 구조에 익숙한 우리 교단의 정서상 아직 시기상조라고 보았다. 제비뽑기는 사람을 선발하여 하나님의 일을 맡기는 장로교의 대의구조와 본질적으로 배치되는 점이 있다고 지적하였다. 그럼에도 불구하고 현실상 그 효용성이 인정되므로 총회임원 선거에서 제비뽑기를 하는 이상 그 시행을 상비부장이나 여러 기관단체장에 확대하는 것도 고무적이라고 보았다. 그리고 은급재단의 이사장과 사무국장 등에 대한 직위 해제와 경제적 손실에 대한 변상과 손해에 대한 배상 등 법적 책임을 묻고 공직을 제한하고 권징을 실시하며 이사 전원을 일정 유예기간 후(2006년 3월 31일까지) 해임하여 새로 구성하며 제반 사항에 대한 관리위원을 두어 처리하자는 입장을 고수했다. 많은 논란이 된 개역개정판 성경은 여러 곳을 수정해서 사용함으로 하나의 성경을 사용하는 한국 교회의 전통을 지켜 가기로 했다. 이러한 제 사안에 대한 입장은 제90회 총회장 황승기 목사에 의해서도 기본적으로 견지되었다.

서기행 목사는 2005년 9월 27일 총회 첫날 총회장 이임 설교에서 베드로전서 4:1-11을 본문으로 "힘써야 할 일"이라는 제목의 말씀을 전하였다. 말세를 미혹이 많고 불법이 성하며 사랑이 식어지는 시대라고 진단한 후 세 가지를 강조하였다.

첫째, 기도에 힘써야 합니다. 기도가 없이는 내 뜻을 버리고 하나님의 뜻에 설 수가 없습니다. 멍에를 메어 보지 않은 아직 젖이 나지만 새끼를 뗀 두 암소가 울면서 가되 좌우로 치우침이 없이 법궤를 메고 벧세메스로 가서 번제물로 드려졌듯이(삼상 6:7-14), 오직 기도로 우리는 눈물 가운데 하나님의 명령을 따르게 됩니다.

둘째, 사랑하기를 힘써야 합니다. 사랑은 은사 중의 제일이며(고전 13:1-3), 율법과 선지자의 강령입니다(마 22:34-40). 하나님의 사랑을 기록한 책이 성경이요, 하나님의 사랑을 보이신 것이 십자가입니다. 하나님을 사랑한다고 베드로가 고백했을 때, 하나님은 그를 사랑의 도구로 사용하셔서 자기 양을 치게 하셨습니다(요 21:15-17).

셋째, 선한 청지기와 같이 힘써야 합니다. 하나님의 은사를 받은 일꾼으로서 우리는 서로 봉사해야 합니다(벧전 4:10). 서로 대접하기를 원망이 없이 해야 합니다(벧전 4:9). 그 섬김의 터가 교회와 노회와 총회입니다. 하나님은 자기를 찾는 자에게 상을 주시는 분이심을 믿고(히 11:6) 순종하며(삼상 15:22) 많은 사람을 옳은 데로 인도하는(단 12:4), 십자가를 지고(마 16:24) 총회를 받드는 총대 여러분이 되시기 바랍니다.

설교 후 유안건으로 다루어진 개혁 교단 합동이라는 역사적 사안을 솔로몬의 지혜를 발휘하여 성사시킨 후 성경과 헌법과 고퇴를 물러주었다. 교단 합동과 더불어 가장 큰 이슈였던 개역개정판 성경 사용과 관련하여 대한성서공회와 거의 합의를 이루어 차회에 의제를 넘겼다. 교단의 요구를 합당한 선에서 관철시키고 추후 성경번역의 지분도 엄정하게 확보했다. 이는 찬송가 문제를 같은 선에서 해결한 것과 더불어 교단뿐만 아니라 한국 교회를 위해서도 쾌거였다. 교단 합동으로 한국교회사에 한 획을 긋고 백년 그 너머의 대계라고 할 수 있는 성경과 찬송가 문제를 큰 틀에서 해결하였으니 짧은 임기지만 큰일을 한 것이다. 이러한 일들과 더불어 은급재단과 이단문제 등 유혹도 많고 오해도 많았던 민감한 중대사들을 어떤 허점이나 오점도 남기지 않고 수행했다.

극도로 첨예하게 대립된 정치지형 속에서도 어떤 실족함도 없이 사사로운 이해득실에 구애되지 않고 철저히 멸사봉공하였다는 점이 인구에 회자되고 주위 사람들에게 각인되었다. 그리하여 총회장의 신분을 벗은 후에도 교단과 한국 교회를 위하여 섬길 기회가 많이 주어졌다. 교단을 대표해서 WCC 문제에 맞서게 된 것도 그중 한 일이었다(이에 대해서는 "제8장 WCC에 맞서 한국 교회를 지키다"를 보라).

담임목사에서 원로목사로

총회장직에서 물러난 후 꼭 한 달 동안 대성교회의 담임목사직을 수행했다. 2005년 10월 23일에 대성교회 담임목사로서는 마지막 설교를 하였다. 전도서 12:9-14을 본문으로 삼았다. 퇴임에 즈음한 특별한 소회를 밝히지 않고 여느 때와 다름없이 말씀을 전하는 데 집중하였다. 다만 사도 바울이 제3차 전도 여행을 마치고 밀레도에서 에베소 교인들에게, 디모데전후서나 디도서에서 디모데와 디도에게, 옥중서신들을 통하여 에베소, 빌립보, 골로새 교인들에게 그랬듯이, 성도들에 대한 권면을 간절하게 담아 전하였다. 그 마지막 설교는 전도서 12:9-14을 본문으로 삼았는데, 여호와는 말의 힘이 세다거나 우리의 다리가 억세다고 기뻐하지 아니하시고 자기를 경외하고 그의 인자하심을 바라는 자들을 기뻐하신다는 시편 147:10-11을 떠올리게 하였다.

여호와를 경외하라

잠언 1:7에서 여호와를 경외하는 것이 지식의 근본이라고 했습니다. 하나님의 말씀과 훈계를 좇아 의롭게, 정직하게, 공평하게, 슬기롭게 사는 것이 곧 하나님을 경외하는 것입니다. 미련하여 세속적 삶 속에 도취된 사람은 여호와께 불경한 죄를 범하고 있습니다. 전도서 12:13은 "일의 결국을 다 들었으니 하나님을 경외하고 그의 명령들을 지킬지어다 이것이 모든 사람의 본분이니라"라고 전합니다.

성경은 "너는 나 외에는 다른 신들을 네게 두지 말라"라는 제1계명과(출 20:3), "너를 위하여 새긴 우상을 만들지 말고 … 그것들에게 절하지 말며 그것들을 섬기지 말라"라는 제2계명에(출 20:4-5) 사람의 가장 주된 본분을 선포합니다. 여기서는 하나님 외에 다른 신을 섬기지 말라고 소극적으로 명령하고 있습니다만, "네 마음을 다하고 목숨을 다하고 뜻을 다하여 주 너의 하나님을 사랑하라 하셨으니 이것이 크고 첫째 되는 계명이요"라는 말씀에는(마 22:37-38) 적극적으로 나타납니다. 이 둘을 묶어서 이스라엘 백성의 교육헌장이 다음과 같이 선포됩니다.

> 이스라엘아 들으라 우리 하나님 여호와는 오직 유일하신 여호와이시니 너는 마음을 다하고 뜻을 다하고 힘을 다하여 네 하나님 여호와를 사랑하라(신 6:4-5).

인류역사상 두 부류의 사람이 있으니, 하나님을 경외하고 섬기는 사람이 있는 반면, 하나님 외에 다른 신을 섬기고 돈이나 명예나 인물 등을 따르고 점을 치고 사주를 보며 자연을 숭상하며 샤머니즘에 빠진 범신주의자가 있습니다.

대성교인들이여, 하나님을 경외하시요.
하나님을 섬기고 경배하시요.
하나님께 순종하고 그 명령을 지키시요.
사죄와 영생의 역사와 신비한 인도와 병 고치는 역사가 나타납니다.
신령한 축복이 있습니다.

첫째, 믿음으로 사는 것이 하나님을 경외하는 것입니다. 아브라함은 믿음으로 이삭을 바쳤습니다(히 11:17). 그리하여 하나님의 칭찬을 받았습니다.

네가 네 아들 네 독자까지도 내게 아끼지 아니하였으니 내가 이제야 네가 하나님을 경외하는 줄을 아노라(창 22:12).

아브라함은 본토 친척 아비의 집을 떠나 하나님이 지시하는 곳으로 갔습니다(창 12:1-4). 갈 바를 알지 못하고 나아갔습니다(히 11:8). 아브라함은 단을 쌓으며 멜기세덱에게 십일조를 드리고 하갈과 이스마엘을 버렸습니다. 인간의 뜨거운 정과 혈통보다 하나님의 뜻에 따랐습니다(창 16:6). 아브라함의 신앙은 오직 여호와, 오직 하나님만 경외하는 데 있었습니다.

하나님은 언약의 하나님이십니다. 하나님을 경외하는 것은 그 외아들 예수 그리스도를 구주로 받아들이고 믿는 것입니다. 하나님을 경외하는 것은 하나님의 무조건적 선택을 믿고 은혜와 진리가 충만하신 그리스도를 영접하는 것입니다. 이는 혈통으로나 육정으로나 사람의 뜻으로 나지 않고 오직 하나님께로부터 난 자들에게 임하는 절대적 은총입니다(요 1:12-14). 하나님을 경외하는 것은 내 공로나 내 자질을 내세우지 않고 십자가의 그늘 아래 거하여 존귀와 영광을 하나님께 돌리는 것입니다.

둘째, 하나님을 경외하는 것만이 사람으로서 가장 아름다운 삶을 사는 것입니다. 권력의 아름다움은 한철 꽃에 불과합니다. 이승만 대통령, 박정희 대통령, 전두환 대통령, 노태우 대통령, 김영삼 대통령, 김대중 대통령, 노무현 대통령, 누구 하나 예외가 없습니다. 대기업 회장들이 줄줄이 검찰에 소환되는 것을 보면 명예도 해 뜨기 전 한시점 맺히는 이슬에 불과합니다. 두산그룹 회장이 검찰에 출두하고,

삼성그룹 임원도 소환되고, 가장 명민하고 신사적이라고 불리던 현대그룹 회장의 아들 중 하나는 자살하였습니다. 세상은 넓고 할 일은 많다고 하던 대우그룹 회장은 비극적 말로를 맞았습니다.

하나님 나라에는 할 일이 너무나 많습니다. 들을 귀가 많은데 들을 말씀이 모자랍니다. 익어 희어 추수할 곡식은 많으나 추수할 일꾼이 부족합니다. 젊음의 아름다움은 한때입니다. 모든 인생은 풀과 같고 그 모든 영광이 풀의 꽃과 같이 속히 시들고 마릅니다(벧전 1:24; 시 40:6).

백발이 성성한 나는 생각해 봅니다. 운동선수로, 학도호국단으로, 10236198 육군군번으로 하루에 14시간을 계속해서 강의도 했고, 부흥회를 세 번 간 교회도 있고, 금식도 하고, 철야도 하고, 2005년 10월 17일 두 끼니를 굶고 수술도 하고, 그때는 힘이 없고 말도 못하겠고 흰 머리카락을 휘날리며 주님께서 언제 부르실지 모르는데 내가 가지고 가는 것은 무엇일까, 생각해 보았습니다. 평생 모은 책 다 놓고 가고, 내가 쓴 설교원고, 200페이지 이상 되는 보조부(補助簿) 책 153권에 쓴 그것도 다 놓고 갑니다. 오직 하나님을 경외하고 하나님께 헌신한 사명수행만 가지고 갑니다. 두 달란트, 다섯 달란트 받은 종과 같이 말입니다(마 25:14-30).

셋째, 하나님을 경외하는 교회가 가장 아름다운 교회입니다. 하나님을 경외하는 교회는 사랑이 가득한 교회입니다. 오순절 성령 강림을 받은 초대 교회 성도들은 서로 있는 것 없는 것 나누고 모이기에 힘썼습니다. 이는 그들이 사랑의 아들의 영 곧 그리스도의 영을 받았기 때문입니다(골 1:13; 롬 8:9).

그리고 하나님을 경외하는 교회는 죽도록 충성하는 교회입니다
(계 2:10). 자기 자신을 주셔서 우리 자신을 사신 주님 예수 그리스도를
위해 사는 교회입니다. 성도들이 범사에 머리이신 그분께 자라가는
교회입니다(엡 4:15).

또한 하나님을 경외하는 교회는 기도 많이 하는 교회입니다. 성령이
충만하여 마음의 소원과 간구를 하나님께 아뢰면 자기부인이 따르고
전능자의 행사를 보게 됩니다. 기도해야 능력 있는 교회가 됩니다.
기도해야 믿음의 역사, 사랑의 수고, 소망의 인내로 칭찬받은 데살로
니가 교회와 같이 됩니다(살전 1:3).

마지막으로 하나님을 경외하는 교회는 하나님의 복음을 증거하는 교
회, 전도하고 선교하는 교회입니다. 땅 끝까지 복음을 전하여야 합
니다(행 1:8). 주님의 십자가의 능력이 미치지 않는 곳이 없으니 하늘
과 땅과 땅 속에라도 전해야 합니다. 듣든지 아니 듣든지, 때를 얻든
지 못 얻든지 전해야 합니다.

예수제일주의로 믿고 사는 교회가 가장 아름다운 교회입니다. 구라
파에는 찬란한 예배당이 있으나 믿는 자가 적고 믿음이 적으니 흠모
할 만한 교회가 될 수 없습니다.
그 예배당 안에 백화점, 술집, 다방이 들어오고 젊은이들이 모여서
연극장으로 쓰고 있으니, 어찌 그것을 아름답다고 할 것입니까.
여호와 하나님을 경외하는 백성의 송영과 회개와 감사와 아멘의
목소리가 들리지 않는 터를 어찌 교회라고 할 수 있겠습니까.

넷째, 하나님을 경외하는 가정이 가장 아름다운 가정입니다. 우리는 이방 부대의 백부장 고넬료가 받았던 칭찬을 받아야 합니다.

> 그가 경건하여 온 집안과 더불어 하나님을 경외하며 백성을 많이 구제하고 하나님께 항상 기도하더니 (행 10:2).

밀레(Jean F. Millet)의 만종(晚鐘)은 종교의 신성, 노동의 신성, 가정의 신성을 표현하고 있습니다. 믿는 가정마다 문설주와 인방에 유월절 어린 양 예수 그리스도의 피를 뿌려야 합니다 (출 12:21-22; 고전 5:7).

우리 대성교회의 가정은 하나님의 불쌍히 여기심을 받는 가장 아름다운 가정이 되길 바랍니다. 온 가족이 여호와를 경외하고 함께 찬송하고 기도하는 가정이 되길 바랍니다. 성경 말씀이 가정의 생명줄이 되어야 합니다. 하나님이 주인이 되는 가정이 가장 아름다운 가정입니다.

서기행 목사는 이 설교가 있은 다음 날 곧 10월 24일에 사임했다. 39년 성역의 대미를 장식하는 날이었다. 그날 담임목사 이임식과 원로목사 추대식이 동시에 거행되었다. 원로목사직은 당회의 결의를 거친 청원을 전체 교인이 이견 없이 받아들였다. 서성용 목사가 후임으로 취임하였다. 그 자리에는 교인들과 가족들은 물론 증경총회장, 노회관계자, 교계지도자 등 입추의 여지없이 만장하였다.

소회를 밝히는 자리에서 서기행 목사는 하나님께 감사하고, 총회와 교회에 감사하며, 성도들과 가족들 및 지인들에게 감사한다는 말을 반복했다. 총회장 황승기 목사는 "잘 하였도다"라는 제목의 설교에서 서기행 목사의 일대기를 되짚어 보고 오늘 은퇴와 원로목사 추대에 즈음해서 한 세대가 가는 것을 절감한다고 피력하며 말씀을 이어 갔다. 축사를 맡은 한국대학생선교회(CCC) 총재 김준곤 목사는 "개혁 교단과 합동을 이룬 배경에는 서 목사가 있었다"라고 운을 뗀 뒤 "이제는 통일을 대비하는 교단과 목회자로 쓰임 받기를 바란다"라고 의미심장한 권면을 하였다. 또한 식 가운데 그동안 함께 섬겼던 몇몇 장로들의 은퇴와 원로장로 추대를 기리는 순서를 가져 대성교회도 시대적 전환점에 놓여있음을 실감하게 했다.

그동안 사택에 들러 잠자는 시간 외에는 공적인 출타가 없는 이상 새벽부터 밤늦게까지 종일 머물러 있었던 당회장실을 비우고 새로 마련된 원로목사실로 옮기게 되었다. 예배당 3층에 마련된 원로목사실에는 원로장로들의 자리도 함께 있었다. 서로 정담을 나누고 교회 일을 돌아보며 기도하는 일을 주로 하였다. 새로 부임한 담임목사의 권유와 성도들의 바람도 적지 않았지만 강단에서 말씀을 선포하는 것은 되도록 자제하였다. 드물게 돌아오는 정기적인 설교를 그나마 하기로 한 것은 과도기적 필요에 부응한 것이었다. 그 수도 점차 줄였다. 후임 서성용 목사는 개인적인 사정으로 2012년 2월에 사임을 하였고 그해 10월에 조영석 목사가 새롭게 담임목사로 위임되었다.

세월의 흐름은 대하의 물길과 다르지 않다. 흐르는 물은 잠시도 그 자리에 머물지 않는다. 시간은 이전과 이후가 현재에 공존하지 않는다. 그러나 매듭을 두고 생각해 보면 시간에도 단위는 있다. 우리는 그것을 시대라고도 부르고 세대라고도 부른다. 다윗의 시대가 있고 솔로몬의 시대가 있듯이 시간의 매듭은 그 어느 시대의 의미를 고유하게 남기고 사라진다.

참으로 다사다난했다. 많은 일들이 대성교회에서 일어났다. 큰 부흥도 있었고 큰 아픔도 있었다. 많은 성도들이 이 교회를 통하여 생명을 얻고 믿음이 자라갔다. 훌륭한 목회자들과 신학자들도 배출하였다. 산천도 마냥 의구하지만은 않으니, 서울에서 가장 개발이 늦고, 인근의 미군 부대 때문에 개발을 할 수도 없는, 이 지역에도 변화의 바람이 불어 닥쳤다. 미군 부대가 옮겨갔으며 그 큰 부지를 어떻게 활용할 것인지 당국의 고심이 거듭되고 있다. 대성교회에 이르기 위해서는 녹사평에서 남산 쪽으로 향하다가 경리단에서 우측으로 도는 길과 한남동 쪽에서 하얏트 호텔을 옆으로 끼고 내려오는 길이 있다. 한쪽으로는 오르막이 되고 한쪽으로는 내리막이 되는데, 그 사이 골짜기를 "해방촌 골짜기"라고 부르며 그 길을 "경리단길"이라고 부른다. 왜 이렇게 불리는지 연원을 추적하기란 어렵지 않다. 오늘날 이곳이 젊은이들 사이에 새롭게 명소로 부각되고 있으니 격세지감이라 할 수밖에 더 있겠는가.

　서기행 목사의 목회역정에 있어서 대성교회도 이제 또 하나의 과거형이 되어 담임으로 섬겼던 김제의 송지동교회와 목포의 동문교회와 영락교회와 나란히 이름을 올리게 되었다. 신학교 시절 때부터 새벽을 깨우며 눈물로 기도하고, 이미 난 길은 그 길이 닳도록, 아직 나지 않은 길은 새 길이 나도록 잰걸음을 옮겨 놓았던 목양지들이 하나 없이 모두 하나님의 교회로 아름답고 향기롭게 서 있으니 얼마나 감사한 노릇인가. 이태원 골짜기는 얼마나 자주 오르내렸는가. 처처에 눈물과 조롱과 한숨이 배여 있으나 은혜의 터가 아닌 곳이 있었던가. 새벽 여명도 들기 전부터 교회로 향하던 성도들의 발걸음이 가득했던 이 골짜기, 에스겔 골짜기와 다를 바 없이 마른 뼈만 가득했던 이곳에 하나님은 성령을 부으셔서 머리까지 차게 하시고 그 뼈들이 자기 군대를 이루게 하지 아니하셨는가. 영천들의 영흥교회가 100년을 넘어 주님의 몸 된 교회로서 반석 위에 세워졌듯이 대성교회의 이후는 이전보다 더욱 창대한 하나님의 성전이요 도성이 되어야 하지 않겠는가. 진정 큰 성(大城)을 이루어야 하지 않겠는가.

　「기독신문」에서는 원로목사 추대 후 총신 56회 동기로서 함께 원로목사가 된 창신교회의 신세원 목사와 나란히 인터뷰를 하고 그 기사를 실었다. 다음은 서기행 목사 부분이다.

> 기독: 39년간 줄곧 대성교회에서 시무해 오셨는데, 목회여정을 말씀해 주십시오.

> 서: 1962년 총신을 졸업하고 김제 송지동교회가 첫 부임지였습니다. 거기서 강도사고시까지 하고 군대 제대 후 목포동문교회, 목포영락교회에서 잠시 시무했습니다. 이후 서울에 올라와 대성교회에서 지금까지 만 39년을 봉사했습니다. 제가 부임할 당시 대성교회는 내부 고통을 겪고 있는 중이어서 교인도 8명밖에 남지 않았고, 교회 땅도 팔고 있는 형편이었습니다. 70년대 들어 예배당도 새로 짓고 교인 수도 늘기 시작했습니다만 개혁 측과 갈라질 때 1층은 우리 교우들이 예배드리고 2층은 개혁 측 교인들이 예배드리는 아주 참담한 일도 있었습니다. 그때가 가장 어려웠던 것 같습니다.

> 기독: 서 목사님의 목회철학이랄까, 목회자의 중요 덕목으로 꼽고 계신 것들을 듣고 싶습니다.

> 서: 새벽기도와 인격 목회입니다. 40년 가까이 새벽기도회를 제가 직접 인도한 점이 기억에 남습니다. 해외 체류기간을 빼고는 무슨 일이 있어도 제가 인도했습니다. 또 사람을 사람답게 대하는 것이 관계의 첫걸음이라고 생각합니다. 사찰, 기사, 사무직원 등 어느 누구를 막론하고 정말 진실하게 대했다고 자부합니다. 그동안

광주중앙교회, 홍성교회, 새한교회 등 큰 교회들이 저를 청빙하는 일이 있었지만 가지 않았습니다. 한 우물만 팠습니다. 그래서 총회장도 되었다고 생각합니다. 또한 모든 설교를 미리 원고로 작성하여 준비했던 것도 나름대로 목회 철학이라 얘기할 수 있을 것 같습니다.

기독: 교단 안팎에서 흔히 서 목사님을 '정치 9단'이라고 부르곤 합니다. 이 부분에 대해 어떻게 자평하십니까?

서: 제가 일을 잘 못하기 때문에 어떻게 하다 보니 그렇게 평을 듣는 것 같습니다. 늘 마음을 비우고 죄책감을 느끼면서 하나님을 결코 슬프게 해서는 안 된다는 생각으로 살고 있습니다. 사람은 똑같습니다. '누가 무슨 일을 어떻게 하느냐' 하는 역할 나름인데 하나님은 우릴 슬프게 하질 않으십니다. 다만 사람이 음흉해 우물쭈물하고 더럽게 행동한다고 생각합니다. 어리석음을 느끼게 하기 위해 그냥 '정치 9단'이라 부르는 것 아닐까요?

기독: 서 목사님의 업적 중 가장 손꼽는 것은 아무래도 개혁 측 총회와 합동을 이룬 주역이라는 데 있는 것 같습니다. 이제 합동이 되었으니까 당시 합동 과정과 뒷얘기, 어려웠던 점 등을 설명해 주시지요.

서: 개혁 교단과 합동은 누구이 말씀드리지만 하나님의 절대적인 주권으로 이뤄진 것입니다. 하나님이 우리 교단을 사랑하셔서 이루신 일입니다. 제 기억으로는 여전도회가 하나로 된 일과 개혁개

정판 성경을 사용하게 된 일 등이 기억에 남습니다. 또한 상비부장까지 제비뽑기 선거제도를 확대하여 실시한 점도 의미 있게 다가옵니다.

기독: 지난 회기는 서북노회 사건들과 총회임원의 행보와 맞물려 총회가 어려운 점도 있었습니다. 당시 총회장님 재임 기간이었는데 이 문제에 대한 서 목사님의 입장과 견해는 무엇입니까?

서: 제90회 총회 결의가 대체로 잘 처리되었다고 봅니다. 당시 일을 놓고 볼 때 책임질 일이 있다면 당연히 제가 책임을 져야 합니다. 말 못할 어려움이 많았습니다. 평강제일교회 허입 문제가 부결된 것도 결론적으로 잘 되었습니다. 광성교회는 통합 측이 잘못 처리하여 발생한 문제입니다. 아무튼 총회 결의를 존중해야 합니다.

기독: 오랜 세월 교회나 총회를 섬기면서 잊지 못할 의미 있는 일을 꼽는다면 무엇이 있습니까?

서: 교단이 비약적으로 성장하여 1만 교회가 달성되었다는 점입니다. 해외 선교도 자리를 잡아 매우 기쁩니다.

기독: 대성교회를 아드님에게 물려준 일에 대해 '목회세습'이란 비난 여론도 없지 않습니다. 청빙 과정과 목회세습에 대한 목사님의 의견을 들려주십시오.

서: 2차 심장병 수술을 받았을 때 병원에서 심장, 호흡, 맥박 모든 기능이 현저히 떨어져 그날을 못 넘긴다는 말을 했다고 합니다. 당회원들이 이 말을 듣고 제가 혼수상태인 상황에서 후임자를 결정했습니다. 이후 공동의회를 거쳐 제 아들이 후임자로 선정됐습니다. 만일 제가 나서서 아들을 후임자로 선정하려 했다면 제대로 되지 않았을 것입니다. 우리 교회에서는 설교도 들어 보지 않고 솔직히 믿음 하나로 제 아들을 결정했다고 합니다. 저는 세습이라기보다는 교회가 정당한 청빙 절차를 거쳐 후임자를 선정했다고 생각합니다. 그리고 후임자는 가급적 전임 목회자의 의견을 배제한 가운데 공정하게 청빙하는 것이 좋다고 생각합니다.

기독: 70세 정년제가 시행되고 정착되면서, 이제 우리 교단의 1세대 되시는 분들이 은퇴하고 계십니다. 이와 관련, 총회가 리더십에 대한 문제를 깊이 생각해야 한다는 여론도 있습니다.

서: 인재양성에 신경을 써야 합니다. 교단의 정체성을 지키면서 전문 식견이 탁월한 신앙인 지도자가 많이 배출되었으면 하는 바람입니다. 상식이 통해야 하는데 그렇지 않은 경우가 많습니다. 거기다 돈에 관련된 안 좋은 얘기들이 많이 들리는데 지도자는 모름지기 행동이 건전해야 합니다.

기독: 향후 구체적인 계획은 어떻게 세워두고 계시며, 후배나 동역자들에게 하고 싶은 말씀은 무엇입니까?

서: 일단 은퇴하고 나니까 제 주변 사람을 위하여 먼저 기도하게

되더군요. 뒤에서 열심히 기도하는 목회자로 남겠습니다. 각종 단체나 기관에 가급적 참여치 않고 조직도 하지 않겠습니다. 총회와 노회의 일에도 공적으로 관여치 않을 생각입니다. 정말 조용히 기도하는 목사로 여생을 보내고 싶습니다.[1]

남겨진 일들

개혁 교단과 합동을 하게 되자 총회의 여러 일들이 전국 규모로 더욱 체계적으로 활기차게 진행되었다. 그 대표적인 예가 총신대학교가 김인환 총장 재임 때인 2005년 4월 12일에 시작한 "총신100만기도후원회"(One Million Prayer for Chongshin University, OMP) 활동이었다. 전국에 산재한 교회를 노회 단위로 방문하여 함께 예배를 드리고 총신대학교를 위한 기도와 헌금을 작정하는 활동이었는데 구 개혁 교단에 속한 교회들의 적극적인 참여로 인하여 요원의 불길과 같이 타올랐다. 불과 조직 후 6년 6개월 만인 2011년 10월에 개인과 교회 가입자 96,593명의 후원으로 총 100억 613만 원이 입금되었다. 서기행 목사는 이 일에 주도적으로 참여하였으나 표나지 않게 음우(陰佑)하고자 하였다. 총회의 역량은 교회와 성도에게 달려 있음을 보여 주는 사례였다. 개혁 교단과의 통합은 26년 만에 이루어졌다. 세상에서 헤아리기로 한 세대가 지난 것이다. 그러나 피는 물보다 진하다고 했는가. 다시 하나가 되자 급속히 지체의 우애가 회복되어 갔다. 구 개혁 측의 학적 정리, 무지역노회 정비, 대회제 실시, 광신대의 위상, 개신원 교수의 총신대 교수 채용 문제 등 풀어야 할 여러 문제들이 남아 있었지만 큰 틀에서 순항하고 있었다.

이러한 여세를 몰아 총신대학교는 지상 4층 지하 1층 규모의 사당동

제2캠퍼스를 준공하고 감사 예배를 2007년 3월 26일에 드렸다. 이런 계기로 사회교육원이 크게 성장하여 그 신청 인원이 3천 명에 달할 정도가 되었다. 이날 설교에서 서기행 목사는 "돌을 세워 기념하라"라는 제목으로 이 건물이 하나님의 진리와 은혜를 드러내는 전당이 되어야 함을 선포하였다. 그리고 그해 가을 양지캠퍼스에 있는 신학대학원에 지상 4층 지하 1층 규모로 행정관이 준공되었다. 그리고 9월 20일에 감사 예배가 드려졌다. 이 건물은 본관이자 교수연구동으로 사용되었다. 이로써 양지캠퍼스에 핵심 시설이 모두 들어서게 되었다. 이러한 일련의 일들이 가능했던 것은 서기행 목사가 운영이사장으로 4회 연임하며 기반을 닦고 교단 합동을 통하여 교세가 커졌기 때문에 가능한 일이었다.

교단 합동 후 역사의 물길도 더욱 그 외연이 확대되었다. 연전(年前)에 소천한 해원 정규오 목사를 추모하기 위하여 조직한 해원기념사업회(회장 김정중 목사)가 제1회 해원기념강좌를 2006년 11월 14일 개최하였는데, "해원 정규오 목사의 신학사상"이라는 첫 강좌에서 총회장 장차남 목사는 51인 동지회를 이끈 해원의 신학이 박형룡 박사의 영향 때문이라는 사실을 조명하였다. 그리고 이어진 광신대학교 역사신학 정준기 교수는 해원이 박형룡 박사와 맥을 같이하여 칼빈주의 정통신학을 전승하고 심화했음을 발제하였다. 이날 설교를 맡은 서기행 목사도 이 점을 부각시켰다. 가히 '역사'조차 합동되는 순간이었다.

교단을 넘어서는 대외적인 활동도 계속되었다. 2005년 12월 14일에는 한국교회연합을위한교장단협의회의 공동 상임회장에 피선되었다. 5명 중에 하나로서 예장총회를 대표하였다. 이때 정부가 추진하고 있는 사학법에 따르면 종교의 자유가 심각하게 훼손될 수 있고 기독교교육의 고유성이 파괴될 우려가 있음을 들어 그 부당함에 대해서 적극적으로 의사를 피력하였다.

개역개정판성경대책위원회 위원장으로서 제90회 총회가 결의한 대로 제4판만 강대상에서 사용하기로 하고 그간 약속된 수정 부분에 대해서 확인을 하였다. 판권에 대한 표기도 분명히 하도록 하여 이후 논란이 없도록 하였다. 이러한 입장을 견지하는 가운데 비록 늦어지기는 하지만 다음 해 부활절을 전후하여 출간될 21세기 찬송가에 맞추어 합본되어 제4판이 나오도록 추진키로 하였다. 우리 교단은 오직 그것만 받는다는 입장을 재확인하였다.

2007년 평양 대부흥 운동 100주년을 앞두고 이 일을 기념하고 기도하며 이 시대에 다시금 되새길 뿐만 아니라 그 불씨를 되살려 또 다른 부흥을 이루고자 간구하는 운동을 수도노회가 주도적으로 감당하도록 힘을 쏟았다. 이를 위하여 2006년 8월 27일 장정일 목사가 시무하는 성도교회에서 130여 교회, 4천여 명의 성도가 모인 기도회를 개최하였다. 이는 교단 내에서뿐만 아니라 한국 교회 전체를 통틀어서 부흥을 위한 기도회의 신호탄이 되었다.

서기행 목사는 교회가 부흥을 이루기 위해서는 평양 대부흥 운동의 사경의 정신을 계승해야 하는데, 그 첫째가 신학을 세우는 것이며 둘째가 이단으로부터 그 신학을 변증하는 것이라고 여겼다. 신학을 세우기 위해서는 무엇보다 우리가 서 있는 자리의 터를 잡은 칼빈의 사상을 깊이 연구하고 계승하며 심화시켜야 할 것이고, 신학을 변증하고 지키기 위해서는 이단대책을 확고히 하여 갈수록 더해지는 불법과 미혹의 영의 역사를 복음의 진리로 물리쳐야 할 것임을 평소 소신으로 삼았다. 수도노회의 박호근 목사가 위원장으로 총회의 이단피해대책조사연구위원회가 조직되어 활성화되도록 도운 것은 그 일환이었다.

2008년 6월 30일 증경총회장단은 총신대학교의 정체성과 기독신문사 사태 등 일련의 난제를 총회가 슬기롭게 풀어 가도록 조력하기 위한 소위원회를 구성하고 위원장 서기행 목사, 부위원장 우성기 장로, 서기 홍정이 목사, 회계 권영식 장로를 세웠다. 그리고 7월 28일에 소위원회는 SBS 방송국에서 방영된 "신의 길 인간의 길"이 성경의 진리를 심각하게 훼손하고 있음을 지적하고 차제에 다음 4개 조항을 증경총회장단 일동 명의로 발표하였다.

- 우리는 장자교단으로서 한국 교회와 민족 앞에 빛과 사명의 모범을 보여야 한다.
- 우리는 청교도적 칼빈주의 신학의 정통성을 지키며 장로교의 정체성을 굳게 지켜 나가야 한다.
- 총회신학원, 기독신문사, 총회세계선교회 등 총회산하 기관은 개혁주의 신학 입장에서 각 기관의 설립 목적을 준수하고 총회의 헌법과 규칙, 총회 결의를 잘 지켜야 한다. 총회본부 및 총회임원회도 이러한 법과 질서를 잘 지켜야 한다.
- 우리는 정치적 입장에서 하나님의 공의가 무너뜨려지는 것을 경계한다.

또한 그동안의 경험과 경륜을 바탕으로 총회헌법과 정치에 대한 주요한 사안에 대한 정언과 정론을 펼쳤다. 2008년 6월 30일 헌법해설집편찬위원회(위원장 이정호 목사)에 감수위원으로 위촉되어 사람의 체면이 아니라 법의 엄정함이 바로 서야 총회가 바로 선다는 지론을 펼쳤다.

2008년 7월 8일에 있었던 12신조재검토및보완을위한특별위원회(위원장 홍정이 목사)에 참여해서 새로운 안이 이전의 것을 잘 압축한 측면은 높이 사지만 오히려 새로운 용어가 혼란을 자초하는 경우도 있다고 지적하면서 용어의 현대화만 꾀할 것이 아니라 신조의 연원적 의미와 오늘날의 가치를 깊이 있게 고찰하는 혜안이 요구된다고 일갈하였다.

그리고 다년간 섬겨왔던 총회소속기관단체장제비뽑기연구위원회 위원장으로서의 경험을 되살려 수도노회를 통하여 2008년 제93회 총회 때 1차 예선은 직선제를 실시하고 2차 본선은 다득표자 2명을 올려 제비뽑기를 실시하자는 헌의를 올리려고도 하였다. 이는 입후보자가 난립하는 것을 방지하면서도 선거의 과열을 막고 하나님의 뜻을 구하는 등 여러모로 장점을 지니고 있었다. 그러나 이 역시 미봉책에 불과한 것으로 여겼다. 궁극적으로 총회임원 및 상비부장 선거는 투표로 하는 것이 헌법에 합한다고 확신했으며 이를 누차 천명했다.

총신대학교 신학대학원이 있는 양지캠퍼스에 76만 5천 볼트 특고압 송전탑 설치되어 교수와 직원 및 전 원우가 일심으로 단결하여 한국전력공사와 맞설 때 서기행 목사가 중심이 된 증경총회장들이 학교 뒷산의 공사현장까지 올라 격려하고 용역들과 몸싸움을 하다가 다친 학생들을 병원까지 찾아 위로하고 격려하였다. 본 사안은 2009년 3월 학기가 시작되면서부터 불거졌다. 이를 다루면서 신대원의 모든 구성원들은 유래 없이 일사불란한 모습을 보여 주었다. 교계를 넘어 국민적 관심이 이에 쏠렸으며 비등하는 여론을 반영하듯 여야 국회의원들이 특별위원회를 만들어 청문회를 개최하기도 하였다. 그 배후에는 증경총회장들의 애교심이 큰 그늘막이 되었다. 서기행 목사는 이 일을 주도하며 기도와 다소간의 후원도 아끼지 않았다.

서기행 목사는 총회가 정치적이 될 때는 문제이나 총회의 정치는 하나님이 주신 것으로서 거룩하다고 여겼다. 세속국가에는 주권이 국민에게 있고 국민이 만든 헌법에 최고의 권위가 있지만, 총회의 주권은 하나님께 있으며 하나님의 말씀인 성경으로부터 그 모든 권위가 나온다. 그러므로 총회는 '법대로' 이전에 '성경대로' 운용되어야 한다. 이러한 지론을 가졌기 때문에 목양과 교정(敎政)을 이분법적으로 생각하지 않았다. 교회행정과 다를 바 없이 교회 정치 역시 하나님의 말씀으로 수행되어야 한다. 세상의 정치는 그 목적이 정권에 있지만 교회 정치의 목적은 하나님의 뜻을 이루어 하나님을 영화롭게 하는 데 있다. 그러므로 하나님의 말씀에 비추어 어긋남이 없는 교회를 어쨌든 하나로 모으는 정치를 해야 한다. 굳이 교회에도 파가 있다면 그것은 그리스도파라야 한다. 게바파, 바울파, 아볼로파가 있을 수 없다. 곧 파를 나누고 당을 짓는 일이 없어야 한다.

이러한 소신으로 평생 믿음의 경주를 해 왔으므로 2010년 2월 25일 광신대학교(총장 정규남 목사) 졸업식에서 명예박사 학위가 수여되었다. 교단신학의 발전과 예장개혁과의 합동에 혁혁한 공을 세웠다는 취지에서였다. 그리고 2013년 6월 11일에는 박형룡박사기념사업추진위원회 위원장으로 선임되었다. 그 첫 사업으로 박형룡 박사의 영식(令息)이 되시는 박아론 교수의 『내가 본 아버지』를 이듬해 4월에 출간했다. 이에 즈음해서 서기행 목사는 "부디 본서가 널리 읽혀 하나님의 말씀을 절대적이며 유일한 진리로 믿고, 청교도 개혁주의 보수 신앙의 연원을 되새김하여 이를 깊이 새기고 전파하는 역사가 나타나기를 바란다"라고 말했다.[2]

흔히들 증경총회장의 위상을 알리는 가늠자가 신구총회장 이취임식 설교를 얼마나 자주 하느냐에 달려 있다는 말을 한다. 서기행 목사는 이를 자주 의뢰받았다. 그때마다 각각 다른 성경 본문을 가지고 말씀 자체의 뜻을 대언하고 이를 시의적절하게 적용하였는데, 2007년 제92회 총회장 김용실 목사 취임 예배 때 보듯이, 대체로 "주야로 성경을 묵상하고, 성경대로 기도하며, 성경대로 헌신하고, 성경대로 선교할 것"을 권고하였다.[3]

같은 맥락에서, 2009년 제94회 총회장 서정배 목사 취임 예배에서는 "오직 예수님만이 길이요 진리요 생명이라는 믿음으로 일하라"라고 섬김의 대원칙을 주지시킨 후, "어느 쪽에도 치우치지 않은 채 절제하고, 다원주의의 물결 속에서 개혁보수교단의 진리를 지키며, 생명 되신 예수님을 널리 전하는 사명을 감당하라"라고 교훈했다.[4] 2010년 제95회 총회장 김삼봉 목사 취임 예배에서는 "선악을 구별하는 지도자"로서 "보수신학을 견지하여 귀하고 지혜로운 교단"을 세워 가 달라고 당부하였다.[5] 2012년 9월 27일 제97회 총회장 정준모 목사 취임 예배에서는 "총회 안에 예수님이 계시다면 아무리 어두워도 총회가 밝아질 것"이라고 천명한 후, "빛의 복음을 세상에 비추고" "빛의 갑옷을 입으면 혼돈 속에서도 빛을 발할 수 있을 것"임을 강조하였다.[6]

증경총회장단 활동

2013년 가을, 이미 심장병으로 풍선 수술과 스텐 수술을 받았고 전립선암으로 방사선 치료를 받은 적이 있었고 거의 한 달이 멀다하고 병원에 들러 외진을 통해 여러 검사를 받아왔지만 전혀 예기치도 않은 더 큰 병이 찾아왔다. 돌아가신 어머니의 췌장암이 발견된 것 못지않은 충격이었다. 대장암이 발견된 것이다. 3기 말에서 4기 초에 걸쳐 있다고 보면 되는데 그 덩어리가 너무 커서 예후가 좋지 않다고 했다. 대장이 시작되는 오른쪽으로부터 가운데로 넘어가는 부분에 걸쳐 광범위하게 자리 잡고 있다는 것이다. 주변에로의 침윤은 이미 진행되었으나 원격전이에 대해서는 수술을 해 봐야 확실히 할 수 있다고 하였다. 아주 위중하다고 하였다. 여러 검사를 마치고 수술을 받기까지는 족히 두 달은 걸려야 할 것이라고 했다. 그런데 보이지 않는 하나님의 손의 역사로 예정된 스케줄보다 훨씬 빨리 불과 2주도 채 못 미쳐 수술대에 오르게 되었다.

그해 총회는 9월 23일에 개회되었는데 사흘만 참석하였다. 수술을 받기 위하여 나흘째는 병원에 입원하였기 때문이었다. 당해 제98회 총회는 어느 해보다 혼란스러웠다. 교단이 나눠질 것이라는 우려도 적지 않았다. 그러나 여러 현안과 무엇보다 위원장을 맡은 WCC대책위원회 보고 등을 위하여 참석하지 않을 수 없었다.

수술은 4시간 이상 진행되었다. 예상 시간에 거의 맞추어 수술이 끝났다. 별도로 중환자실에 머물지 않고 잠시 회복을 거친 후 입원실로 바로 옮겨졌다. 수술실을 나오면서 집도한 의사는 긴 한숨을 내쉬었다. 그리고 병이 너무 심해 광범위하게 잘라냈으며 주변의 담낭도 제거했다고 땀을 닦으며 나지막하게 말했다. 전이여부에 대해서 조심스럽게 운을 떼자 그건 보호자가 알 바 없다고 말을 막았다. 수술 후 많은 통증이 따랐으나 속히 회복되었다. 가족은 항암 치료에 대해서 여러 궁리를 했으나 담당의의 권유대로 그냥 퇴원하게 되었다. 환자 본인도 병원에 온 이상 의사의 뜻에 따르는 것이 하나님의 뜻이라고 여기고 어떤 사견도 가져서는 안 된다고 확신했다.

그리고 불과 몇 주 후 10월 17일 제15회 증경총회장단 정기총회에서 회장으로 피선되었다. "제98회 총회 기간에 몸이 급속도로 쇠약해 수술을 받고 사경을 헤매다가 하나님의 무한한 사랑으로 건강을 회복했다"라며, "마지막 여생 교단을 위해 헌신하며 살겠다"라고 소감을 밝혔다.[7] 양력으로 10월 24일이 생일이니 산수(傘壽)를 꼭 한 주 앞둔 때였다. 여전히 부축이 필요한 몸이었지만 주위의 권유도 만만치 않았으며 총회를 법과 질서대로 바로 세워야 한다는 절박한 사명감에 결국 직을 수락하고 말았다.

서기행 목사가 증경총회장단의 회장을 맡은 후 한기총 탈퇴에 대한 회원들의 입장은 더욱 일사불란해졌다. 이러한 영향 가운데 총회장 안명환 목사는 교단의 한기총 탈퇴를 선언하였다. 한기총이 WCC에 대하여 우호적인 입장을 노골적으로 드러내고 평강제일교회와 다락방에 대한 이단해제를 감행한 것이 주된 이유였다. 증경총회장단은 이러한 총회장의 입장에 대하여 공식적인 지지를 표명하였다.

그리고 총신대학교 총장 등 총회 산하 기관장에 대하여 70세 정년을 헌법에 명시된 대로 엄격히 지킬 것과 당시 4대 의혹이라고 일컬어지던 납골당 은급재단, 아이티 지진피해 후원금, 21세기 찬송가, 총회세계선교회(GMS) 문제를 적정절차에 따라 신속히 처리할 것을 촉구하였다. 이러한 노력이 성과를 거둬 정년이 지나 총신대학교 총장으로 선출되었던 길자연 목사가 그 직을 1년 만에 스스로 사임하는 일이 일어났다.

그리고 이른바 4대 의혹에 대해서도 우선적으로 진실을 규명하고 후속해서 그것에 부합하는 해법을 도출해 내자는 여론이 비등하였다. 증경총회장단이 이러한 일들을 과단성 있게 추진할 수 있었던 것은 총회를 바로 세워보고자 하는 회장 서기행 목사의 의지가 단호했을 뿐만 아니라 여러 모함과 역풍이 거셌지만 아무도 그 무엇으로 그를 책잡을 수 없었기 때문이다. 일례로 몇몇 증경총회장들이 금품수수 등과 관련하여 어려움을 겪게 되었을 때에도 의혹의 시선은 없지 않았지만 오히려 사실을 알아보니 서기행 목사는 이 일과 관련하여 철저히 멸사봉공했음이 드러났다.

한기총 이후의 한국 교회의 질서를 모색하는 노력도 구체적으로 가시화되었다. 2014년 6월 30일 예장합동과 예장통합의 목사 증경총회장 36명과 장로 증경부총회장 8명 총 44명이 서울 앰배서더 호텔에서 회동하였다. 1959년 통합 측 이탈 이후 55년 만에 일어난 일이었다. 그동안 서기행 목사가 주도하여 예장합동의 김동권 목사와 홍정이 목사, 예장통합의 김삼환 목사와 김순권 목사와 조성기 목사가 물밑 작업을 한 결과였다. 먼저 예배가 사회 서기행 목사(합동), 기도 최기채 목사(합동), 성경봉독 홍정이 목사(합동), 설교 김삼환 목사(통합), 축도 림인식 목사(통합)의 순서로 드려졌다. 그리고 김순권 목사(통합)의 경과보고가 있은 후 김준규 목사(합동)의 폐회기도로 회무를 마쳤다. 상견례를 넘어서서 크게 두 가지가 여기에서 결의되었다. 오는 8월 10일 사랑의교회(담임 오정현 목사)에서 연합 예배를 드리고 한국 교회와 사회 앞에 발표할 선언문을 작성하는 일이었다.

김삼환 목사는 "거룩한 연합"이란 제목으로 말씀을 선포하였다. 형제와 연합하여 동거함이 선하고 아름답고 기름 부음을 받은 제사장과 같이 권세가 있으며 서로 하나가 될 때 헐몬산에 이슬이 내리듯이 거룩한 하나님의 영광이 이 땅에도 복으로 임할 것이라고 전하였다. 그리고 먼저 우리가 하나가 되지 못하면 남북의 평화통일도 이룰 수 없으며 우리 사회에 회복과 치유의 역사도 일어나지 않을 것이라고 강조하였다. 그리고 축사를 하신, 제56회 총회장을 역임한 104세의 방지일 목사(통합)는 "우리는 그리스도를 맞이할 신부로서 항상 단장을 하고 있어야 한다"라고 운을 뗀 후, "내 생명을 주께 드릴 준비를 하고, 다시 오실 주님을 만날 때 부끄러움이 없도록 한국 교회는 하나가 되어야 한다"라고 읍소하듯이 전하였다. 김순권 목사는 경과보고를 통해 "이번 모임은 정치 색깔도 없고, 양 교단이 합하자는 것도 아니며, 증경들이 중심이 되어 기도회를 갖는 것뿐이다"라고 모임의 성격을 분명히 밝혔다.

모임 가운데 서기행 목사는 WCC 이후 통합 측에서도 다시금 정통 개혁신학에 대한 보수적 정서가 팽배해지고 있음을 직시하고, 차제에 이듬해 있을 로마 가톨릭 교황의 한국 방문에도 한국 기독교가 공동으로 대처하며 여러 가지로 기독교의 위상이 추락한 현실을 정면으로 돌파해 보고자 하여 이 모임을 구상하고 준비하고 이끄는 데 주력하였다. 서기행 목사는 "성경은 정확무오한 하나님의 말씀이며, 오직 구원은 예수 그리스도를 믿음으로 말미암아 얻는다. 사도신경이 우리의 신앙고백이라는 전제 아래 모임이 이뤄져야 한다"라고 전제한 후, "지금, 한국 교회는 초심으로 돌아가야 할 때"라고 주위를 환기시킨 후, "예장합동과 예장통합 교단이 살아야 한국 교회가 산다," "형제 교단이 합력하여 한국사회에 선한 영향력을 높여야 한다"라고 역설하였다.

이날 모임에는 예장합동에서 한석지, 최기채, 김준규, 길자연, 김도빈, 김동권, 서기행, 장차남, 김용실, 최병남, 서정배, 김삼봉, 이기창, 정준모, 변남주, 이해민, 김정중, 박갑용, 홍정이 목사와 권영식, 심판구, 강자현, 김상술 장로가, 예장통합에서 방지일, 림인식, 남정규, 김윤식, 김창인, 박종순, 민병억, 유의웅, 이규호, 최병두, 최병곤, 김순권, 안영로, 이광선, 김삼환, 지용수, 김정서 목사와 계준혁, 김건철, 이홍순, 김범열 장로 등이 참석했다.[8] 참석한 사람들은 이 모임은 단지 상견례일 뿐 새로운 어떤 기구를 출범시키고자 함이 아니라는 사실을 누누이 확인했으나 형제교단이 서로 하나가 됨으로 한국 교회의 화해와 일치의 물꼬를 틀 것이라는 전망을 부정하지는 않았다. 서기행 목사도 동일한 견해를 피력했다.[9]

그러나 몇 가지 힐난이 없지 않았다. 혹자는 WCC로 첨예한 대립을 보인 양 교단이 함께 모여 기도회를 갖는 것에 신학적 문제가 있다고 주장했다. 혹자는 총회임원회가 있음에도 증경총회장단에서 이 모임을 추진하는 것은 부적절하다고 비판했다. 그러나 서기행 목사는 본 모임은 기도회로 만나는 것이므로 이를 WCC와 관련지어 정치적으로 해석해서는 안 된다는 사실과 양 교단의 총회임원회가 본 모임을 주최하는 것이 합당하나 그 경우 총회 허락을 받아야 하는 등 여러 절차가 요구되므로 증경회장단이 이 일을 감당하게 되었다는 사실을 들어 이를 해명했다.[10]

정해진 대로 8월 10일 사랑의교회에서 "한국교회 치유와 회복을 위한 연합기도회"라는 이름으로 모임이 개최되었다. 예장합동과 예장통합의 증경총회장들을 위시하여 약 6,500명이 참석하였다. 사회 서기행 목사, 경과보고 및 인사 김순권 목사, 기도 김동권 목사, 권영식 장로, 성경봉독 김철모 장로(통합 현 장로부총회장), 설교 김삼환 목사 순으로 진행되었다. 한국교계의 맏이 격인 양 교단이 55년 만에 만나는 것이 하나님의 은혜이고 성령의 역사라는 사실이 강조되었던 바, 이것이 마땅한 것은 모두 그리스도의 피로 죄 사함을 받아 한 형제자매가 되었기 때문이라고 강조되었다. 설교 후 말미에 있었던 인사에서 서기행 목사는 "내년에 분단 70주년을 앞두고 통일을 기원하며, 우상 종교에 휘말리지 않고 한국 교회를 지키기 위해 기도회를 했다"라고 이번 모임의 취지에 분명한 선을 그었다. 이어서 최기채 목사, 장차남 목사, 홍정이 목사, 박종순 목사, 김창인 목사, 림인식 목사가 특별기도 순서를 맡았다.

이 모임은 양 교단의 총회장들조차 참석하지 않았고 양측이 서로 그럴듯한 합의문을 도출해 내지도 못했다는 뚜렷한 한계를 노정했다. 그러나 그 분명한 의미는 후일에 역사가가 판단할 것이다. 서기행 목사는 그 의미를 크게 세 가지로 보았다.

첫째, WCC 부산총회에 대한 일사불란한 반대를 통하여 한국 교회 대다수는 정통보수 신학과 신앙에 서 있었음을 나타내었다. 무엇보다 통합 교단의 증경총회장들이 이러한 입장을 뚜렷이 견지하고 있음을 보았다. 이번 모임을 통하여 사실상 이러한 모습을 한국 교회에 알린 점이 첫 번째 수확이라고 볼 수 있다. 이런 측면에서 합동 교단이 추진해 온 WCC 반대 운동의 열매가 이 기도회라고 할 것이다. 그러므로 마치 이 일로 합동 교단이 신학적 색체를 불분명하게 하고 통합 교단을 섣불리 안았다고 보는 것은 본말이 전도된 것이다.

둘째, 한기총이 한국 교회를 대표하기는커녕 일부 교권주의자들의 정치놀음의 장이 되어버리고 해서는 안 되고, 할 수도 없는 이단해제를 무분별하게 감행하는 등 여러 악폐를 드러낸 차제에, 다시금 한국 교회 연합 운동의 기치를 선명하게 내세우고 대내외적으로 단결과 선양을 도모하기 위하여 새로운 질서를 도모할 필요가 있었다. 예장총회와 예장개혁의 합동에서 보듯이 결자해지의 마음으로 하나 됨을 이루기 위해서는 더 이상 마냥 시간을 지체할 수 없다는 절박감도 그 이유 중에 하나이다. 이런 점에서 원로들이 나설 적절한 시점이라고 여긴 것이다.

셋째, 교황의 방한 일정이 확정되면서 근자에 유래 없는 부흥을 이루고 있는 로마 가톨릭의 여파가 더할 것이 분명한 바, 이에 맞서기 위해서 개신교의 일치된 모습을 보일 필요가 있었다. 급진적인 KNCC에서뿐만 아니라 통합 교단에서조차 일각에서 거론되고 있는 로마 가톨릭과의 교류에 찬물을 끼얹기 위해서도 시의적절한 모임을 통한 역공이 필요하다고 여긴 것이다. 더불어 3년 후에 있을 2017년 종교개혁 500주년의 방향타를 설정하는 의미도 이런 기회에 되새기고자 한 것이다.

증경총회장단은 친목단체이지만 그 구성원의 면면을 보면 총회적으로 언권이 있을 뿐만 아니라 교회적으로도 비록 은퇴는 했지만 대다수가 원로목사로서의 영향력을 행사하고 있었다. 서기행 목사는 그 회장직을 1년 더 연임하게 되었다. 임무를 잘 수행했다는 점과 더불어 예종탁 목사가 건강상 문제로 사의를 표하여 그 임기를 대신했으니 이제 본래 본인의 임기가 된 점과 바로 후임인 황승기 목사도 그 직을 고사했기 때문이다. 2014년 11월 10일 회원들의 전적인 지지로 추대되었다. 15대를 이어 16대 회장이 된 것이다. 새롭게 취임하자마자 그 일성으로 본 모임의 본연의 취지인 친목을 더욱 도모하며 역대 목사 총회장들과 장로 부총회장들의 설교와 간증을 모은 책을 출판할 것과 현안인 70세 정년과 총신대학교 문제 등에 대한 총회 결의의 단호한 시행을 촉구해 나갈 것이라는 포부를 밝혔다.

이러한 포부는 구두선에 그친 것이 아니었다. 가장 큰 현안인 총회(총회장 백남선 목사)와 총신대학교 재단이사회(이사장 김영우 목사)의 대립을 완화시키고 화합에 이르게 하고자 증경총회장단에 5인대책위원회를 두었다. 서기행 목사, 김동권 목사, 홍정이 목사, 권영식 장로, 강자현 장로로 구성되었다. 이를 계기로 서기행 목사는 서로 마주보고 돌진하는 두 차량과 같은 형국인 소위 총신대학교 문제를 해결하기 위하여 타협책을 강구하여 제시하고 추진하였으나 양측의 입장은 쉽게 조율되지 않았다.

서기행 목사의 입장은 제도를 개선하되 가급적 사람은 살리자는 것이었다. 사람을 죽이기 위하여 제도를 빌미로 삼아서도 안 되며 역으로 사람 때문에 제도를 흔드는 일도 있을 수 없다는 것이었다. 무엇보다 이를 위하여 적정절차를 중요시했다. 법이 우선되어야 하고 법 아래에서 합의한 것은 지켜야 한다는 것이 그 요체였다. 소위 총신대학교 문제가 점차 악화되는 것은 이를 무시하기 때문이라고 보았다.

그리고 제100회 총회가 열린 대구 반야월교회에서 첫날 9월 14일에 그동안 각고의 노력과 정성을 기울여 편집한 『역대총회장의 증언』이 출간되어 총대들에게 배포되었다. 1958년 서울 영락교회에서 열렸던 제43회 총회에서 총회장으로 취임한 노진현 목사로부터 98회 총회장까지의 설교와 현존하는 증경장로부총회장들의 간증을 망라한 84인의 글이 수록되었다.

금방 주목되는 것은 이 책에는 이제 10주년이 되는 교단 합동을 상기시키듯 구개혁 측 증경총회장들과 증경장로부총회장들의 설교와 간증이 회기에 맞춰 나란히 실려 있다는 점이다. 서장을 장식한 노진현 목사의 설교 제목은 "성경을 수호하자"였다. 당시 WCC 문제로 당한 어려움과 이를 진리에 대한 확고한 믿음으로 이겨 내자는 결의에 찬 선포를 담고 있다. 서기행 목사는 발간사에서 이 책을 통하여 우리 교단을 앞서서 섬기던 주의 종들이 눈물을 흘리며 피를 토하듯이 선포한 말씀이 무엇이었으며 어떤 교역자와 신앙인의 삶을 살았는지 생생히 접할 기회를 얻게 됨으로써 우리가 서 있는 신학과 신앙의 자리를 되돌아보게 될 것이라고 소회를 밝혔다.

서기행 목사의 증경총회장단에서의 활동은 임기를 마친 이후에도 계속되었다. 교단 지도급 인사들의 도박 등 부적절한 행동과 관련하여 2016년 1월 22일 김준규 목사, 김동권 목사, 황승기 목사, 안명환 목사, 남상훈 장로와 서기 권영식 장로 포함한 7인위원회의 위원장을 맡기도 하였다.

이에 대한 역풍으로 증경총회장들과 증경장로부총회장이 총회석상에서 일종의 즉결심판을 받아 면직, 제명, 출교되는 상황까지 이르게 되자 이 문제뿐만 아니라 「기독신문」 폐간과 총회 이단영입 문제 등을 다루기 위하여 2016년 12월 1일에 구성된 부위원장 김동권 목사, 서기 권영식 장로, 총무 및 회계 안명환 목사를 포함한 5인위원회의 위원장을 맡아 이에 적극 대처하기도 하였다. 그 결과 「기독신문」을 정상화시키고 이단영입을 막는 데 큰 영향을 미치고, 마침내 2017년 9월 18일에 개회된 제102회 총회에서 그동안 어려움을 겪은 증경총회장들과 증경장로부총회장의 명예를 다시 회복시키기에 이르게 되었다.

2017년은 종교개혁 500주년이 되는 해였다. 연초 1월 16일에 서기행 목사는 증경총회장단 모임을 주선하여 기자회견을 갖고 "개혁주의 칼빈신앙을 가진 우리가 먼저 근본으로 돌아가야 한다"라고 운을 뗀 뒤 역사적 의미가 깊은 새해를 맞이해서 "종교개혁의 본질인 오직 성경, 오직 그리스도, 오직 은혜, 오직 믿음, 오직 하나님께 영광을 확고히 해야 한다"라고 강조하였다.

그리고 종교개혁의 근본정신은 중세의 미혹으로부터 벗어나 성경진리의 순수성과 유일성을 되찾는 데 있음에도 불구하고 이를 곡해하여 마치 그것이 화해나 일치에 있기라도 하듯이 호도하면서 로마 가톨릭과 개신교의 연합과 일치를 추구하는 WCC와 루터란들의 입장에 동조하는 조류에 경종을 울렸다. 그리고 한기총, 한교연, KNCC 등이 무차별하게 이합집산을 꾀하는 것은 결국 한국 교회를 나락으로 빠뜨리게 될 뿐이라는 사실을 분명히 적시하여 진리가 없는 연합은 모래 위에 집을 짓는 것과 다를 바 없음을 강변하였다.

이 해에 종교개혁 500주년을 기념하는 행사와 학술세미나와 국제대회는 무성했지만 정작 교단과 신학교는 끝을 알 수 없는 격랑에 휘말려 들어갔다. 102회 총회석상에서는 화해를 도모하는 실마리를 찾는 듯했으나 오히려 이전보다 더 깊은 질곡에 빠지고 말았다. 양 진영이 초강수를 두고 각각의 입장을 극단화시켜 갔다. 그나마 해결책을 모색하고자 총회는 총회실행위원회에 증경총회장 4인을 지도위원으로 두었다. 서기행 목사의 이름이 제일 먼저 거론되었다.

제4부

한국 교회의 종

그동안 분열만 거듭하던 한국 교회에 일대 전기를 이룬 예장합동과 예장개혁의 합동을 이루어 내는 일을 주도적으로 감당하였으며 총회에서 구성한 대책위원회를 이끌고 WCC 제10차 부산 총회를 반대하는 차제에 기독교의 참 진리를 체계적으로 변증함으로써 한국 교회를 신사조로부터 지켜 냈다.

제7장

예장합동과 예장개혁의 합동을 주도

교단분열사

한국 장로교회는 크게 여섯 번의 분열을 겪었다.[1] 첫 번째는 고신 측의 분열이었다. 1938년 제27회 총회에서 신사참배를 결의한 후 이에 대한 거부로 장로회신학교가 문을 닫았다. 이후 1940년에 송창근 목사와 김재준 목사가 주도하여 조선신학교를 세우게 되었으며 해방 이듬해인 1946년에는 교단 직영신학교로 승격했다. 이에 반발하여 출옥 성도 주남선 목사가 한상동 목사와 함께 박윤선 목사를 초빙하여 고려신학교를 출범시켰다. 총회는 고려신학교를 인정하지 않았다. 결국 1950년 4월 6.25 전쟁을 불과 2개월 앞두고 열린 제36회 총회는 경남노회와 조선신학교 문제로 정회하는 데 이르렀다. 그리고 사변 후 1951년 5월에 열린 속회총회에서는 갈라진 경남노회 총대들 중 고려신학교 측을 옹호하는 법통노회 쪽을 배제하고 나머지를 받아 파국에 이르게 되었다. 이를 명분으로 한상동 목사가 주축이 되어 1956년 9월 그동안 조직된 6개 노회로 구성된 대한예수교장로회(고신 측) 총회가 창립되었다.

두 번째는 기장 측 분열이었다. 조선신학교가 총회 직영신학교가 되자 김재준 교수의 가르침은 더욱 대담하고 과격해졌다. 그는 정통신학이야말로 신신학보다 더한 인문주의에 빠져 있으며 정통적 이단이라는 극언을 서슴지 않았다. 이에 정규오 목사를 중심으로 51인 학생 진정서 사건이 발발하였다. 그들은 박형룡 박사의 『기독교근대신학난제선평』에 비추어 김재준 교수의 신학을 양립할 수 없는 것으로 치부했다. 그리고 1947년 4월에 열린 제33회 총회에서 그 진정서를 접수하였다.

이후 첨예한 대립이 계속되다가 1953년 4월에 열린 제38회 총회에서 명신홍 총회장은 조선신학교 측을 옹호하는 충남노회와 전북노회의 총대들을 반총회행위자로 규정하여 발언권을 정지시키고 김재준 교수의 목사직 면직을 즉결로 처분했다. 그리고 조선신학교의 직영을 취소하고 동교 졸업생들은 교역자로 채용할 수 없음을 재확인했다. 이에 1953년 6월에 분립된 전북, 군산, 김제, 충남, 경서, 경북, 목포, 충북, 제주, 총 9노회가 모여 서울 한국신학대학 강당에서 제38회 총회를 개회함으로 한신 측이 형성되었다. 이들은 대한예수교장로회가 아니라 대한기독교장로회로 명칭 자체를 변경하였다.

세 번째는 연동 측(통합 측)의 분열이었다. 1959년 제44회 총회에서였다. 그 원인에 대해서 여전히 아전인수(我田引水)격 해석이 난무하지만, 부인할 수 없는 것은 세계교회협의회(WCC) 가입 문제가 그 도화선이자 본질이었다는 점이다(이에 대해서는 "제8장 WCC에 맞서 한국 교회를 지키다"를 보라).

네 번째는 고신 측의 환원에 따른 분열이었다. 1959년 연동 측의 이탈 후 승동 측은 내적으로 어려움이 많았다. 남은 것은 열악한 환경뿐이었다. 그 당시 고신 측도 박윤선 박사가 고려신학교를 떠나고 경기노회 문제가 생기는 등 난국을 맞이하고 있었다. 이러한 와중에 서로 활로를 찾게 되었고,

박형룡 박사를 중심으로 한 승동 측 목사들의 합동 제안에 한상동 목사를 주축으로 한 고신 측 목사들이 선뜻 호응한 것이었다. 1960년 12월 서울 승동교회에서 "합동"총회가 열렸다. "합동 측"이라는 말이 이로부터 연원한다. 새로운 교단의 공식명칭은 대한예수교장로회였다.

그러나 합동총회는 곧 난항을 거듭했다. 총회의 회수를 승동 측 노회로 할 것인지 고신 측 노회로 할 것인지의 문제가 끝없이 공전했고, 총회신학교와 고려신학교를 통폐합하는 것도 원론만 반듯했지 실제로 만만치 않았다. 결국 총신을 본교로 고신을 분교로 하고 고신은 더 이상 독자적으로 신입생을 모집하지 않으며 교장은 윤번제로 하기로 한 결의가 이루어졌다. 경남노회의 거센 반발이 있었지만 한상동 목사가 이를 몰아붙였다. 그런데 이후 갑자기 입장을 바꾼 한상동 목사가 고려신학교의 복구를 선언하고 전면에 나서자, 그 여세를 몰아 1963년 9월 고신 13회 환원총회가 조직되었다. 섣부른 합동은 더 큰 분열의 상처를 낳는다는 교훈을 확인한 순간이었다.

다섯 번째는 개혁 측의 분열이었다. 이에 대한 도화선은 총신대학 김희보 학장이 『신학지남』에 게재한 "족장시대의 이방법들에 대한 소고"라는 글이었다. 당시 비주류 측은 이 글이 고등비평에 속하는 문서설에 서 있음을 날카롭게 비판하면서 그 예봉을 주류 측에 대한 정치공세로 이어 갔다. 당시 주류 측은 영남 출신과 평안남도 출신들이 중심이 되어 인맥을 형성하고 있었다. 그 정점에 이영수 목사가 있었다. 이들은 1972년 박형룡 박사를 축출한 이후부터 교권을 휘둘렀다. 이에 맞서는 비주류 측은 호남과 황해도 출신들 중심으로 뭉쳤다. 그 수장이 정규오 목사였으며 교권에서 밀려난 박찬목 목사, 백동섭 목사, 이성헌 목사, 노진현 목사 등이 뜻을 같이하고 있었다. 이들은 정화(淨化)라는 이름하에 옛 총신의 신학을 회복하자는 명분을 내걸고 박형룡 박사를 학장으로 모시고자 도모했으나 성공치 못하고 그 아들 박아론 교수로 낙점하여 방배동에 총회신학교를 세웠다.

당시 현판식에는 무려 3분의 2가 넘는 학생이 몰렸으나, 이듬해 신입생을 모집하게 되자 그 수가 역전되어 급격히 명분을 상실하게 되었다. 결국 이러한 첨예한 대립을 겪은 후 1979년 제64회 총회에서 방배동 측은 합동보수라는 독자적인 총회로 모이게 되었다. 그러나 곧 분열에 분열을 거듭하였다. 그 수다한 군소 교단들을 '개혁 측'이라고 통칭한다.

여섯 번째는 합신 측의 분열이었다. 이는 총신사태로 말미암아 도미노와 같이 일어난 사건이었다. 그 도화선은 이영수 목사의 전횡에 있었다. 학생들은 재단이사회의 재정 사용에 대해서 의구심을 가졌고 교수들은 김득룡 교수나 신복윤 교수와 같은 연로한 선임들을 제치고 30대 후반의 정성구 교수를 학장에 세운 것에 불만이 적지 않았다. 결국 박윤선 교수를 필두로 이에 마음을 합한 4명의 교수가 합세하여 합동신학원이 설립되었고, 이후 우여곡절 끝에 합신 측 교단이 형성되었다. 주류에도 비주류에도 속하지 않았던 중도성향의 교회와 교역자들이 주를 이루었다. 참으로 명분이 애매한 노릇이었다.

합동의 당위성

이상에서 본 교단 분열의 원인을 크게 두 가지로 말하라면 그것은 신학과 교권이라고 할 수 있을 것이다. 항상 분열에는 이 두 가지가 복합적으로 작용하였다. 그러므로 그것을 순수한 신학적 문제로 보는 것이나 순수한 정치적 문제로 보는 것은 모두 일면의 부족함이 있다. 대체로 정치 문제를 잠재한 신학 문제가 매번의 분열상을 낳았다고 볼 것이다. 그러므로 한때 정치적 이슈에 휩쓸려 분열이 된 경우에도 다시 돌아보아 신학적 이견이 없으면 복구를 갈망하는 경우가 대부분이었다.

일례로 통합 측이 이탈하고 난 다음 해 합동 측 총회는 다음 세 가지 원칙을 제시하면서 "연동 측이 합의한다면 언제나 통합총회를 소집할 용의가 있음"을 천명하였다.

첫째, WCC적 에큐메니칼 운동을 명실공히 전폐하고 NCC를 탈퇴할 것.
둘째, 신학교는 보수적이요 순복음적 정통신학을 고수하고 경영한다.
셋째, WCC적 에큐메니칼 운동을 반대하는 선교사는 환영한다.[2]

이런 점에서 볼 때 고신 측, 개혁 측, 합신 측은 모두 다시 복귀해야 할 당위성을 지닌다. 그들은 모두 신학적 보수를 주창하고 떠나갔지만 남은 합동 측이야말로 이러한 입장에서 추호도 어긋남이 없지 않은가.

서기행 목사는 본인의 신학과 신앙이 51인 동지회의 사상에 가닿아 있음을 확신했다. 「불 기둥」을 통하여 접하게 되었던 정규오 목사의 사상을 통해서뿐만 아니라, 중학교 때부터 설교를 듣고 집에서 모신 적도 많았던 김일남 목사, 신학교 때 자신을 하계와 동계학교에 소개하여 세운 전상섭 목사, 설교노트를 주일 다음 날 보여 주셔서 그것을 베껴가면서 설교 작성을 배우도록 했던 박요한 목사, 평생 친분을 가지고 있었던 신앙의 동지 김준곤 목사, 해박한 지식을 지니고 선교에 전적으로 헌신한 조동진 목사, 이와 같이 지근에서 지대한 영향을 미쳤던 분들이 모두 51인 동지회의 면면을 장식한 분들이었다.

서기행 목사는 개혁 측 분열을 무엇보다 안타까워했다. 이로 말미암아 본인은 물론 대성교회가 입은 상처가 너무나 컸다. 떠난 명분이 딱히 없었던 만큼 돌아올 명분도 별달리 필요 없었다. 신학에 문제가 없다고 볼진대, 정치적인 명분도 더 이상 없었다. 그도 그럴 것이 주류 측과 비주류 측의 앙금은 사실상 1985년 정화총회로 원천적으로 해소되었기 때문이다. 복귀를 추진하되 분열이 더 고착화되기 전에 서둘러야 했다. 결자해지(結者解之)란 말이 절실해지는 대목이었다. 누가 이것을 묶었으며, 이제 풀 것인가. 누구나 정규오 목사를 제일 먼저 지목할 것이다.[3]

서기행 목사 역시 본인이 그 당사자는 아니라고 여겼다. 그러나 그 부채의식으로부터 자유로울 수가 없었다. 본인이 여력이 있는 동안 이 일을 이루어야 한다는 마음이 늘 떠나지 않았다. 그런데 하나님이 그 기회를 주신 것이다. 무려 6명 중에 준비된 제비를 뽑게 하셔서 부총회장에 당선시키시고 총회장을 바라보게 하신 것이다.

서기행 목사가 빨간색 구슬을 뽑아 부총회장에 당선되었을 때 개혁 측 일부에서는 이를 복귀를 촉구하는 하나님의 음성과 같이 여겼다. 그들은 개혁 측 내부에서 계속되는 이합집산의 고리를 끊는 길은 합동 측에 복귀하여 차제에 서로 하나가 되는 수밖에 없음을 인식하였다. 이러한 혜안을 가지고 하나님이 부르시기 전에 합동을 보고 싶다고 틈만 나면 되뇌던 분이 정규오 목사였다. 누구보다는 그는 하나의 분열은 그 이상의 분열을 낳는 온상이 된다는 것을 잘 알고 있었다. 세상정치는 지방색에 물들어 있지만 교회 정치는 그래서는 안 된다는 생각을 누구보다 절실히 느끼고 있었다. 무엇보다 교회가 세상의 지탄의 대상이 되고 교세가 약해지는 현실에서 교회분열의 악순환의 고리를 교회일치의 선순환의 고리로 바꾸어야 한다는 당위성에 깊이 착념하였다.

해원 정규오 목사는 이 일의 적임자가 서기행 목사임을 누구보다 잘 알고 있었다. 주류와 비주류를 넘어서고 경상도와 전라도를 넘어서서 정치적 화합을 이끌어 내고 동시에 신학적 정통을 보수하는 데도 어김이 없는 인물로 그 외에 없다고 여겼다. 서기행 목사가 1985년 제70회 정화총회와 1986년 제71회 총회에서 연이어 총회 부서기를 맡아 주요한 실무를 관장

할 때 안중섭 총회장, 김현중 위원장 등 분열형제영입연구위원을 두었던 일도 기억하였을 것이다. 이 모임은 두 회기를 존속하다가 사실상 유야무야되었지만 그 취지는 분명하여 합동 측의 공식적인 입장을 대변할 만하였다.

정규오 목사는 합동 측과 개혁 측의 합동이 이루어진 이듬해 2006년 1월에 소천했다. 그 전년 여름에 있었던 「기독신문」과의 인터뷰에서 해원은 예장합동과 개혁 교단은 신앙과 신학이 같기 때문에 헤어질 이유가 전혀 없다고 말하고, 생각이 다르다고 해서 합동을 깨는 일은 없어야 할 것이라고 당부했다. 조건 없는 합동이 그 주문이었다. 그리고 개혁 교단 목회자들 중 합동을 반대하는 사람은 거의 없을 것이므로 그나마 자신의 죄를 조금이나마 덜어버리는 것 같아 마음이 한결 가볍다고 했다. 그는 만년의 거처였던 무등산 헐몬 수양관의 한 자락에서 분명한 어조로 다음과 같이 말하였다.

> 어느 한쪽에 손해가 가더라도 합동은 절대로 해야 합니다. … 내 평생 죽기 전 소원이 양 교단 합동하는 것입니다. 1979년 헤어진 이래 한 번도 예장합동과 떨어져 있다고 생각한 적이 없습니다. 그만큼 교단 합동에 대해 간절히 열망해 왔습니다. … 합동총회의 광경을 휠체어라도 타고 가서 봤으면 좋겠는데 … 총회 현장에 갈 수 있으면 정말 좋겠습니다.[4]

해원의 이러한 깊은 애통과 간구는 1998년 개혁 측 전국 9개 장로교단(개혁, 개혁서울, 보수홍은, 보수봉천, 보수냉천, 보수방배, 호헌, 보수신림, 보수웅봉)에서 파송한 1,800여 명의 총대들이 전주 동부교회당에 모여 가진 합동총회에서 이미 표출되었다. 그는 눈물을 흘리며 다음과 같이 말하였다.

나는 분열주의자였습니다. 한국 교회의 분열에 대한 책임을 통감하고 있습니다. 한국 교회에 진정으로 용서를 빕니다. 이제 머잖아 하나님 앞에 갈 것인데 여러분들에게 한 가지 부탁이 있습니다. 서로 흩어진 교단들이 손을 잡고 하나가 되십시오.[5]

개혁 측 교회들을 먼저 하나로 묶어 작은 합동을 이룬 후에 합동 측과의 큰 합동을 이루고자 했던 해원의 바람은 그리 여의치 않았다. 만남이 있으면 헤어짐이라는 후유증이 상존했다. 근본적인 해법이 요구되었다. 그것은 이러한 분열의 싹이 되었던 원초적인 일에서부터 돌이키는 것이었다. 해원은 박갑용 목사나 공호영 목사 등 측근의 지도자들을 만나면 "자네들이 힘을 합쳐 교단 합동을 이루어 달라. 내 말을 유언처럼 생각해 달라"라는 말을 하고는 했다.[6] 부총회장에 당선된 이후 서기행 목사는 정규오 목사를 방문한 적이 있었다. 그러니까 그가 임종하기 2년 전 일이었다. 당시 해원은 사모님과 함께 식사도 하지 않고 기다리고 있었다. 그리고 묵직하고도 간절한 한마디를 남겼다.

"서 목사가 이 자리에 있는 것은 이때를 위함이 아닌가."[7]

물길을 하나로

무엇이든 하나님의 때가 있다. 왕궁을 지을 때와 성전을 지을 때가 따로 있다. 하나님이 뜻하시면 만세반석을 터뜨려 물이 나오게도 하고 흐르던 혈루 근원을 막기도 하신다. 물길은 일시 갈라지기도 하나 결국 장강의 대하로 다시 모여든다. 사람의 기도가 하늘에 가닿는다. 엘리야가 기도할 때 불도 내리고 비도 내렸다. 그러나 창세 전에 미리 정하시고 자신의 뜻을 이루시는 분은 하나님이시다. 모세가 없다고, 요나가 없다고, 다니엘이 없다고, 바울이 없다고 하나님이 자기 일을 하지 못하시겠는가. 그러나 하나님은 무슨 일을 이루시되 사람을 두시고, 부르시고, 사용하셔서 하시므로 사람을 통하여 영광을 받기를 원하신다. 우리는 모두 긍휼의 그릇인 바(롬 9:23), 하나님의 때가 찬 은혜의 경륜이라고 할 수밖에 무엇을 더 이상 심중에 헤아릴 수 있겠는가.

우리가 자기 자신을 부인할 때 하나님의 능하신 손이 역사한다. 합동 측은 1974년 제59회 총회에서 결의한 뒤 제60회 총회에서 정식으로 인정하고 적극적으로 일만 교회 운동을 추진하였다. 당시 총회에 소속된 교회의 수는 2,300여 개를 헤아렸다. 10년 정도면 7천 교회를 더 세워 목표 달성이 무난할 것이라는 전망이 나왔다. 이에 고무되어 1978년 초순에서 1979년 초순까지 교인의 수가 11만이 증가해 120만을 상회하는 성과를 보았다. 이러한 난기류를 일거에 걷어간 것이 그해에 있었던 개혁 측의 분열이었다. 1979년의 분열 이후 합동 측은 여러 면에서 점진적인 성장을 보이기는 했으나 일만 교회의 수를 채우는 것은 갈수록 요원해 보였다. 오히려 개혁 측은 사분오열을 거듭했지만 점차 자생력을 갖춰 요소요소에서 분발하고 있었다. 그러나 일의적인 통계를 내기조차 어려울 만큼 그 난맥상이 더하였다.

이에 활로를 모색하고자 개혁 측은 대신 교단과의 합동을 추진해 보기도 하였으나 오히려 허탈감만 더했다. 이런 차제에 지도자들의 뇌리에는 신학과 신조와 신앙이 같고, 한솥밥을 먹던 신학교 동기들이 있으며, 마음 붙이고 기도하던 예배당이 있는 합동 측으로 돌아가자는 정서가 점차 팽배해졌다.

이러한 여건 속에 서기행 목사가 부총회장으로 선출되었다. 가히 그는 합동을 위하여 준비된 일꾼이었다. 그 일머리를 알고 있었다. 부총회장 당선 후 2003년 10월 지리산에서 있었던 증경총회장위로회에서 총회 총무 이재영 목사가 이동하는 버스 안에서 내놓은 한마디 말이 기폭제가 되었다. 개혁 측이 합동하자는 제안을 해 왔는데 어떻게 해야 하겠느냐는 말이었다. 이에 우성기 장로 등이 입을 모아 편목도 받아들이는데 보수를 지향하는 광주 개혁 측과 합동을 추진하지 못할 이유가 어디 있느냐고 화답하면서 논의가 급물살을 타게 되었다.

그 자리에 있었던 모두가 서로 신앙의 동지라 생각하고 이 일에 힘을 합쳐야 된다고 의견을 모았지만 개혁 교단이 타 교단과 합동과 분열을 반복하고 있어 가닥을 잡을 수 없으니 일단은 위원을 세워서 주도면밀하게 다루어야 할 사안이라는 데 인식을 같이하였다. 신중론이 대세를 이루었던 것이다.[8]

이 일이 있은 후 2003년 12월 말경 당시 박갑용 목사는 평소 친형처럼 따르던 서기행 목사로부터 이듬해 합동 측 총회 신년하례식 예장개혁 총회장으로서 축사를 부탁한다는 부탁을 받게 되었다. 이에 응하여 2004년 1월 5일 대치동에 이르러 총회 여전도회관에 마련된 단에 서서 "시집간 딸이 친정집에 와서 어머니의 따뜻한 품에 꼭 안기어 하소연하듯 사랑스러운 말로 축사를 하려 하는데 용서를 해달라는 말로 축사를 시작합니다"라고 운을 떼며 역사적인 축사를 시작하였다. 이후 박갑용 목사는 그 요지를 다음과 같이 술회한다.

> 첫째, 우리가 교단을 떠날 때는 합동 교단이 자유주의로 이탈할까 염려하여 떠났는데 25년이 지난 오늘에 와서 보니 박형룡 박사님의 조직신학을 그대로 배우고 우리와 똑같이 공부하면서 신앙과 신학이 변함없이 한결같으니 우리 교단이 갈라질 아무런 이유나 필요가 없다고 생각합니다. 이제는 신학이 같고 신앙이 같으므로 정치적 이념이나 지역을 뛰어넘어 다시 합해야 한다고 생각합니다.

둘째, 우리가 교단을 떠날 때 일만 교회 운동을 하다가 떠났는데 이제 보니 아직 일만 교회가 못되고 7천 교회가 되었으니 우리 교단과 합하면 일만 교회 운동이 이루어지겠으니 두 교단이 합하여 세계만방에 하나님의 영광과 축복을 알려야겠습니다.

셋째, 제가 사랑하고 존경하는 총회장 임태득 목사님과 부총회장이신 서기행 목사님과는 입학동기가 되고 총무이신 이재영 목사님과는 학교 입학은 다르나 졸업동기가 되었으니 함께 힘쓰면 잘 될 줄 믿고 합동하자고 말씀드렸더니 모든 회중이 기립 박수는 아니어도 강한 박수로 환영하여 힘을 얻고 마음에 눈물을 한없이 흘린 것을 오래도록 기억히고 있습니다.

축사 후 임태득 총회장은 총회장실에서 박갑용 총회장과 총무를 초청하고 문을 잠근 후 임원들이 보는 데서 정식으로 합동을 제안하였다. 그리고 서기행 부총회장은 박갑용 총회장이 힘쓰면 된다고 하였다. 이에 생명을 다 바쳐 이 일을 충성하겠다는 화답이 뒤따랐다. "비공식적이었지만 총회장실에서 정식으로 합동이 시작된 것이다."[9]

기실 성령의 정지(整地)작업은 이 일 전에도 있었다. 불꽃같은 눈으로 모든 것을 예지하시는 하나님이 후일 각각 총회장으로서 양 교단의 합동에 있어서 두 축이 된 서기행 목사와 홍정이 목사를 먼저 만나게 하신 것이다. 2003년 12월 19일 홍정이 목사는 자신이 3년 동안 함께 거주하면서 모셨던 박형룡 박사님의 글을 정리하여 『박형룡 박사 가정 예배 365일』이라는 책을 출판하고 감사 예배를 드리는 자리에 설교자로 서기행 목사를 초청한 것이었다. 그때 예배를 마친 후 홍정이 목사는 "서 목사님께서 합동해야겠다는 의지만 있으시면 된다고 믿습니다. 목사님 총회장 되실 때 합동하지 않으면 앞으로 개혁 교단과 합동 교단의 합동은 어렵다고 생각합니다"라고 하였다. 이에 서기행 목사는 "홍 목사님, 정말 그렇게 생각하시면 믿으십시오"라고 말했다. 이에 "믿습니다"라는 홍정이 목사의 응수가 따랐다.[10]

이러한 정서가 무르익어 가던 중 2004년 2월에 열린 총회실행위원회에서는 박갑용 목사가 총회장으로 있는 예장개혁 영입을 위한 준비위원 7인을 두기로 결의하였으며 임태득 총회장 주재로 3월 26일에 열린 총회임원회에서는 그 7인을 선정하였다. 그 7인으로 구성된 개혁교단영입위원회가 4월 27일에 첫 회의를 열어 위원장 서기행 목사, 서기 김용길 목사, 회계 신원종 장로, 위원 최기채 목사, 최성구 목사, 이재영 목사, 권영식 장로를 인선하였다. 그리고 총회장과 부총회장이 정규오 목사를 비롯한 개혁 측 인사들을 한 차례 만났다는 보고가 있었으며 예장개혁 위원들과 한 달 후 상견례를 가질 것을 결의하였다.

이에 따라서 5월 27일 낮 12시 서울 팔래스 호텔에서 예장합동의 개혁교단영입위원회가 위원장 김정중 목사를 비롯 변한규 목사, 변남주 목사, 윤낙중 목사, 박갑용 목사, 주영철 장로, 김상술 장로로 구성된 예장개혁의 합동추진위원회를 초청하여 역사적인 상견례를 가짐으로써 합동을 위한 첫 단추를 꿰었다. 각각 7명의 위원들이 모두 참석하였다.

합동 측 위원장 서기행 목사는 신앙은 물론 정신적, 인격적 동질성을 지닌 예장개혁과의 합동 추진이 기대된다고 밝히고, "신조와 대소요리문답, 예배모범을 같이 사용하고 박형룡 박사의 신학을 이어 가고 있는 진정한 보수교단끼리의 만남"에 합동의 취지가 있다고 설명했다. 이에 대해서 개혁 측 위원장 김정중 목사는 "1979년 분립된 아픈 상처 때문에 늘 하나님 앞에 죄송했다며 마음을 비우고 원만하게 합의를 이끌어 내면 합동이 잘 추진될 것"이라고 소회를 밝혔다.

이날 양 교단 합동위원들은 지속적인 만남을 통해 합의점을 도출하여 양 총회에 내놓은 뒤 총회의 결의에 따라 합동을 추진한다는 데 인식을 같이하고 최선을 다해 합동을 모색하기로 하였다. 그리고 원만한 합동 추진을 위해 양 교단에서 3인씩 6인의 소위원회를 구성하자는 데 합의했다. 다음에는 개혁 측 초청으로 2차 회동을 갖기로 했다. 다만 합동 측은 위원회 명칭이 "영입"으로, 개혁 측은 "합동"으로 표기되어 있어 시각의 차이를 노정했다.[11]

합의한 대로 양 교단 위원회의 제2차 상견례가 6월 11일 낮 12시에 광주 가족회관에서 열렸다. 이번에는 임태득 합동 측 총회장과 박갑용 개혁 측 총회장 등 양측 교단인사 20여 명이 참석하여 더욱 성황을 이루었다. 여기에서 합동 측 3인, 서기행 목사, 최성구 목사, 권영식 장로와 개혁 측 3인, 김정중 목사, 변남주 목사, 김상술 장로로 이루어진 소위원회가 별도로 구성되었다. 그 결과 양 교단이 각각 합동의 원칙과 구체적 방안을 마련한 후 다시 만나 서로의 의견을 내놓고 검토하기로 합의가 이루어졌다.

이 자리에는 노구의 정규오 목사가 특유한 웃음을 띠며 참석하여 거침없는 언변으로 지인들과 후배들과 정담을 나누는 화목한 분위기를 이끌었다. 소위원회 회의도 원만하게 진행되었다. 서로 짐을 지고 자신이 더 수고하자는 마음으로 임하는 모습이 역력했다. 일정을 마친 후 서기행 목사는 "가을총회 이전에 합의안을 도출해 양측 총회에 교단 합동방안이 상정되도록 노력할 것"이라고 포부를 비쳤다. 김정중 목사는 "서로 존중하며 주님이 기뻐하시는 화평을 이루도록 한 알의 밀알"이 되자고 설교했다.[12]

양 교단 각각 3인으로 구성된 소위원회에서는 합동 추진과 합동에 따르는 후속 조치를 놓고 첨예한 문제들을 여과 없이 다루고자 노력하였다. 가장 걸림이 되는 것이 개혁 측의 목회자 자격, 노회 조직, 광신대학교 위상 등에 문제에 있음이 점차 표면화되어 갔다. 이에 대해서 소위원회 위원들은 서로 간에 줄다리기를 하면서 동시에 각 측이 속한 교단의 정서도 헤아려야 하는 이중고를 겪었다. 그럼에도 불구하고 이미 합동의 대의가 뚜렷해진 것만큼 그것을 무마시킬 만큼의 난제로는 여겨지지 않았다.

이미 약속된 바대로 8월 19일 서울 팔래스 호텔에서 열린 예장합동의 개혁교단영입위원회와 예장개혁의 합동추진위원회의 전체회의가 열렸을 때 그동안 양 위원회의 실무를 담당했던 각각의 소위원회가 얼마나 각고의 노력을 기울여 합의를 도출했는지 여실히 나타났다. 가장 큰 결실은 9월 21일에 열리는 제89회 총회에 양 교단이 합동한다는 안건을 상정키로 결의한 점에 있었다. 그리고 예장개혁이 예장총회의 헌법을 수용하겠다는 뜻을 밝혀 여러 첨예한 문제들이 큰 선에서 마무리되었음을 알렸다.

이날 위원들은 양 교단 3인위원회에서 결의한 다음 4개 항을 보고받고 선(先) 합동을 추진한 후 지엽적인 문제는 점차 풀어간다는 데 입장을 같이했다.

첫째, 예장개혁은 예장총회의 헌법을 수용한다.
둘째, 노회는 예장총회 21당회 요건을 충족하되 지역 형편을 고려한다.
셋째, 현 광신대는 총신대와 동등한 대우를 할 수 없지만 최대한 활용할 수 있도록 노력한다.
넷째, 광신대 출신 목회자 중 당회장은 가급적 인정하고 준목 등은 화합의 장애가 되지 않는 범위에서 예우한다.

서기행 목사는 본 위원회가 대한성서공회와 연결되어 있다거나 전권을 행사한다거나 하는 항간의 오해를 염두에 둔 듯, "양 교단 합동위원들이 만나 결의했던 사항은 제89회 총회에 보고하여 총회 결과에 따라 세부사항이 결정되면 그때부터 시작하는 것"이라고 단언하고 "현 위원들은 징검다리 역할만 감당하고 있다"고 재차 강조하였다.[13]

네가 이 자리에 있는 것은

서기행 목사는 제89회 총회를 앞두고 증경총회장, 총회산하 각 기관대표, 문제가 되는 사안과 관련된 특별위원과 지역인사 90여 명을 초청하여 8월 31일 간담회를 열어 이에 대한 설명을 총무 이재영 목사를 통하여 하게 하여 공감대를 형성하였다. 무엇보다 이러한 합동이 1907년 평양 대부흥 운동 100주년을 앞두고 부흥을 간구하는 교회와 성도들의 정서에도 잘 가닿는다는 점을 강조하였다. 이런 일련의 과정을 통하여 교단 합동을 위한 경실과 위실이 한 올씩 짜져 갔다. 적시적소에 사람을 배치하고 뜻을 정할 때에는 신중에 신중을 거듭하나 일단 뜻을 정하게 되면 초지일관 과단성 있게 추진해 가는 서기행 목사의 기지와 뚝심이 돋보이는 대목이었다.

서기행 목사는 부총회장이 된 이후 오직 이 한 일을 위하여 모든 것을 양보하고 참았다. 다른 일로 이 큰일을 그르치면 안 된다는 일념으로 매사에 흠을 잡히지 않으려고 애썼다. 개역개정판 성경번역, 21세기 찬송가, 은급재단, 전도 총회(다락방), 평강제일교회 등 난제가 많았으나 큰 원칙을 정하고 결코 사사로이 접근하지 않았다. 그 결과 제89회 총회에서 다음 한 줄의 천금 같은 결의를 얻게 되었다.

> 개혁교단영입준비위원장 서기행 목사의 보고를 받아 개혁 교단을 영입하기로 하고 임원회에 맡겨 15인 위원을 선정하여 추진하기로 하다.

본 결의는 명명백백한 두 가지 사실을 천명하고 있다. 첫째, 개혁 교단을 영입하기로 한다. 둘째, 이를 임원회가 선정한 15인 위원으로 합동추진위원회를 구성하여 이를 추진한다. 이로써 교단 합동을 위하여 양 교단 소위원회가 합의한 4개 항이 사실상 추인을 받게 되었다. 그리고 교단 합동이 유안건이 되어 현 총회장이 다음 총회에서 매듭을 지어야 함을 분명히 천명되었다. 예장개혁은 총회에서 합동 추진을 위한 합동전권위원회 25인을 구성한 뒤 정회하여 예장총회의 동향을 주시하기로 하였다.

총회가 파한 후 10월 28일 총회임원회가 처음으로 열려 총회의 결의에 따라 개혁교단영입(합동)추진위원회 위원을 15인 선정하였다. 목사로는 서기행, 황승기, 장차남, 이판근, 이재영, 변우상, 최성구, 이병선, 최병용, 신현진, 이치우, 배광식 목사, 장로로는 신원종, 심판구, 류재양 장로가 그 면면이었다. 그리고 11월 2일 첫 모임을 갖고 위원장 서기행 목사, 서기 이병선 목사, 회계 신원종 장로, 총무 이재영 목사를 선임하여 조직을 완료하였다. 총무 이재영 목사는 양 교단이 합동하기로 한다는 것과 예장개혁은 예장총회의 헌법을 수용한다는 것 두 가지 원칙이 잠정 합의되었으며 그 정신으로 합동이 모색되어야 한다고 분명한 입장을 밝혔다.

이러한 원칙은 11월 23일에 서울 팔래스 호텔에서 열린 개혁교단영입(합동)추진위원회와 예장개혁합동추진위원회의 상견례를 겸한 연석회의에서 재차 확인되었다. 개혁 측 추진위원장인 김정중 목사는 이러한 원칙에 이견이 없음을 확인하고 난 후 예장총회 헌법에 명시된 대로 노회의 최소 기준인 21당회 준수를 위하여 노력하겠다고 말하였다. 이날 결의에 따라 양측에서 7인씩 소위원회를 두게 되었다. 그리고 다음 모임은 예장개혁 총회장 홍정이 목사의 초청에 따라 열기로 하였다.

이렇듯 합동의 분위기가 무르익어 가던 중 12월 20일 소강석 목사가 시무하는 새에덴교회에서 개혁 측 4개 진영이 통합총회를 열고 전격적으로 하나가 되는 일이 일어났다. 조경대 목사가 총회장으로 있는 길음동 측을 제외한 성내동 측, 방배동 측, 남부지역 중립연합, 중부지역 중립연합이 모인 것이다. 총회장은 합동을 추진하고 있는 성내동 측의 홍정이 목사가 맡았다. 개혁 측에서는 이를 예고된 로드맵과 같이 여겼다. 이런 일로 개혁 측에서는 본래 합동 측과 동수로 15인의 전권위원을 내야 했으나 잠정적으로 성내동 측과 방배동 측이 할당하여 그 배수인 30인으로 합동전권위원회를 구성하였다. 이런 와중에 합동에 따른 유불리를 헤아려 개혁 측 내에 '합동파'와 '잔류파'가 점점 각을 세우게 됨으로써 부정적인 기류가 감지되기도 하였다.

일찍이 1997년 예장개혁은 9개 교단 합동추진위원회를 구성하고 217개 노회 6천여 교회의 합동을 모색한다고 나선 적도 있었지만 3-4개 교단에서만 관심을 가졌을 뿐 오히려 그 후 분열이 가속되는 아픔을 겪은 적도 있었는데, 이번에는 개혁 측이 내부 문제를 큰 틀에서 수습해 가게 되자 교단 합동도 더욱 일관성을 지니고 박차를 가하게 되었다. 소위원회 위원들의 다각적인 접촉 끝에 2005년 4월 28일에는 유성 홍인 호텔에서 예장합동의 개혁교단영입(합동)추진위원회와 예장개혁의 합동위원회가 연석회의를 갖고 양 교단이 제90회 총회 때 합동하여 양 교단의 역사와 목사와 장로는 공히 인정하기로 하였다. 서로 간에 합의서를 작성할 것이라는 말이 돌아 긴장감이 느껴졌으나 이는 차회에 하기로 하였다. 이로써 사실상 교단 합동에 대한 큰 원칙은 정해졌다.

이후 30인으로 구성된 개혁 측 합동전권위원회는 모임을 거듭하던 중 5월 말에 있었던 제6차 위원회에서 무려 6시간 회의를 강행하였다. 그 가운데 다음과 같은 결론을 도출하였다.

제90회 총회에서 합동 측과 개혁 측 총회장과 서기 명의로 총회소집 공고를 내고 한 장소에 모인다. 양 교단 총회에 속한 각 노회 소속 목사의 자격을 공히 인정하고, 제90회 총회의 총대를 인정한다. 노회구성 충족요건과 정비, 총회사무실 및 교단신문사 직원인사, 광신대학교 졸업생들의 강도사고시 응시자격, 총회개신원의 총회인준 및 교직원과 학생들의 전폭적인 수용, 두 교단이 하나가 되면 합동 측 헌법을 사용하되 향후 합동정신에 걸맞게 양측 동수로 하는 헌법 및 규칙 수정위원을 선정할 것 등에 대한 합의를 도출한다.[14]

이 일이 있은 후 개혁 측은 합동 측에 맞추어 15인 전권위원을 선출하였다. 위원장에 홍정이 목사, 서기에 정영민 목사, 목사위원으로 김정중, 변남주, 박갑용, 고재덕, 윤낙중, 공호영, 안태순, 황호관, 김광식, 박현진, 장로위원으로 김상술, 김대연, 정종국이 그 면면이었다.

양 교단의 합동추진위원회의 수가 각각 목사 12명, 장로 3명으로 확정된 후 합동을 위한 여러 형태의 만남과 교류와 토론이 이루어졌다. 그리고 마침내 6월 12일 12개 조항의 "합동원칙 합의서"가 채택되었다. 양 교단 총회장의 서명으로 본 문건의 공식적 권위가 부여되었다.

합동원칙 합의서

대한예수교장로회 총회 합동 측과 개혁 측(이하 양 교단이라 칭함)은 성경 요한복음 17:11과 에베소서 4:3의 교훈과 양 교단 제89회 총회의 결의에 따라 다음과 같이 합동원칙에 합의하고 제90회 총회 시 합동하기로 한다.

1. 합동된 교단의 명칭은 1979년도 제64회 총회 시 명칭이었던 대한예수교장로회 총회(합동)라 한다.
2. 양 교단의 합동총회는 2005년 9월 제90회 총회를 양 교단이 총회장과 서기의 명의로 동일 일시와 장소로 소집하여 개회한다.
3. 합동총회 대의원(총대)은 제90회 합동총회에 한하여 양 교단이 인정한 자로 한다.
4. 양 교단 총회산하 각 노회 소속 목사는 공히 그 자격을 인정한다.

5. 양 교단의 노회는 공히 인정하되, 노회의 구성은 21당회 이상으로 하며 이에 미흡한 노회는 3년 이내에 요건을 충족하도록 한다.
6. 양 교단 총회본부의 직원은 합동된 교단 총회본부의 직원으로 한다.
7. 양 교단 총회가 운영하는 신문사는 통합하고 모든 직원은 합동된 교단 총회 신문사 직원으로 한다.
8. 개혁 측 "총회개혁신학연구원"은 대학원대학으로 정부의 인가를 받을 경우 총회 인준 신학교로 인정하되, 만일 정부의 인가를 받지 못할 경우 재학생은 총회 인준 신학교로 편입하고 졸업생의 학적 일체는 총신대학원이 관리하며, 교직원은 특별한 결격사유가 없는 한 총신대학원이 수용하기로 한다.
9. 광신대학교는 총회 인준 신학교로 하되 교육 과정이 3년임을 고려 2008년도 대학원 졸업자(2005년도 입학자)까지는 강도사고시 응시자격을 부여하고 이후 입학생 및 졸업생은 총회가 2개월 정도의 특별교육을 실시한 후 강도사고시에 응시할 자격을 부여한다.
10. 헌법에 명시된 대회제는 법대로 실시하기로 한다.
11. 합동원칙 합의서 이외의 제반 사항은 대한예수교장로회(합동)의 헌법과 규칙을 따르되 "총회의 합동" 정신에 부합하게 합동교단 헌법 서문 아래로부터 8째 줄의 "공포하기에 이르렀다"를 "공포하였다"로 수정하고 이어서 "2005년 9월 ○○일 ○○○○ 교회에 회집한 제90회 총회에서 대한예수교장로회(개혁)와 합동하였고 합동원칙 합의문의 준수와 함께 본 헌법을 사용키로 하였다"를 삽입하기로 한다.

12. 본 합동원칙의 실천과 이에 따르는 후속 조치를 위하여 "특별 처리위원회"를 합동 측 5인, 개혁 측 4인으로 구성하여 처리하게 한다.

2005년 6월 21일

대한예수교장로회(합동)　　대한예수교장로회(개혁)

총회장 서기행 목사　　총회장 홍정이 목사

역류를 거슬러

합동원칙 합의서가 공표되자 찬반양론이 수면 위로 부상하였다. 교단 안팎에서 비상한 관심이 표출되었다. 길자연 목사가 대표회장으로 있는 예장총회의 영성목회연구회와 옥한흠 목사가 회장으로 있는 교회갱신협의회에서 부정적인 논조의 성명서를 내거나 여론을 형성하는 데 앞장섰다. 시기상조라거나, 본 사안은 유안건이 아니므로 다음 총회에서 보고하고 비로소 승인을 득한 후 본격적으로 추진되어야 한다거나, 26년 전 신학적 구호를 외치며 떠나갔는데 무슨 사정 변화가 있어서 사과 한마디도 없이 다시 돌아온다고 하니 이에 대해 해명이 있어야 한다거나, 합동한다니까 개혁 측에 많은 군소교단 출신의 자격미달의 목사들이 모여든다 하니 오히려 교세를 불리려다 교단을 망치게 된다거나, 호남권이 새로운 교권을 잡기 위한 시도라거나 하는 말들이 무성했다.[15]

개혁 측에서는 그 갈등이 더욱 노골화되었다. 7월 11일부터 14일까지 속초에서 열린 교역자하기수양회 기간 중 예장총회와의 합동 문제를 긴급 의제로 채택해서 다루었는데 합의정신을 살려 추진해야 한다는 "합동 측"

과 현 시점에서는 안 된다는 "잔류 측"이 팽팽히 대립각을 세웠다. 잔류 측은 교단 합동 논의에 늦게 가담한 사람들이 주를 이루었는데 그들은 합동의 조건이 불리하다는 인식을 가지고 있었다. 그러나 합의서 11조에 일종의 포괄 규정을 두어 헌법적 지위와 자격과 권리를 공유하도록 했기 때문에 불만을 가질 필요가 없었다. 이 부분은 법학에 조예가 깊은 한기승 목사의 의견에 따라 개혁 측이 입안하고 합동 측이 수용하여 극적으로 타결된 부분이었다.[16]

당시 예장개혁에는 200여 노회에 2,900여 교회가 가입돼 있었다. 그중 500여 교회가 잔류를 선언하였다. 그들은 정학채 목사 외 30인으로 개혁교단수호비상대책위원회를 구성하여 조직적인 대응을 추구하였다. 누구보다 개혁신학연구원 출신의 젊은 목회자들이 목소리를 높였나. 그들은 증경총회장과 총회장 등 교단 어른들이 분열에 대한 반성이나 뚜렷한 명분도 없이 합동을 진행하고 있음을 지적하고 나섰다. 비상대책위원회는 성명서를 내고 합동합의서를 "거짓 허위문서"로 폄하하고 총회 절차를 무시하고 이를 진행하는 임원회와 전권위원회를 불신임하지 않을 수 없다고 단호한 입장을 표명했다.

비상대책위원회의 이러한 입장이 표면화되었음에도 불구하고 개혁교단 안의 "합동 측"에서는 이를 크게 개의치 않았다. "잔류 측"의 주장에는 자기모순이 많을뿐더러 그 논법은 딴살림을 차리기 위한 명분에 불과하다고 여겼다. 잔류를 주로 거론하는 중부권은 교세가 약하기 때문에 이미 대하같이 흐르는 합동의 물길을 돌이킬 수는 없다고 보았다. 무엇보다 예장개혁 교단에서 가장 큰 노회인 목포노회의 경우 김일남 목사의 지도력으로 99%에 가까운 교회가 양 교단 합동에 지지를 보내고 있고, 150개의 교회로 구성된 전남노회와 120개 교회를 갖고 있는 광주노회에서도 이에 대해 95%이상 찬성하고 있는 등, 이전에 광주 측 혹은 성내동 측이라 불리던 호남지역 1,480여 교회가 요지부동 합동을 지지하고 있으므로 예장총회의 변수만 없다면 합동은 기정사실이라는 것이 그들의 입장이었다. 최소한 2천 교회 이상이 합동에 나설 것이란 분석을 그들은 내놓았다.[17]

이런 가운데 합동을 위한 양 교단 위원회에 속한 소위원회의 연석회의가 7월 12일 총회회관에서 열려 12개 조항의 합의서 외에 구체적인 안을 마련하여 다시 모이기로 하고 원만한 논의를 위하여 양 교단 위원회에서 각각 2인으로 4인위원회를 구성하기로 하였는데, 예장총회에서는 최성구 목사와 이재영 목사를, 예장개혁에서는 윤낙중 목사와 공호영 목사를 위원으로 세웠다. 그즈음 서기행 목사는 한 인터뷰에서 다음과 같이 뚜렷한 소신을 밝혔다.

> 분명한 사실은 제88회기 임원회에서 개혁 교단과 합동을 추진하기 위해 총회실행위원회를 거쳐 개혁 교단 영입위원회를 구성했습니다. 그리고 제89회 총회에서 개혁 교단을 영입하기로 전제하고, 합동을 추진키로 한 것입니다. 그렇기 때문에 개혁 교단과 합동은 유안건입니다.

이번 총회에 이 문제를 매듭짓겠다는 의지를 재차 표명한 것이었다. 시기상조라는 비난에 대해서는 절차에 의해 2년 동안 준비하고 이제 결론에 다다랐기 때문에 경청의 가치가 없다고 했다.

> 개혁 교단과 합동은 반드시 이뤄집니다. 교세를 늘린다는 차원보다 분열의 아픔을 치유하고 하나가 된다는 데 의미가 있습니다. 형제가 하나 되는 것은 당연한 이치입니다.

덧붙여 개혁 교단 합동 건은 평강제일교회나 광성교회 건과 차원이 다르다고 선을 긋고, 법대로 추진하고 있으니 지역이나 자신의 입지를 넘어서서 큰 차원에서 긍정적으로 본 사안을 지켜봐 달라고 당부했다. 우리 교단의 장자로서의 품위를 지켜달라는 요청과 함께 다음과 같은 기원으로 끝을 맺었다.

양 교단이 하나 되어 한국교회사에 또 다른 역사가 써지기를 원합니다.[18]

이러한 결연한 의지를 밝혔음에도 불구하고 교단 합동에 대한 양 교단의 진통은 계속되었다. 예장총회에서는 "총회사태에 대한 비상대책위원회" 명의로 「기독신문」에 성명서가 실리는 일이 일어났다. 이에 대해서 즉각적으로 대응하기로 하였다. 총회서기, 부서기, 총무, 3인을 작성위원으로 삼아 총회장 명의의 담화문을 다음 호 「기독신문」에 싣고, 이에 앞서 전국 노회장, 서기, 회계 연석회의를 8월 4일 11시 대전남부교회에서 가지며, 그때 총회임원회를 열어 비상대책위원회 6인 위원장을 불러 사실여부를 조사하고 광고를 실은 「기독신문」 사장과 편집국장도 소환해 경위를 듣고, 이후 9월 5일 12시에 총회임원 입후보자로서 비상대책위원회에 이름을 올린 5인을 소환해 진위를 듣기로 결의하였다.

이 결의에 의거하여 대전남부교회에서 대규모 연석회의를 갖고 비상대책위원회 관련자의 소환과 조사를 마친 후, 관련사항에 대한 보고를 총회실행위에서 하였다. 개혁 교단의 유감 표명이라도 한마디 받자는 증경총회장 길자연 목사의 발언과, '법이요' 하면 어려우니 사전에 장치를 잘 마련하라는 증경총회장 최기채 목사의 지적도 있었지만 논란이 되는 '합동'이니 '영입'이니 하는 용어 사용은 그리 큰 문제가 없으며 교리에 별 이견이 없으니 아무 장애도 있을 수 없다는 입장이 좌중을 압도하였다. 그리고 서기행 총회장의 담화문이 2005년 8월 10일자로 전국 교회 앞에 공표되었다.

성삼위 하나님의 은혜와 평강이 총회 산하 전국 교회 위에 함께 하기를 기원합니다.
제89회 총회 이후 총회임원들과 각 상비부는 총회의 수임된 일들을 열심히 감당하며 대망의 제90회 총회가 개혁주의 신학과 신앙 위에 서서 선진총회, 화합의 총회, 명실공히 한국의 장자교단 총회의 역할을 감당하도록 그 어느 때보다 힘쓰고 있습니다. 그런데 호사다마로 지난 7월 25일 본 교단지인 「기독신문」에 일부사람들이 자기들 마음대로 성 총회를 비상사태로 선언하고 대다수 사람들의 동의도 없이 임의로 그 귀한 이름들을 도용하여 소위 총회 사태에 대한 비상대책위원회를 조직하여 마치 총회가 큰 혼란에 빠진 것처럼 호도하였습니다.

존경하는 총대 여러분! 240만 성도 여러분!
우리 총회는 절대로 흔들림이 없습니다. 총회장과 저희 임원들은 선배 총회장들과 성도들이 생명을 걸고 지켜 온 교단의 역사를 충성스럽게 지킬 것입니다. 그러므로 현혹되지 마시고 총회를 위하여 기도하여 주시기 바랍니다. 지난 8월 4일 총회 임원, 상비부장, 93개 노회 노회장, 서기, 회계들이 회집하여 총회 질서를 유지하기 위하여 아래와 같이 뜻을 함께 하였습니다.

첫째, 소위 총회비상사태 선언과 총회사태에 대한 비상대책위원회 조직은 총회질서를 문란케 하는 불법한 일이며 대내외적으로 총회 위상을 크게 추락시키는 행위로 규정하여 총회를 지키는 데 최선을 다하기로 하다.

둘째, 개혁 교단 영입은 총회의 역사적 사명으로 알고 제90회 총회는 하나 되는 큰 잔치가 있기를 위해 기도하기로 하다.

끝으로 우리 총회는 하나님이 주권적으로 치리하는 성 총회요 또한 치리회의 최고회의로 모든 헌의 청원을 의논하는 장이 열려 있습니다.

우리 모두 신앙직 양심과 총회를 사랑하는 마음을 같이하여 하나님의 영광이 드러나고 공의가 세워지도록 총회를 위하여 기도하고 충성합시다.

이런 발 빠른 대응으로 교단 합동에 대한 여러 오해와 부작용이 많이 걷혀 나갔다. 하지 말라는 것이 아니라 제대로 하자는 식으로 반대편의 논조도 가라앉았다. 오히려 이에 대한 당위를 주장하는 자생적인 목소리가 점차 높아졌다.

예장개혁의 사정도 점차 낙관론이 대세를 이루었다. 총회장 홍정이 목사는 소위 개혁교단수호비상대책위원회가 불법단체임을 규정하고 성명서를 내서 총회 결의를 무시하고 총회장을 불신임한다고 성토하는 행위는 총회를 이탈한 행위라고 규정하면서, 개혁 교단은 67개 노회, 3,014개 교회로 구성되어 있는데 교단 합동에 동참하고 있는 교회가 7월 말 현재 2,100-2,300개 교회로 집계되고 있으며 그 숫자가 늘고 있는 추세라고 보았다. 이탈 측은 잔류 측, 종암동 측, 개혁국제 측으로 3분되는데 합동 추진에 전혀 걸림돌이 되지 않는다고도 했다. 더불어 증경총회장 윤낙중 목사는 그들은 교단 합동을 빌미로 삼을 뿐 이미 개혁 교단을 이탈하려고 했던 자들이라고 밝혔다.[19]

이 가운데 예장총회의 제90회 총회 장소가 오정호 목사가 시무하는 대전의 새로남교회에서 최병남 목사가 시무하는 대전중앙교회로 변경되기도 하였다. 총회의 역사성을 고려한 측면이 있다고도 했지만 오정호 담임목사가 소위 비상대책위원회에 서명했다는 본질적 이유에서였다. 이러한 어려움이 없지 않았지만 항로의 이탈이 없이 순항이 계속되었다.

무엇보다 전남과 광주광역시 지역의 적극적인 지지가 활력소가 되었다. 1979년 교단의 분열이 있었을 때 이 지역의 교회는 거의 다 예장개혁 교단으로 옮겨갔다. 전남노회, 목포노회, 순천노회, 함평노회, 여수노회 등 형편은 비슷했다. 전남노회를 보자면, 처음에는 4개 교회만 남았고 이후 2개 교회가 다시 복귀하여 열악하기 그지없었다. 계속되는 정서적 압박도 무시할 수 없었다. 광주신학교를 운영할 교사(校舍)조차 마땅치 않아 이곳저곳 교회를 전전했다. 그러나 김길현 목사, 최기채 목사, 리영숙 목사 등이 이곳의 터를 다시 일궈 점차 교회의 수가 늘어나고 광주노회가 전남노회에서 분립하는 등 성장을 거듭했다.

위에서 보았듯이 이 지역의 예장개혁 교회들은 거의 모두 교단 합동에 동의하고 있었다. 예장총회에 속한 교회들도 처음에는 이견이 없지 않았으나 뒤를 돌아보지 말고 앞만 바라보자는 마음으로 교단 합동에 대한 마음을 점차 하나로 모아갔다. 대개 이들은 이번이 아니면 기회가 없다는 데 동의했다. 이렇듯 교단 합동이 대세를 형성해 가자 무리수를 두서라도 예장개혁 교단에 편목이 되려는 일련의 움직임이 생기기도 했다. 그러나 이에 대한 관리를 철저히 하여 부작용이 없도록 조치했다.

끝내 교단 합동을 이룸

드디어 2005년 9월 27일, 예장총회와 예장개혁의 교단 합동의 건이 대전중앙교회에서 제89회 총회의 유안건으로 제90회 총회에서 첫날 다루어졌다. 사회는 제89회 총회장 서기행 목사가 맡았다. 교단 합동에 대한 의견이 전달되자 잠시 정회하고 대전중앙교회 별관에서 제90회 총회를 개회하고 있었던 개혁 교단 총대들을 입장하게 하였다. 만장한 모든 총대들이 기립하여 박수하였다. 예장개혁 총대들이 열을 지어 입장하였다. 83세의 노구로 제일 앞장 선 신앙의 스승 증경총회장 김일남 목사와 그 뒤를 이은 신학교 동기생 변남주 목사의 모습을 보고 서기행 목사는 눈물을 흘렸다. 긴 행렬이 빈자리를 다 채우기 전까지 박수가 그치지 않았다.

이어 상정된 개혁 교단 영입(합동) 문제에 대한 최성구 목사의 보고가 따랐다. 예상대로 제89회 총회 결의에 따라 헌법대로 영입을 해야 한다는 원칙론과 일단 대승적 차원에서 받아들이고 이후 조정해 가자는 현실론이 맞섰다. 이에 대해서 서기행 목사는 밤새 기도하며 고심한 끝에 찾은 제안이라며 다음과 같은 경과조치 5개 항목을 읽어 내려갔다.

- 영입(합동)위원의 보고는 받고 합동한다.
- 개혁 교단 90회 총대는 인정한다.
- 개혁 교단 총대는 재판국과 감사부를 제외한 상비부에서 6인씩 배정받아 총회가 파한 후 일하며, 총신대, 세계선교회, 기독신문사에서도 노회에서 부여한 이사가 된다.
- 합동 예배를 드린 후 임원선거만 회원권을 행사하고 발언권과 결의권은 이 회기에서만 보류한다.
- 합동 후 정상화를 위해 합동 측 5인과 개혁 측 4인의 특별(전권)위원

을 선임한다.

개혁 교단과 하나가 되는 것에는 찬성하면서도 총회법이나 절차적인 세부적인 사항에 대해서 이견을 갖고 있던 총대들조차도 이 조치에 대해서 쾌히 만족하였다. 하나님께 붙들린 한 지도자의 믿음과 기도와 눈물과 지혜가 얼마나 큰 감화력을 지니게 되는지 보여 준 일대 사건이었다. 곧 화기애애한 분위기가 젖어들고 교단 합동에 대한 만장일치의 가결을 확정짓는, 총회장 서기행 목사가 내리치는 고퇴 소리가 힘차게 울려 퍼졌다. 그리고 양 교단의 총회장 서기행 목사와 홍정이 목사의 맞잡은 손이 번쩍 하늘로 들려졌다. 그리고 예장개혁 총대 461명을 포함한 총 1,437명의 총대들이 증경총회장들과 관계자들과 함께 합동 예배를 드렸다. 예장총회 총회장 서기행 목사 사회, 예장개혁 총회장 홍정이 목사 기도, 예장개혁 공호영 목사 성경봉독, 증경총회장 박요한 목사 설교, 예장총회 부총회장 황승기 목사 축도 순으로 진행되었다.

미수를 넘어 구순을 한 해 앞둔 박요한 목사는 눈물을 훔치며 상기된 얼굴로 등단하여 시편 133:1-3을 본문으로 말씀을 선포하였다.

다시는 헤어지지 맙시다
먼저 우리 양 교단이 합동하게 된 것을 하나님의 은혜로 알고 감사와 영광을 돌립니다.

본문은 다윗의 시로서 형제사랑에 대한 찬양입니다. 형제간의 우애와 연합을 아름답게 묘사하고 있습니다. 혼란과 분열을 벗어나 평화하면서 화합하도록 권면하고 있습니다. 여기서 형제는 혈통적으로 묶여진 관계가 아니라 모든 이스라엘 백성을 총칭하는 민족공동체를 말합니다. 다윗은 모든 백성이 불안과 마찰을 극복하고 하나님 안에서 화목하게 되는 것을 말합니다.

26년 전 대구 동부교회에서 우리가 분열된 그 순간부터 증오와 비판과 질투 속에서 비생산적인 대립이 이어졌고 주님의 몸 된 교회는 큰 상처를 입었습니다. 그 당사자가 이미 고인이 되었고 생존자들도 일선 목회를 떠나 노쇠해 있습니다. 다행이 뜻을 같이한 후배들이 총회의 합동을 위해 노력하여 오늘의 결실을 보았습니다. 여기에는 전능하신 하나님의 섭리가 있습니다.

다윗은 형제간의 연합을 두 가지로 비유했습니다. 하나는 기름이요, 또 하나는 이슬입니다. 기름은 상처를 치료하는 데 사용하고 향을 발산하는 것으로 기록되었습니다. 형제가 연합하여 하나가 되면 먼저 서로의 상처가 치료되는 것입니다. 불신과 반목이 일어나면 서로 상처받고 헤어지는 것이 보통입니다.

그러나 서로 이해하고 연합하면 상처가 아물게 됩니다. 이제 그동안 헤어졌던 우리가 하나가 되어 상처가 아물게 될 것입니다. 그뿐만 아니라, 형제가 연합하여 하나가 되면 향기가 퍼집니다. 분열했던 우리가 하나가 됨으로 아름다운 향기처럼 세상 사람과 타 교단에도 감동을 주고 영향을 줄 수 있을 것입니다.

또 이슬은 시든 식물을 소생케 하는 역할을 합니다. 우리가 이제 하나가 되면 교회는 새 힘을 얻고 부흥하는 역사가 일어날 것이라 믿습니다.

다시는 헤어지지 맙시다.

> 한 사람이면 패하겠거니와 두 사람이면 맞설 수 있나니 세 겹 줄은 쉽게 끊어지지 아니하느니라(전 4:12).

이제 우리는 우리의 힘을 안에서 소모하지 말고 밖으로 발산하고 활용합시다. 우리는 이제 일만 교회가 되었습니다. 장자교단으로서 막강한 교단이 되었습니다. 단합된 힘으로 적을 물리쳐야겠습니다. 우리의 싸움은 세속주의, 사이비 이단, 자유주의 신신학과 싸워 개혁주의 복음신앙을 굳게 지켜 가는 것입니다.

그러기 위해 먼저 철저한 회개 운동과 뜨거운 기도 운동이 있어야 할 것입니다. 거듭 우리의 하나 됨을 축하하며 하나님께 감사드립니다.

박요한 목사의 설교는 좌중을 숙연하게 했다. 교단 합동이 형제가 하나 되어 동거하기를 원하시는 하나님의 뜻이 구현된 사건이라는 점과 이를 이루신 하나님의 특별한 섭리는 과거의 상처를 싸매고 새롭게 출발하여 참 신학과 신앙을 보수하며 불법과 미혹이 횡횡하는 시대의 조류에 맞서서 먼저 자기를 부인하는 가운데 하나님 나라의 부흥과 갱신을 이루는 데 있음을 특유의 호소력으로 일목요연하게 제시하였다. 그것은 분열의 상흔을 지우고 이제는 거룩한 기름의 향을 내며 거룩한 이슬의 소생을 맛보자는 권면과 축복을 함께 담고 있었다. 이어진 합동된 교단 총대 전원 이름의 합동선언문은 예장총회 총무 이재영 목사와 이제는 고인이 된 예장개혁 증경총회장 윤낙중 목사가 함께 낭독하였다.

합동선언문

이 땅에 그리스도의 복음이 전파된 지 120년 동안 하나님의 특별하신 은혜로 한국 교회는 놀라운 성장을 하였고 세계 복음화 사역의 중요한 부분을 감당하여 왔다. 그러나 그 이면에는 분열과 나눔이라는 아픔도 있었다.

이제 우리는 하나님의 놀라우신 사랑을 힘입어 1979년 분열을 극복하고 지난날의 실수를 뉘우치면서 한국 교회 앞에 하나 되는 교회의 참 모습을 보이기 위하여 이 자리에 모였다. 그리고 다음과 같이 다짐한다.

하나, 우리는 개혁주의 보수신학을 우리의 신학적 바탕으로 하나님중심, 성경중심, 교회중심의 신앙의 토대를 굳건히 한다.

하나, 우리는 웨스트민스터 신앙고백서의 원리에 의한 장로교회의 정치체제와 그 역사를 계승한다.

하나, 우리는 민족 복음화와 세계 선교 사역을 극대화함으로 이 땅에 하나님의 나라를 건설하는 데 최선을 다한다.

하나, 우리는 바른 신학과 신앙으로 이 세상을 향해 빛과 소금의 사명을 감당한다.

하나님의 은혜로 하나가 된 새 역사를 이루었다. 이제 분리보다 일치를, 정죄보다 용서를, 분산보다 협력을 통하여 하나님의 절대적 주권을 선포하며, 개혁주의 신학의 아름다운 전통을 계승하기 위하여 겸손한 자세로 하나님의 돌보심을 간구한다.

오직 하나님께서 영광을 받으시옵소서 (고전 10:31).

주후 2005년 9월 27일
대한예수교장로회 제90회 총회 총대일동

위대한 유산

1979년의 교단 분열이 없었으면 대성교회의 분열도 없었을 것이며 교회의 분열이 없었다면 교단 합동의 지고한 열망도 없었을 것이다. 하나님은 자기 종을 보이는 손으로 사용하셔서 보이지 않는 자신의 섭리를 이루셨다.

예장합동과 개혁 교단의 합동은 하나님의 아름다운 손으로 이루어진 사건이다.

교단 합동이 있은 지 4년이 되어 가는 해인 2009년 5월 7일 그 의미를 새기는 신학적 저술들과 직간접적으로 이 일에 간여하여 각고의 노력을 기울인 목사, 장로, 교수, 기자 등의 회고담을 두루 엮은 책 『한국장로교회의 합동운동: 한국 교회의 미래를 위한 역사적 성찰』의 출판감사 예배를 드리는 자리에서 서기행 목사는 위와 같이 술회하였다. 서울 앰배서더 호텔에서 열린 이 모임에는 총회장을 비롯한 총회임원들과 증경총회장들 그리고 교단통합에 헌신했거나 책에 기고한 여러 분들을 포함하여 250여 명이 참석하였다. 또한 서기행 목사는 이 책을 유산으로 남겨 "분열보다 화합이 아름답다는 것을 보여 주고 싶다"라고 취지를 밝혔다.

교단 합동은 단지 이전으로 돌아가자는 것이 아니라 이전보다 나아지자는 뜻에서 추진되었다. "개혁된 교회는 항상 개혁되어져 가고 있어야 한다"(*Ecclesia reformata est semper reformanda*). 하나님은 그냥 머물게 하지 않으시고 흩으시고 모으시고 하시면서 자라게 하신다. 초대 교회 때 예루살렘 교회의 사도들과 성도들이 스데반 순교 이후 박해를 받아 흩어지지 않았다면 이후 땅 끝까지 나아가는 세계 선교는 일어나지 않았을 것이다(행 1:8). 교단 합동을 통하여 한국 교회는 형제자매가 하나 됨이 얼마나 귀한 일인지를 깨닫게 되었다. 고백이 온전하고 진리가 다르지 않으면 어떤 정치논리나 상황논리로 하나님의 회를 흩어서는 안 된다는 사실을 깊이 새기게 되었다.

출판감사 예배에서 설교를 맡은 박요한 목사는 "감사할 역사적 사건"이라는 제목하에 "다시는 헤어지지 말고 단합된 힘으로 개혁주의 보수신학을 지키자"라고 말씀을 전하였다. 개혁주의 보수신학의 기치 아래에 여하한 경우든 서로 나뉘지 말고 하나가 되자는 요지였다. 한국 교회의 분열은 신학을 명분으로 정치적으로 이루어진 경우가 허다했다. 그 악순환의 고리를 끊자는 것이다.

교단 합동 후 여러 유익이 주어졌다. 무엇보다 가히 전국적으로 골고루 교회가 산재한 교단으로서 어느 지방에 치우쳐 그 색에 따라 교단이 좌지우지되는 폐단이 사라지게 되었다. 전라도 쪽이 큰 세력을 형성하여 오히려 균형이 깨지게 되었다는 말이 교단 합동 전부터 없지 않았는데 이야말로 근시안적인 진영논리에서 나온 발상이다. 우리는 이번 통합이 나갔던 분들이 돌아온 것이라는 점에 일차적인 의미를 두어야 한다. 그 본질은 새로운 것을 덧붙이는 것이 아니라 이전 것을 회복한 데 있다는 것이다. 그것은 그리스도 안에서 온전한 균형을 갖춘 한 몸을 이루는 것이지 어느 한쪽을 기형적으로 자라게 하는 것이 아니다.

    그리고 또 다른 유익은 이런 차제에 우리가 서 있는 개혁신학과 신앙의 자리를 다시 돌아볼 기회를 얻게 되었다는 점이다. 신학이 정치를 규정할지언정 정치가 신학의 잣대가 될 수는 없다는 점이 다시금 각인되었다. 그리고 여러 분야의 인재가 서로 공유되어 교단의 활동이 더욱 유기적이며 역동적으로 추진될 수 있게 되었다는 점 또한 유익거리가 아닐 수 없다. 이러한 제 요소가 선기능을 하여 우리 교단이 진정한 장자 기능을 할 수 있는 기회를 얻게 되었다는 점에 교단 합동의 가장 큰 의미가 있다고 볼 것이다. 서기행 목사는 어느 인터뷰에서 이를 다음과 같이 간략하게 피력했다.

> 개혁과 합동은 사람이 한 것이 아니라 하나님께서 역사하신 일이라고 믿고 있습니다. 첫째는 합하라는 것을 하나님 말씀으로 받아들였고 둘째, 호남에 개혁 측 교회가 많아 예장합동 교단이 전국 총회가 되기 위해선 반드시 합동이 전제되어야 한다고 생각했습니다. 끝으로 항상 예장통합에 장자교단이란 이름을 빼앗긴 느낌이었는데 진정한 장자가 탄생된다고 생각했습니다.[20]

    이번 교단 합동은 단지 어느 한 교단의 일이 아니라 한국 교회 전체의 유산으로 받아들여야 한다. 한국 교회의 역사는 분열사라고 할 만큼 분열의 통한을 지니고 있다. 이유 없는 분열이 없었지만, 분열 후에는 아무 이유를 찾을 수 없었다. 주님의 몸이 하나이듯이 교회는 하나가 되어야 한다. 분립은 아름다우나 분열은 하나님이 기뻐하지 않으신다. 교회가 진정한 부흥을 이룰 때에는 분립이 있으나, 교회가 쇠락할 때에는 분열이 끊이지 않는다. 어려울 때 '내 탓이요' 하면서 자기를 부인하고 애통하며 주님의 십자가를 지는 자리에 서기보다 '네 탓이요' 하면서 책임을 전가하고 끝내 마주보기 싫어 등을 돌리고 마는 분열은 어떤 명분을 내세우더라도 사탄의 궤계일 뿐이다.

그러므로 분열을 돌이켜 하나 됨으로 선회하는 것은 하나님의 절대명령이라고 할 것이다. 교회는 필히 하나가 되어야 한다. 이를 넘어서는 상위 가치는 없다. 교회를 분열시키면서 하나님이 기뻐하시는 일을 할 수는 없다. 한국 교회는, 특히 장로교는, 속히 하나가 되어야 한다. 수년 내의 부흥을 이루기 위해서 먼저 수년 내의 하나 됨을 이루어야 한다(합 3:2; 요 17:21).

일찍이 합동과 고신과의 합동이나 예장개혁 내의 여러 측의 일시적인 합동에서 보듯이 일시적인 합동은 오히려 그 후폭풍이 커 둘이 모이면 하나가 아니라 넷이 되는 모순을 거듭했다. 이번 예장총회와 예장개혁의 합동은 이러한 전철을 되풀이해서는 안 된다. 우리는 한국 교회에 새로운 유산을 남겨야 한다. 둘이 모여서 영원히 하나가 되는 진정한 합동의 효시를 보여야 한다. 51인 동지회의 일원으로 참여하시고, 평생을 말씀을 부여잡고 보수개혁신학을 사수하시며, 설교와 목양을 하시고 은퇴하신 후에는 섬선교회에 헌신하시어 낙도든 어디든 불문하고 도서(島嶼) 각지에 배를 타고 다니시며 말씀을 전하시던, 이제 고인이 되신 박요한 목사의 설교 말씀을 다시금 되새겨야 한다.

"다시는 헤어지지 말고 단합된 힘으로 개혁주의 보수신학을 지키자."

제8장
WCC에 맞서 한국 교회를 지키다

준비된 종

세계교회협의회(WCC)는 제10차 총회를 "생명의 하나님 우리를 정의와 평화로 이끄소서"(God of life, lead us to justice and peace)라는 주제로 2013년 10월 30일에서 11월 8일까지 부산 벡스코(Bexco)에서 개최하기로 결의하여, 이를 위한 한국준비위원회가 예장통합 김삼환 목사를 상임위원장, 기장 김영주 목사를 집행위원장으로 하여 꾸려졌다.

WCC는 2012년 1월 현재 140개국 349개 개신교 교단들과 정교회가 회원으로 가입되어 있으며 그 교단의 성도 수는 약 5억 8천만에 달하는 가히 초대형 교회연합기구이다. 한국에서는 기독교대한감리회, 대한성공회, 대한예수교장로회(통합), 한국기독교장로회 등 4개 교단이 회원으로 가입하여 활동하고 한국기독교교회협의회(KNCC)가 에큐메니칼 협의체로 참여하고 있다.

WCC 중앙위원회가 제10차 총회를 부산으로 결정한 것은 2009년

8월 31일 스위스 제네바에서 개최된 중앙위원회에서였다. 시리아가 유력했으나 내전 등 국내 상황으로 인하여 불가해서 부산으로 낙점되었다. 유치 측은 이를 감사하는 예배를 9월 16일 롯데 호텔에서 관계자들과 국회의장, 대법원장, 국무총리 등 3부 요인들이 참석하고 WCC총무 사무엘 코비아와 이명박 대통령과 조용기 목사 등의 축사를 담은 영상들을 보면서 성대하게 드렸다. 위원장 김삼환 목사는 "WCC 총회 유치는 한국 교회의 경사인 동시에 국가적 경사"라고 한껏 고무된 가운데 이 일의 의미를 부여하였다.

이 소식이 들리자 한국 교회의 정서는 급격히 양분되었다. 이 모임을 주선하고 준비하는 진보진영 교단들은 이를 마치 한국 교회 전체가 호스트가 되어 치르는 세계기독교의 올림픽이라도 되듯이 과장하였고 이를 반대하는 예장합동을 중심으로 하는 보수교단들은 그 행사뿐만 아니라 WCC 자체에 대한 부정적인 시각을 원천적으로 표명하였다. WCC의 종교다원주의, 종교혼합주의, 세속주의, 인본주의, 로마 가톨릭과 맥이 닿는 기구적 통합론, 교회를 부인하는 교회일치론 등이 불가론의 주를 이루는 명분들이었다. 이러한 움직임은 '그들만의 잔치'에 대한 냉소를 넘어 적극적 거부와 저지의 수준까지 이르렀다.

급기야 11월 4일 본 교단 총회장 서정배 목사는 담화문에서 종교다원주의와 외형적 연합과 일치를 추구하는 WCC와는 함께 할 수 없고 일치는 더더욱 있을 수 없다고 선을 긋고, 부산총회는 한국 교회의 올림픽이 될 수 없을 뿐만 아니라 참여해서도 안 된다는 점을 분명히 했다. 한기총도 신학교가 있는 19개의 회원교단을 중심으로 WCC대책위원회를 구성하여 반대 입장을 표명하였다. 부산교계에서는 보수적인 여러 연합체와 단체가 주도하여 WCC 부산총회 개최를 반대하는 발 빠른 움직임을 보였다. 이렇게 되자 WCC 부산총회를 유치한 측에서는 처음에는 보수교단의 참여를 독려하는 분위기였으나 점차 자기방어에 치중하는 모습이었다.

WCC의 가입 문제는 한국 교회 장로교 교단 분열의 핵이 되었다. 이를 찬성하는 측과 신앙동지회를 중심으로 한 이를 반대하는 측의 대립이 1959년 합동과 통합의 분열을 낳게 되었다.[1] 당시 보수 신학을 대변했던 박형룡 박사는 WCC를 "자유주의 광장"이라고 부르면서 그들이 무분별하게 사회복음과 타 종교와의 교통을 추구한다고 비판하였다. 또한 공산주의자들이 다수 참여하여 그 모임을 지도하고 있음을 개탄하였다.[2] 특히 박형룡 박사가 WCC의 과오는 하나의 유형적 교회를 지상에서 기구적으로 실현하고자 하는 데 있음을 정확히 간파하고 정문일침을 가했다는 사실은 주목할 만하다.[3]

이러한 박형룡 박사의 입장은 개혁신학의 보수를 주장하던 사람들에 의해서 공유되었다. 그들은 WCC의 에큐메니칼 운동이 신신학적이며 자유신학적이고, 단일교회를 목표로 하고, 용공적(容共的)이며, 세속적이라는 비판적 시각을 견지해 왔다.[4] 정규오 목사도 WCC가 추구하는 에큐메니즘이 허황된 기구적 교회론에 경도(傾倒)되어 혹세무민하는 반기독교적 발상이라는 점을 분명하게 지적하였다.[5]

서기행 목사는 이 문제가 정치가 아니라 신학 혹은 진리의 문제라는 것을 간파하여 "WCC를 항구히 탈퇴하고 그 에큐메니칼 운동에 관계치 않기로 함을 총회에 선언한다"라는 1959년 제44회 총회의 결의와 "WCC를 탈퇴하고 WCC의 에큐메니칼 운동을 전폐"한다고 선포한 이듬해 제45회 총회의 결의와 교단의 헌법 정치 제18장 2조 6항에서 "WCC 및 WCC적 에큐메니칼 운동이 비성경적이고 위태로운 것"으로 명시하고 있음을 누구보다 잘 알고 있었다. 또한 박형룡 박사가 1959년 교단 분열의 책임이 WCC에 가입하고자 정치적 획책을 일삼은 통합 측에 있음을 분명히 하면서 복음진리를 희생시키면서까지 교회의 형식적 일치를 지킬 필요가 없음을 강변한 글도[6] 분명히 인식하였다. 그리고 1965년 제50회 총회에서 WCC

나 NCC 관계 단체와 관계 및 교류를 할 수 없다고 결의한 것을 모르는 바 아니었다.

서기행 목사는 차제에 WCC의 오류를 신학적으로 지적하여 1959년 통합 측의 이탈이 잘못되었음을 만천하에 규명하고 당대의 무분별한 신학 사조에 경종을 울려 오히려 보수교단과 보수 신앙인들의 결집을 꾀하고 나아가 21세기 한국 교회의 방향을 하나님의 말씀에 올바르게 정초시키는 계기를 삼자는 마음을 가졌다.

1959년 교단 분열이 있었을 때 서기행 목사는 총신대 예과를 마치고 본과를 수학하던 중 휴학하고 군복무를 하고 있을 때였다. 교단 분열은 교내 분열을 낳았으니, 그 여파는 교수와 직원들 그리고 학생들에게 모두 미쳤다. 그리하여 많은 수의 동료들이 통합 측으로 빠져나갔다. 그러나 그는 끝까지 남기로 했다. 교단이탈이 정치적으로 이루어지고 있으나 그 근저에는 WCC 신학에 대한 허용과 불용의 문제가 본질적으로 도사리고 있음을 확신했기 때문이다. 무엇보다 김일남 목사, 박요한 목사, 정규오 목사 등의 요지부동한 입장도 영향을 미쳤다. 이미 앞에서 서기행 목사의 신학교 시절을 다루면서 언급한 적이 있듯이 당시 있었던 박형룡 박사와의 서신교환은 그가 교단잔류를 하는 데 결정적인 역할을 하였다.

박형룡 박사에 대한 서기행 목사의 존경심은 남달랐다. 총신 예과 1학년 수업 때 박형룡 박사가 자신의 신사참배 거부로 인한 투옥으로 어머님의 생신 때 상을 차려드리지 못한 것을 마음 아파한다는 말을 듣고 깊이 새겨 이후 대성교회에서 목회할 때 무려 5년간 연이어 어버이 주일에는 박형룡 박사를 모셔 말씀을 듣고 극진한 환대를 아끼지 않았다. 대성교회 담임목사 은퇴를 얼마 앞둔 2005년 10월 2일에 전한 주일 낮 설교에서 다음과 같이 스승에 대해서 회고하고 있다.

고 박형룡 박사님의 생활을 생각하자면, 늘 가정 예배를 드리며 정신병자 아들을 놓고 늘 기도하시며 "주여, 주님의 나라에서 나와 내 아들에게 같은 믿음을 주옵소서" 하시며 늘 울면서 부르짖으셨습니다. 사모님은 해방 후 3대 여걸이셨습니다. 북경대학 영문과를 나오셨는데 영어, 중국어, 일어, 불어까지 통달하셨습니다. 한국을 살리는 일은 좋은 목사를 배출하는 일이라고 말씀하셨습니다.

WCC 부산총회 개최의 소식을 듣고 서기행 목사는 사안의 엄중함을 직감했다. 무엇보다 우려되는 것은 작금 교회와 성도들이 본 사안의 심각성에 대해서 무감각하다는 사실에 있었다. 무엇보다 그 실체를 잘 알리고 어떤 신학적인 문제가 있는가를 밝히는 것이 급선무라고 여겼다. 이 일은 정치적인 여론 형성이나 세를 과시해서 될 문제가 아니라 신학자들을 세워 연구하게 함으로써 근본적으로 접근해야 할 문제라는 점을 깊이 인식했다. 단지 역사적인 연원이나 훑고 문화적이거나 선교적인 접근에만 치중하다 보면 오히려 상대편의 논법에 휘말릴 가능성이 농후하다는 생각을 하였다. 그리고 그저 노코멘트 하고 버티다가 마지막에 띠를 두르고 피켓을 들고 공항을 폐쇄하니 항만을 폐쇄하니 하면서 일차원적 접근을 하는 것도 대외적으로 한국 기독교의 치부만 보이게 될 뿐이라는 점을 되새겼다.

이러한 마음을 지니고 은연 자중하면서 WCC 부산총회에 반대하는 주변의 여론을 수렴해 가는 과정에서 김삼봉 목사, 김은호 목사, 소강석 목사, 김종준 목사, 한기승 목사, 전주남 목사 등의 협력을 이끌어 내게 되었다. 이러한 노력의 결실로 2009년 11월 26일 세계교회협의회(WCC)대책위원회가 구성되었다. 총회임원으로 서정배 목사와 남태섭 목사, 증경총회장으로 서기행 목사, 길자연 목사, 김동권 목사, 신학자로 정성구 교수, 서철원 교수, 문병호 교수, 그리고 총회 신학부의 손복익 목사가 인선되었다.

그리고 한 주 후인 12월 2일에 첫 번째 회의를 열고 서기행 목사를 위원장, 남태섭 목사를 서기, 손복익 목사를 회계로 임원진을 구성하였다.

2009년은 칼빈이 출생한 지 500년이 되는 해였으므로 여러 행사와 모임이 전국적으로 거행되었으며 칼빈과 그를 잇는 개혁신학자들의 사상과 업적에 대한 관심이 전반적으로 고조되어 있었다. 이러한 시점에 WCC가 부산총회 유치를 계기로 최대 이슈로 부각된 것이었다. 이렇다 보니 WCC의 역사와 활동보다 그들이 추구하는 에큐메니칼 신학에 더욱 주목하게 되었다.

WCC 문제는 진리 문제

WCC대책위원회의 위원장이 된 후 서기행 목사는 WCC 부산총회를 반대하는 교단의 입장을 서둘러 공표하였다. 왜 부산총회를 용인할 수 없는지를 조목조목 신학적 이유를 들어 한국 교회 전체에 알리는 신호탄을 쏘아 올린 것이다. 그리하여 본 교단과 신학교뿐만 아니라 여러 보수교단들과 단체들이 다양한 형식과 취지와 내용으로 쏟아 낸 WCC 부산총회 반대 성명서나 결의서 등에 일종의 가이드라인을 제시하였다. 이를 큰 맥락에서 정리하면 다음과 같다.

한국기독교교회협의회(NCCK)에 속한 기독교대한감리회, 대한성공회, 대한예수교장로회(통합), 한국기독교장로회가 WCC 제10차 부산총회를 유치하였다. 유치 측은 단지 4개 교단에 불과하지만 이를 마치 한국 기독교 전체의 행사인 양 과대포장하고 있다. 그러나 대다수 한국 교회 교단들과 교인들은 다음과 같은 이유로 WCC의 존립 자체를 인정하지 않는다.

1. WCC는 성경이 계시라는 사실을 부인한다. WCC는 성경을 하나님의 말씀이 아니라 구전된 여러 전통 가운데 한 원형(原型)에 불과하다고 본다. 그리하여 성경이 전하는 무(無)로부터의 창조, 출애굽의 기적, 예수 그리스도의 동정녀 탄생, 죽음과 부활, 보좌 우편에서의 계속적 중보 등을 역사적 사건이 아니라 특수한 정황에 따라서 다양하게 해석되어야 하는 상징적인 교훈 정도에 불과한 것으로 여긴다.

2. WCC는 정통 삼위일체론, 기독론, 구원론을 부인한다. 삼위일체론에 대한 초대신경의 고백을 수용한다고는 하나 성부 중심의 양태론적 이해가 강하게 나타나고, 그리스도의 양성론을 표방하기는 하지만 이 땅에 오신 주님께서 영원하신 하나님의 아들이시라는 사실을 제대로 인정하지 않는 잘못된 케노시스론에 경도되어 있다. WCC는 성도의 구원이 그리스도의 의의 전가로 말미암은 무조건적 은혜에 따른다는 사실은 차치하고, 주님을 단지 하나의 모범 정도로 여기고 주로 사회적이거나 윤리적인 교훈의 측면에서 그의 생애와 사역의 의의와 가치를 거론한다.

3. WCC는 교회의 비가시적인 본질을 무시하고 가시적인 교제만을 편향되게 강조한다. 본질상 교회는 선택된 백성들의 연합체로서 머리이신 그리스도와 지체된 성도들이 이루는 한 몸을 의미함에도 불구하고, WCC는 협의회를 통한 기구적 교제만을 강조할 뿐 그리스도와 연합한 성도들의 영적인 교제에 대해서는 큰 의미를

부여하지 않는다. 그리하여 교회를 사회구호를 위한 기구나 압력단체 정도로 전락시키고 있다. WCC는 교회의 연합과 일치를 표방하지만 참 교회가 무엇인가에 대해서는 무관심한바, 교회를 부인하는 교회 연합을 외치고 있을 뿐이다.

4. WCC가 수행해 온 복음전도와 선교사역은 극히 미미하다. 종교다원주의의 입장에 서서 문화적인 교류에는 힘썼으나 교회 본연의 사명인 그리스도의 복음을 선포하는 일은 등한시하였다. "하나님의 선교"라는 미명하에 굳이 복음이 아니더라도 하나님은 어떤 방법으로든 자신의 일을 이루신다고 주장하면서 선교를 보내기에 힘쓰기는커녕 오히려 선교사로부터의 철수를 종용하기에 이르렀다. 그 결과 서구와 기존 선교지의 교회가 세속화되고 쇠락하는 데 결정적인 영향을 미치게 되었다. 이렇듯 WCC는 교회의 연합과 일치를 외치면서도 정작 교회를 없애는 운동을 하고 있을 뿐이다.

5. WCC는 교리의 차이를 문제 삼지 않고 오직 교회의 가시적이고 기구적인 일치만을 독단적으로 추구하는 단체로서 자유주의 세속신학과 종교다원주의를 암암리에 표방하고 구현해 왔다. WCC는 기독교 본연의 사명인 참 신앙의 수립과 말씀선포 그리고 복음전도에는 별 관심을 보이지 않고 정치적이며 사회적인 세속적 사안에만 편향되게 몰두해 왔다. WCC는 교회의 연합과 일치라는 허명을 걸고 성찬을 이방의 제의(祭儀)와 같이 무분별하게 거행하였고, 사랑과 평등이라는 이름으로 폭력도 합리화했으며, 신원(伸寃)을 한답시고 세상의 푸닥거리라도 선보였다.

WCC의 실체가 이러하므로, 대한예수교장로회 합동 교단은 소수 교단에 의해서 진행되는 WCC 부산총회 유치가 가져올 한국 교회의 분열과 반목 그리고 성도들의 신앙과 삶에 미칠 악영향을 심히 우려하며, WCC가 이를 철회할 것과 모든 한국 교회가 참 진리의 자리로 돌아와 하나님의 영광을 위하여 힘쓸 것을 진정 촉구하는 바이다.

본 문건에서 보듯이 서기행 목사는 부산총회 문제를 단지 행사의 문제가 아니라 WCC 자체의 문제로 여겼다. WCC의 에큐메니칼 신학이 비성경적이고 반기독교적임을 분명히 천명함으로써 성경의 진리에 서서 참 신학과 참 신앙을 견지하는 참 교회와는 WCC 자체가 양립할 수 없음을 공표한 것이다. 서기행 목사는 이러한 입장에 대한 한국 교회의 공감대를 이끌어 내기 위하여 보수교단 대표자들과의 모임을 추진하였다. 그리고 동일한 입장을 성명서 형식으로 천명해 줄 것을 한국기독교총연합회(한기총)에 촉구하였고 교단 산하 4개 신학교 교수들에게 의뢰하였다.

그 첫 결실로 2010년 1월 25일 서울 앰배서더 호텔에서 보수진영 교단 총회장과 총무들의 WCC대책 간담회가 개최되었다. 그 환영사에서 서기행 목사는 "2013년 WCC 부산총회는 한국 교회가 유치한 것이 아니라 한국기독교교회협의회가 유치한 판단미숙의 소치"라고 단언하고 "WCC가 종교다원주의와 토속신앙 초혼제 등 미신주의자들이란 것을 성도들이 알게 되면 WCC를 유치한 자들의 신뢰가 땅에 떨어질 것이다"라고 일갈했다.

이 모임에서 공동회장으로 서기행 목사(예장합동), 서정배 목사(예장합동), 박종수 목사(고신), 박정식 목사(고려), 석원태 목사(고려)가 선임되었고, 공동부회장으로 그 외에 참여한 교단 총회장 전원이, 실무위원장으로 이치우 목사(예장합동)가 선임되었다. 이날 예장(합동), 예장(고신), 예장(고려), 예장(합신), 예장(대신), 기성, 예성, 예장(웨신), 예장(개혁국제), 기침, 예감, 예장

(재건), 예장(합동중앙), 예장(합동진리), 예장(고려개혁), 예장(합동총신), 예장(합동동신), 예장(보수합동), 예장(합동보수)등 19개 교단의 이름으로 채택한 결의문은 다음과 같다.

1. 우리는 오직 성경, 오직 예수, 오직 믿음만이 성경이 가르치는 복음의 진리라고 굳게 믿으며, 한국 교회 보수교단들은 힘을 합해 공동으로 한국 교회 정체성을 사수하며, 한국 교회를 보호할 것을 다짐한다.

2. 우리는 종교다원주의와 혼합주의가 성경과 정면으로 배치되는 인본주의 신앙이므로 이를 단호히 배격하고, 초혼제 등 무당굿을 신앙의 행위로 정당화하며, 이를 용납하는 그 어떠한 단체나 기관과의 연합도 단호히 거부할 것을 굳게 다짐한다.

3. 우리는 한국 교회 극히 소수의 교파(KNCC)가 참여하는 세계교회협의회(WCC) 한국 개최가 마치 한국 교회 전체가 유치하는 대회로 과장 보도하고, 이를 한국 교회 올림픽이라고 선전하는 것에 매우 유감을 표하며, 자제해 줄 것을 주최 측과 언론 등에게 엄중히 주문한다.

보수교단이 특정한 한 사안을 두고 이렇게 일사불란하게 움직인 것은 드문 일이었다. 이러한 동향에 대한 WCC 부산총회 한국준비위원회 측의 대응도 서서히 달구어졌다. 그들은 처음에는 정서에 호소하는 모양새였다. 잔칫날에는 싸우다가도 화해하고 돌봐 주니 서로 그렇게 하자는 식이었다. 여러모로 자신만만한 모습이었다. 보수교단의 반대는 무지의 소치이므로

WCC를 바로 알면 그 여세가 꺾일 것이라는 여유까지 보였다. 대체로 WCC를 반대하는 측을 시대에 뒤떨어진, 맹목적인 반대를 하는, 정치적인 기세를 부리는, 기독교적 가치를 도외시하고 자기만족에 빠져 있는 아집에 가득 찬 무리 정도로 생각하는 경향이 강했다. 그러나 그들의 생각이 오판이었음이 곧 드러났다.

서기행 목사는 WCC대책위원회가 소기의 목적을 이루기 위해서는 WCC에 대한 철저한 신학적 검증이 우선되어야 함을 인식하였다. 이러한 취지에 부합코자 신학자 위원으로 위촉된 필자에게 WCC의 신학을 조직신학적으로 고찰하여 그 신학적 정체성이 어떠한지를 철저히 규명해 줄 것을 의뢰하였다. 이에 필자는 이를 가장 잘 드러내는 WCC 신앙과 직제 위원회 문건 수백 페이지를 자세히 검토하고 국내외 에큐메니칼 신학자들의 글들을 광범위하게 읽고 분석하였다. 그리하여 '보수주의자들은 읽어 보지도 않고 비판만 한다'는 WCC 측의 고식적인 비판에 엄정히 대비하였다.

그 첫 결실을 본 것은 그리 오래지 않았다. WCC 측에 기본적으로 우호적인 편에 서 있었던 미래목회포럼(대표 김인환 목사)에서 "한국 교회 WCC를 어떻게 이해할 것인가"라는 주제로 2010년 3월 25일 서울 연지동 기독교연합회관 대강당에서 모임을 개최하였다. 세 교수의 발제와 이어지는 논평이 있었다.

첫 번째 발제자 서울신대 박명수 교수는 "에큐메니칼 운동과 복음주의"라는 제목으로 발표하였다. 일부 진보교단에서 부산총회를 유치해 놓고 한국 교회 전체가 참여하라고 하니 문제가 된다고 하면서 전부의 참여를 이끌기 위해서는 WCC가 종교다원주의, 용공주의, 세속주의 등에 대한 해명을 선행(先行)시켜야 한다고 주장하였다. 일단은 반대지만 조건부 참여로 볼 여지를 비치는 글이었다.

이어진 순서에서 필자는 "WCC 가시적 교회일치론 비판-비(非)성경적, 반(反)교리적"이라는 제목으로 WCC의 신학을 조목조목 거론하면서 WCC의 정체성 자체를 문제 삼았다. WCC가 비성경적인 가시적·기구적 교회론에 서서 초대 교회 이후의 정통교리에 어긋나는 교회의 연합과 일치 운동을 추구하고 있으므로 그 일과 모임뿐만 아니라 그 자체를 인정할 수 없다는 것이 그 요지였다. 이 발표는 좌중의 큰 호응을 이끌어 내었다. 무엇보다 WCC 측 자료를 가지고 WCC를 비판한다는 원론적인 접근이 호소력을 지녔다.

세 번째 발제는 WCC 중앙위원인 영남신대 박성원 교수의 "WCC 세계대회 개최의 의미와 한국 교회의 이해"라는 글이었다. 여기에서는 WCC에 대한 그동안의 오해는 대체로 근거가 없는 것들이고 부산총회를 통하여 한국 교회가 여러 측면에서 지도적 위치에 놓이게 될 것이라는 점만 지적하는 선에서 그쳤다.

세 발제자들의 발표 후 토론자들의 토의와 좌중의 질의응답의 시간이 있었다. 대부분의 관심이 필자가 제기한 WCC의 신학 문제에 쏠렸다. 그러나 이에 대한 어떤 해명도 주어지지 않았다. 심지어 WCC는 진리 자체를 문제 삼지 않는 교회연합기구라는 뉘앙스의 답조차 돌아왔다. WCC한국준비위원회는 이 모임을 통하여 여러모로 명분을 쌓고자 했지만 정작 그들이 심각한 신학적 인식의 부재 가운데 서둘러 모임을 유치했다는 인상만을 짙게 풍기게 되었을 뿐이었다.

보수신학자들을 결집

서기행 목사는 WCC대책위원회를 이끌면서 내심 몇 가지 원칙을 고수하고자 하였다.

첫째, 이는 본질적으로 신학 문제이자 진리 문제이므로 신학교와 교수들이 전면에 나서야 한다.

둘째, 무분별한 장외 투쟁은 한국사회는 물론 세계교회에도 한국 교회의 위신을 추락시키는 우를 범할 수 있고 오히려 진리 문제를 퇴색시켜 WCC의 입지를 강화시켜 줄 소지가 있으므로 최대한 자제하여야 한다.

셋째, 필요한 비용을 충당하기 위하여 총회의 예산에 의지하기보다 위원장 자신이 사비(私備)로 헌신해야 한다. 그렇지 않으면 이 모임이 또 다른 정치판이 될 공산이 크다.

서기행 목사는 하나님이 살려 주셔서 이 일을 맡기신 것이 모든 것을 바쳐 전적으로 헌신하라는 뜻에 있음을 깊이 새겼다. 필자가 행사를 계획하고 한국복음주의역사신학회(회장 이은선 교수)가 도와서 "WCC에 대한 역사신학적 고찰"이라는 제하의 모임을 2010년 4월 3일 총신대학교에서 열게 된 것도 그 일환에서였다. 여섯 교수의 옥고가 이 모임에서 발표되었다.

국제신학대학원대학교 김홍만 교수는 "WCC의 타 종교와의 대화에 대한 역사적 고찰"이라는 글에서 WCC가 타 종교에 대한 동반자적 입장을 취하고 한 복음보다는 공동의 인간성에 의존하여 "하나님의 선교"(*Missio Dei*) 개념을 수립하고 있다고 비판하였다.

필자는 이전의 글을 수정하고 가필한 "'비(非)성경적, 반(反)교리적': WCC의 가시적 교회일치론 비판"이라는 글에서 WCC가 말하는 협의회적 교제는 말씀의 계시성을 부정하는 비성경적 개념으로서 궁극적으로 WCC로 교회를 대체하여 교회 없는 교회의 연합과 일치를 이루게 되는 자기모순을 노정한다는 점을 비판하였다. 이러한 문제는 그리스도가 유일한 대속주로서 비가시적이고 가시적인 교회의 머리가 되신다는 점을 간과한 데서 비롯됨을 지적하였다.

서울신학대학교 박명수 교수는 "WCC와 복음전도: WCC는 과연 복음 전도를 강조하는가"라는 글에서 WCC가 말하는 복음은 그 핵심에 그리스도의 대속을 통한 영혼구원이 아니라 가난과 불의에서 건져내 인류보편을 복되게 하는 사회적이거나 문화적인 영역에 일차적으로 관계된다는 점을 날카롭게 꼬집었다. 본질상 선교가 "문화화"(inculturation)로 대치되었다는 것이다.

성결대학교 배본철 교수는 "WCC 선교론의 변천과 논제"라는 글에서 WCC가 상황화신학을 추구하고 혼합주의에 빠져 있으며 그동안 용공주의를 표방하고 동성애 등의 문제에서 반기독교적 행태를 보였음을 먼저 겸허히 인정해야 한다는 점을 강조하였다.

안양대학교 이은선 교수는 "세계교회협의회(World Council of Churches, WCC)의 탄생과 역사"라는 글에서 그동안 개최되었던 9차 총회까지 있었던 중요한 일들을 역사적으로 고찰하고 결론적으로 WCC가 복음선교를 유예함으로 죄의 심각성과 회심의 필요성에 대한 인식을 약화시키고 지나치게 사회 문제나 정치 문제 등에 몰두함으로 교회일치와 선교에 선기능보다 역기능을 더 많이 하는 폐해를 보였음을 지적하였다.

고신대학교 황대우 교수는 "세계교회협의회(WCC)와 종교다원주의: 1990년의 바르 선언문(Barr Statement)을 중심으로"라는 글에서 WCC가 종교적 상대주의와 포괄주의, 즉 종교다원주의에 서 있음을 지적하면서 배타적인 그리스도의 은총을 절대시하지 않는 한 탈기독교 혹은 비기독교의 길에 설 수밖에 없다는 사실을 결론적으로 표명하였다.[7]

이 모임은 각기 다른 신학교에서 가르치는 여섯 교수가 공히 WCC에 대한 비판적 시각을 한자리에서 토해 냈다는 사실 자체로 큰 의미가 있었다. 여섯 교수가 각각 고유한 영역을 설정하여 WCC의 정체성, 신학, 역사, 선교, 전도, 연합 활동 등을 신학적으로 깊이 연구하여 발표함으로 보수신학계가 단지 맹목적으로 WCC를 비판하는 것이 아님을 백일하에 천명하였다는 사실이 아주 주목할 만하였다.

이 모임이 있은 다음 주 4월 8일에 필자는 한국기독교회사학회(회장 이양호 교수)에서 한국에 WCC 에큐메니칼 신학을 소개하고 본격적으로 전개한 장본인인 장신대학교 명예교수 이형기 박사와 논문 발표와 함께 일대일 토론회를 가졌다.

이형기 박사는 "WCC 중심의 에큐메니칼 운동의 역사와 신학"이라는 제하의 글에서 WCC의 선기능에 대해서 주로 설명하였다. WCC의 신학에 대해서는 크게 복음주의 노선에서 벗어나지 않으며 WCC 자체가 진리를 불문하는 교회의 연합과 일치를 추구하는 것을 원칙으로 삼고 있으므로 이에 대해서 예민하게 접근하는 자체가 한계를 지닌다고 보았다.

필자는 "비(非) 성경적, 반(反) 교리적: WCC의 가시적 교회일치론 비판"이라는 제하의 글에서 진리를 불문한 에큐메니즘 자체가 이미 모순을 안고 있고 기독교사에 있어서 진리를 떠나 교회의 하나 됨이 이루어진 적이 없으며 부흥도 나타난 적이 없음을 강변하고, WCC의 신학적 문제점을 조목조목 비판하였다. 이는 WCC 문제를 탁상에 올리고 보수신학자와 진보신학자가 맞선 첫 사례가 되었다. 이를 통하여 WCC 부산총회 개최 문제는 단지 행사의 문제가 아니라 신학의 문제임이 더욱 공론화되었다.[8]

이러한 일련의 모임을 통하여 학자들이 일관적으로 WCC의 신학에 대한 반대의 논조를 유지하는 가운데, WCC대책위원회의 활동에 총회신학부도 가세하였다. 위원회의 위원인 손복익 목사가 신학부장이었으므로 원활하게 연계가 이루어졌다. 신학부는 총회 결의에 따라 2010년 7월 12일 제1회 한국개혁주의 신학대회를 개최하면서 그 주제를 "WCC 어떻게 대처할 것인가?"로 정하였다. 여기에서 5개의 글이 발표되었다.

권성수 목사는 "WCC 신학을 어떻게 볼 것인가?"에서 우리가 WCC와 같은 우를 범하지 않기 위해서는 성경의 진리에 굳게 서되 단지 말로만

이 아니라 행위로 그 열매를 보여야 함을 강조하고 WCC 안에 들어가서 WCC를 이용하자는 주장은 일고의 가치도 없음을 분명히 했다.

서철원 교수는 "세계교회협의회의 신학변천 개관"에서 WCC의 역사를 교리적 측면에서 고찰하고 난 후 그 배후에 칼 바르트의 신정통신학, 위르겐 몰트만의 해방신학, 칼 라너의 초월신학이 자리 잡고 있음을 지적하였다.

필자는 "WCC 에큐메니칼 신학비판"에서 WCC가 WCC 자체를 머리로 삼는 가시적이고 기구적인 협의제적 연합과 일치를 추구하는 단체로서 그들의 성경해석학에 따르면 결국 그리스도의 대속과 교회의 존재 자체가 부정될 수밖에 없는 결론에 이름을 부각시켰다.

심창섭 교수는 "개혁주의 역사신학과 WCC-칼빈의 에큐메니즘 중심으로"에서 WCC의 에큐메니슴이 조대 교회 이후 어거스틴과 갈빈으로 이어지는 정통적 입장과 배치됨을 말하면서 칼빈이 하나님의 말씀에 굳게 서서 교리의 순수성을 보수하면서 교회의 연합과 일치를 추구하였음을 강조하였다.

정준모 목사는 "평신도용 WCC 비판교육을 위한 목회적 방안-영상매체 활용 및 교육 교재 발간을 중심으로"에서 WCC의 실체와 WCC 가입 문제로 말미암은 교단의 분열 그리고 바람직한 교회연합 운동이 무엇인지에 대한 교육을 교회에서 어떻게 할 것인지를 다양한 매체를 활용하고 질의 응답 문항을 제시하면서 설명하였다.[9]

그리고 WCC 부산총회가 결정된 지 만 1년이 채 안 된 시점인 2010년 9월 16일에 총신대학교 신학대학원 조직신학 교수들과 역사신학 교수들이 저술하고 필자가 편집하여 『WCC 신학 비판』이 출간되었다.[10] 그동안 몇몇 주제로 산발적으로 다루어지던 WCC 신학에 대한 비판적 고찰이 여기에서는 전체를 망라하여 행해졌다. 비록 각각의 글의 분량은 길지 않았으나 이 점에 의의가 컸다. 이 책의 집필은 WCC대책위원회의 결의에 따른 권고로 이루어진 바, 10일 후에 열린 본 교단 총대들에게 모두 배포되었다. 총 7편의 글을 간략히 소개하면 다음과 같다.

박영실 교수는 "WCC 형성과 역사, 그리고 한국 교회"에서 WCC의 형성사와 역대 총회가 사안별로 고찰되었다. 그리고 WCC 기구의 성격과 활동이 소개되었다. 이러한 역사적 배경 가운데서 한국 교회와 WCC와의 관계가 신학적, 선교적, 대사회적 관점에서 역사적으로 파악되었다.

김길성 교수의 "WCC 성경관 비판"에서는 WCC 신학이 형성된 배경을 우선적으로 다룬다. 이어서 WCC가 성경의 형성을 전승이라는 관점에서 접근하는 폐해를 논하면서, 그들이 성경의 영감론을 부인하고 성경무오설을 거부한다고 지적한다. WCC의 잘못된 성경 이해는 교리를 왜곡하는 데 이르는데, 그 한 예로서 그들이 로마 가톨릭의 칭의론을 수용한다는 측면이 제시되었다. 본고의 마지막 부분에서 한국 교회가 WCC 문제로 말미암아 겪은 진통은 다분히 성경관과 밀접하게 연관되어 있음을 제시하였다.

필자의 "WCC 삼위일체론, 기독론, 성령론 비판"은 먼저 개혁주의 삼위일체 교리의 정수를 논하고 WCC가 이러한 참 진리를 담은 역사적 신경들을 어떻게 곡해하여 왔는지 고찰한다. 삼위일체와 관련하여, WCC가 이를 단지 가시적 교회의 교제와 유비하여 파악함으로써 양태론적 이해에 빠질 수밖에 없게 되었음을 지적한다. WCC가 칼케돈 신경에서 수립된 중보자 그리스도의 위격적 연합 교리를 부인함으로써 대속의 은총을 속화(俗化)하고 성도의 자기 공로를 통한 신화(神化)를 조장하여 왔음이 본고에서 부각된다. 그리고 WCC가 필리오케(*filioque*) 교리를 부인하는 동방 교회를 좇아서 그리스도를 여느 인간과 다름없는 성령의 담지자로만 여기고 있음을 비판하였다.

강웅산 교수의 "WCC의 종교다원주의적 구원론 비판"은 우선적으로 WCC의 종교다원주의를 비판적으로 고찰한다. 특별히 로마 가톨릭 교회의 영향을 논하면서 WCC가 개혁주의 이신칭의 교리를 퇴색시키고, 그리스도의 유일하신 중보자 되심을 부인하며, 다른 종교에도 구원이 있다는 다원주의적 입장을 강화하고 있음을 지적하였다. 무엇보다도 타 종교에도 하나님의 구원의 역사가 작용한다는 카를 라너(Karl Rahner)의 입장을 비판적으로 고찰함으로써 WCC 에큐메니컬 신학이 빠져 있는 오류를 로마 카톨릭을 통하여서 파악한다.

최홍석 교수의 "WCC 교회관의 문제"는 먼저 교회의 본질을 성도의 교통으로 파악하고 그 무형성을 강조하는 것으로부터 시작된다. 그리고 WCC 교회론이 중세 로마 교회의 오류를 답습하고 있음을 들어서, 편향되게 가시적 교회만을 주장하는 WCC의 오류를 부각시킨다. 종교개혁을 통하여 수립된 교회의 표지로서 성례 시행와 말씀 선포가 성도에게 은혜의 방편이 된다는 면을 거론하면서, 영혼의 구령을 이차적인 것으로 여기고 사회복음을 강조하는 WCC의 경향이 그들의 잘못된 교회관으로부터 기인한다는 점이 고찰되었다. 그리고 마지막으로 WCC의 문제는 근본적으로 정체성의 문제라는 점을 지적한다.

안인섭 교수는 "WCC의 선교/문화/사회관의 문제"라는 제하의 글에서 먼저 WCC 선교관에 주목한다. WCC의 선교는 사회 변혁에 경도되어서 영혼 구원의 본연의 사명이 망각되었다는 점이 지적되었다. 여기에서 WCC가 복음을 곡해함으로써 회심과 개종에 대한 몰지각에 이르게 되었음을 논변한다. WCC의 하나님의 선교 개념은 예수 그리스도의 복음을 전제하지 않는 구원을 말한다는 점이 부각되었다. 전체적으로 본고는 WCC의 선교관이 문화와 사회적 소외를 해결하는 데에만 집착하는 잘못된 복음관에 기초하고 있음을 역사적으로 변증하고 있다.

심창섭 교수는 "WCC의 신학에 대한 종합적 비판"이라는 제하의 글에서 WCC가 본래 추구하였던 일치와 화합이라는 지향점이 순기능을 한 부분도 있으나 기독교의 정체성을 훼손한 역기능을 더욱 심각하게 낳았다고 지적하였다. 그리고 위에서 다룬 논문들을 총괄하고 조목별로 정리하여 다루었다. 무엇보다도 WCC는 진정한 교회의 연합기구가 아님을 분명히 천명하였다.[10]

WCC대책위원회가 서기행 목사의 뜻대로 WCC의 역사나 활동보다 신학을 중점적으로 문제 삼은 것은 여러모로 주효했다. 그 결과 WCC 부산총회 반대 여론이 WCC 자체 반대 여론으로 휘몰아쳐 올랐다. WCC와 이를 유치한 진보교단 측은 이러한 역풍에 자중지란의 모습까지 보였다. 한국 준비위원회 위원장 김삼환 목사는 본인이 행사를 유치하기는 했지만 WCC의 본질과 정체에 대해서 잘 알지 못하고 그리했노라고 하여 자탄인지 변명인지를 늘어놓았다. 본인도 WCC의 신학적 본류를 자처하던 KNCC의 극단적 진보주의자들에게 속았다는 식이었다.

신학교 성명서 발표

2010년 2월 1일 광신대학교(총장 정규남 목사)가 WCC대책위원회의 결의에 따른 권고로 부산총회를 반대하는 성명서를 처음 낸 이후 신학교들의 입장 표명이 계속되었다. 이 성명서에는 광신대학교의 모든 교수들이 연명했다. "WCC가 추진하고 있는 에큐메니칼 운동은 성경의 절대 권위를 파괴하며, 기독교의 정체성을 훼손하는 종교혼합주의임"과 "그들이 추구하는 신학과 사상은 인본주의에 기초했음"을 모두(冒頭)에 천명한 후, WCC가 성경의 무오성을 부인하고, 변질된 성령론을 주장하며, 성경적 교회관을 벗어나 종교들의 일치를 추구하며, 종교다원주의 신학에 깊이 뿌리를 내리고 있으며, 동성애를 용인한다는 점 등 다섯 가지를 들어 WCC의 에큐메니칼 운동과 부산총회 개최를 반대한다는 입장을 분명히 천명하였다.

그리고 두 달 후 4월 14일에 칼빈대학교(총장 길자연 목사)의 성명서가 이어졌다. 광신대학교와 다름없이 전체 교수들이 연명하여 공표했다. 여기에서도 "WCC가 추진하고 있는 에큐메니칼 운동이 종교혼합주의임"과 "그들이 인본주의 사상에 기초하여 성경의 절대 권위를 파괴하고 있음"을 먼저 천명한 후 항목별로 입장을 제시했다. 이를 정리하면 다음과 같다.

첫째, WCC의 신학적 특징. WCC는 개혁교리에 위배되는 교회의 가시적 일치에 몰두하여 전통적인 입장을 모호하게 재해석 혹은 왜곡시킨다. 그들은 성경의 정확무오한 영감, 예수 그리스도의 신성과 인성, 오직 믿음으로 얻는 구원, 그리스도의 몸으로서의 교회, 복음증거를 통한 선교에 대해서 부정적이다.

둘째, WCC 운동의 실제적 특징. WCC는 종교다원적 입장에 서서 에큐메니칼 운동을 지향하면서 교리적 타협을 통하여 로마 가톨릭과의 연합을 추구하고 있고, 교회의 일치가 아니라 타 종교와의 대화를 통한 종교의 일치를 주장하며, 교회의 본질을 떠나 정치적 영향력 행사에 더 많은 관심을 기울이고 있다.

셋째, 현 교계의 일부 상황들에 대한 우려. 심지어 보수교단들 가운데서도 신중한 신학적 검토 없이 WCC에 대한 우호적 입장을 드러내고 있음에 우려를 금할 수 없다.

넷째, 제언. WCC는 기독교의 본질과 전통적인 가치를 훼손하므로 부산총회 개최를 반대한다.

그리고 세 주 후 총신대학교 신학대학원의 성명서가 총장을 비롯하여 교수 전원의 이름으로 발표되었다.

WCC에 대한 총신대학교 신학대학원 교수 성명서

한국기독교교회협의회(NCCK)에 속한 기독교대한감리회, 대한성공회, 대한예수교장로회(통합), 한국기독교장로회가 자유주의 세속 신학과 종교다원주의를 표방해 온 WCC(세계교회협의회)의 10차 부산총회(2013년)를 유치하였다. 유치 측은 단지 4개 교단에 불과하지만 이를 마치 한국 기독교 전체의 행사인양 과대포장하고 있다.

WCC는 교파 간의 신앙고백의 차이에도 불구하고 교회의 연합과 일치, 그리고 봉사를 위해 노력하였으나, 성경의 절대적 계시와 정통 교리의 가르침을 거부하므로 기독교의 본질 자체를 왜곡하고 있다. 이로 인해 한국의 많은 교단과 교회들은 WCC 부산총회를 앞두고 본 기구의 취지와 사업에 대해 우려하며 또한 한국 교회의 양극화를 초래할 위험에 대한 논란이 가중되고 있음을 염려하고 있다. 이에 총신대학교 신학대학원 교수 일동은 WCC의 비성경적인 신앙과 신학의 문제점들을 전국 교회 앞에 알리는 바이다.

1. WCC는 성경이 하나님의 말씀이라는 사실을 부인한다. WCC는 성경의 가르침을 절대적, 객관적 진리로 여기지 않고, 구전되는 교회 전통의 한 산물 정도로 간주한다. WCC의 많은 회원 교회는 성경의 정경성을 부인하며, 창세기의 창조기사, 동정녀 탄생, 그리고 예수의 육체적 부활과 재림 등을 역사적인 사건이 아닌 신화로 본다.

2. WCC는 정통 삼위일체론, 기독론, 구원론, 교회론 교리를 거부한다. 초대 교회와 종교개혁기에 교회가 추구한 진정한 성경적 에큐메니

즘은 교리의 일치를 이루어 내는 것을 최우선의 과제로 여겼다. 그러나 WCC는 그 형성에서부터 교리의 내용의 정당성 여부를 불문하고 교회의 가시적 연합과 일치만을 편향되게 추구해 왔다.

3. WCC는 성경에 계시된 유일신론을 이탈하고 있다. WCC는 종교 간의 대화라는 허명으로 타 종교에도 구원이 있다는 종교다원주의를 추구하고 있으며, 성경의 하나님을 타 종교의 신과 동일시하거나 상대화한다.

4. WCC는 예수 그리스도를 유일한 구원의 중보자로 여기지 않는다. WCC는 예수 그리스도의 역사적 대속 사역의 절대적 가치를 인정하지 않고, 그리스도의 구속의 은총의 사역을 윤리적이거나 문화적인 영향력을 상대화시키고 있다.

5. WCC는 성령의 타 종교의 영적 현상과 혼동하고 있다. WCC는 성령의 인격적 구원사역을 왜곡하여 우주 만물에 깃드는 정령 활동 정도로 여기는 일까지도 수용하고 있다. 이로 말미암아 심각한 영적 혼란을 초래하며 성령의 고유한 사역을 크게 훼손시키고 있다.

6. WCC는 교회의 본질을 왜곡하여 가시적인 교제만을 편향되게 강조하고 있다. WCC는 단지 협의체적 교제에 불과하다고 말하지만 궁극적으로는 교회라는 이름을 취하고, 모든 교회를 기구적으로 통합하고자 한다. 이로 인해 WCC는 예수를 구세주로 믿는 성도들 간의 연합과 교제의 모임인 교회를 교회 간의 가시적인 연합체나 사회 구호 단체로 전락시키고 있다.

7. WCC는 복음 전도와 사회적 책임에 대한 균형을 훼손하고 있다. WCC는 선교를 사회복음주의적 입장에서 극단적으로 강조하거나, 종교 간의 대화와 교류로 이해함으로써 복음전파의 본질적인 요소인 영혼 구원의 중요성을 약화시키고 있다. 이로 인해 하나님 나라의 왜곡된 개념을 초래하여 복음을 변질시키는 오류를 범하고 있다.

8. WCC에 참가한 교단은 한국 교회에서 소수에 불과하지만, 마치 자신들이 한국 교회를 대표하듯이 행동하고 있다. 건전한 한국의 다수 교회들은 WCC의 문제점들을 직시하고 이 단체가 주님의 복음사역에 얼마나 큰 장애가 되는지 여러 방편으로 지적해 왔다. WCC는 종교다원주의와 교회세속주의를 더욱 가속시키고 있다.

그러므로 하나님의 말씀대로 믿고 살며, 하나님의 말씀대로 교회의 연합과 일치를 추구하는 우리는 WCC 부산 유치가 성도들의 신앙에 미칠 악영향을 심히 우려한다. 그리고 WCC가 다양한 문서와 매스컴을 통하여 WCC 부산총회를 과대, 편파 광고함으로써 한국 교회 대다수를 차지하는 하나님 중심, 성경 중심, 교회 중심의 삶을 살아가는 성도들을 실족하게 하는 일이 없도록 권고하는 바이다.

주후 2010. 5. 4.

총신대학교 총장 정일웅

총신대학교 신학대학원 교수일동

강웅산 김길성 김상훈 김성태 김지찬 김창훈 류응렬 문병호 박건택 박영실

박용규 유재원 심상법 심창섭 안인섭 이상원 이한수 임경철 정훈택 최홍석

본 성명서를 기초한 필자는 WCC대책위원회가 표방한 다섯 가지 사항을 더욱 세부적으로 여덟 가지로 다루었다. 이는 가히 WCC 에큐메니칼 신학에 맞서는 정통신학자들의 선언(manifesto)이라고 할 만한 것이었다. 그동안 WCC를 반대하는 여러 성명서와 결의서와 문건들이 있었고 이에 대한 WCC 측의 방어적 글들이 쏟아져 나왔지만 이렇게 신학적으로 정밀하면서도 일목요연하게 WCC의 실체를 알리는 글은 없었다.

여기에서는 WCC가 성경의 정경성과 역사성을 부인하고, 교리의 진위를 묻지 않고 가시적 연합과 일치만을 맹목적으로 추구하며, 유일신론을 떠나 종교다원주의에 빠져 있으며, 그리스도의 중보의 유일성과 대속교리를 믿지 않으며, 성령을 마치 범신론자들이 말하는 영기 정도로 다루는 경향이 있으며, 그리스도를 머리로 한 지체들의 연합체로서 교회를 바라보고 그 하나 됨을 추구하는 것이 아니라 마치 일반 단체와 같이 기구적 일치를 목표로 삼으며, 구령의 복음전도가 아니라 사회구제 정도의 선교에 일차적 관심을 두며, 마치 자신들이 교회를 대표하는 양 행세하면서 종교다원주의와 혼합주의와 세속주의를 가속시키고 있다고 정곡을 찌르고 있다.

서기행 목사가 그동안 신학자들이 전면에 서야 한다고 초지일관하게 주장했다. 그리고 여러모로 이 일을 위하여 신학자들을 도왔다. 그 열매가 여기에 나타난 것이다.

전국적인 전열을 갖춤

WCC에 대한 반대 여론이 확산되자 이에 의기투합하는 여러 모양의 모임과 운동이 전개되었다. 노회 원로인 서기행 목사의 노력에 부합하고자 수도노회에는 2010년 4월 13일 제77회 정기회(노회장 박종호 목사)에서 수도

노회 WCC대책위원회를 조직하고 종교다원주의와 종교혼합주의에 빠져 있는 WCC를 절대적으로 배격한다는 성명서를 발표하였다. 교단에서는 WCC대책위원회의 활동을 적극적으로 지지하였다. WCC에 대한 교단의 목소리를 하나로 내기 위하여 WCC 부산총회를 신학적으로 주도하고 있는 KNCC가 함께 하는 8.15 대성회에는 불참하였다.

그리고 9월 1일에는 총회장과 총회관계자 및 한국 교회 지도자 3백여 명이 모여 서울 앰배서더 호텔에서 "WCC대책 결의대회"를 개최하였다. 이날 순서는 총회장 서정배 목사의 사회로 부총회장 김삼봉 목사의 기도와 총신대 정일웅 총장의 "성령의 하나 되게 하심"이라는 제하의 설교로 진행되었다. 순서 전에 서기행 목사는 인사말을 통하여 WCC 부산총회는 극소수 교단이 유치한 불민한 일로서 그릇된 신학에 서서 온전한 삼위일체 교리 등을 거부하는 WCC의 행사이므로 마땅히 배척되어야 한다는 점을 분명히 했다. 그리고 WCC는 복음 운동과 선교 운동을 무력화시키는 독이라고 하여 그 폐해를 적시하였다.

같은 해 9월 27일에 열린 제95회 총회(총회장 김삼봉 목사)에서는 WCC대책위원회의 활동을 2013년까지 연장하도록 하는 결의와 함께 WCC 반대 운동을 교단 차원에서 더욱 체계적으로 전개할 수 있도록 헌의된 많은 사안들을 위임해 주었다. 이에 힘을 얻어 WCC대책위원회는 서울·서북, 호남·중부, 영남에 각각 지역 조직을 구성하였다. 이를 위하여 위원장 서기행 목사, 부위원장 김동권 목사, 총무 홍정이 목사를 세웠다. 처음에는 지역별로 15-20명을 위원으로 두고자 했으나 최종 조직은 이보다 훨씬 더 확대되었다. 2011년 5월 18일자로 확정된 WCC대책위원회 구성은 다음과 같다.

위원장 서기행 목사, 부위원장 김동권 목사, 총무 홍정이 목사, 서기 정진모 목사, 회계 이광희 목사, 위원 김삼봉 목사, 길자연 목사, 정성구 교수, 서철원 교수, 문병호 교수, 남태섭 목사, 손복익 목사, 박정하 장로, 신수희 장로, 윤정길 장로. 고문 박요한 목사, 이성헌 목사, 최기채 목사, 한명수 목사.

서울·서북지역은 위원장 총회장 김삼봉 목사, 부위원장 총신대 정일웅 총장, 총무 공호영 목사, 서기 정평수 목사, 회계 김진웅 목사와 위원 91명의 목사와 장로.

중부·호남지역은 위원장 부총회장 이기창 목사, 부위원장 정규남 광신대 총장, 총무 한기승 목사, 서기 변우상 목사, 회계 김성천 목사와 위원 76명의 목사와 장로.

영남지역은 위원장 이승희 목사, 부위원장 대신대 전재규 총장, 총무 김승동 목사, 서기 김종혁 목사, 회계 박해석 장로와 위원 68명의 목사와 장로.

이러한 전국 조직을 갖춘 후 WCC대책위원회는 서울시 용산구 한남동 한남빌딩에 사무실을 6월 20일에 개소하였다. 이는 서기행 목사가 개인적으로 새로 마련한 공간을 2013년 8월까지 무상으로 사용하도록 한 데서 비롯되었다.

부위원장 김동권 목사의 사회로 열린 개소감사 예배에서 설교를 전한 정규남 광신대학교 총장은 "한국 교회의 파수꾼"이라는 제목의 설교를 통해 "종교다원주의를 용인하는 WCC는 종교협의체이지 진정한 의미의 기독교단체가 아니다"라고 일갈하고 "한국 교회가 WCC처럼 종교 간 일치를 추구한다면 혼합주의 교회로 타락하고 말 것"이라고 경종을 울렸다. 그리고 이어서 정일웅 총신대학교 총장의 격려사와 칼빈대학교 이사장 김진웅 목사의 기도, 총무 홍정이 목사의 광고, 위원 손복익 목사의 축도로 이어졌다. 서기행 목사는 예배 전 인사말을 통하여 WCC를 신학적으로 용납할 수 없다고 운을 뗀 후 WCC 문제는 정치적으로 풀 수도 없고 풀려 해서도 안 된다는 점을 다시 각인시켰다.

　이러한 전국적인 체제를 갖추었다는 것 자체에 큰 시사점이 있었다. WCC대책위원회에서는 이러한 조직을 구성하면서 여기에 위원으로 참석하는 사람은 어떤 경우에도 WCC에 참여해서는 안 된다고 못을 박았다. 달리 말하면 WCC에 참석하면서 반대하자는 중간적 입장에 있는 경우의 참여를 제지한 것이었다. 지역 조직을 구성하고 활성화하며 지역 신학교를 연계시켜 실제적인 활동을 하도록 권면함으로써 참여한 위원들이 단지 이름만 올리는 것이 아니라 각 지역을 위하여 앞장서게 하였다. 그리하여 전국적으로 결속을 이루게 하였다.

　이러한 노력의 결과 이후 2013년에 WCC 부산총회가 개최되었을 때 교단에 속한 교회는 단 한 교회도 그곳에 공공연히 참석한 경우가 없게 되었다. 교회가 WCC 측으로 이탈한 경우는 말할 나위도 없이 더더욱 없었다. 오히려 예장통합에서 보듯이 WCC에 반대하여 교단을 떠나는 경우는 있었다.

비판을 심화시킴

전국적인 조직을 갖추고 총회 신학부 및 이단대책위원회 등 유관기관과의 협력을 공고히 한 후 서기행 목사는 WCC대책위원회를 통하여 여러 가지 사업에 더욱 박차를 가하였다. 우선 총신대학교, 광신대학교, 대신대학교 교수들이 함께 필진을 꾸려 WCC 신학을 비판하는 책을 분야별로 심도 깊은 연구 논문을 모아 출판하기로 하였다. 칼빈대학교에서는 비집필위원으로 한두 명을 참여시키기로 하였다. 새로 만들어지는 책은 총회와 신학교에 배포할 뿐만 아니라 일반대학교에도 기증하기로 하였다. 그리고 2012년 총회공과부터 한 학기 13과 중에 2과를 할애하여 보수신학을 소개하고 그 가운데 WCC의 실체를 알리고 신학을 비판하는 내용을 실기로 하였다.

그리하여 2011년 8월 30일 『WCC는 우리와 무엇이 다른가?』라는 책이 출간되었다. 본서는 12편의 논문이 4부로 분류되어 있다. 필진은 총신대학교, 광신대학교, 대신대학교 교수들로 이루어졌으며 필자가 편집하였다.

제1부 "WCC의 정체와 한국 교회"에는 두 논문이 할애되어 있다.

김길성 교수(총신)의 "WCC 한국 총회를 앞둔 한국 교회의 방향과 전망"에서는 WCC가 한국 교회에 미친 영향을 먼저 개관하고 WCC의 자유주의 신학의 문제점들을 적시하고 있다. 특히 성경관, 칭의론, 종교다원주의를 넘어 혼합주의로 가고 있는 경향 등이 거론되었다.

박창식 교수(대신)의 "WCC의 형성과 역사에 대한 비판"에서는 WCC의 형성과 발전사가 역대 아홉 차례의 총회를 중심으로 다루어지고 있다. 여기에서 WCC의 종교다원주의 경향, 혼합주의적 성령론, 세속화 등이 거론되었다.

제2부 "WCC의 신학비판"은 네 논문으로 구성된다.

황성일 교수(광신)의 "WCC의 성경관에 대한 비판"은 WCC는 성경을 하나님의 말씀이 아니라 인간의 문서에 불과한 것으로 여기고 복음이라는 이름의 한 "전통"에 다를 바 없다고 본다는 점을 지적한 후, 이에 따르면 성경 66권의 영감성과 신적 권위가 부인된다는 점을 각인시킨다.

최홍석 교수(총신)의 "신론과 연루된 WCC의 신학적 입장에 대한 비판"은 WCC의 양태론적, 단일신론적, 내재주의적 신관이 세속적이고 인본주의적인 편향성으로부터 비롯되며, 성경과 공교회의 신경의 기준에서 볼 때 근본적인 변이와 변질을 보이고 있음을 제시한다.

필자(총신)의 "WCC의 기독론 비판"은 WCC의 기독론이 칼케돈 신경에서 벗어나 중보자 그리스도의 신성을 단일신론적 입장에서 관계적 유비로 이해하여 양태론적 경향을 뚜렷이 드러내며, 신성과 인성의 위격적 연합을 성례적인 환상으로 대체하려는 비성경적이며 탈교리적인 입장에 서 있다는 사실을 지적한 후, 이러한 기독론에 기초한 WCC의 협의회적 교회 일치론은 그리스도 없는 기독교를 지향하고 있을 뿐이라고 결론짓는다.

안인섭 교수(총신)의 "WCC의 교회론 비판"은 WCC의 가시적 교회 일치론이 어거스틴과 칼빈이 강조한 교회의 비가시적 본질을 도외시하고 있다는 점을 거론한 후, WCC의 선교관에서는 예수 그리스도의 십자가의 구속 복음을 찾기가 어렵다고 지적한다.

제3부 "WCC의 종교다원주의적 교회일치론"은 세 논문으로 구성된다.

광신대 박정식 교수의 "성경적인 교회의 일치: 요한복음 17장의 하나 됨을 중심으로"는 주님의 대제사장적 기도에 나타난 교회의 일치가 무엇보 다는 하나님의 영광을 위한 것임을 언급한 후, WCC의 교회일치론이 성경 적 기독론과 구원론에 기초하지 않고 다원주의에 따른 무모한 기구적 일치 로 나아가고 있음을 비판하고 있다.

정준기 교수(광신)의 "초대 교회사의 관점으로 본 WCC의 교회일치 운동"은 WCC의 교회일치 운동이 몇 차례 계속된 초대 교회 공의회에서 천명된 진리로부터 벗어나 다원주의적 관점에서 전개되고 있음을 지적하면 서 WCC의 혼합주의식 성령론이 안고 있는 악폐를 특정해서 비판한다.

정준모 교수(대신)의 "WCC 종교다원주의와 목회적 대응"은 종교다원 주의의 개념과 역사적인 변천을 오늘날의 실상과 함께 개론적으로 언급한 후, WCC가 이러한 다원주의를 어떻게 수용하고 있는지를 개혁주의 목회 학적 관점에서 비판적으로 고찰하고 있다.

제4부 "WCC의 선교와 사회윤리관 비판"은 세 논문으로 구성된다.

박윤만 교수(대신)의 "WCC의 선교관(*Missio Dei*, 민중신학, 해방신학)에 대한 개혁주의 입장"은 WCC가 추구해 온 "하나님의 선교" 개념이 교회를 넘어서는 선교를 주장함으로써 해방신학과 민중신학과 궤를 같이하게 되었으며 급기야 종교다원주의에 이르게 되었음을 지적한다. 이 과정에서 성경적인 선교관을 소개하고 WCC가 주장하는 에큐메니즘이 선교의 본질을 심각하게 훼손하고 있음을 부각시킨다.

황봉환 교수(대신)의 "WCC 사회참여 정책에 대한 개혁주의적 관점에서의 평가와 전망"에서는 WCC가 추구해 온 사회정의, 인류공영, 정치평등, 인종무차별 등이 그 좋은 취지에도 불구하고 복음을 왜곡시키고 영혼구원을 등한시하며 교회 본연의 사명을 망각하는 수준에서 다원주의적 관점에서 이루어졌음이 지적된다.

한수환 교수(광신)의 "WCC의 사회윤리 입장에 대한 신학적 비판(동성애 문제를 중심으로)"은 WCC가 기독교에 고유한 가치를 무시하고 교회의 가르침을 보편적 사회 윤리로 대체하는 오류를 범하고 있다고 전제한 후, 동성애를 주저 없이 포용하는 WCC의 입장이 성경적으로나 신학적으로 잘못되었음이 여러 관점에서 지적되고 있다.[11]

본서가 2011년 9월 19일에 개회된 제96회 총회(총회장 이기창 목사)에서 배포됨으로 WCC 문제를 단지 문화적이거나 정서적으로만 바라보려고 하는 일부 시각이 다시금 교정되었다. 총회에서 WCC대책위원회 보고를 하면서 서기행 목사는 WCC 부산총회 반대를 위한 보수교단 연합행사를 추진할 것과 구역공과와 주일공과에 관련 사안을 삽입할 것 등을 청원하여 허락받았다. 이 자리에서 "WCC는 타협의 여지가 없는 종교혼합주의다"라는 보고에 대한 결의가 도출되었다.

총회가 끝난 후 첫 번째 WCC대책위원회 모임에서는 전국장로회연합회, 남녀전도회연합회, 주일학교연합회, 기독한국, 기독청장년면려회 등 총회산하 각 기관에서 WCC의 실체를 알리고 부산총회가 불가함을 알리는 운동을 적극 전개하도록 결의하였다. 이에 따라 2012년 5월 14일 부산 수영로교회(담임 정필도 목사)에서 열린 총회 100주년 기념 전국목사장로기도회에서는 WCC대책위원, 총회임원, 지역위원 대표 등이 함께 단상에 올라 WCC를 반대하는 총회의 결의를 공표하기도 하였다.

이와 같이 WCC 바로 알리기가 전국적으로 확산되어 가는 시점에 WCC 실체를 밝히고 그 신학에 정면으로 맞서는 한 권의 책이 『교회의 '하나 됨'과 교리의 '하나임': WCC의 '비(非)성경적,' '반(反)교리적' 에큐메니즘 비판: 정통 개혁주의 조직신학적 관점에서』(이하 『교회의 '하나 됨'과 교리의 '하나임'』로 표기)라는 제하로 2012년 4월 10일에 출판되었다.[12] 여기에서 저자는 WCC 문건을 정밀히 읽고 분석하여 그들이 말하는 것이 무엇인지를 그대로 알리고 그것이 정통신학에 어떻게 배치되는지를 교리 조목별로 관계되는 모든 주제들을 망라하여 다루었다. 저자가 서문에서 말하듯이 이 책은 "참 교리에 기반을 둔 진정한 에큐메니즘을 지향하며" 저술되었다. 책 후미의 방대한 목록의 색인이 말하듯이 주요한 WCC 신앙과 직제 위원회의 문건들과 에큐메니칼 신학자들의 주요 작품들이 광범위하게 인용되었다. 이는 가히 단지 한국의 WCC한국준비위원회가 아니라 제네바의 WCC의 총본부에 던지는 책이었다.

『교회의 '하나 됨'과 교리의 '하나임'』은 총 5장으로 구성되었다. 제1장에서는 WCC와 한국 교회의 역사를 돌아보고 이 책이 왜 현 시점에서 요구되는지를 밝힌다. 제2장에서는 WCC의 역사와 정체를 논한다. 여기에서 WCC가 대외적으로 말하는 WCC가 아니라 그들의 문건 속에 감춰져 있는 진정한 WCC의 모습을 그려낸다. 제3장에서는 WCC의 에큐메니칼 신학을 성경론, 삼위일체론과 기독론, 교회론, 성례론 영역에서 비판한다. 제4장에서는 WCC의 협의회적 교회 일치론이 성례적 환상에서 비롯된다는 사실과 그들이 말하는 교회의 일치는 인류의 일치와 다를 바 없음을 다룬다. 그리고 제5장에서는 가시적이고 비가시적인 교회의 비밀이 그 머리이신 그리스도의 인격과 사역에서 파악되어야 함을 말한 후 결론적으로 WCC의 에큐메니즘이 비성경적이고 반교리적임을 논증한다.

공개 토론을 제안

『교회의 '하나 됨'과 교리의 '하나임'』의 출간으로 WCC대책위원회의 분위기는 한층 고무되었다. 이 책을 총회에서 배포할 것과 WCC 측에 공개 토론을 제안하자는 결의가 이러한 배경에서 나왔다. 2012년 7월 9일 서기행 목사는 WCC대책위원회 위원장으로서 총회회관에서 기자회견을 열고 WCC 제10차 부산총회 한국준비위원회(상임위원장 김삼환 목사)에게 WCC의 신학적 정당성에 대해서 2012년 8월 20-30일 사이에 양 위원장과 신학자 3인을 포함하여 각각 5인씩 모여 제3의 장소에서 토론회를 개최하자고 제안하였다. 그리고 다음 문건을 공식적 제안으로 삼았다.

제10차 WCC 부산 유치와 관련한 공개 토론을 제안하며

2013년 세계교회협의회(WCC) 제10차 총회가 부산에서 개최될 예정이어서 논란이 뜨겁습니다. 행사를 유치한 측에서는 이를 "기독교 올림픽"이라고 자평하나, 금번 총회의 부산 유치는 국내 몇몇 소수 교단의 합작품에 불과합니다.

WCC는 5억 이상의 회원을 둔 초대형 단체라고 하지만, 정교회가 거의 절반을 차지하고, 그나마 한국 교회에서는 한국기독교교회협의회(NCCK)에 속한 대한성공회, 한국기독교장로회, 대한예수교장로회(통합),

기독교대한감리회가 가입되어 있을 뿐입니다.

한국 교회는 WCC로 인하여 1959년 대한예수교장로교가 합동 측과 통합 측으로 분열되는 아픔을 겪었습니다. 당시 합동 측에 남은 교회와 성도들은 모든 기득권을 포기하더라도 바른 신앙, 바른 신학을 보수(保守)하고자 했습니다. WCC가 비성경적인 에큐메니칼 운동을 추구하고, 이를 주도하는 사람들이 급진적인 자유주의 신학자들이며, 그것이 특정 정치 이념에 쏠려 있다는 사실을 간파했기 때문입니다.

WCC는 정통 삼위일체론, 기독론, 구원론을 부인하고, 세속주의와 종교다원주의를 암암리에 표방해 왔습니다. 그들은 복음 선포와 교육, 선교에는 관심을 쏟지 않고, 문화적, 사회적 사안들에 지나치게 몰두해 왔습니다. WCC는 이러한 성격을 시간이 흐를수록 더욱 노골적으로 드러내고 있습니다.

금번 WCC 부산총회 유치는 한국 교회가 견지해 온 신학과 신앙의 순수성을 해치는 중대한 사안이 될 것이 분명합니다. 그리하여 본 교단은 즉시 총회 비상대책위를 구성하여 이를 대처해 왔습니다. 본 비상대책위가 주선하여 2010년 1월 25일(서울) 19개 교단이 모여서 이를 반대하는 취지의 결의문을 채택하였습니다. 그리고 2010년과 2011에『WCC 신학 비판』과『WCC는 우리와 무엇이 다른가?』라는 제하의 두 권의 책을 출판하여 교단 총회에 배포하였습니다.

그리고 대책위원회의 취지에 따라 WCC의 부산 유치를 반대하는 본 교단 신학교 교수들의 성명서들이 연이었습니다. 지난봄에 (2012.5.14.)

있었던 교단 목사장로기도회에서 다음을 골자로 한 선언문이 선포되었습니다.

1. WCC는 성경의 무오성과 영감성을 부인한다.
2. WCC는 예수 그리스도가 유일한 구원의 중보자 됨을 부인한다.
3. WCC는 변질된 성령론을 주장한다.
4. WCC는 잘못된 구원론과 교회론에 빠져 있다.
5. WCC는 종교다원주의를 주장한다.

초대 교회 이후 기독교 역사상 추구된 진정한 에큐메니즘은 성경의 가르침에 따른 교리적 일체를 본질적인 목적으로 추구했습니다. 우리가 공개 토론을 통하여서 WCC의 잘못된 에큐메니즘을 분명히 적시하고, 그 폐해를 널리 알리고자 하는 것은 이러한 교리사적 의의와 맥이 닿아 있습니다.

우리는 본 교단과 WCC 유치 측의 대표자와 관계자들 그리고 신학자들이 각각 동수로 모여서, 일정한 의제를 가지고, 일방에 치우치지 않은 장소에서, 공개적으로, 금년 8월 중으로 공개 토론회를 가질 것을 공식적으로 제안합니다. 구체적인 형식과 절차는 추후에 상호 간 실무적인 논의가 있어야 할 것입니다.

작금 한국 교회에는 진리의 말씀에 바로 서서 순수한 신앙으로 교회를 회복하자는 여망이 고조되고 있습니다. WCC가 추구하는 에큐메니칼 운동은 이러한 시대적 사명에 역행됩니다. WCC 신학은, 우리 교단의 한 신학자가 말하듯이, 교리가 다름에도 불구하고 그 진위를 묻지 않고 그저 모이기만 힘쓰는 '그럼에도 불구하고' 신학입니다. 교리는 교회가 서고 넘어지는 조항입니다. 교리의 일치를 부정하면 교회의 일치를 부정하게 되고 급기야 교회의 존재를 부정하게 됩니다. 이러한 WCC의 비성경적, 반교리적 실체가 공개 토론을 통하여서 밝히 드러나리라 봅니다.

영원히 오직 하나님께만 영광을 올립니다.

2012년 7월 9일

대한예수교장로회 총회 WCC대책위원회 위원장 서기행 목사

부위원장 김동권 목사, 총무 홍정이 목사, 서기 고영기 목사, 회계 김권중 장로

공개 토론에 대한 공개 제안이 이루어진 같은 날 총회장과 WCC대책위원회 위원장 이름으로 다음 성명서가 공표되었다. 이로써 WCC한국준비위원회 측과의 토론이 모종의 화해를 모색하는 것이 아니라 우리의 입장을 관철시키기 위함이라는 것을 분명히 드러내었다.

WCC 제10차 총회 개최(2013년 부산 Bexco)에 대한 우리의 입장

우리는 WCC가 추진하고 있는 에큐메니칼 운동은 기독교의 근간을 흔드는 종교다원주의, 종교혼합주의, 인본주의 신학사상을 가졌음을 아래와 같이 분명히 밝히며 이를 반대한다.

1. WCC는 성경의 무오성과 영감성을 부인한다. 그들은 성경을 자신들이 주장하고 지향하는 문제해결을 위한 도구로 이용할 뿐이며 성경이 오랜 시간에 걸쳐 수정되고 보완되어 온 인간의 책이라고 생각한다.

2. WCC는 예수 그리스도가 유일한 구원의 중보자 됨을 부인한다. WCC는 예수 그리스도의 역사적 대속사역의 절대가치를 인정하지 않고 윤리적이거나 문화적인 영향력 정도로 상대화 시킨다.

3. WCC는 변질된 성령론을 주장한다. WCC는 성령을 샤머니즘에서 말하는 영의 개념과 혼합하고 있다.

4. WCC는 잘못된 구원론과 교회론에 빠져 있다. WCC는 정치, 윤리, 사회 그리고 문화에 관심을 갖지만 개인 영혼 구원의 중요성을 간과한다. 그리고 교회를 단지 가시적 기구로 이해하여 교회의 가시적 연합과 일치만을 추구하고 그리스도의 교회의 머리 되심을 부인한다.

5. WCC는 종교다원주의를 주장한다. WCC는 구원의 길이 모든 종교에 있다고 주장하여 기독교만이 유일한 구원의 계시종교라는 사실을 부인한다.

6. WCC는 동성애를 용인한다. WCC는 동성애를 성경적 관점에서 보지 않고 사회학적으로 치우쳐 하나님의 창조 질서를 파괴한다.

7. WCC는 복음전도와 선교를 통한 영혼 구원을 간과한다. WCC는 전도와 선교를 다양한 종교 간의 대화와 교류로 이해함으로 복음 전파의 본질인 영혼 구원을 약화시키고 있다.

이와 같이 WCC의 에큐메니칼 운동은 성경의 권위를 파괴하고,

기독교의 정통 교리를 무시하며, 그리스도를 통한 구원의 진리를 부정하고 있다. 그러므로 하나님의 말씀대로 믿고 살며, 하나님의 말씀대로 교회의 연합과 일치를 추구하고 있는 우리는 소수 교단에 의해 맹목적으로 추진되고 있는 제10차 WCC 부산총회가 한국 교회 성도들에게 미칠 악영향을 심히 우려하여 단호히 반대하는 바이다.

2012년 7월 9일
대한예수교장로회 총회 총회장 이기창 목사
WCC대책위원회 위원장 서기행 목사

공개 제안이 있은 후 WCC대책위원회 홍정이 목사와 필자는 8월 6일 서울 팔래스 호텔에서 WCC한국준비위원회 천영철 국장 등 실무자들과 만나 토론회의 의제와 방식을 제안하고 WCC한국준비위원회도 이에 대해서 응하는 선에서 각 교단들의 의견을 수렴하고 구체적인 방안을 마련하기로 결의하였다. 이러한 분위기가 무르익어 가자 보수교단들은 더욱 힘을 얻게 되었다. 토론회가 단지 정치적인 흥정을 하듯 하는 것이 아니라 진리 문제를 다루는 장이 될 것이며 이를 제안했다는 자체가 보수교단의 자신감을 드러낸다고 여겼기 때문이다. 서기행 목사는 이를 기회로 삼아 WCC의 신학이 잘못되었음을 백일하에 지적할 뿐만 아니라 우리의 신학이 올바름을 동시에 만천하에 알려야 함을 누차 강조하였다.

그리고 양측의 제2차 실무자 모임을 8월 24일 앰배서더 호텔에서 갖고 10월 넷째 주간에 토론 참여 신학자는 4명으로 하고 시간은 120분으로 한다는 큰 틀에 대한 합의를 보았다. 양측 위원장들의 참여, 방송국 지정, 텔레비전 생중계 여부 등은 추후에 모여 의논하기로 하였다. 그러나 10월 16일 제3차 모임을 갖고 미진 안건을 논의했으나 사회자, 장소, 제목 등에 의견일치를 보지 못하고 차후 모임 일정도 잡지 않아 사실상 토론회가 결렬되고 말았다.

여기에서 WCC한국준비위원회의 치졸함이 드러났다. 겉으로는 보수교단이 음성적으로 자기들을 공격한다고 입버릇처럼 말하면서도 정작 공개토론을 제안하면 숨어버리는 형색을 보였기 때문이다. 사실 WCC 부산총회 한국준비위원회 측은 보수교단의 신학자들의 정밀한 신학적 글들에 대하여 어떤 공식적인 대응을 한 적이 없었다. 항상 WCC의 조직이나 역사나 활동 등만 되뇌면서 WCC의 신학적 입장에 대해서는 단지 함구로 일관할 뿐이었다. 필자가 『교회의 '하나 됨'과 교리의 '하나임'』에서 WCC 에큐메니칼 신학에 대해서 조목조목 그들의 문건을 인용하면서 비판했음에도 불구하고 이에 대한 어떤 반응도 보이지 않고 단지 부산에 와 보라는 말만 되풀이했다.

이는 마치 1959년에 WCC 가입을 주장하는 자들이 신학적인 입장을 해명하라는 요구를 받았음에도 불구하고 이를 무시하고 총회를 이탈하여 새로운 교단을 세운 행태를 되풀이하는 것과 다름이 없었다. 말로만 연합과 일치를 외치지만 그들이야말로 철저히 고립되어 있고 분파적인 성향에 갇혀 헤어나지 못하고 있는 것이다.

공론화

WCC 부산총회 반대를 넘어 WCC 자체를 반대하는 여론이 점차 공론화되었다. WCC를 바로 알고자 하는 요구가 비등하자 점차 이를 위한 모임도 여러모로 활성화되었다. 2012년 5월 14일 부산 수영로교회(담임 정필도 목사)에서 열린 총회 100주년 기념 전국목사장로기도회에서는 WCC대책위원, 총회임원, 지역위원 대표 등이 단상에 올라 WCC를 반대하는 성명서를 발표함으로 총회의 결의를 다졌다. 7월 11일 전국장로연합회 모임에서는 결의문을 채택하고 필자의 "'비(非)성경적,' '반(反)교리적' 에큐메니즘 비판: 정통 개혁주의 조직신학적 관점에서"라는 특강을 들었다. WCC는 진리를 불문하는 교회 연합과 일치를 추구하므로 교회의 순수성을 해칠 뿐만 아니라 교회의 존립 자체를 위태롭게 하므로 정통신학과 신앙에 서 있는 교회는 이와 양립할 수 없다는 것이 그 요지였다.

WCC대책위원회의 결의에 따라 WCC를 반대하는 모임이 지역별로도 연이어 진행되었다. 8월 19일 전주동부교회(담임 강성찬 목사) 모임은 이기창 총회장이 WCC를 비판하는 말씀을 전했다. 8월 20일에는 광신대학교에서 광주시 8개 노회가 같은 취지로 모였다. 9월 2일에는 광주신일교회(담임 한기승 목사)에서 정규남 광신대학교 총장의 "WCC와 한국 교회"라는 제하의 설교가 있었다. 그리고 9월 9일에는 장충교회(담임 장정일 목사)에서 정일웅 총신대학교 총장의 "성령의 하나 되게 하심"이라는 제하의 설교가 있었다.

이러한 모임은 신학교를 순회하며 계속되었다. 주목할 것은 WCC에 대한 입장을 같이 하는 타 교단의 학자들이 함께 강사로 참여하게 되었다는 점이다. 먼저 5월 30일에 광신대학교에서 WCC 반대 세미나가 있었다. WCC대책위원회와 광신대학교가 공동 주최한 모임이었다. 여기에서 안양대학교 이은선 교수는 "WCC의 탄생과 역사와 비판," 광신대학교 정준기 교수는 "에큐메니컬운동 평가"라는 제하의 글을 발표하였다. 그리고 9월 4일 총신대학교 신학대학원에서 열린 세미나에서는 고신대학교 이상규 교수가 "WCC와 종교다원주의," 필자가 "WCC의 '비성경적,' '반교리적' 에큐메니칼 신학 비판"이라는 제하의 글을 발표하였다. 그리고 이틀 뒤 9월 6일 대신대학교에서 열린 세미나에서는 대신대학교 황봉환 교수의 "WCC의 사회참여 정책에 대한 개혁주의적 관점에서의 평가와 전망"과 합동신학대학원대학교 이승구 교수의 "성경적 에큐메니즘을 지향하며"라는 글이 발표되었다.

9월 17일부터 열린 제97회 총회(총회장 정준모 목사)에서 WCC대책위원회는 지난 회기 동안의 사업을 보고하고 본 회기의 사업에 대한 승인을 받았다. 그리고 필자가 쓴 두 권의 책을 배포하였다. 앞에서 소개 한『교회의 '하나 됨'과 교리의 '하나임'』과 총회 직전에 출판된『왜 우리는 WCC를 반대하는가?』였다.[13] 뒤의 책은 전반적으로 앞의 책을 쉽고 간명하게 풀어서 설명하고 있다. 이 소책자에서 필자는 WCC가 계시론, 삼위일체론, 기독론, 구원론, 교회론, 종말론 등 모든 신학의 영역에 걸쳐서 정통적인 입장에서 일탈하여 교리를 묻지 않고 기구적인 교회연합과 일치를 주장하고 있다는 점과 종교다원주의와 종교혼합주의의 색채를 시간이 흐를수록 더욱 노골적으로 드러낸다는 점을 지적한다. 그리고 제10차 부산총회가 이러한 선상에 있을 것이라고 전망한다.

『왜 우리는 WCC를 반대하는가?』에서 필자는 WCC 제10차 총회가 "생명의 하나님, 우리를 정의와 평화로 이끄소서"(God of Life, Lead Us to Justice and Peace, 사 42:1-4)라는 주제로 개최될 예정이나 그들이 말하는 "생명의 하나님"은 "단지 자연적인(즉 육체적이고 물리적인) 생명을 돌보시는 분일 뿐, 예수 그리스도의 공로로 말미암아 특별한 은혜의 선물로 주어지는 구원의 영생과는 무관하시다"라고 일침을 가한다. 그리고 "WCC는 지금까지 추구해 왔던 것들을 부산총회를 통하여 더욱 강화해 나갈 것이다. 물론 한국 교회의 정서를 고려하여 어떤 것은 아예 감추고 어떤 것은 덜 드러내려고 하겠지만, WCC 본래의 색깔은 더욱 선명해질 것이다. 그러므로 우리는 그들의 일회적 행사와 의식(儀式)에 미혹되지 말고, 예리한 시각을 갖추어 모호한 언어에 숨어 있는 그들의 사상을 꿰뚫어 보도록 해야 한다"라고 각성을 촉구한다.

『왜 우리는 WCC를 반대하는가?』에서는 먼저 그동안 있었던 WCC의 제1-9차 총회를 신학적으로 고찰함으로써 WCC의 정체성을 논한다. 그 결론은 다음 세 가지로 정리된다.

첫째, WCC는 교리의 옳고 그름을 따지지 않고 교회의 가시적이며 기구적인 연합과 일치만을 맹목적으로 추구한다.

둘째, WCC는 구원의 특별한 은총보다 창조의 일반적 은총에 주안점을 두고 성도의 교제를 추구한다. 그 결과 그리스도께서 교회의 머리 되심은 무색해진다.

셋째, WCC는 선교와 성찬 등 여러 방면에서 종교다원주의적인 입장을 점점 노골적으로 드러내고 있다.

그리고 이어서 WCC의 신학과 교회일치론을 비판하고 그들이 왜곡된 에큐메니즘을 표방하고 있음을 결론적으로 드러낸다. 이를 정리하면 다음과 같다.

WCC 에큐메니칼 신학 비판

1. 단지 명목상 고백에 그침: WCC 에큐메니칼 신학은 성경의 가르침에 충실한 정통교리에 서 있는 교회를 교리적 포로상태에 있다고 냉소한다. 하나님을 믿는다고 하고 주님을 부른다고 하지만 명목적으로만 그리한다. 겉으로 무엇을 믿고 있다고 고백만 하면 어떻게 그것을 믿고 있든 상관하지 않고 모두 수용한다. 오히려 교리의 옳고 그름을 따지는 것을 에큐메니칼 정신에 위배되는 것으로 비난한다.

2. 비성경적인 성경론: WCC는 성경을 전통 혹은 전통화의 산물로 본다. 성경은 교회와 개인의 경험을 기록한 책으로서 상대적인

권위만 가질 뿐이므로 그것을 절대시해서는 안 된다고 한다. 그들은 성경의 원저자가 하나님이시라는 사실을 인정하지 않는다. 그리고 성경 66권만을 정경(正經)으로 보는 데에도 부정적이다. 성경을 단지 인간의 저술에 불과한 것으로 여긴다. 그러므로 성경의 의미를 확정하기 위해서는 문학적이거나 역사적인 비평이 필수적이다. 성경 기록을 일종의 해석학적 작업으로, 성경을 그 해석학적 작업의 산물로 여기므로, 성경의 가치는 해석자의 수준과 체험을 넘어설 수 없게 된다. 해석자에 따라서 다양하게 해석되는 성경의 상황적 의미를 그들은 "전통"이라고 부른다. 그들에 의하면 성경은 오직 전통의 형태로만 작용한다. 성경은 다양한 전통들을 형성하는 원형적 전통에 불과하다.

3. 정통적인 삼위일체론 부인: 삼위일체론을 다루면서 WCC는 삼위 각각의 존재와 경륜(사역)은 도외시하고 그들의 관계에만 집중하고 있다. 정통적인 삼위일체론은 삼위의 존재를 전제하고 그 가운데서 삼위의 경륜을 다루었으며, 그 가운데서 삼위의 관계를 논하였다. WCC의 삼위일체론은 이러한 정통적 방법과는 전혀 배치된다. WCC는 삼위의 관계로부터 삼위의 존재와 경륜을 단지 추론할 뿐이기 때문이다. 삼위일체 하나님은 전제되는 것이 아니라 우리로부터 유추될 뿐이다.

4. 그리스도의 신성과 인성 가운데서의 중보를 부인: WCC는 성육신의 의의를 참 인성을 완전히 실현한 예수가 우리도 그와 같이 되는 길을 제시했다는 점에서 찾는다. 주 관심사는 한 사람 예수의 모범적 행적에 있다. 예수는 새로운 삶의 원형을 보여 주신 윤리교사,

즉 랍비 정도에 머물 뿐이다. WCC는 구원론을 기독론에 앞세운다. 구원론이 기독론을 규정한다. 그리스도는 우리를 위한 구원의 의를 먼저 이루신 분이라기보다 우리의 구원을 뒤에서 돕는 분 정도로 나타난다.

5. 성령이 '아버지 그리고 아들로부터 나오심'을 부인: WCC에 의하면 성자는 성령의 감화의 대상일 뿐 성령이 나오시는 주체가 될 수 없다. 이렇듯 성자와 성령의 관계에 대한 이해가 왜곡된 결과, 성령을 성부와 성자의 교제로부터 솟아나는 능력이나 작용 정도로 여긴다. 이에 따르면 보혜사 성령을 "그리스도의 영"이나 "주의 영"이라고 전하는 성경의 말씀이(고후 3:17-18; 롬 8:9; 빌 1:19) 무색해진다.

6. 그리스도 없는 교회론: 성경은 비가시적 교회(무형교회)와 가시적 교회(유형교회)를 함께 가르친다. 비가시적 교회는 과거, 현재, 미래의 택함 받은 하나님의 백성들 전체를 말한다(엡 1:13; 딤후 2:19). 가시적 교회는 함께 신앙을 고백하고 예배와 성례를 드리며 경건한 성도의 삶 가운데 머리이신 그리스도에게까지 자라가는 자들과 그 자녀들의 모임을 말한다(엡 2:19; 4:11-13). 그리스도 안에서 이 두 형태의 교회는 서로 구별은 되나 분리되지 않는다(롬 12:5; 고전 10:17; 12:12, 27; 엡 1:22-23; 5:30). WCC는 자신들의 정체성을 "교회들의 협의회"라고 보고 그것을 가시적 형태의 교회에만 제한시킨다. 콘스탄티노플 신경을 좇아 "하나의 거룩하고 보편적인 사도적 교회"에 대하여 고백은 하지만 이를 교회의 머리이신 그리스도에 기초시키지 않는다. 교회를 주의 몸이라기보다 단지 사람들의 몸이라고 보기 때문이다.

7. 그릇된 성례주의: 성례는 보이지 않는 은혜를 보이는 표(表)로 제시한다. 성례에는 고유한 은혜가 있으나 그 자체로 구원의 공로가 될 수는 없다. WCC 신학의 모호성은 성례에서 극에 달한다. 세례가 옛 사람이 죽고 새 사람이 사는 중생의 표가 아니라 단지 변화된 새로운 삶의 양식을 드러내는 이미지에 불과하다. 그리하여 세례를 "문화화"라고 부르기도 한다. WCC는 성찬을 단지 상징적인 것으로 여기거나 물질적인 것으로 여기는 양극단의 오류에 빠져 있다. 성찬이 다 이루신 그리스도의 의를 받아 누리는 은혜의 방편이 아니라 주님의 고난을 기억하면서 자신도 그러한 삶을 살고자 결단하는 실존적 사건으로 다루어진다. 성찬의 표징은 고난을 통한 사랑을 상징할 수만 있다면 굳이 떡과 잔일 필요가 없다. 굳이 그 실체가 그리스도의 살과 피일 필요가 없다고 여기기 때문이다. 우리는 이를 성례적 다원주의라고 부를 수 있을 것이다.

WCC의 가시적·기구적 교회일치론 비판

1. "협의회적 교제"를 통한 "협의회적 공동체" 추구: WCC의 주요 관심사는 교회 자체에 있지 아니하고 교회의 협의회적 성격에 있다. 성경에 기록된 하나님의 말씀이 아니라 그곳에 모인 사람들의 완전한 동의가 최고의 기준이 된다. WCC라는 기구를 통한 "협의회적 교제"를 통하여 "협의회적 공동체"를 형성하는 것이 교회의 연합과 일치의 궁극적 목적으로 치부된다. 이는 로마 가톨릭의 영향을 고스란히 드러낸다.

2. 종교다원주의의 길에 선 WCC: 종교다원주의를 지지하는 WCC의 특징은 그리스도를 한 인간으로서 보편화시키는 데 있다.

WCC는 그리스도의 대속을 창조의 일반은총과 동일시하는 경향이 있다. 그의 사역은 인류의 구원이 아니라 인류의 고양과 관계될 뿐이다. 이렇게 본다면, 하나님이 인류를 고양시키는 도구로 사용하시는 한, 석가도 공자도 그리스도가 될 수 있다.

3. 선교를 퇴보시키는 "하나님의 선교"(*Missio Dei*): WCC가 말하는 "하나님의 선교"는 하나님의 뜻이라면 그리스도의 복음이 없어도 사회적, 정치적, 문화적 활동을 통하여 선교를 이룰 수 있다고 보고 선교의 세속화 혹은 인간화를 꾀한다. 이 점에서 해방신학이나 민중신학과 맥이 닿아 있으며, 종교혼합주의와 종교다원주의를 필히 지향한다.

4. 교회의 연합이 아니라 인류의 연합을 추구: WCC는 가시적·기구적 일치에만 매몰되어 교회의 연합을 인류의 우주적 일치와 동일시한다. 교회의 기본적 단위를 구원 받은 하나님의 자녀가 아니라 인류의 한 구성원으로 생각한다. 어떤 사람이든 하나님과 관계를 맺고 있는 한 그곳에는 교회가 있다고 본다. 예수 그리스도의 인간성에서 인류보편의 가치를 찾고 그것을 추구하며 살아가는 사람들은 비록 타 종교인일지라도 교회의 구성원으로 여긴다. 이들을 "익명(匿名)의 그리스도인들"(anonymous Christians)이라고 부른다.

결론적으로, 교회의 '하나 됨'은 교리의 '하나임'에 기초해야 한다. 교회가 하나인 것은 오직 교리 안에서 그러하다. 그것은 "자격을 갖춘 일치"(a qualified unity), "진리 가운데의 일치"(a unity-in-the-truth)여야 한다. 교리가 다름에도 불구하고 그저 모이기에만 힘쓰는 WCC의

'그럼에도 불구하고' 신학은 교회의 분열을 영구히 고착시키는 지침을 제공할 뿐이다. 오늘날 진정한 교회의 연합과 일치를 가로막고 있는 가장 큰 장애물, 그것은 WCC 자신들이다.

내외적 도전에 응전함

2012년 10월 23일 WCC대책위원회의 협력하에 필자는 한상동 목사가 출옥 후 개척한 부산 삼일교회(담임 손성은 목사)에서 WCC 신학을 비판하고 부산총회의 불가함에 대해서 강의를 하였다. 그때『왜 우리는 WCC를 반대하는가?』300권을 기증하였다.

이렇듯 WCC 반대에 대한 보수교단의 여론이 수렴되어 가던 중, 2013년 1월 13일 한기총 대표회장 홍재철 목사와 세계복음주의연맹(WEA) 총회 한국준비위원회 위원장 길자연 목사가 WCC 부산총회에 협력하기로 전격 합의한 일이 일어났다. 이를 주선한 WCC한국준비위원회 상임위원장 김삼환 목사와 김영주 총무와 함께 4명의 공동선언문이 서명과 함께 공표되었다.

홍재철 목사는 교단에서와 한기총에서 WCC대책위원회를 만드는 등 처음에는 반대 입장을 표명한 적이 있었지만 결국 돌아서고 말았다. 한기총 회장 투표를 앞두고 민심을 모으기 위해서 한 번, 한기총 회장이 된 후는 체제를 갖추기 위해서 한 번, 결국 정치적 모임을 두 번 한 것이 아닌가는 의구심을 낳는 대목이었다. 그동안 WCC한국준비위원회 상임부위원장을 맡은 순복음교회 이영훈 목사가 한기총은 WCC 부산총회에 반대하지 않겠다고 하여 구설수에 오른 적이 있는 등 계속 말들이 있어 왔기 때문에 전혀 예기치 못한 바는 아니었다.

길자연 목사의 입장 선회도 전혀 의외는 아니었다. 칼빈대학교 총장으로서 WCC 부산총회 반대 성명서를 발표하기도 하였고 WCC대책위원회 위원의 위치에 있기도 했으나, WCC와 교류를 하고 있는 WEA 총회 한국 준비위원장으로서 외연 확대를 위해서라도 WCC 부산총회에 대한 전향적 자세를 가질 것이라는 예상이 없지 않았기 때문이다. 서기행 목사는 WEA 가 처음에는 WCC에 반대하는 기치를 내세우고 조직되었지만 이후 입장이 변화되어 더 이상 지지할 수 없는 단체가 되었다고 여겼다. 이러한 입장은 WCC대책위원회에서 공론화되었다. 그리하여 2011년 11월 21일 회의에서 WEA는 개혁주의 보수 신앙이 아닌 복음주의 노선을 걷고 있기 때문에 예장합동과 맞지 않음을 분명히 정하기로 결의하였다. 서기행 목사가 주선한 증경총회장단에서도 2012년 2월 21일 모임을 갖고 한기총의 엄신형 목사와 이광선 목사 등이 추진하는 WEA의 한국대회 유치에 우려를 표했다. WEA가 WCC와 교류하고 있다는 점이 특히 지적되었다.

이러한 공동선언문에 대한 역풍은 곧 거세게 일어났다. 서기행 목사는 교단의 연합사업을 중단하는 일이 있더라도 WCC와 협력하는 것은 안 된다고 못 박고 교단이 이에 대한 공식적인 입장을 밝힐 것을 촉구하였다.[14] 이 공동선언문에 대한 보수교단의 반발은 거셌다. 이 사안에 머물지 않고 다락방 이단해제 등 그동안 한기총이 보여 준 행태에 대한 불만이 동시에 터져 나왔다. 놀랍게도 이에 대한 KNCC의 입장도 부정적이었다. 아무 조율도 없이 공동선언문만 발표해서 WCC가 주창하는 에큐메니칼 정신이 희석되고 보수교단의 개종금지 반대와 동성애 반대 등 민감한 현안들에 대해 일관적으로 대처하기가 난감해졌다는 불만이 쏟아졌다. 김삼환 목사의 갈지(之) 자 횡보와 독식에 염증을 느낀다고 털어놓기도 했다.

교계가 공동선언문 발표로 경악할 때 WCC대책위원회는 그 일이 있고 한 주간이 지난 후 성명서를 내어 공식적인 입장을 밝혔다. 발 빠른 행보였다.

한국 교회를 혼란시키는 WCC 부산총회 강행과 이에 동조하는 한기총과 기타 단체의 무분별한 횡보(橫步)를 개탄하며

1. 눈가림에 불과한 공동선언문

지난 1월 13일, WCC 부산총회 한국준비위원회 대표자들이 한기총 대표회장과 WEA(세계복음연맹) 총회 준비위원장과 함께 발표한 공동선언문에 대하여 깊은 우려를 금할 수가 없었다. 이 공동선언문으로 WCC한국준비위원회 측은 WCC가 얼마나 잘못된 단체라는 것을 자인하는 꼴이 되었으며, 한기총과 WEA 측은 아무 의미도 없는 말 몇 마디를 담보로 삼아 덜컥 "상호 협력"을 표방하고 나섬으로 평소 자신들의 속내를 내보이는 결과를 낳게 되었다.

공동선언문은 자신들이 1) 종교다원주의를 배격하고, 2) 공산주의, 인본주의, 동성연애에 찬성하지 않으며, 3) 개종 전도 금지주의를 반대하며, 4) 성경 66권이 무오하며 신앙과 행위의 최종적인 표준이라는 네 가지를 천명하고 있다.

그런데 이러한 공동선언의 주체가 누구인지, 그것이 무엇을 의미하는지 도무지 종잡을 수가 없다. 그것이 몇몇 단체장들의 개인적인 신앙고백인지, 아니면 그들이 대표하는 WCC한국준비위원회, 한국기독교교회협의회(KNCC), 한기총, WEA의 공식입장인지 알 수가 없다. WCC가 자신들의 정체성과 관련된 아주 민감한 사안인 개종 전도 금지주의를 이런 식으로 철회할 수 있겠는가?
KNCC가 자신들의 태생적 명분인 성경비평을 버리고 성경무오를 지지할 수 있겠는가?
이러한 공동선언으로 말미암아 WCC가 일말의 영향이라도 받을 것이라고 생각하는 것은 오산이다. 왜냐하면 WCC는 자체의 의제대로 움직일 뿐 행사를 주최하는 측의 어떤 간섭도 받지 않기 때문이다. 그렇다면 무엇인가? 이 공동선언은 아무 의미도 없는 그저 눈가림, 눈속임에 불과하다.

2. 네 가지, 이는 WCC로서 불가한 일

WCC는 자신들의 공식문건 "질그릇에 담긴 보배: 해석학에 관한 에큐메니칼 고찰을 위한 도구"에서 성경은 여느 책과 다름이 없으므로 비평적 해석을 통하여서 그 뜻을 확정해야 한다고 주장한다. WCC는 성경을 하나님의 말씀이 아니라 전통의 산물로 본다. 그러므로 성경에는 규범적이거나 역사적인 면에서 많은 오류가 있다고 여긴다. 과연 이러한 입장을 초창기부터 수십 년간 확고하게 견지해 왔던 WCC가 자신들의 입장을 돌이키고 성경이 무오하다고 고백할 수 있겠는가?

단언컨대, WCC 회원 교회 중에서 정통적인 입장에서 성경무오를 지지하는 교회를 찾기는 거의 불가능할 것이다.

과연 WCC가 개종 전도 금지주의를 철회할 수 있겠는가?

사실상 이는 불가하다고 봐야 할 것이다. 왜냐하면 로마 가톨릭과 WEA와 함께 개종 전도 금지에 대한 공동선언을 이끌어 낸 주역이 바로 WCC이기 때문이다. 특히 WCC 회원 교단 중 최대수를 차지하는 정교회에서는 이를 절대 묵과하지 않을 것이다. 우리가 염두에 두어야 할 것은 WCC는 개종 전도 금지주의 정도가 아니라 이를 넘어서서 복음전도 자체를 거부하고 기존의 선교지로부터의 철수를 그동안 주장해 왔다는 점이다.

과연 WCC는 세속주의와 종교다원주의를 버릴 수 있겠는가? WCC 총회가 확정하여 1990년에 발표한 "바르 선언문"(Barr Statement)은 구원은 특별한 은총이 아니라 모든 인류에게 주어지는 일반적인 은총으로서 예수 그리스도의 대속과 성령의 고유한 역사로만 일어난다고 보아서는 안 된다고 확정하였다. 그리하여 하나님은 힌두교도들의 기도도 들으신다고 강변하였다. WCC는 명목상 교회의 일치를 내세우지만 사실상 종교를 넘어서는 인류의 일치를 추구하고 있다. 이러한 맥락에서 WCC는 종교혼합주의와 동성애 등에 적극적인 입장을 가지고 있다.

WCC 총회는 여러 분과에서 짧게는 수년, 길게는 수십 년간 연구해 온 의제들을 다루는 곳이다. 그리고 의제의 연속성을 불문율과 같이 여긴다. 그러므로 비록 한국에서 총회가 열린다고 하나 한국준비위원회는 의제와 사업에 관한 한 어떠한 우선권이나 특권도 가질 수 없다. 부산총회의 주제는 이미 지난 총회 이후 정해져서 연구되어 온 것으로서 종교다원주의와 세속주의를 더욱 가속화시키는 WCC의 최근 조류를 고스란히 반영하고 있다. 이러한 면을 고려할 때 사후 조치에 대한 어떤 언급도 없는 이번 공동선언은 그저 한국 교회와 성도들을 미혹하는 말잔치에 불과하다.

지금 진행되고 있는 일련의 과정을 살펴보면 WCC 부산총회는 이전의 어떤 총회에서보다 종교다원주의적인 색체가 농후하게 드러난다. 부산총회가 주제로 삼고 있는 "생명의 하나님"은 구령의 복음과는 무관하고 세속적 생명운동에 관계될 뿐이다. 그들은 "세계교회협의회 제10차 총회의 의의와 준비"라는 공식문건에서, "우주공동체를 관계적이고 유기적인 상생의 생명공동체로 인식하는 아시아적 사고"를 중시하여 본 주제를 다루겠다고 천명하고 있다. 그리고 그들의 지침이 되는 "부산 커뮤니케이션 선언문"에서는 "동아시아와 여러 토착 민족들의 전통적인 세계관"에서 생명의 원리를 찾을 수 있다고 공언하고 있다. 이렇듯 WCC 부산총회의 주제는 역대 어느 총회보다 종교다원주의에 정확히 맥이 닿아 있다.

3. WCC는 타협할 수 없는 신학과 신앙의 문제

한국 교회는 WCC 문제를 신학과 신앙의 문제로 분명히 인식하고 있다. 그동안 한국 교회가 WCC를 반대해 온 이유는 크게 두 가지로 살펴볼 수 있다.

첫째, WCC의 소위 에큐메니칼 신학의 문제이다. WCC는 삼위일체론, 기독론, 구원론, 교회론 등에 있어서 자유주의 신학과 진보신학에 빠져서 종교혼합주의와 종교다원주의를 수용한다. WCC는 성경이 하나님의 말씀이라는 사실을 부인한다.

둘째, WCC가 그동안 보여 준 비기독교적인 행태이다. 그들은 동성연애를 앞장서서 인정하고, 특정한 정치이념에 편향적이며, 인류애를 구현한다는 명목으로 폭력도 불사하고, 주님의 구속 복음을 통한 선교를 부정할 뿐만 아니라 오히려 선교지로부터 철수할 것을 종용하고, 타 종교의 의식을 무분별하게 답습하며, 심지어 총회 석상에서 초혼제를 거행하는 등 도저히 묵과할 수 없는 일들을 벌여 왔다.

WCC의 신학과 신앙에 대한 견해차로 말미암아 1959년 대한예수교장로회 총회(합동 측)로부터 통합 측이 이탈해 나갔다. 이는 12신조와 함께 웨스트민스터 신도게요서(信徒揭要書)와 성경 대·소요리문답에 따른 개혁신학과 신앙을 공유해 온 보수적인 교단에서 일어난 일이었으므로 더욱 아픔이 컸다. 연합과 일치를 외치는 WCC가 오히려 단절을 초래하는 길이 될 수 있음을 보여 주는 획기적인 사건이 한국 교회에서 일어났던 것이다.

대한예수교장로회 합동 측은 제44회 총회(1959년, 대전중앙교회·승동교회)에서 "WCC와 그 노선의 에큐메니칼 운동은 우리 교회의 거룩함과 또 그리스도의 합일의 속성을 저해함을 확인하였음으로 대한예수교장로회는 이에 WCC에 항구히 탈퇴하고 그 에큐메니칼 운동에 관계치 않기로 함을 총회에 선언한다"고 하였다. 그리고 제45회 총회(1960년, 승동교회)에서는 "WCC를 탈퇴하고 WCC의 에큐메니칼 운동을 전폐하고"라고 이를 재차 확인하였다. 또한 WCC에 대하여 중도적인 입장을 가졌던 "복음주의협의회"(NAE)에 가입한 사람들도 모두 그곳에서 탈퇴할 것을 명령하였다. 그리고 교단의 목사들이 "WCC 및 WCC적 에큐메니칼 운동이 비성경적이고 위태로운 것"이라고 서약하게 한 후 목회하게 하였다.

이러한 결의는 분명 오늘날도 여전히 유효하다. 그러므로 교단의 구성원은 마땅히 이를 지켜야 하며, 교단으로부터 파송 받아 외부 기관에서 섬기는 경우에는 이를 철저히 새겨서 교단의 정체성을 바로 세우는 일에 진력을 다할 의무가 있다고 할 것이다. 교회의 연합사업은 성경의 진리와 총회의 법과 결의를 넘어서서 수행되어서는 안 된다.

부산총회를 준비하는 KNCC는 소수 4개 교단에 불과함에도 불구하고 이를 마치 한국 기독교 전체의 행사인양 과대포장하고 있다. 그들은 한국 교회가 WCC로 말미암아 겪었던 상처에는 아랑곳하지 않고 그저 자신들의 모임에 참석하라고만 선동해 왔다. 그리고 이러한 일이 여의치 않게 되자, 교회와 성도들을 미혹하여 또 다른 분열을 획책하는 일을 행하고 있다. 이번 공동선언도 이러한 맥락에서 볼 수밖에 없다.

그러므로 하나님의 말씀대로 믿고 살며, 하나님의 말씀대로 교회의 연합과 일치를 추구하기를 원하는 우리는 성도들의 신앙을 위하여 WCC 부산총회 유치는 지금에라도 철회되어야 하며, 그 행사가 마치 한국 교회 전체의 경사라도 되는 듯 호도하는 일을 즉시 그치기를 촉구한다. 다양한 문서와 매스컴을 통하여서 WCC를 과대, 편파 광고함으로써 한국 교회 대다수를 차지하는 성경 중심, 믿음 중심, 교회 중심의 삶을 살아가는 성도들을 실족하게 하는 일이 없도록 권고하는 바이다.

아울러 차제에 참 신앙과 참 신학에 서 있는 한국의 보수교단과 교인들은 더욱 깨어서 기도하고 서로 하나가 되어 진리를 보수하고 말씀 전도와 선교에 더욱 진력하여야 할 것이다. 오직 진리에 대한 "예"와 비진리에 대한 "아니오"가 분명할 때, 교회의 연합과 일치도, 부흥도, 성도의 삶의 부요함도 하나님이 주실 줄 확신하기 때문이다.

2013년 1월 21일
대한예수교장로회 총회
WCC대책위원회 위원장 서기행 목사

성명서가 발표되고 난 나흘 후인 1월 25일 WCC대책위원회는 본 교단이 1959년 제44회 총회에서 WCC에서 영구탈퇴하기로 결의했으며 그 입장에 변함이 없음을 확인했다. 그리고 본 위원회 위원으로서 공동선언문 발표에 참여한 길자연 목사와 남태섭 목사의 회원권을 삭제하기로 하였다. 그리고 1월 30일에는 총회장 정준모 목사와 WCC대책위원회 위원장 이름으로 성명서를 발표하고 "WCC 부산총회 공동선언문은 WCC 총회와 WEA 총회를 성공적으로 치르기 위한 말장난에 불과하다"라고 못 박고, "한기총과 WEA총회준비위원회 대표자들은 성경과 총회의 결의를 지킬 것인지, 거부할 것인지 양자택일하라"라고 촉구했다.

이러한 일련의 조치로 공동선언문 사건으로 인한 여파는 어느 정도 잠재워졌다. 공동선언문에 참여한 당사자들의 입장이 신문시상에 해명되었다. 그리하여 3월 15일 개최된 WCC대책위원회에서는 그들의 회원권 복귀 문제를 재론하기로 하였다. 그리고 WCC 부산총회 참여를 긍정적으로 공언한 오정호 목사(새로남교회)에 대해서 입장을 청취하고 처리하도록 하였다.

재결집

WCC를 반 년 앞두고 2013년 5월 16일 서울 팔래스 호텔에서 한국교회 WCC반대교단연합회 예배를 여러 교단의 대표자들 300여 명이 모여 드렸다. 그 가운데 성명서 채택도 있었다. 예배 전에 선임공동회장 서기행 목사는 인사를 통해 "WCC 부산총회는 한국 교회의 재앙이자 한국 교회 신자들의 불행이다"라고 운을 뗀 뒤, "WCC를 반대하는 보수교단이 한국 교회를 지켜야 한다"라고 의기를 다졌다. 박정원 목사(예장고신 총회장)의 사회로 드린 예배는 이무영 목사(예장고려 증경총회장) 기도, 송태섭 목사(고려개혁 총무)

성경봉독, 정준모 목사(예장합동 총회장) 설교, 정일웅 총장(총신대)과 김삼봉 목사(예장합동 증경총회장)의 특별기도, 박성기 목사(브니엘 증경총회장)와 윤현주 목사(예장고신 증경총회장) 축사, 김동권 목사(예장합동 증경총회장)와 조용목 목사(기하성 증경총회장) 격려사, 강구원 목사(예장고려 총무)의 취지문 낭독, 한창영 목사(국제개혁 증경총회장)의 성명서 낭독, 서기행 목사의 WCC반대 보수교단 연합회 조직발표, 서상식 목사(기하성 증경총회장)의 축도 순서로 진행됐다. 선임공동회장 서기행 목사 외 참석자 일동으로 발표된 성명서는 1년 전에 총회장 이기창 목사와 서기행 목사의 이름으로 발표한 성명서의 내용을 재확인하는 것이었다.

  대동소이한 내용의 성명서가 5월 19일 총회장 정준모 목사와 WCC대책위원회 위원장 서기행 목사의 이름으로 신문지상에 발표되었다. 이러한 일을 계기로 WCC 부산총회 개최를 반대하는 보수교단의 재결집이 동력을 더해갔다. 일례로 성명서가 발표된 날과 같은 날에 목포노회(노회장 김성일 목사), 목포서노회(노회장 문웅 목사), 목포제일노회(노회장 김경배 목사), 무안노회(노회장 장철수 목사) 등 전남 서남권 4개 노회는 새목포제일교회(담임 김광식 목사)에서 WCC 반대를 위한 연합 예배를 드렸다. 이날 모임은 WCC대책위원회 위원장 서기행 목사의 사회로 송귀옥 목사(목포영락교회 담임) 기도, 정규남 광신대 총장 설교, 공호영 목사(WCC대책위원회 서울서북지역 총무) 성명서 낭독, 총회회록서기 최우식 목사 격려사, 증경총회장 김동권 목사(WCC대책위원회 부위원장)의 축도로 진행됐다.

  그리고 WCC대책위원회의 권고로 총회지방신학교 WCC 반대 모임이 예배와 성명서 낭독으로 진행되었다. 위원장 서기행 목사, 부위원장 김동권 목사, 총무 홍정이 목사가 순서를 맡았으며 WCC의 정체를 알리고 그 신학을 반대하는 말씀을 필자가 전했다. 이러한 모임이 서울신학교(학장 김춘환 목사), 대전신학교(학장 유병국 목사), 부산신학교(학장 김창수 목사)에서 있었다.

이러한 차제에 그동안 전국을 순회하면서 가졌던 WCC 반대 운동에서 발표된 글들을 모은 책이 『WCC의 에큐메니칼 신학 비판』이라는 이름으로 출간되었다. 발간사에서 서기행 목사는 3년 동안 WCC대책위원회는 단지 반대를 위한 반대에 그치지 않고 우리의 신학을 이 시대에 바로 알리기에 힘썼다는 점을 강조하고 부산총회가 준비위원회 측의 말과는 달리 종교혼합주의와 종교다원주의를 가속화하고 로마 가톨릭과의 연대를 더욱 구체적으로 모색할 것이라고 전망하였다. 이 책은 총 4부 9장으로 구성되었다.

제1부 "WCC에 대한 개혁주의적 전망"에는 두 편의 글로 구성된다.

황봉환 교수는 "WCC의 사회참여 정책에 대한 개혁주의적 관점에서의 평가와 전망"에서 WCC가 교회의 사회적 참여와 관련하여 복음으로 죄와 죽음 가운데 있는 영혼 구원을 위한 복음증거를 간과하고 사회적이거나 문화적 혹은 정치적 접근에 편향되어 끝내 폭력도 합리화하는 극단성을 보이고 있음을 지적한다.

그리고 칼빈대학교 황건영 교수는 "WCC의 역사와 WCC 부산총회에 대한 우리의 입장"에서 WCC의 연합과 일치 운동이 변질된 신학에 서 있음을 논한다.

제2부 "WCC의 역사와 신학 비판"은 세 편의 글로 구성된다.

정준기 교수는 "에큐메니칼 운동 평가"에서 WCC가 전통적 구원관을 배제하고 사회구원으로 전환하였으며 종교다원주의와 종교혼합주의의 경향을 보이며 동성애를 인정하고 있음을 지적한다.

이은선 교수는 "WCC의 탄생과 역사"에서 WCC의 기구조직과 정체성 및 활동을 1-9차 총회를 중심으로 파악한다. 그리고 결론적으로 WCC가 죄의 심각성과 회심의 필요성을 약화시키고 기독교인화가 아니라 인간화를 꾀하고 있다고 비판한다.

이상규 교수는 "WCC와 종교다원주의"에서 WCC가 종교적 상대주의에서 포용주의를 거쳐 다원주의로 발전하였다고 논증한다. 그리고 종교다원주의가 예수 그리스도는 참 하나님과 참 사람이시고 유일하신 중보자이시며, 성경이 하나님의 계시라는 사실을 부인함을 지적한다.

제3부 "성경적 에큐메니즘"은 두 편의 글로 구성된다.

이승구 교수는 "성경적 에큐메니즘을 지향하며"에서 WCC의 폐해를 버리고 교회의 연합과 일치에 대한 성경적 접근을 하기 위해서는 삼위일체 하나님을 실질적으로 인정하고, 이신칭의를 확실하게 믿으며, 초대 교회 공의회 신조들에 대하여 실제로 충실하며, 성경적 계시성을 수납해야 함을 강조한다.

필자는 "WCC의 '비성경적' '반교리적' 에큐메니칼 신학 비판"에서 WCC의 성경론, 삼위일체론과 기독론, 교회론, 성례론 등 교리 전반을 비판하고 이에 터 잡아 진행되는 WCC 가시적·기구적 교회일치론의 허구성을 명백히 드러낸다.

제4부 "WCC 관련 설교"는 두 편의 설교로 구성된다.

정일웅 총신대학교 총장은 "성령의 하나 되게 하심(엡 4:1-6)"에서 정현경 교수의 캔버라 총회에서의 초혼제를 거론하면서 우리가 구원 받아 새 생명을 얻고 거룩한 새 삶을 살아가는 것이 보혜사 그리스도의 영으로 말미암음을 중심적으로 전한다.

정규남 광신대학교 총장은 "한국 교회와 WCC(요 17:17-21)"에서 WCC의 그릇된 성경관으로부터 그릇된 구원관, 그릇된 교회일치론이 전개되고 있음을 갈파하였다.

수성을 넘어 공성으로

이러한 노력의 결과 보수교단의 교회나 단체가 공식적으로 WCC 부산총회에 참여 의사를 밝히거나 WCC에 대한 우호적 입장을 표명하는 경우는 없었다. WCC는 민감한 정체성 문제나 신학 문제를 피해서 여러 행사로 한국교회 성도들을 유인하고자 했으나 큰 관심을 끌지 못했다. "마당"이라고 이름을 붙인 부스를 설치하여 하나 됨의 다양한 체험을 할 기회를 제공한다고 했으나 시작도 하기 전에 식상함이 없지 않았다. 기독교 고유의 맛을 드러내지 못하게 되니 대내외적으로 모두 난관에 부딪히게 된 것이다. 그나마 북한인권 문제를 다룬다고 하면서 용공 문제를 희석시키고자 했으나 끝내 이는 의제로도 채택되지 못했다. 이를 명분으로 일단 참여는 해서 의사를 표현하자고 주위를 환기시키고는 했던 이종윤 목사를 비롯한 예장통합의 일부 관망파들은 아무 설 자리가 없게 되었다.

일부 군소교단에서는 물리력을 동원해서라도 이를 막아야 한다고 하면서 마치 자기들이 신학보수의 보루라도 되듯이 나섰으나 오히려 역풍에 휘말릴 위험이 많았다. 서기행 목사와 WCC대책위원회는 이미 대세를 점했다고 여겼으므로 끝까지 신학 문제, 진리 문제를 거론하면서 WCC 부산총회뿐만 아니라 WCC 자체가 기독교와 양립할 수 없음을 알리고자 하였다. 이러한 입장을 왜곡시켜 편향되게 부산총회 참여를 독려하는 글을 써오던 일부 언론에서는 서기행 목사가 WCC 부산총회 자체는 반대하지 않는다고 하면서 독자의 시선을 흐려놓기도 하였다.[15] 서기행 목사가 선임공동회장을 맡은 한국교회WCC반대보수교단연합회가 하나님의 성회 증경 총회장 조용목 목사가 시무하는 은혜와진리교회에서 WCC를 반대하는 경인지역 연합집회를 계획했으나 결국 무산된 것도 현안에 대한 이러한 미묘한 시각차에서 비롯되었다.

서기행 목사는 WCC 문제는 세계 기독교인들의 이목이 집중된 사안이고 세계 각국의 신학자들이 다양한 신학적 입장을 가지고 그곳에 포진되어 수십 년간 이론을 세우고 정책을 입안하며 추진해 온 단체이기 때문에 우리도 가장 본질적이면서도 고급스럽게 대처해야 한다는 신념을 처음부터 굽히지 않았다. WCC의 개종금지, 용공, 동성애 문제 등 여러 사안에 대한 반대를 분명히 해야 하지만 너무 그것들만 부각시키면 정작 WCC 신학 자체에 대한 논의가 희석될 수 있음을 우려하였다. 그리고 피켓을 들고 떼를 두르는 것도 필요하면 해야겠지만 그것에 그쳐서는 결코 이길 수 없음을 확실히 인식하였다. 이러한 배후에는 그동안 보수신학자들이 보여 준 신학적 식견과 통찰력과 비판력에 대한 확고한 신뢰가 자리 잡고 있었다. WCC 신학을 탁상에 올리고 일대일 논쟁을 해도 결코 밀리지 않을 뿐 아니라 오히려 참 진리로 사술을 압도할 수 있다는 자신감이 깔려 있었다.

2013년 9월 23일에 열린 제98회 총회(총회장 안명환 목사)에 서기행 목사는 대장암 수술을 앞두고 참석을 하여 이틀째 WCC대책위원회 보고까지 지켜보았다. 그때 총무 홍정이 목사가 보고를 하려고 하자 이를 제지하며 총회보고도 70세가 넘지 않은 사람이 하는 것이 옳다는 의견을 내는 총대들이 있었다. 우여곡절이 없지 않았지만 예산 책정도 받게 되었다. 총회 총대에게 문병호 교수가 쓴 『한국교회가 WCC 부산총회를 반대하는 이유』가 배포되었다. 『교회의 '하나 됨'과 교리의 '하나임'』과 『왜 우리는 WCC를 반대하는가?』에 이어 세 번째 책이었다. 이는 『교회의 '하나 됨'과 교리의 '하나임'』을 더 간략하게 요약한 소책자였다. 필자는 WCC를 반대하는 측에서뿐만 아니라 찬성하는 측에서도 이 책을 읽고 WCC가 무엇이 잘못되었는지를 각성하는 기회를 갖기를 바랐다. 단지 수성에만 만족할 것이 아니라 공성을 하자는 적극적인 뜻을 담았다.

서기행 목사의 몫은 여기까지였다. 총회가 끝나기 전 서울대병원에 입원하여 곧 대수술을 받았다. WCC는 당초 계획대로 10월 30일부터 11월 8일까지 열렸다. 총신대학교 신학대학원에 속한 교수, 직원, 학생 모두 부산 벡스코에 내려가 수영로 교회(담임 정필도 목사)의 앞마당에 모여 반대 모임을 가졌다. 그러나 총회가 열리고 있는 벡스코까지는 가지 않았다. 의사는 표현하되 신학적으로 실체를 밝히고 물리력으로 맞서지 말자는 WCC대책위원회의 기본노선에 뜻을 같이 한 것이었다. 이 날 모임에서 필자는 총회에서 배포했던 『한국교회가 WCC 부산총회를 반대하는 이유』를 약 20분간 학생들에게 일목요연하면서도 강력하게 전하였다. 이 모임에 총회장 안명환 목사도 참여하여 인사말과 총회의 입장을 전하였다. 필자가 기초하여 이날 채택한 성명서는 다음과 같다.

WCC 부산총회 반대 성명서

한국기독교교회협의회(NCCK)에 속한 대한예수교장로회(통합), 한국기독교장로회(기장), 기독교대한감리회, 대한성공회는 WCC(세계교회협의회) 제10차 총회를 유치하여 추진 중에 있습니다. 유치에 가담하고 있는 교단은 단 4개 교단에 지나지 않지만 그들은 이를 마치 한국 기독교 전체의 행사인양 과대포장하고 있습니다. 이에 총신대학교 신학대학원 교수, 학생, 직원 일동은 다음과 같은 이유에서 WCC 자체를 기독교 단체로 인정하지 않으며, WCC의 부산총회 개최에 대해 엄정히 반대 결의를 표명하는 바입니다.

1. WCC는 성경이 하나님의 말씀이라는 사실을 부인합니다. WCC는 성경을 정확무오한 하나님의 말씀으로 여기지 않고 여타 사람의 책과 다르지 않으며, 종교의 한 부산물 정도로 간주하고 있습니다.

2. WCC는 정통 기독교의 삼위일체론, 기독론, 구원론, 교회론 교리를 거부합니다. WCC는 연합 운동을 위해 정통 기독교 교리를 왜곡하고, 성경해석을 각 교회의 자의적인 판단에 맡겨 교회라는 이름만 내세우면 어느 단체와도 연합하고 있습니다.

3. WCC는 그리스도가 머리가 되시는 교회가 아니라 WCC 자체가 머리가 되는 세계적인 협의체를 추구하고 있습니다. WCC는 기독교 교파 간의 연합과 일치가 아니라 타 종교와, 더 나아가서 전 인류의 연합과 일치를 추구하며, 그리스도만이 구원의 길임을 선포하는 복음전도를 금하고 선교지 철수를 주장하고 있습니다.

4. WCC는 종교 간의 대화라는 허명으로 타 종교에도 구원이 있다는 종교다원론을 추구하고 있으며, 인격적 성령 하나님을 비인격적 영(靈)이나 기(氣) 정도로 격하시키고 있습니다. WCC는 중보자 그리스도의 인격과 사역과 무관한 성령의 개입을 통해 어떤 종교에서든지 구원이 가능하다는 종교다원주의를 확산시키고 있습니다.

5. WCC는 회원 교회들의 합의를 성경의 권위보다 위에 둡니다. 인류애라는 명목하에 정치적 이념이나 종교를 묻지 않고 WCC에 우호적인 단체들과 협력하고 있으며, 성경의 권위보다 동성애자들의 인권에 더 우호적이며, 타 종교의 전통조차도 수용합니다.

1959년 대한예수교장로회 교단 분열은 분명히 통합 측의 이탈로 빚어진 사건이었음을 역사는 잊지 않고 있습니다. WCC는 교회의 연합과 일치를 외치지만 오히려 교회의 분열과 반목을 조장하고 있습니다. 정통 기독교 교리를 희석시키며 교회의 벽을 넘어 타 종교와도 연합과 일치를 도모하는 WCC를 우리는 기독교로 인정하지 않습니다. 그런 단체가 대한민국 땅에서 스스로 기독교 전체를 대표하는 행태에 대해 우리는 정부와 국민 앞에 WCC의 정체를 폭로하며, WCC는 부산총회를 즉각 중단하고 철수하기를 강력히 촉구하는 바입니다.

2013년 10월 30일

총신대학교 신학대학원 교수, 학생, 직원 일동

누가 이 일을 하였는가

제10회 WCC 부산총회가 끝이 났다. 의연히 이를 막아 선 서기행 목사의 일도 끝이 났다. 전립선암과 심장병 가운데서 여태껏 생명을 연장해 주시는 것이 이 일을 위함이라고 여기고 헌신하였다. 그리고 일을 완수하였을 때 하나님은 그의 대장에서 큰 암종(癌腫)을 제거하게 하셨다. 총회의 재정이 늘어날수록 정치꾼들이 기승을 부린다는 것을 누구보다 잘 알고 있었기 때문에 가급적 사비로 충당하여 일을 감당하고자 하였다. 만 3년을 이 일을 두고 하나님 나라와 한국 교회를 위하여 계속해서 기도하였다. 여력이 닿는 대로 보수교단의 신학자들에게 의뢰하여 세미나를 열고 발표된 글들을 모아 책을 만들어 총회에 배포하였다. 그리하여 전국 교회가 WCC의 실체와 에큐메니칼 신학의 실체를 알고 동시에 우리가 서 있는 정통 개혁신학과 신앙의 자리가 얼마나 귀한지를 심중에 깊이 각인하는 기회를 가지도록 하였다.

필자가 쓴 『교회의 '하나 됨'과 교리의 '하나임'』과 이를 요약한 『왜 우리는 WCC를 반대하는가?』와 『한국교회가 WCC 부산총회를 반대하는 이유』는 한국 교회의 귀한 유산이 되었다. 이 세 권의 책은 WCC 에큐메니칼 신학에 젖어 있는 세계 신학계에 던지는 정통보수신학자의 시대적 포효였다.

서기행 목사는 WCC대책위원회를 이끌면서 WCC 문제를 진리 문제로 규정하고 WCC의 실체를 신학적으로 엄밀히 파악한 후 정통교리를 떠난 WCC 에큐메니칼 신학이 얼마나 비성경적이고 반기독교적으로 전개되어 왔는지를 알리는 데 시종일관 주력하였다. 1959년 통합 측 이탈 때는 WCC 문제가 정치적 쟁점으로 비화되어 신학적으로 다루어지지 못했던 점을 상기하고 이번에는 이를 신학적 쟁점으로 삼아 도마에 올리고자 하였다. 중앙모임과 더불어 수차례 있었던 전국을 순회하는 지역별 모임과 여러 대회와 세미나 등을 통하여 WCC 부산총회가 불가함은 WCC의 신학이 불가하기 때문이라는 사실을 주지시키는 데 총력을 기울였다.

이러한 논지에 서 있는 책을 연이어 출판하고 여러 글들을 신문지상을 통하여 게재하였으며 방송매체도 적절히 이용하였다. 무엇보다 총회와 WCC대책위원회 이름으로뿐만 아니라 각 신학교와 총회 산하기관들의 이름으로 WCC를 반대하는 성명서를 발표하도록 함으로써 교단의 교회와 성도들이 한마음을 가지고 일사불란하게 이에 대처하게 하였다. 그리고 외연을 확장하여 여러 보수교단들을 한 울타리에 묶었다.

서기행 목사가 이끄는 WCC 대책위원회는 참 신학이라는 기치를 내걸고 큰 항모(航母)와 같이 움직였다. 멀리서 보면 서 있는 듯해도 수면 아래서는 세차게 물살을 가르고 신속하게 물길을 가르고 있었다. WCC를 유치하고 진행한 측에서는 서기행 목사의 WCC대책위원회가 가장 큰 도전이었으며 걸림돌이었다. 그들은 WCC대책위원회가 동성애나 개종금지 등과 같은 첨예한 현안들을 지적하며 피켓을 들고 구호를 외치는 정도로 반대운동을 전개할 것이라고 여겼고, 그리하면 이를 역이용하여 자신들의 '고상한' 명분을 이론적으로 부각시키리라 생각했었다.

그러나 정작 WCC대책위원회가 신학을 들고 정면으로 맞서, WCC 부산대회를 반대하기 전에 WCC 자체를 공격하고 그 존재를 거부하고 나서자 그들은 도무지 속수무책이었다. 평소에 그 많던 KNCC 이론가들은 다 어디로 갔는지 종적을 가늠할 수 없고 책은 고사하고 에큐메니칼 신학을 변호하는 제대로 된 신학적 논문 하나 새로 내지 않았다. 그저 '올림픽'이니 '잔치'니 하면서 초대하고, '마당'이니 '마디'니 하면서 교제하는 것에만 치중했다. 시종 '와보라'고만 할 뿐 초대하는 그들이 누군지를 알리는 데는 등한하였다. 그저 WCC의 연보와 행사를 알리는 팸플릿만 다양하게 나돌았다. 이로써 WCC가 얼마나 가시적이고 기구적인지 그 진면목을 보여 주었다.

WCC 부산총회가 끝난 후 필자는 이를 다음과 같이 평가하였다. 그 어조는 그 어느 때보다 날이 선명히 섰다.

WCC 제10차 부산총회, 기존 입장을 확언하며 종교다원주의를 심화

논란이 많았던 WCC 제10차 총회가 끝났다. 본래 이 총회는 다마스쿠스에서 개최될 예정이었으나 시리아 국내의 정치사정으로 말미암아 갑자기 부산으로 이첩되었다. 그만큼 급조된 성격이 없지 않았으며 별 이슈도 없이, 그동안 준비했던 몇몇 문건들만 확인하고 소란한 극을 마쳤다. 줄곧 관심의 대상이 된 것은 동성연애를 인정하는 입장을 공식적인 문건으로 채택하느냐 마느냐 하는 정도의 문제였다. 우리는 WCC의 대다수 회원이 이에 대한 찬성의 의견을 표명하고 있음을 보았다.

이미 예견되었던 바와 같이 WCC를 유치한 한국준비위원회 측의 내분도 시종 만만치 않았다. 한국준비위원회 측은 머리는 진보적인 사상을 담고 손발은 보수주의를 흉내 내는 데 급급했다. 이번 부산총회는 생명과 평화와 일치를 내세우고 남북한의 화해를 도모한다고 줄곧 선전했지만 북한의 정치적인 독립성을 존중한다는 일종의 이념적인 입장만 천명했을 뿐 북한의 인권에 대해서는 일언반구도 없었다. WCC가 서 있는 자리를 여실히 보여 주는 대목이었다.

WCC 부산총회는 처음부터 대안(代案)총회적인 성격이 강했으며 이를 주최한 측은 본질에 대한 인식을 결여한 채 우왕좌왕하며 막대한 물량을 쏟아 부은 회의장 밖의 행사를 알리기에만 분주했다. 우리는 이러한 모습을 접하면서 대내외적으로 쇠퇴일로에 있는 WCC의 위상을 발견하게 되었다. 20세기 중후반을 통하여 WCC가 외연을 확장할 수 있었던 것은 당시 첨예하게 표출되었던 동서(東西) 간의 이념 갈등과 아프리카와 라틴 아메리카를 중심으로 표출되었던 민족 분쟁과 인종 분쟁 그리고 사회적 갈등을 진보적인 자유주의 신학으로 해결해 보고자 했던 종교적인 요구가 있었기 때문이다. 그러나 더 이상 이러한 요구가 사라진 지금 WCC는 문화적이거나 환경적인 요소를 부각시키며 존립의 의의와 가치를 내세우나 별로 호소력이 없음을 이번 총회를 통하여 보여 준 것이다.

WCC 부산총회가 채택한 "하나님의 선물과 일치로의 부르심-그리고 우리의 헌신"과 여러 보고서들을 통하여서 우리는 10차 부산총회가 그동안 WCC가 견지해 온 입장을 더욱 노골적으로 심화시켰다는 사실을 확인할 수 있다.

첫째, 무엇보다도 눈에 띠는 것은 이번 총회가 종교다원주의적인 WCC의 입장을 분명히 개진했다는 점이다. 이번에 받아들인 "교회: 공동체의 비전을 향하여"라는 문건에서 WCC는 그리스도의 복음을 도외시하고 선교의 본질이 다른 종교들에 대한 다양한 종교 경험 가운데 범세계적인 친교를 이루는 데 있다고 주장하였다. 그리고 그리스도는 모범적인 선교의 한 전형을 보여 주었을 뿐 그 자신이 유일한 복음이 되지는 않는다는 점을 천명하였다. 이번 총회를 통하여서 WCC는 성경의 진리는 차치하고 "타 종교 안에 있는 진리의 선함의 요소"를 더욱 자주 입에 올렸다. 그들은 성경이 유일한 복음의 진리, 즉 계시라고 말하지 않고 단지 복음에 이르는 "원천적인 자료"에 불과하다는 그동안의 입장을 다시 확인하였다. WCC는 신앙이 구원에 이르는 길이라는 점을 말하지 않고 단지 그것은 "합의적 신뢰"에 불과하다고 말하였다. 사실상 오직 그리스도를 믿음으로 구원에 이른다는 진리를 외면한 것이다.

둘째, 이번 총회를 통하여서 WCC는 로마 가톨릭과의 협력과 일치를 더욱 진일보시켰다. "로마 가톨릭교회와 세계교회협의회 간 신구교 공동사업기구," "타 종교 세계에서의 기독교의 증언," "함께 생명을 향하여" 등의 문건을 통하여서 WCC는 로마 가톨릭교회의 교황 수위권(首位權)을 소개하며 이에 대한 반대 입장을 분명히 표명하지 않으므로 사실상 이를 인정하는 분위기를 조장했다. 특히 주목할 것은 종교다원주의에 우호적인 WCC의 최근 경향이 로마 가톨릭의 노선과 궤를 같이 하고 있다는 점이다. WCC가 다루고 있는 첨예한 신학적 논제들의 배후에는 로마 가톨릭 신학자들의 주도적인 관여가 있음을 우리는 기억해야 한다.

셋째, 우리가 이번 총회에서 채택된 세계 선교와 전도위원회의 "함께 생명을 향하여"라는 문건에서 보듯이 WCC는 보혜사 성령을 성도들의 생명이 되는 구원의 영으로 보지 않고 단지 "세상을 하나로 묶는 창조의 영"에 불과한 것으로 여긴다. 이번에 WCC는 선교를 보편적인 인류의 격을 높이는 창조적인 행위에 불과하다는 점을 더욱 노골적으로 표명하였다. 그리하여 인류애를 고양하기 위한 "투쟁과 저항으로서의 선교"를 말하기도 하였다. WCC가 말하는 "생명의 잔치"에는 성경적 구속(救贖) 개념이 없다. 이번에 채택된 "모두의 생명, 진리, 평화를 위한 경제: 행동 촉구 요청"이라는 문건에서 "생명경제"라는 말을 만들어 "온 피조물의 생명과 하나님의 생명이 서로 연결되어 있다"고 천명한 것도 이를 입증한다. 이는 WCC가 교회가 아니라 인류의 일치를 추구하는 세속기구의 성격을 띠고 있음을 보여 주는 단면이다. WCC는 세속적 친교에 기독교적 의미를 덧칠하려고 할 뿐 진정한 성도의 교제에 대해서는 관심이 없다.

넷째, 이번 부산총회에서 WCC는 진리를 묻지 않고 가시적이며 기구적인 연합과 일치만을 주장하는 자신들의 입장을 다시금 확인하였다. 그들은 성도의 교제는 불문하고 "창조세계의 교제"를 전면에 내세웠다. 그리고 "하나님의 구상은 인간과 모든 창조를 그리스도의 주권하에 있는 친교 속으로 모으는 것"이라고 천명하였다. 이는 오직 그리스도만이 구원의 진리며 생명이 된다는 사실을 도외시하고 그리스도가 보여 준 아량으로 모든 종교를 하나로 묶자고 외치는 WCC의 저의를 뚜렷이 보여 주는 논거가 된다. WCC는 교회의 연합과 일치를 외치지만 사실 그들이 말하는 교회는 이미 교회가 아닌 것이다. WCC가 교회의 본질로 여기는 "공동체적 친교"에는 사람들의 일상적인 만남과 교통만이 있을 뿐 그리스도의 의로 말미암은 구원의 생명의 역사가 없다. 그러므로 WCC가 추구하는 에큐메니칼 운동은 교회의 연합과 일치는커녕 교회의 존립 자체를 해치고 있는 것이다.

하나님은 제10차 WCC 부산총회를 통하여 우리가 그동안 주장해 온 왜 우리가 WCC를 반대하는지에 대한 명분을 더욱 뚜렷이 부각시켜 주셨다. 이번에 우리는 WCC로부터 영구탈퇴하고 WCC에 대한 참여뿐만 아니라 어떤 협력도 거부하는 교단 총회의 결의가 얼마나 적합한지를 다시금 인식하는 계기를 가지게 되었다. 심지어 WCC를 주최한 측에서조차 일각에서는 WCC가 얼마나 기독교와 공존할 수 없는 단체라는 것을 이번 기회에 알게 되었다는 자조적인 평가를 내놓기도 한다. WCC 부산총회를 앞두고 우리 교단은 대책위원회를 조직하여 선도적으로 이에 대한 일사불란한 대응을 해 왔다. 수회 WCC를 비판하는 심도 있는 책을 출판하였으며 교단의 총합된 뜻을 여러 차례 선언문과 세미나 등을 통하여 표출하였다. 그리하여 우리 교단 내에 어떤 교회나 목회자도 이에 참여하거나 협조하는 일이 없었으며 오히려 WCC를 주최하는 측으로부터 여러 교회와 성도들이 이탈하는 결과를 보기도 하였다.

우리는 WCC를 진리 문제 및 생명 문제로 인식한다. 그러므로 어떠한 타협도 불허한다. 진리가 아닌 것과는 하나가 될 수 없다. 진리가 다름에도 불구하고 모여서 하나가 되고자 하는 것은 진정한 하나 됨을 포기하는 것이다. WCC는 WCC가 추구하는 근대적 에큐메니칼 운동은 진리여하를 묻지 않는다고 공언해 왔다.
주도 하나며 성령도 하나요 진리도 하나일진대, 어찌 진리를 불문

(不問)하는 연합과 일치를 말할 수 있겠는가?

이번에 채택된 "신학교육에 대한 에큐메니칼 서약"에서 WCC가 천명한 다음 말은 얼마나 가당치 않은가?

> 신학교육은 본질적으로 모든 기독교 교회를 하나로 묶어 주는 에큐메니칼 과업이다. 다른 교파 전통의 광범위한 스펙트럼에 적절하게 주의를 기울이지 않고 에큐메니칼 정신으로 만들어지지 않은 신학교육 커리큘럼은 그리스도의 몸의 일치를 위반하고, 그리스도의 몸에 대한 교단적 분열을 장기화한다.

이러한 적반하장이 어디에 또 있겠는가?

어찌 진리이신 그리스도를 난도질하면서 교회의 연합과 일치를 말할 수 있겠는가?

진정 그리스도의 교회가 하나라는 사실에 대한 일말의 신념이라도 있다면 WCC는 우선적으로 WCC 자체부터 해체해야 할 것이다.[16]

이 글이 실린 일주일 후 11월 19일에 WCC대책위원회가 모여 새로 임원을 인선하였다. 그동안 위원장, 부위원장, 총무로 섬겼던 서기행 목사, 김동권 목사, 홍정이 목사는 고문으로 추대되었다. 지도교수로는 정규남, 서철원, 문병호의 이름이 올랐다. 위원들은 거의 교체되었다. 그리고 12월 13일에 새로이 위원장이 선임되었다. 이날 서기행 목사는 전 위원장으로서 간략하게 그동안의 활동보고를 하였다. 사실상 공식적인 WCC대책위원회 위원장의 일을 마치고 인계까지 한 것이다.

칼빈이 말했듯이, 하나님은 보이지 않는 손으로 일하시되 보이는 사람의 손을 사용하신다. 역사에 가정은 부질이 없다고 하지만 과연 서기행 목사가 없이 WCC의 거센 파고를 헤쳐 나갈 수 있었겠는가 질문을 던지지 않을 수 없다. 많은 단체와 모임에서 WCC 반대의 목소리가 높았지만 몇몇은 처음에 한동안 그리했고 몇몇은 마지막이 되어서야 한때 그리했다. 한기총은 처음에는 성대한 진수식을 치르듯이 WCC 부산총회 반대를 외치고 나섰지만 곧 이에 협력하겠다고 선언까지 하며 입장을 급선회하였다. 총회의 결의에 따라 모임을 갖게 된 세계개혁교회협의회 추진위원회도 WCC와 교류하고 있었던 WEA 한국대회 유치를 도모하면서 한기총과 같은 대열에 섰다.

이와는 대조적으로 몇몇 단체들은 WCC 부산총회 현장에 참여하여 구호를 외치는 것으로 모든 일을 자기들이 다 한 것과 같이 내세우기도 하였다. 그늘은 서기행 목사나 WCC대책위원회가 이 일에 미온적이라고 공개적인 비판도 서슴지 않았다. 그러나 이런 식의 전시적(展示的) 대처로 일관했다면 결국 WCC의 뜻대로 휘말려 들어가고 말았을 것이다.

하나님은 이 일을 위하여 서기행 목사를 평생 준비하셨으니, 어릴 때부터 뼛속 깊이 보수신학을 새겨 넣으셨다. 교역과 교정의 경험을 통하여 교회가 무엇인지 총회가 무엇인지 그 실체를 낱낱이 알게 하셨다. 교단 합동의 주역으로 사용하셔서 진리 외에는 교회를 궁극적으로 하나로 맬 끈이 없다는 것을 깨닫게 하셨다. 서기행 목사는 대성교회의 분열을 통하여 진리 외의 문제로 교회가 나눠지는 것이 얼마나 쓰라린지를 통렬하게 절감했다. 그리고 예장합동과 예장개혁의 교단 합동을 통하여 한 진리 가운데 주 안에서 하나가 되는 것이 얼마나 값지고 벅찬 것인지를 누구보다 잘 알고 있었다. 그리하여 성경의 가르침을 사악하게 왜곡하는 WCC야말로 교회의 연합과 일치의 적이 되며 분열과 분파의 온상이 된다는 결론에 이르렀다.

WCC대책위원회 활동을 통하여 서기행 목사는 단지 WCC에 반대하는 데 그치지 않고 적극적으로 성경의 진리를 선포하는 데 지향점을 두었다. 그의 심중에는 WCC 부산총회나 WCC 자체에 대한 반대를 넘어서서 참 신학 아래 하나님의 교회를 하나로 모아보고자 하는 뜻이 있었다. 이런 점에서 서기행 목사의 WCC 반대운동은 더 큰 단계의 교단 합동운동이었던 것이다.

제5부
말씀의 종

하나님의 말씀을 깊이 연구하고 묵상하여 강해하는 데 주력하였을 뿐만 아니라 강단에서 선포된 말씀을 심령 가운데 고백하고 삶 가운데 적용할 수 있도록 자세히 풀어서 가르치는 일에도 등한하지 않았던바, 또한 부흥사로서 한 교회 안에 머물지 않고 전국 교회를 품에 안았다.

제9장
생명의 말씀에 생명을 걸다

기록의 사람

서기행 목사는 거의 원고설교를 하였다. 원고를 작성한 후 수차례 읽고 강대상에 올랐다. 부흥회 중에도 원고에 기초해서 말씀을 전하였다. 원고는 거의 만년필로 기록하였다.

그 양식을 굳이 하나로 특정하기는 어려우나 대체로 주제설교와 강해설교가 적절하게 어우러졌다. 부흥회의 낮 공부 시간이나 종교개혁 주간 등 주제가 특정된 경우가 아니면 교리를 그대로 전하는 설교를 하지는 않았다. 그러나 주어진 본문에 담겨있는 교리적 교훈을 설교 때마다 뚜렷이 부각시켰다.

본문은 너무 길거나 짧지 않게 정하였다. 대체로 다섯 절 전후로 잡았다. 본문이 말하는 바를 좇아 대지(大旨)를 서너 개로 나누고 각 대지를 다시 여러 소지(小旨)로 나누어 설교를 구성하였다. 그리하여 설교 내용이 풍부한 반면 지루하게 흐르지 않고 똑똑 의미 단위로 끊어졌다. 이에 강한 어조와 확신에 찬 논리가 더하여져 한 편의 설교가 기승전결을 분명히 갖췄다.

　기록한 원고는 설교 전에 붉은 펜으로 줄을 쳐가며 두어 차례 읽었다. 그렇게 하면서 주요한 성경구절은 거의 암송하다시피 했다. 설교문 작성에는 주석을 많이 활용하고 여러 책과 신문과 시사 잡지 등 간행물도 요소별로 참작하였다.

　어릴 때부터 서기행 목사는 예배드리기를 좋아했으며 감화가 깊은 말씀은 노트에 개요를 정리해 두는 습관을 지녔다. 고등학교 때나 신학교 시절 때나 군에 있을 때 주일에 몇 차례 예배를 드리며 여러 교회에서 다양한 설교를 들어 보고는 하였다. 그리고 설교내용을 메모해 두고 수시로 보고 익혀 설교하거나 가르칠 때 활용하였다. 한때는 대전남부교회의 담임목사로서 총회장을 역임하신 박요한 목사님을 매주 방문하여 주일 설교문을 필사하여 참조하기도 하였다. 필기구는 거의 만년필을 사용하였다. 필체에 힘이 넘쳤다. 단락을 나눌 때는 한 줄을 띠워서 썼다. 그래서 설교할 때 한눈에 파악되기 쉽도록 하였다.

　처음에는 설교문을 링이 있거나 없거나 한 소프트커버로 된 얇은 노트나 그보다 지면의 수는 더 많으나 크기는 더 작은 메모장 같은 노트에 꼼꼼히 기록하였다. 대체로 한 권의 분량은 중고등 학생들이 한 학기에 한 과목의 수업을 기록할 만큼 되었다. 1954년 고등학교 3학년 때 설교와 몇몇 글들을 모아놓은 노트가 가장 이른 것으로 남아 있다. 여기에는 성경의 가르침을 문답식으로 정리한 "성경연구통신학교 문제"와 초대 교회의 역사를 교리를 중심으로 기록한 "기독교사"와 10여 편의 설교가 실려 있다. 이와 함께 몽탄중앙교회 서리집사, 신학교, 군대, 김제 송지동교회, 목포동문교회, 목포영락교회 시절의 설교와 글을 모은 노트가 16권 남아 있다. 그 가운데는 "신앙의 원리" 두 권과 "신앙의 도리" 한 권 그리고 "목포노회교사강습회 원고"가 한 권 포함되어 있다.

이렇듯 처음에는 보통 노트를 사용하였으나 김제 송지동교회에 부임한 지 2년 후인 1964년 설교부터는 검정 하드커버로 된 보조부(補助簿)에 기록하였다. 종이의 면이 넓고 질이 두꺼워 만년필로 써도 잉크가 배이지 않고 넘기기도 쉬웠다. 한 권의 분량이 꼭 200페이지였다. 페이지마다 검정 스탬프로 찍어 놓은 듯 번호가 크게 매겨졌다. 책꽂이에 꽂으면 전면으로 보이는 면과 모서리에는 연한 감색으로 된 테가 둘러져 있었다.

　1971년 후반기까지의 약 7년간의 설교를 수록한 처음 26권에는 그곳에 설교집 번호를 적어 식별하게 하였다. 이후 설교집은 순서별로 번호를 매기지 않고 년도로 표시하였다. 그것이 2011년 설교까지 이어졌다. 어떤 시기에는, 특히 1971년부터 1975년까지, 보조부가 아닌 링이 있거나 없는 하드커버로 된 두꺼운 노트에 설교를 기록하기도 하였다. 그리고 율법서, 역사서, 문학서, 예언서, 복음서, 서신서 등으로 주제를 나누어 한 설교나 일부 주일새벽 예배도 그렇게 하였다. 2005년 10월 말에 은퇴한 이후에는 간헐적이지만 정기적으로 대성교회에서 주일 낮과 오후에 설교하였다. 2011년까지는 그 설교 전부가 보조부에 실렸다. 그러나 그 이후의 설교나 부흥회의 강의 등은 별도의 노트나 종이에 기록하였다.

　이리하여 지금까지 남겨진 설교집이 노트 41권과 별도의 새벽 예배 강해설교와 요절해석 모음집 10여 권을 포함하여 총 153권에 달한다. 그 대부분은 100권이 넘는 보조부가 차지한다. 이렇듯 서기행 목사는 가히 '기록의 사람'이라고 불릴 만하다. 이 호칭에 걸맞게 교회의 당회록, 제직회의록, 재정장부 등을 기록하거나 해마다 배포되는 교회요람을 작성하는 데 있어서도 철저함을 보였다.

면밀한 설교계획과 구성

서기행 목사는 설교를 작성함에 있어서 일차적으로 본문의 문자적인 의미를 원문과 문맥에 비추어 석의하고, 그것이 지시하는 교리적 의미가 무엇인지를 신학 전반에 비추어 면밀하게 파악한 후, 그것이 성도의 삶에 주는 교훈을 구체적으로 열거하면서 다루는 데 역점을 주었다.

설교 본문은 일 년 치를 사전에 정해 놓았다. 설교를 작성할 때는 먼저 주어진 본문에 대한 주석을 대여섯 권 읽어 본 다음 성경을 면밀히 읽고 대지를 세 가지나 네 가지로 잡은 후 작성하였다. 칼빈 주석을 가장 많이 활용하고 박윤선 주석이나 호크마 주석, 풀핏(Pulpit) 주석, 그랜드 주석, 매튜 헨리(Matthew Henry) 주석, 카일·델리취(Keil & Delitsch) 구약 주석, 렌스키(R. C. H. Lensk) 신약 주석, 헨드릭슨(William Hendriksen) 신약 주석 등을 사용하였다. 그리고 일본 주석도 참조하였다. 설교에는 여러 신학 서적과 일반 서적으로부터 광범위하게 인용되었다. 주요한 신학서적은 신간이 나오자마자 구입하여 읽었다. 무엇보다 총신대학교 신학대학원 교수들의 책과 정통 보수신학자들의 글은 빠짐없이 읽었다. 박형룡 박사의 조직신학 전권도 수시로 읽고 되새겼다. 본문을 적용하는 부분에서는 예화도 종종 사용하였지만 갈수록 횟수를 줄였다. 그 대신에 직접 경험한 일을 가미하였다.

주로 1-3월은 신년을 맞이해서 정결한 심령으로 새로운 출발을 하자는 의미에서 기도와 회개 설교를 많이 하였다. 4월은 봄의 가지가 많은 새싹을 내고 농부가 씨를 뿌리듯 전도에 힘쓰자는 말씀에 주안점을 두었다. 5-6월에는 부모와 자식의 관계와 부부의 관계 등 가정생활에 관한 성경의 가르침을 전하는 데 주력하였다. 7-8월에는 염천(炎天)의 태양빛 아래에서도 시들지 않고 오곡이 무르익어 가듯이 하나님의 백성의 삶도 그러해야 한다는 측면에서 성도의 윤리를 많이 강조하였다. 그리고 9-10월은 만물의 생성과 결실을 주장하시는 하나님이 기적적으로 자기의 뜻을 이루어 가심을 확신하고 흔들리지 않는 가운데 구원을 이루어 가야 할 성도의 믿음과 인내에 대해 많은 관심을 쏟았다. 그리고 11월에는 감사에 관한 말씀을 자주 전하고 명년(明年) 헌금도 작정하였다. 그리고 12월에는 성탄절과 송구영신 등을 기화로 성도의 교제를 강조하는 설교를 많이 하였다.

성경 전체를 장과 절의 순서로 전하는 강해설교는 주일 낮에는 거의 하지 않았다. 그중 가장 주목할 만한 것은 2001년 3월 11일부터 2004년 4월 18일까지 총 112회 동안 있었던 마가복음 강해였다. 강해설교는 수요일 밤 예배 때 주로 하였으며 금요일 밤에 이어서 한 경우도 있었다. 처음으로 빌립보서 강해가 1970년을 전후하여 있었다. 그리고 요한계시록 강해가 1972년 5월 3일부터 1975년 2월 26일까지 총 94회, 산상복음 강해가 1975년 7월 16일부터 1977년 1월 12일까지 총 17회, 사도행전 강해가 1977년 2월 2일부터 1980년 7월 16일까지 총 93회, 마태복음 1:1-7:12의 강해가 1981년 1월 14일부터 1981년 12월 9일까지 총 19회, 고린도전서 강해가 1984년 7월 25일부터 1986년 11월 5일까지 총 70회, 창세기 강해가 1986년 11월 26일부터 1990년 6월 13일까지 총 83회, 야고보서 강해가 1999년 1월 6일부터 2000년 4월 12일까지 총 46회 설교되었다. 이 가운데 요한계시록 같은 경우는 초창기부터 서너 차례 강해하였다. 굳이 전권의 강해라고 할 수는 없으나 사복음서와 로마서 등은 대부분의 본문을 다루었다. 예컨대, 로마서는 1980년 이전은 약 66회, 1980년부터 2005년까지 약 100회, 그 이후 약 11회 설교하였다.

강단의 신학

교리설교가 따로 없다. 설교의 주제에 교리가 담겨 있어야 하기 때문이다. 흔히 교리는 성경의 가르침에 대한 고백을 교회가 진술한 명제라고 정의되는 바, 궁극적으로 설교의 가르침과 교리는 구별은 되나 분리할 수 없다. 서기행 목사는 어릴 때부터 김일남 목사와 같은 정통보수신학에 올곧게 서 있는 목회자들의 영향을 받았고 신학교 시절에는 박형룡 박사의 가르침에 심취하였으며 평생을 통하여 칼빈과 그의 후예들의 개혁신학을 심화시키는 데 주력했다. 이러한 배경이 그의 설교에 어김없이 잘 드러나 있다. 그 근간을 이루며 자주 선포되는 교리적 가르침을 다음과 같이 크게 열두 가지로 정리할 수 있다.

첫째, 하나님 중심!

그 핵심은 예배에 있다. 성도들이 정한 시간에 예배당에 모여서 순서에 따라 드리는 예배를 넘어서서 삶이 예배이다. 하나님의 백성은 각자가 하나님의 성전이다. 주일 예배로부터 이어지는 6일간의 삶의 예배가 시작된다. 제자가 되기 전에 예배자가 되어야 한다. 하나님은 신전의식(神前意識, *coram Deo*)을 가지고 언제나 깨어서 자기를 경외하는 백성을 기뻐하신다. 하나님을 중심에 둔 성도는 그 뜻하는 바와 행사가 사람과 세상이 아니라 하나님과 그의 나라에 부합해야 하며 유익해야 한다. 세상의 논리와 가치관이 아니라 하나님을 영화롭게 하고 그를 즐거워하는 것이 삶의 좌표나 목표가 되어야 한다.

둘째, 오직 성경으로(*sola Scriptura*)!

물고기가 물을 떠나 존재할 수 없고 나무가 땅을 떠나 뿌리를 내릴 수 없듯이 성도는 성경의 지반 위에 서야 하고 성경의 가르침으로 자라가야 한다. 성경을 떠난 믿음은 자기주장과 자기최면에 불과하다. 성경은 하나님의 감동으로 기록되었기 때문에 그 가르침에 있어서뿐만 아니라 문장과 단어에 있어서도 무오하다. 이러한 성경의 축자영감(逐字靈感)을 부인하게 되면 성도의 신앙과 삶이 흐트러지고 교회가 무너지고 만다. 성경은 일점일획도 가감될 수 없으며 그렇게 가르치거나 선포해서도 안 된다.

셋째, 전적으로 타락하여 성한 곳이 없으니!
의인은 없되 하나도 없다. 타락한 인류는 죄를 물먹듯이 한다. 죄성(罪性)에 젖어 불가불 죄향(罪向)을 드러내며 죄행(罪行)에 이른다. 무엇보다 범사에 종교성이 있으나 그것이 왜곡되어 우상을 만들고 그 앞에 절하며 섬긴다. 하나님을 없다 하며 세상의 불법과 미혹으로 하나님의 진리에 대항한다. 맹목적 자기애(自己愛)에 도취되어 자기를 인정하는 정도만큼 하나님을 부인한다. 그리하여 자기의 자리와 하나님의 자리를 분별하지 못한다. 그 결과 교만이 들어오고 판단과 시기와 질투와 분쟁과 미움과 살인이 그 뒤를 잇는다. 하나님을 떠나 다른 것에 의탁하니 음란의 본질에 여기에 있다.

넷째, 오직 그리스도로(*solo Christo*)!
하나님은 자기 백성을 구원하기 위하여 아들을 이 땅에 보내셔서 대속의 모든 의를 다 이루게 하셨다. 생명이 피에 있고 피 흘림이 없이는 죄 사함이 없으니 그리스도의 피가 구원의 값이 되었다. 그의 죽음은 죽음을 죽이는 죽음이니 그와 함께 죽은 자는 그와 함께 살아난다. 십자가와 부활의 도가 여기에 있다. 그는 우리와 같으시나 죄는 없으시다. 그리하여 우리를 위한 흠 없고 점 없는 어린 양으로서 단번에 영원히 자기 자신을 제물로 드리시고 그 의를 우리의 것으로 삼아 주사 우리의 구주가 되셨다. 그러므로 성도는 그가 누구시고 무엇을 하셨으며 그의 가르침이 무엇인지를 깊이 생각하고 배우기에 힘써야 한다.

다섯째, 오직 믿음으로(sola fide)!
그리스도의 이름 외에 천하에 구원 받을 다른 이름이 없다. 믿음은 그리스도의 말씀을 들음으로 말미암는다. 믿음이 없이는 영원하신 말씀이신 예수 그리스도를 구주로 영접할 수 없다. 그 말씀 안에 생명이 있으며 그 생명이 사람들의 빛이다. 믿음은 구원의 선물이다. 그러므로 믿음에는 아무 공로도 없다. 믿음에는 사랑과 소망과 인내와 절제가 따른다. 믿음에는 역사하는 힘이 있다. 믿음이 겨자씨만큼만 있어도 산을 움직일 수 있다. 믿음이 없이는 하나님을 기쁘시게 하지 못한다. 믿음은 나를 주장하며 내 속으로 침잠하는 것이 아니라 나를 부인하고 하나님께 나아가는 것이다.

여섯째, 오직 은혜로(sola gratia)!
믿음으로 그리스도를 믿어 구원에 이르는 데 있어서 우리에게는 아무 공로도 없다. 창세 전에 삼위일체 하나님은 자기의 기쁘신 뜻에 따라 인류의 일부를 자기 자녀와 상속자로 선택하셨다. 그리스도 안에서 그리하셨다. 택함을 받은 백성은 그리스도의 공로로 새 사람이 된다. 새 생명을 얻어 하나님의 자녀가 되고 그에 걸맞은 거룩한 삶을 살아가게 된다. 그러므로 범사에 감사해야 한다. 모든 일로 감사의 제사를 하나님께 올려드려야 한다. 아무것도 나로 말미암지 않으므로 오직 하나님과 그의 보내신 자 아들만을 자랑해야 한다. 이 땅의 삶이 오직 은혜이듯이, 이후의 상급도 오직 은혜로 주어진다. 그러므로 금생과 내생의 삶이 모두 은혜 위의 은혜이다.

일곱째, 그리스도를 본받아!
하나님은 우리 안에서 우리의 것이 아니라 자기가 주신 것을 찾으신다. 하나님이 받으시는 것은 우리가 그에게서 받은 것밖에 없다. 우리로부터 나온 것은 모두 추하고 악하기 그지없기 때문이다. 하나님은 자기 아들을 우리에게 주셨다. 그리하여 우리가 그리스도와 하나가 되어, 그와 함께 죽고 살고, 그와 같이 생각하고 뜻하며, 그와 함께 누리고 즐거워하게 하셨다. 그와 함께 영광을 받기 위하여 고난도 함께 받게 하셨다. 자기를 부인하고 십자가를 지고 그를 따르게 하셨다. 그리하여 그리스도의 심장과 마음을 지니고 그리스도의 형상을 이루게 하셨다.

여덟째, 교회는 주님의 몸이니!
성도는 교회의 지체로 거듭난다. 그러므로 거듭남과 입교가 세례의 때에 물로 씻음으로 함께 제시된다. 교회의 머리는 그리스도시며 성도는 각각 그 지체가 된다. 나무가 물관과 체관을 통하여 수분과 양분을 공급받듯이 성도는 그리스도의 의로 살고 자라 간다. 교회는 그리스도의 이름으로 예배드리고, 신앙을 고백하며, 기도하며, 헌신하는 하나님의 집이다. 이 땅의 나그네의 삶을 살아갈 때 교회는 성도의 거처가 된다. 지상의 교회를 거치지 않고 아무도 천상의 교회에 이를 자 없다. 교회의 직분은 권세이기 이전에 성도가 감당해야 할 마땅한 직무이다. 성령의 은사는 교회를 세우기 위해서 부여된다.

그러므로 교회를 떠난 은사는 헛되다.

아홉째, 죽도록 충성하라!
하나님은 그의 법을 즐거워하고 허탄한 것에 마음을 쏟지 않는 자를 기뻐하신다. 하나님은 뜻하신 것을 친히 이루신다. 친히 이루시되 사람을 도구로 사용하신다. 하나님은 심지 않은 곳에서 거두시고 헤치지 않고도 모으실 수 있지만 자기 백성을 사용하셔서 자신의 뜻을 이루신다. 무엇보다 중심이 합한 자를 찾으시니, 주일성수(主日聖守)에 엄격하고, 경건한 삶에 힘쓰며, 하나님의 뜻을 좇아 헌금하고 헌신하며, 부모에게 효도하고 이웃을 사랑하는 자를 기뻐하신다. 단지 자기가 가진 몇몇 소유가 아니라 자기 자신을 부끄러울 것이 없는 일꾼으로 드리는 자를 찾으신다.

열째, 쉬지 말고 기도하라!
기도는 하나님의 뜻을 구하며 그 뜻 가운데 자신을 위탁하는 것이다. 기도는 나의 뜻과 계획을 내세워 하나님을 조종하는 것이 아니라 '그리 아니하실지라도' 하면서 하나님의 편으로 이끌려 가는 것이다. 기도하는 자는 자기 공로를 헤아리거나 자기 기질이나 형편을 따지기보다 여호와가 자기의 어떠하심을 좇아 행하실 큰 역사를 잠잠히 바라보며 소망한다. 기도는 이성의 도구가 아니라 믿음의 도구이다. 기도는 인본이 아니라 신본의 영역이다. 하늘 보좌를 움직이는 일이다. 성도는 기도로 밤을 밝히고 새벽을 깨워야 한다. 주님과 같이 기도해야 한다.

열한째, 그가 속히 오시리라!

성도는 본향을 찾는 고독한 나그네(孤客)이다. 지상의 삶이 끝이라면 천상의 소망은 헛것에 불과할 것이다. 천상의 삶이 없다면 우리의 믿음도 구원도 무가치할 것이다. 성도는 이 땅에 거주하되 천국의 시민권을 지니고 있다. 본향이 하늘에 있다. 그러므로 땅의 일에 궁극적인 가치를 두지 말고 위에 속한 것을 바라보아야 한다. 마지막 때 우리는 진리의 말씀에 온전히 서서 어떤 미혹이나 불법에도 실족하지 않고 인내로 믿음의 경주를 다하여 하나님이 부여하신 사명을 이 땅에서 완수하여야 한다.

열두째, 오직 하나님께 영광을(soli Deo gloria)!
하나님께 영광이 되지 않는 것으로서 우리에게 유익한 것은 없다. 먹든지 마시든지 무엇을 하든지 하나님의 영광을 위하여 해야 한다. 하나님은 스스로 계시고, 만물을 지으시며 보존하시며 운행하시며 통치하신다. 그가 아들을 보내셔서 대속의 의를 다 이루심으로 우리를 자기 자녀로 삼으셨다. 그는 처음이요 나중이시며, 시작이며 끝이시다. 만물이 그에게서 나오고 그로 말미암고 그에게로 돌아간다. 그에게서 나오지 않은 것으로서 그에게 돌려질 것은 아무것도 없다. 그에게 돌려지는 것조차 그의 것이다. 그러므로 오직 그에게만 영원히 영광을 돌려야 한다.

교회력에 따른 설교

설교는 예배의 일부이며 예배는 목회자에게 있어서는 목양의 가장 본질적인 부분을 차지한다. 참 교회는 말씀을 가르치고 선포하는 일로 어머니와 같은 역할을 감당한다. 초대 교회 키프리안(Cyprianus)이 말했고 어거스틴과 칼빈이 강조했듯이, "하나님을 아버지로 모시는 자는 교회를 어머니로 둔다." '가르치는 교회'(teaching church)와 '선포하는 교회'(preaching church)로서의 지교회의 역할은 목사의 직분에 결정적으로 관련되어 있다. 목사는 말씀을 선포하는 강도권, 세례와 성찬을 집례하는 성례거행권, 교회의 질서와 성도의 덕을 세우는 (建德) 권징시행권, 말씀을 가르치는 교사권을 지니고 있기 때문이다. 이는 목사의 권세이자 동시에 의무이다.

강단에서 선포되는 말씀은 교리적 가르침과 궤를 같이 한다. 그것이 가장 현저하게 드러나는 것이 연중 교회력에 따른 설교, 이른바 '절기설교' 이다. 교회의 월력에 따라 행해지는 설교는 구속사적이며 구원론적인 의미를 동시에 내포하고 있기 때문에 선포와 함께 적용이 분명해야 한다. 그러므로 해마다 그 말씀이 새롭게 감화되어야 한다. 서기행 목사는 이를 특별히 염두에 두었다. 말씀의 반석 위에 교회가 세워진다면 '절기설교'는 그것으로부터 솟아오른 기둥과 같다고 여겼다. 이하에서 절기에 따른 주일 낮 설교의 내용을 정리해 본다.

1. 신년주일
　1) 한 해의 표어를 중심으로 설교함
　　한국 교회와 사회의 상황과 교회의 현안과 지향점 등을 고려하여 표어를 정한다. 예컨대 1998년의 표어는 "기독교회의 사명"이었고 설교 제목은 "선교, 교육, 사랑"이다. 이를 사도행전 1:8, 마태복음 28:20과 22:77에서 원리를 세운다. '일어나라,' '빛을 발하라,' '빛을 발하는 성도,' '성령의 충만'이라는 대지로 이를 선포한다.
　2) 신년 예배 이후 수 주일의 설교를 통해 표어를 실행하는 방법을

제시함

예컨대 "사랑의 교회," "예수께 받은 사명," "길 잃은 양을 찾아라" 등으로 이어진다.

3) 이러한 신년의 주제를 전년도 말부터 미리 암시함

예컨대 다음 해 주제를 미리 생각해서 그 전년 말의 교사헌신 예배 제목을 "빛 같이 빛날 교사"로 정한다.

4) 표어를 통하여 신자가 은혜의 방편을 활용할 것을 촉구함

이와 관련된 기도를 드리고 예배 때 설교와 광고 등을 통하여 이를 강한다.

2. 성례주일/고난주간

1) 예수님이 고난 당하신 이유에 대해 설명함

이사야 53장을 중심으로 대속적 죽음의 의의와 가치를 선포한다. 그리스도가 구약의 예언을 성취한 메시야요 구원자로서 고난을 받으심을 강조한다.

2) 예루살렘 입성을 중심 사건으로 다루면서 그 핵심 요소들을 구약에 비추어 설명함

종려나무는 번영, 승리, 거룩함을 상징한다. 나귀 타심과 무리에게 고난과 수난을 당하심은 구약 예언의 성취이다.

3) "무리"의 특성을 지적함

사람들은 처음에는 구약의 말씀에 비추어 예수님의 존재와 사역을 받아들였다. 그리하여 나귀 타고 오시는 주님을 향하여 "호산나 다윗의 자손이여"라고 외치며 종려나무 가지를 흔들었다. 그들이 곧 배반하였음을 생각하면 이러한 환호가 놀랍다.

4) 고난주간 중의 수요 예배 시에는 "종말의 징조"에 대해 설교함

주님이 고난 당하신 때와 같이 말세에는 질서가 파괴되고 혼란스러울 것이며 적그리스도가 나타날 것이므로 성도는 전신갑주를 입고 영적으로 깨어 있어야 한다.

3. 부활절

1) 부활의 역사적 정황과 실재성을 매우 중히 여기고 증명하려 함.
가롯 유다의 음모와 잡히심 등 당시의 상황들을 구체적으로 설명하고 주님이 죽음을 증명하는 여러 사실들을 구체적으로 제시한다. 그리고 현대비평신학자들이 주장하는 유괴설, 환상설, 도적설, 기절설 등을 배격한다.

2) 부활하신 후 예수님은 많이 질문하셨음
"왜 우느냐," "나를 사랑하느냐," "평안하느냐," "죽은 자를 산 자 중에 찾느냐" 등 친히 육성으로 물으셨다.

3) 부활이 증명하는 것
부활은 성경의 말씀을 이루신 사건으로서 동정녀 탄생과 구약 예언의 진실성을 증명한다.

4) 부활하신 후 주님은 많이 명령하셨음
"성령을 받으라," "믿어라," "내 말을 기억하라," "증인이 되라," "세례를 주어라" 등의 말씀을 육성으로 하셨다.

5) 부활하신 주님은 많은 사람들에게 자신을 드러내셨음
막달라 마리아, 5백여 명의 제자들, 바울, 요한 사도, 베드로, 엠마오로 가는 제자 등 총 14종류의 무리에게 나타나셨다.

6) 부활이 기독교의 핵심인 이유를 설명함
주님의 부활이 없다면 십자가의 죽음이 헛되며 대리적 속죄가 있을 수 없다. 사람의 아들로서 죽임을 당하신 분이 다시 살아

나심으로 하나님의 아들이심을 증명한다. 주님의 부활은 이를 믿는 자에게 몸의 부활과 영생에 대한 소망을 준다.

4. 어린이주일

 1) 어린이를 귀하게 여겨야 함

  어린이는 한 나라의 미래이기 때문에 가정과 나라와 사회와 교회의 보배이어야 한다.

 2) 어린이를 축복하는 교회가 되어야 함

  어린이는 부모의 면류관이요 희망이며 삶의 보람이다. 어린이를 사랑하는 뜨거운 감정과 헌신적 사랑이 인류애의 기초가 된다. 사람은 가정 안에서 자녀를 사랑함으로 인격의 연마와 절제와 근면과 인내를 배우게 된다.

 3) 부모의 의무

  하나님은 부모에게 자녀를 맡기셨다.

  첫째, 부모는 자녀를 징계해야 한다. 적절한 벌을 주고 죄에 고통이 따른다는 것을 꼭 알게 하고 잘못된 행실을 고치게 해야 한다. 매의 원리가 있으니, 화풀이가 아니며, 공평해야 하며, 사랑이 있어야 한다.

  둘째, 부모는 자녀의 본이 되어야 한다. 자녀들은 부모를 닮는다. 어린이는 부모의 삶의 거울이다. 부모는 삶의 선생, 안내자가 되어야 한다. 가정에서는 늘 자녀를 보화와 같이 여겨야 한다. 아버지의 위엄과 어머니의 사랑이 함께 빛나야 한다. 부부싸움은 자녀를 비뚤어지게 한다.

  셋째, 자녀의 위치를 찾아 주고 잘 가르쳐야 한다. 어린이는 부족할 수밖에 없다. 힘이 없고, 철이 없고, 일을 못하고, 지식이 많지 않으므로, 경쟁의 자리가 아니라 사랑의 자리에 있어야 한다.

5. 어버이주일

  1) 부모를 공경하는 이유

    성경은 부모 공경을 명령한다. 부모를 섬기지 않는 자가 하나님을 바로 섬길 수 없다. 성경은 부모를 저주하는 자를 반드시 죽이라고 한다. 부모에게 효도하는 것은 인간 본연의 의무이다. 부모를 높여야 가정의 질서가 반듯해지고 복이 넘치게 된다. 효행은 창조의 질서를 회복하는 것이다.

  2) 부모 공경의 방법

    살아 계실 때 지금 하라. 돈 많이 벌고 평안할 때 효도한다는 자는 불효자이다. 부모의 은택을 새기고 감사 기도를 드려라. 자기 일에 충성하는 것이 효도이다. 부모의 소원은 자식이 잘 되는 것에 있다. 부모의 어떠함과 태도와 상관없이 공경을 다 해야 한다. 주 안에서 부모를 받들어야 한다.

  3) 룻은 부모 사랑의 좋은 사례

    룻이 받은 축복은 시어머니에게 효도한 결과이다. 룻은 어머니 가시는 곳에 나도 가고 어머니 유하시는 곳에 나도 유하고 어머니 백성이 내 백성이 되고 어머니의 하나님이 내 하나님이 된다고 했다. 성령의 감동이 없이 이런 고백이 있을 수 없다.

6. 성령강림주일/맥추감사절

(1994년까지는 '맥추감사절'로 그 후부터 2001년까지는 '성령강림절'로 부르다가 2002년부터 다시 '맥추감사절'로 부름)

1) 구약과 신약의 성령 강림

구약 때 시내 산에서 십계명을 수여하신 날 성령의 임재가 강하게 나타났다. 신약 때 예수님은 성령으로 잉태되셨고 성령에 이끌려 광야로 나가 시험 받으셨다. 성령은 물, 불의 혀, 바람, 비둘기, 기름 등으로 묘사된다.

2) 사도행전과 오순절의 성령

오순절 성령 강림이 있기 전 사람들은 맛디아를 세워 사도의 수를 채우고 모여서 전심으로 기도하였다. 성령의 역사로 베드로의 말을 듣고 3천 명이 세례를 받았다. 초대 교회는 성령과 지혜가 충만한 일곱 집사를 세우고 안디옥 교회는 바울과 바나바를 선교사로 파송하였다.

3) 성령 충만한 사람의 특징

성령이 모든 것을 생각나게 하신다. 성령 받은 사람은 평안하며 기쁨과 감사가 넘쳐흐른다. 또한 주님을 따르고 주님이 부탁하신 일을 사명으로 여긴다. 이 모든 일에 세상을 너끈히 이긴다.

4) 성령 충만을 받는 방법

자기를 부인하고 주님을 좇으며 주님을 누구보다 사랑해야 한다. 회개하고 죄를 멀리해야 하며 겸손히 자기를 낮추고 오직 여호와의 인자만을 바라면서 간구하는 자에게 성령의 역사가 일어난다.

7. 6.25 전쟁과 8.15 해방

1) 8월 15일을 해방의 날, 건국의 날로 인식함

일제로부터의 해방을 죄인이 죄에서 해방된 것과 비교하면서 분단된 나라의 통일을 간절히 바라는 마음을 전한다. 일제의 탄압 아래 믿는 자들이 많은 고문과 참형을 당했다. 국력이 약해지면 만국 앞에 버려진 민족이 된다. 내가 나서야 민족이 바로 선다.

2) 현 사회와 교회의 타락

현재는 자연과 사회의 질서가 파괴되고 민주주의와 공산주의의 이념 논쟁이 첨예화되어 가고 있으며 세상의 지인이나 친구는 그렇다 치더라도 교회의 성도도 믿을 수 없는 시대이다. 낭비, 사치, 교만, 허세가 만연하고 지도층에 있는 정치인들과 법관이나 기자나 의사나 약사나 할 것 없이 모두 양심에 화인을 맞은 자들이다. 교회는 모이기에 힘써야 하나 분에 넘치게 대형화되어 온갖 부작용을 배태하고 있다.

3) 신자와 애국심

모세는 애국심이 신앙심과 어우러져 참된 지도자가 되었다. 모세는 애굽 궁정의 보화보다 그리스도로 인하여 당하는 능욕을 더 즐거워하였다. 그 가운데 자기 백성에 대한 깊은 사랑을 지니고 있었다. 이웃의 선한 이웃이 되는 것, 같이 사는 것, 섬기는 것, 봉사하는 것으로부터 애국이 시작된다.

4) 참된 신자의 삶

술과 담배와 도박과 음란과 같은 잘못된 삶의 습관을 청산하라. 외국산을 무조건 선호하는 마음을 자제하고 국산품을 애용하라. 열심히 땀 흘려 일하되 경마권이나 복권 등 사행심리를 조장하는 것들을 멀리하라. 가정생활에 충실해야 하며 올바른 사회관과 국가관을 가져야 한다. 미신과 기복주의, 거짓풍조를 배격해야 한다. 주무시지도 않고 눈물이 피가 되도록 간구하시는 주님과 같이 우리도 세상의 사람들을 위하여 전심으로 기도해야 한다. 교회의 지도자들은 어떤 권세 앞에서도 '예'와 '아니오'를 분명히 해야 한다.

5) 전쟁을 이기기 위해

육적이나 영적인 전쟁을 수행하기 위하여 성령의 전신갑주를 입고 말씀의 검을 들어야 한다. 전쟁에 임한 용사와 같이 생활을 절제하고 고지를 분명히 응시하며 좌로나 우로나 치우침이 없이 나아가야 한다. 성을 지키는 것보다 자기 자신을 지키기에 힘써야 한다.

8. 종교개혁

1) 종교개혁의 기치

성경으로 돌아가야 한다. 예수님의 십자가의 구속의 원리로 돌아가야 한다. 오직 의인은 믿음으로 말미암아 산다. 여기에 오직 은혜, 전적 은혜의 구원의 대원리가 있다.

2) 타 종교와 기독교(개신교)의 차이

이슬람교는 교권으로 왕권을 유지하고, 힌두교와 불교는 고행을 내세워 윤회의 고리를 끊고자 하며, 천주교는 자질주의와 의식주의에 물들어 종신 계급주의를 지향한다. 기독교는 오직 성경을 기록된 하나님의 말씀으로 수납하여 오직 그리스도의 은혜를 믿음으로 구원에 이르는 유일한 계시의 종교이다.

9. 추수감사절

1) 향기로운 제물로 감사 예배를 드리세

청교도가 신대륙에서 드린 첫 추수감사 예배는 모든 것이 하나님으로부터 온 것이니 모두 하나님께 되돌려야 한다는 믿음의 고백에서 비롯되었다. 추수감사절은 수장절 혹은 장막절과 그 뜻이 통하나 유월절과 맥추절에도 의미가 가닿는다. 유월절 어린 양 예수 그리스도의 피가 감사의 제일 조건이며 그가 부활의 첫 열매가 되셔서 우리로 부활을 맛보게 하시기 때문이다.

2) 감사해야 하는 이유

여호와가 우리의 하나님이 되신다. 그가 열 가지 재앙과 홍해를 가르심과 만나와 메추라기와 반석의 물로 광야의 백성을 기르셨다. 하나님이 우리를 조성하셨다. 우리는 하나님의 것이며 그의 기르시는 양이다.

3) 향기로운 제물이란

우리의 헌신과 봉사와 섬김을 의미한다. 우리는 우리에게 속한 무엇이 아니라 우리 자신을 드리기에 힘써야 한다. 하나님을 기쁘시게 하는 것은 우리 자신의 회개와 중생과 헌신이다. 우리는 그리스도의 빛과 향기와 소금과 편지가 되어야 한다.

10. 성탄절

1) 주님의 부모

요셉은 세례 요한과 같이 구약 율법과 신약 복음의 교차에 선 위대한 인물이었다. 그는 의로운 사람으로서 마리아가 잉태한 것을 알았으나 그 사실을 드러내지 않았다. 그리하여 죽음의 징계가 마리아에게 미치지 않도록 했다. 마리아는 큰 은혜를 받은 자로서 남자를 몰랐으나 잉태하여 아들을 낳을 것이라는 천사의 고지를 받는 영예를 얻었다. 주님이 그녀와 함께 하셨다.

2) 찬양받으실 하나님의 아들이 사람의 아들로 나심

동방 박사들은 실존한 인물들로서 지혜와 열정을 가지고 메시야를 찾아 별을 따라 나섰으니, 아기 예수를 만나 그를 왕으로 경배하고 황금(존귀)과 유향(기도와 찬송)과 몰약(장례)을 드렸다. 그들의 길을 인도한 별의 궤적은 이적이었다. 주님의 부모 요셉과 마리아뿐만 아니라 세례 요한의 어머니 엘리사벳, 천군천사, 목자들, 시므온, 안나도 아기 예수를 경배하였다.

3) 이새의 아들 다윗의 동네에 아기 예수가 나셨으니

처녀의 몸에서 성령으로 잉태하셨다. 그리하여 우리와 같으시되 죄는 없으셨다. 그 예수가 무죄한 가운데 죄인의 자리에 서서 저주의 죽음을 죽으심으로 그를 믿는 자마다 죄 사함을 받고 하나님의 자녀가 되는 권세를 누리게 하셨다. 그러므로 그의 나심이 지극히 높은 곳에서는 하나님께 영광이요 땅에서는 기뻐하심을 입은 자들 가운데 평화가 된다.

11. 송구영신 예배

1) 새 사람

거듭나야 새 사람이 된다. 바울과 삭개오와 같이, 깡패 김익두와 같이. 포도나무에 가지가 붙어 있듯이 새 사람은 그리스도 안에 거하여 그 안에서 성령의 열매를 맺는바, 의와 진리로 새롭게 되어 십자가의 사랑을 전하고 행한다. 이렇듯 새 사람은 하나님 나라의 일을 하는 사람이다.

2) 이제는 새 것이 되었으니

새 영을 받아, 새 이름으로, 새 술에 취하여, 새 노래를 부르며, 새 힘으로 새 일을 행한다. 하나님께 가까이 다가서야 새롭게 된다. 하나님의 말씀에 순종하고 그의 뜻을 좇아 행할 때 새롭게 된다.

3) 새 날이 밝았으니

하나님의 창조적 권능으로 새해 새 날을 주신다. 이 날은 하나님이 보시기에 심히 좋은 날이니 출애굽의 날이요 가나안에 들어가는 날이며 십자가에서 살 길이 열리는 날이다. 출애굽의 때처럼 무교병에 쓴 나물을 먹고, 허리에 사랑과 겸손의 띠를 두르며, 복음의 신을 신으며, 사명의 지팡이를 들며 새로이 떠오르는 작열하는 태양에 담대히 마주서야 한다.

이러한 교회력에 따른 설교 가운데 2000년 1월 2일에 행한 설교 전문을 아래에 소개한다. 새로운 천년을 맞이하는 해의 첫 주일 오전 설교였다. 본문은 열왕기상 3:4-15였다.

새 천년에 일천 예배

이스라엘의 세 번째 왕 솔로몬이 아직 성전을 필역하지 못했을 때 기브온에 있는 산당에서 일천 번제를 드렸습니다. 솔로몬은 여호와를 사랑했습니다. 하나님 외에 다른 신을 두지 않았습니다. 우상을 만들거나 섬기지 않았습니다. 우상에 절하지 않았습니다. 오직 하나님을 열심히 섬겼기 때문에 일천 번제를 드린 것입니다.

솔로몬은 그의 아버지 다윗의 법도를 행했습니다. 하나님께 예배드리는 제도를 귀하게 여기고 그 법도와 율례와 규례를 준행했습니다. 24반열의 제사장 4천여 명과 예배를 위한 악장과 악사도 이전과 같이 두었습니다. 솔로몬이 성전을 건축한 것은 다윗의 기도가 응한 것이었습니다.

> 내 아들 솔로몬에게 정성된 마음을 주사 주의 계명과 권면과 율례를 지켜 이 모든 일을 행하게 하시고 내가 위하여 준비한 것으로 성전을 건축하게 하옵소서(대상 29:19).

솔로몬은 하나님을 사랑하고 다윗을 좇아 제사법에 충실히 따랐으나 산당에서 제사하며 분향하였습니다. 일천 번제를 드린 것도 그러하였습니다. 기브온(Gibeon)은 예루살렘에서 북서쪽으로 10킬로미터 떨어진, 해발 722미터가 되는 이스라엘 중부의 주요한 도시였습니다. 이곳은 가나안 정복 때에는 베냐민 지파에 분배되었다가(수 18:25) 후에 레위 지파의 성읍으로 지정되었습니다(수 21:17). 사울 왕이 도엑을 시켜 다윗에게 진설병과 골리앗의 칼을 준 아히멜렉과 제사장 85명을 죽인 곳이 여기입니다(삼상 22:18).

일천 번제를 드린 이유가 무엇입니까?
이를 통하여 솔로몬은 백성을 통치함에 있어서 하나님과의 관계를 먼저 점검해 보고자 하였습니다. 택함 받은 언약의 자손인 이스라엘 백성이 안식일을 지키고, 하루에 세 번씩 기도하며, 일주일에 두 번씩 금식하며, 온전한 십일조를 드려야 함은 마음에 새기기 위한 것입니다. 일천 번제를 혼자가 아니라 백성을 다스리는 지도자들을 이끌고 올라가 드린 것은 하나님의 법도가 통치의 근간이요 하나님이 베푸시는 복이 통치의 열매가 되어야 한다는 사실을 공표하는 것에 다름이 없습니다.

일천 번제를 통하여 솔로몬은 하나님께 헌신하는 하나님의 사람이 되어 하나님의 백성을 다스리는 왕이 되게 해달라고 간구하였습니다. 번제는 희생제물을 통째로 불사르는 제사입니다.

> 너희 몸을 하나님이 기뻐하시는 거룩한 산 제물로 드리라 이는 너희가 드릴 영적 예배니라 너희는 이 세대를 본받지 말고 오직 마음을 새롭게 함으로 변화를 받아 하나님의 선하시고 기뻐하시고 온전하신 뜻이 무엇인지 분별하도록 하라(롬 12:1-2).

번제는 하나님을 향한 온전한 헌신을 자원할 때 드리는 제사입니다. 그것은 마지못해 드리는 것이 아니라 마음과 뜻과 정성을 다하여 생명을 드리는 헌신제요 희생제입니다. 일천 번제는 이전에 그와 같이 드려진 적이 없는 전무한 것으로서 이를 통하여 솔로몬은 자기 자신 전부뿐만 아니라 이스라엘 왕국의 12지파 전부를 하나님께 드리고자 하였습니다. 이는 그 양이나 횟수나 규모에 있어서 상상을 초월할 정도의 것이었습니다. 나라를 속속들이 신본주의로 다스리겠다는 더 없는 열심과 간구가 배여 나타난 것이었습니다.

하나님 앞에서(*coram Deo*) 솔로몬은 그의 아버지 다윗의 장점을 철저히 이어받았습니다. 다윗과 같이 하나님이 큰 은혜를 베푸셔서 선택하여 자신을 왕으로 세웠으니 하나님이 모든 정사에 함께 하실 것을 솔로몬은 확신하고 있었습니다(왕상 3:6). 하나님은 사무엘을 세워 다윗에게 기름을 부었습니다(삼상 16:12-13). 사람은 외모를 보지만 하나님은 중심을 보십니다. 특별한 선택이 없었다면 위로 일곱 형이 있는 말째였던 다윗을 굳이 왕으로 세우지 않으셨을 것입니다.

다윗은 매사에 하나님을 앞세웠습니다. 골리앗이 칼과 창과 단창으로 무장하고 온갖 거만을 떨며 방자하게 행했을 때 다윗은 "나는 만군의 여호와의 이름 곧 네가 모욕하는 이스라엘 군대의 하나님의 이름으로 네게 나아가노라" 외치며 물매와 돌을 들고 담대하게 나아갔습니다(삼상 17:46). 사울 왕은 다윗에게 딸을 주었으나 싸움터의 전면에 그를 내세워 블레셋 사람들에게 죽게 하려고 계략을 꾸몄습니다(삼상 18:17-18). 그럼에도 불구하고 다윗은 천신만고 끝에 사울 왕을 죽일 기회가 찾아왔음에도 불구하고 그것에 연연하지 않았습니다.

> 내가 손을 들어 여호와의 기름 부음을 받은 내 주를 치는 것은 여호와께서 금하시는 것이니 그는 여호와의 기름 부음을 받은 자가 됨이라(삼상 24:6).

다윗은 평생 모은 모든 재산을 성전 건축하는 데 다 바쳤습니다. 금 3천 달란트, 순은 7천 달란트, 마노아, 옥돌 등 보석류를 쌓으면 가히 언덕 하나는 될 만큼이었습니다(대상 29:2-5). 왕이 이렇게 나서니 지도자들과 백성들도 자원하여 드리기를 기뻐하였습니다(대상 29:9).

첫째, 다윗은 성실했습니다. 연단을 겪으면서도 인내하면서 하나님의 때를 기다렸습니다. 매사에 열심을 다하되 끝까지 변절하지 않고 일을 이루어 내었습니다. 2달란트와 5달란트 받은 일꾼과 같이 착하고 충성된 하나님의 종으로서 작은 일이거나 큰일이거나 가리지 않고 최선을 다해서 섬겼습니다(마 25:14-23). 하나님 앞에서 충성을 다하는 것은 세상 끝날까지 생명을 다해 선한 일을 지속하는 것입니다.

둘째, 다윗은 매사에 공의를 앞세웠습니다. 주님은 우리가 먼저 하나님의 나라와 의를 구하면 모든 것을 하나님이 더하시리라고 하셨습니다(마 6:33). 이 땅의 교회가 곧 하나님의 나라입니다. 하나님의 뜻은 자기로부터 난 것을 사용하여 자기의 일을 이루시는 데 있습니다. 사람으로부터 난 것은 악하고 더럽고 곧 소멸하고 마는 겨나 티와 같습니다. 공의가 아닌 것으로 하나님을 영화롭게 할 수는 없습니다. 다른 사람을 미워하고 시기하며 음해하는 자가 하나님의 일꾼이 될 수는 없습니다.

셋째, 다윗은 하나님 앞에서 정직했습니다. 나단 선지자의 책망을 듣고 자기의 죄를 인정한 후 금식기도하면서 회개하였습니다. 그는 자기의 죄를 하나님의 선지자 앞에서 감추지 않았습니다. "내가 여호와께 죄를 범하였노라"고 고백하였습니다(삼하 12:12). 정직해서 있는 그대로 말하면 때로는 고통스럽고 멸시당하며 우롱거리가 되기도 합니다. 그러나 그 열매는 단 것입니다. 성도는 하나님의 이름을 망령되게 부르지 말아야 하고 이웃에 대해서 거짓 증거하지 말아야 합니다. 정직해야 자기의 참 모습을 보게 되니 발전이 따르게 됩니다. 성도의 삶에 있어서 진정한 회개가 없다면 어떤 진보도 있을 수 없습니다.

솔로몬은 그의 아버지 다윗의 신앙과 생활을 본받기를 원했습니다. 그가 일천 번제를 드리면서 하나님께 간구한 것을 보면 이를 알 수가 있습니다. 그는 장수나 부요함이나 전쟁에서 능한 것을 찾지 않고 하나님을 아는 마음과 지혜를 달라고 기도했습니다. 백성들 위에 군림하는 세속적인 통치철학이 아니라 하나님의 뜻을 분별하여 선악을 판단하는 선지자의 마음으로 재판을 하게 해달라고 간구했습니다.

이 기도가 하나님의 마음에 합했습니다(왕상 3:9-11). 하나님은 솔로몬의 기도에 응답하셨습니다.

> 내가 네 말대로 하여 네게 지혜롭고 총명한 마음을 주노니 네 앞에도 너와 같은 자가 없었거니와 네 뒤에도 너와 같은 자가 일어남이 없으리라 내가 또 네가 구하지 아니한 부귀와 영광도 네게 주노니 네 평생에 왕들 중에 너와 같은 자가 없을 것이라 네가 만일 네 아버지 다윗이 행함 같이 내 길로 행하며 내 법도와 명령을 지키면 내가 또 네 날을 길게 하리라(왕상 3:12-14).

솔로몬은 이러한 응답을 받고 하나님 앞에 번제와 수은제(酬恩祭, 화목제)를 드렸습니다. 솔로몬이 새로운 왕으로서 신정(神政)의 대리자가 되기 위하여 먼저 기도하였듯이 우리도 매사에 기도를 앞세워야 합니다. 일천 번제를 드리는 마음으로 모든 일을 하나님 앞에서 시작해야 합니다. 이스라엘 백성이 가나안 땅에 들어가기 전에 길갈에서 할례를 행했듯이 새로운 땅, 새로운 시대에 접어들어 새로운 열매를 먹으려면 먼저 우리 자신을 쳐서 하나님 앞에 복종시켜야 합니다. 일천 번제의 신앙과 열심과 헌신으로 이 시대에 말씀 운동, 기도 운동, 부흥 운동을 일으켜야 합니다. 하나님 앞에서 거룩하게 사는 성결 운동도 일으켜야 합니다. 경건의 모양만 있지 능력은 없는 이 시대에 우리 자신의 몸과 삶을 거룩한 영적 예배의 제물로 드려야 합니다. 일천 번제의 정신이 여기에 있습니다. 아멘.

새벽 예배

새벽 예배는 서기행 목사의 어릴 때부터의 습관이었다. 새벽 어스름에 찬 공기를 가르고 교회를 향하는 발걸음이 항상 즐거웠다. 초등학교 때부터 어머니를 모시고 들을 끼고 철길을 건너 오가며 드리던 습관이 몸에 배였다. 새벽 예배 없는 목양은 생각할 수도 없었다. 그것이 평생 목양의 기초가 되었다. 주일 낮 예배 참석 수에 못지않게 주중에서 주일로 이어지는 새벽 예배에 몇 명의 성도가 참석하고 있는지에 큰 관심을 기울였다. 새벽 예배는 단지 기도회로 모였다 흩어지는데 그치지 않고 하나님 앞에서 하루를 시작하는 공적인 예배로 드려진다는 점을 늘 성도들에게 주지시켰다. 교회의 직분을 맡을 자를 뽑는 데 있어서도 새벽 예배 참석률을 매우 중요하게 여겼다. 그러하니 먼 곳에 사는 성도들도 다수 연중 빠짐없이 새벽 예배에 참석하였다.

새벽 예배는 하루의 말씀을 받아들여 새기는 시간이었다. 하루를 시작하는 감사와 하루의 삶을 의탁하는 간구가 있었다. 지상의 또 한 날을 살아감에 있어서 여전한 죄와 허물로 스스로 온전할 수 없으니 하나님의 전적인 은혜가 필요함을 고백하는 시간이었다. 그러므로 단지 말씀 몇 구절 돌아가며 읽고 단상을 나누듯이 설교해서는 안 될 것이었다. 매일 새롭게 내려 주시는 하나님의 말씀을 특정하여 전하는 경우가 대체적이었으나 어느 시기를 정하여 성경 전체를 구약과 신약의 순차대로 빠짐없이 다 다루기도 하였다. 가장 현저한 것은 21세기의 새로운 천 년을 맞이해서 다음과 같이 성경을 각 장의 주제별로 한 번, 그리고 각 장의 요절별로 한 번, 모두 두 번을 새벽마다 강해한 일이었다.

먼저 신구약 각 장 전부를 주제를 정하여 강해하고 그에 가장 부합하는 요절을 정하여 되새기도록 했다. 제1권은 구약 창세기에서 사무엘상까지와 신약 마태복음에서 갈라디아서까지 450편, 제2권은 구약 사무엘하에서 잠언까지와 신약 에베소서에서 야고보서까지 451, 제3권은 구약 전도서에서 말라기까지와 신약 베드로전서에서 요한계시록까지 318편, 총 1219편 설교를 담고 있다. 매번 설교를 노트에 써서 전날 오후까지 넘겨주면 담당 부목사가 이를 타이핑해서 A4 용지로 한 장으로 인쇄하여 새벽 예배를 드리던 소 예배실 앞에 두어 성도들이 한 부씩 가지고 들어가게 하였다. 이는 『새벽예배강해 3권』으로 출판되었다.[1] 아래에 구약과 신약 각각 한 설교씩을 소개한다.

호렙산의 불꽃(출 3:1-22, 요절 5, 12절)

1. 모세의 소명 (3:1-12)

   1) 하나님께서 여호와로 모세에게 나타나심 (1-6절)

   2) 가나안 땅으로 이스라엘 백성을 인도하라 내가 너와 함께 할 것이라 약속하심(12절): 젖과 꿀이 흐르는 땅으로 인도(8절), 가나안 족속(가나안, 헷, 아모리, 브리스, 히위, 여부스, 기르가스)을 물리치심(8절; 수 3:10)

   3) 여호와 하나님

   ① 여호와의 궤(왕상 2:26)

   ② 여호와의 도(창 18:19)

   ③ 여호와의 말씀(창 15:4)

   ④ '여호와 이레'(준비하시는 하나님, 창 22:14)

   ⑤ '여호와 닛시'(힘이 되시는 하나님, 출 17:15)

   ⑥ '여호와 샬롬'(평강의 하나님, 삿 6:24)

   ⑦ '여호와 삼마'(거기 계신 하나님, 겔 48:35)

2. 하나님의 이름 계시와 출애굽의 실천 천명(3:13-22)

   1) 하나님은 스스로 있는 자(13-14절)

   2) 아브라함의 하나님, 이삭의 하나님, 야곱의 하나님(15절)

   3) 여호와-영원한 이름, 대대로 기억할 나의 표적(15절)

   4) 이스라엘 백성에게 하나님의 지시(애굽을 떠나 가나안으로 가라)를 설명하라고 명하심(16-17절)

   5) 애굽 왕에게 이 사실을 알리라고 말씀하심(18-22절)

십자가에 죽으심(마 27:1-66, 요절 46절)

1. 빌라도에게 넘기우심(1차, 27:1-2)

   대제사장과 백성의 장로들이 예수님을 죽이려고 함께 의논함(1절)

2. 가룟 유다의 자살(27:3-10)

   1) 무죄한 피를 팔고 범죄하였도다(가책을 받음)

   2) 은 삼십 세겔을 반환함

   3) 성소에 던지고

   4) 스스로 목매어 죽음

   5) 그 은으로 토기장이의 밭을 사 나그네의 묘지로 삼음

3. 빌라도의 재판(2차, 27:11-26)

   1) 고소하는 자들에게 아무런 대답도 않으시니 빌라도가 심히 기이히 여김(14절)

   2) 이 옳은 사람에게 아무 상관도 하지 마소서(19절)

   3) 무리 앞에서 손을 씻으며 나는 이 사람에게서 아무 죄도 찾지 못하였노라(24절; 눅 23:4, 22; 요 19:4)

   4) 못 박으라고 넘겨줌(26절)

4. 희롱과 채찍 속에 십자가에 달리심(27:27-44)

· 십자가상의 칠언(七言)

① 아버지여 저희 죄를 사하여 주소서(눅 23:34)

② 오늘 네가 나와 함께 낙원에 있으리라(눅 23:43)

③ 여자여 보소서 아들이니이다, 보라 네 어머니라(요 19:26-27)

④ 내가 목이 마르다(요 19:28)

⑤ 엘리 엘리 라마 사박다니(마 27:46)

⑥ 다 이루었다(요 19:30)

⑦ 아버지여 내 영혼을 아버지의 손에 부탁하나이다(눅 23:46)

5. 운명하심(27:45-56)

　1) 성전 휘장이 찢어짐(51절; 눅 23:45)

　2) 백부장은 하나님께 영광을 돌리고 이 사람이 진실로 하나님의 아들이었다고 말함(54절; 눅 23:47)

6. 장사지냄(27:57-66)

　인봉하고 무덤을 지킴(65-66절)

이와 같이 성경 각 장을 다룬 후 이어서 그때 지정한 각 장의 요절을 강해한 설교를 새벽마다 하였다. 이는 『새벽 성경각장 요절강해 2권』으로 출판되었다.[2] 제1권은 2001년 6월 13일부터 2003년 3월 27일까지 총 393강으로, 구약 창세기에서 사사기, 신약 마태복음에서 고린도후서까지의 설교를 담고 있다. 그 순서는 마태복음-창세기-마가복음-출애굽기와 같이 진행되었다. 제2권은 2003년 3월 28일에서 2004년 11월 8일까지 총 352강으로, 구약 룻기에서 욥기, 신약 갈라디아서에서 요한계시록까지의 설교를 담고 있다. 구약 시편에서 말라기까지의 부분을 제외하고 성경 전체를 모두 다루었다. 사실상 이러한 요절 강해는 이전에도 거의 15년간 해 온 것이었다. 이를 통하여 우리는 서기행 목사가 하나님의 말씀을 다양하게 조명하여 성도들에게 다각도로 가르치고자 얼마나 애썼는지를 알 수 있다. 아래에 구약과 신약 각각 한 설교씩을 소개한다.

출애굽기 3:5

하나님이 가라사대 이리로 가까이 하지 말라 너의 선 곳은 거룩한 땅이니 네 발에서 신을 벗으라.

1. 본문에서 호렙산(시내산, 모세의 산, 2,325미터)에 하나님의 사자가 불꽃 가운데(큰 광경) 나타나시어 모세를 부르시면서 이 땅은 거룩한 땅이니 네 발에서 신을 벗으라 하심.
2. "이리로 가까이 하지 말라"
   1) 죄악된 인간과 거룩하신 하나님 사이에는 좁힐 수 없는 간격이 있음을 암시한다.
   2) 아담과 하와가 범죄한 후 하나님께 감히 가까이 갈 수 없는 상태가 되었다(창 3:24).
   3) "오직 하나님이 우리를 사랑하사 우리 죄를 위하여 화목제로 그 아들을 보내셨음이니라"(요일 4:10하).
3. "거룩한 땅이니"
   1) 성결한 땅, 하나님께서 계시는 자리라는 뜻이다.
   2) 언약의 백성이 거하는 가나안 땅을 거룩한 땅이라고 했다.
   3) 예루살렘을 성지라고 하며 성전을 성소라고 한다.
   4) 하나님께서 임재하시는 바로 그곳이 거룩한 곳이다.
4. "네 발에서 신을 벗으라"
   1) 신은 인간의 타락한 성품과 행위를 상징하기 때문에 죄를 벗어 버리라는 의미.

2) 모세의 혈기, 지식(학문과 경험), 교만과 인본주의 등을 벗어버
리라.

3) 하나님이 지시를 내리시기 전에 이 말씀을 하심. 이는 하나님의
계시를 받을 조건이 된다. 하나님이 자기 종에게 사명과 능력의
지팡이를 주시기 위한 조치이다.

4) 내가 너와 함께 하리라는 언약이기도 하다(출 3:12).

마태복음 27:46

제 구시 즈음에 예수께서 크게 소리질러 가라사대 엘리 엘리
라마 사박다니 하시니 이는 곧 나의 하나님, 나의 하나님, 어
찌하여 나를 버리셨나이까 하는 뜻이라.

1. 예수님의 십자가상 칠언 중에 네 번째 말씀에 해당한다.
2. "제 구시 즈음에 예수께서 크게 소리 질러 가라사대"
    1) 제9시는 오후 3시쯤을 가리킨다.
    2) "크게 소리 질러 가라사대": 영적인 고독과 세상 죄를 지고 가시
    는 죽음 앞에서 최후로 성부 하나님께 절규하고 있는 것이다.
    3) 이 소리를 지를 때는 온 땅에 어두움이 임하고 있다.
        제6시부터 제9시까지는(45절) 가장 어려운 시간을 뜻한다. 그
        때 울부짖는 기도를 드린다.
3. "엘리 엘리 라마 사박다니"
    1) "내 하나님이여 내 하나님이여 어찌 나를 버리셨나이까"(시 22:1)
    의 인용이다.
    2) 마태는 히브리어로 "엘리 엘리"라고 했다. 마가는 같은 말을 아
    람어 음(音) 번역에 기초해서 썼다.

3) "라마 사박다니"라는 순수한 아람어를 사용하셨다.

4) 예수님께서 찢어지는 듯한 영적 절망감을 예언적으로 표현해 놓은 시편 22:1의 말씀을 인정하시고 인용하신 것이다.

5) 죄에 대한 하나님의 증오와 보응이 얼마나 엄중하고 무서운지 보여 주시는 것이다.

6) 심판주 하나님 앞에 예수님께서 죄인의 자리에서 육체의 죽음을 당하시는 것을 통하여 우리는 죄인을 구원하시는 그 크신 사랑과 은총을 보게 되는 것이다.

4. "나의 하나님 나의 하나님 어찌하여 나를 버리셨나이까"

1) 신약성경에 "나의 하나님"이라는 말이 이곳에만 나오는 것은 하나님의 특별한 뜻이 있다.

2) "나를 버리셨나이까"는 '원수들의 손에 나를 버려 두십니까?'라는 뜻이다.

제10장
부흥사

전국 교회를 품 안에

서기행 목사의 말씀에 대한 면밀한 주석과 풍부한 식견 그리고 불 뿜는 사자후가 진면목을 보인 장이 부흥회였다. 고등학교 3학년 때 주일학교 부흥회가 그 시작이 되었다. 당시는 이를 하기(夏期)학교 부흥회라고 하였다. 여동생 양순이가 초등학교 1학년 때 죽은 이후 주일학교의 교육과 부흥에 특별한 관심을 가졌다. 당시 어린이 교육의 최고 지도자였던 안성진 목사와 나기환 목사의 성경동화와 아동설교집을 열심히 탐독하였다. 가는 곳마다 아이들이 말씀을 듣기 위해 줄을 섰다. 찬송과 율동을 곁들여 할 때면 아이들의 흥은 그칠 줄 몰랐다. 김제 송지동교회를 시작으로 담임목회를 하면서부터 주일학교에 대한 별도의 관심이 부질없으며 목회자는 노소(老少)를 떠나 모든 연령의 영혼을 사랑해야 한다는 점에 마음이 미쳐 이후 점차 교회의 일반 부흥회에 관심을 쏟았다.

부흥회는 청하는 교회의 특수한 목적이 있기 마련이다. 굳이 드러내어 말하지 않더라도 교회마다 지향하는 바가 다르고 영적인 감성이 독특하며 처한 상황이 다르기 때문에 자연히 말씀의 강조점도 달라질 수밖에 없었다. 부흥회는 부흥을 목적으로 하는 것이 아니라 각각의 교회의 목회를 돕는 것이라고 여겼다. 담임목사가 목양을 잘 하도록 조금이라도 도움이 되었다면 성공한 부흥회라고 생각했다. 그렇다고 해서 담임목사를 치켜세우거나 담임목사를 잘 섬기라고 설교하지는 않았다. 성도가 성경대로 살게 되면 그것이 교회에도 담임목사의 목회에도 가장 큰 도움이 된다고 확신했기 때문이다.

부흥회 말씀은 우리가 하나님의 전적인 은혜로 거저 구원을 받았다는 사실과 성도의 믿음과 경건하고 헌신적인 삶에 대해서 주로 선포하였다. 예배 중심의 삶, 주일성수, 십일조를 특히 강조하였다. 교회에서 정하여 드리는 예배에는 빠지지 말 것과 온전한 주일성수를 엄격하게 가르쳤다. 십일조를 온전히 할 사람은 손을 들라고 했다. 그리고 그 다짐을 두고 기도를 한 후 지금까지 십일조를 안 낸 것이 있으면 부흥회 기간 중에 다 내라고 하였다. 말씀을 조목조목 들어가며 이러한 부분을 짚어 주니 성도들의 감화가 컸다.

부흥회를 시작할 때 먼저 성도들에게 당회가 초청한 본인이 성회를 인도하는 것이 하나님 뜻이라고 생각하면 손을 들라고 하여 좌중의 분위기를 모은 후, 부흥회 기간 중 선포되는 말씀이 성경의 말씀인 이상 순종하기로 서약하느냐고 물어 답을 얻어 내는 동시에 본인은 여러분이 초청해서 온 손님인데 여러분이 참석하지 않으면 큰 결례가 아니겠느냐고 환기시키면서 새벽부터 저녁까지의 모든 집회에 참석하기로 서약느냐고 물어 또 답을 이끌어 내었다. 이러한 서약은 단지 경과의례에 불과한 것이 아니었다. 부흥회 기간 중 새벽에라도 나오지 않는 성도가 있으면 다른 사람을 보내서 다 데려올 때까지 예배를 시작하지 않았다. 그렇게 하여 밤낮이나 새벽이나 할 것 없이 항상 예배당이 만장(滿場)하니까 이웃 교회와 이웃 사람들도 무슨 일이 있나 싶어 호기심에서라도 들러보고는 하였다.

이렇듯 가는 곳마다 자리를 꽉 채울 뿐만 아니라 성령의 역사도 크게 나타났다. 무엇보다 교회의 어려운 문제들이 많이 해결되었다. 담임목사와 성도들 간과 성도들 서로 간의 반목과 갈등이 해소되고 앙금이 가시어져 교회가 서로 사랑과 우애를 회복하는 일이 많이 일어났다. 먼저 자기 자신의 죄에 대해서 회개를 하니까 남의 죄와 허물이 내 것보다 작아 보이게 되고 남을 나보다 낫게 여기니 서로 화목하게 되는 열매가 맺히게 되었다. 그리하여 교회가 건축도 하고 부흥도 되는 역사가 후속되었다. 많은 병자가 낫는 역사도 있었다. 성도들이 단으로 올라와 강대상 옆에 서게 되면 기도를 하고 헌금을 작정하게 하였다. 그것은 서원의 성격을 지닌 것이었다. 이러한 일로 개인의 문제와 교회의 문제가 해결되고 진정 교회를 몸과 같이 사랑하며 헌신하고자 하는 결단이 넘치게 되었다.

한 번은 이영수 목사가 담임하던 부산 신부산교회에서 부흥회를 하였다. 그런데 공교롭게도 그 앞에 있는 광안리 제일교회에서 당시에 가장 왕성하게 활동하고 있었던 부흥사 신현균 목사가 같은 날 부흥회를 하도록 되어 있었다. 신부산교회에서 부흥회를 연기하자고 연락이 왔다. 이에 대해서 호통을 치면서 남의 교회의 일에 간섭하지 말고 기도에 전무하라고 하고 정한 날짜에 간다고 못을 박았다. 그렇게 시작된 부흥회 기간 중 해양대학교 이사장이라는 사람이 휠체어 타고 강대상 바로 앞에서 예배를 드리다가 서기행 목사가 기도 가운데 "일어서라"는 외침을 발하자 일어나 걷게 되는 일이 일어났다. 그 이후 걸어 다니게 된 그 이사장이 땅을 교회에 바치고 이를 목격한 다른 한 장로가 집을 바쳐서 신부산교회가 오늘날과 같은 예배당을 짓게 되었다. 이때 얼마나 많이 모였는지 집회 중 유리창을 빼고 예배를 드릴 정도였다. 결국 신현균 목사는 모이는 사람이 적어 부흥회를 끝까지 하지 못하고 상경하고 말았다. 이와 대조적으로 서기행 목사가 부산역을 떠날 때에는 300여 명이나 되는 성도들이 나와 환송하였다.

그리고 이병선 목사가 담임하던 전주 아멘교회에서 부흥회를 가진 적이 있었는데 이를 알고 이기창 목사가 담임하던 전주 북문교회에서도 같은 날짜에 부흥회를 오라고 청하였다. 아멘교회는 북문교회에서 30여 명이 나와서 세운 교회였기 때문에 억한 심정이 작용한 것이었다. 결국 처음 약속대로 아멘교회에서 부흥회가 열렸다. 그런데 첫날 첫 예배에 50여 명이 모였다. 북문교회의 악선전이 없지 않았지만 갈수록 열기가 더했다. 교직에 있었던 장로와 권사가 각각 집 한 채씩 바쳤다. 이후 교회가 급격히 부흥되었다. 현 국회의장 정세균 안수집사도 그 당시 교인이 되었다. 이에 대한 소문이 돌자 연중 쉴 새 없이 부흥회 초청이 답지하였다. 경상도 출신의 피종진 목사와 전라도 출신의 서기행 목사가 함께 인구에 회자되었다.

1970년대에 부흥회를 가장 빈번히 다녔다. 정규오 목사 중심으로 예장개혁이 탈퇴한 후폭풍을 맞아 대성교회 성도의 일부가 집단으로 이탈한 사건이 생긴 이후에는 그 횟수를 현격하게 줄였다. 그동안 서울은 손에 다 꼽을 수 없을 만큼 많이 다녔고 전라남북도 군청 소재지 이상은 가보지 않은 곳이 없었다. 추량해서 광주 48번, 부산 22번, 대구 6번, 울산 5번, 제주도 4번을 다녔다. 전체 8백여 교회를 다녔다. 한 교회를 여러 번 간 경우도 적지 않았다. 예컨대 광주 산수교회와 목포 아멘교회는 세 번, 광주 서현교회와 전주 서문교회는 두 번 부흥회를 가졌다. 부흥회는 교회의 규모나 사례비의 다소에 불문하고 응하였다.

부흥회 사례는 3분의 2를 사모에게 주고 3분의 1로 십일조와 감사헌금을 드리고 남은 것은 가난한 목사와 신학생과 성도들을 돕는 데 사용하였다. 어떤 때는 졸업하는 신학생들에게 앨범을 100개 사서 나눠 주기도 하였다.

부흥회 때 서기행 목사는 주로 한복을 입고 등단하였다. 부흥회는 월요일에서 토요일까지 계속되었는데 저녁 예배 때에만 교회의 담임목사가 사회를 보고 새벽과 낮에는 직접 본인이 사회를 보았다. 정규오 목사가 담임으로 시무하던 광주중앙교회에서는 추수감사주일에 즈음해서 주일 낮 예배와 당시 7백여 명이 모이던 초등학교 5학년과 6학년 아이들에게 말씀을 전하였다. 화요일, 수요일, 목요일 낮에는 "낮 공부"를 가르쳤다. 첫 번째 가는 교회에서는 "낮 공부"로 "신앙의 원리"를 가르치고, 두 번째 가는 교회에서는 "산상보훈"을, 세 번째 가는 교회에서는 요한계시록 1-3장을 중심으로 교회론에 대해서 가르쳤다. "신앙의 원리"는 인쇄물로 만들어 나누어 주었다("신앙의 원리"의 내용에 대해서는 본서 제3장의 "'신앙의 원리' 수립"을 보라).

산상수훈 공부

부흥회를 두 번째 가는 교회에서는 산상수훈을 가르치면서 성도가 하나님의 자녀로서 누리는 복과 성도가 마땅히 가져야 할 삶의 자세와 윤리 그리고 기도와 말씀에 대해서 강조하였다. 이는 열 가지 주제로 다루어졌다.

1. "산상수훈 서론 1"(마 5:1)
   1) 산상 설교를 통해 그리스도인의 생활, 사상 등을 깨달아 은혜를 받고자 한다. 성경은 유일한 규범이요 유일한 근거요 유일한 권위이다. 성경을 올바로 이해하고 무익한 기계처럼 읽어서는 안 된다. 부분의 난해함은 전체로 해석하면 된다.
   2) 성경을 대할 때는 선입관념을 가지고 이론적으로 대하지 말아야 한다. 죄 많은 곳에 은혜도 많다 했으니 죄를 더 짓자 할 수 없다. 구약 율법은 주인과 종의 관계에서 일을 한다. 신약 복음은 같은 일을 아들과 아버지 사이에서 한다.
   3) 피해야 할 해석: 산상수훈에 지상 천국이 표현되어 있다는 사회

복음주의, 행함을 구원의 길로 여기는 율법주의, 율법은 과거나 미래를 위한 것이지 현재에는 적용되지 않는다는 세대주의 견해.

4) 산상수훈 내용이 서신서에 빠짐없이 나타나 있다. 서신서가 오늘의 교회를 위한 것이라면 산상보훈 역시 그러하다.

5) 구조: 5장은 여덟 가지 복, 소금과 빛, 이웃과 원리, 6장은 외식의 배격, 주님의 기도, 7장은 비판하지 말라, 거짓 선지자의 경계, 반석 위에 집을 지으라.

2. "산상수훈 서론 2"(마 5:1)

1) 산상수훈과 신자: 신자는 본래 하나님의 법과 관련되었고 은혜 아래 있으나 기쁨으로 율법을 지킨다. 신자는 하나님이 존재를 인식하며 그와 친밀한 관계 안에서 그의 뜻대로 경건함과 두려움을 지니고 그와 가까이 살아야 한다.

2) 팔복의 서론: 산상설교는 특수 계층에게 국한되지 않고 모든 사람에게 말씀하시는 것이다. 가톨릭이 성직자와 평신도 등을 구분하는 것은 잘못된 것이다. 복은 모든 신자를 위한 것이다. 복은 생리적 성품에서 오지 않고 성령의 임재를 통해 온다. 신자와 불신자가 뚜렷이 구분될 때 교회에 사람들이 몰려든다. 신자는 그리스도의 참된 의를 구해야 한다.

3) 천국: 팔복은 "천국이 저희 것"으로 시작하고 끝난다. 천국은 그리스도가 통치하시는 곳이다. "너희 안에" 있다는 말은 천국이 물질적 장소가 아니라 주님 계신 곳임을 말한다. 즉 마음속으로 주님께 복종하는 사람에게만 있는 것이다. 우리로 흑암의 권세에서 건져 내사 그의 사랑의 아들의 나라로 옮기셨다(골 1:13). 로마 가톨릭은 교회의 무오를 주장하며 천국과 교회를 동일시

하는 오류를 범한다.

3. "팔복에 대해"(마 5:3-8)

1) "심령이 가난한 자는 복이 있나니 천국이 그들의 것임이요"

팔복은 반드시 순서가 정해져 있는데 이 복은 뒤에 오는 모든 복의 열쇠가 된다. 심령이 가난하지 않고는 하나님 나라에 들어갈 수 없다. 물질이 아니라 마음을 가난하게 가지고 하나님을 앙망해야 한다. "가난한 심령"은 의와 미와 선과 그리스도의 일과 하나님의 뜻을 찾고 갈급하고 목마른 상태이다. 세상에서는 도전적이고 자신감에 넘치는 사람이 매력적이나 성경은 그 반대이다. 세례 요한의 겸허한 심령을 하나님은 원하신다.

2) "애통하는 자는 복이 있나니 그들이 위로를 받을 것임이요"

철학은 '애통을 잊어라,' '쾌락을 추구해라' 말한다. 애통은 육적인 것이 아니라 영적인 것이며 심령이 가난한 복과 같은 복이다. 참 위로와 기쁨이 있을 때 교회는 부흥된다.

첫째, 신자는 자기의 죄 때문에 통회한다. 구원의 기쁨 이전에 죄의식이 강하게 작용한다. 즉 죄의식이 개심(改心)에 선행(先行)한다. 성경에는 예수님이 노하거나 고통당하셨다는 말은 있지만 웃으셨다는 말은 없다. 예수님을 닮자. 이사야 선지자는 그를 "슬픔을 많이 겪었으며 질고를 아는 자라"고 했다(사 53:3).

둘째, 신자는 다른 사람의 죄 때문에 통회한다. 즉 복음적 슬픔을 지닌다. 신문이나 방송을 보라. 세상의 죄 때문에 신자는 통회해야 한다. 죄는 죽음을 가져오고 생활을 망치고 불행하게 만든다. 바로 이 때문에 예수님은 나사로의 무덤 앞에서 우셨다. 세상의 표어는 먹고 마시고 즐기는 데 있다. 죄에 대한 통회는 결국 죄인을 그리스도에게로 인도한다.

세상적 애통은 세속적이고(마 2:16), 잔인하고 악마적이며(삼하 13:2), 절망적이다(마 27:3-10). 그것은 위선적이고(삼상 10:12), 강압적이며(창 4:1-3), 연극적인 슬픔을(마 6:16) 자아낸다. 자아 사랑, 절망, 원망과 불평, 굽은 마음 등은 복음적 애통과 복음적 슬픔을 방해한다. 신령한 눈물은 은혜의 증거요, 성령의 증거요, 중생의 증거요 보배와 기쁨이다. 성령의 위로는 거룩하게 하고, 기쁘게 하고, 능력 있게 하고 평안케 한다.

3) "온유한 자는 복이 있나니 그들이 땅을 기업으로 받을 것임이요"
온유하고 부드럽고 자제력 있는 자의 복을 말한다. 그것은 겸손과 인내에서 출발하며 사랑의 성을 쌓는 것이요 복수를 거부하는 정신으로서, 선천적 부드러움, 안이함, 친절, 인격의 연약성을 말하는 것이 아니다. 온유는 위대한 능력으로 성내지 않고 참고 견디며 과거를 기억하지 않는 것, 가슴속의 예수가 입을 통제하는 것이며 하고 싶은 말을 하지 않는 것이다. 온유는 자기 이익을 추구하지 않고 베풀어 주신 은혜에 감사하며 부당한 고난과 수치를 겸손함으로 참는 마음이다. 온유한 자는 자기 고집과 성질과 생각과 경험으로 하지 않고 하나님의 말씀에 순종하고 맡기고, 하나님의 뜻을 겸손하게 순종하고 하나님의 말씀을 청종한다. 온유와 분노(전 7:9), 앙심(요 8:44), 복수심, 훼방(엡 4:31-32) 등은 반대된다.

온유한 자는 이웃을 용서하고 심판 날에 구원을 얻으며 남을 회개시킨다. 우리는 그리스도의 온유를 본받아야 한다. 온유한 자는 땅을 기업으로 받는다. 그는 이 세상의 삶을 살아갈 때 하나님의 은총에 늘 감사한다. 그는 아무것도 가지지 않은 것 같으나 모든 것을 가진 자이다. 자연계에서는 온유를 찾아볼 수 없으며 성령이 아니고는 온유할 수 없다.

4) "의에 주리고 목마른 자는 복이 있나니 그들이 배부를 것임이요"
의란 하나님의 율법과 뜻을 성취하는 것을(마 5:17) 뜻한다. 복음의 주제는 오직 은혜로 죄인을 의롭게 함에 있다. 아무도 심판자의 의를(롬 3:21) 스스로 만족시킬 수 없다. 믿음으로 거저 얻게 되는 구원이(롬 10:10; 고전 1:30) 의의 선물이다. 의는 하나님의 언약의 말씀에 근거하며(출 19:4), 믿음으로(롬 5:1), 하나님의 불가항력적 은혜로(롬 5:9), 성령의 역사로 말미암는다.

의에 주리고 목마름이란 엘리사가 엘리야에게 갑절의 은사를 바라는 것, 야곱이 얍복강에서 하나님과 씨름하는 것, "사슴이 시냇물을 찾기에 갈급함"과 같다. 주님이 비유하셨듯이 모르는 재판장에게 매달려 사정하는 과부의 갈급함과 나사로에게 물을 간구하는 부자의 갈급함이 그것이다.

우리는 육체적인 굶주림을 지닌 것처럼 은혜와 진리와 의 등에 대한 영적인 굶주림을 가져야 한다. 우리가 구하여도 얻지 못함은 우리 자신을 열지 않고, 주리지 않고, 겸손치 않고, 긍휼히 여김 받지 않기 때문이다. 우리의 철저한 무능, 무력은 죄에서 기인한 것이다. 인간은 고통을 제거하려 노력하지만 행복은 의를 찾는 것에 있다.

의에 주리고 목말라 하는 사람에게 하나님은 채워 주신다. 그는 죄에서 해방되고 하나님과 바른 관계를 회복한다. 자기 사랑으로 자기를 채울 수 없다. 탕자와 같이 세상의 쥐엄 열매로 자기의 배를 채울 수 없다.

5) "긍휼히 여기는 자는 복이 있나니 그들이 긍휼히 여김을 받을

것임이요"

행위가 아니라 상태가 중요하다. 존재가 행위보다 중요하다. 기독교인이 된다는 것은 새로운 인격으로 변함을 말한다. 하나님은 긍휼히 여기시며 의로우시며 거룩하시며 공의로우시다. 긍휼과 진리는 서로 조화된다. 진리와 율법은 긍휼 때문에 희생되지 않는다. 죄를 용서 받은 사람은 하나님이 불쌍해서 비참한 상황에서 구해 주신 것이다. 그것은 오직 은혜이다.

하나님께서 인간을 불쌍히 여기시고 자기 아들을 세상에 보내셨다. 이스라엘 백성이 애굽에서 고생하는 것을 보시고 하나님은 그들을 구출하셨다. 예수님은 예루살렘 성을 보시고 우셨다. 우리는 작은 긍휼을 베풀어 큰 긍휼을 받는다고 박윤선 박사는 말씀하셨다. 우리는 우리를 위하여 한없는 고난을 당하시고 자기 자신을 주시기까지 희생하신 그리스도의 긍휼을 받아야 한다. 주님은 긍휼히 여기심으로 가난하고 불쌍한 자를 고쳐 주셨다. 주님과 스데반은 "저들의 죄를 용서해 주옵소서"라고 기도했다.

우리는 남을 긍휼히 여겨야 한다. 회개하지 않고 자기 유익만 생각하는 사람은 남을 긍휼히 여길 수 없다. 가장 큰 긍휼을 베푸는 것은 전도하여 예수 믿게 하는 것이다. 하나님께 복을 받지 못하는 것이 제일 불쌍하다. 가난하고 병들고 외로운 사람들이 주님을 믿게 하는 것이 긍휼을 베푸는 최상의 길이다. 먼저 자신이 하나님의 긍휼히 여기심을 받은 후에야 남을 긍휼히 여기는 마음을 갖게 되고 남을 위하여 하나님의 긍휼을 간구하게 된다. 한 사람의 생명이 천하보다 귀하다.

6) "마음이 청결한 자는 복이 있나니 그들이 하나님을 볼 것임이요"

경외감과 자기 부족을 실감하는 자만이 청결한 심령을 지닐 수 있다. 하나님이 가장 먼저 보시는 것은 신자의 열망이요 소원이다. 마음의 눈이 밝아져야 하나님의 불가항력적 은총이 임한다. 우리의 마음은 그리스도의 복음이 심기는 곳이다. 우리는 마음으로 하나님을 본다. 마음은 인격의 중심으로 선과 악 모든 것이 흘러내리는 샘이다. 마음의 청결은 환경의 정화나 교육으로 안 된다. 마음이 청결하다는 것은 순결하여 한 뜻만을 가지고 하나님을 찾는 것을 말한다. 신자는 하나님의 영광을 위해 살아야 하며 그것을 삶의 최고 소원으로 여겨야 한다. 성령의 내주와 감화만이 마음을 정결하게 한다. 우리가 하나님을 볼 수 없는 이유는 죄를 짓고 나서도 간절하게 회개하지 않기 때문이다.

7) "화평하게 하는 자는 복이 있나니 그들이 하나님의 아들이라 일컬음을 받을 것임이요"

팔복에서 심령이 가난함과 긍휼히 여김, 애통하는 것과 마음이 청결한 것, 온유한 것과 화평케 하는 것이 짝을 이룬다. 화평케 하는 사람은 거듭났기에 그에게는 새로운 사상, 신앙, 헌신이 있다. 정욕, 탐욕, 이기심 같은 죄 때문에 국가, 단체, 교회, 교인 사이에 분쟁이 있다. 오늘날 화평케 하는 자가 많이 필요하다. 먼저 하나님과 화평해야 한다. 내가 무엇을 하려고 할 때 불화와 교만과 낙담이 들어온다. 나는 죄인, 용서가 필요한 사람, 하나님의 심판을 받아 마땅한 사람이라 생각해야 한다.

가정, 사회, 국가, 나아가 온 세상에서 화평의 도구가 되어야 한다. 화평케 하는 자는 하나님의 아들이 되고 만사가 형통한 복을 누린다. 남과 화목할 때 그리스도의 빛이 더욱 빛나며 각자가 신령한 기쁨을 누리게 된다.

4. "너희는 세상의 빛이라"(마 5:16)

   1) 이 말씀은 신자가 얼마나 비범하고 영광스러운 자인지 보여 준다. 신자의 위치와 본분에 대한 훌륭하고 철저한 시금석이 된다.

   2) 신자는 세상의 유일한 빛이다. 세상에는 흑암과 세속적 정사와 권세가 지배하고 있다.

5. "율법과 예수"(마 5:17-20)

   1) 신자는 누구인가

   가족의 말과 행실이 가정의 명예를, 학생이 학교의 명예를 드러내듯이, 신자는 하나님의 자녀로서의 영광을 드러낸다. 신사는 죄에 대해서 죽고 의에 대해서 살아난 자이다. 이것이 그리스도인의 삶의 요체이다.

   2) 율법과 예수 그리스도

   그리스도가 율법을 단지 계승하셨다고 하거나 율법을 폐하셨다고 하는 것은 그릇되다. 주님이 율법을 완성하신다는 것은 그가 율법을 완전히 수행하신다는 뜻이다. 주님은 아버지의 뜻에 순종하심으로 구약을 성취하고 실현하셨다. 율법을 완전케 하신다는 것은 그것을 모두 다 지키심을 뜻한다.

   "율법과 선지자"라는 말은 구약 성경을 가리킨다. 율법에는 도덕법, 재판법, 제사법이 있는데 모두 예수님에게서 완성된다. 율법은 준비요 예언적이요 불안전하며 부분적인 반면 그리스도는 성취요 완성이 되신다. 하나님의 법은 절대적이며 완전무결하다. 선지자는 하나님의 백성을 율법으로 재무장하며 메시야를 대망한다. 그리스도는 율법을 모두 알고 계셨으며 그 가운데 계시되는 하나님의 뜻을 믿고 그대로 행하셨다. 구약을 믿지 않는 것은 예수님을 불신하는 것이다. 그가 십자가에서 죽임을 당하심으로 율법이 정한 죄의 값을 우리 대신 치르셨다. 그것은 사망의 형벌을 치르는 저주의 죽음이었다.

6. "주기도문"(마 6:13)

1) "시험에 들게 하지 마옵시고"

예수님은 시험받는 자를 기억하시고 동정하시고 도우시고 위해서 기도하신다. 주님의 피의 공로에 힘입어 우리는 죄를 자복하고 회개에 이르며 죄의 굴레로부터 벗어날 뿐만 아니라 적극적으로 하나님 앞에서 선을 행하게 된다. 욕심을 버리고, 유혹에 빠지지 말며, 하나님의 말씀으로 시험을 이겨야 한다.

2) "다만 악에서 구하옵소서"

모든 형태와 종류의 악에서 건져 달라고 기도해야 한다. 주님만 바라보아야 한다. 죄는 자라나는 성질이 있다. 죄는 전염되어 사람의 마음과 삶과 모든 일에 계속 침입하고 있다. 그리하여 사람을 자기 종으로 삼는다. 죄에 얽매인 자는 죽은 자, 사탄의 종, 불순종의 아들, 진노의 자녀이다. 그는 그리스도 밖에 있는 자로서 하나님의 생명에서 떠나 허탄한 말과 행실을 일삼는다. 사탄은 사람을 죄에 빠뜨려 하나님의 말씀을 의심하게 하고, 하나님의 말씀에 모순이 있다고 부추기며, 하나님의 사랑을 변색시킨다.

예수님은 죄인을 정죄하기 위해서가 아니라 용서하기 위해서 이 땅에 오셨다. 그리하여 죄인의 집에 들어가 앉으시고 유하시며 병을 고쳐 주시고 더불어 말씀하셨다. 주님은 오직 죄인을 부르러 오셨다. 그는 죄인을 물리치지 않으시고 오히려 스스로 의롭다 여기는 자보다 더 가까이 하셨다. 악에서 구해진 사람은 그리스도를 믿음으로 그리스도를 위해 살게 된다.

7. "티와 들보"(마 7:1-5)

1) 비판받는 것을 싫어한다면 비판하지 말라. 침묵은 금이라고 하나 남을 위해 선한 말을 하는 사람은 이웃과 자신을 유익하게 한다.

2) 남을 비판하는 자는 그 비판으로 결국 자기의 인격과 경건을 해친다. 입담으로 익살을 부려 가며 남을 비꼬는 것을 삼가야 한다. 무엇보다 마치 자기가 하나님의 자리에라도 있는 듯이 다른 사람을 판단하고 깔보는 것을 멀리해야 한다.

3) 이웃의 사소한 결함을 학대하지 말라. 즉 티를 보고 이야기하지 말라. 주님은 비판 받는 사람 편이라는 말이 아니라 비판하는 사람의 자기모순을 지적하고 계신다. 사람은 모든 부분에 있어서 완전하지 않기 때문에 남을 판단하는 그것으로 자기 자신을 비판하고 있다. 위선자는 남을 주제로 삼아 판단의 유희를 즐길 뿐 자기 자신의 비참함에는 눈을 감고 있다. 자신의 참모습을 투명하게 바라보는 자는 타인을 판단할 수 없다. 눈은 마음의 창이다. 먼저 보는 것이 온전해야 한다. 남의 눈에 있는 티를 나무라기 전에 먼저 내 눈의 들보를 빼내라.

8. "거룩한 것을 개에게 주지 말며"(마 7:6)

1) 분별력을 지녀라

의와 불의를 구별하지 못하면 교회는 성스러운 위치에서 벗어날 것이다. 즉 진주와 같이 순결하고 거룩하며 변함없이 빛나는 성경의 가르침을 개나 돼지에게 내주고 말 것이다. 개는 썩은 고기를 먹는 동물이며, 돼지는 불결과 우리 밖에 있음을 의미한다.

2) 예수님과 바리새인

예수님은 바리새인과 서기관과 대조적으로 병자와 이방인을 대하셨다. 빌라도의 심문에는 대답하셨으나 헤롯의 질문에는 대답하지 않으셨다.

3) 구하라, 찾으라, 문을 두드리라

구하고 찾고 두드리라는 세 가지 권고와 받고 찾고 열릴 것이라는 세 가지 보장이 있다. 구하는 것은 심령의 간청, 갈증, 간절함을, 찾는 것은 간구하는 가운데 행동으로 옮기는 것을, 두드리는 것은 주님을 만나 담판하는 것을 의미한다. 원한을 풀지 않을 때, 남을 용서하지 않을 때, 자기 죄와 허물을 고백하지 않을 때, 남을 진심으로 사랑하지 않을 때, 자기 죄를 숨길 때, 기도에는 응답이 없고 능력이 나타나지 않는다. 우리는 자기 자신을 위해서뿐만 아니라 자녀, 친구, 사회, 성도, 병자, 원수, 죄인, 교회의 성도, 새 신자를 위해서 기도해야 한다.

9. "생명의 길"(마 7:13-14)

1) 좁은 문: 이 문은 천국 사람들이 들어가는 문이며 신자들이 매일 생활에서 들어가는 문이다. 마태복음 5장에서 본 애통하고 핍박 받으면서도 빛과 소금으로 사는 사람들이 좁은 문으로 들어간다. 기도를 할 때도 구제를 할 때도 좁은 문으로 들어가야 한다. 하나님 나라는 좁은 문으로부터 시작된다. 문이 좁아서 알몸으로 들어가야 한다. 명예, 지식, 혈기, 교만을 버려야 들어

간다. 자기 의, 고집, 편의, 나태, 안일을 덕지덕지 붙이고는 이 문으로 들어갈 수 없다.

2) 좁은 길: 이는 천국 가는 경주자의 가시밭길을 의미한다. 주님은 우리가 그가 걸어가신 좁은 길로 나아갈 것을 원하신다. 이는 인류를 사랑하는 길, 겸손의 길, 기도의 길, 도움의 길, 십자가의 길이다. 도와주는 이가 없고 말벗이 없는 쓸쓸한 길이다. 이 길은 주님을 만난 제자들이 밟았던 순교의 길이다. 안드레는 그리스의 아가야, 야고보는 헤롯의 궁정, 빌립은 소아시아 비루, 바돌로매는 알베니아, 마태는 에디오피아, 유다는 바사, 요한은 에베소로 나아갔다. 좁은 길을 걸어갈 때 내가 누구인지를 늘 인식해야 한다. 나는 하나님 나라의 백성, 하나님의 자녀, 천국 시민이다. 나는 영원히 주님을 신랑으로 모시고 살아갈 신부이다.

10. "거짓 선지자"(마 7:15-20)

1) 거짓 평강을 외치는 자들: 그들은 예레미야 시대의 거짓 선지자들과 같이 멸망의 길로 사람들을 인도한다(렘 4:10). 그들은 불의의 이를 취하려고 피를 흘려 영혼을 멸하는 자들(계 22:27), 부르짖는 사자, 저녁 이리, 경솔하고 간사한 자들(습 3:3), 흉악한 이리들(행 20:29; 마 10:16)이다.

2) 거짓 선지자들은 심판 대신 현실에 눈이 멂: 그들은 인간의 사악함을 간과하고 좁은 문, 좁은 길을 강조하지 않는다. 그들은 자기 먹는 것과 입는 것을 중시하고, 성령으로 말하고 성령으로 예언한다고 하면서 돈과 물건을 요구하며, 온갖 평계를 내세워 자기의 유익을 위하여 교회의 유익을 해치고 양을 먹이기보다 양의 털을 깎는 것에만 혈안이 되어 있다. 그들은 거짓된 사명을

말하고 외식과 과장된 말을 하고, 하늘로 가는 길이 넓은 길이라고 외치며, 외식하면서 사람의 인기를 얻는 데 여념이 없다.
3) 열매로 나무를 알지니: 성령은 하나님을 영화롭게 하고 날마다 우리가 그 뜻대로 살도록 인도하신다. 하나님은 열매 없고, 기름 없고, 일하지 않는 자들을 불에 던지신다. "주여, 주여" 하면서 주의 이름으로 선지자 노릇한다고 해서 다 천국에 들어가는 것이 아니다.
4) 반석 위에 지은 집: 예수님의 말씀을 듣는 자와 들은 대로 행하는 자이다.

교회론 공부

부흥회를 세 번째 가는 교회의 낮 공부 시간에는 요한계시록 2-3장에서 전하는 7교회에 대한 대조표를 나눠 주고 각 교회의 특징을 간략하게 설명한 후 교회론 전반에 대해서 가르쳤다. 그 가르침이 칼빈과 그를 잇는 개혁신학자들의 입장에 충실하였다.

교회는 택함 받은 자들의 총수로 이루어진 무형교회와 함께 모여 예배 드리고 말씀 듣고 기도하며 한 신앙고백 아래에 한 하나님과 한 주를 섬기는 유형교회로 구별된다. 그럼에도 불구하고 무형교회와 유형교회의 머리는 한 분 동일하신 그리스도이시다. 교회는 그의 몸이자 신부이다. 교회는 복음을 전파하고(행 1:8), 하나님의 백성을 교육하며(마 28:16-20), 성도의 교제와 구제와 헌신의 장(場)이다(행 6:1-7).

서기행 목사는 이러한 교회의 본질과 가치를 가장 잘 구현한 교회로서 예루살렘 교회, 데살로니가 교회, 안디옥 교회, 빌립보 교회를 든다. 요한계시록에서 칭찬만 듣고 책망은 받지 않은 서머나 교회와 빌라델비아 교회도 생각할 수 있지만 이는 묵시의 말씀에 따른 것이고 사도행전에 기록되어 있는 실제 교회로는 이 네 교회가 가장 귀하다고 보는 것이다.

첫째, 예루살렘 교회는 신약 시대 최초의 교회요, 세계 선교와 개척과 전도의 출발지며 성령이 충만한 교회이다. 아브라함이 독자 이삭을 번제로 바친 제단이 있던 곳, 다윗이 사서 마련하고 솔로몬이 성전을 지은 터, 38년 된 병자가 고침을 받은 곳, 주님이 마지막 공생애를 보내시고 죽으시고 부활하시고 승천하신 곳이다. 오순절에 성령이 강림하여 예루살렘 교회가 설립되었다. 맛디아로 수를 채운 열두 제자들, 부활을 목격한 5백여 형제 중 남은 120명, 주님의 어머니 마리아와 갈릴리로부터 온 다른 여자들, 주님의 형제들이 속한 교회였다. 그들은 생업조차 버리고 주님을 좇았으며 자기 소유로 헌신한 사람들이었다.

성령이 임하자 그들이 권능을 받게 되었다. 그리하여 죄와 단절하고 혈기, 지식, 경험, 판단, 가문, 족벌 등 자기에게 속한 것을 죽이고 예수를 영접하여 그리스도의 사람이 되었다. 이제는 주님만 사랑하고, 주님만 자랑하며, 주님만을 위하여 살게 되었다. 예루살렘 교회는 사도의 가르침을 받은 교회였다. 그곳에는 성도의 교제가 온전하여 민족과 혈통과 빈부의 장벽이 모두 무너졌다. 성도들은 함께 모여 예배드리고 기도하기에 전혀 힘썼다. 그리하니 기사와 이적이 많이 나타났다. 서로 유무상통하는 사랑의 기적이 나타났다. 나면서부터 앉은 뱅이였던 자가 고침을 받았다. 함께 기도하니 옥문이 열려 베드로가 살아서 돌아오게 되었다. 예루살렘 교회는 믿음의 칭찬, 도덕적 칭찬, 사랑의 칭찬을 받았다. 3천 명, 5천 명 신자의 수가 늘어 가는 부흥되는 교회였다. 그리고 신앙의 인물을 많이 배출한 교회였다. 이 교회에 속하였던 스데반, 야고보, 베드로, 안드레 등이 모두 순교했다.

둘째, 데살로니가 교회는 마게도냐에 위치한 교회로서 사도 바울이 2차 전도 여행 중에 개척하였다. 야손의 집에서 가정 예배와 같이 드리면서도 3주 동안 회당에서 복음을 전하여 헬라인과 귀부인이 많이 믿게 되었다. 데살로니가 교회는 마게도냐와 아가야에 있는 모든 믿는 자의 본이 된 교회로서, 그 믿음의 소문이 각처에 퍼져나갔다. 그들은 핍박 중에도 주님께 충성했다. 그들은 믿음의 역사와 사랑의 수고와 소망의 인내로 소문이 났다. 이는 그들이 하나님의 말씀을 사람의 말이 아니라 하나님의 말씀으로 들었기 때문이다(살전 2:13).

그들에게는 믿음의 역사가 나타났다. 의인은 오직 믿음으로 말미암아 산다. 믿음이 없이는 하나님을 기쁘시게 할 수 없다. 믿음은 영적인 자본이다. 믿음대로 되기 때문이다. 또한 믿음은 기도응답의 열쇠이다. 믿고 구한 것은 다 받게 되기 때문이다. 말씀을 믿어야 세상을 이기고 부요한 삶을 살 수 있다.

믿음의 역사에는 사랑의 수고가 따른다. 하나님의 사람은 하나님을 사랑하고 교회를 사랑하며 이웃을 사랑한다. 모든 계명은 하나님 사랑과 이웃 사랑에 다 함의된다. 사랑이 없으면 그 무엇도 아무것도 아니다. 아브라함, 모세, 엘리야, 다니엘, 사도 요한, 사도 바울 등 하나님의 일꾼들은 하나같이 하나님과 하나님의 말씀과 하나님의 나라와 하나님의 일을 사랑하였다. 그리고 이웃의 허물을 사랑으로 덮어 주고 이웃을 자기 몸과 같이 사랑하였다. 사랑보다 더 큰 은사는 없다. 사랑은 율법의 완성이며 크고 첫째 되는 계명이다. 그 사랑이 그리스도의 십자가에 나타났다.

이러한 믿음과 사랑이 있다고 한들 소망의 인내가 없다면 사상누각이 되고 만다. 인내가 없이는 영혼을 얻을 수 없다. 끝까지 참아야 마지막 때 열매를 걷게 된다. 소망 가운데 기다려야 신앙생활의 맛이 들고 향이 깊어진다. 소망이 없이는 항상 기뻐할 수 없다. 환난은 인내를, 인내는 연단을, 연단은 소망을 이룬다.

이렇듯 데살로니가 교회는 믿음의 역사, 사랑의 수고, 소망의 인내 가운데 기름을 준비한 지혜로운 다섯 처녀와 같이 깨어 주님의 강림을 바랐다.

셋째, 안디옥 교회는 스데반의 순교로 흩어진 예루살렘 교회 평신도들에 의하여 세워진 최초의 교회였다. 여기에서 최초로 이방에 선교사를 파송하였으니 그들이 바울과 바나바이다. 안디옥은 수리아의 수도이며 동서 교통의 중심지이고, 당시 세계에서 세 번째 큰 도시로서 매우 부유했으나 음란과 악이 극도에 달하였다. 이러한 도시에 살던 많은 이방인들이 유대교에 입교함이 없이 곧바로 주님을 영접하였다. 이 또한 처음 있는 일이었다. 이곳에 나타난 복음의 위력은 참으로 놀라운 것이어서 교회를 하나로 묶고 서로 사랑하고 구제하는 삶을 살게 했으며 전도와 선교를 통한 구령의 사명을 진작시켰다. 그리하여 이곳의 성도들에게 비로소 "그리스도인"이라는 호칭이 붙여졌다.

안디옥 교회는 많은 믿음의 일꾼들을 배출하였다. 바나바, 바울, 시므온, 루기오, 마나엔 등이 그들이었다. "권위자"라는 뜻의 이름을 지닌 바나바는 예루살렘 교회가 이곳에 파송한 교회 지도자로서 성령이 충만하여 믿음이 좋고 관용과 사랑이 많은 착한 사람이었다. 그는 사울을 초청하여 일정 기간 안디옥 교회를 섬긴 후 둘이 함께 소아시아로 선교의 장도에 올랐다.

사울은 후에 "작은 자"라는 뜻의 바울이라는 이름을 지니게 되었다. 바울은 이방인의 사도로서 최초의 선교사요 신약 시대 최대의 신앙 운동가였다. 그가 기록한 성경은 신약 중에 가장 많은 권수를 차지한다. 그는 감당할 수 없을 만큼의 고난을 당하였으나 가장 큰 복음의 진보를 이룬 대사도였다. 이러한 신앙의 별들을 배출한 안디옥 교회는 성령의 지시가 있으면 그대로 따르는 교회였다. 그들은 위에서 이끄는 대로 금식하고, 기도하고, 헌신하였다. 선교는 그 가장 값진 열매였다.

넷째, 빌립보 교회는 바울과 실라가 두 번째 선교여행 때 설립한 교회이다. 바울은 마게도냐인의 환상을 보고 아시아로 가려던 계획을 철회하고 유럽의 첫 성 빌립보에 복음의 첫발을 내디뎠다. 그리고 그곳의 강변에서 말씀을 전하다가 첫 개종자 루디아를 만나 교회를 형성하였다. 루디아는 두아디라 성의 자주 장사로서 하나님을 공경하는 여자였다. 마음을 열어 사도가 전한 복음을 받은 후 저와 그 집이 다 세례를 받았다.

이곳에서 바울과 실라는 기도하는 곳으로 나아가다가 점치는 여자에게서 귀신을 내쫓았다. 이 일로 악령의 매개로 돈벌이를 하던 여자가 더 이상 그 일을 할 수 없게 되자 그들을 고소하여 매에 맞고 옥에 갇히게 하였다. 그러나 밤새 기도와 찬미를 그치지 않았으니, 그 가운데 옥문이 열리고 착고가 풀어졌다. 이 일로 그 옥의 간수장도 회개하고 세례를 받게 되었다.

빌립보 교회는 루디아의 집에서 가정교회로 시작되었으며 환란과 핍박을 겪으면서 점차 흥왕해졌다. 이는 마게도냐인의 환상에 응하여 유럽에 세워진 첫 교회였다. 서구 2천 년 교회의 역사가 여기에서 시작되었다. 빌립보 교회는 사도 바울이 빌립보를 떠날 때와 떠난 후 데살로니가에 있을 때에도 쓸 것을 도왔다. 그리고 에바브로디도를 수천 리 떨어진 로마의 옥중에까지 보내 사도 바울에게 필요한 것을 도왔다. 이러한 빌립보교인들의 사랑을 생각하며 사도 바울은 그들이 자기의 기쁨이요 면류관이라고 했다. 그리고 이제 자기는 관제와 같이 부음이 되더라도 기뻐한다고 하였다. 빌립보 교회의 사랑의 손길을 사도 바울은 하나님이 받으실 만한 향기로운 제물이며 하나님을 기쁘시게 한 것이라고 했다.

이러한 가르침이 부흥회 낮 공부 시간 동안 전해짐으로써 성도가 교회의 지체로서 어떻게 살아야 할 것인지가 분명히 각인되었다. 요한계시록에서 서머나 교회가 환난과 궁핍이 있었지만 실상은 부요한 자로서 죽도록 충성하여 생명의 관을 얻게 되리라는 약속을 받았으며 빌라델비아 교회가 시험의 때를 당하였으나 인내의 말씀을 지켰은즉 열린 문이 그 앞에 있을 것이라는 약속을 받았음을 상기하면서 이러한 종말론적인 대망을 가지려면 예루살렘 교회, 데살로니가 교회, 안디옥 교회, 빌립보 교회와 같이 이 땅에서 칭찬받는 교회가 되어야 함을 줄곧 강조하였다. 이러한 가르침은 교회가 참되려면 어떠해야 하는가를 알리고 있지만 실상 그 일차적인 목적은 교회의 지체인 성도가 교회의 지체로서 어떻게 행해야 하는가를 권면하는 데 있었다. 이를 통하여 하나님의 구원의 경륜이 단지 개인적이며 인격적으로 역사하는 데 그치지 않고 교회적으로도 역사하는 특별한 섭리가 있음을 강조하고자 한 것이었다. 이러한 점이 평소 설교에서보다 부흥회 설교와 공부에 있어서 더욱 두드러졌다.

제11장
강해설교자

기도에 대한 강해

서기행 목사는 어릴 때부터 성경 읽기를 즐겨 했다. 성경의 가르침에 대한 종합적이고 체계적인 지식을 갖춘 것은 신학교 들어가서였지만 그 전에 이미 기본적인 성경교리에 대한 식견을 지니고 있었다. 개혁목사(Reformed pastor)는 필히 설교자요 신학자가 되어야 한다고 생각했다. 성도들은 강단의 말씀을 통하여 은혜를 받아야 하지만 하나님이 누구시며 무엇을 하셨으며 우리를 향하여 무슨 뜻을 가지고 계신지를 올바로 알지 못하면 눈뜬 소경에 불과하다고 여겼다. 그리하여 설교를 통하여 가르치기를 힘썼다. 하나님의 말씀에 함의된 지혜(디다케)와 선포(케리그마)가 설교 가운데 함께 전달되어야 한다고 믿었다. 일찍부터 주기도문과 십계명 등을 설교 가운데 강해하면서 가르친 연유가 그것이었다.

서기행 목사는 기도가 없는 성도는 맥이 끊어진 것과 다름없다고 여겼다. 기도는 단지 감정풀이나 기복적 욕구를 채우는 수단에 불과한 것이 아니라 기도자 자신을 향한 하나님의 뜻을 구하여 그 뜻을 그 자신 가운데 이루어 가는 과정이라고 생각했다. 그러므로 성도는 무엇보다 먼저 기도에 관하여 바로 알고 바로 배워야 한다. 기도의 신학이 온전해야 올바른 신앙인이 된다. 그것이 다음과 같이 일목요연하게 강단에서 선포되었다. 기도에 대한 이러한 가르침은 목회 초기에서부터 누차 반복되었다.

1. "기도의 자세"(행 7:60)

   1) 예수님이 기도의 모범이 되심: 세상이 아직 잠자고 있을 때 홀로 일찍 깨어 기도하심(막 10:35). 하루의 수고가 끝난 다음에도 고요한 밤에 기도하심(막 6:46). 무리가 도움을 구할 때 하나님의 능력의 손에 마음과 생각을 바치심. 제자들이 모르는 장소에 가서서 기도하심. 식사할 시간도 갖지 못하는 분주한 중에도 기도하심.

   2) 무릎을 꿇고 기도함: 무릎을 꿇음은 존경과 복종을 표현함(시 95:6; 사 45:23). 개인기도는 편안한 자세로 하되 회중으로 모일 때는 무릎을 꿇는 것이 가장 좋음. 주님도 무릎 꿇고 기도하심(눅 22:41). 다윗, 솔로몬, 바울, 베드로, 스데반도 무릎 꿇고 기도함(왕상 8:54; 대하 6:13; 행 7:60).

   3) 엎드려 머리를 숙이고 기도함: 자기를 부인하고 전적인 은혜를 간청함(창 24:26, 52). 고난 가운데 모든 것을 맡기고 기도함(출 4:31). 반대자를 물리치기 위하여 기도함(왕상 18:42).

   4) 손을 벌려 기도함: 자기 고집과 생각을 버리고 하나님께 모든 마음을 드리고 생명까지 바침(왕상 8:22, 38-39; 시 28:2; 63:4; 88:9; 딤전 2:8).

   5) 서서 기도함: 엄숙히 유일하신 여호와께 간구함(삼상 1:26; 왕상

8:14, 55; 대하 20:9; 막 11:25).

   6) 울면서(히 5:7), 소리 없이(삼상 1:12-13), 입술을 벌리고(시 81:10), 가슴을 치면서(눅 18:13), 벽에 낯을 대고(왕하 20:2), 하늘을 우러러(요 11:14) 기도함.

2. "기도의 응답"(왕상 18:36-38)

   1) 기도는 하나님께 구하여 은혜를 받는 길: 기도를 통하여 자아의 고적(孤寂)함을 벗어나 이웃을 향하여 마음을 열게 됨. 특히 가족을 위하여 기도하라(삼상 1:12-14).

   2) 기도 응답의 사례: 롯의 간구(창 19:1-21), 아브라함과 그의 늙은 종의 기도(창 24:1-27), 야곱의 얍복강 기도(창 32:24-30), 애굽의 노역에 지친 이스라엘 백성의 간구(출 2:23-24), 아말렉을 물리침(출 17:4-6), 삼손의 능력(삿 15:18-19), 지혜를 구한 솔로몬 왕(왕상 3:9), 불을 내려 달라 기도한 엘리야(왕상 19:36-39), 아람의 학대를 못 이겨 기도한 여호아하스 왕(왕하 13:4), 기도하여 수명을 연장한 히스기야 왕(왕하 20:2-7).

3. "응답 받지 못하는 기도"(삼상 28:15-19)

   1) 하나님이 듣지 않으시는 기도(슥 7:13; 렘 7:16): 믿음이 적은 가운데(마 17:20, 히 11:6), 염려를 버리지 못하고(빌 4:6), 함부로(전 5:2), 외식하며(마 6:5), 정욕으로(약 4:3), 의심하며(약 1:6-7), 죄를 두고(요 9:31; 시 39:12), 명예심으로(행 8:18-23), 자긍하는 마음으로(눅 18:11-14) 드리는 기도.

   2) 불순종하는 죄인의 기도(요 9:31; 잠 28:9; 신 1:45): 아말렉을 진멸하지 않은 사울(삼상 28:15-25), 패역하여 하나님의 말씀을 듣지

않는 자들(겔 20:1-8), 과부의 재산을 삼키는 서기관과 바리새인들(눅 20:47), 소돔과 고모라의 불의한 사람들(창 18:23-32), 죄에 대한 징계로 환난을 겪고 있거나(욥 27:9) 죄를 범하고도 회개하지 않는 자들(약 5:16)의 기도.

3) 구하는 것이 하나님의 뜻과 다를 경우: "뜻이 하늘에서 이룬 것 같이 땅에서도 이루어지이다"(마 6:10). 육적으로 드리는 기도는 듣지 않으신다. 악한 생각을 지니고(시 66:18), 남을 용서하지 않고(마 5:23; 막 11:25-26), 서로 화목함이 없이(벧전 3:7), 가난한 자를 돕기를 싫어하는(잠 21:13) 자들의 기도.

4) 진실함과 간절함이 없이 중언부언하는 기도(마 6:7; 약 4:2; 눅 18:1).

4. "응답 받는 기도"(눅 18:38-43)

1) 언제나 어느 상황에서도 드리는 기도(행 10:2): 시간이 남아 기도하는 것 아니다. 주님은 식사하실 겨를이 없어도 기도하심(막 3:20). 바울과 실라와 같이 옥에 갇혀서(행 16:25-26), 예루살렘 교회의 성도들과 같이 옥에 갇힌 자를 위해서(행 12:1-5), 느헤미야와 같이 하나님의 나라를 위해서(느 1:4-44), 히스기야와 같이 자신의 병을 위해서(대하 32:20-21).

2) 기도의 장소: 산에서(막 6:46), 은밀한 곳에서(마 6:5-7; 단 2:19; 6:10; 눅 8:52), 성전에서(눅 1:10; 2:36-39; 행 3:1; 마 21:13).

3) 기도하는 시간: 새벽(막 1:35), 정오(행 10:9), 오후(행 3:1), 저녁(마 14:23), 밤(시 26:9; 눅 6:46), 식전(마 14:19; 15:36; 막 6:41), 식후(마 14:23), 기쁠 때(눅 10:21-22), 슬플 때(요 11:33-42), 환란 때(시 50:15), 시험 때(마 4:2), 마음이 상하고 답답할 때(요 12:27-28), 안식일(요 20:19), 밤새도록(눅 6:12), 병이 있을 때(약 5:14),

하루 세 번씩(시 55:17), 때를 따라(시 55:6), 밤낮(딤후 1:3-4), 무시로(엡 6:18), 쉬지 말고(살전 5:17), 항상(골 4:2; 눅 18:1), 세상 떠날 때까지(눅 23:46).

5. "무엇을 위해 기도하는가"(요 17:1)

　1) 자신과 맡겨진 하나님의 일을 위하여(고후 12:7-8; 요 17:1; 히 5:7).

　2) 자녀를 위하여(창 17:15; 마 15:21). 교부 오리겐(Origen)은 어머니의 기도가 평생 자기를 떠나지 않았다고 했음.

　3) 아이를 위하여(대상 29:19; 마 19:14; 막 9:20).

　4) 친구를 위하여(욥 42:10).

　5) 교회를 위하여(시 122:6; 고후 11:23-28).

　6) 성도를 위하여(롬 1:9; 엡 6:18; 골 1:9).

　7) 병자를 위하여(약 5:14-16; 시 103:3).

　8) 원수를 위하여(눅 23:34; 행 7:60). 원수를 사랑하면 더 이상 원수가 아니다. 원수는 내 앞에 있기보다 내 마음에 있다.

　9) 범죄한 자를 돌이키기 위하여(요일 5:6; 창 18:2-3; 삼상 7:9)

　10) 주의 종을 위하여(엡 6:19-20).

　11) 새로 믿는 자를 위하여(살전 3:9-13).

　12) 핍박하는 자를 위하여(눅 6:28).

6. "신앙을 구하는 기도"(행 8:14-24)

　1) 성령 충만을 위하여 기도(눅 11:9-13): 고넬료가 항상 기도함으로 충만한 성령의 역사가 그와 그의 가정과 그의 친구들에게 나타났다(행 10:2, 44-45).

　2) 성경을 깨닫기 위하여 기도(엡 1:16-19): 하나님이 친히 풀어 주셔

야 말씀의 진리가 역사하여 우리 마음이 뜨거워진다(눅 24:32). 진리의 성령이 우리 안에 임하여 친히 탄식하심으로 우리가 마땅히 구할 바를 알려 주신다(요 14:16-17; 롬 8:26).

3) 신앙의 담력을 얻기 위하여 기도(엡 3:15-19): "그를 향하여 우리가 가진 바 담대함이 이것이니 그의 뜻대로 무엇을 구하면 들으심이라"(요일 5:14).

7. "주의 종을 위한 기도"(고후 1:8-11)

1) 기도함으로 우리를 도우라: 하나님의 일을 이루기 위하여 기도의 동역이 필요하다. 주의 종이 기도하는 일과 말씀 사역에 전념할 때 이를 기도로 도와야 한다(행 6:4). "형제들아 우리를 위하여 기도하라"(살전 5:25). 베드로가 옥에 갇혔을 때 예루살렘 성도들은 그를 위해 기도했다(행 12:5).

2) 주의 종의 특별한 고난: 엘리야의 경우에서 보듯이, 이세벨이 책동한 바알 종교의 횡포, 아합 왕의 박해, 동지들의 숱한 순교, 민중의 배도, 갈멜산의 제단에 불이 내려도 은혜의 비가 내려도 돌이키기 않는 강퍅한 심령, 살의가 가득한 추격 등 감당할 수 없는 난관(難關)이 따른다.

3) 현대 교역자들이 처한 더욱 악한 상황: 유물주의 사상이 성행, 반기독교주의와 유물론의 확산, 타 종교의 방해, 이단의 발흥, 신(新)신학의 발호, 동지를 찾기 어려움, 반성경주의의 확산, 감당하기 어려운 생활고, 성령의 불이 임해도 은혜의 단비가 내려도 신령한 감동이 임해도 거부하는 세태이다. 주의 종이 배움이 많으면 괜히 학식 자랑한다 하고, 배움이 적으면 무식하다 하고, 신령하면 신비주의에 빠진 미신자라 하고, 일을 잘하면 사회

적이라 하고, 인자하면 우유부단하다 하고, 엄격하면 압제자라 하고, 관청교섭을 잘하면 행세객(行世客)이라고 하고, 교제에 서투르면 멍텅구리라 하고, 노숙(老熟)하면 노폐물이라 하고, 젊으면 경박하다 하고, 성경만 가르치면 완고하다 하고, 지식을 말한즉 신령하지 않다고 말한다.

4) 목회자의 대인난(對人難): 유산자에게 좋게 하면 무산자가 싫어하고 무산자에게 좋게 하면 유산자가 싫어하고, 유식계급에게 좋게 하면 무식계급이 싫어하고 무식계급에게 좋게 하면 유식계급이 싫어하고, 노인에게 좋게 하면 청년이 싫어하고 청년에게 좋게 하면 노인이 싫어한다. 목회자를 판단하기 전에 그를 위해 기도하라. 그래야 쓰리고 아픈 십자가를 등에 지고 갈 수 있다. 칼빈은 매일 열 번 이상 죽기를 원한다고 기도했다. 사도 바울은 나는 날마다 죽노라 했다. 교역에 남는 것은, 종말에 남는 것은 하늘나라밖에 없다.

8. "나라 위해 기도하자"(롬 10:1)

1) 나라가 둘로 분단되었으니 통일을 위하여 기도하자.

2) 경제적으로는 훨씬 나아졌으나 범죄에도 빨라져 하나님의 진노를 첩첩이 쌓고 있으니 깨어 기도하자.

3) 이 땅에 여호와를 아는 지식이 충만하고 공의가 하수와 같이 흘러넘쳐 경건의 모양만 내는 것이 아니라 경건의 능력이 처처에 나타나 여호와의 성호가 찬양을 받고 예수 믿는 자들이 칭송을 받도록, 그리하여 이 나라가 온전한 하나님의 나라가 되도록 기도하자.

9. "기도의 종류"(마 6:9-15)

   1) 공기도(公祈禱, 행 12:5): 서로 권하여 잘 모여서 기도할 때(시 95:6) 하나님이 기쁘시게 받으신다(시 121:4). 우리 안에 주님이 계시므로(마 18:20), 동심협력하여 기도하면(행 1:14) 하늘에서 들으시고(대하 7:14) 복을 주신다(출 20:24). 그러므로 알아들을 수 없는 자기만의 방언으로는 공중 가운데서 기도하지 않도록 해야 한다(고전 14:14).

   2) 사기도(私祈禱, 마 6:6): 기도에는 어떤 공로도 자질도 없다. 기도는 남에게 보여 인정받는 것이 아니라 하나님께 은밀히 소원을 아뢰고 간절히 구하여 은혜를 받는 것이다. 기도는 하나님의 지시하심을 좇아 길을 행하다가 머물러 제단을 쌓는 것과 같다(창 12:5-8). 성도는 자기 자신뿐만 아니라 가족과 자녀를 위해서도 기도해야 한다. 그것이 언약 백성을 향한 하나님의 뜻이다(창 35:2-3; 욥 1:5; 행 10:2). 무엇보다 아이들이 주님께 나아가는 것을 막아서는 안 되며 오히려 그들을 데려가 주님이 안수하시고 기도해 주시도록 해야 한다(마 19:13-15).

10. "골방 기도를 드리세"(마 6:5-8)

    1) 은밀한 기도와 구제와 금식(마 6:1-8): 남에게 보이기 위한 것은 하나님을 위한 것이 아닐 뿐만 아니라 하나님을 전적으로 의뢰하는 것도 아니다.

    2) 예수님의 기도의 모습: 주님은 한적한 곳에서(막 1:45) 따로(눅 9:18) 기도하셨다. 하늘을 향해 기도하셨다(요 17:1). 산으로 가서 밤새 기도하셨다(눅 6:12). 피곤하실 때에도 기도하셨다(막 6:31). 기도하실 때 변화되셨다(눅 9:29). 주님은 세례를 받으

실 때(눅 3:21-22), 동네에 가서 전도하실 때(막 1:35), 나사로를 살리실 때(요 11:41), 최후의 강화를 마치시고(요 17:1-26), 겟세마네 동산에서(마 26:36-46) 기도하셨다.

3) 기도의 힘: 야곱이 기도하여 이스라엘이 되고(창 32:28), 홍해가 갈라질 때 모세가 기도하였으며(출 14:15), 여호수아가 기도하니 아간의 죄가 드러났으며(수 7:10-15), 아사가 기도하니 전쟁에 승리하였으며(대하 14:11), 에스더가 금식하고 기도하여 나라를 구하였으며(에 4:10), 느헤미야가 기도하니 왕의 마음이 경각간에 풀렸으며(느 1:4), 엘리야가 기도하니 수년간의 가뭄이 그치고 비가 내렸으며(약 5:17), 예루살렘 교회의 성도들이 열심히 기도하니 베드로가 갇힌 옥의 문이 열렸다(행 12:5, 10).

4) 참된 기도: 즉흥적인 도움이나 필요를 충족시키기 위한 기도는 참된 기도가 아니다. 하나님의 거룩한 뜻을 분별하고 그 뜻을 행하기 위한 기도가 참된 기도이다.

십계명 강해

정통 개혁신학자들은 율법주의가 아닐 뿐만 아니라 율법폐지주의도 아니다. 율법은 단지 저주하는 법이 아니라 경건하고 올바른 삶의 규범으로서 하나님의 백성이 그의 어떠하심과 그가 자기 백성을 향하여 지니신 뜻이 무엇인지를 알려 준다. 그리하여 칼빈은 율법을 언약의 법이라고 부른다. 율법에는 명령과 함께 약속이 있는바, 그 약속의 성취가 그리스도이시다. 그러므로 복음은 율법의 반대 개념이 아니라 율법의 성취 혹은 완성 개념이다.

그 율법의 총화가 십계명이다. 그중 1-4계명은 하나님 사랑의 계명으로서 유일하신 삼위일체 하나님에 대한 예배를 그 본질로 삼는 경건의 계명이며, 5-10계명은 이웃 사랑의 계명으로서 인류가 서로 더불어 사는 공평과 절제를 그 근본 덕목으로 여긴다. 1-4계명은 하나님과 사람 사이의 수직적 관계를, 5-10계명은 사람과 사람 사이의 수평적 관계를 규정한다. 개혁신학자들의 언약신학은 이러한 칼빈의 율법관에 기초하고 있다. 서기행 목사는 이러한 관점에 서서 1964년 김제 송지동교회에서부터 십계명을 강해하였다. 그리고 10년 후인 1974년에도 이를 한 차례 더 강해하였다. 이하 개략하면 다음과 같다.

1. "십계명 서론"(출 20:1-3)
    1) 십계명의 정신을 배우지 않고는 그리스도의 사랑을 알 수 없음: 구약을 무시하고 신약을 말할 수 없으며 십계명을 범하면서 은혜를 구하는 것은 오류다.
    2) 십계명은 모세의 십계명이 아니라 하나님의 십계명: 하나님이 친히 부여하신 율례와 규례와 법도이다. 금송아지 숭배에 대한 분노로 모세는 처음 받은 돌판을 깨뜨려 버렸다. 두 번째 받은 돌판은 법궤에 안치되었다.
    3) 십계명은 율법의 총화: 하나님 사랑의 법과 이웃 사랑의 법이 모두 여기에 들어 있다. 하나님 사랑의 방식을 다룬 의식법과 이웃 사랑의 방식을 다룬 재판법은 그 뜻은 그리스도에 의해 신약에 완성되었으나 그 자체는 구약에 일시적으로 부여된 것으로서 지금은 폐지되었다. 그러나 십계명에 전체가 함의되는 도덕법은 영원하다.
    4) 십계명은 은혜언약에 기초: 아브라함의 언약을 율법이 폐기하지 못한다(갈 3:17). 십계명의 수여자이신 하나님은 이스라엘의

구원자이시다. "나는 너를 애굽 땅, 종 되었던 집에서 인도하여 낸 네 하나님 여호와니라"(출 20:2).

5) 오직 한 사람 예수 그리스도가 율법의 실체이자 완성(갈 3:16): 그리스도는 율법의 마침이시다(롬 10:4). 이는 폐하심이 아니요 완전하게 하심이다(마 5:17).

6) 불교와 유교의 계명은 수행을 위한 것이므로 약속이 없고 로마 가톨릭의 계명은 공로를 위한 것이므로 은혜로 족함이 없다.

7) 십계명은 서론, 1-4계명, 5-10계명으로 구분하여 다룸이 마땅하다.

2. "제1계명, 다른 신을 두지 말라"(출 20:3)

1) 하나님은 스스로 계시는 분으로서 유일하심(출 3:14): 하나님은 창조주로서 무로부터 만물을 만드셨다. 천사도 그의 지음을 받았다.

2) 하나님이 자기 형상으로 사람을 창조하심(창 1:27; 2:7): 그리하여 사람으로부터 마음과 뜻과 힘을 다한 지·정·의의 인격적 찬미를 받기를 원하셨다(신 6:5; 10:12). 그것이 영적 예배인바, 순종의 삶이 곧 예배이다(롬 12:1-2).

3) 다른 신은 없음: 오직 하나님 한 분만 살아 계신다. 다른 신은 사람의 고안물이요 관념이며 이념의 투사에 불과하니 다 헛것이다. 하나님은 "나 외에는" 다른 신을 두지 말라 하셨으니, 오직 '내 얼굴 앞에'(*coram Deo*) 정직히 행하라는 것이다. 모압의 '그모스,' 애굽의 '레,' 앗시리아의 '앗술,' 바벨론의 '벨,' 베니게의 '말커스' 등은 사술의 도구요 유혹의 미끼에 불과하니 앞에 두지 말라.

4) 칼빈이 제1계명을 해석하듯이, 우리가 하나님 앞에 서는 영적 자세는 경배(adoratio), 신뢰(fiducia), 간구(invocatio), 감사(agere gratias)의 4요소가 있어야 한다. 즉 여호와를 경외하고 찬미하며, 그를 믿고 의지하며, 그에게 모든 것을 맡기고 바라며, 그의 계심과 행사를 두고 항상 즐거워하는 것이다.

3. "제2계명, 우상을 섬기지 말라"(출 20:4-6)

   1) 우상이란: 하나님의 자리에 대신 두는 것, 하나님을 차치하고 가장 귀한 애정을 쏟는 것, 하나님보다 더 높은 지위를 차지하는 것, 하나님보다 더 기쁘게 하려고 애쓰는 것.

   2) 무슨 형상이든지 만들지 말라: 천사나 날짐승과 같은 하늘에 있는 것이나 사람이나 송아지 같은 땅에 있는 것이나 물고기나 용왕 같은 물속에 있는 것의 조각을 만들거나 그림을 그려 하나님을 대신하지 말라. 타락한 인류는 영안이 어두워 더 이상 하나님을 볼 수 없게 되자 온갖 보이는 것들을 만들어 육안을 채우고자 한다.

   3) 절하지 말라: '절'은 존경과 높이는 뜻을 상징한다. 장례식 등에서 사자를 두고 절하는 것은 옳지 않다. 그러나 세례를 받을 때 고개를 숙이듯이, 동방 박사들이 아기 예수께 황금과 유향과 몰약을 바치고 경배했듯이 하나님 앞에서는 절해야 한다.

   4) 섬기지 말라: 우상을 예배의 대상으로 여겨서는 안 된다. 산이나 바다나 짐승이나 돌이나 수목이나 사람을 섬기는 것은 그 대상이 무엇이든지 간에 하나님을 거역하는 것이다. 하나님을 섬기거나 우상을 섬기거나 하는 것이지 아무것도 섬기지 않는 사람은 아무도 없다.

5) 아내나 남편이나 자녀가 우상이 되기도 함: 하나님을 심중에 두지 않고 가족이나 자녀를 먼저 생각한다면 그것이 우상이다. 아브라함은 독자 이삭을 바쳤다.

6) 재물이 우상이 되기도 함: 하나님과 돈을 동시에 섬기지 못한다. 부자가 천국에 들기는 약대가 바늘귀로 들어가는 것보다 어렵다. 가인, 게하시, 아나니아와 삽비라 등은 재물에 눈이 어두워 실족하였다. 가룟 유다는 주님을 은 30에 팔았다.

7) 질투하시는 하나님: 우상을 섬기는 자는 음란한 아내와 다를 바 없다. 하나님을 온전히 인정하지 않고 그의 법을 즐거워하지 않는 자는 저주가 그 자녀에게도 임하며 하나님을 사랑하고 그의 법을 즐거워하며 지키는 자는 수천 대까지 복이 임한다.

4. "제3계명, 망령되게 부르지 말라"(출 20:7)

1) "스스로 있는 자"(출 3:14): 여호와는 우리가 칭하는 어떤 이름으로도 제한되지 아니하신다. 우리 인생을 비롯하여 천지와 그 가운데 있는 모든 것이 그에게서, 그로 말미암아, 그를 위하여 지음을 받았다. 모든 피조물은 여호와로부터 이름을 부여 받은 존재일 뿐, 여호와의 이름을 스스로 지어 부를 수 없다,

2) "아브라함의 하나님, 이삭의 하나님, 야곱의 하나님": 이는 하나님의 "영원한 이름"이며 "대대로 기억할 칭호"이다(출 3:15). 여호와는 살아 계신 하나님이시며 산 자의 하나님이시다. 그는 역사 가운데 계신 하나님이시자 영원한 하나님이시다. 그가 알파요 오메가요 처음이요 마지막이시며 시작과 마침이시다(계 1:17; 21:6; 22:13).

3) "내가 반드시 너와 함께 있으리라"(출 3:12): 하나님의 아들이 이 땅에 오셔서 대속의 모든 의를 다 이루시고 부활하시고 승천하

셔서 보혜사 성령을 부어 주심으로 그 영을 받은 자마다 하나님이 그와 "함께" 그리고 그의 "속에" 거하게 되셨다(요 14:17). 그리하여 "임마누엘" 하나님의 성호가 아들의 이름으로 계시되었으며 찬양되었다(사 7:14; 마 1:23).

4) 여호와의 이름을 부르는 자는 그가 계신 것과 자기를 찾는 자에게 상주시는 분이시라는 것을 믿어야 한다(히 11:6). 그의 이름은 그대로 실재하니, 그 이름에 합당한 존귀와 찬송과 영광을 돌림이 마땅하다. 이를 망령되게 부르는 자를 하나님은 죄 없다 하지 않으신다.

5. "제4계명, 안식일을 거룩하게 지켜라"(출 20:8-11)

1) 7일 중 한 날을 안식일로서 특별히 기억하여 지키라: 매우 엄준한 법으로서 이날 일하는 자는 죽임을 당했다. 독재자 히틀러는 "교회 갈 시간에 대포알 하나 더 깎아라"라고 하였다.

2) 안식일 규례는 도둑질, 살인, 간음보다 더 엄격히 취급: 안식년과 희년도 안식일 규례의 연장이었다. 이는 주일성수로 이어졌다. 미국에 온 청교도들이 이와 관련하여 가장 주목된다.

3) 안식일은 그저 쉬는 날이 아니라 성도가 자기 자신을 쉬게 함으로써 그 속에서 하나님이 마음껏 일하시게 하는 날이다. 그러므로 이를 의례적이거나 형식적으로 지켜서는 안 된다. 안식일에 예배드리고, 말씀 듣고, 기도하고, 구제하는 것이 합당하다. 사람이 안식일을 위하여 있는 것이 아니라 안식일이 사람을 위하여 있다. 안식일에 사람을 살리는 것이 합당하다. 안식일은 만물을 창조하신 하나님이 마지막에 사람을 만드시고 사람과 더불어 쉬신 날이기 때문이다.

4) 안식일의 성취로서 주일: 주일은 주님께서 부활하신 날을 기념한다. 부활은 주님의 죽음이 대속의 죽음으로서 우리를 살리는 죽음이 됨을 인치는 사건이다. 곧 최초의 창조의 완성으로서의 영생을 의미한다. 이런 점에서 주님은 "인자는 안식일의 주인이니라" 말씀하셨다(마 12:8). 그가 모든 언약, 절기, 제사의 성취가 되시듯, 안식일의 규례를 다 이루셨다.

6. "제5계명, 부모를 공경하라"(출 20:12)
   1) 눈에 보이는 부모를 공경함이 없이 하나님을 사랑할 수 없음: "너희 각 사람은 부모를 경외하고 나의 안식일을 지키라 나는 너희의 하나님 여호와이니라"(레 19:3).
   2) 부모는 나를 낳아 주셨기 때문에 무조건 공경을 받아야 한다. 부모의 은혜는 갚을 길이 없다. 부모를 저주하고 욕하는 자를 죽이라(레 20:9). 자녀의 결혼 결정을 부모가 한다(출 22:17).
   3) 언약적 계대를 좇을 것: 장자의 기업은 침범치 못한다(신 21:17). 사생자를 총회에 넣지 말아야 한다(신 23:2). 아들로 미동이 되게 하지 말 것이며(신 23:17) 딸로 기생이 되게 하지 말 것이다(레 19:29). 자녀를 우상에게 바치지 말 것이다(레 20:2).
   4) 부모를 공경함은 연장자와 나아가 조상을 공경함을 의미: "아브라함과 다윗의 자손 예수 그리스도의 세계라"(마 1:1). 노인을 공경하고 먼저 된 자를 마땅히 낫게 여겨야 한다.
   5) "약속이 있는 첫 계명"(엡 6:2): 부모를 공경하면 하나님이 허락하신 땅에서 생명이 길고 잘 된다. 부모가 살아 있을 때 효도하라. 매사에 주님께 하듯이 나를 낳아 주고 길러 주신 부모에게 먼저 그리하라.

7. "제6계명, 살인하지 말라"(출 20:13)

   1) 사람의 생명을 귀중히 여기라: 사람은 하나님의 형상으로 고귀하게 지음을 받은바, 그 형상이 피에 있다(창 9:6). 생명을 살리기 위하여 생명을 죽이는 것은 합당하지 않다. 낙태는 살인이다. 호구지책이 안 된다고 자식을 버리는 것도 살인이다.

   2) 사람을 미워하고 사람에게 노하며 사람을 업신여기는 것도 살인(마 5:21-22): 모르드개를 미워한 하만이 자기의 장대에 걸렸듯이 남에게 지옥의 저주를 퍼붓는 이는 자신이 지옥 불에 떨어진다.

   3) 과도히 많은 것을 취하여 남을 궁색하게 하거나 궁색한 자를 돕지 않는 것도 살인: 살아 있는 자를 죽이는 것뿐만 아니라 죽어가는 자를 살리지 않는 것도 살인이다. 사랑함으로 베풀지 않고 판단함으로 내버려두는 것도 살인이다. 원수에게도 먹이고 마시게 해야 한다(롬 12:20). 사람을 차별하는 것 자체가 살인이다. 소자 하나를 실족하게 하여 구원의 도에서 멀어지게 하는 것도 살인이다.

   4) 증오가 성냄으로 성냄이 구타와 살인으로 이어짐: 그러므로 남을 나보다 낫게 여기고, 말하기보다 먼저 듣기에 힘쓸 것이며, 남의 스승이 되기보다 배우는 자리에 먼저 서야 한다.

   5) 살인하지 말라는 것은 사랑하라는 것이고 평화롭게 살라는 것: 그 길과 진리는 오직 주님 예수 그리스도께 있다. 그가 생명이시다(요 14:6).

8. "제7계명, 간음하지 말라"(출 20:14)

   1) 간음은 부부의 한 몸 됨을 해침(창 2:24; 엡 5:31): 부부는 가정의

최소단위로서 이로부터 후손에게로 언약의 계대가 이어진다. 음란은 한 사람의 영혼을 망치는 동시에 한 가정을 파멸에 이르게 한다.

2) 간음은 교회의 순결을 해침: 주님이 교회의 머리로서 남편이 되신다. 성도는 교회의 지체이자 교회 안에서 남편이신 주님의 아내가 된다. 그러므로 영적 순결과 육적 순결은 항상 궤를 같이 한다. 이방신을 섬기는 자들은 산당에서 음란한 짓을 일삼는다. 이단은 하나같이 음란한 영에 사로잡혀 있다.

3) 간음은 사회질서를 해침: 롯이 천사 대신 딸을 주려한 것을 보면 소돔, 고모라의 패역함을 알 수 있다(창 19:8). 선지자 호세아의 아내 고멜의 음란을 통하여 하나님은 부정한 이스라엘에게 더 이상 긍휼을 베풀지 아니하시고("로루하마") 그들을 더 이상 자기 백성으로 여기지 아니하실 것이라고("로암미") 경고하셨다(호 1:6, 9).

4) 음욕을 품고 여자를 보는 것도 간음(마 5:28): 간음은 육체로 범하는 죄이지만 육체로 드러난 것만이 아니다. 드러나지 않는 경우에도 어두운 영혼의 그늘은 육체를 잠식하고 있기 때문이다.

9. "제8계명, 도적질하지 말라"(출 20:15)

1) 단지 훔치지 말라는 것이 아니라 타인의 재산을 존중하라는 것: 하나님은 각 사람에게 재능대로 필요한 것을 주셨다. 그것을 감사함으로 누리고 함부로 타인의 지계석(地界石)을 넘어서지 말아야 한다. 타인이 마땅히 누려야 할 것을 과도하게 누리는 자도 도적이다.

2) 자기의 의무를 다하지 않고 얻는 것이 도적질: 무임승차, 치료

한 것보다 더 많은 치료비를 받는 것, 하는 일 없이 급료를 받는 것, 이기주의에 빠져 자기의 안락만을 일삼는 것, 고리대금업 등이 이에 해당한다.

3) 하나님이 자기에게 주시지 않은 것을 취하는 것이 도적질: 하나님이 맡겨주신 직분을 넘어서는 것도 도적질이다. 사울이 사무엘의 제사장 직분을 침범하고 자기가 직접 제사를 드리고자 했을 때 하나님은 그를 왕으로 세우신 것을 후회하셨다. 하나님은 열두 지파에게 고유한 기업을 배분하셨다. 아간, 게하시, 가룟 유다의 예에서 보듯이, 하나님이 주시지 않는 것으로 하나님을 영화롭게 할 수 없다.

10. "제9계명, 네 이웃을 해하려고 거짓 증거하지 말라"(출 20:16)

1) 법정에서 위증하는 것을 금함: 사탄은 거짓의 아비이다. 진실한 말과 순결한 영혼으로 옳고 그름을 분별함이 없이는 어떤 선도 의도 거룩도 있을 수 없다. 증인의 말 한마디에 사람의 생명이 걸려 있다. 옳은 것을 옳다고 말하는 것은 이웃에 대한 의무이다. 그러므로 이웃은 서로가 서로에게 참 증인이 된다.

2) 거짓의 조종을 받은 자들: 이스라엘 백성은 예수님을 거짓 고소하였으며 대제사장 안나스와 가야바, 왕 헤롯, 총독 빌라도는 거짓에 손을 들어 주는 불의한 재판을 하였다. 예루살렘의 군중들이 스데반 집사를 거짓으로 고소하여 죽음에 이르게 하였다. 아합의 아내 이세벨은 거짓으로 고소하여 나봇의 포도원을 탈취하였다.

3) 악평을 금하라: 오늘날 언론조차도 거짓에 치우쳐 있다. 사실 자체보다는 편파적 성향에 쏠려 편파적인 보도를 일삼는다.

좋은 뉴스보다 나쁜 뉴스가 많다. 선평(善評)보다 악평이 대세를 이룬다. 악평에 시달려 무고한 사람들이 스스로 목숨을 끊기도 한다.

4) 남을 악평하는 것은 결국 나를 악평하는 것: 간음한 여자를 치려고 돌을 든 자들은 간음을 알고 있었다. 어린아이들은 간음이 뭔지도 모른다. 그러니 정죄가 있을 수 없다. 누군가를 신랄하게 악평하는 자는 내가 그 악을 알고 있기 때문이다. 악평을 일삼는 자는 악을 미워하기보다 악을 시기하는 자이다.

11. "제10계명, 탐내지 말라"(출 20:17)

1) 하나님을 중심에 두지 않는 마음이 탐심: 이런 측면에서 제1계명과 일맥상통한다. 여기에서 금하는 것은 행위의 탐심에 이르지 않은 의지의 탐심도 포함한다. 함부로 남의 것을 욕심내는 것, 나의 것이 아닌 것을 내 것으로 만들려고 하는 것이 탐심이다.

2) 전적인 감사가 떠나면 괜한 탐심이 들어옴: 아합과 이세벨이 그랬듯이 넘치게 가지고도 나봇의 포도원을 욕심낸다. 다윗이 하나님의 큰 은혜를 입었음에도 밧세바를 범하였다. 마치 양과 소가 심히 많은 사람이 작은 암양 새끼 한 마리를 빼앗는 것과 같이 그리했다. 타락한 인류는 감사보다 불평에 길들여져 자기 먹을 것이 썩어도 남의 것을 먼저 탐낸다.

3) 마음을 지켜 탐욕이 뚫지 못하게 하라: 무엇보다 마음을 지켜야 한다(잠 4:3). 이를 탐하는 자는 결국 자기 집을 해롭게 한다(잠 15:27). 가룟 유다는 이익을 탐하여 주님을 팔았다. 그러나 그 탐심이 결국 자기 생명을 앗아갔다. 먹음직하고 보암직하고

탐스럽게 보이는 과일일수록 죽음의 독이 그 안에 들어 있다.

4) 항상 주 안에서 크게 기뻐하라(살전 5:16; 빌 4:4, 10): 풍부와 비천에 처하는 일체의 비결을 배워야 탐욕의 노예가 되지 않는다. 하나님의 자녀는 사도 바울이 옥중에서라도 그랬듯이 내게는 모든 것이 있고 내게 능력 주시는 자 안에서 내가 모든 것을 할 수 있다고 고백하는 믿음을 가져야 한다(빌 4:13, 18).

교리적 강해: 로마서, 갈라디아서, 고린도전서

1. 로마서

서기행 목사는 설교 중에 자기 자신에 관한 말을 거의 하지 않았다. 다만 하나님이 무조건적 은혜를 베풀어 주셔서 선대로부터 모든 가족이 믿게 하시고 수만 번 죽어 마땅한 죄인 중의 괴수, 그중에서도 괴수라고 할 만한 자신을 자녀로 삼아 주셨을 뿐만 아니라 말씀의 종으로 세워 주셨음을 무한히 감사한다는 말과 이로 인하여 하나님께 무한히 영광을 올린다는 말을 자주 하였다. 그때쯤에는 물과 함께 강대상에 놓인 하얀 수건을 들고 이미 흘러내려 안경까지 적신 눈물을 훔치고는 하였다. 서기행 목사는 '오직 은혜,' '전적 은혜'를 노래한 찬송을 즐겨 불렀다.

> 아 하나님의 은혜로 이 쓸 데 없는 자
> 왜 구속하여 주는지 난 알 수 없도다.
>
> 나 같은 죄인 살리신 주 은혜 놀라워
> 잃었던 생명 찾았고 광명을 얻었네.

지금까지 지내온 것 주의 크신 은혜라
한이 없는 주의 사랑 어찌 이루 말하랴.

만세 반석 열리니 내가 들어갑니다
창에 허리 상하여 물과 피를 흘린 것
내게 효험 되어서 정결하게 하소서.

　　서기행 목사는 청년 때부터 예수 그리스도의 피와 복음의 능력과 오직 믿음으로 구원에 이르는, 창세 전에 택함을 받은 하나님의 자녀가 누리는 무조건적인 은혜에 관해서 자주 설교하였다. 이하 로마서, 갈라디아서, 고린도전서를 통하여 이 점을 조명해 보고자 한다. 이 가운데 로마서와 갈라디아서는 간헐적으로 매번 본문을 정하여, 고린도전서는 일련의 강해설교로 선포되었다.
　　로마서는 총 175회 설교하였다. 이와 관련하여 루터의 종교개혁이 역사적 배경으로서 자주 언급된다. 그중 요절인 로마서 1:16-17을 본문으로 17회 전하였다. 복음은 하나님이 주신 것으로서 그리스도가 누구신지와 그가 무엇을 행하셨는지를 알리는 말씀이다. 그것은 은혜의 복음, 사랑의 복음, 언약의 복음이다. 복음은 단지 관념이나 사변에 그치지 않고 성도의 거듭난 신분과 날마다 거룩해지는 삶의 은혜를 함께 선포한다. 복음이 돌아가는 중심축은 이신칭의(以信稱義) 교리이다. 구원의 과정 곧 구원서정(救援序程)에 있어서 믿음이 유일한 도구적 원인 혹은 조건이 된다. 믿음이 없이는 구원에 이르지 못하지만 믿음에 공로가 있는 것은 아니다. 숟가락이 없이는 밥을 먹을 수 없지만 숟가락이 배를 부르게 하는 것이 아닌 것과 같다. 복음의 역사로 거저 우리의 것으로 칭해지는 의는 오직 그리스도의 대속의 공로밖에 없다. 그 의는 생명을 살리고 생활을 거룩하게 하는 데 모두 미친다.

이 복음을 먼저 받아들인 자는 모두 빚진 자이며 복음을 전도해야 하는 사명을 받았다. 이 점에서 로마서 1장 설교에 있어서 복음전도가 강조된다.

2장 설교는 없다. 3장은 "의인은 없다"는 제목의 설교가 김제 송지동교회에서 목회할 때까지 초기에 네 차례 행해졌다. 당시에 죄의 심각성을 많이 인식했음을 알 수 있다. 4장은 아브라함의 믿음과 관련하여 다른 설교에서 예화로 많이 나타나지만 그 자체로 본문을 삼아 설교하지는 않았다.

5장은 1절에서 9절 혹은 11절까지의 설교가 총 17회 있었다. 성도의 삶에 있어서의 고난은 단지 부정적이지만은 않다는 사실을 "신앙인의 소망"이라는 제목으로 수차례 전하였다. 우리의 소망 역시 하나님의 사랑으로부터 시작되고, 하나님과의 화목을 누리고 하나님의 영광을 바라며 즐거워하는 것으로 귀결된다는 점을 강조하였다. 인생의 광야길이 끝나면 면류관이 준비되어 있음을 상기시켰다.

6장을 다룸에 있어서 새로운 존재로 거듭난 신자에게 새로운 삶의 열매가 필히 맺혀야 함을 부각시켰다. 이와 관련하여 프랑스 시민 혁명, 스코틀랜드 독립 운동, 한국의 해방 등이 복음의 은혜로 말미암은 죄, 죽음, 사탄의 세력, 율법의 굴레, 의심과 공포로부터의 자유를 설명하면서 자주 언급되었다. 7장은 "성결한 생활"이라는 제목으로 60년대와 70년대에 걸쳐 5회 선포되었다.

8장은 총 20회에 걸쳐서 설교되었다. 초반부와 말미를 본문으로 삼은 설교가 많다. 초반부를 다루면서 성령으로 거듭나 새롭게 된 사람의 모습을 구체적으로 설명한다. "그리스도의 사람"이라는 제목으로 4번 설교하였는데, 그리스도의 사람은 하나님을 기쁘시게 하는 사람으로서 죄를 버리고 하나님을 예배하며 하나님의 말씀을 위해서 살아가는, 성령이 충만한 사람이라는 것을 강조한다. 후반부를 다루면서 끊을 수 없는 하나님의 사랑을 자주 전하였다. 우리가 현실에서 맞닥뜨리는 도전적 상황들과 직면하고 있는 영적인 싸움은 간혹 하나님의 사랑을 의심하게 만들지만 그 어떤 것도 결코 성도를 하나님의 사랑에서 끊을 수 없다는 점을 부각시켰다.

9장을 본문으로는 나라 사랑에 대한 설교를 4회 하였다. 10장은 13회 설교하였는데 주로 청년부나 전도회 등의 헌신 예배와 신년 예배 때 전도를 강조하면서 전하였다. 11장 설교는 없다.

12장을 본문으로 총 33회 설교했으니 가장 높은 빈도를 차지한다. 하나님을 올바로 예배드리는 것이 무엇을 의미하는지 개념을 설명하는 데 그치지 않고 실제 삶을 예배로 드리는 모습에 대해서 자세히 사례를 들어가면서 선포하였다. 무엇보다 열심을 다하여 하나님을 사랑할 뿐만 아니라 이웃을 사랑할 것을 권면하였다.

13장은 말세를 살아가는 신앙인의 영적 무장과 관련한 설교로 다루어졌다. 여기에서는 성도는 각자가 처해 있는 정치, 경제, 사회, 문화 등 전반적인 시대 상황에 대한 면밀한 통찰력을 지니고 믿음으로 그 모든 문제를 이겨 내야 함을 강조하였다.

14장을 설교하면서 참된 신자의 삶에 대한 표준이 무엇인지를 제시하고 하나님을 기쁘시게 하는 봉사와 섬김의 삶이 어떠해야 하는지 전하였다. 15장 역시 같은 맥락에서 다루어졌다. 말로만 분주히 사랑할 것이 아니라 부지런히 봉사하는 손길을 놀릴 것을 강조하였다. 16장은 본문에 나타나는 믿음의 일꾼들이 지닌 특성을 소개하고 하나님의 영광을 위하여 우리의 삶을 바쳐야 할 것을 설파하였다.

이와 같이 서기행 목사의 로마서 설교를 통하여서 우리는 다음과 같은 몇 가지 특징을 발견할 수 있다.

첫째, 복음이란 무엇인가, 믿음이란 무엇인가, 새 사람이 되었다는 것, 참 소망, 그리스도와의 연합, 그리스도인이 되었다는 것, 예배란 무엇인가, 섬김과 봉사란 무엇인가에 대한 교리적 의미를 간단하고 명료하게 잘 설명하고 있다.

둘째, 적절한 예화를 사용하여 본문의 가르침에 대한 개념적 이해를 도울 뿐만 아니라 그것을 실제 삶에 어떻게 적용할 것인지를 제시한다. 예화는 예화집에 나오는 것이나 사사로운 것을 가급적 자제하고 성경 안에서 주로 찾는다. 이러한 경향은 시간이 흐를수록 더욱 뚜렷해진다.

셋째, 본문의 내용이 성도 개인의 상황과 교회적 상황을 넘어서서 시대적 상황과 어떻게 맞물려 있는지 파악한다.

넷째, 성도에게는 자기의 의를 드러내는 극단적인 헌신이 아니라 불가항력적인 은혜에 감사하여 자기 자신을 기꺼이 드리기에 힘쓰는 균형 잡힌 헌신이 필요함을 강조한다.

다섯째, 말씀을 자세히 풀고 그 가르침이 삶 가운데 적용되어야 함을 강조하되 정죄가 아니라 소망을 불러일으키는 메시지를 전한다.

여섯째, 믿음을 어떤 이론이나 상황이나 형편에 제한시키지 않고 전반적이고 역동적인 삶의 부흥을 일구어 내는 도구로 인식시키며 이를 위하여 성령의 충만한 역사 가운데 기도와 말씀에 힘써야 함을 강조한다.

일곱째, 교회사에 획을 그은 신앙 운동, 부흥 운동, 개혁 운동을 실례로 들어가면서 복음의 능력이 개인구원의 차원에 머물지 않음을 부각시킨다.

여덟째, 문맥상 본문과 가르침이 통하는 다른 성경구절들을 신구약을 막론하고 광범위하게 인용한다.

2. 갈라디아서

흔히 갈라디아서는 작은 로마서라고 일컫는다. 갈라디아서에는 오직 의인은 믿음으로 살리라는 이신칭의의 원리가 제일 주제로 다루어지고 있으되 그 믿음은 단지 사변적이거나 관념적이지 않고 사랑으로써 역사하는 믿음이라는 사실이 강조된다. 성도의 자유는 육체의 소욕을 좇아 자기 마음대로 행하는 데 있지 않고 성령의 소욕을 좇아 하나님의 뜻에 순종함에 있음이 이와 더불어 강조된다.

　모세의 율법이 귀하지만 그것은 아브라함의 언약을 폐하지 않고 오히려 그 위에 세워진 것이다. 그 율법을 예언된 여자의 후손 곧 씨인 그리스도가 성취하셨다. 그리하여 이제 그를 믿는 자마다 그가 이루신 율법을 은혜 가운데 수행하게 된다. 믿는 자에게는 더 이상 율법이 저주로 작용하지 않는다. 초등교사로서의 율법의 기능이 그치고 이제는 율법에 계시된 하나님의 뜻을 즐거워하는 진정한 자녀의 삶을 살게 된다. 이제는 십자가에 육체의 정욕을 못 박고 그리스도의 은혜의 법을 좇아 하나님을 사랑하고 이웃을 사랑하는 삶을 살게 된다.

　이러한 갈라디아서의 가르침이 총 49회의 서기행 목사의 설교 가운데 면면히 흐르고 있다. 1장은 총 4회에 걸쳐서 전하였는데, 그리스도의 복음만이 참 복음이며 다른 복음은 없다는 사실을 선포하였다. 그때마다 한국에 들어와 있는 많은 교파와 교단에 대하여 하나씩 설명하고 이단들에 대해서도 열거하면서 조목조목 비판하였다. 그리고 결론적으로 참 복음을 받는 참 신앙에는 참 삶이 따른다는 사실을 강조하였다.

　2장 설교는 한 번 나타난다. 20-21절을 다루면서 신자의 삶은 예수와 더불어 살아가는 삶임을 천명하였다. 주와 동행할 때 죄를 이기고 선을 행하며 금생의 지상의 삶을 통하여 내생의 천상의 상급을 쌓게 된다는 점을 힘주어 전하였다.

　3장에서는 믿음으로 사는 사람은 그리스도의 은혜로 구원 받은 언약의 자손으로서 더 이상 율법의 저주와 굴레 아래에 신음하지 않고 오히려 그것을 삶의 규범으로 삼아 그 달콤함을 누리는 삶을 살게 된다는 사실을 선포한다. 하나님이 율법을 주신 것은 아브라함과 맺은 은혜의 언약을 이루고자 하심이지 폐하려 하심이 아님이 강조되었다.

4장은 16-20절 설교를 한 차례 하였는데, 이렇듯 거듭난 성도의 삶이 그리스도의 형상을 온전히 이루어 감을 강조하였다. 동일한 본문에 대한 설교가 신학교 예과 1학년 때와 대성교회 부임 후 얼마 지나지 않아서도 더 있었다.

5장은 총 12회 설교하였다. "예수의 사람," "성령의 열매," "풍성한 열매" 등의 제목으로 거듭난 성도의 삶은 신령한 열매를 맺어야 함을 강조하였다. 로마서 8:1-11에서 보듯이 그리스도의 영을 받아 그리스도인이라고 일컫는 사람은 그의 말씀을 듣고 따르는 사람이고, 그를 최고로 여기는 사람이며, 자기의 정과 욕심을 십자가에 못 박은 사람이며, 선한 싸움을 싸우는 사람이며, 하나님의 일에 전념하는 사람이다. 성도가 풍성한 열매를 맺는 삶을 살아가려면 무엇보다 먼저 온전한 회개의 열매를 맺어야 한다. 회개란 죄로부터 돌이켜서 하나님을 향해서 달려가 그의 품속에 거하고 그의 일에 동참하며 헌신하는 것이다. 회개가 없이 성령의 충만이 있을 수 없다. 개인의 회개, 교회의 회개, 민족의 회개가 있어야 한다. 하나님은 우리를 긍휼의 그릇으로 삼으셨다. 그가 채워 주시는 은사를 받으려면 먼저 우리 자신을 깨끗이 닦아야 한다.

이러한 메시지가 49회 강단에서 선포된 6장에도 이어진다. 1-5절은 본문으로 11회 삼았다. 그 제목은 "자신을 돌아보라"와 "그리스도의 법" 두 개로 압축된다. 성도는 자신을 돌아봄으로 회개와 감사와 헌신에 이른다. 그리하여 그리스도의 법을 성취하는 삶의 열매를 맺는다. 6-10절을 본문으로 행한 "최선의 것으로 심으라"라는 제목의 설교에서는 아무리 땀을 흘리고 애써도 씨가 죽어 있으면 결코 가을걷이를 풍성하게 할 수 없음을 지적하면서 한국 교회의 현실이 이러한 지경에 있음을 개탄하였다.

14-18절을 본문으로 한 "십자가를 자랑"이라는 설교에서 십자가는 하나님께 드려지는 제물의 형틀이고, 하나님 사랑의 최고의 증표이며, 교회가

서게 되는 반석이며, 우리를 속죄하시는 보혈의 터이다. 우리가 십자가를 자랑하는 것은 십자가를 사랑하기 때문이다. 우리는 십자가로 아버지와 화목하게 되었으며 이웃과 화평하게 되었다. 십자가를 자랑하는 것이 이 사랑과 평강을 전하는 것이다.

이와 같이 갈라디아서 전반을 통하여 오직 십자가의 복음을 믿어 구원에 이르는 생명의 도와 그 가운데 사랑의 열매를 맺는 생활의 도를 강조하였다.

3. 고린도전서

고린도전서는 총 187회 설교하였다. 그중 한 차례 70회 동안 연속적인 강해가 이루어졌다. 고린도전서는 당시 고린도 교회가 안고 있었던 은사, 구제, 우상, 남녀 간의 평등과 결혼, 성찬, 부활, 건덕 등 첨예한 문제들을 다루고 있다. 오늘날 교회도 이러한 문제들로부터 자유롭지 못하다. 주목할 것은 이렇듯 첨예하게 대립되어 있는 현실적인 사안들을 사도 바울은 그리스도의 십자가의 복음으로 풀어 가고 있다는 사실이다. 오직 유월절 어린 양 예수 그리스도의 피로 우리가 구원을 받았으니 바울파, 게바파, 아볼로파, 그리스도파가 따로 없음을 강조하였다.

1장에는 14차례나 설교가 할애된다. 그만큼 중요하다는 것을 시사한다. 고린도 교회의 상황과 문제점들을 개괄하고 난 후 오직 예수 그리스도의 복음만이 그것들에 대한 유일한 해법이 됨을 천명한다. 십자가의 도가 세상에는 미련하나 구원을 받은 우리에게는 지혜이자 능력이므로 우리가 자랑할 것은 그 십자가밖에 없다.

2장에서는 두려움과 떨림으로 하나님을 섬기고 하나님의 일을 행할 것을 권면한다. 하나님의 지혜는 세상의 지혜와는 달리 오직 성령의 역사로 은밀하게 성도의 삶 가운데 작용한다. 성도의 지혜는 속사람을 강건하게 한다. 그것은 자기를 부인하고 십자가를 지고 주님을 좇는 데 있다.

3장에서는 거듭난 자가 자기 몸으로 하나님의 성전을 삼아 거룩한 예배를 드리고 거룩한 일을 감당하는 성령의 사람이 되어야 함을 강조한다. 보혜사 성령을 받은 자는 자기 속에 사시는 그리스도께서 가르치신 것과 행하신 것을 기억하며 날마다 그리스도를 닮아가는 삶을 살아간다. 하나님의 사람은 그리스도의 사람이다. 교회의 머리는 그리스도이시다. 그가 보냄을 받은 아들로서 아버지의 뜻을 이 땅에서 다 이루셨다. 씨를 뿌리고 물을 주는 것은 사람이 하되 친히 자라게 하시는 분은 하나님 자신이시다.

4장에서는 하나님 나라에서 그 시민으로 살아가는 성도의 삶에 대해서 설교한다. 하나님의 나라의 권세는 아버지의 사랑, 아들의 보혈의 공로, 성령의 뜨거운 능력에 있다. 하나님은 성경에 자기 말씀을 기록하여 그 나라의 규범으로 삼았다. 그 나라는 먹는 것과 마시는 것에 있지 않고 그 말씀과 능력에 있다. 세상의 1만 스승이 있어도 그 도에는 미치지 않는다.

5장에서는 세속에 속한 묵은 누룩을 내버릴 것과 오직 그리스도를 믿어 새롭게 된 삶을 살 것을 선포한다. 거듭나지 않은 것은 모두 어두움에 속한 것이요 사망의 그늘 아래 머무는 것이다. 오직 십자가의 길만이 생명의 길이다. 그 길에서 벗어나면 영원한 죽음의 나락이 있을 뿐이다.

6장에서는 교회 일로 세상 법정을 찾는 것이 그릇됨을 전한다. 이기든지 지든지 세상 법정에 소송하는 것은 신앙적으로 패소하는 것이다. 성도는 하나님의 백성으로서 하나님의 법의 규율을 받아야 한다. 거룩한 것을 돼지에게 주어서는 안 된다. 하나님이 거룩하다고 한 것을 세상이 속되다고 할 수 없다. 하나님이 세우신 지계석을 사람이 임의로 옮길 수 없다.

7장에서는 남자와 여자를 하나님이 한 몸이 되게 하신 결혼의 거룩함을 지켜 가야 하며 이를 사람이 임의로 파할 수 없음을 강조한다. 이에 대한 선포는 매우 실제적이다. 결혼은 하나님의 명령에 근거한다. 가장 고상하고 순수한 사랑이 남녀가 하나님 앞에서 하나가 됨에 나타난다. 그 사랑의 힘으로 한 가정이 형성되고 외부로부터의 악의 유혹과 공격을 이겨 낸다. 결혼으로 남녀가 결속함은 각 가정에 독점적인 것이다. 그 무엇으로도 그것을 침범해서는 안 된다. 사회와 국가는 이를 적극적으로 보호해야 한다. 부부가 없고서야 부모가 있을 수 없다. 부모에 대한 공경을 명한 제5계명은 결혼의 거룩함이 전제되어야 한다.

8장에서는 우상의 문제를 다룬다. 우상은 아무것도 아니라고 단언한다. 하나님 대신에 마음을 쏟는 것, 하나님의 자리에 다른 것을 두는 것, 하나님 대신에 찾는 그 무엇이 곧 우상이다. 우리 자신을 하나님께 가두지 않고 하나님을 우리 속에 가두면 그것이 곧 우상이다.

9장에서는 사도권이 그리스도의 진리를 맡았음에 있음을 지적한다. 사도 바울은 부활하신 주님을 만나고 새 생명의 증인이 되었다. 전적인 은혜로 생명의 구원을 받았으니 모든 생명에 대해서 빚진 자라고 자기를 칭하였다. 사도의 직분은 자기 자질을 헤아리고 공로를 앞세우는 것이 아니라 자기가 받은 무조건적 은혜를 자랑하고 그것을 전하지 않고는 견딜 수 없는 넘치는 감사의 증인이 되는 것이다.

10장에서는 은혜를 받아 날마다 거룩해지는 삶을 살아가는 성도는 스스로 세움을 받은 것이 아니므로 섰다고 생각하는 순간 넘어질까 조심해야 함을 설교한다. 거짓과 위선은 필히 하나님과 자기 자신을 속여 교만에 이르게 한다. 그러므로 항상 깨어서 하나님 앞에 자기 자신을 세워 두려움과 떨림으로 구원을 이루어야 한다. 하나님은 광야의 인생길을 구름 기둥과 불기둥으로 인도하시고 그 행로에서 반석에서 물이 나오게 하시고 만나와 메추라기를 하늘로부터 내려 주신다. 그 신령한 양식과 음료가 우리 주 그리스도 예수이시다.

11장에서는 예배와 성찬에 대해서 강론한다. 예배 때에는 모든 면에서 단정해야 한다. 하나님의 말씀을 좇아 성령의 감화로 질서 있게 예배를 드려야 한다. 성찬은 온전한 신앙고백 가운데 주님의 살과 피에 참여하는 성도의 은혜를 떡과 잔의 표징으로 기념한다. 그것은 단지 상징하는 것이 아니라 영적이나 실제적인 그리스도의 현존 가운데 이루어진다. 이는 칼빈과 그를 잇는 개혁신자들의 입장과 정확히 일치한다.

12장에서는 은사에 대해서 다룬다. 은사의 목적은 교회를 세우는 데 있다. 직분을 부여하시고 은사를 내리시는 주체는 하나님이다. 은사의 본질은 자질을 갖추어 자기를 내세우고 자랑하는 데 있는 것이 아니라 교회의 일을 종으로서 섬기는 데 있다. 그러므로 교회의 직분이 없는 곳에 은사가 있을 수 없다. 은사는 다양하지만 성령은 한 분이시며, 주도 한 분이시다. 교회의 지체가 다양하듯이 은사도 다양하다. 그러나 그 머리는 그리스도 예수 한 분이시다. 은사는 교회를 세우고 확산하는 데 그 궁극적인 목적이 있다. 그러므로 은사를 부여 받은 자는 단지 한 교회 안에 머물러서는 안 되고 땅 끝까지 그 직임을 다하는 자리에 서야 한다.

13장은 사랑의 은사에 대해서 다룬다. 하나님의 사랑을 받은 자는 그의 영의 감화로 다른 사람을 사랑하는 자리에 선다. 사랑은 모든 것을 참으며, 모든 것을 믿으며, 모든 것을 바라며, 모든 것을 견딘다. 이는 어떤 자질이나 성향이나 열심으로 되지 않고, 오직 하나님이 아들을 주시기까지 사랑하시고 그와 함께 모든 것을 더하시는 보혜사 성령을 받아야 한다. 초대 교회 성도들이 서로 모이기에 힘쓰고 떡을 떼고 자기 소유를 팔아 남과 나눈 것은 그들이 사랑의 영인 그리스도의 영을 받았기 때문이다. 14장은 별도로 설교문에 나타나지 않는다.

15장을 다루면서 무엇보다 부활이 역사적 사건이라는 사실을 힘주어 강조하였다. 주님의 부활은 2천 년 기독교의 핵심 증거요, 소망의 절정이며, 구원의 가장 큰 능력이자, 천국 시민의 자긍이다. 부활이 없다면 그리스도의 죽음이 헛되며 복음전파와 선교가 무익하다. 부활로 그리스도의 죽음이 우리의 생명을 위한 대속의 값이 되었다. 부활은 신앙의 근본이자 교리의 근간으로서 그 터 위에 교회가 세워지고 그 날에 교회의 예배가 드려진다.

15장은 총 31회 설교되었다. "부활의 의미," "부활의 증거," "부활하신 예수님을 만난 자" 등의 제목들로 여러 차례 선포되었다. 부활을 부인하거나 인정한다고 하면서도 그 역사성을 믿지 않는 자들의 궤변을 세세히 다룬 설교도 간헐적으로 하였다. 부활의 신앙이 없다면 기독교는 여타 수행종교와 다를 바가 없다. 왜냐하면 모범적인 죽음만 있을 뿐 죽음을 죽이고 일어나는 생명의 능력이 없기 때문이다.

마지막 16장 설교에서는 "우리 주여 오시옵소서"라는 종말론적 대망을 가지고, 믿음에 굳게 서서 서로 용납하며, 모든 일을 사랑으로 행하는 경건한 그리스도인의 삶을 살아갈 것을 권면하는 데 역점을 두고 있다. "주의 일을 힘쓰는 자"가 되어야 할 것이니, 그 일은 하나님 사랑과 이웃 사랑에 전체적으로 함의되어 있음을 설파하고 있다.

빌립보서 강해

서기행 목사는 빌립보서를 요한계시록과 더불어 가장 먼저 강해하였다. 이는 1970년을 전후하여 작성된 두 권의 설교집에 남아 있다. 빌립보서에는 창세 전 그리스도 안에서의 선택과 성도의 하나 됨 그리고 하나님을 기쁘시게 하는 성도의 삶에 대한 가르침이 면면히 흐르고 있다. 그 중심에는 2:6-11에 걸쳐서 중보자 그리스도의 낮아지심(卑下)과 높아지심(昇貴)을 노래한 초대 교회의 찬송시를 담고 있다. 서기행 목사는 그의 설교집 첫 면에 이를 크게 네 부분으로 나누고 있다.

첫 번째 부분은 "서론"으로서 1:1-11에 해당한다. 1-2절은 "인사"로, 3-11절은 "감사와 기도"로 이루어진다.

두 번째 부분은 "바울의 간증"으로서 1:12-30에 해당한다. 12-18절은 "매임의 의의," 19-26절은 "생사의 의의," 27-30은 "박해의 의의"로 이루어진다.

세 번째 부분은 "권면과 경고"로서 2:1-4:9에 해당한다. 2장은 "교회생활에 관한 권면"을 담고 있다. 이는 1-4절의 "권면"과 5-11절의 "사람의 본"으로 이루어진 "하나 되기 위하여"와 12-18절의 "자기 구원의 완성을 위하여"와 19-24절의 "디모데를 보내면서"와 25-30절의 "에바브로디도를 돌려 보내면서"로 이루어진다. 3장은 "이단에 대한 경고"를 담고 있다. 이는 1-11절의 "율법주의자에 대하여"와 12-21절의 "반도덕주의자에 대하여"로 이루어진다. 4:1-9는 "종합적인 권면"을 담고 있다. 이는 1-3절의 "마음을 같이 할 것," 4-7절의 "주 안에서 기뻐할 것," 그리고 8-9절의 "기타의 미덕들"로 이루어진다.

마지막 넷째 부분은 "결론"으로서 4:10-23에 해당한다. 이는 10-20절의 "선물에 대한 감사"와 21-23절의 "문안과 축도"로 이루어진다.

이를 설교의 순서대로 간략하게 정리하면 다음과 같다. 다만 본 강해 설교는 4:5까지만 다루어지고 있다.

1. 서론

1) 얼드만(Charles R. Erdman)이 말하듯이, "여기에는 기쁨의 찬미가 있다. 그 곡은 높은 음부(音符)를 지녔으나 결핍, 한적, 빈궁, 고통 등을 섞은 낮은 음조(音調)로 맞추어져 조화를 이루었다. 그리고 짧은 가사가 덧붙여졌으니 감옥에 갇혀 있는 죄수가 그것을 썼다."

2) 빌립보 교회는 사도 바울이 2차 전도 여행 때 개척하였다. 그 곳에서 세 명의 신자를 얻었는데 상인(루디아, 유대인), 서민(여종, 헬라인), 하급관리(옥사장, 로마인)였다. 복음은 누구에게나 들어가 사람을 변화시키는 능력이 있다. 신자는 사람의 칭찬을 받는 자들이 아니라 하나님의 특별한 은혜를 받은 자들이다.

3) 빌립보 교회는 기쁨으로 연보를 보낸 교회다. 바울은 이 교회의 도움으로 큰 힘을 얻고 눈물을 닦았으며 목회자와 전도자로서 보람을 느끼었다. 빌립보 교회는 이렇듯 미담을 지니고 있었다.

4) 빌립보서에는 "그리스도"의 이름이 57회나 나온다. 이로 볼 때, 그 교회가 그리스도 중심의 삶을 살아온 것이 분명하다. 또한 본서에는 "기뻐함"이란 말이 16회 나온다. 어려움 속에서도 주님을 믿는 것으로 만족하고 감사하는 교회였음을 알게 한다. 그렇다고 해서 여러 유혹이 없었던 것은 아니었다. 이단, 세속화, 분쟁과 다툼이 기록된 것으로 보아 이를 짐작할 수 있다.

2. "성도의 생애"(빌 1:1-2)

1) 종의 생애: 종은 주인의 소유이다. 우리는 그리스도의 것이다. 절대 복종하고 충성을 다하는 것이 종의 일이다.

2) 거룩한 백성의 생애: 영계(靈界)는 하나님과 사탄, 천국과 지옥, 죄와 의가 서로 다투고 있다. 우리는 하나님의 사람, 천국 백성, 의로운 자로서 거룩하게 구별된 생활을 해야 한다.

3) 그리스도인의 생애: 몸은 쇠사슬에 매였으나 마음은 그리스도의 사랑에 매였다. 사도 바울은 그리스도의 마음으로 옥중에서 성도들에게 편지하였다. 주님과 함께 생각하고 살고 죽는 신앙이 최후에 승리하게 된다.

4) 교직자의 생애: 양을 치는 자는 그 무리의 본이 되어야 한다. 주님의 일꾼으로서 우리는 주님의 고난과 영광에 참여해야 한다. 주의 종은 하나님의 사자요 사람의 수하에 속하지 않는다. 교회의 직분은 하나님이 세우신다(칼빈). 바울은 당대 최고의 학자였으나 주님을 만난 후 일생 주를 위해 살고 고난 당하다 끝내 순교하였다. 하나님의 일꾼은 어느 시기, 어느 일만 감당하는 것이 아니라 자기 자신을 드려 평생 헌신해야 한다.

3. "감사의 이유"(빌 1:3-8)

바울은 무엇을 말하기 전에 먼저 감사와 기도를 드린다. 기도 없는 감사는 거짓되고 감사 없는 기도는 원망에 지나지 않는다. 다음 일로 빌립보 교회를 향하여 감사한다.

1) 복음전파에 동참(5절): 복음, 연보, 고통을 서로 나누는 교제(코이노니아)가 있었다.

2) 성업(成業)의 확인(6절): 하나님이 시작하신 일을 친히 이루실 것을 확신하였다.

3) 고난에 참여함(7절): 주의 자녀들이 서로를 깊이 생각하는 것이 귀하다. 마음이 머물 때 서로 염려하고 돌아보며 서로를 위하여 기도하게 된다. 빌립보 교회의 성도들이 옥에 있는 사도 바울을 너무나 깊이 생각하고 도왔기 때문에 함께 매임을 당했다고 하였다. 다윗의 친구 요나단과 같이 어려울 때 친구가 참 친구이다. 무엇보다 빌립보 교회의 성도들은 복음을 변명하는 데 사도 바울과 함께 하였다. 고난을 무릅쓰고 거짓에 맞서 진리를 변증했다.

4. "신앙의 결과"(빌 1:8-11)

   1) 사랑의 증강(9절): 믿음으로 목회자를 도와야 한다. 지식과 총명이 더할수록 사랑이 풍성해져야 한다. 모든 것을 주님께 하듯 해야 한다. 성도는 시장에서 물건을 살 때에도 내 입장만 생각하지 말고 파는 사람의 처지를 생각해야 한다.

   2) 선악의 변별(10절): 좋은 것과 나쁜 것을 가려낸다는 것은 하나님이 기뻐하시는 일을 분별함을 뜻한다. 우리는 내일 일을 알지 못하면서 갖은 계획을 다 세우고 온갖 염려를 다한다. 영적 분별력이 없는 사람이 교회의 지도자가 되면 안 된다.

   3) 심정의 순결(10절): 마음이 정결해야 하나님을 볼 수 있다. 진실은 참으로 하나님께 속한 아름다운 것이요 거짓은 사탄의 수중에 농락당하는 것이다. 거짓은 거짓을 낳는다. 거짓은 남을 기만하기 전에 먼저 자기 자신을 속이므로 진보를 가로막는다.

   4) 의과(義果)의 충만(11절): 참 신앙은 많은 의의 열매를 맺는다. 그것은 하나님의 뜻에 순종하는 착한 행실을 의미한다. 우리는 스스로 온전할 수 없다. 그러므로 의의 열매는 우리의 자질이나 행실이 아니라 그리스도를 믿는 믿음으로부터 일차적으로 기인한다. 주기철 목사와 손양원 목사의 순교를 통하여 우리가 그들을 칭송하기에 앞서 하나님을 찬양하는 이유가 여기에 있다.

5. "바울 사도의 옥중의 기쁨"(빌 1:12-19)

바울은 옥고를 치르면서도 복음의 진보가 있음을 듣고 기뻐하였다. 이러한 기쁨을 전함으로써 성도에게 겸비한 마음과 새로운 용기를 주고자 하였다.

   1) 불신자의 세계에 떨어진 복음의 소식(13절): 기독교선교사업을

선구적으로 맡은 대(大)사도 바울은 비록 몸은 옥에 갇혔으나 오히려 그 일로 복음이 더 널리 확산됨을 바라보았다. 주를 위한 고난과 역경이 복음의 진보를 초래하였다. 주님이 죄인의 죽음으로 죽으심으로써 생명이 씨를 뿌리셨듯이, 사도는 죄수로서 말씀을 전하여 생명을 살리는 역사를 이루었다.

2) 복음의 진보가 신자들에게 있음을 기뻐함(14-18절): 형제 교우가 나의 매임에 자극을 받아 더욱 주를 의지하게 되었다. 주를 신뢰함으로 신앙의 부흥이 일어난다. 참 복음은 주님을 드러내고 나는 쇠하는 것이다. 주님을 가장 잘 전하려면 자기 자신을 가장 아래로 낮추어야 한다. 바울은 자신을 괴롭히려고 하면 할수록 주님의 이름이 더욱 널리 전파된다는 사실로 기뻐했다. 주의 종을 괴롭혀도 복음은 전파된다. 복음은 사람이 전할 수 있어도 새 사람이 되는 것은 성령의 역사이다.

6. "사도 바울의 위대한 생애"(빌 1:19-26)

1) 바울은 옥중에 있으면서도 자기의 구원에 견고한 터가 심어진 것을 기뻐함: 성령의 역사로 회개와 중생이 동시에 일어난다. 우리의 간절한 기대와 소망은 아들, 딸, 집, 돈이 아니라 천국에 있다. 바울은 자기의 생을 그리스도를 위한 것으로 여기고 그리스도와 한 몸이 되어 얼마가 될지 알 수 없으나 남은 생애를 그리스도를 위해서 살겠다고 결심한다. 가장 유익한 죽음은 그리스도를 위하여 죽는 순교의 죽음이다.

2) 바울보다 공헌을 크게 한 인물은 주께서 승천하신 이후 없음: 가치 있는 삶을 살고자 한다면 죽음의 자리를 제대로 찾아야 한다. 희생이 없는 곳에는 열매를 맺음이 없다. 누구라도 죽지

않고는 생명을 살릴 수 없다. 자기희생보다 더 빠른 자기주장은 없다. 진정 살고자 하는 자는 죽도록 충성하는 자리에 서야 한다. 죽고자 하는 자는 믿음의 진보를 이루어 필히 선한 열매를 맺게 된다. 죽고자 하는 신앙이 살아 있는 신앙이다. 예수를 자랑하자. 십자가를 자랑하자. 부활을 자랑하자.

7. "복음에 합당한 행위"(빌 1:27-30)

생사의 기로에 선 바울은 어떤 박해에도 의연히 맞서는 신자의 삶에 대해서 말하고 있다.

1) 잘 살자: 하나님의 뜻을 분별하고 그 뜻대로 행하자.

2) 한 마음과 한 뜻을 가지자: 성도는 한 성령 안에서 한 하나님과 한 주를 섬긴다. 그러므로 교회 안에서 서로 당을 짓거나 자기의 옳다 하는 바로 남을 정죄해서는 안 된다.

3) 협력하자: 받은 은사대로 자기 자리를 굳게 지키되 서로 협력하자. 하나님의 일은 함께 이루어 가야 하는 것이지 독단적으로 되지 않는다.

4) 대적하는 자로 인하여 두려워 말자: 고난에는 하나님의 뜻이 있다. 단지 고난을 두려워하거나 피하지 말고 담대하게 맞서야 한다. 말씀과 기도로 받아들이면 모든 고난이 그리스도를 위한 것이 된다. 구원의 왕도에는 고난이 가로놓여 있다.

눈물 없이 어찌 남을 긍휼히 여길 수 있겠는가.

헐벗음이 없이 어찌 하나님께 진실한 연보를 다 하겠는가.

고난은 교회가 물려받은 재산이며 귀중한 보물이다.

8. "그리스도 안에 일치"(빌 2:1-4)

여기에서부터 본론에 해당한다. 교회가 불화하는 것은 개인의 이기심, 자기중심주의, 공명심에서 비롯된다.

1) 그리스도인이 하나가 되어야 하는 이유: 그리스도 안에서 권면하고, 사랑으로 위로하고, 성령의 교제에 힘쓰고, 긍휼과 자비를 베풀어야 한다. 자기 자녀를 향한 하나님의 뜻이 여기에 있기 때문이다. 하나님은 우리 각자를 사랑하시되 우리가 그 가운데 서로 사랑하기를 원하신다.

2) 그리스도인이 하나가 되는 양식: 마음을 같이 하여, 같은 사랑으로, 뜻을 합하여, 그리스도 안에서 하나가 되어야 한다. 성도는 겸손한 마음을 지니고 맡겨진 각자의 일에 힘쓰되 남을 먼저 생각하여야 한다.

3) 그리스도인이 하나가 되는 것을 대적하는 것들: 거짓과 다툼과 허영이 대표적인 세 가지이다. 거짓은 하나님의 뜻을 곡해하는 것이고, 다툼은 내가 옳다 하는 바만을 옳다고 내세우는 것이며, 허영은 자기의(自己義)에 도취된 삶을 사는 것을 말한다.

9. "예수님의 대(大) 겸손"(빌 2:5-8)

1) 그리스도는 근본 하나님과 본체이고 영원히 동등하시다. 영원하신 하나님의 아들이 자기를 낮추시고 비우셔서 사람의 아들이 되셨다. 이러한 그리스도의 성품은 신앙의 표본이고 생각의 기초요 언어의 모범이며 생활의 푯대이다.

2) 주님은 우리의 자리로 내려오셔서 우리와 함께 거하시고 우리와 더불어 먹고 마시셨다. 그는 세리와 죄인의 친구가 되셨다. 어린아이가 오는 것을 좋아하셨다. 마른 순과 같이 연약하셨으나

그 마음과 행사가 변함이 없었다. 그는 한 곳에 머리 둘 곳이 없을 만큼 여기저기 옮겨 다니시며 사람들과 동행하셨다. 곳곳에 다니시며 말씀을 전파하고 가르치시고 병자를 낫게 하셨다. 그리하여 곤하시고 시장하실 때가 많으셨다. 그는 이 땅에서 죽기까지 아버지께 복종하셨다.

3) 주님은 하나님으로서 영원히 자존하시고 불변하시다. 그가 하늘보좌를 버리시고 이 땅에 내려오셨다. 그리하여 모든 사람을 위한 종이 되셨다.

10. "그리스도의 대(大) 영광"(빌 2:9-11)

1) 이 땅에 오신 주님은 아버지의 뜻을 다 이루심으로 높이 되셨음: 아버지는 아들의 일을 기뻐하시고 받으셨다. 그리하여 아들의 죽음을 자기 백성을 위한 구원의 값으로 받으셨다. 이를 인치는 사건이 부활이다.

2) 부활하신 주님은 하늘로 오르셔서 하나님의 보좌 우편에서 다스림: 이로써 모든 이름 위에 뛰어난 이름을 지니시고 모든 무릎이 그 앞에 꿇게 되었다.

3) 이 땅에 오신 중보자로서 그리스도는 이렇듯 자기를 비우시고 낮추심으로 모든 만물 위에 뛰어난 영광을 누리게 되셨다. 우리는 이러한 그리스도의 마음을 품어야 한다.

11. "구원을 성취하는 자"(빌 2:12-13)

1) 바울은 빌립보 교회의 결점을 파악하고 실제적인 권면을 한다. 구원은 은혜로 되는 것이지만 두렵고 떨림으로 모든 노력을 경주해야 한다.

2) 약을 투여하여 환자를 낫게 하듯이 하나님은 자기 백성을 진정 사랑하심으로 구원하신다. 환자는 의사의 처방에 따라야 한다. "구원"이란 말은 다의적인 뜻을 지니고 있다.

3) 성도는 하나님의 이끄심에 복종해야 한다. 우리가 소원을 하나님께 두고 그의 뜻대로 행할 때 하나님은 기뻐하신다.

12. "거역하는 시대에 흠 없는 자녀"(빌 2:14-16)

1) 모든 일에 원망과 시비가 없이 하라(14절): 시비는 신앙을 병들게 한다. 단결을 파괴하고, 희락을 소멸시키며, 도덕성을 파멸한다. 집안이 망하는 길이다.

2) 책망할 것이 없는 순전한 신자가 되라(15절): 하나님은 자기의 뜻에 온전히 복종하는 흠 없는 제물을 원하신다. 어그러지고 거스르는 세대에서 흠 없는 하나님의 자녀가 되려면 복음의 은혜를 누려야 한다. 복음이 모든 잘못된 것을 바로잡는 혁명의 폭탄이다.

3) 빛으로 나타낼 것(16절): 기독교인의 삶의 목적은 생명의 말씀을 밝히는 것이다. 순교를 각오해야 한다. 믿음의 선진들은 오대양 육대주를 2천 년간 횡단하면서 생명의 말씀을 전파함으로 미신과 점성술과 토템의 어둠에 빛을 밝혔다.

4) 열매 맺는 신앙생활: 나의 달음질과 수고가 헛되지 아니하고 그리스도의 날에 자랑할 수 있는 것이 되게 하라. 재림과 부활과 심판이 없으면 기독교인처럼 비참하고 가련한 사람이 없을 것이다. 마지막에 자랑할 것을 비축하라.

13. "그리스도인의 3대 제물"(빌 2:17-18)

    1) 빌립보 교인들의 신앙과 봉사의 제물: 성도의 봉사는 믿음 없이 세속적인 이익이나 명예를 추구하고 세상의 환대를 얻는 것과는 다르다. 성도의 봉사는 그 자체가 예배가 되어야 한다. 삶이 예배이다.

    2) 피의 제물(전제): 순교의 정신을 가지자. 교회의 직분을 맡는 것은 출세가 아니라 주를 위해 생명을 바치는 헌신이다. 생명을 구원하는 일에는 생명을 각오해야 한다. 피의 희생을 각오하지 않으면 주의 일은 포기해야 한다. 교회 일에는 칭찬이 따르지 않는다. 작은 성직에 충성하지 못하고 큰 성직에 충성할 수 없다.

    3) 기쁨의 제물: 기쁨의 근원이 되시는 예수를 위해 살자. 내가 하나님의 형상을 한 사람으로 태어난 것이 기쁘다. 이 시대에 태어난 것이 기쁘다. 성한 몸으로 태어난 것이 기쁘다. 신자가 된 것이 기쁘다. 목사가 된 것을 복되게 생각한다. 이 세상 모든 사람이 다 싫어해도 주의 종이 된 것이 감사하다. 양의 무리를 위하여 헌신할 수 있으니 기쁘다. 그들과 함께 기뻐한다.

14. "청년 사역자 디모데"(빌 2:19-24)

    1) 바울의 대리자 디모데: 교회의 사정을 잘 아는 자이다. 올바른 시각으로, 사랑의 눈으로 교회를 바라보는 자이다.

    2) 바울의 동지 디모데: 뜻을 같이 하는 자, 환난 가운데 괴로움을 당할 때 같이 울어 줄 수 있는 자이다. 자식을 생각하는 부모처럼 디모데는 교회만을 생각하였다. 좋은 집을 보면 예배당을, 좋은 악기를 보면 예배의 음악을, 아름다움 풍경을 보면 교회의

자리를 생각하듯이 해야 한다. 디모데는 바울의 권고에 충실히 따랐다. 바울은 디모데를 독자처럼 귀하게 여겼다.

3) 세속적 생활을 초월한 디모데: 바울 주변에는 자기 일을 구하여 그리스도를 헌신짝처럼 버린 자가 많았다. 디모데는 끝까지 빌립보 교회를 위해 희생했다. 이런 사람이 그밖에 없었다.

4) 주의 일은 기도하고, 전도하고, 가르치고, 십자가를 지고 교회를 세우는 일이다. 주의 종을 세우고 교회를 건축하는 일이 크지만, 선교하고 전도하는 일은 그보다 더 큰일이다. 기도하는 일과 구제하는 일은 이 모든 일에 앞서는 참으로 아름다운 일이다.

15. "충실한 목사 에바브로디도"(빌 2:25-30)

1) 바울 사도가 바라본 에바브로디도: 교회를 위하여 함께 형제 된 자, 함께 수고한 자, 함께 군사 된 자, 교회가 파송한 사자(使者)로서 쓸 것을 돕는 자이다.

2) 목회로 인한 에바브로디도의 병: 바울과 빌립보 교회가 진정 근심하였다. 에바브로디도 자신은 이 일로 염려를 끼칠 것을 근심하였다.

3) 에바브로디도를 보내는 이유(28절): 교회를 잘 지도하여 성도의 기쁨이 되게 하며 바울의 뜻을 충실하게 전하기 위하여.

4) 일사각오의 충성: 그리스도의 일에 충성하기 위해서 스스로 삼가야 한다. 일을 미루는 것, 피하는 것, 즉흥적으로 하는 것, 자의적으로 하는 것을 조심하자. 주의 일을 원망과 시비가 없이 하고 마땅히 해야 할 일로 알고 하자. 육탄(肉彈)이 되어 생명을 걸고 그리스도의 복음을 전하자. 에바브로디도는 죽음의 병을

얻기까지 주의 종을 섬겼다. 이는 하나님께 올려드리는 제사요 그리스도의 일이요 그리스도 안에서 하나가 되는 성도의 연합의 열매이다.

16. "손할례당과 참(眞) 할례당" (빌 3:1-3)

그동안 따뜻한 사랑의 언어를 사용하였으나 이제부터는 이단에 대한 엄격한 경고가 담겨 있다.

1) 기독교의 본질은 변함이 없는 주님의 사랑에: 주 안에서 무조건 기뻐한다. 조건이 있는 기쁨은 지상적이다. 천금 억만금보다 더 값지고 더 좋은 것이기 때문에 나는 예수님을 믿는다. 부모도 부부도 변하나 주님의 사랑은 변함이 없다. 그 사랑이 옥중에도 실존하여 기쁨과 위로가 된다. 태양처럼 구름이 껴도 깊은 지하까지 빛을 비추듯 주님의 사랑이 우리 속 깊은 곳까지 임한다.

2) 사도 바울은 16년간 하나님의 계시를 기록했다. 우리는 진리의 성령을 모심으로 날마다 목마름이 없이 믿음으로 살아갈 수가 있다.

3) 기독신자들이 삼갈 세 가지: 첫째, 개들을 삼가라. 개는 불결하고 비천하고 비양심적이고 탐욕스러운 것을 표시한다. 둘째, 행악자들을 삼가라. 이들은 일을 맡았으되 일은 하지 않는 사람들, 일은 하되 사욕을 위하여 일하는 사람들이다. 셋째, 손할례당을 삼가라. 마음 없이 손으로만 육체를 베는 자들이다. 믿음으로 인침을 받지 않고 의식주의에 사로잡힌 자들이다.

4) 참할례당: 하나님의 성령으로 봉사하라. 성령의 감동에 따라 예배를 드릴 때에는 옷을 단정하게 입고, 예배당 안에서는 엄숙하고 조용하게 행하며, 마음속 깊은 곳에서 우러나오는 경배와

찬양 가운데 자신을 영적 산 제물로 태워 그 향기가 하늘에 닿게 해야 한다. 무엇보다 졸지 않고 깨어 있어서 하나님의 음성을 분명히 들어야 한다. 그리스도 예수로 자랑하라. 공장에서는 상품을, 학교에서는 지식을, 가수는 목소리를, 제약회사는 약효와 약품을 자랑한다면, 우리는 예수 한 분으로 만족하고 그분만 자랑해야 한다. 육체를 신뢰하지 말라. 오히려 육체를 죽여야 참할례당이다.

17. "율법주의와 신앙주의"(빌 3:4-7)
   1) 기록된 하나님의 말씀이 아니라 유력한 경험자의 전통이 신앙의 도가 될 수는 없다. 율법주의는 절망에 이르게 할 뿐 구원의 길이 될 수 없다.
   2) 우리는 오직 믿음으로 구원에 이르는 신앙주의에 서 있다.
   3) 바울은 8일 만에 할례를 받았고, 이스라엘 족속, 베냐민 지파, 히브리인 중에 히브리인, 율법으로는 바리새인, 열심으로는 교회를 핍박하는 자, 율법의 의로는 흠이 없는 자였다. 그러나 이를 구원의 의로 내세우지 않았다.

18. "복음주의"(빌 3:7-17)
   1) 그리스도로 말미암아 거듭난 자로서 이제 그리스도를 위하여 산다. 구원의 믿음은 가치 판단을 근본적으로 변화시켜 준다. 그것이 거듭난 증거다.
   2) 이제는 율법주의에 미련이 없다. 구원은 내 공로와 아무 관계가 없다. 내 공로로 자만하지도 절망하지도 않는다. 오직 은혜만을 외칠 뿐이다.

3) 예수를 아는 지식이 가장 고상하다. 그것이 신구약을 가장 깊이 아는 것이다. 십자가와 부활을 아는 것이 최고의 도이다. 십자가가 독수리의 날개와 같이 우리를 높이 날게 한다. 십자가는 우리를 억압하는 것이 아니라 오히려 우리의 짐을 벗겨 자유롭게 한다. 그리하여 높이 멀리 날아 신령한 것을 먹게 한다.
   4) 구원의 의는 율법에서 난 것이 아니라 오직 그리스도를 믿음에서 난다.

19. "그리스도의 부활과 고난을 아는 뜻"(빌 3:10-11)
   1) 성령의 감화로 인격적, 경험적으로 아는 지식: 이는 믿어 구원에 이르는 지식이다. 우리는 부활의 능력을 안다. 부활은 거듭난 생명의 실체와 가치를 계시하며 영생을 보증한다. 우리는 그리스도와 함께 죽고 함께 산다. 그의 죽음에 동참하는 자는 부활에도 동참한다. 그가 부활의 첫 열매가 되신다. 그의 의를 우리의 것으로 삼아 주심으로 우리가 그와 연합하여 그 속에서 영원히 함께 산다.
   2) 죽은 자 가운데 부활에 이르는 삶(11절): 거듭난 생명을 지닌 자는 거듭난 삶으로 실생활에 열매를 맺는다. 자연적이고 이기적인 옛 삶을 버리고 거듭난 새로운 삶을 산다. 영생은 장래에 속한 것이 아니라 지금 이곳에서부터 누리는 삶이다. 그것은 내가 그리스도 안에 살고 그리스도가 내 안에 사시는 것이다.

20. "내가 이미 얻었다 함도 아니요"(빌 3:12)
   1) 도덕주의나 윤리주의를 멀리하라: 의롭다 칭함을 받은 성도는 거룩한 백성으로서 거룩해지는 과정에 있다. 이미 붙잡혔으나

여전히 붙잡으러 간다.

2) 우리는 아직 구원의 도상에 있다. 이미 구원을 받았으나 여전히 그것을 소망 가운데 바라고 있다. 구원의 완성은 아직도 미래에 속한 것이다. 우리가 구원의 완성, 부활, 상급, 도덕적 완전 등을 말할 때에는 이러한 뜻에서이다.

3) 아직 온전히 이루지 못했지만 하나님은 끝까지 성도를 은혜로 이끌어 가신다. 그러므로 약할 때 강함이 되고 죄가 더한 곳에 은혜가 더하다고 우리는 고백한다.

21. "푯대를 향하여 전진하는 신앙"(빌 3:13-14)

1) 전진하는 신앙은 과거에 종속되지는 않되 현재 자기 자신의 모습을 직시한다.

2) 부르신 부름의 상을 위하여: 경주하는 자는 관중들의 환호에 마음을 뺏겨서는 안 된다. 오직 푯대에 시선을 고정시키고 몸을 그쪽으로 향하여 전력으로 질주한다. 푯대에 어긋난 뜀박질은 열심을 낼수록 목표에서 더 멀어질 뿐이다. 경주하는 자는 입은 것과 가진 것이 가벼워야 한다.

3) 그리스도 안에서: 이는 바울의 애용구로서 단지 구호에 그치는 것이 아니라 깊은 신앙의 체험과 고백을 담고 있다. 바울신학의 기본과 체계와 구원의 신앙의 본질이 이 한 말에 다 들어 있다. 이는 성도의 그리스도와의 신비한 연합을 말한다. 일시적인 체험이나 환상이나 꿈이 아니라 그리스도와 더불어 호흡하며 생각하며 일하며 사는 그리스도인의 실존을 제시한다. 하나님 절대주권, 하나님의 뜻에 대한 절대순종, 완전한 자기부인, 자기 자신을 영적 제물로 삼는 그리스도인의 삶의 철학이 여기

에 있다.

4) 상급: 하나님은 은혜 가운데 직분을 맡기시고 은사를 주셔서 행하게 하신다. 그럼에도 불구하고 우리가 그 일을 행할 때 잘했다고 칭찬하시고 상급을 주신다. 그러므로 상급도 은혜이다.

22. "우리 온전히 이룬 자들이 생각할 것"(빌 3:15)

1) 온전함은 우리의 자질이 아니라 하나님의 은혜에 있다. 성숙한 자는 자기의 부족함을 인정하고 하나님의 전적인 도우심을 힘써 간구한다. 세월 지나갈수록 의지할 것밖에 없다. 신앙의 자족은 내 공로가 아니라 하나님의 사랑에 만족하는 것이다.

2) 안일한 신앙은 하나님의 뜻을 곡해한다. 하나님은 스스로 행하시되 자기 백성을 도구로 사용하신다. 친히 이루시되 성도의 열심과 땀을 사용하신다. 희생이 없는 열매와 부흥은 없다.

3) 그리스도 예수가 우리 신앙의 푯대이다. 주님은 십자가에서 죽기까지 자기 자신을 흠 없는 제물로 준비하셨다. 한 순간의 경주가 아니라 전 생애의 경주를 하신 것이다. 경주자는 마지막 목표점에 이르도록 잠시도 머물지 않는다. 모든 힘과 땀을 다 소진하여 쓰러지는 죽음의 자리가 그 목표점이 될 때, 그는 착하고 충성된 종이라고 칭함을 받는다.

23. "어디까지 이르렀든지"(빌 3:16)

1) 신앙생활에 있어서 그 분량과 정도는 다르지만 은혜 받는 방법은 다르지 않다. 성경 읽기, 기도, 회개, 예배, 봉사, 전도 등이 그것들이다.

2) 게으른 자들에 대한 경고: 성도는 하나님의 백성으로서 그가

지시하는 대로 가고 머물며 살고 죽어야 한다. 교만과 안일과 방종을 버리고 은혜 받은 분량대로, 은사 받은 능력대로 날마다 자기를 부인하며 주님을 좇아야 한다.

3) 본을 보여라: 오늘날 교회의 직분을 사모하는 마음은 많으나 직분에 따르는 고난을 기꺼워하는 사람은 찾기 어렵다. 경건의 모양은 많으나 능력은 부족한 시대이다. 성도는 그리스도의 빛이요 향기요 소금으로서 그의 십자가의 증인이 되어야 한다. 금관의 면류관이 아니라 가시면류관을 쓰신 주님을 자기 행실로 드러내야 한다.

24. "눈물을 흘리며 말하노니"(빌 3.18)

1) 에베소에서 3년간 눈물을 흘리며 목회를 했고 고린도에 있는 교인들에게도 많은 눈물로 편지를 썼다. 눈물이 없는 책망은 아름답지 못하다. 눈물 없는 칭찬이나 권면도 아름답지 못하다. 눈물 없는 서신은 아름답지 못하다.

2) 십자가의 원수: 율법주의자도 율법폐지주의도 모두 십자가에 걸림이 된다. 주님은 이 땅에 오셔서 하나님의 뜻에 순종하심으로 모든 율법을 완성하셨다. 그가 율법의 마침이 되셨다. 이는 율법을 폐지하셨음이 아니라 다 이루셨음을 뜻한다(마 5:17; 롬 10:4; 요 19:30).

3) 자기를 부인하고 십자가를 지고 주를 따르는 삶: 십자가의 원수는 배요, 육욕이며, 불순종이다. 사람의 영광을 구함이 모두 십자가를 대적한다. 땅의 일을 생각하는 자는 십자가의 원수가 된다. 하나님의 존재를 부인하는 자, 마지막 때의 심판을 마음에 두지 않는 자, 세상의 출세에 궁극적인 목적을 두는 자, 세상

의 유행과 습관에서 궁극적인 기쁨을 찾는 자, 여행 때문에 주일을 범하고 진학 때문에 예배를 저버리는 것, 땅을 바라보다가 땅에 울고 땅에 웃는 자, 하나님의 주권에 모든 것을 맡기지 않고 땅의 성공과 실패만 생각하는 자, 영원히 복된 천국의 삶이 아니라 절세의 영웅이나 부자나 사교가를 꿈꾸는 자가 그들이니, 저희의 마침은 멸망이다.

25. "예수를 기다리는 신앙"(빌 3:20)

   1) 하늘의 시민권: 지상의 시민권은 유한하다. 그것은 세속적이며 환락과 쾌락의 보증이 되나 사망과 멸망에 이르는 기차표와 같다.

   2) 하늘의 법을 준수: 하나님의 백성은 하나님의 법의 통치를 받는다. 교회의 일로 세속 법정을 찾아서는 안 된다. 신령한 것은 신령한 것으로 판단되어야 한다.

   3) 하나님 나라의 통치: 이는 주님의 재림으로 완성된다. 주님이 다시 오실 때 성도에게는 첫째 부활, 의인의 부활, 생명의 부활이 기다린다. 그리고 의인의 심판을 받고 새 하늘과 새 땅에서 영원히 복된 삶을 산다. 지상의 성도는 이러한 천상의 삶을 대망하며 모든 것을 참고 모든 것을 이긴다.

26. "여러 가지 권면"(빌 4:1-3)

   1) 문제가 없는 삶이 없고 문제가 없는 교회가 없음: 성도가 이 땅에서 완전하지 않듯이 지상의 교회 역시 완전하지 않다. 성도가 날마다 거룩해져야 하듯이 교회는 늘 개혁되어져야 한다.

   2) 아무것도 염려하지 말고 기도하고 기뻐하라: 오직 은혜의 삶만

이 거룩한 삶이다. 하나님으로부터 받지 않은 것으로서 하나님이 받으실 만한 것은 어디에도 없다(어거스틴).

3) 멍에를 같이 하여 서로 배우라: 우리는 모두 한 영의 감화로 한 주를 섬기는바, 함께 주님의 멍에를 메야 한다. 함께 기도하고 섬기고 헌신해야 한다. 스스로 부족하나 서로 도울 때 주 안에서 온전해진다.

27. "그리스도 안에서 관용과 기쁨"(빌 4:4-5)

1) 무조건 은혜로 구원 받았으니 무조건 감사하라: 조건에 무관한 감사가 있어야, 어떤 일이 아니라 하나님의 자녀가 된 나 자신으로 감사해야 범사에 감사할 수 있다.

2) 하나님의 기뻐하심을 입었으니 항상 기뻐하라: 참 기쁨은 전적인 은혜로 주어진다. 내 공로가 있을 때 판단이 앞서고 근심과 불평과 시기가 생긴다. 나는 없고 주님만 있을 때, 주님의 십자가만 눈에 보일 때, 아무 일이 없어도 괜한 즐거움이 충만히 넘치게 된다.

3) 그리스도 안에서 서로 용납하라: 불가항력적인 구원의 감사가 사라지면 제일 먼저 남에 대한 판단이 들어온다. 하나님 앞에 절대적으로 서지 않는 자는 사람 앞에 상대적으로 서게 된다. 하나님의 사랑을 받은 자는 그 사랑으로 남을 사랑하지 않을 수 없게 된다. 빚을 남김없이, 거저 구원을 받았지만 스스로 빚진 자가 되기 때문이다.

창세기 장별 강해

서기행 목사가 새벽 예배를 제외하고 구약 가운데 전체를 강해한 것은 창세기밖에 없다. 1986년 11월 25일부터 1990년 6월 10일까지 3년 6개월에 걸쳐 전체 50장을 83회 강해하였다. 모두 수요일 밤 예배 때 설교되었다. 1장에 10번, 2장에 10번, 3장에 9번 집중되었다. 4장 이후에는 한 장에 한 번 혹은 두 번 다루었다. 이와 같이 전반부에 많은 분량을 할애한 것은 창조와 타락의 구속사적 의미를 자세히 다루고자 했기 때문이었다고 사료된다. 창세기 설교는 이러한 연속적인 강해 외에도 수시로 자주 행해졌다. 이하 장별로 그 내용을 정리한다.

1. "창조와 질서"(창 1장)
    1) 첫날의 빛의 창조: 빛은 구원의 질서를 이룬다. 이는 해방과 심판을 뜻한다. 빛은 우주와 인생의 삶의 질서이다. 천체는 빛을 발하며 참 빛은 신앙생활의 질서이다. 빛은 생명을 주는 질서이다. 빛은 자연에 힘을 주며 희생과 봉사를 통하여 믿음의 온기를 유지한다. 한 날을 24시간으로 본다. 하나님은 순식간에 천지를 창조하실 수 있으시나, 때를 정하여 각종의 피조물을 각각 만드셨다.
    2) 궁창, 땅, 바다, 동식물의 창조: 궁창, 땅, 바다는 고유한 역할을 한다. 해와 달의 운행에 따라 징조, 사시, 일자와 연한 등이 정하여진다. 물고기, 새, 짐승은 하나님의 선물이다. 그러나 사람 외에 그것들에는 영혼이 없다.
    3) 사람 창조에 대해: 하나님의 계획으로 하나님의 형상에 따라 만들어진 사람에게 생육하고 번성하고 땅에 충만하고 땅을 정복

하고 다스리라는 명령이 주어진 동시에 그러한 권세가 부여되었다.

2. "인간 창조와 에덴 동산"(창 2장)

1) 하나님은 창조를 마치신 후 안식하셨다. 안식일은 쉼과 축복의 날이다. 안식일은 창조의 기념일로 천국 안식의 전형이다.

2) 사람 창조의 재설명: 흙은 그 자체로는 약점, 하찮은 것, 부정, 수치, 애도, 죽음을 상징한다. 코에 생기를 불어 넣으심은 영혼을 부여하였음을 뜻한다. 이로써 사람은 마음으로 생각하고 판단하는 존재가 되었다. 영혼이 있기 때문에 사람은 하나님의 성전이 될 수 있다.

3) 에덴 동산: 아름다운 낙원이었다. 동산에는 중앙으로부터 생명을 상징하는 네 강이 흘렀고 귀한 보석이 많았다. 하나님은 사람으로 하여금 동산을 다스리고 지키게 하셨다.

4) 선악과와 행위언약의 의미: 하나님을 의지하고 그의 뜻대로 살게 하려고 아담과 언약을 맺으셨다. 하나님의 명령은 최고의 선이요 규범이다. 하나님은 완전한 순종을 요구하신다. 금지된 것을 먹지 않음으로 사람은 하나님을 기쁘시게 할 수 있었다. 선악과를 먹을 경우 반드시 죽을 것이었다.

5) 여자를 창조하심: 아담은 배필과 하나 되게 지음 받았는데, 둘의 직분은 다르나 인격은 동일했다. 아담과 하와가 한 몸이 됨은 그리스도와 교회가 하나가 됨과 같은 신비한 연합의 비밀을 담고 있다.

3. "인간의 타락과 저주"(창 3장)

　1) 유혹/시험의 특성: 사람의 영혼은 원수에게 종종 시험 받는다. 대적은 간교하고 악하고 대담하다. 시험자는 사술을 동원하여 인간을 굴복시키려 한다. 시험에 빠진 사람은 다른 사람도 시험에 빠지게 한다.

　2) 오늘날에도 많은 사람이 시험에 빠진다. 사탄은 약한 자를 목표로 삼으며 고독과 외로움을 이용한다. 나무 곁에 있을 때 사탄은 기회를 포착했으며 점진적인 유혹으로 사람을 타락하게 했다. 애매모호한 언사로 공상에 빠뜨려 사람을 넘어지게 했다.

　3) 타락 직후: 사람은 자신의 벌거벗은 모습을 부끄럽게 느꼈고 하나님을 피했다. 하나님은 "네가 어디 있느냐"라고 부르셨다. 이에 두려움을 느끼고 나무 뒤로 숨어 몸을 감추려 하였다. 하나님의 음성은 사랑, 정의, 공의, 통치를 의미한다. 이는 재림 시 그리스도의 음성을 상기시킨다. 하나님은 죄를 반드시 밝히신다. 말씀, 설교, 사건, 징계, 성령의 역사로, 마지막 때에는 심판으로 그리하신다. 사람은 죄를 짓고 나면 책임을 전가하고 핑계를 댈 뿐, 스스로 뉘우침이 없다.

　4) 죄에 대한 형벌: 뱀은 다른 짐승들과 달리 저주를 받았고, 여자는 출산의 고통과 남편을 원하고 남편에게 다스림 받는 자리에 놓였으며, 남자에게는 땅과 화합하지 않는 수고가 들어왔다.

　5) 가죽옷의 의미: 죄에 대한 심판과 하나님의 은혜를 동시에 함의한다.

4. "범죄한 인류의 발전과 아담의 족보"(창 4-5장)

　1) 두 종류의 제사와 형제 살인: "죄가 문에 엎드려 있다." 이는 죄

에 붙잡혀 죄의 종이 되고 죄를 섬겨 노예가 됨을 뜻한다. 가인의 살인은 계획된 고살(故殺)이고, 친족 살인이며, 신앙 문제가 원인이 된 것이었다. 이는 사랑의 부재로 말미암았다. 가인에게 저주가 임하여 영혼에 평안이 없고 육체는 안식처 없이 방황하게 되었다. 그러나 가인을 즉시 죽이지는 않고 시간을 주셨으니, 이는 하나님이 진노를 참으시고 일반적인 은총을 베풀어 주셨음을 뜻한다.

2) 가인의 후예들: 에덴 동편 놋 땅에 거하여 성을 쌓고(에녹 성), 가축을 치고(야발), 악기를 다루고(유발), 구리와 쇠로 여러 기구를 제작하였다(두발가인).

3) 셋의 후예들: 예수님까지 이어지는 아담의 족보는 처음 10내가 내려오는 데 1,656년이 걸렸다. 130세에 아담은 자기 모양 곧 자기 형상과 같은 셋을 낳았다. 아무리 오래 살아도 결국 죽을 수밖에 없는 존재가 사람이다. 다만 에녹은 므두셀라를 낳았으며 하나님과 동행하다가 365세에 하나님이 데려가심으로 죽음을 보지 않고 옮겨졌다(히 11:5).

5. "홍수 심판과 노아 방주의 구원"(창 6-9장)

1) 홍수 심판의 원인: 사람의 수가 증가함에 따라 죄가 늘어나고 신자와 불신자 사이의 결혼이 증가하였다. 죄가 세상에 관영하자 하나님은 사람을 창조하신 것을 후회하셨고 사람과 함께 하지 않으시겠다고 하셨다.

2) 그러나 노아는 의인이었으며 하나님의 은혜를 입었다. 아내와 세 아들과 며느리들이 함께 홍수를 피하여 방주에 들어간 사실은 가정의 중요성을 드러낸다. 노아의 하나님이 알려 주신 대로

순종하여 방주를 짓고 가족과 함께 들어갔다.

3) 하나님은 120년 후 홍수로 멸망시키실 것을 미리 말씀하심: 하나님은 아브라함에게 소돔의 멸망에 대해서, 다니엘에게 벨사살 왕의 종말에 대해서, 요셉에게 애굽의 미래에 대해서 미리 알리셨다.

4) 노아의 의로움: 알지 못하는 일을 명령받고 120년 동안 순종했고 고독과 비난을 견뎠다. 방주는 안식과 구원의 생명선(生命船)이었다. 방주에 들어간 지 7일 후부터 비가 내렸고 371일 동안 그 안에 있었다. 수위가 계속 내려가다 내보낸 까마귀가 돌아오지 않자 방주를 나왔다.

5) 방주를 나온 후 하나님께 제사를 드림: 하나님은 노아와 언약을 맺으시고 물로 다시 심판하지 않으실 것을 약속하셨다.

6. "노아의 후손과 바벨탑"(창 10-11장)

1) 노아의 세 아들 셈과 함과 야벳: 셈의 후손으로 후에 아브라함으로 불리는 아브람이 태어났다.

2) 바벨탑을 쌓은 세 가지 동기: 첫째, 사람의 능력과 영광이 서로 간의 화합과 교제 속에 있다고 보았다. 둘째, 홍수 심판 이후 하나님이 노아와 맺은 언약을 불신하고 좀 더 높이 올라 홍수를 피하고자 하였다. 그들은 무지개의 표징을 무시했다. 셋째, 인간의 능력을 과시하고자 하였다. 바벨탑은 교만의 상징이었다.

3) 바벨탑 파괴의 교훈: 죄는 죄를 끌어들이고 끝내 멸망에 이르고 만다.

7. "아브람의 소명과 축복"(창 12장)

   1) 하나님은 아브람에게 "내가 지시할 땅"으로 가라 명하심: 이는 사랑과 은혜와 구속의 역사가 시작됨을 알리는 포고이다. 아브람을 지명하여 부르셔서 새 것이 되게 하셨으니 선택과 중생과 부활의 원리가 여기에 예시된다. 아브람은 본토와 친척과 아비의 집을 떠나서 하나님이 보여 주실 땅으로 떠나라는 명령에 순종하였다. 그 가운데 큰 민족을 이루고 이름이 창대하게 되며 복이 될 것이라는 약속이 부여되었다.

   2) 아브람의 순종: 가나안 땅에 들어가 하나님께 단을 쌓았다.

   3) 아브람의 불순종: 곧 기근이 찾아오고 애굽으로 내려가게 되었는데 그곳에서 아내 사래를 누이라고 속였다.

8. "애굽에서 헤브론으로 이주함"(창 13장)

   1) 애굽으로 도피해 간 것은 하나님의 방법이 아니었음: 지시한 곳에 머물러 있어야 그 땅의 복이 임한다.

   2) 벧엘과 아이 사이에 처음으로 제단을 쌓음: 이곳에서 여호와의 이름을 불렀다. 이를 기억하고 다시 찾았다. 처음 사랑을 기억하는 것이 은혜 유지의 방법이 된다.

   3) 롯의 가족과의 다툼: 사람이 먼저 나서서 택하지 않아도 하나님은 좋은 것을 미리 정하셔서 주신다. 세상의 풍요로움이 항상 평강과 안위와 행복을 가져다주는 것은 아니다. 소돔과 고모라가 있는 소알 땅은 물이 많아 기름졌지만 실상 죽은 땅이었다.

9. "롯의 포로 됨과 아브람의 승리"(창 14장)

   1) 롯이 탐심으로 택한 땅이 침략을 받음: 강대한 메소보다미아

동맹국이 약소한 사해(死海) 동맹국을 침략하여 노략한 것들과 롯을 포함한 포로들을 잡아 갔다.

2) 아브람의 추격과 승리: 전운을 느꼈는지 아브람은 자신의 사람들을 미리 잘 훈련시켜 놓았다. 끝까지 추격하여 메소보다미아 동맹국을 무찌른 후 빼앗겼던 것들과 롯과 친척들을 비롯한 포로들을 데리고 왔다.

3) 제사장-왕 멜기세덱: 지극히 높으신 하나님의 제사장으로서 아브람을 축복하였다. 이에 아브람이 얻은 것의 10분의 1을 바쳤다. 그러나 아브람은 그가 취한 것을 가지라는 소돔 왕의 제안은 거절하였다.

10. "아브람과 맺은 하나님의 언약"(창 15장)

1) 약속의 내용: 아브람에게 후사와 가나안 땅을 주실 것을 약속하셨다.

2) 언약 체결 "아브람이 여호와를 믿으니 이를 그의 의로 여기시고"(6절). 롯과 그의 가족과 이웃을 구출하고 멜기세덱에게 십일조를 드린 후였다. 믿음이란 아브람과 같이 하나님의 지시가 있으면 갈 바를 알지 못하나 나아가는 것이다(히 11:8).

3) 하나님이 친히 쪼갠 고기 사이로 지나가심: 자기를 부인하고 하나님의 뜻과 명령에 따르는 자의 제물만이 열납된다.

11. "이스마엘의 출생"(창 16장)

1) 사래는 약속한 때를 기다리지 못함: 때를 기다리지 않고 조급하게 서두는 것은 믿음이 없음을 뜻한다. 하나님의 약속에 대한 믿음이 없으면 인간적인 조치가 따른다. 당시의 풍속에 따라

사래는 몸종 하갈을 통하여 아이를 갖고자 했다. 이 일로 사래와 하갈은 서로 무시하고 경멸하는 사이가 되었다.

2) 사래와 하갈의 모습: 하갈이 잉태한 후 교만해지자 사래는 아브람을 부추기면서 하갈을 학대하였다.

3) 브엘라해로이(나를 살피시는 살아 계신 이의 우물): 사래를 피하여 도망친 하갈은 이스마엘(하나님이 들으심)을 낳았다. 사람의 속까지도 완전하게 감찰하시는 하나님이 하갈의 고통을 들으셨다. 이스마엘에게서 셀 수 없을 만큼 많은 후손이 날 것이나 그는 사람 중에서 들나귀 같이 되어 분쟁 가운데 살게 될 것이라고 여호와의 사자가 전하였다.

12. "아브람의 약속을 재확인함"(창 17장)

1) 이름을 아브람에서 아브라함(열국의 아비)으로, 사래에서 사라(열국의 어미)로 바꾸심: 그리하여 이 가정의 후손을 선민으로 삼으셨다.

2) 후손과 땅의 약속: 아브라함의 후손을 심히 번성하게 하실 것과 그들의 하나님이 되실 것, 그리고 가나안 온 땅을 아브라함과 그 후손을 위한 영원한 기업으로 삼으실 것을 약속하셨다.

3) 할례의 언약: 아브라함과 그 가족과 그의 집에 머무는 자들 중 남자는 이방인이라도 모두 난 지 8일 만에 할례를 받았다. 이로써 하나님은 언약을 살에 두어 영원한 언약이 되게 하셨다. 할례는 오늘날 세례를 예표하는 것으로서 세례가 입교의 의미를 지니고 있다면 할례는 하나님의 가정에 들어가는 것 곧 하나님의 백성이 되는 표징이 된다.

13. "아브라함을 찾아오신 하나님"(창 18장)

  1) 하나님이 사람의 모양으로 찾아오셔서 말하시고 먹으심: 사람의 몸을 입으신 것은 사랑 때문이다. 예수 그리스도의 성육신의 예표이다. 하나님은 찾아오셔서 자신을 계시하시며 축복하시고, 기도하게 하셨다.

  2) 아브라함이 나그네를 섬김으로 하나님을 섬김: "눈을 들어 본즉," 이는 지체 없는 헌신과 봉사의 결단을, "몸을 땅에 굽혀," 이는 예배, 경배, 복종, 순종을, 발 씻을 물을 드리고 떡을 만들고 고기를 요리하여 우유와 함께 드린 것은 최고 정성을 다한 헌신을 뜻한다.

  3) 사라의 의심을 책망하심: "여호와께 능하지 못한 일이 있겠느냐"(14절).

  4) 하나님은 의인과 악인을 함께 심판하지 않으심: 마음에 합한 자를 남겨 두신다.

14. "소돔과 고모라의 저주와 멸망"(창 19장)

  1) 두 천사가 소돔에 이름: 하나님이 심판 가운데서도 구원의 말씀을 선포하시려고 그리하셨다. 이는 하나님의 사람 아브라함의 간절한 기도 때문이었다.

  2) 소돔의 죄악: 사람들이 사방에서 모여들었고 악이 선을 다스리게 되었다. 사람들이 하나님과 상관하고 다투려고 하였다. 여자를 가지고 흥정해서 살아가는 더러운 곳이었다.

  3) 롯의 가족: 천사를 잘 대접했으나 지체하는 롯, 하나님의 말씀을 농담으로 아는 정혼한 사위, 의심하여 뒤로 돌아보다 소금 기둥이 된 롯의 처, 부정한 가운데 모압과 암몬의 자손을 퍼뜨린

롯의 딸들, 이 모두가 여호와 보시기에 온전치 않았다.

    4) 하나님은 의인을 재촉하신다: 하나님과 사람을 겸하여 섬길 수 없다. 하나님께 복종하기 위해서는 세상적인 관계를 끊고 세속적인 관심을 버려야 한다. 그러나 많은 경우 사람들은 머뭇거리다 실족하고 만다.

15. "아브라함의 큰 실수와 하나님의 은총"(창 20장)

    1) 아브라함의 불신: 하나님이 주신 땅을 자의로 떠나 타지에 머물며 아내를 누이라고 속였다. 그리하여 사라의 정조와 거룩한 후손에 대한 하나님의 약속을 위태롭게 하였다. 이는 하나님보다 아비멜렉을 더 두려워하였기 때문이다.

    2) 끝까지 자기 백성을 돌보시는 하나님의 은총: 꿈에 나타나셔서 잘못을 깨닫게 하시고 돌이켜 옳은 길로 행하게 하셨다.

16. "이삭의 출생과 이스마엘의 축출"(창 21장)

    1) 이삭을 얻은 후 하갈과 이스마엘을 축출함: 언약의 계대는 이삭으로 이어진다. 이삭에게 난 자만이 아브라함의 씨이다. 하나님의 아들을 사람의 아들이 희롱하는 것을 하나님은 용납하지 않으신다.

    2) 하나님이 쫓겨난 하갈에게 나타나셔서 샘물을 주시고 그 아들 이스마엘이 한 민족을 이루게 하실 것이라고 약속하심: 이로써 이전의 약속을 다시금 확인하셨다.

    3) 아브라함과 비골의 조약: 하나님이 경계를 정하셨다. 아브라함이 브엘세바에서 에셀나무를 심고 영원하신 여호와의 이름을 불렀다.

17. "아브라함의 시험과 여호와 이레"(창 22장)

   1) 시험의 목적: 이삭의 생명이 아니라 아브라함의 완전한 순종을 원하셨다. 독자(獨子)를 바치게 함으로써 하나님이 가장 기뻐하시는 일은 가장 귀한 것을 드리는 데 있음을 깨닫게 하셨다.

   2) 아브라함의 태도: 하나님의 명령에 대한 어떤 원망이나 변명도 없이 순종하였다. 이 일로 아내나 이삭이나 종들과 의논하지 않았다. 일찍 일어나 거침없이 길을 떠났다. 모리아 산기슭에 두 종을 남겨 두고 제물로 쓸 이삭만 데리고 하나님이 일러 주신 곳으로 나아갔다.

   3) 이삭의 태도: 이삭은 번제 나무를 지고 가면서 자기 자신이 제물인 어린 양으로 드려질 것을 알고 있었다.

   4) 여호와 이레: 하나님의 일은 하나님이 친히 이루신다. 인류의 대속을 위하여 예수 그리스도가 유월절 어린 양으로서 창세 전에 작정되었다. "여호와의 산에서 준비되리라"(14절).

18. "사라의 죽음과 막벨라 굴"(창 23장)

   1) 사라의 죽음: 처음으로 여자가 죽은 나이가(127세) 언급되었다.

   2) 막벨라 밭 굴: 아브라함은 자손 만대가 이곳에 묻히기를 원했다. 그것이 하나님의 뜻임을 믿고 겸손하고 진실하게 헷 족속과 협상하였다. 은 4백 세겔을 주고 사서 그 땅을 소유로 확정하였다. 사라뿐 아니라 아브라함 자신과 그의 후손들의 매장지로 사용되었다.

19. "리브가의 출가"(창 24장)

   1) 하나님의 뜻에 따라 며느리를 가나안 사람 중에 구하지 않음:

아브라함은 우상숭배를 단호히 배격했다. 이삭의 신부는 언약의 자손의 어머니가 되어야 했다.

2) 믿음의 종 엘리에셀의 충성: 하나님께 기도하는 가운데 아브라함이 지시한 사항을 충실하게 수행하였다. 신부될 사람을 친척 중에 구하여 가나안 땅으로 데리고 왔다.

3) "여호와께서 내 주인의 아들을 위하여 정하여 주신 자"(44절): 리브가는 순결하였으며 나그네를 정성껏 대접하는 사랑스러운 소녀였다.

20. "장자 명분"(창 25장)

1) 아브라함의 후처 그두라와 그 후손: 아브라함은 생전에 그들에게 재물을 주어 이삭을 떠나 동쪽 땅에 거하게 하였다.

2) 아브라함 생애: 75세에 가나안 땅에 들어간 후 100년 동안 하나님과 동행하였다(신앙의 나이). 100세에 이삭을 낳고 140세에 며느리 리브가를 맞이했다. 선택된 백성(選民)으로서 가계의 순수한 혈통을 유지하였으며 가나안 땅에서 생활의 기틀을 마련하고 많은 복을 누렸다.

3) 이삭의 인생: 아브라함에게서 모든 소유를 얻었다. 철저한 신앙생활을 했으며 밖으로는 온유했으나 자기 자신을 제물로 내어놓을 만큼 내적인 강직함이 있었다. 하나님이 정하여 주신 아내를 기다리다 40세에 결혼하였다.

4) 이삭의 아들 에서와 야곱: 기도의 응답으로 이삭은 60세에 에서와 야곱을 쌍둥이로 낳았다. 에서는 들의 사람이었고 기질이 강하고 참을성이 부족하였다. 야곱은 형의 발꿈치를 붙잡고 태어났으며 한번 잡으면 놓지 않았다. 차남으로서 소외감이 없지

않았으나 어머니를 잘 섬겼다. 장자권을 가지는 것이 그의 철저한 소망이었다.

21. "이삭의 역사"(창 26장)

   1) 애굽으로 가지 말라: 흉년은 죄에 따른 징계일 수 있다. 성도들이 정치적으로나 경제적으로 어려움을 당할 때 하나님은 피할 길을 마련해 주신다. 축복 뒤에도 시험이 따른다. 그러나 하나님의 백성은 끝까지 지키신다. 블레셋 왕 아비멜렉을 사용해서라도 이삭을 도우셨다.

   2) 이삭의 번성과 신앙: 이삭은 여호와께 복을 받아 창대해졌다. 하나님이 베푸시는 큰 복은 믿지 않는 자들의 시기와 질투의 대상이 된다. 이삭은 한 곳을 떠나 다른 곳으로 옮길 때마다 하나님이 우물을 주시고 번성하게 하셨다. 오늘날 선교사들이 만국에 흩어져 복음을 전할 때 하나님은 이삭과 같이 그들과 동행하신다.

22. "야곱의 축복과 에서의 울분"(창 27장)

   1) 나이가 많고 시력이 악화되어 인생을 정리하려는 이삭: 인생의 첫째 시기는 이해력과 재능을 개발하고, 둘째 시기는 개발된 능력을 발휘하며, 셋째 시기는 어두운 석양에 이르고, 넷째 시기는 모든 것을 남기고 떠난다.

   2) 이삭의 어두운 영안: 에서는 야곱에게 장자의 기업을 팔았고 이삭은 야곱에게 축복하였다. "큰 자가 어린 자를 섬기리라"(창 25:23)는 예언의 성취였다. 에서는 하나님을 떠나 살았다. 그의 결혼은 가정에 염려를 끼쳤다.

3) 리브가의 영안: 야곱이 상속자요 선민이 될 것을 그가 태중에 있을 때부터 알았다. 리브가는 야곱을 사랑했고 장자의 명분을 팥죽으로 산 것을 알고 있었다. 그렇다고 해도 인간적인 방법을 써서 거짓말로 야곱에게 축복을 받게 한 것은 잘못이다. 리브가의 잘못에 야곱도 동참하였다.

4) 거짓말에 대한 대가를 치른 야곱: 라헬과 결혼하는 일과 품삯으로 외삼촌 라반에게 오랫동안 속았고, 에서에게 줄곧 쫓기고, 딸 디나가 강간을 당했고, 요셉이 팔리는 사건으로 아들들에게 속았고, 베냐민 때문에 근심하였다.

5) 이삭의 축복: 이슬과 땅의 기름짐이며 풍성한 곡식과 포도주가 넘치고, 만민이 섬기고 열국이 굴복하며, 형제들의 주가 되고, 너를 저주하는 자는 저주를 받고 너를 축복하는 자는 복을 받기를 원하노라.

23. "벧엘의 축복"(창 28장)

1) 이삭의 부탁과 축복: 가나안 여자를 아내로 취하지 말고 라반의 딸 중에서 취하라. 가정으로부터 하나님 나라가 확장된다. 하나님이 아브라함에게 약속하신 생육하고 번성하여 여러 민족을 이루는 복을 야곱도 받았다.

2) 벧엘에서 돌을 베개로 삼고 잠: 가장 어려울 때 하늘로부터 긍휼의 사닥다리가 내려 왔다. 천사들이 오르락내리락하며 여호와의 영광을 드러내고 외롭고 곤하고 두려움에 떠는 야곱을 도왔다. "하늘의 문"이 열렸다. 그곳이 "하나님의 집"이었다(17절).

3) 벧엘의 언약: 아브라함과 이삭의 하나님이 야곱의 하나님이

시다. 지금 누워있는 땅을 줄 것이고, 티끌과 같이 무수한 자손이 땅을 덮을 것이며, 사방에 퍼져 복을 받을 것이다. 이는 어디로 가든지 하나님이 항상 함께 하시기 때문이다(임마누엘).

4) 야곱의 서원: "여호와께서 나의 하나님이 되실 것이요"(21절). "내가 기둥으로 세운 이 돌이 하나님의 집이 될 것이요." "하나님께서 내게 주신 모든 것에서 10분의 1을 내가 반드시 하나님께 드리겠나이다"(22절).

24. "야곱의 결혼"(창 29장)

1) 야곱과 라헬의 만남: 결혼은 선민 생활의 기초이다. 가정의 기본요소는 부부이다. 부모와 자녀가 있기 전에 부부가 있다. 부모에 대한 공경을 다룬 제5계명을 약속 있는 첫 계명이라고 일컫는바, 그 약속은 남자와 여자가 한 몸을 이루는 결혼의 비밀로부터 유래한다.

2) 주 안에서 한 몸 됨: 결혼은 한 주를 섬기는 남녀의 만남이 될 때 언약적 의미를 온전히 지닌다. 이런 점에서 결혼은 믿는 부모의 축복 속에서 이루어질 때 가장 복되다.

25. "야곱의 두 아내와 두 첩"(창 30장)

1) 야곱의 아들들: 레아를 통해 르우벤, 시므온, 레위, 유다, 잇사갈, 스불론이, 실바를 통해 갓, 아셀, 빌하를 통해 단, 납달리가, 라헬을 통해 요셉, 베냐민이 태어났다.

2) 야곱의 품값 계산: 아롱진 것, 점 있는 것, 검은 것을 가지겠다고 했다. 땀과 지혜가 함께 상승작용을 일으킬 때 가장 풍요하고 아름다운 열매를 맺게 된다.

26. "언약을 세워 증거를 삼음"(창 31장)

1) 야곱이 고향으로 돌아가게 된 계기: 라반의 아들들이 자기에 대해 악담하는 것을 들었다. 그 가운데 조상의 땅으로 돌아가라는 하나님의 지시가 있었다.

2) 야곱의 도주와 라반의 추격: 라반은 7일 길을 추적하여 길르앗 산에서 야곱에게 미쳤으나 밤에 하나님이 그에게 나타나셔서 선악 간에 야곱에게 말하지 말라 하셨다.

3) 야곱과 라반의 화해: 하나님이 그 증인이 되셨다. 증거의 무더기를 쌓았으니 "여갈사하두다" 혹은 "갈르엣"이라고 칭했다. 그 이름을 "미스바"라고도 하였는데, 서로 떠나 있다 하더라도 여호와께서 서로를 보살펴 주실 것을 바라고 그렇게 불렀다.

27. "들리는 하나님의 음성"(창 32장)

1) 야곱의 고독과 공포의 길에 천사를 보내어 위로하심: 하나님은 이 땅에서 나그네 된 자들에게 신령한 은혜를 베푸셔서 땅의 기름짐과 후손의 흥왕함을 보게 하신다.

2) 야곱이 에서에게 사자를 보냄: 하나님이 야곱에게 지혜를 주심으로 이렇게 행하였다. 에서는 장자의 명분을 동생에게 빼앗긴 통한(痛恨)을 품고 동생을 죽이고자 한 적도 있었지만 그렇게 하신 분이 하나님이심을 비로소 알게 되었다.

3) 야곱의 얍복강 기도: 하나님의 은총과 신실하심에 감사를 드린다. 하나님은 우리의 환난과 애통과 슬픔을 기쁨과 평강과 희락으로 바꾸신다. 우리가 기도할 때 그리하신다. 기도는 하나님께 나아가 모든 것을 고하고 바라되 잠잠히 기다리는 것이다. 자기 뼈가 상하고 관절이 어긋날 만큼 하나님의 면전(面前)에서

자기를 죽이는 것이 기도이다. 하나님은 우리가 "그리 아니하실지라도"를 반복하면서 우리 자신을 철저히 부인할 때 우리와의 겨룸에서 져 주신다. 그리하여 우리가 "이스라엘"이라는 이름을 갖게 하신다.

28. "에서와 야곱의 만남과 헤어짐"(창 33장)

   1) 야곱의 모습: 일곱 번이나 땅에 굽히며 형 에서에게 나아갔다. 형에게 예물을 전한 후 그의 얼굴을 본 것이 하나님의 얼굴(브니엘)을 본 것과 같다고 하였다.

   2) 에서의 모습: 달려와 야곱을 안고 목을 어긋맞기고 입맞춤하고 피차 울었다. 잃어버린 동생을 다시 만나게 되어 크게 기뻐하였다. 동생이 마련한 선물을 사양하고 동생과 함께 동행하고자 하였다.

   3) 야곱과 에서의 만남에서 얻을 수 있는 교훈: 한때 피할 수 있을지 모르나 영원히 피할 수는 없다. 하나님은 어떤 복수심도 녹이신다. 형제의 화해는 참으로 보는 이의 큰 기쁨이 된다. 형은 동생을 사랑하고 동생은 형을 존경해야 한다. 하나님 앞에 중심이 합해야 다윗과 요나단과 같이 피가 달라도 진정한 형제애를 갖게 된다.

   4) 야곱의 실수: 일찍이 제단을 쌓을 것이라고 약속한 벧엘로 올라가지 않고 숙곳에 집을 짓고 세겜에 장막을 쳤다.

29. "벧엘로 올라가라"(창 34장)

   1) 벧엘로 올라가지 않았기 때문에 가정에 어려움이 닥침: 세겜은 육체를 좇아 살기는 좋으나 음란과 행악이 난무한 곳이다. 벧엘

은 거룩한 곳, 천상과 지상이 사닥다리로 이어지는 곳, 십일조를 바치는 헌신의 제단, 기도하는 하나님의 집이다. 세상을 알고자 하는 경솔한 호기심 때문에 야곱의 딸 디나는 강간을 당하고 모욕을 겪었다.

2) 시므온과 레위가 하나님이 제정하신 거룩한 예식인 할례를 이용하여 피의 보복을 행함: 하나님은 이를 기뻐하지 아니하셨다.

3) 하몰과의 전쟁: 시므온과 레위는 디나 사건이 생긴 것은 야곱이 벧엘로 올라가지 않고 세겜에 머물렀기 때문이라는 생각을 하지 못하였다.

30. "벧엘로 돌아온 야곱"(창 35-36장)

1) 벧엘로 올라가 단을 쌓음: 단을 쌓음은 회개와 감사와 헌신을 뜻한다. 하나님의 백성은 이방신을 버리고 자신을 정결하게 하고 먹고 입는 것조차 구별되어야 한다. 야곱이 벧엘로 올라가고자 했을 때 아무도 추격하는 자가 없었다. 하나님이 이를 기뻐하셔서 그 길을 보호하셨기 때문이다.

2) 리브가의 유모 드보라가 죽어 벧엘 상수리 밑에 장사함: 드보라는 가정을 사랑으로 감싸 화목하게 하는 중재자였다. 가족들 사이에 소금 역할을 했다. 하나님을 섬기는 믿음을 가지고 기쁜 마음으로 자기가 맡은 일을 수행하였다.

3) 베냐민의 출생과 라헬의 죽음: 야곱은 14년간 온갖 고생을 감수하며 라헬을 사랑하였다. 라헬은 마지막 낳은 아들을 "베노니"(슬픔의 아들)로 부르려 했으나 야곱은 "베냐민"(오른손의 아들)이라고 이름을 지었다. 아내를 잃은 슬픔과 아들을 낳은 기쁨이 상존했다.

31. "요셉이 형들에게 미움을 받음"(창 37장)

   1) 요셉은 특별한 선택과 은총을 받은 능력의 사람: 요셉은 아버지의 편애 때문에 형들의 미움을 받았다. 그러나 보복의 마음을 품지 않았다. 큰 시험이 있었지만 죄를 짓지 않았다.

   2) 요셉은 그리스도의 모형: 아버지의 사랑을 독차지했으나 형제에게 미움을 받았다. 낮고 낮은 곳에 갇혀 옥살이하다가 왕의 총리로 발탁되었다.

   3) 채색 옷을 입은 요셉: 야곱은 라헬을 가장 사랑하였고 그의 첫아들 요셉을 특별히 사랑했다. 채색 옷은 주인의 후계자, 상속권을 상징한다. 이러한 편애가 가정불화의 요인이 되었다.

   4) 형제들이 요셉을 죽이려 시도함: 요셉의 꿈(곡식 단, 해달별)이 이루어지나 보고자 그를 구덩이에 던졌다. 르우벤은 요셉을 구하려 시도하였다. 죽이지는 말자고 했다. 질투와 시기는 비방, 위선, 살인을 낳는다. 하나님은 이러한 가운데서도 의인을 보살피신다.

   5) 유다의 제안대로 은 20에 팔린 요셉: 요셉이 겪은 고난과 역경이 언약의 약속을 성취하고 한 시대를 살리는 자양분이 되었다.

32. "유다는 다말에게서 베레스와 세라를 낳음"(창 38장)

   1) 요셉이 애굽으로 팔린 후 유다에게 일어난 근친상간: 인간의 정욕은 하나님의 교회에 많은 상처를 주었다. 다말의 범죄는 유다가 하나님의 법을 따르지 않았기 때문에 기인한다.

   2) 유다는 다말에게서 베레스와 세라를 낳았다(마 1:3). 이는 예수 그리스도의 계보에 속한다.

   3) 다른 사람을 해하거나 소외시키면 반드시 부끄러운 일을 당한다.

33. "요셉의 첫 애굽 생활"(창 39장)

　1) 처량하고 고독한 요셉: 어머니가 일찍 세상을 떠났다. 형들이 죽이려 하다 이스마엘 사람들에게 팔았다. 자기의 부재로 상심하고 자기를 심히 그리워하는 아버지를 볼 수 없는 고아가 되었다.

　2) 하나님의 사람 요셉: 하나님이 경건하고 성실한 요셉과 함께 하셨다. 그의 주인은 이를 인정하고 요셉을 중용하였다. 어떤 환경에서도 하나님의 섭리가 있음을 깨닫고 그의 뜻에 순종해야 한다.

　3) 유혹을 물리친 요셉: 그는 죄의 값이 사망임을 알고 주인의 아내 범하기를 거절했다. 권세에 대한 유혹과 음란의 시험을 물리치고 일시적으로 음해를 당하였으나 끝내 승리했다. 이 점에서 요셉은 그리스도의 모형을 보여 준다.

34. "꿈을 해몽함"(창 40장)

　1) 세심한 하나님의 섭리: 요셉이 갇힌 옥에 두 고관이 있었던 것은 우연이라고 할 수 없다. 요셉은 옥에서도 신앙을 잃지 않았다.

　2) 꿈꾸는 자와 꿈을 해석하는 자: 요셉은 어릴 때 자기가 꾼 꿈을 말하여 형들의 미움을 받았다. 이제 옥에서 다른 사람의 꿈을 해석하여 이후 바로에게 발탁되는 계기를 삼았다. 하나님은 요셉에게 지혜와 계시의 영을 주셔서 꿈을 통한 분별력을 더하셨다.

35. "바로의 꿈과 요셉의 총리 됨"(창 41장)

1) 말씀대로 살다가 총리가 됨: 요셉은 해몽으로 인하여 애굽의 왕 바로 앞에 서게 되었다. 하나님의 때에 이 일이 일어났다. 술 맡은 관원이 2년 만에 이전의 일을 기억하게 되었다. 바로의 꿈을 하나님이 요셉에게 보이셨다. 요셉은 겸손했고 어떤 역경 속에서도 하나님을 의지했다.

2) 바로의 꿈을 해석하여 하나님이 일기(日氣)라도 주장하심을 드러냄: 애굽의 7년 흉년에 대한 하나님의 큰 섭리가 있었다.

3) 이스라엘 민족을 향한 하나님의 뜻: 야곱의 가족이 모두 애굽에 들어와 4백여 년간 머물게 하심으로 그 가운데 언약에 약속된 후손의 흥왕함을 이루고자 하셨다. 먼저 선민을 육성하신 후 출애굽을 통하여 그들을 가나안 땅에 들어가게 하려 하셨다. 구속사적으로 이는 유월절 어린 양의 피, 죄로부터 해방되어 하나님의 자녀가 되는 은혜를 의미한다.

36. "야곱이 애굽으로 아들들을 보냄"(창 42장)

1) 기근이 심해지자 요셉의 형 10명이 애굽으로 가 요셉에게 절함: 이로써 어릴 적 요셉의 꿈이 이루어졌다. 형들을 정탐꾼으로 몰아 3일 동안 투옥시킨 것은 그들에게 회개의 기회를 주기 위함이었다. "우리가 아우의 일로 말미암아 범죄하였도다"(21절).

2) 형들에게 가해진 양심의 심판: 죄를 지으면 양심이 강한 위력자로 군림한다. 시기와 질투와 비정상적인 아집은 형제라도 갈라서게 하는 무서운 결과를 낳는다. 지난날의 죄와 허물을 그냥 안고 살면 안 된다. 삭개오와 같이 정리해야 한다.

3) 하나님의 뜻을 좇은 회개는 달콤한 열매를 맺는다.

37. "베냐민과 함께 애굽에 도착함"(창 43장)

   1) 유다가 야곱을 설득하여 베냐민과 동행함: 유다는 이전에 형들이 요셉을 죽이고자 할 때 이를 만류하였다. 야곱은 유향, 꿀, 향품, 몰약 등의 예물을 보냈다. 자식을 편애하여 하나님의 큰 뜻을 그르치는 것은 마땅치 않다.

   2) 두려워하는 11형제: 요셉의 형들은 총리 집으로 인도될 때 형벌을 받을 것이라 생각하고 두려워하였다. 죄가 있는 곳에 저주가 있다. 하나님을 멀리하는 것 자체가 저주이다. 죄를 지으면 스스로 하나님의 면전을 떠나 나무 뒤로 숨게 된다. 요셉의 형들은 요셉을 판 죄로 일생 양심의 가책과 하나님의 심판에 대한 두려움이 있었다.

   3) 요셉의 인격: 공무 때문에 불가하였지만 아버지와 동생을 모시고 싶은 마음이 있었다. 형들의 효행을 시험하고 마침내 자기의 정체를 드러내었다. 사건 처리를 감정으로 하지 않고 객관적 증거와 정황에 따라서 하였다. 베냐민을 볼모로 삼을 때 자기를 버리고서라도 아우를 지키고자 한 유다의 태도를 보고 울어 버렸다.

38. "요셉이 시험하는 형들의 인품"(창 44장)

   1) 형들의 진실성을 알아보기 위해 시험함: 은잔을 베냐민 자루에 넣고 그것을 도적질한 것처럼 꾸며 형들을 꾸짖었다. 유다가 사연을 솔직히 직고하였다.

   2) 무죄한 가운데 당하는 시련: 요셉이 일찍이 형들에게 이러한 고난을 당하였다. 귀한 은잔이 오히려 시험꺼리가 되었다. 죄 없이 당하는 난간(難艱)은 선한 마음을 단련시키는 훈련이다.

어려움을 겪을 때는 먼저 자기 자신을 돌아보는 반성과 회개가 필요하다. 작은 슬픔에서 하나님의 뜻을 읽어 내면 더 큰 어려움에서 선과 의를 행할 수 있다.

3) 형들을 시험한 이유: 그들이 과거의 잘못을 깨닫게 할 뿐만 아니라 궁극적으로 자기가 어릴 적 꾸었던 꿈이 이루어졌음을 드러내기 위함이었다.

4) 유다의 위대한 인품과 신앙: 유다는 진정한 회개를 하여 자기 아버지와 결백한 동생 베냐민을 구하고 자기는 종으로 살기로 결심했다. 베냐민을 22회나 언급하며 자기보다 그 동생이 아버지께 더 귀하다고 했다. 베냐민이 떠나면 아버지가 돌아가실 거라 말했다. 요셉을 주라 부르며 동생을 구하고자 했다.

39. "죽기 전에 가서 보리라"(창 45-46장)

1) 목을 안고 우는 요셉과 그 형제들: 요셉은 자기 신원을 밝힌 후 방성대곡하였다. 이는 감사와 화목의 눈물이었다.

2) 하나님의 섭리: "당신들이 나를 이 곳에 팔았다고 해서 근심하지 마소서 한탄하지 마소서 하나님이 생명을 구원하시려고 나를 당신들보다 먼저 보내셨나이다"(창 45:5).

3) 아버지 야곱과 전 가족이 애굽으로 이사할 것을 권함: 바로 왕이 요셉의 부친 야곱을 초청하였다. 이로써 출애굽과 가나안 땅 입성이라는 대장정의 단초가 놓였다.

40. "고센 땅에 정착함"(창 47장)

1) 요셉이 자기 부친을 바로에게 모시고 감: 먼저 요셉이 보고를 하고 형들 중 5인을 바로 앞에 서게 하였다. 고센 땅은 하나님

이 마련하신 도피처와 같았다. 이곳에서부터 생육하고 번성하여 뭇별과 바다의 모래와 같은 언약 백성을 이루게 하셨다.

2) 바로 왕: 최강국의 왕으로, 출신과 과거에 상관하지 않고 등용했다. 바로는 후덕했으며 대인 관계에 있어서도 탁월함을 보였다.

3) 험악한 세월을 보낸 야곱: 바로 앞에 선 야곱은 당시 130세였다. 삶의 질곡과 역경이 험난해도 하나님의 은혜 또한 그 모든 것을 덮을 만큼 크고도 높다. 어떤 경우에도 하나님의 면전을 떠나지 않는 삶을 살아야 한다. 야곱은 17년을 애굽에서 보내고 죽었다. 유언으로 자기 뼈를 막벨라 굴에 안장하도록 부탁했다.

41. "야곱이 에브라임과 므낫세를 축복함"(창 48장)

1) 노후에 병든 야곱이 요셉의 두 아들을 축복: 마치 르우벤과 시므온 대신 에브라임과 므낫세를 양자로 삼는 것과 같았다. 이는 앞으로 들어가게 될 가나안 땅의 기업을 바라보게 한다. 요셉에게는 다른 지파보다 배나 복되게 하셨다.

2) 오른손을 에브라임 머리에: 장자의 복은 하나님이 자기의 기뻐하신 뜻 가운데 내리시는 것이다. 이는 단지 혈통이나 자질이나 열심히 되는 것이 아니다.

42. "야곱의 자손에 대한 예언"(창 49장)

1) 르우벤은 아버지의 침상을 더럽혔기 때문에 장자권을 유다와 요셉에게 넘겨주었다. 디나 강간 사건 후 세겜에서 행한 잔인한 살육 사건 때문에 시므온은 유다 지파에 복속되었고 레위 지파

는 모든 지파 땅에 흩어져 살게 되었다.

2) 유다는 왕족이 된다. 그 자손 가운데 메시야가 오셔서 하나님의 백성을 구원하시고 만국에 평화를 주신다.

3) 스불론은 갈릴리 바다와 지중해 사이의 땅을 받고, 단은 길의 뱀과 같이 잔인하며, 갓은 용맹하며, 아셀은 농사로 풍성하며, 납달리는 암사슴과 같이 날렵하여 전쟁에 능하며, 요셉은 샘가에 무성한 가지와 같이 흥한다.

43. "야곱의 장례"(창 50장)

1) 야곱의 장례: 시신을 40일 동안 향으로 처리하고 온 나라가 70일 동안 슬퍼하였다. 일인지하 만인지상(一人之下 萬人之上)의 자리에 있었던 요셉의 아버지에 걸맞은 대우였다.

2) 요셉 형들의 초라한 모습: 아버지가 돌아가시니 형제들은 요셉이 미워하고 보복하지 않을까 염려하여 요셉 앞에 엎드려 "우리는 당신의 종들이니다"라고 하였다(18절). 또 한 번 요셉의 어릴 적 꿈이 이루어졌음을 환기시킨다.

3) 하나님의 뜻을 살피는 요셉의 겸손함: "두려워하지 마소서 내가 하나님을 대신하리이까 당신들은 나를 해하려 하였으나 하나님은 그것을 선으로 바꾸사 오늘과 같이 많은 백성의 생명을 구원하게 하시려 하셨나니 당신들은 두려워하지 마소서 내가 당신들과 당신들의 자녀를 기르리이다"(19-21절).

주일 낮 마가복음 강해

서기행 목사는 성경 전체를 본문으로 삼아 순서대로 강해하는 방식의 설교를 주로 수요일이나 주일 밤 혹은 오후에 하였다. 그러나 2001년 3월 11일에 시작하여 2004년 4월 18일에 이르기까지 112회에 걸쳐서 선포한 마가복음 설교는 주일 낮 예배에 있었다. 십계명이나 주기도문 등을 주제로 삼아 주일 낮 예배에 연속으로 한 적은 있지만 이런 경우는 전 목회여정 가운데 유일하였다. 마가복음은 그 서술이 가장 간결하고 긴박하면서도 핵심적인 복음의 진리를 여과 없이 가르치고 선포하고 있다.

마가복음에 대한 강해가 새로운 천년을 맞이한 이듬해 봄부터 시작되어 총회장의 직무를 수행하던 해 봄까지 계속되었다는 점과 그 시점이 목회의 막바지 여정에 해당한다는 점이 주목된다. 그동안에 비해서 이번 설교에는 주석과 신학서와 예화집으로부터의 인용이 상대적으로 적게 나오는 반면 성경 자체로부터의 인용이 많고 그동안 목회하면서 겪었던 일과 개인의 신앙역정에 대한 반추와 감사 그리고 참 교회가 나아가야 할 마땅한 길에 대한 심중의 피력이 더욱 빈번해졌다. 마가복음에 대한 일련의 설교는 서기행 목사에게 마치 백조의 노래(swan song)와 같다고 할 것이다. 마지막 때 가장 목청을 청아하게 돋우어 내뿜는 피의 소리 말이다. 본 설교를 모두 정리하는 것은 분량에 있어 무리가 따른다. 그러므로 매 설교에 있어서 그 내용과 형식 등에 있어서 가장 특징적인 부분만 아래에 소개하도록 한다.

1. "그리스도 복음의 시작"(막 1:1-3)

    1) 마가복음은 간결하고 역동적이며 긴장감이 넘치는 복음서로서 그 성격과 목적이 저자 마가의 신분과 생애와 밀접하게 관련된다.

2) 본 설교에서 여러 주석을 참조하여 말씀의 신학적 의미를 조목별로 이해하기 쉽게 정리하고자 한다.

3) 복음은 구약 예언의 성취로서 참 하나님이시자 참 사람이신 예수 그리스도가 유일하신 중보자로서 창세 전에 택함을 받은 하나님의 자녀들을 위하여 대속의 의를 다 이루심과 그 의를 값없이 그들의 것으로 삼아 주시는 오직 은혜, 전적 은혜의 복된 소식이다.

4) "예수 그리스도의 복음" 외에 다른 복음이 없다. 복음은 그 무엇으로도 가감할 수 없으며 대체할 수 없는 하나님의 일이다.

2. "회개의 세례"(막 1:4-8)

1) 죄 사함을 받은 회개의 세례란 사람이 하나님의 뜻대로 살지 않은 것을 하나님의 뜻대로 돌이켜 새 사람이 되는 것을 말한다.

2) 광야에서든 어디에서든 세례 요한처럼, 주를 위해 먹고, 주를 위해 일하는 성도가 되어야 한다.

3. "세례 요한의 증거"(막 1:7-8)

1) 세례 요한은 유대에 살고 있는 다양한 부류의 사람들을 하나님의 말씀으로 일깨웠다.

2) 세례 요한이 선포한 말씀의 핵심은 예수 그리스도가 사람의 아들로 오신 하나님의 아들로서 사죄와 구원의 능력과 은혜가 풍성하신 메시야이시라는 사실에 있다.

3) 세례 요한이 베푼 물세례는 성령세례를 외적으로 예비하는 것이었다. 불과 바람과 같이 임하시는 성령의 세례는 내적이고 본질적이며 영혼의 정결과 중생하는 사죄의 은총이 따른다.

4. "세례를 받으신 예수님"(막 1:9-11)

   1) 예수님은 죄가 없으시므로 세례가 필요 없으시다. 그러나 우리의 죄를 짊어지시고 세례를 받으셨다.
   2) 주님의 세례는 구약에서 약속된 메시야 곧 그리스도가 이 땅에 오심으로 신약 시대가 도래했다는 것을 공식적으로 선포한다.
   3) "너는 내 사랑하는 아들이라 내가 너를 기뻐하노라." 이는 아들의 공생애가 시작됨을 알리는 아버지의 신호이다. 이로써 아들을 보내셔서 이루시고자 하신 하나님의 큰 일이 비로소 공적으로 착수되었다.

5. "예수님의 광야 40일"(막 1:12-13)

   1) 광야 40일의 시험은 구약 이스라엘 백성의 40년 광야생활을 떠올리게 한다. 그것은 이 땅의 나그네 삶의 전체 역정을 지시한다.
   2) 하나님의 아들이 시험을 받으심으로써 이 땅의 권세를 잡은 사탄과 거룩한 전쟁을 시작하셨다. 이 전쟁을 위해서 성령이 그 아들을 이끄셨다. 끝내 그 아들이 승리하자 천사들이 수종을 들게 되었다.
   3) 사람이 살아가는 가치는 입으로 먹는 것이나 이 세상에서 누리는 권세나 명예에 있지 않고 하나님의 말씀에 대한 순종에 있다. 이 땅의 삶은 하늘나라에 거둬들일 알곡을 준비하기 위하여 각자에게 부여된 것이다.

6. "회개하고 복음을 믿으라"(막 1:13-15)

   1) 사탄은 인간적 편의를 미끼로 하나님의 이름과 능력을 도용하

였다. 마귀에게 절하라는 말은 하나님을 부인하고 떠나라는 말이다.

2) 광야 40일의 시험은 예수님의 공생애 3년을 압축해 놓은 것이다. 주님은 3년 동안 제사장, 서기관, 율법사, 바리새인, 사두개인 등 유대교 지도자들로부터 온갖 음해와 핍박을 당하셨다. 사람들은 주님에게 먹기와 마시기를 탐하는 자, 귀신들린 자, 여호와를 참칭하는 자라는 오명을 마음대로 갖다 붙였다.

3) 주님의 공생애는 대부분 갈릴리 지방에서 이루어졌다. 복음은 어떤 여건이나 형편을 논하기에 앞서 소외된 채 죽어 가는 한 생명을 구원하는 일에 무조건적인 관심을 갖는다. 성전의 도시 예루살렘을 대속의 의를 다 이루시기 위한 종착지로 삼았지만 그 이전에 종교적으로 소외된 갈릴리 방방곡곡을 두루 다니시면서 말씀을 전하고 가르치시고 각종의 질병을 고치셨다. 그리하여 그가 오신 것이 정치적 통치가 아니라 영적 통치에 있음을 분명히 하셨다.

7. "나를 따라 오너라"(막 1:16-20)

1) 예수님을 만나 은혜를 받게 되자 제자들은 죄를 회개하고 겸손해졌으며 하나님의 사명을 감당하였다.

2) 주님은 하나님의 일꾼들을 주도적으로 선택하셨다. 그들의 출신이나 배경이 중요치 않았다. 주님의 명령 그 자체가 절대적인 소환이었다.

3) 주님을 따르는 자는 세상일과 집안일보다 하나님의 일을 우선시하고 그 거룩한 일에 모든 정성을 쏟고 목숨을 건다. 참된 제자도가 여기에 있다.

8. "안식일에 회당에서 하신 일"(막 1:21-28)

   1) 부름을 받아 예수님을 따르는 자들에게는 세상의 벗도 없고, 이름도 없고, 칭찬도 없고, 선망도 없다. 오직 주님의 말씀에 귀 기울이고, 주님의 이적에 주목하며, 주님의 걸음을 뒤따른다.

   2) 회당은 하나님의 말씀을 통하여서 신앙의 증거를 얻는 곳이다. 안식일은 신자와 불신자들이 구별되는 날이다.

   3) 바리새인들과 서기관들과는 달리 예수님의 말에는 행함과 능력이 필히 따르기 때문에 권위가 있다. 하나님은 뜻하시면 이루신다. 이 땅에 오신 하나님의 아들은 은혜와 진리가 충만하신 분이시다. 진리는 말씀과 계시와 뜻과 명령을, 은혜는 행함과 성취와 역사와 다 이루신 의의 전가를 의미한다.

9. "귀신들린 자를 고치심"(막 1:23-28)

   1) 죄는 사탄이 에덴 동산에서 사람을 통하여 심은 것이다.

   2) 오늘날 귀신들린 자들이 누구인가?

      돈독이 들고 음욕, 도벽, 정치벽에 빠져 있는 사람들이 그들 아닌가? 주님은 이들을 향하여 복음의 치유를 선포하셨다.

   3) 사탄은 온갖 정욕으로 신자의 집에 들어와 뱀과 같이 더러운 똬리를 튼다. 그리하여 하나님과 그의 행사를 배척하고 성령을 속이며 세상 욕심에 사로잡혀 서로 다투고 돈을 사랑하며 죄의 종이 되게 한다.

10. "시몬의 장모를 고치다"(막 1:29-31)

    1) 예수님은 결혼한 베드로를 사도로 택하셨다. 결혼은 창조의 질서에 속하는 것으로서 하나님은 이를 축복하신다. 결혼으로

가정을 이루는 것이 성직을 수행함에 장애가 되지 않는다.

2) 주의 일을 맡은 가운데서도 베드로는 장모에게 효심을 보였다. 하나님의 일을 헌신할 때 가족과 이웃을 경원시해서는 안 되며 그들을 더욱 사랑하고 주님의 이름으로 그들에게 베푸는 데 힘써야 한다.

3) 주님을 따르는 제자들에게 가로놓인 장애물들은 주님이 친히 제거하신다.

11. "많은 병자들을 고쳐 주심"(막 1:32-34)

1) 질병은 죄의 열매이고 현상이다. 질병은 끝내 죽음에 이르는 인간의 고통이다.

2) 사람은 각종 질병으로부터 자유로울 수 없다. 그러나 주님은 모든 질병을 치료하신다. 그 치료는 어떤 조건도 묻지 않는 무한한 자비에서 비롯된다.

3) 주님은 썩어 고름이 고이고 코를 찌르는 고약한 냄새가 나는 질병도 피하지 않고 고쳐 주신다. 주님은 질병을 나무라기 위해서 오신 것이 아니었다. 부정한 병이라고 여겨지던 혈루병과 나병과 정신병도 다 낫게 하셨다.

12-1. "전도하러 왔노라"(막 1:35-39)

1) 주님이 이 땅에 오신 것은 단지 병을 낫게 하거나 떡과 생선을 공급하시기 위함이 아니셨다.

2) 회개하고 천국에 들어가려면 주님의 음성을 들어야 한다. 하나님의 말씀을 들음이 없이 영생을 얻을 수 없다.

3) 기도는 하나님의 말씀을 듣고 하나님의 뜻을 분별하여 간구하

는 것이다. 주님은 하나님의 일을 이루시기 위하여 새벽과 밤에 습관적으로 기도하셨다. 그 습관을 좇아 잡히시던 밤에 겟세마네에서 기도하셨다.

12-2. "문둥병자를 고치신 예수님"(막 1:40-45)
 1) 문둥병자는 예배하는 마음으로 주님을 찾아왔다. 두려움과 떨림 가운데 최고의 경의와 경배를 표하였다. 주님이 하나님의 아들이시자 메시야이신 것을 믿었기 때문이다.
 2) 모든 것을 정하시고 이루시는 분은 주님이시나 사람의 간절한 기도와 겸손한 헌신을 찾으신다.
 3) 주님은 손을 내밀어 고름이 나고 온갖 썩은 냄새가 나는 문둥병자에게 갖다 대셨다. 이러한 신체적 접촉을 통하여 죽은 것을 살리고 옛 것을 새 것으로 바꾸는 창조적 권능을 드러내셨다. 목회 가운데 시신을 닦고 수의를 입히고 입관하는 일이 잦았다. 참으로 쉽지 않은 일이지만 이보다 유족에게 더 위로가 되는 일이 없다.

13. "고침 받은 문둥병자"(막 1:42-45)
 1) 예수님은 군중의 환성을 받으려고 문둥병자를 고치신 것이 아니었다. 그것은 오직 아버지의 뜻을 이루시기 위함이었다. 사람들은 기적을 행하시는 주님의 능력을 세속적으로 바라보았다. 그리하여 그를 세상의 왕으로 세우고자 하였다.
 2) 문둥병자를 고치신 후 제사장에게 보이라고 하신 것은 그 고침이 진실하고 완전함을 보이고자 하셨기 때문이다.
 3) 전적인 은혜로 회개하고 주님을 믿어 구원 받은 성도는 우슬초

로 일곱 번 뿌린 거룩한 제물과 같이 정결해진 몸으로 하나님께 헌신과 봉사를 다하여야 한다.

4) 무조건적인 은혜로 하나님의 사랑을 받은 사람은 모두 그 사랑을 전할 수밖에 없다. 전도는 모든 성도의 사명이다.

14. "가버나움의 중풍병자"(막 2:1-5)

1) 죄를 사하는 권세가 이 땅에 오신 하나님의 아들 구주 예수 그리스도께 있다. 여기에 복음의 근본, 기초, 뿌리가 있다.

2) 주님께 내어놓지 못할 문제가 없다. 개인의 문제, 가정의 문제, 국가의 문제 등, 내가 할 수 없다고 여기는 일일수록 더욱 전적으로 맡겨야 한다. 자기부인이 없는 기도는 아직 푸념이지 기도가 아니다.

3) 중풍병자를 네 사람이 매고 가서 지붕을 뚫고 달아 내렸다. 주님만이 이 병을 낫게 하실 수 있다는 의심 없는 믿음, 벗을 살려내고자 하는 진실한 사랑, 주님은 간절히 구하는 자의 기도를 들으시고 그 소원을 이루어 주신다는 확신이 친구들에게 있었다. 이것이 죽으면 죽으리라는 에스더의 마음이었다. 주님도 겟세마네에서 이 마음으로 기도하셨다.

15. "네 죄 사함을 받았느니라"(막 2:5-12)

1) 오직 믿음으로 죄 사함을 받는다. 육신은 일시적인 병이 걸려 고침을 받아도 결국 후패해 가지만 영혼의 구원은 영원하다. 이 소식이 더욱 복되다. 믿음은 성도에게 주신 하나님의 영적 지분이다. 자질과 땀도 주요하지만 믿음이야말로 하나님께 통하는 보증수표이다.

2) 하나님만을 경외하는 믿음이라야 참되다. 성령으로 거듭난 자는 다른 신을 섬기지 않고 하나님만 바라본다. 그의 양식은 하나님의 말씀이요 그의 길은 복음이다. 문선명과 박태선과 같은 이단은 그리스도의 적이며 교회의 적이다.

3) 우리에게 영생을 주시는 하나님의 사랑은 오직 그의 아들 그리스도 예수를 믿는 자에게만 베풀어진다.

16. "레위를 부르심"(막 2:13-17)

1) 주님은 3년 동안 쉬지 않고 산, 회당, 집, 광야, 바닷가에서 가르치셨다. 그 진리가 복음이었다. 온 인류를 구원하는 생명의 말씀이요 교훈이었다.

2) 유대인들은 산중에는 사자가 있어 무섭고 거리에는 잔인한 세리가 있어 무섭다고 했다. 그러한 세리 레위를 주님이 부르셨다. 그것은 호렙산에서 불이 붙었으나 타지 않는 떨기나무 가운데서 모세가 만난 주님, 다메섹 도상에서 사도 바울이 만난 주님의 음성이었다.

3) 레위는 주님의 자비와 은총과 선택에 감격하여 잔치를 베풀었다. 마치 오늘날 우리가 교회에서 임직을 할 때 하나님께 예배를 드리며 감사하는 것과 같다.

17. "금식과 새 부대"(막 2:18-22)

1) 간혹 세상 사람들은 악의를 가지고 하나님의 말씀을 빙자하여 질문을 한다. 그리하여 천국복음이 확산되는 것을 막으려고 한다.

2) 금식은 형식주의의 산물이 아니다. 금식을 하는 것으로 구원에 이를 수는 없으나 금식이 그릇된 것은 아니다.

3) 새 포도주는 새 부대에 넣어야 한다. 신약 시대의 복음은 새로운 시대의 경륜에 맞추어 주신 것이다. 그러므로 낡은 생베 조각과 같은 장로의 유전, 바리새인과 서기관의 외식, 율법주의는 버려야 한다.

18. "주는 안식일의 주인"(막 2:23-28)

1) 하나님이 만물을 지으신 후 마지막으로 인류를 창조하신 것은 모든 것이 사람을 위하여 봉사하게 하려 하셨기 때문이다. 안식은 사람이 하나님의 품에 안겨서 만물을 누리는 것을 뜻한다.

2) 안식일은 하나님이 사람을 축복하시는 날이다. 안식일은 사람을 위하여 하나님이 제정하신 날로서 창조의 원리를 좇아 하나님의 뜻대로 쉬는 날이다. 안식일의 쉼은 그저 먹고 노는 것이 아니라 하나님이 자기 속에서 마음대로 일하시도록 자기 자신을 쉬게 하는 것이다. 그러므로 안식일에는 전적으로 하나님께 예배드리고 말씀을 읽고 기도하며 전도하고 구제하는 하나님의 일을 해야 한다.

3) 안식일의 주인은 주님이시다. 주님의 부활에 참여하여 다시 살아난 우리가 그 안에서 진정한 쉼을 누리는 날이기 때문이다. 그리하여 이제 우리는 주님의 부활의 날을 안식일로 지낸다. 곧 주일이 성취된 안식일이다.

19. "완악한 무리 앞에서 복음 증거"(막 3:1-6)

1) 바리새인들은 흠을 잡으려고 주님이 안식일에 사람을 고치는가 엿보았다. 자신의 죄를 보지 못하니 하나님의 일을 하는 자의 단점을 찾기에 분주하다. 남을 판단하는 자는 결국 자기를 판단

하는 것이니 은혜에 속하지 못한다.

2) 안식일에는 거룩한 일을 행해야 한다. 하나님께 예배드리는 것이 가장 중요한 일이다. 안식일에 말씀을 읽고 묵상하며 기도하는 것 역시 힘써야 할 일이다. 그리고 말씀을 다른 사람에게 가르치는 것도 귀한 일이다.

3) 안식일은 생명을 살리는 주의 날이니 전도하거나 심방하거나 구제하는 일을 게을리 해서는 안 된다.

20. "큰일을 듣고 나아옴"(막 3:11-12)

1) 인간의 죄악상이 극에 달한 모습이 하나님의 복음을 대적하고 은혜를 거부하는 것으로 나타난다.

2) 주님은 인종과 지역과 민족을 불문하고 모으신다. 이두매와 요단강 건너편 모압과 암몬의 조상의 땅 그리고 이방인의 도시인 두로와 시돈 사람들도 있었다.

3) 주님은 대속의 큰일을 감당하셨다. 주님이 행하신 최고의 이적과 기사는 사람을 살려 영원히 살게 하시는 것이었다. 복음의 능력과 권세에 살아 있는 운동력이 있어 영생의 열매가 따랐다.

21. "열두 사도를 세우심"(막 3:13-19)

1) 하나님은 스스로 일하시되 아들을 이 땅에 보내시고 아들과 함께 제자들을 세우셔서 일하신다.

2) 열두 사도는 신분, 연령, 학식, 빈부를 막론하고 주님의 택함을 받았다. 그중에는 기혼자도 있었으며 미혼자도 있었다. 부르심에는 부르시는 분의 뜻만이 있을 뿐 부르심을 받은 자의 어떤 자격도 자질도 전제되지 않는다.

3) 베드로 사도는 사도 중의 사도였다. 통상 구약의 일꾼으로 모세를, 신약의 일꾼으로 사도 바울을 제일 먼저 손꼽지만, 이 둘을 연결시켜 주는 사도로서 베드로를 차치해서는 안 된다.

22. "제자들의 할 일들"(막 3:14-16)

   1) 제자들은 주님과 함께 전도하였다. 곳곳에 다니며 천국복음을 전하였다. 제자도의 본질이 여기에 있다.
   2) 또한 제자들은 귀신을 쫓아내는 권능을 지녔다. 어둠은 빛을 이길 수 없다. 복음의 빛이 임하면 어둠은 대적은커녕 흔적조차 없이 사라지고 만다.
   3) 주님은 시몬에게 베드로라는 이름을 더하셨다. 반석과 같이 흔들림 없이 하나님의 일을 섬기라는 뜻에서였다.

23. "제자들의 모습들"(막 3:17-19)

   1) 제자들은 어떤 신분이나 자질을 척도로 삼아 선발된 것이 아니었다.
   2) 주님을 만나면 자기 자신이 하나님의 자녀로서 거듭날 뿐만 아니라 이 땅의 삶 가운데 하나님의 일을 맡게 된다.

24. "예수님의 제자들"(막 3:18-19)

   1) 열두 제자는 가룟 유다를 제외하고는 모두 복음전도를 위하여 순교하였다.
   2) 주님의 제자들은 주님의 말씀을 맡았다. 그들은 주님의 증인으로서 자기 자신을 드렸다.
   3) 가룟 유다는 주님을 팔았다. 주님의 증인이 되지 못하고 주님

을 매매하였다. 복음의 심부름꾼이 아니라 복음을 이용하여 자기 배를 불리고자 했다.

25. "예수님을 비난함"(막 3:20-30)
   1) 사람들은 주님이 더러운 귀신에 들렸다고 하였다. 이로써 성령의 역사로 말미암은 마음 깊은 곳의 감화를 거부하였다.
   2) 바리새인들과 서기관들은 율법을 외고 의식을 행하는 것에는 앞섰으나 유대주의 단일신론에 빠져 삼위일체 하나님을 부인하고 예수님을 하나님의 아들로 믿지 않았다.
   3) 성령을 모독하는 자는 영원히 사함을 받지 못한다. 그들은 하나님의 말씀에 대적하고 회개를 거부하며 무조건 은혜로 베풀어지는 대속을 받아들이지 않기 때문이다.

26. "예수님의 참 가족"(막 3:31-35)
   1) "누가 내 모친이며 동생이냐?" 이는 육신의 가족을 멸시하라는 것이 아니라 주님이 이 땅에 오신 목적이 하나님의 백성을 구원하심으로 그 나라를 이루심에 있음을 나타낸다.
   2) 그리스도의 영을 받아 그리스도인이 된 성도는 그와 함께 자녀이자 상속자 된 자로서 그와 함께 영광을 받기 위하여 고난도 함께 받는다. 아들과 함께 아버지의 뜻한 순종하는, 하나님 중심의 삶을 사는 자만이 주님과 한 가족이 된다.

27. "언약의 씨"(막 4:1-9)
   1) 오직 아브라함의 언약을 좇아 이삭에게서 난 자라야 하나님의 씨이다. 유일하신 중보자 그리스도가 그 씨로 이 땅에 오셨다.

2) 씨를 뿌려 열매를 맺는다 함은 하나님의 백성이 복음을 듣고 받아들여 새 생명으로 거듭남을 뜻한다.

3) 씨를 뿌림과 자라게 함과 거둠이 모두 하나님의 전적인 뜻에 따른 은혜로 말미암는다.

28. "씨 뿌리는 비유"(막 4:5-9)

1) 씨를 뿌리는 것은 새로운 생명을 얻는 일이다.

2) 우리에게 떨어져 영생의 열매를 맺는 유일한 씨는 그리스도이시다(갈 3:16).

3) 오직 옥토에 떨어진 씨만이 열매를 맺는다. 길 가의 떨어진 씨, 돌밭에 떨어진 씨, 가시떨기에 떨어진 씨는 모두 새로운 생명을 맺지 못하고 소멸하고 만다.

4) 신앙의 뿌리는 돈도, 명예도, 권세도 아니다. 심중에 깊이 여호와의 말씀을 받아들이고 이 땅에 오신 주님을 유일하신 구세주로 믿고 영접하는 자만이 옥토에 떨어진 씨와 같이 풍성한 열매를 맺는다.

29. "좋은 땅에 떨어진 씨앗"(막 4:10-20)

1) 아무리 씨앗이 견실해도 "좋은 땅"이 아니면 풍성한 결실을 볼 수가 없다.

2) 말씀을 듣고 그냥 지나치는 것이 아니라 그것을 "아멘"하며 심중에 받아들인 자만이 구원에 이른다. 말씀이 길 가에 떨어지면 사탄이 날름 그것을 삼켜버리고, 돌밭에 떨어지면 잠시 한 곳에 머무는 듯해도 거친 저항을 받아 뿌리가 내리기도 전에 시들고 말며, 가시덤불에 떨어지면 잔뿌리를 내리기는 하지만 유혹이나

욕심에 숨이 막혀 질식하고 만다.

3) "좋은 땅"은 말씀이 떨어져 잘 썩어 30배, 60배, 100배의 결실을 본다. 말씀에 따라 구원의 은혜에 감사하고, 말씀에 찔려 회개하며, 말씀대로 사는 것을 즐거워하는 성도의 심성이 이러한 옥토이다.

30. "등불과 헤아림"(막 4:21-25)

1) 등불은 평상 아래에 두지 않고 등경 위에 두어 널리 마을을 비추게 한다.

2) 모든 것은 끝내 드러나게 마련이다. 좋은 것으로 심어 좋은 것을 맺고 나쁜 것으로 심어 나쁜 것을 맺는다. 스스로 옳다고 헤아린다고 해서 옳은 것이 아니다. 하나님이 심은 것만이 옳은 것이다.

3) 하나님은 작은 것으로 선한 열매를 맺는 자에게 더 큰 열매를 맺게 하신다. 이는 자라게 하시는 분도 하나님이시기 때문이다.

31. "추수 때까지의 과정"(막 4:26-29)

1) 하나님의 일은 하나님이 친히 하신다. 다만 사람을 일꾼과 종으로 세워 그리하신다.

2) 영적으로 성장하여 아름답고 귀하게 쓰일 그릇을 하나님이 친히 만드신다. 그릇의 재질과 용도를 결정하시는 분은 하나님이시다.

3) 환난과 핍박 속에서 교회와 그 자체를 구성하는 각각의 성도는 더욱 잘 자란다. 고난이 많을수록 오히려 순수하고 복음적이고 신본주의적인 교회가 많이 나타남을 기독교 역사는 증언한다.

어두움이 짙을수록 빛이 가까운 법이다. 죄가 클수록 회개의 열매도 크다.

32. "겨자씨 비유"(막 4:30-34)

1) 그리스도의 복음은 그 시작은 육안으로는 식별조차 어려운 겨자씨와 같이 미약하나 나중은 창대한 열매를 맺는다.

2) 하나님은 한 알의 씨가 떨어져 죽고 썩으면 단지 한 알을 맺게 하지 않으시고 무수한 번성에 이르게 하신다.

3) 1901년에 "조선예수교장로회신학교"(일명 '평양신학교')로 설립된 총신대학교 신학원은 처음에는 7명의 졸업생을 배출했지만 100년이 지난 오늘날은 매년 600명이 넘는 목회후보생을 졸업시킨다. 기독교의 부흥은 일반 셈법으로는 미칠 수 없을 만큼 기적적으로 일어난다.

33. "바람과 바다를 꾸짖으심"(막 4:35-41)

1) 살아가면서 광풍과 큰 물결이 치는 날이 많다. 물이 치고 들어와 배에 가득해 좌우로 요동칠 때도 있다.

2) 하나님의 섭리는 미치지 않는 곳이 없다. 칼빈이 말하듯이, 하나님의 섭리는 눈에만 있지 않고 손에도 있다.

3) 주님은 언제나 우리와 함께 계신다. 임마누엘 하나님이시다. 그러므로 어떤 일로 힘들거나 지치더라도 낙망하지 말고 주님을 찾도록 하자.

4) 풍랑은 주님이 꾸짖기 전에는 잠잠해지지 않는다. 주님의 명령에 사나운 물결조차 순종한다.

34. "거라사인의 지방에서 된 일"(막 5:1-20)

   1) 주님은 고칠 자가 있는 곳이면 어디든 가신다. 주님은 환자를 기다리지 않고 찾아가는 의사이시다.

   2) 주님이 고치지 못할 병이 없다. 수고와 질병과 죽음이 죄로 말미암는다. 주님은 죄를 사하시려고 이 땅에 오셨다.

   3) 자기 자신을 주셔서 우리를 자녀 삼으시는 주님이 우리를 위하여 모든 것을 더하여 주신다(롬 8:32).

35. "귀신들린 자를 고쳐 주심"(막 5:10-20)

   1) 인생의 무덤은 쾌락을 가장하니, 마약이요 음주요 음란이요 강도요 살인이다. 죄의 종은 마치 덫에 걸린 새와 같이 스스로 그곳으로부터 벗어날 수 없다.

   2) 하나를 얻으려면 다른 하나를 버려야 하는 것이 인생의 한계이다. 답답함과 불안함을 떨쳐버리려고 음주와 가무에 의존한다. 스트레스를 해소한다고 하면서 폭력적인 것, 선정적인 것, 고함지르는 것 등에 메이게 되니 오히려 스트레스가 배가된다.

   3) 거라사인들은 생계를 유지하기 위해서 하나님의 아들이 그들이 사는 곳에서 복음을 전하는 것을 거부했다. 그러나 귀신들렸던 사람은 구원을 얻어 그 도를 널리 전파하였다. 이에 사람들이 심히 놀랐다.

36. "많이 간구하는 회당장"(막 5:21-24)

   1) 회당장 야이로는 딸이 걸린 죽을 병을 고칠 수 있는 의원은 주님밖에 없음을 알고 있었다.

   2) 야이로는 예수를 보고 발 아래에 엎드리어 간절하게 구하였다.

기도는 본질상 간절함이 있어야 한다. 기도는 단지 하나님의 능력이나 뜻을 시험하는 것이 아니라 하나님께 맡기고 의지하는 것이다.

3) 야이로는 주님의 능력의 손, 권능의 손, 이적의 손을 얹기만 하면 능히 자기 딸이 구원을 얻으리라는 것을 확신했다.

37. "열두 해 혈루증을 앓은 여자"(막 5:25-34)

1) 열두 해 동안 혈루증을 앓아 온 여자는 치료를 위하여 가진 것을 다 허비하고 많은 의사에게 괴로움을 받았다. 그럼에도 불구하고 병은 점점 위중해지고 있었다. 이러한 한계 상황 가운데 주님을 찾았다.

2) 복음을 듣고 믿음이 생기면 행동으로 실행해야 한다. 모든 일을 주님께 맡겨야 한다. 무조건 주님께 나아가야 한다. 나아가서 그의 옷이라도 만져야 한다.

3) 주님은 혈루의 근원조차 마르게 하셨다. 그리고 "평안히 가라 네 병에서 놓여 건강할지어다"라고 말씀하셨다. 주님을 만나야 평강이 임한다. 주님께 나아가야 질병에서 놓여 건강해지고, 사망에서 생명으로 옮기게 되며, 하늘의 상급을 쌓는 거룩한 삶을 살게 된다.

38. "소녀야 일어나라"(막 25-43)

1) 주님은 생명이시기 때문에, 그 앞에는 죽음조차도 무력하다.

2) 두려워하지 말고 믿기만 하면 주님이 친히 행하신다. 믿음은 현재형이어야 한다. "지금"이 믿음이 역사하는 시간이다. 아브라함, 이삭, 야곱, 모세가 그들의 "지금"을 믿음으로 살았듯이

우리도 우리의 "지금"을 믿음으로 살아야 한다.

3) "달리다굼." 이는 "지금" 우리에게 명하시는 주님의 음성이다. 이 음성을 듣는 자는 죽음에서 생명으로 건짐을 받는다. 흑암에서 벗어나 생명의 빛에 거하게 되고 불평과 원망을 버리고 찬미와 경배의 찬송을 드리게 된다.

39. "고향에 가신 예수님"(막 6:1-6)

1) 주님은 요셉과 마리아의 아들로서 목수였다. 주님에게는 동생들과 누이들이 있었다.

2) 주님은 공생애 전에 여느 사람과 다를 바 없는 일상적인 삶을 영위하셨다. 고향 사람들은 그가 단지 한 사람에 불과하다고 여겨서 그가 하나님의 아들로서 이 땅에 오신 메시야이시라는 사실과 그가 행한 숱한 기적들을 믿지 않았을 뿐만 아니라 적극적으로 그를 배척하였다.

3) 하나님 나라의 일은 하나님의 백성이 감당한다. 이 땅에서 아주 걸출해야 하나님의 종이 되는 것은 아니다. 그들은 어부거나 세리거나 했다.

40. "열두 제자를 파송함"(막 6:7-13)

1) 창세 전에 하나님이 친히 작정하신 택함 받은 백성이 때가 되어 부름을 받아 하나님의 일을 감당한다.

2) 하나님이 제자들을 친히 돌보시고 그들에게 필요한 권능을 부여하신다. 그러므로 생계에 매여서는 안 되며 오직 하나님의 이름에 의지하여 담대히 하나님의 큰 일을 이루어야 한다.

3) 제자들이 아니라 그들이 전한 말씀에 권능이 있었다. 신학교 때

인 1955년에 노방전도를 하여 150여 명을 교회로 이끈 적이 있었다. 그 당시에는 여름성경학교 때에 꼭 축호전도를 하였다. 그 기간 동안 50명 정도 되는 학생의 수가 250명 가까이 늘어나기도 하였다. 말씀에는 그 자체로 심령과 골수를 쪼개는 능력이 있다. 말씀을 맡은 자는 이를 확신하고 담대하게 전하기만 하면 된다.

41. "예수님과 세례 요한의 평가들"(막 6:14-20)

1) 헤롯 왕은 분별력을 잃고 망상에 빠져 예수의 이름이 널리 드러나자 세례 요한이 다시 살아났다고도 하고 엘리야가 나타났다고도 하였다.

2) 헤롯은 세례 요한이 의롭고 거룩한 사람이라고 여겨 그를 보호하기도 하고 그의 말을 달갑게 받기도 하였다.

3) 그러나 헤로디아에 현혹되어 결국 그의 목을 베고 말았다. 사람은 덥지도 차지도 않을 때 끝내는 악의 편에 서고 만다.

42. "잔악한 생일잔치"(막 6:21-29)

1) 헤롯의 생일잔치는 의인을 목 베어 죽이는 살인의 잔치가 되어 버렸다. 분별력이 없이 행하는 인생의 잔치는 위험하다. 잔치가 사람을 기리는 것이 될 때 필시 사람의 의가 드러나게 마련이다.

2) 헤롯은 양심의 찔림이 없지 않았을 것이나 헤로디아의 딸과 맺은 맹세를 무시할 수 없어 세례 요한의 머리를 베어 소반에 담는 범죄를 행하였다.

3) 악은 악을 낳는다. 동기가 그릇되면 결과도 참혹하다. 헤롯이 정부(情婦)를 아내로 맞이한 것이 화근이 되었다.

43. "빈들에 넘치는 이적 1"(막 6:30-36)

  1) 사도들은 자기들이 행한 것과 가르친 것을 낱낱이 주님께 고하였다. 주님의 일을 맡은 자들은 이러해야 한다. 기도하는 가운데 소명을 받아 일을 시작할 뿐만 아니라 기도하는 가운데 일을 행한 후에 그것을 주님이 기뻐하시는지 여쭤야 한다.

  2) 주님은 제자들이 한적한 곳에서 쉬도록 하셨다. 쉼은 내 주장과 판단과 자랑을 내려놓고 하나님이 베푸시는 은혜에 잠기는 시간을 누리는 것을 의미한다.

44. "빈들에 넘치는 이적 2"(막 6:35-44)

  1) 주님은 무리를 목자 없는 양 같이 불쌍히 여기셨다. 주님이 불쌍히 여기시면 우리는 불쌍히 여김을 받는다. 이스라엘 백성이 애굽의 학정에 시달리는 것을 보신 여호와 하나님이 그들에게 긍휼을 베푸셔서 출애굽의 역사를 이루셨다.

  2) 주님은 전적인 은혜를 베푸시는 가운데서도 우리에게 있는 것을 사용하신다. 오병이어가 주님에 의해 사용되었다.

  3) 주님은 필요한 것을 다 채우고도 남게 하셨다. 하나님의 은혜는 넘치도록 풍성하게 우리에게 임한다. 후히 흔들어 넘치도록 주신다.

45. "바다 위로 걸어오심"(막 6:45-52)

  1) 이로써 그리스도의 신적 권위가 확증되었다.

  2) 주님의 기적을 믿음이 없이 둔한 마음으로 바라보면 두려움이 넘치게 된다. 오늘날 우리의 삶에도 날마다 은혜의 기적이 일어난다. 오직 이를 영적인 눈을 가진 자만이 보게 된다.

3) 주님이 행하신 일은 놀랍고 기이하나 우리의 마음에 진정한 평안을 가져온다. 모든 일 가운데 우리는 주님을 만난다. 그리고 다음과 같은 말씀을 듣게 된다. "안심하라 내니 두려워하지 말라."

46. "예수님의 옷에 손을 대는 자"(막 6:53-56)

1) 여러 가지로 소외되고 어려움에 처해 있었던 사람들이 주로 예수님을 찾았다. 어떤 문제든 예수님을 찾아야 해결점이 보인다. 샘이 없는 곳에 샘물이 있을 수 없다. 의의 태양이 떠오르지 않는 한 그 치료의 광선을 쬐일 수 없다.

2) 절대 무죄하신 가운데 인류의 죄를 안고 가시는 하나님의 어린 양을 영접하지 않고는 아무도 죄를 사함 받을 수 없다. 생명이 피에 있으니 주님의 피가 아니고서는 아무에게도 생명을 얻을 수 없다.

3) 주님의 옷이 아니라 주님을 하나님의 아들로 믿는 믿음에 능력이 나타난다. 하나님은 자기를 찾고 자기에게 간구하는 자를 기뻐하신다.

47. "장로의 유전과 개념"(막 7:1-9)

1) 하나님의 나라는 먹고 마시는 데 있지 않다. 보이지 않는 것은 보이는 것으로 말미암지 않는다. 성도의 구원과 안위와 희락이 외식이나 위선으로부터 비롯될 수 없다.

2) 사람이 만든 것으로는 궁극적으로 하나님을 기쁘시게 할 것이 없다. 장로의 유전은 사람이 만든 일시적 편의물일 뿐이다. 그것은 사람의 안목에 부합하는 것일 뿐 하나님의 눈에는 결코 흡족하지 않다.

3) 하나님이 베푸시지 않은 것으로 중심을 삼을 때 사람은 필히 하나님을 떠나게 된다. 기도하는 가운데 날마다 여호와께 더 가까이 가지 않는 자는 지금 있는 자리에 머물러 있지도 못한다. 그는 점점 여호와로부터 멀어지고 있는 것이다.

48. "내 말을 듣고 깨달으라"(막 7:10-23)
   1) 하나님의 계명은 사람으로부터 나오는 전통과는 달리 위로부터 절대적이고 객관적으로 완전하게 주어지는 것이다.
   2) 그러므로 오직 하나님의 말씀에만 신적 권위가 있다. 사람이 만든 것은 사람의 효용에 따른 것이지만 하나님으로부터 온 것은 궁극적으로 하나님의 영광을 위하여 사용된다.
   3) 위선자들은 무엇을 가지고 "고르반"이라고 선포하기만 하면 하나님께 드림이 되었기 때문에 그것으로 부모에게 봉양할 의무는 없다고 여기지만 이것이야말로 전통으로 말씀을 폐하는 전형적인 불법을 저지르는 것이다.

49. "딸에게 귀신을 쫓아 주심"(막 7:24-30)
   1) 믿음의 세계는 인종도 혈통도 신분도 가계도 넘어선다.
   2) 수로보니게 여인은 헬라 이방인이었으나 예수님을 하나님의 아들로 여기고 절대적으로 의지한 큰 믿음을 가지고 있었다. 믿음은 인과 관계를 논하는 지력이 아니라 하나님의 말씀을 그대로 받아들이는 무한한 신뢰에서 비롯된다.
   3) 이 여인은 하나님의 사랑과 자비와 은총을 받는 유일한 길이 주님을 의지함에 있음을 알고 있었다. 주님은 하나님의 아들이요 메시야이시기 때문에 그가 베푸시는 것의 부스러기만 받아

누려도 능히 딸이 더러운 귀신으로부터 놓임을 받을 것이라고 굳게 확신하고 있었다. 이러한 이방 여인의 믿음이 선민을 자부하고 있는 이스라엘인들에게 경종을 울리게 되었다.

50. "에바다 곧 열리라"(막 7:31-37)

   1) 듣지 못하고 말하지 못하는 선천적인 농자를 주님이 고치셨다.
   2) "에바다." 먼저 은혜의 길이 열려야 한다. 주님을 만나야 한다. 주님 앞에 데려가야 한다.
   3) 귀가 열리고 혀가 맺힌 것이 풀려 말하는 것이 분명하게 되었다. 듣지 않고 말하고자 하니 말하는 것이 어눌하고 분명하지 않게 된다. 주님을 만나야 귀가 열리고 입이 열린다. "못 듣는 사람도 듣게 하고 말 못하는 사람도 말하게 한다."

51. "4천 명을 이적으로 먹이심"(막 8:1-10)

   1) 주님은 뜻하시면 이루신다. 주님의 뜻하고 이루심은 형편이나 사정에 구애받지 않는다. 주님은 무리가 기진한 채 집으로 돌아가는 것을 원치 않으셨다. 그러나 광야에서는 떡을 구할 수 없었다. 그때 칠병이어의 기적을 일으키셨다.
   2) 주님은 우리가 필요한 것을 먼저 아신다. 우리의 걸음을 먼저 헤아리신다. 주님은 가난한 자, 절망에 빠진 자, 배고픈 자를 위하여 축사하신다. 그의 축복에는 바라는 대로 이루어지는 능력이 따른다.

52. "예수님의 깊은 탄식"(막 8:11-13)

   1) 바리새인들은 주님을 힐난하고 시험하여 하늘로부터 오는 표적

을 구하였다. 그러나 주님이 이 땅에 오셔서 죽으시고 사흘 만에 부활하신 것보다 더 큰 표적은 없다.

2) 복음은 사변이나 논쟁의 대상이 아니라 받아 은혜를 누리게 되는 계시의 말씀이다. 그러므로 복음 앞에서 자기논리를 내세우는 자는 필히 자기 꾀에 자기가 실족하고 만다.

3) 하나님의 아들이 사람의 아들로 이 땅에 오셔서 대속의 역사를 이루시고 계시나 이를 믿지 않고 여전히 표적을 구하고 있으니 주님께서 마음속으로 깊이 탄식하셨다.

53. "주의하라"(막 8:14-21)

1) 주님이 오병이어와 칠병이어의 기적을 행하신 것은 그저 먹을 것을 채워 주기 위함이 아니었다. 그러나 눈이 있어도 보지 못하고 귀가 있어도 듣지 못하니 어찌 탄식이 없겠는가.

2) 인본주의에 젖어 눈에 보이는 기이한 현상만을 추구하고, 계시된 하나님의 말씀의 진리를 외면하는 바리새인들과 헤롯의 누룩을 조심해야 한다.

3) 주님의 말씀을 믿음으로 수납하지 않는 자는 곧 주님을 배척하는 자이다. 주님을 팔아 치부하고 명예를 얻고자 하는 자는 삯꾼 목자이다. 양에게 꼴을 먹일 생각은 하지 않고 양의 털을 깎을 요량만 한다.

4) 주님의 가르침을 왜곡시켜 세상의 철학을 따르게 하고 기복주의나 신비주의를 조장하는 자가 곧 적그리스도이다.

54. "소경을 보게 하신 예수님"(막 8:22-26)

1) 애굽과 수리아에는 소경이 많다. 강렬한 햇빛과 함께 모래

먼지들 그리고 작은 홀씨 같은 것들이 눈에 닿아서 염증이 생기고 심하면 눈이 멀게 된다.

2) 주님이 소경의 손을 붙들고 마을 밖으로 나가신 것은 그들에게 특별한 사랑과 은총을 베푸시기 위함이셨다.

3) 사람들은 소경의 눈을 뜨게 하는 것보다 소경을 이용하여 돈벌이를 하거나 하는 일에 더 관심이 있었다. 그러므로 주님은 눈을 뜬 소경이 다시 마을로 돌아가는 것을 금하셨다.

4) 시력이 약한 사람이 아니라 영적인 분별력을 잃어버리고 깊은 잠에 빠진 사람이 이 시대의 소경이다.

55. "베드로의 고백"(막 8:27-29)

1) 주님을 믿기는 하나 누구로 믿느냐가 중요하다. 사람들은 그를 세례 요한, 엘리야, 더러는 선지자 중의 하나라고 보았다.

2) 베드로는 주님을 "그리스도"로 고백하였다. 기름 부음을 받은 메시야로서 세상을 구원하실 자이심을 선포한 것이다.

3) 사람들이 뭐라고 하든지 간에 우리는 주님에 대한 올바른 고백을 지녀야 한다. 바로 알고 믿어야 제대로 믿게 된다. 초대 교회 이후 무수한 이단도 주님을 믿는다고는 했다. 그러나 그들은 주님을 올바로 믿지는 않았다.

56. "하나님의 일을 생각하라"(막 8:30-34)

1) 주님은 자기가 많은 고난을 받으시고 죽임을 당하시고 사흘 만에 살아나실 것을 예언하셨다. 이에 베드로가 그리 마시라고 항변하였다. 그러나 주님은 이를 사탄의 생각이라고 꾸짖으셨다.

2) 주님은 "하나님의 일"을 하시러 이 땅에 오셨다. 그것은 자기

자신을 대속의 제물로 드리셔서 창세 전에 택함을 받은 하나님의 자녀들을 구원하기 위한 의를 이루시는 일이었다. 베드로는 "사람의 일"을 생각하고 이를 만류하였던 것이다.

3) 주님을 따르는 자는 자기를 부인하고 자기 십자가를 져야 한다. 이는 세상의 열락을 누리는 것이 아니라 세상에서 고난을 당하고 죽기까지 버림을 받는 일이다. 세속적인 이권과 천국의 상급이 공존할 수 없다. 주님을 따르는 길과 세상을 따르는 길은 두 갈래로 나눠져 있다.

57. "주를 위하여 살아야 함"(막 8:35-38)

1) 천하보다 귀한 것이 목숨이다. 목숨을 얻으려면 주님을 위하여 목숨을 버려야 한다. 주님과 함께 죽어야 주님과 함께 살아난다. 주님과 함께 영원히 사는 것이 영생이다. 복음의 열매가 영생에 있다.

2) 세상이 주는 것은 일시적인 쾌락일 뿐 궁극적으로 영원한 사망에 이르게 할 뿐이다. 음란은 하나님의 영광을 가리는 부끄러운 것이요 죽이는 독이다.

3) 생명을 위한 투자는 복음에 합당한 삶을 사는 것이다. 자기를 죽여 다시 살아나는 중생의 도를 좇아야 한다.

58. "부끄럽지 않은 삶"(막 8:38-9:1)

1) 수치는 사람의 눈에 부끄러운 것이 아니라 하나님의 면전에 설 수 없는 상태를 의미한다. 죄를 짓게 되면 수치가 들어온다. 벌거벗은 자기의 모습이 보여 나무 뒤로 숨게 된다.

2) 진정한 지혜와 담력은 아버지의 집에 끝까지 거하는 데 있다.

먼 타국에 가서 자의대로 살면서 방황하고 유리하면, 악하고 게으르고 무익한 종이라고 불릴 뿐이다.

3) 우리는 두 주인을 겸하여 섬길 수 없다. 오직 예복을 입고 기름을 준비한 자만이 마지막 때 신랑을 깨어서 맞이할 수 있다.

59. "변형하신 예수님 1"(막 9:2-8)

1) 주님은 자신의 모습을 보여 주심으로써 제자들이 그가 행하신 것이 아니라 그 자신을 바라보기를 원하셨다.

2) 주님이 높은 산에 올라가셔서 변형되심으로, 장차 십자가에서 죽으시고 부활하시고 승천하셔서 보좌 우편에 앉으시고 마지막 때 영광 가운데 구름타고 다시 오실 것을 미리 보여 주셨다.

3) 주님의 얼굴이 해같이 빛나고 옷이 빨래한 어떤 옷보다 희어졌다. 이는 주님의 거룩하심, 무한한 영광, 절대적인 권능을 계시한다. 곧 삼위일체 하나님의 본질을 드러낸다.

4) 모세와 엘리야가 나타나 주님과 더불어 말한 것은 그들의 증거대로 주님이 이 땅에 오셨음을 알린다.

60. "변형하신 예수님 2"(막 9:6-8)

1) 베드로는 엄위의 광채에 사로잡혀 무서움에 빠져 무슨 말을 해야 할지 알지 못하였다. 주님이 사람의 아들이시자 하나님의 아들이심을 알게 되었을 때 그는 그저 잠잠할 수밖에 없었다. 다만 "여기 있는 것이 좋사오니 …"라고만 하였다.

2) 그때 하늘에서 소리가 났다. "이는 내 사랑하는 아들이니 너희는 그의 말을 들으라." 믿음은 들음에서 나며 들음은 그리스도의 말씀으로 말미암는다(롬 10:17).

3) 주님의 말씀은 영원하신 생명의 말씀이시다(요일 1:1). 그 말씀에 빛이 있으니 그 빛이 사람들의 생명이다(요 1:3). 영생의 말씀이 주님께 있으니 주님을 떠나 우리가 살 수 없다(요 6:68).

61. "산에서 내려올 때 주신 교훈"(막 9:9-13)
    1) 주님이 고난을 받고 멸시를 당할 것이 재차 예언되었다.
    2) 죽음이 없이 부활이 있을 수 없다. 다시 산 생명은 이전의 것을 죽여 살아난 것이다. 죽음과 부활이 기독교 복음의 핵심이다.
    3) 주님의 이 길을 예비하려 세례 요한이 왔으나 그가 예언된 엘리야였음을 사람들은 알지 못하였다.

62. "벙어리 귀신 들린 자를 고치심"(막 9:14-19)
    1) 산에서 내려오니 질병이 가득한 세상이 있다. 사탄이 지배하고 귀신이 횡행하는 곳이다.
    2) 제자들이 귀신 들린 아들을 고치지 못한 것은 믿음이 없었기 때문이었다. 전능하신 하나님이 살아 계셔서 지금도 역사하심을 받아들이는 것이 믿음이다. 믿음에는 역사하는 힘이 있다. 믿는 자에게는 능히 하지 못할 일이 없다.
    3) 아들을 구주로 믿는 자는 마귀나 사탄의 세력에서 벗어나 전적인 은혜에 거하게 된다. 수학자 아르키메데스는 적당히 긴 지렛대만 있으면 지구라도 움직일 수 있다고 했는데 구원의 믿음은 능치 못함이 없으신 하나님을 움직이는 능력을 지닌다.
    4) 우리는 하나님의 자녀가 되었으므로 무엇이든 하나님의 뜻대로 구하면 받아 누리게 되는 은혜의 자리에 서게 되었다. 칼빈이 말하듯이, 성도는 믿음으로 본 말씀의 보화를 기도로 캐내야

한다. 말씀을 붙드는 기도에는 능치 못함이 전혀 없다.

63. "누가 크냐"(막 9:30-37)

   1) 주님은 자신의 죽음과 부활을 또다시 예언하셨다. 주님은 예언의 말씀대로 사람의 손에 넘겨져 죽고 다시 살아나셔서 생명의 주가 되셨다.

   2) 하나님은 아들을 보내셔서 세상을 구원하시고자 작정하신 창세 전의 자신의 뜻을 이루셨다. 그것은 영원히 자기 품속에 계시는 독생자를 유월절 어린 양으로 삼아 단번에 영원한 제사를 드리게 하심에 있었다.

   3) 주님의 대속사역에 사악한 사람들의 손이 사용되었다. 그들은 더러운 손으로 주님의 얼굴을 치고 더러운 입으로 모욕하고 침을 뱉었다. 악인의 손을 들어 거룩한 큰일을 이루심에 십자가의 섭리가 있다.

64. "예수의 이름으로 사는 자"(막 9:38-42)

   1) 제자들과 함께 하지 않는다고 해서 주님을 배척하는 것은 아니다. 엘리야의 시대에 남은 자 7천이 있었듯이 주님의 나라에도 일꾼이 많다.

   2) 중요한 것은 그가 그리스도에게 속한 자인가 하는 문제이다. 누구든지 주님의 이름으로 주님을 따르는 자를 대접하면 그것이 주님께 한 것이다.

   3) 주님을 믿고 따르는 자가 비록 작은 자로 여겨질지라도 하나라도 실족하게 해서는 안 된다. 그것은 연자맷돌을 목에 매고 바다에 던져지는 것보다 더한 악이다.

65. "자신을 불행하게 하지 말라"(막 9:43-47)

   1) 하나님이 받으실 만한 것이 되어야 손도 눈도 소용이 있다.

   2) 두 눈과 두 손이 성하다고 한들 더러운 것을 보고 더러운 일을 행하면 없는 것보다 못하다. 눈과 손이 온전한 가운데 지옥에 가는 것보다 눈이 없어 세상 것을 보지 못하고 손이 없어 세상 일을 하지 못한다고 해도 천국에 가는 것이 낫다.

   3) 성한 발을 가지고 지옥에 가는 것보다 발이 성치 않아 세상의 것을 밟지 못한다고 하더라도 발이 없이 천국에 가는 것이 낫다.

66. "자신을 행복하게 하라"(막 9:48-50)

   1) 행복은 하나님의 것을 누리는 데 있다. 소멸하지 않는 영원한 복락은 위로부터 주어진다.

   2) 소금이 맛을 잃게 되면 아무것도 아니듯이 성도가 성도답지 못할 때 그 자체로 불행하다.

   3) 영원히 불변하는 보화를 발견한 사람만이 참으로 행복한 사람이다. 그는 모든 소유를 팔아 그 보화를 살 것이다.

67. "결혼 생활의 신성"(막 10:1-12)

   1) 남편과 아내는 한 몸으로서 서로 갈등 관계에 놓이지 않는다. 각각 고유한 인격을 지니나 부부는 하나가 되어 평생을 함께 살아간다.

   2) 부부는 이제 둘이 아니라 하나이므로 하나님이 짝지어 준 것을 사람이 나눌 수 없다. 그러므로 남편이나 아내를 버리고 다른 데로 시집이나 장가 드는 것은 간음을 행하는 것이다.

3) 이혼 증서를 써주고 사람이 아내를 버리는 것을 허락한 것은 구약 백성의 완악함에 맞춘 일시적인 규례였을 뿐이다.

68. "어린이들에게 안수기도"(막 10:13-16)
　　1) 주님은 어린이에게 진정한 관심을 보이신 최초의 위대한 선생이셨다. 아이들이 오는 것을 금하지 말고 용납하라고 하시면서 이를 막는 제자들에게 노하셨다.
　　2) 하나님의 나라가 어린아이의 것이며 어린아이와 같이 받들지 않는 자는 결단코 천국에 들어가지 못한다.
　　3) 주님은 어린아이를 안고 안수하시고 축복하셨다. 어른들이 해야 할 가장 중요한 일은 어린아이들을 주님께 데려가는 것이다. 공부해야 한다고 하면서 주일에 학원에 보내는 것은 옳지 않다.

69. "근심하며 예수님을 떠나는 사람"(막 10:17-22)
　　1) 청년은 영생을 선한 행실에 대한 대가로 주어지는 것으로 여겼다. 영생은 전적인 하나님의 은혜로 거저 부여되는 선물이다. 자기 공로를 내세워 영생에 이를 자 아무도 없다.
　　2) 청년은 그리스도의 선함을 말하면서 자기의 선함을 드러내고자 했다. 주님은 절대적인 선은 하나님께만 있음을 말씀하심으로써 인생이 선함을 내세워 하나님 앞에 나설 수 없음을 알려 주셨다.
　　3) 모든 것을 다 알고 다 행해도 은혜가 없으면 구원에 이를 자 아무도 없으며 하나님의 일을 행할 자 아무도 없다.
　　4) 자기 공로를 내세우는 자는 결국 그 공로가 자기의 근심거리가 된다. 왜냐하면 그 누구도 공로에 있어서 완전하지 않기 때문이다.

70. "땅의 재물과 하늘나라"(막 10:23-27)

1) 돈이 있다고 해서 만능한 것은 아니다. 재물이 많다고 해서 실족하지 않는 것은 아니다. 천하의 그 무엇으로도 생명을 살 수는 없다. 부자도 불시에 닥치는 도적으로부터 안전하지 않다.

2) 돈을 마음의 중심에 두는 사람은 하나님을 온전히 섬길 수 없다. 부자가 하나님의 나라에 들어가는 것은 낙타가 바늘귀로 들어가는 것보다 더 어렵다. 이는 부자는 매사에 돈에 의지하는 버릇이 있기 때문이다.

3) 돈은 필요한 것이지 섬김의 대상이 되어서는 안 된다. 열심히 수고하여 재물을 얻기에 힘쓸 것이나 그것으로 선한 일을 해야지 그것을 하나님보다 더 사랑해서는 안 된다(히 13:5; 엡 4:28; 딤전 6:9-10).

71. "버리는 자에게 영생을"(막 10:28-31)

1) 주님을 따르고자 하는 자는 먼저 모든 것을 버려야 한다. 주님 외의 것을 여전히 붙들고 있으면서 오직 주님의 은혜로만 구원을 받는 복음의 도를 전할 수는 없기 때문이다.

2) 주님 외의 것을 더하여 믿는 것은 오직 주님만을 믿는 것에 배치된다. 주님과 함께 주님 외의 것을 겸하여 섬길 수는 없다. 신령한 세계에서는 예와 아니요, 그렇고 그렇지 않음이 분명해야 한다.

3) 세상에서 먼저 된 자가 하나님 나라에서는 나중 된다.

72. "예루살렘으로 올라가시는 예수님"(막 10:32-34)

1) 주님은 대속의 의를 다 이루시기 위하여 갈릴리에서 예루살렘

으로 올라가셨다. 예루살렘이 예언된 십자가의 터이기 때문이다.

2) 예루살렘은 아브라함이 이삭을 바친 곳이며 하나님의 성전이 있는 곳이다. 그곳에서 사람들이 세운 저주의 십자가에 주님이 못 박히실 것이며 죽은 후 사흘 만에 다시 살아날 것이다. 이 일이 다시금 예언되었다.

3) 주님을 죽이는 일에 대제사장들과 서기관들과 이방인들이 하나가 되었다. 유대인들과 이방인들의 손에 죽임을 당하심으로 주님은 그들 모두의 죄를 사하고자 하셨다.

73. "나의 마시는 잔을 마시라"(막 10:35-40)

1) 이러한 고난의 길을 가시는 주님에게 제자들은 여전히 세상의 영화를 구하는 소원을 내놓는다. 그들은 진정 알지 못하고 그리하고 있다.

2) 제자들은 주님의 영광에 동참하기를 원한다고 했지만 그것이 아버지의 뜻에 따라 고난의 잔을 마시는 것임을 알지 못했다. 그들은 가시로 만든 면류관이 아니라 금으로 된 면류관을 염두에 두고 있었다. 주님의 영광은 애매히 당하는 멸시와 조롱과 채찍에 있음을 그들은 알지 못했다.

3) 진정 죽어야 살아나는 거듭남의 세례에 대해서 그들은 무지했다. 영광의 부활 이전에 저주의 십자가가 있어야 함을 그들은 몰랐다.

74. "참 제자의 길"(막 10:41-45)

1) 크고자 하는 자는 섬겨야 한다. 당을 짓고 지도자가 되는 것으

로는 천국에서 큰 자가 될 수 없다.

2) 하나님 나라에서 으뜸이 되고자 하는 자는 군림하고자 하는 자가 아니요 섬기는 자라야 한다. 모든 사람의 종이 되어야 모든 사람의 머리가 된다.

3) 주님이 이 땅에 오셔서 이 제자도를 먼저 보여 주셨다. "인자가 온 것은 섬김을 받으려 함이 아니라 도리어 섬기려 하고 자기 목숨을 많은 사람의 대속물로 주려 함이니라."

75. "소경 바디매오의 믿음"(막 10:46-52)

1) 소경 바디매오는 육체의 눈은 닫혀 보지 못하였으나 영적인 눈은 열려 분별력이 있었다. 그리하여 크게 외쳤다. "다윗의 자손 예수여 나를 불쌍히 여기소서."

2) 믿음이 없는 자는 주님이 보이지 않는다. 주님은 마지막으로 여리고를 지나 예루살렘으로 올라가고 계셨다. 바디매오는 그 때가 다시 오지 않음을 알고 있었다. 주님을 찾을 만한 때에 찾아야 한다. 은혜 받을 기회를 놓치면 안 된다.

3) 바디매오는 보이지 않지만 겉옷을 내버리고 뛰어 일어나 주님께 나아갔다. 그 믿음이 그를 낫게 하였다. 주님이 그 믿음을 보시고 그를 구원하셨다. 그는 주님이 말씀하시니 곧 보게 되었다. 그리고 주님을 따랐다.

76. "주가 쓰시겠다 하라"(막 11:1-10)

1) 예언된 말씀대로 주님은 아직 아무도 타보지 않은 나귀 새끼를 타시고 예루살렘에 입성하셨다.

2) 이로써 가장 낮은 곳으로 오신 주님의 겸비함이 다시금 나타

난다. 그는 군장의 준마를 타고 군사들에게 호령하며 나타나지 않으셨다. 거룩한 메시야가 잠잠히 하나님의 성으로 들어오셨다.

3) 미물도 주님이 쓰시면 귀한 성물이 된다. 주님이 못 박혀 달리시니 저주의 십자가가 생명의 길이 되었다. 나귀 새끼가 아니라 그 위에 타신 주님이 존귀하시다.

77. "나귀 새끼와 군중들"(막 11:7-11)

1) "호산나 찬송하리로다 주의 이름으로 오시는 이여." 하나님의 백성이 구원의 주가 되시는 메시야를 찬송 가운데 맞이하였다.

2) "찬송하리로다 우리 조상 다윗의 나라여." 그들은 하나님의 나라가 다윗의 후손 유다 지파에서 난 한 씨로 말미암아 도래할 것을 믿었다.

3) "가장 높은 곳에서 호산나." 그들은 하나님의 아들이 하늘의 보좌를 떠나 사람의 아들로 구원의 큰 역사를 이루실 것을 바라보고 찬송하였다.

78. "열매가 없어 저주받은 무화과"(막 11:12-14)

1) 주님의 소용에 닿지 않는 열매 없는 무화과에 저주가 임하였다. 하나님을 멀리하는 것이 죽음이고 저주이며 하나님과 함께 하는 것이 생명이고 복이다. 그중 최고의 복은 하나님의 일에 사용되는 것이다.

2) 성도의 삶은 주님이 찾으시는 믿음의 열매, 의의 열매, 사랑의 열매를 맺어야 한다.

3) 잎사귀만 있고 열매가 없는 나무와 같이 경건의 모양만 있고 능력은 없는 성도가 많다.

79. "내 집은 만민이 기도하는 집"(막 11:15-18)

1) 성전은 음란한 말과 음주와 가무로 흥청대는 유곽이 아닐뿐더러 이윤에 눈독을 들이고 매매나 환전을 일삼는 장터나 위협을 가하여 남을 후리는 강도의 굴혈도 아니다.

2) 성전은 하나님께 예배드리는 처소이다. 가슴을 치고 통곡하며 죄를 사함 받는 자리, 하나님의 뜻이 이루어지기를 바라는 기도의 자리, 기도한즉 이루어진 줄 알고 미리 감사하는 서원의 자리, 자기 자신을 영적 제물로 드리는 헌신의 자리이다.

3) 성전은 하나님의 영광이 가득한 거룩한 집이다. 그 영광 가운데 성도는 거룩, 거룩, 거룩, 하나님을 찬미한다.

80. "믿음과 기도의 능력"(막 11:20-26)

1) 주님이 제때에 쓰시기에 합당하지 않은 나무는 뿌리째 말라 죽고 말았다. 지상의 삶은 우리가 주를 위해 사용될 한 번 주어진 기회이다.

2) 하나님이 기뻐하시는 일은 믿는 것이다. 믿고 의심하지 않을 때, 하나님은 축복하신다.

3) "무엇이든지 기도하고 구하는 것은 받은 줄을 믿으라. 그리하면 너희에게 그대로 되리라." 믿음이 하나님을 바라보는 것이라면 기도는 그 간구이다. 믿음은 기도를 낳고, 기도는 믿음을 정련시킨다. 믿음은 바랄 수 없는 가운데 바라는 것이며 기도는 그것을 간절히 구하는 것이다. 믿음의 기도는 산을 바다로 들리어 던져지게 한다.

81. "성전 숙정에 대한 권위"(막 11:27-33)

1) 주님이 성전을 정결하게 하시는 권위를 지니심은 그가 성전의 주인이 되시기 때문이다. 그는 사람이 46년 동안 지은 성전을 허물고 사흘 만에 다시 지을 수 있는 분이시다. 그와 함께 죽고 그와 함께 다시 사는 성도의 구원이 이러하다.

2) 대제사장들과 서기관들과 장로들이 주님의 권위에 대해서 묻고 있으나 정작 그들은 세례 요한의 권위에 대해서도 올바른 답을 하지 못하고 있다. 주님의 권위는 부여되는 것이 아니라 스스로 존재하는 것이다. 주님은 취하실 권세도 버리실 권세도 있으시다. 영적으로 눈이 먼 그들이 어찌 이를 깨달을 수 있겠는가.

82. "포도원의 비유"(막 12:1-12)

1) 한 사람이 포도원을 만들어 농부들에게 세를 주고 타국에 갔다. 이 땅에서 사는 동안 하나님 나라의 일을 섬길 기회를 주신 것이다.

2) 그 사람이 농부들이 남긴 포도원의 소출을 거둬들이고자 종들을 보냈으나 때려 내쫓거나 죽이고 말았다. 그 농부들은 하나님의 포도원을 강도의 굴혈로 만들어 버리고 사리사욕을 일삼다가 그것이 적발될까 두려워 선지자들이나 사도들이나 교회의 일꾼들을 핍박하고 죽이고 말았다.

3) 마지막으로 그 사람이 사랑하는 아들을 보냈으나 농부들은 그 상속자를 죽이고 세로 얻었던 포도원을 자기들의 소유로 삼고자 하였다. 하나님의 것을 세상의 것으로 취하고자 하나님의 아들을 죽여 버린 것이다. 니체나 다윈이나 스탈린이나 김일성과 같은 자들이 그러하다. 오늘날 삯꾼 목자들도 다름없다.

83. "하나님의 것과 가이사의 것"(막 12:13-17)

   1) 하나님의 것을 하나님께 바치는 것이 예배의 본질이다. 우리 자신이 하나님의 전적인 은혜로 구원을 받았으므로 우리 자신을 하나님께 바쳐야 한다.

   2) 가이사의 것도 궁극적으로 하나님의 것이다. 그러나 하나님이 국가의 영역에 두신 것은 국법의 질서에 따라야 한다.

   3) 성도는 특별은총과 함께 일반은총도 누리듯이, 성민(聖民)의 의무와 함께 신민(臣民, 국민)의 의무도 다해야 한다.

84. "사두개인의 질문"(막 12:18-27)

   1) 사두개인들은 현세주의자로서 모세오경을 문자적으로 추종하였으나 종말이나 부활은 믿지 않았다. 이 땅에서 천상의 왕국이 이루어진다고 보는 문선명의 통일교나 박태선의 전도관이 같은 맥락에 있다.

   2) 부활이 없다면 영원히 사는 것도 없으며 주님의 죽음도 헛되다. 하나님은 산 자의 하나님이시다. 죽은 자가 다시 사는 것이 없다면 아브라함의 하나님, 이삭의 하나님, 야곱의 하나님이 지금 우리의 하나님이 되실 수 없다.

   3) 성경은 성육신과 육체의 부활을 분명히 증언한다. 초대 교회 헬라 철학자들과 그들의 영향을 받은 영지주의자들은 이를 부인하였다. 성경은 그들을 적그리스도라고 부른다. 성도의 마지막 때 소망은 주님의 재림에 따른 부활에 있다. 그 이후 영원히 찬미하는 새 하늘과 새 땅의 복락이 주어진다.

85. "사랑하라"(막 12:28-31)

> 1) 하나님은 사랑이시다. 하나님의 사랑 안에 거하는 자가 하나님을 사랑하는 자이다. 하나님을 사랑하는 것은 불가항력적인 은혜이다. 하나님의 사랑을 받은 자는 하나님을 사랑하지 않을 수 없다.
>
> 2) "네 마음을 다하고 목숨을 다하고 뜻을 다하고 힘을 다하여 주 너의 하나님을 사랑하라." 오직 하나님의 형상을 한 사람만이 하나님에 대한 이러한 인격적인 사랑을 할 수 있다. 하나님이 사람을 지으신 목적이 여기에 있다.
>
> 3) "네 이웃을 네 자신과 같이 사랑하라." 하나님의 뜻은 그 사랑을 받은 우리가 서로 사랑하는 것이다. 우리가 서로 사랑하면 하나님의 나라에서 멀지 않다.

86. "제물보다 귀한 것"(막 12:32-34)

> 1) 하나님의 말씀을 듣고 순종하는 것이 제사보다 낫다(호 6:6).
>
> 2) 하나님 사랑과 이웃 사랑이 함께 있다. 하나님을 전심으로 사랑하지 않는 자가 이웃을 자기 자신과 같이 사랑할 수 없다. 하나님의 사랑을 받은 자만이 그 사랑으로 인하여 이웃을 사랑하게 된다. 그러므로 자만에 빠진 레위인보다 애통하는 사마리아인이 남을 진정 사랑한다. 왜냐하면 애통하는 자에게 하나님의 사랑이 먼저 역사하기 때문이다.
>
> 3) 하나님의 사랑은 그의 어떠하심을 좇아 선하고 의롭고 거룩하고 전능하다. 그 사랑을 받은 자는 새 생명을 얻고 새 삶을 살게 된다. 이제 사랑을 받은 자로서 하나님과 이웃을 사랑하게 된다.

87. "참 메시야로서 서기관을 경고하심"(막 12:35-40)

1) 그리스도는 다윗의 후손으로 오셨으나 다윗은 시편에서 그를 주라고 불렀다. 서기관들은 주님이 다윗 이전에도 계신 영원하신 하나님의 아들이시라는 사실을 믿지 않았기 때문에 다윗의 이 말을 이해할 수 없었다.

2) 백성들은 이 말씀을 받아들이니 즐겁게 이를 들었다. 하나님의 말씀을 이성적인 논리에 가두어서는 안 된다. 세례 요한이 증언했듯이 주님은 그보다 늦게 나셨으나 먼저 계시는 분이시다.

3) 서기관들은 자기 논리에 빠져 외식을 일삼고 자기 배만 불리고 상석에 앉아 섬김을 받고자 한다.

88. "참 연보"(막 12:41-44)

1) 헌금(연보)은 하나님의 것을 하나님께 드리는 것이다. 모든 헌금의 기초는 감사이다.

2) 하나님은 헌금의 양보다 질을 보신다. 곧 누가 더 많이 냈는지 헤아리기 전에 누가 더 소유의 많은 부분을 쪼개어 드렸는지 살피신다. 곧 부자의 달란트보다 과부의 두 렙돈을 더욱 기뻐하신다.

3) 헌금은 성도의 의무이나 믿음의 분량대로 자원해서 드려야 한다. 아무도 먼저 드려서 갚음을 받을 자 없다. 그러므로 헌금에는 아무 공로가 없다.

89. "일어나는 변화"(막 13:1-8)

1) 주님은 예루살렘 성전이 완전히 파괴될 것을 예언하셨다. 예루살렘 사람들이 하나님의 말씀을 멀리하고, 경문을 차고 끌리는 옷을 입고 다니면서 외식하며, 성전을 더럽히며, 예배로 하나님

께 영광을 돌리지 않고 자기의 의를 내세우며, 예수와 그를 믿는 자들을 핍박하고 죽였으니, 하나님이 그들을 대적하여 강한 팔로 치신 것이다.

2) 주님이 다시 오실 날과 때는 아무도 모른다. 시한부 종말론은 비성경적이며 이단이다.

3) 그러나 마지막 때의 징조는 분명하다. 그때에는 불법과 미혹의 영이 더욱 득세하고, 흉흉한 소문이 무수하며, 사랑이 식어진다. 또한 그리스도를 칭하는 자들이 군데군데 일어난다. 말세에는 파수꾼처럼 깨어 있어야 한다. 기름을 준비하고 신랑을 기다리는 슬기로운 처녀와 같이 되어야 한다.

90. "성도들은 주의하라"(막 13:5-8)

1) 말세에는 여러 방면으로 사람의 미혹이 있다. 세속주의, 배금주의, 쾌락주의, 현세주의 등이 횡횡하여 영생을 부인하고 지상의 삶에 지고한 가치를 둔다.

2) 말세에는 여호와를 아는 지식이 없어 망한다. 열심을 가장하나 진리로부터 떠나 있어 믿음의 역사가 나타나지 않는다.

3) 처처에 기근, 전쟁, 지진의 소문이 있으나 그것이 아직 끝은 아니다. 많은 사람이 나타나서 그리스도를 참칭한다. 그러나 이를 두려워할 필요가 없다. 어둠은 빛을 이길 수 없으며, 거짓에 속한 것은 엘리야에 맞선 바알의 선지자들과 같이 요란하기만 할 뿐 어떤 신령한 능력도 없기 때문이다.

91. "너희는 스스로 조심하라"(막 13:9-13)

1) 복음이 만국에 전파되어야 끝이 온다. 하나님이 창세 전에 택한

마지막 한 사람을 구원하는 때이다.

2) 무엇보다 복음을 전하는 일로 당하는 고난이 크다. 서로 정죄하고 고소하는 일이 많아진다. 심지어 형제끼리와 부모와 자식 사이에서도 서로 대적하고 죽이기까지 한다.

3) 복음의 역사는 환난 중에 오히려 크게 나타난다. 한국 교회는 그 전형적인 예이다.

4) 끝까지 견디는 자는 구원을 받는다. 마지막이 가까워 올수록 장애가 많아지지만 성령이 충만하여 오직 성경에 기록된 하나님의 말씀을 붙들고 진리 위에 올곧게 서서 흔들리지 않는 자가 끝내 이긴다. "너희의 인내로 너희 영혼을 얻으리라"(눅 21:19). "네가 나의 인내의 말씀을 지켰은즉 내가 또한 너를 지켜 시험의 때를 면하게 하리니"(계 3:10).

92. "환난의 날이 온다"(막 13:14-23)

1) "멸망의 가증한 것"은 하나님이 가장 싫어하시는 우상을 말한다. 우상을 만들거나 우상을 섬기면 일순간 우상이 하나님의 자리를 차지하게 된다. 그러므로 우상숭배자는 필히 거짓 그리스도들, 거짓 선지자들, 외식하는 종교주의자들, 삯꾼 목자들의 형제요 동지가 된다.

2) "멸망의 가증한 것"을 좇는 자는 그리스도의 대속의 은총을 부인하고 심령 가운데 역사하는 성령의 감화를 거부하고 육체의 소욕과 안목의 정욕과 이생의 자랑을 추구한다.

3) "환난의 날"에는 세상에 속한 것들에 대한 미련을 과감히 버리고 오직 성경대로 믿고, 성령대로 살고, 성경대로 일해야 한다.

93. "그리스도의 재림"(막 13:24-27)

   1) 부활하고 승천하신 주님은 지금 하나님 보좌 우편에 앉아 계시며 올라가신 그 모습대로 내려오신다. 구름을 타고 큰 권능과 영광 가운데 내려오신다.

   2) 재림으로 주님의 통치가 완성된다. 그때 택함을 받은 자들이 땅 끝으로부터 하늘 끝까지 사방에서 모인다.

   3) 주님의 재림과 더불어 부활이 따르며 흰 보좌에서의 마지막 심판이 이어진다. 일찍 죽임을 당한 어린 양 예수 그리스도가 심판의 주가 되시니 그의 피로 속죄함을 받은 성도는 심판을 통하여 오히려 놀라운 위로를 얻게 된다. 이생의 삶 가운데 지은 헤아릴 수 없을 만큼 많은 죄와 허물이 남김없이 사함을 받은 것을 비로소 그때 알게 될 것이기 때문이다.

94. "주의하라 깨어 있으라"(막 13:28-37)

   1) 하나님이 역사상 자기의 일을 행하시는 섭리는 오묘하여 우리가 그 모든 비밀을 다 알 수는 없다. 하나님의 일은 하나님의 때에 성취된다. 그 때는 하늘에 계신 아버지만 아신다.

   2) 하나님이 창세 전에 작정하신 일을 다 이루신 후에야 홀연히 끝이 온다. 그때를 알 수 없으니 항상 깨어 있어야 한다.

   3) 천지는 없어져도 주님의 말씀은 없어지지 않는다. 모든 일은 주님이 예언하신 대로 필히 일어난다. 주님은 시간의 순서에 매이지 않으시니 성취를 미리 보시고 계획하신다.

95. "맡은 자는 깨어 있으라"(막 13:34-37)

   1) 하나님이 자기 백성을 이 땅에 두신 것은 자기 일을 맡기시기

위함이다. 모든 성도 개개인은 하나님 나라의 청지기로서 이 땅의 삶을 살아간다. 그 직분을 위하여 걸맞은 은사를 주신다.

2) 주님은 십자가에서 친히 자기 자신을 제물로 드리신 제사장으로서 구속의 모든 의를 다 이루시고 부활하시고 승천하신 후 지금은 하나님의 보좌 우편에서 보혜사 성령을 부어 주신다. 그리하여 자기의 의를 그 영을 받은 자의 의로 삼아 주심으로 그가 살아남(칭의)과 살아감(성화)의 이중적 은총을 누리게 하신다.

3) 성도는 이 은총을 온전히 누리면서 감사함 가운데 항상 깨어 있어야 한다. 자기의 의에 도취되어 깊은 잠에 빠지거나 자기의 옳다 하는 바로 교만하거나 절망하거나 해서도 안 된다.

96. "힘써서 좋은 일 하자"(막 14:1-9)

1) 대제사장들과 서기관들은 흉계로 예수님을 죽일 방안을 모색하고 있었다. 그들은 주님을 따르는 백성들의 마음을 돌이키고자 온갖 꾀를 다 내었다.

2) 정작 주님께 향유 옥합을 깨뜨려 섬긴 사람은 종교지도자들이 아니라 "한 여자"였다. 그녀는 나병 환자 시몬의 집에서 음식을 드시는 주님께 "힘을 다하여" 헌신하였다.

3) 복음이 전파되는 곳에는 이 여자의 행한 일도 기억될 것이다. 세상의 셈법이 아니라 하나님이 주시는 감동에 따라 주를 섬기는 일이 참으로 귀하다. 살아 있는 자를 돕는 것도 쉽지는 않지만 가장 값진 예물을 드려 주님의 장례를 미리 준비하는 마음을 갖는 것은 아주 드문 일이다.

97. "가룟 유다의 비참한 모습"(막 14:10-11)
   1) 가룟 유다에게 사탄이 들어갔다. 사탄은 거짓 영으로서 참소하게 한다.
   2) 가룟 유다는 돈궤를 맡은 자로서 세속적인 셈법으로 주님의 일을 요량했다. 그러하니 향유 옥합을 깨뜨려 한 여자가 주님을 섬기는 것을 보고 낭비라고 책망하였다. 진정한 예배의 본질을 모르니 그러했다.
   3) 하나님을 예배하고 그의 일에 힘써야 할 직분을 맡은 대제사장들이 가룟 유다와 협잡하여 주님을 사고 팔았다.
   4) 성직을 맡은 자는 돈을 조심해야 한다. 돈은 효용에 따라 필요한 것이지 그 자체가 절대적인 가치가 될 수는 없다.

98. "유월절을 예비하라"(막 14:12-16)
   1) 주님은 유월절 양으로 이 땅에 오셨다(고전 5:7). 누구든지 그의 피를 문설주와 인방에 발라야 죽음이 지나간다. 그의 살을 먹고 피를 마시지 않으면 영생이 없다.
   2) 유월절의 은혜로 출애굽의 역사가 일어났다. 이스라엘 민족이 언약의 백성으로서 약속된 땅으로 나아가는 대장정이 어린 양의 피로 시작되었다.
   3) 주님은 유월절 양을 잡는 날에 미리 작정하신 다락방에서 유월절 음식을 제자들과 함께 나누시고 겟세마네에서 기도하신 후 잡히셨다.

99. "성만찬식의 열두 제자"(막 14:17-25)
   1) 하나님의 아들로서 사람의 아들로 이 땅에 오신 그리스도 예수

는 창세 전의 작정에 따라 대속의 의를 이루시기 위하여 예언된 말씀을 좇아 가룟 유다에게 팔리셨다. 이로써 구속사적 성취가 있게 되었으나, 정작 그를 판 가룟 유다에게는 큰 화가 미치게 되었다. 여기에 섭리의 비밀이 있다.

2) 일반은총은 명석한 두뇌와 세속적인 총명을 헤아리지만 특별은 총은 전적인 은혜와 믿음과 순종을 값지게 여긴다. 가룟 유다는 세상에 속하여 거룩한 일을 알지 못하였다.

3) 주님이 잡히시던 밤에 성찬을 제정하셨다. 떡과 잔이 자기의 살과 피라고 하셨다. 주님은 자기 자신을 제물로 드리셨다. 그리하여 그의 살과 피가 우리의 것이 되었다. 자기 몸으로 주어진 모든 고난을 당하시고 맡겨진 모든 율법에 순종하셨다. 그 다 이루신 의가 모두 우리의 것이 되었다.

100. "다 나를 버리리라"(막 14:26-31)

1) 자기부인이 없으면 주님을 부인하게 된다. 우리는 미쁨이 없으나 하나님은 항상 미쁘시다. 그러므로 우리는 필히 자기 자신을 부인해야 할 것이나, 하나님은 부인되실 수 없다.

2) 순수하고 저돌적이며 열성이 있다고 해도 자기부인이 없으면 주의 일은 할 수 없다. 기록된 하나님의 말씀인 성경보다 자기의 지식이나 경험이나 결심을 앞세우는 사람들은 모두 베드로와 같이 수치를 당하게 된다.

3) 우리는 한치 앞도 볼 수 없는 연약한 인간이므로 매사에 하나님께 모든 것을 여쭙고 하나님이 지시하는 대로 순종해야 한다. 하나님은 과거와 현재와 미래에 동시에 존재하신다. 그리고 과거와 현재와 미래를 동시에 꿰뚫어 보신다.

101. "겟세마네의 기도"(막 14:32-42)

1) 주님은 십자가의 큰 고난(great passion)을 목전에 두고 땅에 엎드리어 기도하셨다. 기도의 땀방울이 피로 변했다.

2) 대제사장적 기도로 자기 자신을 거룩한 제물로 준비하셨다. "아빠 아버지"라고 아버지를 부르시고 아버지의 원대로 이루실 것을 간구하셨다. 아들은 세상 죄를 지고 가는 하나님의 어린 양으로 이 땅에 오셨다. 아들의 영광은 아버지의 뜻에 순종하여 아버지를 기쁘게 하심에 있다. 아들의 기도는 죽음의 잔을 피하고자 함이 아니라 마시고자 함이었다.

3) 화란의 신학자 스킬더(Klass Schilder)가 말하듯이 겟세마네는 주님이 하나님 앞에서 자기 자신을 제물로 마련하신 곳이요 골고다는 그 제물을 우리를 위하여 드리신 곳이며, 겟세마네는 자기 자신의 땀과 피로써 주님이 하나님께 자신을 드리신 곳이요 골고다는 제사장들, 서기관들, 종교 지도자들, 가룟 유다, 로마 군병들, 빌라도, 헤롯과 그 당, 행인들 등의 외양적인 손들을 사용하여 그 자신을 십자가에서 드리신 곳이며, 겟세마네는 영혼의 번민과 근심과 놀람과 슬픔 가운데 기도하신 곳이요 골고다는 육체의 찢김과 상함과 목마름과 모욕과 수치 가운데 자기 자신을 드리신 곳이다.

4) 겟세마네에서의 눈물과 땀과 피의 기도는 지옥의 문을 닫고 천국의 문을 여시는 하나님의 사랑의 최고의 증표였다.

102. "기독교의 3대 위력"(막 14:35-41)

1) 첫 번째 ·위력은 땀이다. 하나님은 창조적 권능을 지니고 계시지만 자기 백성의 땀을 사용하셔서 자기 일을 이루신다. 하나님이

다 하신다고 핑계를 대면서 놀고 있었던 한 달란트 받은 종은 게으를 뿐만 아니라 악하다고 책망을 받았다. 교회에 헌신의 땀이 가득차야 복이 넘친다.

2) 두 번째 위력은 눈물이다. 눈물은 사막과 같은 거친 세상에 샘솟는 오아시스이다. 눈물은 회개와 함께 헌신을 담고 있다. 눈물은 환경과 형편을 넘어서는 힘이 있다. 눈물이 없는 눈으로는 영적인 분별력을 가질 수 없다. 눈물의 기도는 이적의 산실이다. 밧세바를 범한 다윗이 돌이키고 히스기야의 생명이 연장된 것은 눈물의 기도 때문이다. 교회와 나라를 위하여 눈물로 기도해야 한다. 사도 바울과 같이 교회를 위한 근심을 가져야 한다. 에스더와 같이 나라와 민족을 위하여 죽으면 죽으리라는 결의로 기도해야 한다.

3) 세 번째 위력은 피이다. 십자가에서 흘리신 주님의 보혈이 생명을 살리는 유일한 힘이다. 생명이 피에 있으며 피 흘림이 없이는 죄 사함이 없다. 기독교는 피의 종교이다. 주님이 대속의 죽음의 값을 치러 부활의 첫 열매가 되셨다. 그리하여 우리가 그와 함께 부활에 참여하게 하셨다.

103. "시몬아 자느냐"(막 14:37-42)

1) 하나님은 기도에 응답하시는 방식으로 친히 일하신다. 주님은 겟세마네 기도에서 아버지의 뜻에 따라 자기 자신을 인류의 죄를 대속하는 제물로 드리고자 하셨다.

2) 제자들은 이 순간에도 잠들어 있었다. 주님은 세 차례나 깨어 기도하라고 하셨으나 제자들은 육신의 연약함에 빠져 기도하지 않는 죄를 범하였다. 주님은 그들을 나무라셨으나 자고 쉬라고

하심으로 그들을 위해서조차도 기도하셨다. 루터(Martin Luther)는 다윗과 바울과 스데반처럼 승리하는 사람은 시련과 환난과 핍박이 닥쳐도 기도하나 주님을 부인하고 수치에 빠진 한때의 베드로와 같이 기도하지 않고 세상의 논리로 변명을 삼는 자는 작은 시험과 고난에도 홍수 앞에 제방이 무너지듯 한다고 하였다.

3) 영적인 잠은 영혼의 죽음을 낳는다. 잠자는 자에게는 소망이 없고 부끄러움만이 남는다. 지금이 깨어 기도할 때이다. 기도 외에는 시험을 이길 수 없다.

104. "예수께서 잡히심"(막 14:43-50)

1) 가룟 유다에게 팔려 주님은 검과 몽치로 중무장한 무리에게 잡히셨다. 그들은 대제사장들과 서기관들과 장로들이 보낸 자들이었다. 만민을 구원하시는 십자가의 큰일이 이렇게 시작되었다. 주님이 체포되어 악의 손에 넘겨짐이 인류역사상 최고의 분수령이었다.

2) 주님은 대속의 의를 이루시기 위하여 자기 자신을 제물로 삼아 제사를 드려야 하셨다. 그러므로 스스로 나서서 무리에게 몸을 맡기셨다. 그리고 도수장으로 끌려가는 양과 같이 잠잠히 수치와 목마름과 형극의 십자가의 길로 나아가셨다(사 53:7).

105. "도망가는 제자들"(막 14:47-52)

1) 제자들이 하나같이 다 예수를 버리고 도망하였다. 성령이 충만한 사람만이 세상의 권력과 생명과 생활의 위험 앞에서도 영생을 확신하는 가운데 참 희생과 순교의 빛나는 신앙을 발산한다.

이러한 믿음은 세상이 감당치 못한다.

2) 이러한 제자들이 부활하신 주님을 다시 만나고 성령을 받게 되자 주님의 죽음과 부활을 전하는 증인으로서 순교하는 자리까지 나아가게 되었다.

3) 주님을 따르는 자는 자기를 부인하고 자기 십자가를 지고 가야한다. 좁은 길, 좁은 문으로 나아가야 한다. 주님의 멍에를 멜 때에만 진정한 쉼이 있다(마 11:29).

106. "예수를 사형에 해당하는 자로 정죄함"(막 14:53-65)

1) 산헤드린 공회는 낮에 공공연하게 열리는 것이 상례인데 주님을 모함하고 죽이기 위해서 밤에 대제사장 집에 은밀히 모였다. 어둠에 속한 양심에 화인을 맞은 사람들의 모습이 이러하다.

2) 거짓 증언이 난무하였으나 주님은 잠잠하셨다. 다만 자신이 "찬송 받을 이의 아들 그리스도"이심을 인정하셨다. "내가 그니라." 이 한 말씀으로 구약에 456회 예언된 오실 메시야가 자기 자신임을 확정하셨다. 신약에는 그가 이 땅에 메시야로 오셨다는 사실과 이후 다시 오실 것이라는 재림에 관하여 1,518회 기록하고 있다.

3) 악의 무리가 주님이 하나님의 아들로서 사람의 아들이 되신 그리스도이시라는 사실을 받아들일 수 없었다. 이를 신성 모독이라고 하면서 주님의 얼굴을 가리고 조롱하며 그 위에 침을 뱉고 주먹으로 쳤다. 그들이야말로 가장 참담하게 신성을 모독하였다.

107. "세 번이나 부인하는 베드로 사도"(막 14:66-72)

1) 주님은 베드로의 부인에 대해서 미리 말씀하셨다. 그러나 베드로

는 이에 괘념치 않고 자기의 의만 내세우다 결국 실족하였다. 주님을 믿고 영접하며 그리스도이시자 살아 계신 하나님의 아들이라고 고백하는 것은 오직 하나님의 은혜로 말미암는다. 불가항력적인 은혜가 아니면 즉시 우리는 주님을 부인하고 만다.

2) 사도 바울도 주님을 믿는 자들을 핍박하였다. 그러나 하나님이 그를 이방의 빛으로 사용하셨다. 한때 주님을 부인하던 자도 돌이켜 주님의 증인이 되어 순교하는 자리에까지 나아간다.

3) 나를 부인하지 않는 자는 필히 주님을 부인하게 된다. 주님에 대한 부인은 주님에 대한 저주로까지 나아간다. 이 악의 고리를 끊으려면 먼저 자기를 부인하는 자리에 서야 한다.

108. "네가 유대인의 왕이냐"(막 15:1-5)

1) 예수님은 세상의 군주가 아니라 하나님 나라의 왕으로 이 땅에 오셨다. 하나님 나라는 성령의 역사로 말미암은 의와 희락과 화평이 넘치는 곳으로 그 백성은 오직 은혜, 전적 은혜로 살아간다.

2) 빌라도가 "네가 유대인의 왕이냐" 물었을 때 주님은 "네 말이 옳도다" 하셨다. 주님의 통치 방식은 보혜사 성령을 부어 주심에 있다(행 2:33). 보혜사 성령이 임하면 그리스도와 함께 하나가 되고 그가 가르치신 것과 행한 것을 기억하게 되며 그와 함께 영광을 받기 위하여 고난도 함께 받는 자리에 서게 된다(요 14:26; 롬 8:17). 이것이 우리가 그와 함께 다스리는 방식이다(엡 2:5-6; 눅 22:30).

3) 주님은 우리를 위하여 자기 자신을 주심으로 우리를 흑암에서 "사랑의 아들의 나라"로 옮겨가게 하셨다(골 1:13).

109. "빌라도의 법정"(막 15:6-15)

1) 빌라도는 재판을 하는 가운데서도 진리를 추구하지 않고 정치적 흥정을 일삼았다. 그는 주님의 무죄를 확신했으나 가장 큰 죄목을 씌워 성난 무리에게 넘겼다.

2) 군중은 무죄한 주님을 팔아 흉악한 바라바를 샀다. 결국 주님이 이 일을 위하여 이 땅에 오신 것이었으니 십자가의 섭리가 놀라울 뿐이다. 가장 사악한 무리의 손을 사용하셔서 가장 거룩한 대속의 사역을 이루신 것이었다.

110. "브라이도리온 뜰"(막 15:16-20)

1) 로마 군인들이 브라이도리온 뜰에서 주님께 자색 옷을 입히고 가시관을 엮어 씌웠다. 유대의 온 무리와 로마의 병정들이 하나가 되어 주님에게 수치와 모욕을 가하였다. 어둠이 모두 모여 빛을 대적하였다.

2) 그들은 "유대인의 왕이여 평안할지어다"라고 조롱한 후 갈대로 주님의 머리를 치고 침을 뱉고 꿇어 절하면서 갖은 모욕을 가하였다. 죄가 선을, 악이 의를, 어둠이 빛을 희롱하고 있다. 그러나 어둠은 헛것일 뿐 아무것도 아니다.

3) 세상의 모든 길은 헛되다. 오직 십자가의 길만이 참되다. 세상의 환호에는 죽이는 맹독이 들어 있다. 세상이 우리를 지명하여 십자가에 못 박으라 외칠 때 그때 생명의 길이 열린다. 그 길과 문은 좁지만, 그 길만이 시온에 이르는 대로가 된다.

111. "골고다의 십자가"(막 15:21-30)

1) 구레네 사람 시몬은 불가항력적인 은혜를 받아 주님의 십자가

를 지게 되었다. "억지로" 십자가를 지게 되었지만 주님의 수고를 드는 일을 하게 되었다.

2) 주님은 유대인의 왕이라고 쓰인 죄패가 걸린 십자가에 못 박혀 죽으셨다. 좌우에 두 강도가 함께 달려 있었다.

3) 십자가를 향하여 모욕이 쏟아졌다. 오묘하게도 그 사악한 외침을 통하여 진리가 선포되었다. "아하 성전을 헐고 사흘에 짓는다는 자여 네가 너를 구원하여 십자가에서 내려오라." 주님이 유일한 예표라고 하신 죽음과 부활의 도가 여기에 들어 있다. "그가 남은 구원하였으되 자기는 구원할 수 없도다." 주님은 자기 구원이 필요가 없으신 분이다. 그는 오직 남을 구원하려고 오셨다. "이스라엘의 왕 그리스도가 지금 십자가에서 내려와 우리가 보고 믿게 할지어다." 믿는 자에게는 십자가가 밝히 보인다(갈 3:1).

112. "십자가상의 말씀"(막 15:34; 요 19:25-30)

1) 여기에서는 요한복음의 말씀을 중심으로 마가복음을 곁들여 주님의 가상칠언(架上七言)을 다루었다.

2) 제1언, "아버지 저들을 사하여 주옵소서 자기들이 하는 것을 알지 못함이니이다"(눅 23:34). 주님의 십자가는 사죄(赦罪)를 위한 것이다.

제2언, "내가 진실로 네게 이르노니 오늘 네가 나와 함께 낙원에 있으리라"(눅 23:43). 주님의 영혼은 죽음 후 사흘 동안 낙원에 계셨으며 그 육체는 지상의 무덤에 있었다. 한 강도는 구원받아 죽어 그 영혼이 낙원이 있게 되었다.

제3언, "여자여 보소서 아들이니이다 … 보라 네 어머니라"

(요 19:26-27). 십자가의 고통 가운데서도 어머니를 염려하시며 제자에게 부양을 당부하심으로 제5계명을 준수하셨다.

제4언, "엘리 엘리 라마 사박다니"(마 27:46; 막 15:34). 저주 상태에 있는 우리를 위하여 주님은 아버지께 버림받는 자리에까지 낮아지셨다.

제5언, "내가 목마르다"(요 19:28). 주님은 사해(四海)의 모든 물을 주장하시는 하나님이신데 물 한 모금이 없어서 사람으로서 목마름을 호소하신다.

제6언, "다 이루었다"(요 19:30). 주님은 대속의 모든 의를 다 이루셨다. 그러므로 구원을 위한 다른 의는 없다.

제7언, "내 영혼을 아버지 손에 부탁하나이다"(눅 23:46). 주님은 죽음조차도 아버지 손에 맡기신다.

113. "부활하신 예수님"(막 16:1-13; 마 28:9-10)

1) 주님의 부활은 성경의 예언을 성취한 사건이다. 요나의 표적이 이를 예표하였다. 주님은 성전을 헐고 사흘 만에 다시 지을 것이라고 하셨다.

2) 죽음과 부활이 복음의 핵심이다. 부활이 없다면 복음의 도를 전하는 것도 믿음도 모두 헛되다.

3) 부활하신 주님은 많은 사람에게 나타나셨다. 그리하여 그들이 부활의 증인으로서 땅 끝까지 나아가게 하셨다. 사도 바울이 그 대표적인 인물이다.

114. "본 자들의 말을 믿지 아니함"(막 16:14-20)

1) 열한 제자가 부활을 목격한 사람들의 말을 믿지 않았음을 주님

이 꾸짖으셨다. 주님은 수난과 함께 부활을 예언하셨는데 제자들은 이를 마음속에 새기지 않았다.

2) 부활이 없다면 십자가의 죽음의 헛되다. 복음은 주님과 함께 죽고 주님과 함께 살아나는 거듭남의 은혜를 선포한다.

3) 사두개인들은 경제를 지배한 부요한 자들로서 지식층과 상류층을 형성하였는데 현세에 안주하여 부활도, 천사도, 영도 없다고 주장하였다. 우리는 모두 사도 바울과 같이 부활하신 주님을 만나 구원을 받게 된 것이다.

요한계시록 강해

요한계시록은 목회 초기 때부터 자주 설교되었다. 어느 부분에 대한 강해가 몇 차례 이루어지기도 하였다. 한 교회에 세 번째 부흥회를 가게 되면 낮 공부 시간에 교회론을 가르쳤는데 그 중심이 요한계시록 1-3장에 나오는 일곱 교회에 대한 묵시였다. 가장 주목되는 것은 1972년 5월 3일부터 1975년 2월 26일까지 연속해서 94번에 걸쳐서 했던 수요일 밤 예배에서의 강해설교였다.

요한계시록은 요한이 본 환상으로서 앞으로 일어날 사건들에 대한 하나님의 계시를 담고 있다. 그러므로 각 사건의 역사성을 도외시하고 단지 상징적으로만 그것을 이해하려고 해서는 안 된다. 그렇다고 해서 모든 것을 자구 그대로 문자주의적으로 해석하려고 해서도 안 된다. 서기행 목사는 이러한 양 극단의 오류를 모두 지양하고 칼빈과 그를 잇는 개혁신학자들이 추구했던 방법을 좇아 모든 성경이 하나님의 감동으로 기록되었다는 축자영감설에 서서 그 의미를 역사적이고 영적(혹은 신학적)으로 풀어내고 있는바,

다음 세 가지가 주목된다.

첫째, 말세에 있어서 무엇이 참 교회이며 누가 참 성도인지를 중점적으로 거론하였다.

둘째, 오직 기록된 하나님의 말씀 외에는 진리가 없으므로 말세에 여러 소문이 있고 미혹과 불법이 난무하지만 결코 그것들에 기만되어서는 안 됨을 강조하였다.

셋째, 종말론의 기독론적 의의에 강하게 부착하였다. 말세의 성도는 일찍 죽임을 당하신 보좌에 계신 어린 양 예수 그리스도의 공로에만 의지하고 그가 재림하심으로 이루실 구원의 완성을 기름을 준비하고 신랑을 기다리는 슬기로운 처녀들과 같이 깨어서 대망하고 있어야 한다는 사실을 힘주어 환기시켰다.

서기행 목사는 요한계시록을 강해하면서 국내외 주석들과 관련 신학 서적들 그리고 여타 설교집 등을 다수 참조하였다. 그리하여 설교의 내용이 주해에 있어서뿐만 아니라 적용에 있어서도 풍부하고 신학적인 정리가 필요한 곳에서는 아주 정교한 학문적 접근도 시도되고 있다. 그러므로 이를 일의적으로 요약하기에는 무리가 따른다. 따라서 이하에서는 강해설교의 순서를 좇아 순서를 매김이 없이 그 개략을 소개하는 데 그치기로 한다.

요한계시록 총 404절 가운데 278절에 구약이 반영되었다. 특히 대선지서인 이사야에서 27회, 예레미야에서 10회, 에스겔에서 23회, 다니엘에서 22회 직접적인 관련성이 있다. 이외에도 출애굽기 및 시편의 영향도 뚜렷이 나타난다. 신약과 관련해서는 마태복음 24-25장, 마가복음 12장, 누가복음 12장에서의 주님의 가르침과 사도 바울이 전한 데살로니가전서 4장과 고린도전서 5장 등이 요한계시록과 직결된다.

요한계시록 1-3장은 서문과 주님의 현현과 일곱 교회에 보내는 편지, 4-5장은 심판의 보좌와 심판자, 6-8장은 일곱 인의 환난, 8-14장은 일곱 나팔의 환난, 15-18장은 일곱 대접의 환난, 19-20장은 대심판과 천년왕국, 21장에서 22:5까지는 신천신지, 22:6-21은 결론을 담고 있다. 하나님이 요한계시록을 기록하게 하신 목적은 황제숭배로 수난을 겪고 있는 소아시아 지방을 위로하며 격려하고, 모든 성도들이 배교의 회유와 박해를 이기고 끝까지 순수한 믿음을 잃지 않으며 인내할 것을 권장하려는 것이다. 유대주의 묵시문학이 하나님 중심적인 데 비하여 요한계시록은 그리스도 중심적이다.

"예수 그리스도의 계시"는(계 1:1) 주님 자신이 현현하시어 자기 자신에 대해서 계시하심을 뜻한다. 그가 십자가에 죽으시고 부활하신 후 승천하시어 성령을 통하여 자기 자신에 대한 지식을 교회에 나누어 주신다. 그가 성도의 구원을 위한 모든 의를 십자가에서 다 이루셨기 때문에 그 의로써 마지막 때 구원을 완성하신다. 이에 대한 기록이 요한계시록이다. 요한계시록에는 칠복이 있는데, 다음과 같은 자들이 복되다.

    이 예언의 말씀을 읽는 자와 듣는 자와 그 가운데에 기록한 것을 지키는 자(1:3).

    지금 이후로 주 안에서 죽는 자들(14:13).

    누구든지 깨어 자기 옷을 지켜 벌거벗고 다니지 아니하며 자기의 부끄러움을 보이지 아니하는 자(16:15).

어린 양의 혼인 잔치에 청함을 받은 자(19:9).

첫째 부활에 참여하는 자들(20:6).

이 두루마리의 예언의 말씀을 지니는 자(22:7).

자기 두루마기를 빠는 자들(22:14).

여기에서 보듯이 말세에 성도가 누리는 복 중의 복은 그리스도 안에서 말씀을 읽고 듣는 것이다. 성경은 천국에 이르는 길이 되고 병든 심령을 치유하는 약이 되며 영혼을 살찌우는 양식이 된다.

일곱 교회를 특정한 것은 "7"이 헌신과 완전한 결단, 은혜와 축복, 충성된 자의 보호, 절기의 표준, 언약의 계대를 지시하는 거룩한 수이기 때문이다. 본서의 송신자는 삼위일체 하나님이시고 수신자는 밧모섬에 유배당한 사도 요한이다.

그리스도는 우리를 사랑하사 그의 피로 우리를 죄에서 해방하시고 우리를 그의 나라와 제사장으로 삼으셨다(1:5-6). 그가 구름타고 다시 오신다. 그 재림의 때에 선인과 악인 모두에게 종말이 이른다(1:7). 하나님은 알파와 오메가이시며 이제도 전에도 이후로도 영원히 계신다(1:8). 이 땅에 사람의 아들로 오신 하나님의 아들도 그러하시니 "인자 같은 이"가 "처음이요 마지막"이라고 불리신다(1:18). 그가 일곱 촛대 사이를 거니시며 일곱 별을 오른손에 지니시고 그 입에서는 좌우에 날선 검이 나온다. 그는 가슴에 금띠를 띤 발에 끌리는 옷을 입고 머리와 털의 희기가 흰 양털과 눈 같고 그의 눈은 불꽃 같고 그의 발은 풀무불에 단련된 빛난 주석 같으며 그의 음성은 맑은 물과 같다. 그가 "세세토록 살아 있어 사망과 음부의 열쇠"를 지니셨다(1:13-20). 이로 보건대, 그리스도는 세상 만국 교회의 머리가 되시고 선지자이시며 왕이시고 제사장이신 분으로서 말씀으로 그의 백성에게 신령하고 순결한 지식을 채우시고 광명한 공의와 불변하는 권세로 다스리시며 자기 자신을 유월절 양으로 드리시고 그 의로 하나님의 백성을 구원하신다.

일곱 교회 가운데 에베소 교회는 믿음에 따른 행위와 사랑의 수고와 인내가 있었고 악한 자를 용납하지 않은 장점이 있었지만 처음 사랑을 버렸다. 마치 두 남편을 섬기는 아내와 같이 된 것이다. 서머나 교회는 환난과 궁핍 가운데서도 이단을 배격하고 신앙의 순수함을 지켰다. 버가모 교회는 안디바가 순교를 당하는 가운데서도 믿음을 저버리지 않았으나 발람과 같은 니골라당의 교훈을 받아들이고 말았다. 두아디라 교회는 처음보다 나중 행위가 나아지고 사랑의 역사와 믿음과 인내가 많았으나 간부 이세벨과 음행하고 말았다. 사데 교회는 더럽히지 않은 옷을 입은 자들도 있었으나 행위의 온전함이 없고 살았다 하는 이름은 가졌으나 실상은 죽은 교회였다. 빌라델비아 교회는 작은 능력을 자지고도 주님을 배반하지 아니하고 끝까지 인내의 말씀을 지켰다. 라오디게아 교회는 스스로 부요하다고 여겼으나 차지도 덥지도 않아 토해낼 정도였다. 가진 듯하나 부족하고, 무엇을 보는 듯하나 그것이 온전치 않았다.

일곱 교회에게 주신 말씀을 통하여 (2:1-3:22) 주님은 자신을 "처음이며 마지막이요 죽었다가 살아나신 이"(2:8), "만나"와 "흰 돌"(2:17), "다윗의 열쇠를 가지신 이"(3:7), "아멘이시오 충성되고 참된 증인이시오 하나님의 창조의 근본"(3:14)으로 새롭게 계시하신다.

4장은 자신의 음성으로 장차 일어날 대사건을 알려 주시는 성부 하나님과 그 예언을 성취하시는 어린 양 예수님에 대하여 계시한다. 하늘은 하나님의 처소요 예수님이 승천하여 계신 곳이다. 하늘의 보좌는 자연법칙과 초자연법칙으로 우주만물을 공의로 통치하시는 권세를 뜻한다. 벽옥은 하나님의 성성(聖性), 홍보석은 불의에 대한 하나님의 진노, 녹보석 같은 무지개는 오래 참으심의 상징이다(4:3).

이십사 장로는 구약 열두 지파와 신약 열두 사도를 가리킨다. 그들은 하나님의 일을 맡은 자들로서 하나님의 영광과 권능을 드러낸다. 그들이 입은 흰 옷은 의와 성결, 그들이 쓰고 있는 금관은 상급을 뜻한다. 보좌로부터 나오는 번개와 음성과 우렛소리, 하나님의 영인 일곱 등불, 수정과 같은 유리 바다는 하나님의 거룩하고 엄위로우며 성결한 권세를 제시한다.

네 생물의 앞뒤에 눈이 가득하다는 것은 앞뒤가 일치하여 깨끗하고 하나님의 뜻을 분별하여 실수가 없이 봉사한다는 뜻이며, 각각 날개가 있다는 것은 겸손한 자세로 신중하게 살펴 황송한 마음으로 봉사한다는 뜻이다. 사자는 의인의 담대함, 송아지는 희생, 사람은 지혜, 독수리는 역경을 이겨 내는 힘을 표상한다. 네 생물은 밤낮으로 찬송하며 주님께 영광과 존귀와 감사를 돌린다(4:6-11).

> 거룩하다 거룩하다 거룩하다 주 하나님 곧 전능하신 이여 전에도 계셨고 이제도 계시고 장차 오실 이시라(4:8).

5장은 성자 예수님의 영광을 계시한다. 그의 오른손에 두루마리가 있으니 오직 그만이 그 인을 떼기에 합당하다. 그가 "유대 지파의 사자 다윗의 뿌리"로서 죄와 사망의 권세를 이기시고 세상의 구세주가 되신다. 두루마리에는 구원의 모든 비밀이 안팎으로 기록되었다. 인장을 뗄 때 재앙이 임한다. 요한의 울음은 하나님이 영원한 뜻을 이루심에 대한 간절한 소망과 더불어 인류의 죄악에 대한 애통함을 담고 있다. 주님이 "한 어린 양"으로서 일찍이 죽임을 당한 것과 같았다. 그에게 일곱 뿔과 일곱 눈이 있으니 권세를 지니시고 온 세상에 보내심을 받아 두루 행하시는 일곱 영이다. 그 어린 양이 유일하신 중보자로서 율법과 죄와 사망의 사슬에서 인류를 해방하셨다. 그러므로 오직 그만이 찬송과 기도와 아멘 가운데 "새 노래"로 경배를 받기에 합당하다.

> 죽임을 당하신 어린 양은 능력과 부와 지혜와 힘과 존귀와 영광과 찬송을 받으시기에 합당하도다(5:12).

> 보좌에 앉으신 이와 어린 양에게 찬송과 존귀와 영광과 권능을 세세토록 돌릴지어다(5:13).

6-18장은 마지막 때 일어날 대환난을 알리는 부분으로서 본서의 중심이 된다. 일곱 인과 일곱 나팔과 일곱 대접의 심판이 있다. 일곱 나팔은 마지막 한 인이고 일곱 대접은 마지막 한 나팔이다. 6장은

첫 번째 여섯 인에 대해서 다룬다. 첫째 인의 가루 3말은 모든 인종을 의미한다. 주님의 복음은 온 세상에 전파될 것이다. 둘째 인은 전쟁을 통해서 복음이 전파됨, 셋째 인은 기근을 통해서 복음이 전파됨, 넷째 인은 질병과 사망을 통해서 복음이 전파됨을 예언한다. 다섯째 인은 마지막 때의 박해와 순교자들에 대한 말씀이다. 여섯째 인은 대환난 직전, 일곱째 인은 대환난에 있을 일을 알린다. 큰 지진이 나고 해와 달이 퇴색하고 별이 떨어진다. 죄악으로 어두운 세상이 됨을 뜻한다. 대풍과 하늘의 축이 말리는 것은 큰 환난이 휩쓸어 모든 만물의 자리가 흔들릴 정도로 전무후무한 변이가 있을 것임을 가리킨다. 그리고 일곱째 인이 떼어지는 "진노의 큰 날"이 임한다(6:1-17).

이러한 본 계시 가운데 중간 계시가 주어진다. 이는 보충 계시라고도 불리는 것으로서 본 계시와 관련은 되나 직접적으로 그것의 내용을 이루지 않고 독립적인 계시를 말한다. 중간 계시가 여러 차례 나타난다. 7장은 주의 재림이 가까운 때에 하나님이 성도들을 구원하시는 방법과 구원 얻은 성도가 누리는 복이 어떠한지 알린다. 땅의 사방의 바람은 세계적인 전쟁을 뜻한다. 세계가 적그리스도의 수중에 들어가는 전쟁이며 다시는 복음을 증거할 수 없는 후(後) 3년 반 시대를 도래시키는 전쟁이다. 하나님은 네 천사를 시켜 하나님의 종들이 그 이마에 하나님의 인을 치고 적그리스도의 인을 치지 않도록 지키라고 명하신다. 인침을 받은 수 14만 4천 상징적으로 헤아릴 수 없이 많은 수를 의미한다. 그들은 흰 옷을 입고 종려 가지를 들고 보좌 앞과 어린 양 앞에서 큰 소리로 외친다.

구원하심이 보좌에 앉으신 우리 하나님과 어린 양에게 있도다 (7:10).

아멘 찬송과 영광과 지혜와 감사와 존귀와 권능과 힘이 우리 하나님께 세세토록 있을지어 다 아멘(7:12).

큰 환난은 7년 대환난인데 여기서는 전(前) 3년 반에 일어날 일을 알린다. 이는 상징적이며 마지막 때 교회가 복음전도를 마치기까지의 전체 기간을 의미한다. 인침을 받은 성도들은 어린 양의 피에 옷을 씻어 희게 한 자들이다. 그들은 보좌 앞에 서서 밤낮으로 성전에서 하나님을 섬기는 큰 복을 누린다. 하나님이 그들 위에 장막을 쳐서 주리거나 목마르거나 해나 아무 뜨거운 기운에도 상하지 않게 하신다. 보좌 가운데에 계신 어린 양이 그들의 목자가 되셔서 그들을 생명수 샘으로 인도하시고 그들의 눈에서 모든 염려와 근심과 환난과 질곡과 질병과 고통의 눈물을 씻어 주신다.

주님이 일곱째 인을 떼실 때에 일곱 나팔의 소리가 순차적으로 울리게 된다. 9장이 이를 전한다. 나팔은 주님의 재림을 경고한다. 반시간쯤의 고요함은 기도하며 기다리는 시간을 의미한다. 향단의 연기와 같이 기도가 위로 올라간다.

첫째 나팔로 죄악이 가득한 땅인 이 세상에 피 섞인 우박과 불이 임하여 수목의 3분의 1과 각종 푸른 풀을 사른다. 수목은 권세를 지닌 자들, 푸른 풀은 평민을 뜻한다.

둘째 나팔을 부니 불붙는 산과 같은 것이 바다에 던져진다. 산은 나라요 바다는 열국이다. 적그리스도 한 나라가 열국과 교전하여 소멸할 것을 가리킨다.

셋째 나팔로 햇불과 같이 타는 큰 별이 하늘에서 강으로 떨어진다. 별은 교회의 사자로서 말세에 있을 교역자들의 타락이 예언된다. 이 별은 "쓴 쑥"이라 불리는데 그것으로 말미암아 물의 3분의 1이 쓰게 된다.

넷째 나팔로 해와 달과 별들의 3분의 1이 빛을 잃어버린다. 다섯째 나팔을 불기 전에 독수리가 땅에 사는 자들에게 화가 있을 것임을 세 번 큰 소리로 외친다. 독수리는 심판의 상징이다.

다섯째 나팔로 하늘에서 별이 하나 떨어져 무저갱이 열리고 황충들이 연기 가운데 올라온다. 떨어진 별은 타락한 교역자를 의미한다. 그것들은 그 쏘는 것으로 극단적인 영적 고통을 가져오는데, 말과 같이 신속하게 나타나 잠시 승리의 면류관을 쓰며 행세한다. 황충은 사람의 지혜, 여자의 아름다움, 사자의 이, 철 호심경, 천지를 진동하는 날개의 소리, 전갈의 꼬리로 무장되어 있다. 그것들의 임금은 무저갱의 사자로서 아바돈과 아볼루온으로 불린다.

여섯째 나팔을 부니 유브라데에서 결박한 네 천사가 풀려난다. 그들이 사람 3분의 1을 죽일 것이다. 그동안 억제되었던 세계 전쟁이 일어난다. 그 시기는 전 3년 반과 후 3년 반의 중간이 된다. 2만 만의 마병대가 있고 그 위에 탄 자들은 불빛과 자줏빛과 유황빛 호심경이 있고 말들의 입에서는 불과 연기와 유황을 뿜어내고 꼬리는 뱀과 같고 그 꼬리에 머리가 있다.

이 가운데 중간 계시가 10장과 11장에 다시 나타난다. 전 3년 반이 지나면 복음을 증거할 수 없으므로 교회는 서둘러 땅 끝까지 말씀을 들고 나아가야 한다. 힘 센 다른 천사가 구름을 입고 하늘에서 내려온다. 그의 손에는 펴 놓인 작은 두루마리가 잇다. 이는 성경을 의미한다. 그 천사는 오른발과 왼발로 바다와 땅을 밟고 서 있다. 복음이 전하는 하나님의 비밀이 이루어지기 전에 그 두루마리를 받아먹어야 한다. 생명의 말씀이 단 것이나 수고와 고생의 쓴 것이 따른다. 마흔 두 달은 전 3년 반을 의미한다. 구원과 회심의 마지막 기회이다. 성전 바깥마당에 거하는 자들에게는 죽음이 임한다. 그들은 하나님의 자녀의 수에 들지 않는다. 두 증인이 그 기간 동안 1,260일을 예언한다. 두 감람나무와 두 촛대는 교회를 의미한다. 두 증인의 입에서 나오는 불은 복음의 권세를 뜻한다. 복음을 받지 않으면 비가 오지 않고 물이 피로 변한다. 두 증인은 전 3년 반을 충성스럽게 섬기다가 적그리스도의 박해로 큰 성이라고 불리는 소돔과 애굽과 같은 곳에서 순교하게 된다. 그리고 후 3년 반의 암흑기가 도래한다. 복음전도의 시대가 끝났다. 후 3년 반이 지난 후 두 증인은 부활한다. 그리고 구름을 타고 하늘로 올라간다. 그때 성의 10분의 1이 무너진다. 이는 완전수로 순교자의 수가 차는 것을 뜻한다.

일곱째 나팔로 세 번째 화가 임한다. 그 화가 일곱 대접의 심판으로 이루어진다. 일곱째 나팔 소리가 울리자 큰 음성들이 하늘에서 들렸다.

> 세상 나라가 우리 주와 그의 그리스도의 나라가 되어 그가 세
> 세토록 왕 노릇 하시리로다(11:15).

> 감사하옵나니 옛적에도 계셨고 지금도 계신 주 하나님 곧 전능
> 하신이여 친히 큰 권능을 잡으시고 왕 노릇 하시도다(11:17).

상 주심과 멸망이 주께 있다. 하늘에 있는 하늘의 성전이 열리니 언약궤와 번개와 음성들과 우레와 지진과 큰 우박이 있다. 이는 말씀에 계시된 하나님의 공의가 천하에 엄정하고 편만하게 펼쳐질 것을 나타낸다.

12장은 또 다시 중간 계시가 나온다. 해를 옷 입은 한 여자가 있어 그 발 아래에는 달이 있고 그 머리에는 열두 별의 관을 썼다. 이 여자는 교회를, 달은 영구한 때와 계절을, 열두 별은 빛나는 주의 사자들을, 여자가 겪는 해산의 고통은 교회가 한 생명을 낳는 수고를 뜻한다. 그 가운데 그리스도가 나셨으니, 그는 아브라함과 이삭과 야곱과 유다의 후손으로서, 곧 구약의 교회의 한 씨앗으로서 오셨다. 그리스도가 자기의 피로 신약의 교회를 사셨다. 그가 "철장으로 만국을 다스릴 남자"로 칭해진다(12:5). 큰 붉은 용은 옛 뱀, 마귀, 사탄이라고 하며 온 천하를 꾀다 끝내 땅에서 내쫓긴다. 그 용이 그 남자를 낳은 여자를 박해하였다. 즉 그리스도를 낳은 교회를 핍박하였다. 그러나 교회의 성도들은 "어린 양의 피와 자기들이 증언하는 말씀으로써" 이겼다(12:11). 하나님은 "여자의 남은 자손" 곧 끝까지 믿음을 지킨 교회의 지체들을 지키신다. 그들은 "예수의 증거"를 가진 자들이었다(12:17).

큰 붉은 용이 그 머리가 다시 온전해져서 바다에서 올라온 짐승에게 자기의 능력과 보좌와 큰 권세를 부여했다. 그 짐승이 적그리스도의 권세를 부려 나라를 이루고 다스렸다. 사람들이 용과 짐승에게 경배하였다. 그것들이 마흔두 달을 다스린다. 이는 후 3년 반에 해당한다. 죽임을 당한 어린 양의 생명책에 창세 이후로 이름이 기록되지 못하고 이 땅에 사는 자들은 모두 그것들에게 경배한다. 그러나 참 성도들은 결코 그것들에게 무릎을 꿇지 않는다. 그들의 "인내와 믿음"이 여기에 있다(13:10) 이 짐승은 표범과 곰과 사자와 같이 포악함을 지닌 반면 땅에서 올라온 또 다른 짐승은 어린 양과 같아 보였으나 용의 말을 하고 이적을 행함으로 사람들을 미혹한다. 이 짐승은 거짓 선지자를 가리킨다. 그 표를 오른손이나 이마에 받은 자는 멸망에 이른다. 그 짐승의 수는 666이다(13:18).

또 다른 중간 계시이다. 환난을 이긴 교회의 영광과 악인의 심판을 보여 준다.이마에 어린 양의 이름과 그 아버지의 이름을 쓴 14만 4천이 어린 양과 함께 시온 산에 섰다. 그들은 보좌 앞과 세 생물과 장로들 앞에서 새 노래를 부른다. 그들은 여자로 더불어 더럽히지 않고, 어린 양이 어디로 인도하든지 따라가며, 입에 거짓말이 없고, 흠이 없다. 그들은 짐승에게 경배하거나 이마에나 손에 우상의 표를 받지 않고 "하나님의 계명과 예수에 대한 믿음을 지키는 자"이다(14:12). 그들은 천사가 전하는 "영원한 복음"을 듣고 "인자와 같은 이"를 믿는 믿음으로 산다(14:6, 14). 그는 이 땅에 오신 하나님이 아들로서 일찍이 가시면류관을 쓰고 죽임을 당한 어린 양이셨다. 이제 그의 머리에는 금 면류관이 씌였고 그의 손에는 예리한 낫이 들려 있다. 그 낫으로 포도송이가 추수된다. 그가 흰 구름 위에 앉아서 이 일을 행하신다.

일곱 대접의 심판이 마지막 재앙이다. 불이 섞인 유리 바다와 같은 것은 환난 가운데서도 신앙의 정결을 지킨 자들이 서 있는 곳이다. 그들은 짐승과 그의 우상과 그 수를 이기고 벗어났다. 그들은 "하나님의 종 모세의 노래, 어린 양의 노래"를 불렀다.

> 주 하나님 곧 전능하신 이시여 하시는 일이 크고 놀라우시도다 만국의 왕이시여 주의 길이 의롭고 참되시도다 주여 누가 주의 이름을 두려워하지 아니하며 영화롭게 하지 아니하오리이까 오직 주만 거룩하시니이다 주의 의로우신 일이 나타났으매 만국이 와서 주께 경배하리이다(15:3-4).

모세의 언약궤를 모신 증거 장막의 성전이 열리고 마지막 재앙의 일곱 대접이 땅에 쏟아진다. 이는 그 언약이 그리스도에 의해 성취되었음을 말한다. 성전에 가득한 연기는 아들을 통하여 아버지의 뜻을 이루는 영광의 광채가 충만함을 뜻한다.

16장은 일곱 대접의 심판을 기록한다. 첫째 천사의 대접을 쏟으니 짐승의 표를 받고 우상에게 절한 자에게 독한 종기가 나게 하고, 둘째 천사의 대접을 바다에 쏟으니 물이 피 같이 되어 모든 생물이 죽고, 셋째 천사의 대접을 강과 물 근원에 쏟으니 피가 된다. 그리하여 피를 흘린 자가 피를 마시게 된다. 넷째 천사가 대접을 해에 쏟으니 그 해에 사람들이 크게 타고, 다섯째 천사가 대접을 짐승의 왕좌에 쏟으니 사람들이 어두움 속에서 아파서 자기 혀를 깨물고 아픈 것과 종기가 나나 하나님을 오히려 비방하고 회개치 아니한다. 여섯째 천사가 대접을 유브라데에 쏟으니 강물이 메마르고 사람들이 더러운 영인 귀신의 영에 들려 마귀와 사탄의 편에 서서 전쟁을 치른다. 일곱째 천사가 그 대접을 공중에 쏟으니 큰 성 바벨론에 지진이 생겨 그것이 세 갈래로 나눠지고 진노의 포도주 잔과 큰 우박이 퍼부어진다.

17장과 18장은 물 위에 앉은 큰 음녀와 바벨론에 임한 심판을 전한다. 이는 주님의 재림의 때에 일어날 일이다. 이 음녀는 성도들의 피와 예수의 증인들의 피에 취하여 일곱 머리와 열 뿔을 가진 짐승을 타고 있다. 일곱 머리는 전 3년 반, 열 뿔은 후 3년 반 동안 권세를 얻는 적그리스도의 나라를 뜻한다. 그들은 어린 양과 싸운다.

> 어린 양은 만주의 주시요 만왕의 왕이시므로 그들을 이기실 터이요 또 그와 함께 있는 자들 곧 부르심을 받고 택하심을 받은 진실한 자들도 이기리로다(17:14).

음녀의 심판이 있은 이후 이 세상에서 권세를 잡은 큰 성 바벨론이 멸망한다. 그 성의 거민은 음행과 사치로 치부하였다. 그곳은 온갖 더러운 영과 가증한 새들이 모여들었다. 그 성은 성도들을 핍박하고, 자기를 영화롭게 하며, 교만한 죄를 지은 보응을 받게 된다. 그곳에는 더 이상 화평과 희락이 없고 빈곤과 빈핍과 고통과 슬픔만이 남는다. 맷돌이 다시 바다 위로 오르지 못하듯이 옛 성이자 큰 성인 바벨론은 영원히 가라앉고 만다. 더 이상 풍류도, 빛도, 상인도, 신랑과 신부의 웃음도 없다. 그들이 흘린 피가 그들 자신에게로 돌아간다.

19장은 그리스도의 강림으로 적그리스도의 포박과 그의 군대의 멸망을 전한다. 어린 양의 혼인 잔치에 네 번의 할렐루야가 울려 퍼진다.

첫 번째 할렐루야는 음란을 일삼던 바벨론의 멸망을, 두 번째 할렐루야는 죄를 불태우는 영원한 승리를. 세 번째 할렐루야는 성도의 경배와 찬송을, 네 번째 할렐루야는 세마포 옷을 입고 어린 양의 아내가 되는 지극한 복을 노래한다. 주님은 백마를 타시고 다시 오신다. 그의 이름은 "충신과 진실"이라 "하나님의 말씀"이라 "만왕의 왕이요 만주의 주"라 칭한다(19:11, 13, 16). 하늘이 열리고 그가 내려오사 불꽃같은 눈으로 모든 것을 감찰하시고 예리한 검을 입에서 발하시고 철장을 휘둘러 만국을 공의로 심판하신다. 짐승과 그 표를 받고 우상에게 경배하던 거짓 선지자가 산 채로 유황불 붙는 못에 던져진다. 그러나 세마포 입은 자들은 백마를 탄 그를 따른다.

20장은 두 부분의 계시로 이루어진다. 첫째는 천사가 천 년 동안 사탄을 결박하여 무저갱에 던져 넣어 잠그고 그 위에 인봉한다. 둘째는 예수를 증언하고 하나님의 말씀 때문에 목 베임을 당하되 짐승의 표에 무릎을 꿇지 않은 자들이 그 천 년 동안 그리스도와 더불어 왕 노릇한다. 그것이 첫째 부활이다. 천 년은 단지 상징은 아니지만 그 양태를 구체화하여 상론하는 것도 금하여야 한다. 천년왕국은 지극한 복의 광경을 보여 준다. 그 복을 누릴 자는 "예수의 증언" 곧 "예언의 영"을 받은 자로서(19:10) 말씀 외의 것으로 유혹되어 사탄의 종이 되지 않고 죽기까지 믿음을 지킨다. 천년왕국의 삶은 창조의 목적인 영원한 안식에 있다. 이제는 둘째 사망이 없으며 오직 하나님 나라의 제사장으로서 기도하고 찬송하는 일을 즐거워한다. 오직 생명책에 기록된 자만이 이 복을 누린다.

21장은 새 하늘과 새 땅에 대한 계시를 담고 있다. 지옥은 사탄과 그 사자들과 수하들이 영원히 죽지 않고 고통을 당하는 곳이다. 지옥은 불타는 무저갱으로서 어둠에 속한 악한 사람만이 오는 빛이 없는 곳이다. 지옥에는 후회만 있을 뿐 소망이 없다. 그러나 새 하늘과 새 땅에는 거룩한 성 예루살렘에서 신랑이신 예수 그리스도와 영원히 한 몸이 되어 사는 신부로서의 삶이 있다. 그곳에는 눈물도 사망도 애통도 곡하는 것도 아픈 것도 없다. 그 처음 것들이 다 지나갔기 때문이다. 그곳에는 하나님의 영광의 빛만이 가득하다. "오직 어린 양의 생명책에 기록된 자들만" "만국의 영광과 존귀"를 가지고 그곳에 들어가 그 빛 가운데로 거닌다(21:26-27). 그 측량할 수 없는 은혜는 오직 보좌에 앉으신 어린 양 예수 그리스도, 일찍이 죽임을 당하신 하나님의 아들로 말미암는다.

> 보라 내가 만물을 새롭게 하노라 하시고 또 이르시되 이 말은 신실하고 참되니 기록하라 하시고 또 내게 말씀하시되 이루었도다 나는 알파와 오메가요 처음과 마지막이라 내가 생명수 샘물을 목마른 자에게 값없이 주리니 이기는 자는 이것들을 상속으로 받으리라 나는 그의 하나님이 되고 그는 내 아들이 되리니 (21:5-7).

마지막 22장은 천국의 모습과 그곳에 사는 하나님의 자녀의 복을 예언한다. 수정 같이 맑은 생명수의 강이 하나님과 어린 양의 보좌로부터 흘러내린다. 삼위일체 하나님의 말씀에 있는 생명의 빛이 그곳에 비췬다(요 1:4; 요일 1:1). 그 빛과 생수로 만국이 치료를 받고 생명나무가 열매를 맺는다. 다시 밤이 없으니 두루마리 말씀을 삼키고 그 예언을 지키는 자는 복이 있다. 이 예언의 말씀을 인봉해서는 안 된다.

생명의 그 말씀을 생명을 걸고 땅 끝까지 전하고 가르쳐야 한다. 말씀이 들어가면 빛이 비추어 얼음이 녹듯이 사람의 심령이 녹는다. 말씀 앞에서 자기 의와 습관과 기질을 버려야 한다. 자기 두루마기를 빠는 자들이 복이 있다.

새 하늘과 새 땅의 백성은 누구인가. 그들은 주님의 신부가 아닌가. 그리스도의 증언 곧 예언의 영이 그들 가운데 계시며, 그들이 이 예언을 통하여 신부가 신랑을 알듯이 그리스도를 알고 있지 않은가.

> 나 예수는 교회들을 위하여 내 사자를 보내어 이것들을 너희에게 증언하게 하였노라 나는 다윗의 뿌리요 자손이니 곧 광명한 새벽 별이라 하시더라(22:16).

> 아멘 주 예수여 오시옵소서(22:20).

에필로그:
다 담을 수 없는 아름다운 이야기들

 필자가 불과 몇 년 후 장인이 되실 서기행 목사님을 처음 만난 것은 1990년 대 초 어느 여름 경기도 가평의 한적한 산골에서였다. 사법고시 1차 합격 후 2차 공부를 하고 있던 가운데 목사의 소명을 가지고 주야로 기도하면서 온갖 허드레 일을 돕던 있었던 기도원에서였다. 대성교회의 한 성도가 그곳에 있어 멀리 심방을 오신 것이었다. 재발라 보이는 부교역자들이 동행하였다.
 어디가 눈인지 구별도 되지 않을 만큼 시커멓게 탄 얼굴을 한 채 마루문 옆에 자리를 잡고 가지런히 놓인 긴 상 끝자락에 앉아 무릎에 놓인 성경책을 응시하고 있던 청년인 필자에게, 당당한 체구에 반듯한 단색 정장을 입으시고 넓은 금테 안경을 쓰신 중년의 목사님께서 기도의 골이 패인 목소리로 누군지, 뭘 하는지 물으셨다. 필자가 채 말할 겨를도 없이 누군가 가로채 신학교 가려고 공부하는 청년이라고 대신 답한 후, 그 은혜로운 목소리로 해주신 목사님의 한마디 권면의 말씀이 오랫동안 눈물 흘리며 산중에서 드려 왔던 기도에 대한 응답이 되었다. 아마 정오를 얼마 앞둔 시각이었으리라.
 "주저하지 말고 믿음을 가지고 당장 발걸음을 내디디라."
 그 후 필자는 더 이상 진로에 대한 갈등 없이 총신대학교 신학대학원 입시에 매진하였다. 그리하여 하나님의 긍휼히 여기심으로 당해 600명이 넘는 입학생 중 전체 차석을 하게 되었다. 그리고 첫 학기가 시작된 후 한 달이 채 지나지 않아서 대성교회 교육전도사로 부름을 받았으며 2학년 여름에는 미국에서 유학 중인, 담임목사님의 딸 성희와 결혼하게 되었다. 담임목사님에 대한 호칭은 "목사님"에서 "아버님"으로 어렵사리 곧 변했지만, 그 자화상은 더할 나위 없이 자상하신 아버님이시자 지극히 전형으로 삼을 목사님으로서 언제나 필자의 마음속에 이중으로 투영된다.

2017년 종교개혁 500주년을 맞아 「기독신문」은 루터로부터 그 불길이 점화된 10월 31일을 앞두고 교단과 교회와 신학계 등 영역별로 각 1인씩 5인의 설교를 게재하였다. 그 첫째로 교단 원로를 대표하여 아버님의 설교가 실렸다. 목회 초기 때부터 몇 차례 전하신 말씀이었는데 그 내용이 사뭇 새로워졌다. 이하 그 전문이다.

포도원의 들포도(사 5:1-7)

본문 5:1-7을 통하여 이사야 선지자는 이스라엘 백성이 죄로부터 돌이키면 다시금 좋은 열매를 맺는 극상품 포도나무와 같이 될 것이라는 회개의 은총을 선포하고 있습니다. 7절에서 보듯이, "만군의 여호와의 포도원"은 이스라엘 족속을, "그가 기뻐하시는 나무"는 유다 사람을 일컫습니다. 하나님께서는 이스라엘 족속을 성민으로 삼으셔서 인도하시고, 지키시고, 모든 전쟁에서 승리케 하셨습니다. 하나님은 택한 백성을 끝까지 사랑하십니다. 노아 때부터 아브라함을 거쳐 모세에 이르기까지 자기 자녀의 모든 걸음을 인도하시고, 마침내 젖과 꿀이 흐르는 언약의 땅인 가나안으로 그들을 이끌어 들이셨습니다. 이러한 은혜가 넘치므로, 본문 4절에서 "내가 내 포도원을 위하여 행한 것 외에 무엇을 더할 것이 있으랴"라고 말씀하십니다.

이런 사랑을 받았으니 이스라엘 백성이 하나님만 섬기고, 경배하며, 하나님의 말씀에 전적으로 순종해야 함이 마땅한 일이었습니다. 그럼에도 불구하고 그들은 자기들의 지도자 모세가 하나님을 만나 율법을 수여받는 가장 거룩한 때에 따로 모여 금송아지를 만들어 우상으로 섬겼습니다. 이러한 죄악이 대를 이어 내려와 이스라엘 사람들은 이방 사람과 통혼하고, 온갖 신상을 만들어 놓고 그 앞에서 절하며, 심지어 성전 안에서 그것을 섬기는 행악을 일삼았습니다. 이에 하나님은 그들에게 이렇게 경고하셨습니다.

> 그 울타리를 걷어 먹힘을 당하게 하며 그 담을 헐어 짓밟히게 할 것이요 내가 그것을 황폐하게 하리니 다시는 가지를 자름이나 북을 돋우지 못하여 찔레와 가시가 날 것이며 또 내가 구름에게 명하여 비를 내리지 못하게 하리라(사 5:5-6).

출애굽 시대부터 예수님이 탄생하신 때까지 이스라엘 족속과 유대인들은 하나님의 은총을 저버리고 온갖 죄를 범하였습니다. 오늘 본문은 이를 포도원의 비유를 들어 질책하고 계십니다. 이러한 패역함은 신약 시대에도 나타났습니다. 오순절 성령 강림 후 보혜사 성령을 받게 되니 성도들은 주님을 닮아가게 되었습니다. 서로 모여서 기도하고 떡을 떼고 유무상통하는 사랑의 공동체가 되었습니다.

그러나 점차 교회가 부흥되고 세상에 군림하게 되자 중세 천 년 동안의 암흑기가 뒤따랐습니다. 해와 달이 없어서가 아니라, 말씀이 없고 은혜가 없으니 온 세상이 캄캄했습니다. 중세 로마 가톨릭은 죽은 성인들이나 교황을 비롯한 사제들에게도 중보권이 있다고 주장했습니다. 그 연장선에서 연옥설을 조작하고 면죄부를 팔았습니다. 온갖 성직매매가 자행되고 하나님과 성경보다 교황과 교황의 어록을 더 귀히 여겼습니다.

1517년 10월에 시작된 종교개혁은 로마서 1:17, "오직 의인은 믿음으로 살리라"라는 말씀을 기치로 내걸었습니다. 오직 믿음, 오직 성경, 오직 그리스도, 오직 은혜, 오직 하나님께 영광. 이것이 핵심 종교개혁 사상이요, 청교도 정신이자, 장로교 신학과 신앙의 원리였습니다. 예수님이 이 땅에 오셔서 우리의 구원을 위한 모든 의를 다 이루셨습니다(요 19:30). 오직 그리스도의 의를 우리의 것으로 삼아 우리는 새 생명을 얻고 이 땅에서 빛과 소금의 역할을 하게 됩니다. 그러므로 우리는 그리스도의 말씀을 들어야 합니다.

> 믿음은 들음에서 나며 들음은 그리스도의 말씀으로 말미암았느니라(롬 10:17).

> 이는 내 사랑하는 아들이요 내 기뻐하는 자니 너희는 그의 말을 들으라(마 17:5).

포도나무의 가지가 나무에 붙어 잎을 내고 열매를 맺듯이 우리도 그리스도 예수에 접붙임을 당하여야 아름다운 열매를 맺을 수 있습니다.

첫째, 본문 이사야 5:1에서 전하듯이, "사랑하는 자의 포도원"이 "기름진 산"에 있습니다. 하나님은 최고의 사랑을 베푸셔서 포도원을 일구십니다. 그곳에서 제사장이나 선지자나 왕에게 기름이 부어집니다. 포도원은 기름 부음을 받은 자들이 직분을 감당하는 터로서, 하나님의 나라라고도 볼 수 있고 교회라고도 볼 수 있습니다. 기름진 산에 포도원을 일구기 위하여 하나님은 자기 독생자를 주셨습니다(요 3:16). 그곳은 30배, 60배, 100배의 결실을 맺는 최고의 옥토입니다(마 13:8).

기름진 포도원은 여호와 하나님이 받으시는 아벨의 제단이며(창 4:4), 아브라함이 자기 독자라도 아끼지 않고 내드린 아브라함의 제단입니다(창 22:12-13). 나 자신을 부인하고 하나님의 뜻만을 찾고 그 뜻대로 모든 일을 이루는 착하고 충성된 종들이 모여 일하는 곳이 기름진 포도원입니다. 가시덤불과 엉겅퀴는 걷어 내고 오로지 극상품의 포도나무만 남겨 모든 양분과 수분과 햇빛을 다 섭취하게 해서 큰 결실을 보는 수확의 땅입니다.

2천 년 동안 믿음의 선진들은 갈 바를 알지 못하나 여호와의 지시를 따라 길을 가기도 하고 멈춰 서기도 하였습니다. 그들은 오직 믿음으로 살았습니다. 아브라함은 믿음으로 독자 이삭을 바치고, 믿음으로 모세는 애굽 궁정의 보화와 영예를 버리고 그리스도로 인한 고난을 당하는 것을 더 즐거워하고, 믿음으로 사라는 죽은 듯 방불한 몸이 잉태할 수 있는 힘을 얻게 되었습니다(히 11:11, 17, 25-26).

순교자의 피가 교회의 씨앗이 되었습니다. 믿음이 없이는 하나님을 기쁘시게 하지 못합니다(히 11:6). 하나님의 포도원은 믿음의 터입니다. 초대 교회 때부터 주후 2017년 오늘에 이르기까지 믿음의 일꾼들은 복음을 들고 산을 넘고 물을 건넜습니다. 온갖 환난과 핍박과 고초를 감내하면서 말씀을 선포하였습니다(롬 8:35-36). 성령의 강림으로 대속의 역사가 믿는 자에게 일어나고, 이제는 누구나 하나님을 아빠 아버지라고 부르며 자녀로서의 풍성한 결실을 맺게 됩니다(롬 8:15; 갈 4:6). 십자가가 우리의 기름진 들입니다. 그곳으로부터 생명의 열매, 부활의 열매가 맺힙니다.

둘째, 하나님은 "땅을 파서 돌을 제하고" 포도원을 만드셨습니다(사 5:2). 땅을 기경하고 깊이 파서 포도나무를 심는 것은 그 나무가 바람에 뽑히지 않게 하려 함이요, 그 뿌리로 깊은 땅 속에 스며드는 수분을 빨아들이기 위함입니다. 땅을 파고 돌을 제하여 포도원을 이루었다 함은 세상의 번잡한 지식을 갈아 엎고 신령한 하나님의 말씀을 마음에 새겼다는 뜻입니다. 이는 성도가 마귀의 유혹에 빠지지 않게 하려 하심이요, 세상의 유혹과 재리의 탐욕과 권세의 욕심을 제거하려 하심이며, 믿음의 역사와 사랑의 수고와 소망의 인내로 아름다운 교회의 지체가 되게 하려 하심입니다(살전 1:3). 곧 하나님이 사랑하는 포도원의 참 포도를 얻기 위함이십니다.

하나님이 창세 전에 그리스도 안에서 우리를 택하신 것은 우리가 하나님의 사랑을 받아 하나님 앞에서 거룩하고 흠이 없게 하려 하심입니다(엡 1:4-5). 주님은 공생애를 시작하시기 전에 세 가지 시험을 이기심으로 그를 믿는 자마다 마귀의 유혹을 이기도록 하셨습니다. 우리가 악한 영의 궤계를 물리치고 하나님의 말씀으로 살고, 하나님을 시험하지 않으며, 세상에 무릎 꿇지 않고 하나님만 경배하고 섬기게 하셨습니다(마 4:1-11).

예수님은 하나님의 독생자이심에도 금식하고 기도하는 가운데 마귀의 시험을 받으셨습니다.

하물며 죄인 중의 괴수요, 쉽게 실족하고 전적으로 타락하여 극한 무지와 무능에 빠져 있는 우리에게는 그 유혹이 얼마나 더하겠습니까? 우리는 하나님의 보호와 인도와 성령의 강한 역사 없이는 죄도 유혹도 마귀의 장난도 물리칠 수 없습니다.

우리는 예수 그리스도와 하나가 되어 의의 열매, 성령의 열매, 사랑의 열매를 맺는 참 포도나무가 되어야 합니다. 우리가 주님 안에 거하고 주님의 말씀이 우리 안에 거하면 우리가 무엇을 구하든지 이루게 됩니다(요 15:1-8). 씨를 뿌리려면 돌을 뽑아내서 쓸어 내야 합니다. 하나님 외에 다른 신을 두어서는 안 됩니다. 점을 치는 것, 사주관상 보는 것, 조상신 숭배, 무속, 산신, 용왕신, 태양신, 월(月)신, 목(木)신, 별(星)신을 버려야 합니다. 그리고 이단인 문선명, 박태선, 신천지, 안식교, 여호와의 증인 등을 버려야 합니다.

돌을 제한다는 것은 자기를 죽이는 것을 말합니다. 자기가 살면 십자가를 질 수가 없습니다. 하나님보다 자기의 감정, 고집, 판단, 인식, 습관 등을 앞세우면 어떤 성역(聖役)도 감당할 수 없습니다. 자기의 감정이나 지식으로 하나님의 교회를 다스리면 안 됩니다. 하나님 말씀 앞에는 예와 아멘의 순종만이 있어야 합니다(고후 1:20). 교회는 지역이나 계층이나 성별에 차별을 두지 말고 모든 사람에게 동등하게 복음을 전하여야 합니다.

돌은 단단합니다. 연장이나 기계가 없이는 돌이 깨지지 않습니다.

우리는 그릇된 성격, 판단, 지식을 성령의 불로 태우고 예수님의 십자가 보혈로 씻어 내야 합니다. 참 열매를 풍성히 거두려면 땅의 돌부터 제거해야 합니다. 그래야 온전한 뿌리가 내려서 수분과 양분을 제대로 끌어올릴 수 있습니다. 돌이 있으면 흙이 깊지 아니하므로 곧 싹이 나오나 해가 돋은 후에는 타서 말라 버립니다(마 13:5).

셋째, 하나님은 우리를 극상품의 포도나무로 심었습니다(사 5:2). 우리는 하나님을 사랑하고 이웃을 사랑해야 합니다. 그것이 율법과 선지자의 강령입니다(마 22:37). 아름다운 교회는 하나님을 사랑하고 하나님의 말씀을 가감(加減)없이 받아들입니다. 그리고 하나님의 말씀을 받아들인 대로 살아가기에 최선을 다합니다. 일만 달란트 빚진 것을 거저 탕감 받은 은혜를 생각하며 다른 사람을 판단하거나 정죄하지 않습니다. 서로 허물을 덮어 주고 서로 사랑하는 교회가 하나님이 사랑하는 교회요 하나님의 은총이 풍성한 교회입니다(벧전 4:8). 그런 교회가 오늘 본문이 전하는 기름진 포도원입니다.

주님은 친히 자기 몸을 제물로 드려 그 값으로 사신 교회를 보살피십니다. 그러므로 성도는 서로 삼가야 합니다(행 20:28). 하나님의 교회는 주는 그리스도이시며 하나님의 아들이시라고 믿는 고백 위에 설 때에만 견실합니다(마 16:16). 교회는 사람이 세운 것이 아닙니다. 교회는 하나님이 사랑하시는 독생자 예수 그리스도의 십자가의 보배로운 피 곧 대속의 은총으로 하나님이 친히 세우신 것입니다. 그리스도의 교회가 포도원이요 하나님의 나라입니다. 교회의 성도는 극상품 포도나무로 심겨졌으므로, 모양은 무성하나 열매가 빈약하거나 맛이 떫은 들포도를 맺어서는 안 됩니다.

극상품의 포도는 우리 주님이십니다. 주님이 우리의 첫 열매가 되십니다. 우리는 그리스도에 접붙임을 받아 극상품 포도 열매를 맺습니다. 종교개혁 500주년을 맞아 우리는 더욱 우리 자신을 돌아보아 성경대로 믿고, 성경대로 살고, 성경대로 일하는 하나님의 일꾼이 되어야 합니다. 성경의 진리 외에는 그 무엇과도 타협을 해서는 안 됩니다. 그러므로 종교다원주의와 종교혼합주의를 지지하는 WCC는 거부되어야 합니다. 그리고 성경 말씀에 배치되는 동성애를 인정해서는 안 됩니다.

오늘날 우리와 우리 교회는 극상품의 포도 열매를 맺고 있습니까? 우리의 교회는 하나님이 지극히 사랑하시는 포도원입니까? 우리는 하나님이 기뻐하시는 극상품 교회와 극상품 성도입니까? 초대 교회는 온 백성의 칭찬을 받았습니다(행 2:47). 세상 사람들조차 우리 교단의 목사와 성도는 다르다는 칭송을 받아야 합니다. 모든 것에 실패해도 신앙생활에 실패하지 말아야 합니다. 얍복강의 야곱과 같이 전심전력하여 기도해야 합니다. 세상은 나를 멸시하여도 하나님은 우리를 인정하십니다. 하나님은 우리의 중심을 보십니다. 하나님이 기뻐하시는 성도가 되시기를 바랍니다. 중심이 합하는 우리 자신, 우리 교회, 우리 교단이 되었으면 합니다. 모든 영광을 하나님께 돌리며 그 기쁨 가운데 날마다 새롭게 되고 날마다 부흥되는 한국 교회가 되기를 심중에 깊이 간구합니다.[1]

아버님은 하나님이 택한 백성은 모두 극상품 포도나무로서, 가장 실하고 맛있으며 영양가 많은 열매를 지상의 삶 가운데 맺게 된다는 점을 설교 가운데 누누이 강조하셨고 이를 신념과 같이 여기고 사셨다. 사람이 특별한 일을 해서가 아니라 하나님이 아들을 아끼지 아니하시고 주시고 그 아들과 함께 모든 것을 후히 주시기 때문에(롬 8:32) 먼저 그의 나라와 그의 의를 구하면 모든 것이 풍성히 삶 가운데 더해지리라는 믿음을 가지고 사셨다(마 6:33).

교회와 교단과 한국 교회를 아우르는 큰 짐을 지고 거함(巨艦)과 같이 나아가야 하는 삶을 살아가심에 심히 고달픈 적이 많았지만 언제나 하나님이 최선의 길로 인도하심을 알고 주저하거나 불안에 떨거나 하지 않으셨다. 어릴 적부터 버릇이 된 새벽기도를 통하여 날마다 생기를 부여 받으셨다. 어떤 일이 있어도 새벽 3시가 갓 넘으면 자리에서 일어나 깨끗이 씻고 머리에 기름을 바르신 후 하루를 시작하셨다. 교회에 도착하면 준비된 새벽설교의 원고를 두 번 다시 읽고 예배 때 부를 찬송을 몇 차례 부르셨다. 그리고 하루의 삶과 가족과 교회와 성도를 위한 기도를 잊지 않으셨다.

아버님은 언제나 긍정적이고 직선적이며 무슨 일을 처리함에 있어서도 전혀 삿됨을 보이지 않으셨다. 입 밖에 낸 것은 다시 주어 담지 않으셨으며 할 수 없는 것은 처음부터 약속하지 않으셨다. 일을 맡을 때에는 지극히 신중하셨지만 일단 맡은 일은 자기 일과 같이 처음부터 끝까지 어김없이 처리하셨다. 마치 화살이 과녁을 향해 날아가듯 하셨다.

젊을 때는 운동을 좋아하셨지만 혼자 하는 것만 했지 여럿이 하는 구기는 시간을 너무 많이 쏟아 하나님 일에 방해가 된다고 멀리하셨다. 먼저 떠나신 어머님이 탁구를 잘 치셨기 때문에 한때 교회의 교역자들과 땀을 흘리며 치기도 했지만 그것도 덕이 되지 않는다고 여겨 오래지 않아 그만두셨다. 아버님은 건장한 체격을 타고나셨다. 손아래 처남은 누구에게도 팔씨름에 지지 않는데 아버님과는 막상막하였다. 아버님이 몸이 아프거나 피곤하다고 집에 누워 계시거나 하는 것을 본 적이 없다.

외부의 일이 없지 않는 한 항상 교회의 당회장실에 머물며 말씀을 준비하거나 업무를 보셨다. 자식들이 입시를 치르거나 외국에 나가거나 하는 날에는 오히려 더 빨리 집을 벗어나 교회로 향하셨다. 그리고 교회에서 마지막으로 기도해 주신 후 우리가 큰일을 치르거나 먼 길을 가게 하셨다.

대체로 사람들은 아버님을 엄격하고 어김이 없으며 딱딱하고 차가운 목사라고 여기는 것 같다. 강단에서 거침없이 사자후를 내뿜고, 항상 빠른 걸음으로 길을 가고, 말이 짧고, 맺고 끊음이 분명하니 더욱 그렇다. 용모도 이에 일조한다. 언제나 허술하게 입지 않고 특별한 일이 있어야 정장을 입는 것이 아니라 특별한 일이 없으면 상시 정장을 갖춰 입으셨다.

심지어 교회의 땅이나 집 등을 계약하는 대사를 치를 때에도 두 번 말을 하는 경우가 없으셨다. 필자를 사위로 삼을 때에도 두 번 말씀이 없으셨다. 기도는 오래 하셨지만 말씀은 간단했다. 목사는 흥정을 해서는 안 된다는 지론을 가지고 계셨다. 더 줄지언정 깎을 생각은 안 하셨다. 목사의 수중에 남는 것이 있으면 결국 하나님이 어디로든 가져가신다고 생각하셨다. 그러므로 하나님께 더 받기를 바랄 것이지 사람에게 더 깎을 생각을 하지 말라는 것이었다.

그러나 사석에서 식사라도 한 번 해 본 사람은 아버님의 인품이 얼마나 온후하고 다정다감하며, 서로 정담을 나누는 것을 좋아하시고, 아주 안 될 일이 아니라면 되도록 일을 되도록 하시고, 부정적인 말이나 나쁜 말은 거의 입에 올리지 않으신다는 것을 곧 알게 될 것이다. 많은 목사님들이나 성도들이 목회를 하는 일이나 살아가는 일로 빈번히 아버님께 문의를 해 오는 것이 이 때문이다.

총회 헌법을 낱낱이 꿰고 목회와 관련해서 사례별로 어떤 일이든지 안 겪어 본 것이 거의 없기 때문에 무엇을 물어 오든지 시원한 답을 내놓으셨다. 이것이 총회나 노회에서 심심찮게 "서 목사님이 답이야"라는 말을 듣게 되는 까닭이다. 총회의 구성이나 운영, 상비부 설치, 재정 사용, 산하기구 관리,

연합 활동 등 교단의 여러 문제들이나 노회 및 교회에서 통상 일어나는 담임 목사 청빙 및 위임이나 교회 분할이나 건축이나 임직이나 선교 파송 등에 대한 해법을 제시할 때는 아주 명쾌하여 반론이나 이론이 있을 수 없었다.

우리 자식들도 어떤 문제든 아버지께 답이 있다고 생각했다. 대체로 무슨 일을 해야 할지 말아야 할지 여쭈면 벌써 그 일의 끝을 예상하고 무엇이 필요할 텐데 그것을 어느 정도까지 아버님 자신이 도울 수 있을 것이라고 하는 식으로 분명한 답을 주셨다. 아버님은 안 된다는 말은 거의 하지 않으신다. 꼭 그렇게 말해야 할 경우에는 침묵하신다. 가족들은 이를 다 알고 있었다.

아버님은 진정 하나님 앞에서 삶의 순간순간을 잠시도 흐트러짐이 없이 사셨다. 췌장암이 손에 잡힐 정도의 큰 덩어리로 거의 말기에 이르러 발견되어 수술을 앞두고 관장이나 여러 가지를 준비하시면서도 지금까지 살아 온 것이 그저 감사할 따름이라며 평안한 얼굴을 잃지 않으셨다. 전립선암 선고를 받았을 때에도 추호도 흐트러짐이 없으셨다. 마음이 상심되어 어떤 일을 그르치시는 경우는 없었다. 아직 삶의 때가 남았다면 병을 주신 하나님이 친히 고쳐 주실 것이라고 굳게 믿으셨다. 심장에 이상이 생겨 수술을 받으셨을 때에도 마찬가지였다.

하나님은 아버님이 큰 병을 치르고 나면 더 큰일을 맡기고는 하셨다. 총회장이 되어 이임하는 날 교단통합을 이루고, 은퇴한 원로목사로서 WCC 부산총회 문제에 나선 것도 큰 수술 이후 하나님이 맡기신 일이었다. 아버님은 어릴 적부터 동생과 형들이 차례로 병들어 죽어 가는 모습을 보셨다. 일찍 아버지를 여의시고 어머니와 급기야 아내조차 먼저 하나님 나라로 보내셨다. 아버님은 삶과 죽음의 경계를 짓는 분이 하나님이시라는 사실을 누구보다 잘 알고 계셨다.

아버님은 사사로이 일을 처리하는 것을 절대 금하셨다. 자식들이나 친척들의 일로 누구에게 부탁해 본 적이 없으시다. 자리를 이용해서 사람을 천거하는 일은 어떤 경우든 하지 않으셨다. 총신대학교 운영이사장을 4회나 연이어 맡았지만 누구 하나 추천서를 써 준 적이 없으셨다. 노회에 속한 교회에서 담임목사를 청빙하거나 장로를 세우거나 하는 경우도 마찬가지였다. 자식이라도 자격이 되지 않으면 천거는커녕 나서서 말리셨다. 열심히 기도하고 말씀을 연구해서 훌륭한 목사와 교사가 되라고만 하셨지 무슨 자리에 관해서는 일언반구도 않으셨다.

하나님은 준비된 종을 사용하신다는 사실을 아버님은 확신하셨다. 등불을 등경 위에 두지 말 아래에 두지 않는다. 어느 궁수가 부실하고 굽은 화살을 꺼내 쏘겠는가. 하나님은 숨어 있어도 중심이 합하면 다윗과 같이 찾아내서 기름을 부어 주신다. 설혹 덜 준비되었다면 하나님 앞에 엎드려 기도해야지 샷된 방법으로 잔꾀를 내면 자기 올무에 자기가 걸리고 만다. 이러한 신념에 아버님은 철저하셨다.

자식들은 아버님의 눈물로 살았다. 아버님은 눈물이 많으셨다. 모든 일에 눈물을 앞세우셨다. 설교 때도 많이 우셨다. 우실 때에도 몸을 꼿꼿이 세우셨다. 하나님 앞에 겸손히 다 맡기고 서는 자세였다. 그 눈물이 모든 상심을 가져가고 새로운 소망을 가져왔다. 설교 중 가장 목소리를 높이실 때, 그때는 자기주장을 하실 때가 아니라 자기부인을 하시며 우실 때였다. 어릴 적부터 많은 일을 겪으면서 눈물 외에는 길이 없음을 알고 계셨다. 설교문을 작성할 때에도 많이 우셨다. 눈물이 없으면 기도가 아니라고 여기셨다. 기도에는 간절함이 있어야 하고 그것이 눈물이라고 생각하셨다.

갑작스런 일이 생기면 그 순간 기도부터 하셨다. 급히 해결해야 할 일이 생기면 가급적 하루를 넘겨 결정하셨다. 그 밤에 기도하시기 위해서였다. 목회 초기에는 부흥회 말씀을 전하시거나 교회에서 성도들을 위하여 기도하실 때에 많은 사람의 병이 그 자리에서 낫거나 여러 문제가 일순간

해결되는 일이 빈번했다. 그러나 후기로 갈수록 말씀을 붙들고 기도하심으로 하나님 나라와 그의 뜻을 이루는 데 더욱 마음을 쏟으셨다.

사람들은 정치 9단이니 10단이니 하면서 아버님의 기발한 생각과 지혜로운 처신에 대해서 혀를 차고는 한다. 그러나 누가 이를 거론하면, 선한 마음과 말씀에 따른 분명한 동기를 가지고 기도하면 하나님은 언제나 최선의 길을 알려 주신다고 아버님은 말씀하셨다. 기도 없이 세우는 것은 하만의 장대와 같아서 그것이 높을수록 위험할 뿐이라고 여기셨다.

아버님은 남을 돕기를 좋아하셨다. 남의 일을 내 일과 같이 여기는 심성을 타고나셨다. 가난하고 연약한 사람을 보면 그냥 지나치지 못하셨다. 과단성 있게 일을 처리하기 위하여 실무적 역량이 뛰어난 일꾼들을 옆에 두고 함께 일하셨지만, 교회에서 무명(無名)한 것 같지만 기도에 힘쓰는 사람들과 작은 일에라도 정성을 다하는 사람들을 더욱 마음 깊이 새기셨다. 가난한 성도들과 이웃을 위하여 구제하는 일에도 힘을 쏟으셨다. 명절에는 봉투에 쌀을 담아 형편이 어려운 사람들에게 나눠 주셨다. 과일도 여러 집 앞에 갖다 놓으셨다. 그 일을 자식들이 하고는 했다. 주는 것이 받는 것보다 낫다. 주는 것 자체가 복이다. 왜냐하면 하나님께 받지 않은 것으로 남에게 줄 것이 아무것도 없기 때문이다.

총회나 노회에서 순서를 맡아 받은 사례비는 그 자리에서 헤아려 형편이 넉넉지 않은 목사들이나 기관에서 일을 하는 사람들에게 나누어 주셨다. 총신대 운영이사장과 총회장을 역임하시면서 건축 등 돈 많이 드는 일을 여러 번 하셨으나 한 번도 돈 문제로 구설수에 오른 적이 없으셨다. 예장개혁과 통합을 할 때나 WCC 부산총회 반대를 위한 대책위원회를 맡아서 섬기실 때에 많은 비용을 사비로 충당하셨다. 교통비를 한 번이라도 사적으로 쓴 적이 없으셨다.

연세가 우리 나이로 85세가 된 지금도 자식들이 적은 액수의 용돈이라도 드리려고 하면 받으시기는 하지만 굳이 그럴 필요 없다고 만류하신다. 하나님은 목회자에게 돈이 쌓이면 새로 쌓인 것뿐만 아니라 그간 있는 것도 어디로든 다 빠져나가고 만다고 아버님은 여기셨다. 그런 경험이 많다고 하셨다. 그러므로 무엇이 쌓이기 전에 먼저 그것을 베푸는 게 복이라고 자주 들려주셨다.

한국 교회가 위기라고 한다. 사람들은 주위의 환경을 말하고 교회에 다닐 사람이 많지 않다고 한탄한다.

그러나 무엇이 부족한가?

들을 귀인가, 들을 말씀인가?

주님은 마지막 때 익어 희어 추수할 곡식은 많으나 추수할 일꾼이 적다고 하심으로, 이에 대한 답을 주셨다. 지금 이 시대는 들을 말씀이 적다. 들을 귀는 오히려 넘치나, 들을 말씀이 없으니 처처에 기갈이 들어 있다.

선대들과 같이 오늘날 주의 종들이 굶고 맞고 죽는 것조차 두려워하지 않고 자기 자신을 드려 하나님의 나라와 교회를 섬긴다면 이전보다 더한 부흥이 일어나지 않을까?

아버님은 금전이 생기는 것에 대하여, 십일조와 감사헌금과 선교헌금을 더 낼 기회를 주신 것이므로 감사한 일일 뿐, 그 이상도 그 이하도 아니라고 하셨다. 십일조를 항상 10분의 1 이상으로 바치셨다. 하나님께 바치고 남으면 특별한 하나님의 일이나 주위의 목회자들이나 이웃을 위하여 사용하셨다. 지금도 수노노회 선교위원회에 매달 60만 원씩 헌금하신다. 그리고 개척교회를 위해서도 힘을 다하여 도우신다. 자식들에게 신앙과 기도와 헌신의 유산 외에 아무것도 남겨줄 것이 없다고 하신다.

하나님이 기력을 주시고 분명한 마음과 또렷한 기억력을 주셔서 아버님은 지금도 어떤 젊은 사람보다 옛날 일을 잘 기억하시고 주변을 산책하시는 등 운동도 주기적으로 하신다. 무엇보다 총회와 교회를 위하여 많이 기도하신다. 사람 누구를 세우고 무너뜨리는 것이 아니라 하나님의 회를 바로 세우기 위하여 노력하신다. 아버님은 우리 교단뿐만 아니라 한국 교회가 살 길은 세속적인 자유주의 신학과 신앙의 조류에서 벗어나 성경에 기록된 하나님의 말씀을 사람의 잣대로 비평하지 말고 있는 그대로 받아들여 삶의 양식과 좌표를 삼아야 한다고 여기고 이를 두고 기도하신다.

아버님의 생애는 단지 한 사람, 한 성도, 한 목사의 생애에 그치지 않는다. 그 속에서 우리는 이 시대를 향한 하나님의 음성을 듣고 하나님이 한국 교회를 위하여 행하여 오신 일을 만나게 된다w. 장로교는 하나님 말씀 안에서 교정(敎政)과 교역(敎役)의 조화를 지향한다. 교정이라는 이름으로 교역이 혼탁해지고 교역이라는 이름으로 교정이 무시당하는 오늘날 세태에서 아버님이야말로 이 둘을 함께 버무려 하나님께 정성껏 진설해 드린 큰 사표(師表)로 우리 중에 기억될 것이다.

> 내가 달려갈 길과 주 예수께 받은 사명 곧 하나님의 은혜의 복음을 증언하는 일을 마치려 함에는 나의 생명조차 조금도 귀한 것으로 여기지 아니하노라(행 20:24).

영원히 오직 하나님께만 영광을 올립니다(*Soli Deo gloria in aeternum*)!

미주

제1장
1 여기에 나오는 인물이나 성경 등 용어는 현재의 용례를 좇아 바꾸어 표기했다. 예컨대 '묵시록'은 '요한계시록'으로 표기하였다.
2 「기독신문」, 2010년 4월 12일.

제2장
1 간하배, 『한국 장로교 신학사상』 (서울: 실로암, 1988), 8.

제5장
1 「기독신문」, 2004년 9월 3일. 기사 내용 중 일부 자구 수정. 내용은 변함이 없음.
2 목사장로기도회 때 본 강연을 통역했던 필자의 번역.
3 「기독신문」, 2005년 9월 13일. 기사 내용 중 일부 자구 수정. 내용은 변함이 없음.

제6장
1 「기독신문」, 2005년 11월 2일. 기사 내용 중 일부 자구 수정. 내용은 변함이 없음.
2 「기독신문」, 2014년 4월 25일.
3 「기독신문」, 2007년 10월 2일. 기사 내용 중 일부 자구 수정. 내용은 변함이 없음.
4 「기독신문」, 2009년 9월 28일. 기사 내용 중 일부 자구 수정. 내용은 변함이 없음.
5 「기독신문」, 2010년 10월 12일.
6 「기독신문」, 2012년 9월 27일.
7 「기독신문」, 2013년 10월 20일. 기사 내용 중 일부 자구 수정. 내용은 변함이 없음.
8 「기독신문」, 2014년 7월 1일. 기사 내용 중 일부 자구 수정. 내용은 변함이 없음.
9 「기독신문」, 2014년 7월 1일.
10 「기독신문」, 2014년 7월 24일.

제7장
1 이하 여섯 차례의 분열에 대한 일고는 주로 다음 글의 도움을 받았다. 정규오, 『신학적 입장에서 본 한국교회사 상, 하』 (광주: 한국복음문서협회, 1983); 김요나, 『총신 90년사』 (서울: 총신대학출판부, 1991); 양낙홍, 『한국장로교회사』 (서울: 생명의말씀사, 2008); 박용규, 『한국기독교사 2: 1910-1960』 (서울: 생명의말씀사, 2004); 김남식, "한국장로교회 분열에 관한 연구," 서기행, 홍정이 엮음, 『한국장로교회의 합동운동』 (서울: 새한, 2009), 35-77.
2 이와 관련하여, 심창섭, "한국장로교회의 합동 연구," 서기행, 홍정이 엮음, 『한국장로교회의 합동운동』, 113-115.
3 김준곤, "결자해지 해야지요," 『해원 정규오 목사』 (서울: 해원기념사업회, 2007), 558.
4 「기독신문」, 2010년 8월 8일.
5 정준기, "대한예수교장로회 (합동, 개혁) 교단 합동의 역사적 의의," 서기행, 홍정이 엮음, 『한국장로교회의 합동운동』, 162.
6 공호영, "낯설음과 안온함이 교차하던 빈자리," 서기행, 홍정이 엮음, 『한국장로교회의 합동운동』, 310.
7 서기행, "네가 이 자리에 있는 것은," 『해원 정규오 목사』, 569.
8 강석근, "교단 합동은 일부 목회자가 열정으로 이룬 기적입니다," 서기행, 홍정이 엮음, 『한국장로교회의 합동운동』, 351.
9 박갑용, "세계 제일의 칼빈주의 보수교단 되게 하신 일," 서기행, 홍정이 엮음, 『한국장로교회의 합동운동』, 307-308. 일부 어체 수정.

10 서기행, 홍정이, 김남식, "26년 만의 합동과 그 뒷이야기," 서기행, 홍정이 엮음, 『한국장로교회의 합동운동』, 269.
11 「기독신문」, 2004년 5월 27일.
12 「기독신문」, 2004년 6월 11일.
13 「기독신문」, 2004년 8월 19일.
14 「개혁신문」, 2005년 6월 11일.
15 이에 대해서, 황승기, "예장 합동 교단과 개혁 교단의 합동의 비화," 서기행, 홍정이 엮음, 『한국장로교회의 합동운동』, 297.
16 공호영, "낯설음과 안온함이 교차하던 빈자리," 서기행, 홍정이 엮음, 『한국장로교회의 합동운동』, 312-
17 「기독신문」, 2005년 7월 19일.
18 「기독신문」, 2005년 7월 25일. 일부 어체 수정.
19 「기독신문」, 2005년 8월 9일.
20 「기독신문」, 2008년 1월 22일.

제8장
1 박용규, 『한국기독교회사 2. 1910-1960』 (서울: 생명의 말씀사, 2004), 985-1014.
2 박형룡, 『현대신학비평 하권』, 『박형룡박사 저작전집 IX』 (서울: 한국기독교교육연구원, 1977), 81-90.
3 박형룡, 『현대신학비평 하권』, 75-76.
4 이러한 입장은 대한예수교장로회 총회 (고려)에서 출판된 「파수군」 130-142호(1963-1964)에서 발견된다.
5 이상규, "해원 정규오 목사의 교회론," 13-14. 본고는 2009년 11월 13일 광신대학교에서 열린 제4회 해원(海園) 기념 강좌의 자료집 "해원 정규오 목사의 교회관"에 수록.
6 박형룡, 『신학논문 상권』, 『박형룡박사 저작전집 XIII』 (서울: 한국기독교교육연구원, 1977),
7 여기에서 발표된 여섯 논문은 다음에 실렸다. 한국복음주의역사신학회 엮음, 「역사신학논총」 19 (2010) (서울: 생명의 말씀사, 2010): 8-185.
8 여기 발표한 글은 다음에 실림. 「교회사학」 10/1 (2010): 93-182.
9 총회신학부 편, 『WCC 어떻게 대처할 것인가?』 (서울: 대한예수교장로회 총회교육개발원, 2010).
10 이는 출판사에서 간행되지 않고 글모음 형식으로 단행본으로 제작되었음.
11 WCC대책위원회 편, 『WCC는 우리와 무엇이 다른가?』 (서울: 대한예수교장로회총회 출판부, 2011).
12 문병호, 『교회의 '하나 됨'과 교리의 '하나임': WCC의 '비(非) 성경적,' '반(反)교리적' 에큐메니즘 비판: 정통 개혁주의 조직신학적 관점에서』 (서울: 지평서원, 2012).
13 문병호, 『왜 우리는 WCC를 반대하는가?』 (서울: 대한예수교장로회총회 출판부, 2012).
14 「기독신문」, 2013년 1월 15일.
15 「국민일보」, 2013년 8월 12일.
16 「기독신문」, 2013년 11월 12일.

제9장
1 서기행, 『새벽예배강해 3권』 (서울: 아가페, 2001).
2 서기행, 『새벽 성경각장 요절강해 2권』 (서울: 목양, 2004).

에필로그
1 「기독신문」, 2017년 9월 28일.

연보

1934.10.24.	부 서장환(徐長煥)과 모 김찬례(金讚禮)의 6남 3녀 중 일곱째로 전라남도 무안군 몽탄면 대치리에서 출생(음 8.25.). 한 달 후 전라남도 함평군 엄다면 영흥리로 이사.
1943.	봄 엄다초등학교 입학.
1946.	초등학교 4학년 영흥교회 출석.
1948.	초등학교 6학년 막내 동생 양순 죽음.
1949.	봄 학다리중학교 입학.
1950.	중학교 2학년 가나의 혼인잔치 기적 사건을 본문으로 첫 설교.
1951.5.18.	김병두 목사에게서 세례 받음. 이때부터 청년부 활동.
1952.4.1.	학다리고등학교 입학.
1954.6.6.	몽탄중앙교회 서리집사 임명. 이때부터 인근교회에서 설교하고 부흥회 다님.
1955.2.21.	학다리고등학교 졸업.
1955.4.6.	총신 예과 입학. 마포구 대흥동에 위치한 동막교회 섬김.
1957.4.	총신 본과 입학. 중구 신당동에 위치한 금성교회 섬김.
1957.12.	본과 1학년 마친 후 군 입대. 군종병으로 조교동교회와 단포교회 등을 섬김.
1960.5.18.	군에서 산기도 중 성령의 불을 받아 주님을 만나는 극적 체험. 5월 말 전역.
1960.5.30.	부친 소천.
1960.6.	목포동문교회 부임.
1960.12.16.	정영숙과 결혼.
1961.	봄 본과 2학년 복학
1962.	여름 몽탄면 사창리 소재 사창교회 섬김.
1962.9.27.	아들 성용 첫째로 출생.
1962.12.13.	총신 본과 졸업.
1962.12.14.	김제 송지동교회 담임전도사 부임.
1963.11.17.	딸 성희 둘째로 출생.
1964.	강도사 인허.
1965.5.3.	김제 송지동교회 사임.
1965.5.10.	목포동문교회 담임강도사 부임.
1965.11.1.	아들 성운 셋째로 출생.
1965.11.5.	목사 안수.
1966.9.	목포동문교회 사직하고 목포영락교회 담임목사 부임.
1967.9.10.	서울 북부교회 부임. 북부교회 경기노회로 복귀.
1967.11.15.	북부교회 2층 예배당 건축(제1차).
1969.6.17.	경기노회에서 북부교회 목사위임.
1969.10.	주일 예배를 2부로 드림.
1970.9.10.	340평의 4층 예배당 착공.
1970.11.	교회 명칭을 대성교회로 변경.
1972.4.25.	제1회 수도노회 부서기.
1974.11.7.	새 예배당 헌당(제2차). 제5-6회 수도노회 부회록 서기.
1979.9.20-24.	제64회 총회 때의 합동보수 교단 이탈에 동참하지 않음.
1982.9.23.	제67회 김현중 목사 총회장 당선 과정에 도움.
1983.4.12.	제23-24회 수도노회 서기.
1984.4.10-11.	제25-26회 수도노회 서기. 총회 정화 방안 헌의.
1984.12.30.	세 번째 예배당 건축을 위한 헌금 시작.

1985.9.17-20.	제70회 정화총회 12인 위원. 제70회 총회 부서기.
1986.5.1.	모친 소천.
1986.4.15.	제29-30회 수도노회 부노회장.
1986.9.23.	제71회 총회 부서기.
1987.4.14.	제31-32회 수도노회장.
1989.9.19-20.	제74회 총회에서 당회장권을 제외한 공직정지 2년. 1년 후 해벌.
1994.10.31.	총신대학교 운영이사장. 이사회비 상향조정 등 자체 정비.
1995.7.13.	새 예배당 완공(제3차).
1995.9.28.	새 예배당 헌당 예배.
1995.10.31.	양지캠퍼스 제2기숙사 착공.
1995.12.28.	사당캠퍼스 종합관 기공 및 100주년 기념 예배당 건축 결의.
1996.9.17.	총신대학교 운영이사장 재선.
1998.9.27.	총신대학교 운영이사장 삼선.
2000.4.26.	백주년기념 예배당 기공 예배. 제95회 졸업식과 함께 준공감사 예배 드림.
2000.9.25.	총신대학교 운영이사장 사선.
2001.5.17.	한국찬송가공의회 대표회장. 새찬송가위원회 위원장 겸임.
2002.2.19.	제95회 졸업식과 함께 100주년 기념 예배당 준공 감사 예배드림.
2003.9.23.	총회 목사부총회장 당선.
2003.11.17.	한국찬송가공의회 가사분과위원장.
2004.4.16.	정영숙 사모 소천.
2004.9.21.	제89회 총회장 취임.
2004.11.9.	총신대학교 발전기금 전달.
2004.11.25.	총회회의록 채택.
2004.12.1.	CTS 기독교TV 공동 대표회장.
2004.12.2.	한국교회연합을 위한 교단협의회 공동 상임회장.
2004.12.20.	총회사회복지재단 법인의 설립을 위한 발기인 대회 개최.
	개역개정판성경대책위원회 위원장.
2005.5.9-11.	"새롭게 하소서"라는 주제로 전국목사장로기도회 개최. 데이비드 라이트(David F. Wright) 교수 강의.
2005.9.27.	제89회 총회장으로서 예장개혁과 교단 합동을 유안건으로 다뤄 제90회 총회에서 이룸.
2005.10.24.	대성교회 담임목사직 사임 및 원로목사 추대.
2005.12.24.	한국교회연합을위한교장단협의회 공동 상임회장.
2006.11.6.	새찬송가 간행.
2008.6.30.	총신대학교 정체성과 기독신문사 사태 해결을 위한 소위원회 위원장.
	헌법해설집편찬위원회의 감수위원.
2008.7.8.	12신조재검토및보완을위한특별위원회 참여.
2009.12.2.	총회 산하 세계교회협의회(WCC)대책위원회 위원장.
2010.1.25.	보수진영 교단 총회장 및 총부들과 WCC대책 간담회 개최.
2013.10.17.	제15대 증경총회장단 회장.
2014.6.30.	예장합동과 예장통합의 목사 증경총회장 36명과 장로 증경부총회장 8명과 회동.
2014.8.10.	사랑의교회(담임 오정현 목사)에서 한국 교회 치유와 회복을 위한 연합기도회 개최.
2014.11.10.	제16대 증경총회장단 회장.
2015.9.14.	제100회 총회에서 『역대총회장의 증언』 출간 및 배포.
2016.1.22.	교단 지도급 인사들의 부적절한 행동과 관련한 7인위원회 위원장.
2016.12.1.	「기독신문」 문제와 이단영입 문제와 관련한 5인위원회 위원장.
2017.12.4.	총회실행위원회 지도위원.

사진으로 보는 서기행 목사의 천로역정

예나 지금이나 명문인 함평군 소재 학다리고등학교 재학 시절(1952-54) 건각준족을 자랑하며 전남도민 육상체전에 참여하기도 하였다.(앞줄 오른쪽 끝)

모친 김찬례 권사는 가히 기도의 용장이라고 할 만하였다. 온 집안이 그 기도로 말미암아 믿음을 갖게 되었다. 많은 자녀와 남편을 일찍 여의는 등 풍상이 많았지만 어머니는 조금도 흐트러짐 없이 매사에 기도하기를 쉬지 않았다.

어릴 적부터 어머니를 모시고 새벽 예배를 다니면서 기행에게는 기도의 삶이 몸에 배어 갔다. 한때 시대가 혼란스러운 가운데 가세까지 기울어 세상의 명예와 부를 동경하기도 했으나 잠시뿐 그 무엇도 절박하게 와 닿는 목사의 소명을 가로막지 못하였다.

초등학교 때부터 어김없이 출석했던 영흥교회는 모교회로서 걸출한 기독교 지도자를 많이 배출하였다. 그곳 청년부에 속하여 교사로 활동하였다.(1954, 맨 뒷줄 왼쪽 둘째, ⓒ 기독교문사)

어려운 난관을 뚫고 총신 예과에 입학하여 신학에 심취했을 뿐만 아니라 성경 읽기와 기도에 매진하였다.(1955, 예과 1년, 총신목포학우회, 맨 뒷줄 오른쪽 둘째)

경제적 상황이 열악하여 굶주림이 일상이었으나 배움의 기쁨은 오히려 배가되었다. 더불어 목사후보생으로서의 자존감도 더해 갔다.(1956, 예과 2년, 장로회총회신학교 남산 교사[校舍], 맨 뒷줄 왼쪽 둘째)

1957년 총신 본과 1학년을 마치고 군종으로 입대하였다. 주일 오전에는 군인 교회와 인근의 교회에서 두 번 설교하고, 오후에는 나환자 천막촌에서 섬기고 자대에 돌아오기 전에 군인형무소에서 말씀을 선포하였다.(뒷줄 오른쪽 첫째)

제대 후 결혼하고 총신 본과 2학년에 복학하여 무안군 몽탄면 사창리 소재 사창교회를 섬겼다. 교회로부터 사택이 제공되어 부부가 함께 머물 처소가 마련되었다. 서울을 오가며 학업하면서도 설교와 전도와 심방 등 목양 전반에 전념하였다.(뒷줄 가운데)

 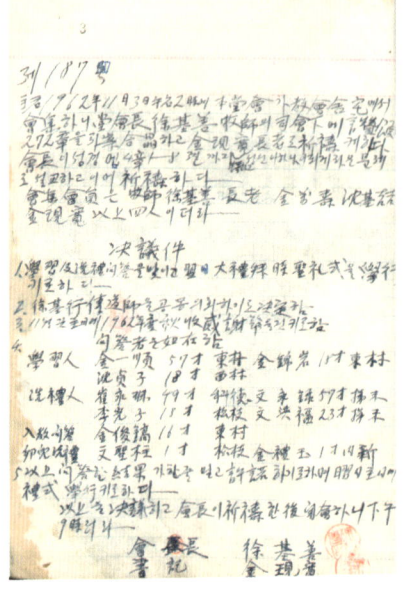

본과 3년을 마친 후 1962년 12월 13일 장로회총회신학교를 졸업하였다. 당시 졸업생은 16명 정도에 남짓하였다. 이로써 박형룡 박사, 명신홍 박사, 한철하 박사, 최의원 박사 등으로부터 받은 총 5년의 신학수업이 일단락되었다.(앞줄 오른쪽 첫째)

1896년 설립된 김제 송지동교회에 졸업 바로 다음 날인 1962년 12월 14일 전도사의 신분을 지니고 담임교역자로 부임하게 되었다. 이는 11월 3일의 당회 결의를 좇아(위 사진 당회록) 11월 14일에 열린 공동의회의 결의에 따른 것이었다. 이곳에서 새벽 예배로부터 부흥을 이루었으며 예배당의 일부를 증축하기도 하였다.(왼쪽 사진은 본 교회의 'ㄱ자' 예배당 옆에서 성도들과 함께 찍은 사진, 둘째 줄 왼쪽 넷째).

김제 송지동교회를 거쳐 목포동문교회와 목포영락교회를 담임목사로 섬긴 후 1967년 9월 10일 서울 용산구 이태원동 소재 북부교회에 부임하였다. 그리고 불과 2달 후 2층 예배당을 건축하였다.(사택 앞, 뒷줄 왼쪽 정영숙 사모, 앞줄 왼쪽부터 장남 성용, 막내 성운, 둘째 성희).

1969년 6월 17일 북부교회에 부임한 지 20개월 만에 경기노회가 거행한 목사위임식이 청암교회 이환수 목사의 설교로 있었다.(위 사진 강대상 오른쪽 끝, 아래 사진 오른쪽)

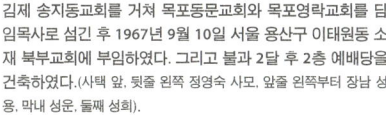

목사위임 후 1970년 9월 1일 4층 예배당 건축을 착공하였다.(위 사진 투시도) 그리고 두 달 후에 교회 이름을 대성교회로 바꾸었다. 이 두 번째 건축은 1974년 11월 7일에 끝나서 헌당되었다.(오른쪽 사진)

사진으로 보는 서기행 목사의 천로역정

대성교회는 날로 부흥하였다.(위 사진 1976.4.25. 대성교회 창립 22주년 기념. 앞줄 왼쪽 다섯째) 장년들의 수가 늘어났을 뿐만 아니라 주일학교와 청년부가 크게 성장하였다.(아래 사진 1977.1.23. 유치부 졸업 예배. 맨 뒷줄 가운데)

성도가 늘어나자 장로, 안수집사, 권사 등 직분자들을 많이 세웠다.(위 사진 1975.11.25. 장로장립 등. 설교자). 교회가 부흥함에 따라 1984년경부터 건축헌금을 시작하여 1993년 9월에 착공 후 1995년 7월 13일 지상 5층과 지하 2층의 연건평 1,246평의 새 예배당을 완공하였다. 부임 후 세 번째 건축이었다.(아래 사진)

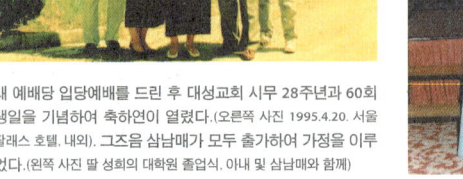

새 예배당 입당예배를 드린 후 대성교회 시무 28주년과 60회 생일을 기념하여 축하연이 열렸다.(오른쪽 사진 1995.4.20. 서울 팔래스 호텔. 내외). 그즈음 삼남매가 모두 출가하여 가정을 이루었다.(왼쪽 사진 딸 성희의 대학원 졸업식. 아내 및 삼남매와 함께)

경기노회가 세 지역으로 분립되어 형성된 수도노회의 첫 회기로부터 임원으로 섬겼고 회록서기, 서기, 부노회장, 노회장을 두루 거쳤으며 김현중 목사를 이어 노회를 중심적으로 이끌었다. 1982년 김현중 목사가 제67회 총회장으로 당선될 때 최측근 참모 역할을 했다.(위 사진 1982.10.4. 롯데호텔, 김현중 목사의 총회장 당선을 축하하는 수도노회 임원들 모임. 첫줄 왼쪽 끝, 김현중 목사는 왼쪽 셋째. 오른쪽 위 사진 1982.10.12. 송정중앙교회, 제22회 수도노회 회원 일동. 뒤에서 둘째 줄 왼쪽에서 넷째. 오른쪽 아래 사진 1983.4.12-13. 대성교회, 제23회 수도노회 서기. 오른쪽 끝)

1985년 제70회 소위 '정화총회'의 부서기로 김현중 목사를 도와 이영수 목사의 퇴진에 선봉장이 되었다. 그리고 이듬해 제71회 총회에서도 부서기로 봉직하며 그 후속 조치에 만전을 기하였다. 연속해서 두 회기 동안 총회 부서기 역할을 감당하며 회무 접수 및 처리를 관장하는 가운데 총회 정치의 핵심 실세로 부각되었다.(왼쪽 위 사진 및 오른쪽 사진 1985.9.17-20. 청량교회, 제70회 총회 임원들. 왼쪽 넷째. 왼쪽 아래 사진 1986.9.23-26. 승동교회, 제71회 총회 임원들. 앞줄 왼쪽 끝)

 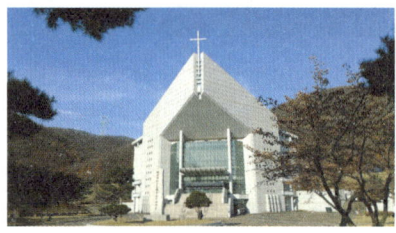

총신대학교 운영이사장에 1994, 96, 98, 2000년 연속해서 4회기 동안 선출되어 운영이사회의 체제를 견고하게 수립하고 장족의 학교 발전을 이루었다. 재단이사장 김윤배 목사, 김의환 총신대학교 총장과 함께 총 220억이 넘는 기금을 마련하여 사당동 소재 총신대학교 제1종합관과 양지 소재 총신대학교 신학대학원 제2기숙사 및 총신개교 100주년 기념 예배당을 건립하였다. (왼쪽 위 사진 1995.10.31. 제2기숙사 신축기공 예배. 왼쪽 여섯째. ⓒ 기독신문. 오른쪽 위 사진 1995.12.28. 제1종합관 신축기공 예배. 오른쪽 여섯째. ⓒ 크리스천포커스. 왼쪽 아래 사진 2000.4.26. 100주년 기념 예배당 신축기공 예배. 오른쪽 넷째. ⓒ 기독신문. 오른쪽 아래 사진 100주년 기념 예배당 전경. ⓒ 크리스천포커스)

오랜 공백을 깨고 김의환 박사를 총장으로 선임하여 '총신사랑 껴안기'라는 모토를 내걸고 함께 호흡을 맞춰 여러 일을 이루었다. (1995.3.30. 총신대학교 신관에서 김의환 총장 취임식 이후. 오른쪽 끝. 김의환 총장은 왼쪽 셋째. ⓒ 기독신문)

2001년 5월 17일 한국찬송가공의회 대표회장으로 취임한 이래 찬송가 선정과 곡에 맞는 성경구절 지정, 가사 검수, 그리고 교독문을 수립하는 일을 주도하였다. 그리하여 하나의 찬송가와 하나의 성경을 사용하는 한국 교회의 전통을 이어갔다. (2004.7.29. 한국교회 100주년 기념관에서 열린 21세기 찬송가 공청회를 주재. 왼쪽. ⓒ 기독신문)

2003년 9월 23일 대구 동신교회에서 열린 제88회 총회에서 두 차례의 제비뽑기를 통하여 6명 가운데 부총회장으로 선출되었다. 그리고 이듬해 2004년 9월 21-24일 서울 충현교회에서 열린 제89회 총회의 총회장으로 취임하였다. 여러 난제들을 여론을 두루 수렴하면서도 냉철한 결단력을 발휘하여 원만하게 처리하였다. 무엇보다 큰 치적은 예장개혁 교단과의 합동에 대한 중의를 이끌어 내어 다음 회기에서 이를 성취할 수 있는 기반을 마련했다는 점이다.(위 왼쪽 사진은 제비뽑기 당선의 순간, 가운데는 제88회 총회 임원들, 오른쪽은 총회장 당선을 축하하고 협력을 다짐하는 옥한흠 목사와 함께. 아래 왼쪽 사진은 직전총회장 임태득 목사로부터 성경과 헌법과 고퇴를 물려받음, 가운데는 총회장으로서의 회무 진행, 오른쪽은 대치동 총회회관에서 총회 임원회 주재, 이상 ⓒ 기독신문)

2005년 5월 9-11일 부산 수영로교회에서 열린 제42회 전국목사장로기도회에서 영국 스코틀랜드 에든버러대학교 라이트(David F. Wright) 교수는 "우리를 떠난 반석"이라는 제목의 주제 강의를 첫날 오전과 오후 두 차례 했다. 여기에서 칼빈의 신학에 터 잡은 스코틀랜드 장로교의 전통에 우리가 서 있음이 강조되었다.(오른쪽 첫째 필자, 넷째 라이트 교수, 다섯째 서기행 목사)

2005년 1월 12-21일에 걸쳐서 웨일즈에 있는 토마스(Robert J. Thomas) 선교사의 생가를 방문하는 일정 가운데 들른 스코틀랜드 에든버러대학교 신학부 뉴 칼리지(New College)의 존 녹스(John Knox) 목사 동상 앞에 섰다.(오른쪽부터 서기행 목사, 라이트 교수, 필자)

정영숙 사모의 내조는 남달랐다. 교회가 분열되는 어려움을 겪고 많은 궂은일을 도맡아 하느라 당뇨병을 얻었으며 그즈음 무려 14년 동안을 교회에서 철야하기도 했다. 그 당뇨병이 원인이 되었는지 췌장암이 발병하여 남편이 총회장에 취임하는 것도 보지 못하고 그 몇 달 전에 그 길을 떠났다.(스코틀랜드의 어느 성곽 앞에서 내외)

사진으로 보는 서기행 목사의 천로역정

예장합동과 예장개혁의 교단 합동은 그동안 분열만 거듭했던 한국교회사에 새로운 전기를 마련한 대사건이었다. 2004년 5월 27일 서울 팔래스 호텔에서 예장합동 개혁교단영입위원회와 예장개혁 합동추진위원회에 속한 위원이 동수로 7명씩 총 14명이 모여 합동 추진에 공감하고 각 3인으로 구성된 6인 소위원회를 두기로 하였다.(오른쪽 앞에서 셋째. ⓒ 기독신문)

14인 모임 이후 구성된 6인 소위원회가 2004년 6월 11일 광주 기독회관에서 열렸다. 여기에서 실무적인 사안이 구체적으로 처음 거론되었다.(왼쪽으로부터 김상술 장로. 최성구 목사. 서기행 목사. 김정중 목사. 변남주 목사. 권영식 장로. ⓒ 기독신문)

2005년 9월 27-30일 대전중앙교회에서 열린 제90회 총회 첫날에 교단 합동의 건이 제89회 총회의 유안건으로 다루어져 총회장 서기행 목사의 사회로 만장일치 가결되었다. 서기행 목사가 고퇴를 힘차게 내리쳐(왼쪽 위 사진) 이를 선포한 후 83세 노구의 증경총회장 김일남 목사를 필두로 변남주 목사 등 개혁교단 총대들이 입장하였다.(왼쪽 아래 사진. 이상 ⓒ 기독신문) 그리고 양 교단의 총회장으로서 이를 이룬 주역들인 서기행 목사와 홍정이 목사가 손을 맞잡고 하나님께 감사하였다.(오른쪽 위 사진. ⓒ 도서출판 새한) 이를 회고하며 기념하는 책자가 이 둘에 의해 2009년 출판되었다.(오른쪽 아래 사진)

2013년 10월 30일에서 11월 8일까지 부산 벡스코(Bexco)에서 세계교회협의회(WCC) 제10차 총회가 개최된다는 소식을 접한 총회는 2009년 11월 26일에 세계교회협의회(WCC)대책위원회를 구성하였다. 그리고 12월 2일 회의에서 서기행 목사를 회장으로 선출하였다. 이듬해인 2010년 1월 25일 서울 앰배서더 호텔에서 보수적인 교단 19개 교단이 간담회로 모여 결의문을 채택하였다.(위 사진. ⓒ 기독신문)

WCC대책위원회는 전국을 3개 지역으로 나누고 총 235명의 목사와 장로를 위원으로 위촉하여 명실상부한 전국적인 체제를 갖추었다. 그 지역대표를 선정하는 모임이 2010년 12월 30일에 총회회관에서 있었다.(위 사진. ⓒ 기독신문)

서기행 목사는 철저한 신학적 조명을 통하여 WCC 문제는 본질적으로 진리의 문제라는 인식을 저변에 확산시키고자 노력하였다. 그리하여 WCC부산대회를 유치하고 준비하는 측과 방송을 통한 공개적인 토론을 2012년 7월 9일 총회회관에서 제안하였다.(왼쪽 사진. 왼쪽 셋째. ⓒ 아이굿뉴스) 또한 한국 교회 WCC 반대 보수교단 연합 예배를 2013년 5월 16일 서울 팔래스 호텔에서 개최하였다.(아래 왼쪽 사진. ⓒ 크리스천포커스. 아래 오른쪽 사진. ⓒ 크리스천투데이)

WCC대책위원회 위원장으로 4년간을 섬기면서 정밀한 신학적 연구에 기초한 고차적인 비판을 통해서 WCC의 근간이 잘못되었으며 부산총회뿐만 아니라 그 존재 자체를 거부해야 한다는 인식을 초지일관 견지하였다. 그리하여 총신과 칼빈, 대신, 광신 등 교단 신학교 교수들이 성명서를 통해서 자신들의 입장을 표명할 것을 권유하고 여러 책자를 발간하여 총회의 총대에게 배포하는 등 이 부분에 총력을 기울였다. 이러한 노력이 결실을 맺어 WCC 측은 진리 문제에 있어서 열세와 한계를 보였다.(WCC를 비판한 오른쪽 책들 중 7권은 총회에서 배포되었으며,「역사신학논총」은 서기행 목사의 주선으로 복음주의신학회 역사분과에서 발표된 6편의 글들을 싣고 있다.

대성교회 원로목사와 증경총회장으로서 교회와 교단을 위한 일은 계속되었다. 양지 총신대학교 신학대학원에 세워진 765,000볼트의 특고압 송전탑 문제로 학교가 진통을 겪을 때 이를 돕기 위하여 세심한 노력을 기울였다.(위 왼쪽 사진 2009.6.11. 당시 40일 금식기도 중인 백운형 목사를 만남, 오른쪽에서 둘째. ⓒ 기독신문)

서기행 목사는 2013-14년 제15-16회 증경총회장단 회장을 맡았다. 교단이 여러 문제로 혼란스러워 어느 때보다 거는 기대가 컸다.(2013.10.17. 서울 앰배서더 호텔에서 제15대 회장으로 취임. 왼쪽에서 셋째. ⓒ 기독신문)

WCC 부산총회 이후 예장통합 측에서 오히려 신학적 무분별함에 대한 반성의 목소리가 나오고 교단 연합 활동도 갈피를 못 잡게 되자 서로 가능한 선에서 교류를 모색하자는 움직임이 일어났다. 그 일환으로 예장합동과 통합의 증경총회장연합예배가 2014년 6월 30일 서울 앰배서더 호텔에서 있었다. 양 교단의 목사 증경총회장과 장로 증경부총회장 50여 명이 교단분열 이후 55년 만에 처음으로 모였다.(위 왼쪽 사진. 가운데 줄 오른쪽 다섯째. ⓒ 한국기독공보) 이후 2014년 7월 24일 양 교단의 증경총회장 대표들이 서울 앰배서더 호텔에서 모여 이후 특별기도회를 갖기로 결의하고 서기행 목사가 이를 발표하였다.(위 오른쪽 사진. 가운데. ⓒ 크리스천투데이) 그리고 2014년 8월 10일 합동 교단 사랑의교회(담임 오정현 목사)에서 "한국 교회 치유와 회복을 위한 연합기도회"가 성대하게 거행되었다. 서기행 목사는 사회를, 김삼환 목사는 설교를 맡았다.(아래 왼쪽 사진. 가운데. ⓒ 기독신문) 순서를 마친 후 서기행 목사와 김삼환 목사는 단상에서 함께 손을 맞잡고 한국 교회 회복을 위하여 서로 힘을 보탤 것을 다짐하였다.(아래 오른쪽 사진. ⓒ 크리스천투데이)

서기행 목사가 주력하여 2015년 9월 14일 제100회 총회 중에 『역대총회장의 증언』을 출간하였다. 제43회에서 제98회 총회에 이르기까지의 총회장들의 설교와 현존하는 증경장로부총회장들의 간증을 망라한 84인의 글이 수록되었다. 그중 구개혁 측 증경총회장들과 증경장로부총회장들도 포함되었다는 점이 주목된다.

2017년 1월 16일 서울 앰배서더 호텔에서 증경총회장단을 주선하여 종교개혁 500주년을 맞이해서 칼빈주의 개혁신앙의 근본으로 돌아가자는 취지의 기자회견을 하였다. 이는 종교개혁을 빙자하여 로마가톨릭과 개신교의 무분별한 연합을 주창하는 목소리가 높아지고 있기 때문이었다.(오른쪽에서 셋째. ⓒ 기독신문)

부흥회를 가진 곳은 전국적으로 800여 교회에 달한다. 1970년대에 가장 잦았다. 교회가 분열되는 어려움을 겪은 이후에는 많이 다니지 않았다. 부흥회 때 말씀 선포와 교육과 함께 성도의 헌신과 십일조와 주일성수 등 삶을 강조하였다. 그리하여 부흥회 이후 성장하는 교회가 많았다.(1974.5. 심령대부흥회)

주일학교교사강습회에서는 성경 말씀을 핵심적인 교리에 어긋나지 않게 가르치되 배우는 학생들이 흥미를 가지게끔 다양한 신앙적 동기를 부여해야 함을 강조하였다.(1975.7.21-24. 전남 영암 독천교회에서 열린 목포노회 제16회 주일학교교사강습회)

당시에는 노회 단위의 말씀사경회나 강습회가 많이 열렸다. 여러 곳의 초청을 받아 갔는데 언제나 성경의 기본 진리와 신앙과 성도의 삶에 대해서 강조하였다. 주일학교 교육에 있어서 먼저 교사들이 말씀 앞에 온전해질 것과 효과적인 교수법으로 학생들을 가르칠 것을 핵심적으로 선포하였다.(1973.7.30. 김제노회 주일학교연합회와 청장년연합회 심령부흥회)

부흥회를 기존 성도들을 대상으로 하는 데 그치지 않고 인근을 전도하는 기회로 삼았다. 그리하여 구령의 열매가 많이 맺혔다.(1994.8. 군산동노회 연합대 심령전도집회)

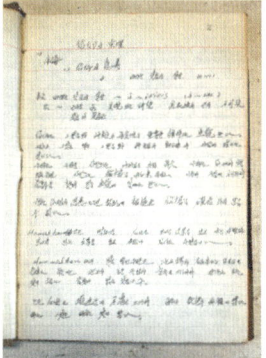

부흥회는 주로 월요일에서 토요일까지 진행되었는데 화요일, 수요일, 목요일에는 "신앙의 원리," "산상보훈," "요한계시록"으로 "낮 공부"를 가르쳤다.

초기 설교집 제15권에 "신앙의 원리"가 기록되어 있다. 여기에서는 믿음이 무엇인지와 무엇을 믿을 것인지에 관해서 성경 전체를 체계적으로 조망하여 가르친다.("신앙의 원리" 첫 장)

사진으로 보는 서기행 목사의 천로역정

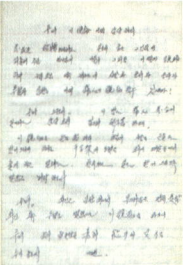

서기행 목사는 가히 '기록의 사람'이라고 할 만하다. 특별한 예외를 제외하고는 언제나 노트에 기록하여 말씀을 전한다. 주요한 여러 주석을 두루 여러 차례 읽고 난 후 기도하는 가운데 설교문을 작성한다. 고등학교 때부터 2013년까지 했던 설교들을 모은 최소 153권 이상이 되는 설교집이 남아 있다.

초기에는 주로 대학노트에 설교를 기록하였으나 담임목회를 한 이후에는 대부분 보조부를 사용하였다. 설교집의 첫 장에는 감사와 다짐의 글이나 기도문을 적어 마음을 새롭게 가다듬었다. (위는 설교집 제21권의 겉표지. 아래는 그 첫 장에 기록된 기도문)

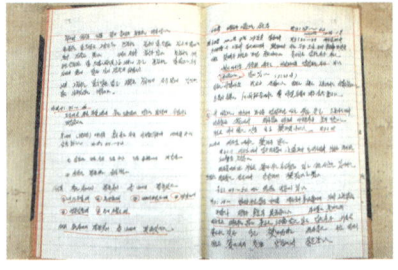

새벽 예배를 목회의 주요한 근간으로 여겨 새벽에도 설교문을 복사하여 나눠 준 후 말씀을 전함으로써 성경 전체의 가르침을 성도들의 심령에 새기고자 하였다. 그 열매로 『새벽예배강해』 3권과 『새벽 성경각장 요절강해』 2권이 출판되었다. 성도의 신앙과 삶에 요긴한 말씀 100편을 모은 『은혜의 강수』라는 설교집도 빛을 보았다.

주일 낮에는 교리와 절기와 시기별 특성에 따른 설교가 주를 이루었으며 강해설교는 수요일 밤 예배 때 주로 하였다. 빌립보서, 요한계시록, 산상복음, 사도행전, 마태복음, 고린도전서, 창세기, 야고보서, 로마서 등이 장절로 강해되었다. 다만 2001년 3월 11일부터 2004년 4월 18일까지 행해진 마가복음 강해는 새로운 천년을 맞이해서 주님의 생애를 깊이 새기자는 의미로 주일 낮 예배 때 행해졌다. (위 사진은 마가복음 강해 64강 중)

부록
설교 목록

서기행 목사가 남겨놓은 설교노트와 설교집은 153권에 이른다. 고등학교 때부터 대성교회 은퇴 이후 2013년까지의 설교가 거의 다 수록되어 있다. 그 이후에 대성교회나 다른 곳에서 한 설교는 매번 종이에 쓴 것이 보관되어 있다. 주로 A4 용지를 사용하였다. 설교집에는 주일 새벽 예배 설교문도 들어있다. 이하 설교노트와 설교집에 실린 설교의 목록을 제시한다. 초기의 설교노트에 쓴 몇몇 글들도 함께 소개한다. 순서를 매겨 전한 강해설교는 번호를 부쳤다. 용례로 "오전"은 주일 오전 예배, "밤"은 주일 밤 예배, "오후"는 주일 오후 예배, "수요"는 수요일에 드려진 삼일 밤 예배를 칭한다. 처음에는 주일 저녁에 예배를 드렸다가 1987년 2월부터는 건축으로 인하여 주일 오후에 예배를 드렸다. 한때 1974년과 1975년경에는 주일 오전에 별도로 대학부와 중고등부 예배를 드린 적도 있었다. 이는 따로 명기하지 않았다. 이하 목록에 제시된 설교 중 날짜가 미상인 경우에는 공란으로 두었으며, 1976년 설교는 자료를 구하기가 어려워 파악이 가능한 경우만 실었다.

1954년 글모음

1954.		성경연구통신학교 문제
		기독교사
3.25.	마 16:13-17	예수는 누구인가
5.18.	출 12:1-14	출발의 전야
6.20.	마 3:1하	회개의 열매는 천국이 유업
	골 1:6-24	인생의 대문제를 해결
10.22.	마 6:36-46; 27:49	예수님의 피는 전 세계를 구원
11.14.	요 15:1-19	어디에 속할까
	행 8:26-40	예수의 제자 빌립의 전도

1955-56년 설교모음

1955.	마 20:1-16	천국의 봉사의 가치를 표시하는 평가
	눅 11:41; 행 20:17-21	눈물
	출 3:1-8	신을 벗으라
	롬 5:3-11	소망
	롬 3:9-20; 사 9:1-8	의인은 없다
	마 10:9-15	새로운 역사의 창조
	요 3:1-8	새 사람의 길
	요일 4:9-16	사랑
	갈 4:16-20	그리스도의 형상을 형성하다
1956.	마 11:28-	인생과 교회
	마 16:24-28	그리스도를 따르라
	마 6:33	천국민의 생활원리
	롬 5:1-13	소망의 하나님
	마 15:1-6; 엡 6:1-5	대효(大孝)의 종교
	롬 13:1-13	신앙의 절제
	눅 24:36-43	부활하신 그리스도를 어떻게 대할까
	눅 22:39	기독교인의 3대 위력

몽탄중앙교회 설교모음 1

	마 5:27	지옥은 어떠한 곳인가
	출 3:1-13	신을 벗으라
	막 10:46-52	나를 보게 하여 주소서
	요 8:1-13	죄 없는 자가 먼저 치라
	눅 7:11-17	평안함이 어디 있는가
	전 11:9-12	기독 청년의 3대 요소
	요일 4:7-16	사랑
	마 14:22-33	적게 믿는 자여 왜 의심하느냐
	요 1:1-18	하나님의 말씀으로 목욕하자
	마 3:1-12	광야의 새벽종
	갈 6:1-10; 마 11:28	인생과 교회
	마 7:15-27	맺어야 할 열매

몽탄중앙교회 설교모음 2(1957년)

1957.	막 4:35	신앙
	욥 8:18-27	탄식하는 세상
		천로역정 요약
	눅 3:2-17	새 운동의 선구자
	레 25:1-13	세계는 기로에 섰다
	행 2:36-62	우리가 어찌할고
	엡 2:12-22	십자가만 자랑
	고전 1:26-32	인생아 너는 무엇을 자랑하느냐
	창 2:7-14	은혜의 강수

이상의 설교모음

	엡 2:13	만세반석
	히 11:13-16	본향을 찾는 고객(孤客)
	마 16:24-28	인류의 가치

	마 24:3-13	인내로써 신앙을 지키라
	요 4:1-26	목마른 인생
	벧전 3:13-17	산 소망의 종교
	마 11:2-5	세례 요한의 인격
	눅 9:57-62	그릇된 세 구도자(求道者)
	벧전 1:3-12	신앙과 절제
	롬 12:9-13	경건의 비밀
	갈 6:1-10	섬기라
	전 12:1-10	기독 청년의 3대 요소

1961년 9월부터 설교문 초안

총신 전도사 시절 동막교회 등 설교모음

	마 6:29	천국민의 생활원리
	마 22:39, 46	기독교의 3대 위력
	눅 2:1-14	기쁨이 되는 소식
	눅 7:11-17	평안함이 어디 있는가
	막 4:13-17	인생이 어디를 향하여 가느냐
	마 19:16-22; 눅 18:18-23	청년의 흥망, 내가 무엇을 하여야 영생을 얻으리이까
	마 16:24-28	그리스도를 따라가자
	롬 5:13; 5:3-11	소망
	롬 3:9-20	의인은 없다
	렘 4:19-22	고통의 심리
	눅 23:34	십자가 앞에서 너는 누구냐

1962년 말 - 1963년 설교모음

1962.	눅 2:1-20	큰 기쁨의 좋은 소식
	마 1:1-12	성탄의 별
1963.	엡 4:17-32	새해의 새 사람
	히 12:1-13	주님을 앙모합시다
	행 20:17-35	바울의 눈물
	전 7:28	기(奇)남자와 숙녀
	마 5:1-13	하나님께서 원하시는 마음
	마 11:28-30	인생과 교회
	고후 5:18-19	기독교의 평화
	롬 7:7-25	성결한 생활
	눅 12:35-40	재림의 약속과 준비
	눅 5:1-11	인생의 한극(限極)
	요 20:26-29	믿음과 의심
	시 119:65-80	고난을 통한 완성 되어지는 복음(신앙)
	요일 1:5-10	인류는 먼저 자신의 죄를 회개해야 한다
	마 5:17-29	천국
	벧전 5:1-11	시험에 들까 조심하라
	고전 1:26-31	약한 것들을 택하심
	마 12:38-46	요나의 표적
	마 25:1-12	밤중에 부르는 소리를 들으라
	마 5:1-13	하나님께서 원하시는 마음
	마 22:39-46	기독교의 3대 위력
	막 4:13-17	인생은 어디를 향하여 가느냐
	롬 7:7-25	성결한 생활
	마 15:6-32	십자가 앞에서 너는 누구냐
	눅 9:57-62	그릇된 세 추종자
	요 1:7-14	예수를 영접하자
	행 13:38-41	사죄의 확실성
	히 10:19-25	피의 은혜를 받은 자의 신앙생활
	히 11:1	신앙의 유지법
	고전 15:58	성경에서 보는 일
	벧전 4:7	말세 신자의 의무

1963년 설교모음

1963.	시 58:1-11	저주받는 죄악

	약 4:1-10	더욱 큰 은혜를 받을 자
	빌 2:1-11	그리스도의 마음을 품으라
	약 4:13-17	내일을 알으라
	요 17:1-26	예수님의 기도를 배우자
	행 8:9-24	황금과 신앙
	눅 17:11-19	아홉은 어디 있느냐
	딤전 6:3-16	오직 너 하나님의 사람아
	행 3:1-10	성전 미문에 앉은뱅이
	마 16:24-25	주를 따르는 자의 태도
	고전 13:1-3	사랑의 등불 되시라
	사 49:15-17	나는 너를 잊지 아니하리라
	마 2:8-21	복 주시러 오셨네
	벧전 1:15-25	인생이 무엇이냐

송지동교회 설교모음 1(1964년 이후)

1964.	엡 4:17-24	옛 사람을 버리고 새 사람 되라
	고전 4:1-14	그리스도의 일꾼이라
	딤후 1:3-5	믿음에서 보는 여자의 힘
	행 2:42-47; 3:32-34	예루살렘 교회를 보시라
	행 16:1; 빌 2:19-24	디모데는 누구인가?
	벧후 3:8-13	주의 날에 합당한 사람
	딤후 2:19-21	귀히 쓰는 그릇 되시라
	행 16:15	여전도회원 가정과 신앙
	약 4:13-17	떠나고 마는 인생
	막 5:25-34	성경에서 본 병들
	고후 1:1-11	바울 사도의 고난
	마 11:25-30	성회를 가지는 목적

송지동교회 설교모음 2

	고후 11:23-31	고난과 성도
	행 12:1-19	기도하는 교회
	요 13:1-11	신앙생활의 3대 통찰
	요 5:2-9	천한 자를 도우신 주님
	왕하 5:8-14	4종류의 신자
	막 5:13-16	신자의 별명
	에 4:15-17	신앙과 애국심
	히 12:1-13	하나님의 징계
	행 9:26	인격 발견자 바나바
	고후 8:1-5	생명 있는 교회의 봉사
	롬 13:11-14	말세신자들의 3대 급무(急務)
	요 20:24-29	믿음과 의심

송지동교회 설교모음 3

	행 2:1-13	성경에서 본 교회
	전 12:1-10	기독 청년의 3대 요소
	롬 3:1-13	신앙과 절제 생활
	마 6:23-34	천국민의 생활원리
	갈 6:1-10; 마 11:28	인생과 교회
	사 40:3-11	그리스도 외치는 음성
	요일 1:1-4	보시라
	요일 4:7-16	사랑
	롬 3:9-20	의인은 없다
	마 5:17-20	천국
	시 23:1-4	여호와는 나의 목자시다
	눅 21:5-9	무질서한 말세
	요 20:24-29	부활의 기독교
	눅 24:36-43	부활하신 예수 그리스도

"신앙의 원리" 2권과 "신앙의 도리" 1권

목포동문교회 설교모음

	마 4:1-10; 눅 4:1-13; 막 1:12-13	대사(大事) 전의 기도
	마 5:1-13	하나님께서 원하시는 마음

딤전 3:13	신앙의 담력
행 2:1-14	다락방의 기도
계 20:4-16	최후의 심판
마 15:1-6; 엡 6:1-6	대(大) 효의 종교
렘 4:19-20	고통의 심정
마 21:1-14	그리스도는 누군가
요 1:1-4	보시라
창 32:24; 단 10:7; 마 28:20	고적(孤寂)
마 5:3; 잠 4:23	심적 문제
욥 2:28	기독 청년이여 환상을 보라

1965년 목포노회 교사강습회 원고
[초기설교집 1] 1964년 송지동교회(주일 오전)

잠 13:13-25	부모를 공경하라
행 2:1-13	오순절에 성령충만
요 12:44-50	주님의 말씀의 중요성
히 11:13-16	본향을 찾는 고객(孤客)
엡 4:25-32	서로 용서하라
마 20:1-16	포도원의 일꾼
대상 29:1-17	주께 감사하세
고전 1:4-9	고린도 교회의 삼종(三種)의 장점
롬 6:23 (15-23)	사망이 양면
벧후 1:1-11	더욱 힘쓰자 1
벧후 1:1-11	더욱 힘쓰자 2
욜 2:28-32	성령세례를 이렇게 받으라
마 26:26-28	그리스도의 피
롬 8:1-2	삼면(三面)에서 본 해방
마 24:47-51	미련한 청지기는 누구인가
벧전 1:13	죄의 방지책
요 2:13-22	주님의 3대 비범(非凡)
눅 10:17-24	기독 신자의 3대 기쁨
눅 12:13-21	어리석은 자
마 11:15-19	이 세대를 무엇으로 비유(譬喩)할꼬
행 20:17-37	교회를 사랑하자
약 1:12-14	시험에 빠질까 조심하라

[초기설교집 2] 1964년(주일 오전 이외 기도, 십계명, 성경개론, 호세아서 강론 포함)
[초기설교집 3] 1966년 5월 25일부터(마 5-7장의 산상복음 전체)
[초기설교집 4] 1964년 후반 - 1965년 전반(주일 오전)

1964.	롬 12:1-2	신자의 세 가지 할 일
	롬 10:14-15	좋은 소식을 전하는 자
	요 9:1-14	눈 뜬 소경의 신앙
	마 14:13-21	오천 인을 먹이심
	눅 14:25-35	누가 주의 제자인가?
	마 1:1-25	성탄에 대하여
1965.	요 3:1-8	새 사람의 길
	시 101:1-8	나라를 다스리는 비결
	롬 10:10-13	신자의 축복
	막 16:25	밤중의 축복
	창 22:1-13	이제야 알겠다
	눅 7:36-50	은혜 받은 자의 태도
	약 1:12	신앙생활의 금물(禁物)
	마 11:13-16	나그네의 심정
	딤전 6:15-16	그리스도의 재림
	빌 2:5-11	십자가의 길
	왕상 22:1-28	선지자의 사명

눅 10:27	사랑
출 3:1-15	신을 벗으라
시 18:4-6	음부의 줄이 나를 두르고

[초기설교집 5] 1967년 3월까지(주일 새벽)
[초기설교집 6] 1965년 후반(주일 오전)

1965.	잠 23:13-25	부모를 공경하라
	롬 10:14-15	좋은 소식을 전하는 자
	고전 15:57-58	승리자의 생활
	행 2:1-13	오순절에 충만한 성령
	빌 2:1-11	그리스도의 마음을 품으라
	행 2:54-60	순교자 스데반
	욘 3:1-10	멸망 전의 니느웨
	합 1:1-17; 2:4	격변한 시대의 신앙생활
	요 5:2-9	천한 자를 도우신 주님
	행 2:42-47	예루살렘 교회를 본받으시라
	왕상 3:1-15	다윗 왕의 남긴 삼덕(三德)
	행 27:1-37	사종(四種)의 닻 1
	행 27:29	사종(四種)의 닻 2
	딤후 4:1-8	네 직무를 다하라
	요 17:1-26	예수님의 기도를 배우자
	시 38:1-22; 창 3:1-10:31	고난과 성도
	롬 8:5-11	그리스도의 사람
	마 11:2-15	새로운 역사의 창조
	마 26:26-28	그리스도의 살과 피
	행 8:9-24	황금과 신앙
	눅 7:11-17	평안이 어디 있나
	마 6:31-34	기독 신자의 고민
	롬 13:11-14	말세 신자의 3대 급무(急務)
	약 2:5-11	십자가의 길

[초기설교집 7] 1965년 8월부터(시편 강해, 주일 오전 외)

시 11:1-7	기독 신자의 의지할 곳
시 15:1-5	하나님과 교제할 자
시 17:1-14	오른손으로 구원하시는 하나님
시 19:7-14	로고스에 대한 찬미
시 44:1-26	하나님의 도움을 간청함
시 44:4-8	하나님만 의지함
시 44:9-22	의인의 부르짖음
시 45:1-17	왕의 결혼찬미
창 18:1-21	기도응답의 실례

[초기설교집 8] 1966년 후반(주일 오전)

1.2.	요 3:1-8	새 사람의 길
	욥 2:1-6	하나님의 종 욥
	행 9:26	인격 발견자 바나바
	딤후 1:3-5	기독교사에서 본 여자의 힘
	요 2:1-11	첫 번 이적
	엡 4:1-16	하나 되자
	고후 8:1-5	생명 있는 교회의 봉사
	마 16:13-20	교회의 사명
	마 19:16-22	근심하며 가는 청년
	엡 5:1-14	하나님을 본받는 자
	빌 1:26-30	복음에 합당한 생활
	눅 23:29-46	기독교의 3대 위력
	히 10:19-20	보혈의 능력
	마 4:18-22; 요 21:15-20	사람 낚는 어부
	빌 2:19-24	디모데의 산 교훈
	마 18:1-7	기독교와 어린이
	엡 6:1-4	부모님을 알고 섬기라
	잠 23:22-26	가정의 주인인 아버님
	몬 4-22	빌레몬의 인격

눅 7:1-10	신앙의 표본
시 5:15-21	참된 감사
행 20:17-38	바울 사도의 눈물

[초기설교집 9] 1967년 5월 27일 - 1969년 연말 (주일 새벽)
[초기설교집 10] 1966년 후반(주일 오전)

행 20:17-37	교회를 사랑하자
롬 8:1-12	삼면(三面)에서 본 해방
고후 5:18-19	그리스도의 평화
고후 4:7-18	날로 새로워지는 신앙생활
눅 10:27	사랑
벧전 5:1-11	시험에 들까 조심하라
행 9:31	교회 장성의 비결
딤전 6:11-16	하나님의 사람아
요 5:2-9	천한 자를 도우신 주님
마 11:2-15	새로운 역사의 창조
요 19:1-30	십자가 앞에서 누구냐
딤전 3:16-8	신앙의 담력
행 8:9-24	황금과 신앙
눅 17:11-19	아홉은 어디 있느냐
고전 1:4-9	고린도 교회의 세 가지 장점
잠 31:10-31	여성의 위치와 사명
엡 4:25-32	서로 용서하라
시 40:3-11	주님의 음성
마 10:34-39	십자가의 길
눅 1:26-38	은혜 받은 마리아
벧전 1:13-25	주의 종의 발자취
요 3:1-8	새 사람의 길
마 16:13-20	교회의 사명
눅 12:35-40	재림의 약속과 준비
약 4:1-10	큰 은혜를 받은 자

[초기설교집 11] 1968년 연시부터(주일 오전)

1.7.	고후 8:1-5	생명 있는 교회봉사
1.14.	요 3:1-8	새 사람의 길
1.21.	왕상 3:4-9	다윗 왕이 남긴 삼덕(三德)
1.28.	행 1:6-11	어느 때입니까?
2.11.	벧전 5:1-11	시험에 들까 조심하라
	벧전 1:15-25	인생이란 무엇인가
	마 13:10-17	고침을 받을까 두려워함
	욘 3:1-10	멸망 전의 니느웨
	행 9:31	교회장성의 비결
	삼상 3:1-21	부름을 받은 사무엘
	고후 1:1-11	바울 사도의 고난
	시 39:1-13	연약한 인생
	눅 12:13-21	어리석은 자
	마 6:23-34	기독자의 생활원리
	벧전 3:1-6	여성의 단장
	롬 7:7-25	성결한 생활
	잠 23:13-25	부모를 공경하라
	요 20:24-29	신앙과 의심
	롬 13:11-14	현대 교인의 급무(急務)
	고전 1:4-9	고린도 교회의 장점
	마 22:1-14	예수님의 초청장
	행 7:54-60	순교자 스데반
	단 1:1-16; 6:1-27	청년 다니엘의 신앙
	시 100:1-5	감사의 시
	마 14:13-21	오천 인을 먹이심
	출 4:1-4	모세의 지팡이와 기도
	시 23:1-4	신앙의 축복 1
	시 23:1-6	신앙의 축복 2

부록 설교 목록

[초기설교집 12] 1967년 초 목포영락교회(주일 오전)

본문	제목	
행 13:1-3	안디옥 교회의 전도단	
막 2:1-12	가버나움의 이적	
요 17:1-26	예수님의 기도를 배우자	
롬 3:9-20	의인은 없다	
히 5:7; 요 11:35; 눅 19:41	예수님의 눈물	
딤후 4:1-8	네 직무를 다하라	
몬 4-22	빌레몬의 인격	
약 4:13-17	인생이 어디를 향하여 가느냐	
마 25:14-30	무엇을 남기리까?	
고전 15:1-19	예수의 부활과 교회	
요 9:1-14	눈 뜬 소경의 신앙	
눅 10:12-24	기독 신자의 3대 기쁨	
삼상 17:31-54	승리한 다윗	
마 26:26-28	그리스도의 살과 피	
행 2:1-13	오순절에 충만한 성령	
계 1:1-3	신자의 칠복	
눅 21:5-9	무질서한 말세	
롬 13:11-14	술에 대한 기독교인의 자세	
딤후 2:19-21	귀히 쓰는 그릇	
벧후 3:8-13	주의 날에 합당한 자	
행 7:54-60	순교자 스데반	
살전 5:18	감사의 신앙	
눅 2:41-51	그리스도를 찾는 인생	
시 39:1-13	연약한 인간	
에 2:5-7	한국의 부림절	

[초기설교집 13] 1964년 7월 8일부터 송지동교회 (시편 25-52편 수요일 밤)

[초기설교집 14] 1968년 8월 이후(주일 오전과 밤)

날짜	본문	제목	
8.19.	롬 8:1-12	해방 후 23년	오전
8.25.	눅 22:39-46	겟세마네 동산에 계신 주님	오전
	막 5:25-34	평안히 가라	밤
9.1.	행 16:19-34	옥중에 있는 바울과 실라	
	삼상 6:10-16	법궤를 메고 가는 암소	오전
	눅 1:5-7	사가랴의 모범적 신앙	밤
	막 10:1; 눅 4:16-30	예수님의 관습	오전
	마 5:12-16	신자의 별명	밤
	마 19:1-10	여리고 성에 가신 예수님	
	마 21:18-22	저주받은 무화과	밤
	마 5:13-16	빛을 발하라	오전
	눅 7:11-17	청년아 일어나라	밤
	막 14:1-2	슬픈 명절	
	마 25:14-30	일감을 받으라	오전
	마 14:22-25	최후의 성찬	밤
	마 25:31-46	영광을 받은 양	오전
	히 11:13-16	본향을 찾는 과객	
	롬 8:5-11	그리스도의 사람	오전
	고후 5:19-19	평화	밤
	히 5:7-10	순종하는 청년	
	요 17:1-26	간구하는 그리스도	오전
	고 12:20-33	희생의 원리	밤
	마 17:11-19	신자의 감사	
	엡 6:10-20	신리의 띠를 띠라	오전
	요 20:35-37	세계를 움직이는 기독교	밤
	요 3:16-17	최대의 선물을 주신 하나님	오전

엡 5:15-21	세월을 아끼라	오전
딤전 3:14-16	하나님의 교회	밤
살전 1:2-7	심중에 기억하라	오전

[초기설교집 15권] 신앙의 원리

[초기설교집 16권] 빌립보서 강해 1

[초기설교집 17권] 1970년 후반부터 1971년 3월까지(주일 오전과 밤)

연도	본문	제목	
1970.	살전 5:12-15	선을 좇으라	
1970.	막 13:33-37	이때는 깰 때라	밤
1970.	행 13:1-3	안디옥 교회의 성황	오전
1970.	고전 13:1-3	사랑의 정의	
1970.	롬 6:4-14	주와 연합한 자의 생활	
1970.	시 100:1-5	3대 감사	
1970.	눅 16:19-31	과원(果園)을 찾는 두 가지 사람	오전
1970.		사랑의 특성	
1970.	눅 5:1-11	제자들을 부르심	오전
1970.	눅 2:8	암혹에 들리는 찬송	밤
1970.	눅 22:1-20	구유에 누이신 아기께 경배하세	오전
1970.	벧전 2:4-5	성전의 산돌이신 그리스도	밤
1970.	마 28:16-20	예수의 마지막 교훈	
1970.	고전 13:1-13	사랑의 영원성	
1971.	빌 4:2-7	1971년의 기독교 신앙생활	밤
1971.	눅 14:25-30	신앙의 행진	오전
1971.	살전 5:12-22	그리스도인의 생애	
1971.	행 17:10-15	베뢰아에 나타난 복음	오전
1971.	눅 19:1-10	속히 내려오라	밤
1971.	요 4:1-10	그리스도의 3대 의	오전
1971.	갈 6:1-5	자신을 돌아보라	밤
1971.	요 12:9-11	살아난 나사로의 힘	오전
1971.	시 50:15	여호와를 찾으라	
1971.	행 10:1-8	고넬료의 신앙	밤
1971.	창 33:22-32	이스라엘이라 이름을 받은 야곱	오전
1971.	엡 5:1-9	성스러운 신앙인의 자세	밤
1971.	계 2:1-7	주님이 보시는 에베소 교회	
1971.	마 10:16-20	수련 후 주님의 부탁	오전
1971.	딤후 3:10-17	진리의 행로	
1971.	눅 7:11-17	나인의 이적	밤
1971.	마 16:13-20	반석 위에 세운 교회	오전

[초기설교집 18권] 1969년 연사부터(주일 오전과 밤)

날짜	본문	제목	
1.5.	마 10:1-15	거룩한 출발	오전
	마 16:24-25	내가 질 십자가	밤
1.12.	행 16:19-34	밤중의 찬미소리	
	엡 5:22-33	영화로운 교회	밤
1.19.	몬 4-22	빌레몬의 인격	
	시 11:1-7	환난 때 가질 신앙	오전
	눅 5:1-11	제한된 인생	밤
	요 2:1-11	첫 번 이적	오전
	약 4:1-11	더욱 큰 은혜를 받을 자 2	밤
	삼상 2:5-16	미스바의 성업	
	딤후 2:22-26	하나님의 성업을 좇으라	오전
	롬 5:1-5	소망의 하나님	
	고전 11:23-29	나를 기념하라	오전
	마 28:1-10	승리의 부활	

고후 11:22-28	교회를 위한 기도	오전
고후 4:7-18	날로 새로워지는 신앙생활	
요 15:16-27	성도여 세상을 이기라	오전
막 9:33-42	천국민의 모범자	오전
마 18:1-6	어린이를 사랑하시는 예수님	밤
엡 6:1-4	부모님을 알고 섬기라	오전
히 12:1-3	예수를 바라보자	오전
요 21:15-22	나를 사랑하느냐	오전
창 39:7-18	옷을 버리고 도망간 요셉	
행 1:6-11	구름을 타고 올라가심	밤
행 2:1-4	오순절의 새 역사	
행 2:37-42	최초의 기독교	밤
욘 2:1-10	큰일을 맡은 요나	오전
행 14:8-18	우리도 사람이라	밤
왕상 5:1-14	사종(四種)의 신자	오전
갈 4:16-20	그리스도의 형상을 형성하라	오전
딤전 6:15-16	그리스도의 재림	밤

[초기설교집 19] 1969년 후반(주일 오전과 밤)

본문	제목	
마 25:14-30	내 맡은 일	오전
마 7:13-14	진리의 길	밤
6.29.	엡 5:15-21	감사하는 신앙	오전
히 10:32-39	말세 신자의 처신	밤
시 121:1-8	나의 도움이신 여호와	
약 4:13-17	내일 일을 인식하라	밤
눅 10:38-42	더 좋은 것을 택한 마리아	
눅 3:7-17	새 운동의 선구자	오전
계 3:14-22	교회의 위기	밤
유 17-23	미리한 말은 기억하라	
마 25:14-30	착하고 충성된 종	오전
마 11:28-31	평안의 길	밤
신 24:1-12	가나안에 들어간 사람	오전
렘 4:1-10	예레미아의 탄식	
눅 17:22-37	주의 날을 사모하라	오전
요 11:39-44	풀어 놓아 다니게 하라	밤
눅 9:57-62	기독 신자의 3대 각오	오전
눅 23:39-43	우편 강도의 회개	밤
요 1:43-51	나다나엘을 택하신 예수님	오전
출 2:1-10	모세의 어머니 요게벳	밤
롬 14:7-15:2	신앙과 덕	오전
행 8:14-19	다메섹 도상의 변화	밤
마 3:11-12	세례의 힘	오전
롬 5:8-9	보혈의 능력	밤
막 14:51-52	선패후승(先敗後勝)의 청년 마가	
욜 2:12-14	여호와께 돌아오라	오전
마 5:10-12	선지자들을 잡박 하였네	밤
히 12:1-5	예수를 바라보자	오전
살전 1:1-10	쉬지 말고 기억하라	오전
요 15:1-17	예수 안에 거하면	밤
마 26:26-29	기념하는 살과 피	오전
마 11:28-30	너는 나를 배우라	밤
롬 1:8-17	복음의 위력	오전
마 6:1-4	천국민의 구제생활	밤

[초기설교집 20] 1969년 후반(주일 오전과 밤)

본문	제목	시간
마 26:69-75	베드로가 들은 닭 우는 소리	오전
갈 6:7-16	심는 대로 거두리라	밤
마 18:1-10	어린이를 보는 기독교	오전
요 19:23-27	대(大) 효도의 기독교	오전
엡 6:1-4	효도의 명령과 축복	밤
행 2:1-13	오순절에 충만한 성령	오전
스 1:1-11	두 번째의 성전건축	밤
마 10:37-39	자아가 죽을 때	오전
히 11:8-19	신앙의 특징	오전
창 3:7-21	아담을 찾는 하나님	오전
마 14:1-12	목 베인 3대 순교자	오전
마 19:16-22	불안 속에 사는 청년	밤
갈 6:6-10	고심하지 말라	오전
마 16:1-4	시대를 분별하라	밤

[초기설교집 21] 1969년 연말부터 1970년까지 (주일 오전과 밤)

	본문	제목	시간
1969.	엡 5:15-21	감사의 생활	오전
1969.	마 13:1-9	100배의 열매	오전
1969.	마 26:36-46	시험에 들지 않게 기도하라	오전
1969.	히 3:1-6	모세의 희생	오전
1969.	요 4:35-38	눈을 들어 밭을 보라	오전
1969.	행 20:17-28	최후의 결심	오전
1969.	요일 5:1-11	생명의 종교	밤
1970.	엡 4:17-24	예수를 배운 새 사람	오전
1970.	고후 5:16-19	새로운 피조물	밤
1970.	창 3:9-21	인류의 비극의 시작	오전
1970.	출 4:18-23	하나님의 지팡이를 잡으라	오전
1970.	계 1:13-20	예수의 모양으로 본 계시	밤
1970.	삿 13:8-20	사사 삼손의 부모	오전
1970.	엡 5:15-21	기독 신자의 사는 길	오전
1970.	행 1:15-26	맛디아를 택하여 세움	오전
1970.	딤후 1:3-13	사도 부탁을 받은 디모데	밤
1970.	행 9:19-30	다소로 가는 사울	오전
1970.	잠 9:7-12	의인의 지식	밤
1970.	에 4:4-17	에스더의 애국심	오전
1970.	욘 4:1-11	요나를 교훈하는 박 넝쿨	밤
1970.	마 10:1-8	전도자의 각오	오전
1970.	호 3:1-5	하나님의 사랑	밤
1970.	마 14:3-18	루스드라의 두 사도의 전도	밤
1970.	엡 2:1-10	십자가와 인생	오전
1970.	눅 22:39-46	감람산의 주와 제자	오전
1970.	요 6:52-59	성찬의 의의	밤
1970.	요 20:11-18	부활의 종교	오전
1970.	요 20:19-23	부활은 참 평강이다	밤
1970.	벧전 4:7-11	시대감각에 도전하는 신앙	오전
1970.	벧전 4:7-11	현시대에 도전해야 하는 신앙	오전
1970.	히 12:1-6	그리스도의 흔적을 생각하라	밤
1970.	딤전 1:18-19, 벧전 1:6-10	신앙을 지키라	오전

[초기설교집 22] 빌립보서 강해 2
[초기설교집 23] CCC 강의, "믿음이란 무엇인가"

[초기설교집 24] 1971년 3월부터 (주일 오전과 밤)

	본문	제목	시간
3.21.	고전 3:10-15	신앙의 결산서	오전
3.28.	계 5:1-14	인을 떼기에 합당한 자	오전
	빌 1:8-11	빌립보 교회를 위한 기도	밤
4.4.	마 26:17-46	예수님의 최후의 밤	오전
	마 28:1-10	승리의 부활	밤
	요 4:4-42	수가성의 전도	오전
	요 4:35-38	눈을 들어 밭을 보라	오전
	행 1:8	세계는 나의 교구	밤
	눅 18:15-17	어린이를 사랑하신 예수님	오전
	마 28:19-20	참 스승의 원리	밤
	롬 16:25-27	예수의 복음 전하세	오전
	마 13:31-32	겨자씨 한 알	밤
	왕상 18:20-24	여호와냐 바알이냐	오전
	사 6:6-13	나를 보내소서	오전
	고전 11:1	그리스도를 본받는 자	밤
	행 11:19-30	초대 교회의 선교	오전
	출 14:21-31	홍해가 주는 교훈	밤
6.13.	마 5:13	너희는 세상의 소금	오전
	잠 10:11-21	아름다운 입	밤
	고전 1:26-31	약한 것들을 택하심	오전
	눅 7:36-50	감사의 예배를 드리자	밤
	눅 7:11-17	울지 말라	오전
	요일 1:1	메마른 사랑	밤
	롬 15:12-13	소망의 하나님	오전
	민 17:1-11	꽃이 피는 아론의 지팡이	오전
	출 32:1-6	황금 송아지를 부셔라	밤
	겔 37:1-10	에스겔 골짜기의 큰 군대	오전
	히 13:1-9	선택의 실존	밤
	출 3:1-12	자유와 해방	오전
	계 14:1-6	새 예루살렘의 성도	오전
	고후 1:1-11	신앙인의 고난관	오전

[초기설교집 25] 요한계시록 후반부 강해
[초기설교집 26] 1971년 8월부터 (주일 오전과 밤)

	본문	제목	시간
8.29.	출 34:1-17	돌 판을 주시며 들리는 음성	오전
	창 40:9-15	옥중의 호소	오전
	마 7:21-23	천국의 길	오전
	마 1:1-7	새 시대의 청년	밤
	행 5:1-16	아나니아를 배격하라	오전
	빌 4:4-7	감사하는 기도	오전
	약 1:9-18	물질과 신앙	밤
	막 14:1-2	기독교와 명절	오전
	요 21:15-23	방향 결정의 시간	밤
	히 1:3-17	하나님의 약속	오전
	왕상 18:30-40	갈멜산의 제단	밤
	딤후 4:1-8	선한 싸움	오전
	벧전 5:1-4	교회와 장로	밤
	골 1:7	신실한 일꾼	오전
	엡 5:15-21	기독교회의 사는 길	밤
	살전 1:2-4	성도의 삼덕(三德)	오전
	고후 1:3-11	기독교의 고난관	밤
	행 16:19-34	축복받은 간수	오전
	고전 11:23-29	기념설	밤
	마 3:1-12	좋은 열매	오전

	본문	제목	시간
	레 11:3; 삼상 6:7-14	소가 주는 신앙적 교훈	밤
	시 51:15-19	상한 심령	오전
	수 8:1-9	아이 성의 전투	오전
	약 4:1-3	신자의 기도생활	밤
	눅 20:9-18	결과를 찾으시는 하나님	오전
	삼상 15:32-35	하나님의 탄식	밤
	마 2:1-12	큰 별	오전
	사 6:6-10	누가 갈꼬	오전

1972년 설교

	본문	제목	시간
1.2.	빌 3:12-16	송구영신의 신앙	오전
1.2.	눅 10:38-32	좋은 편을 택하라	밤
1.5.	벧전 4:10-11	천한 청지기	수요
1.9.	요일 1:1-10	생명의 도	오전
1.9.	창 22:1-19	아브라함의 헌신적 신앙	밤
1.12.	벧전 4:12-16	그리스도인으로 고난	수요
1.16.	요일 5:1-18	승리의 신앙	오전
1.19.	벧전 4:14-15	그리스도인으로 고난	수요
1.23.	창 6:1-12	홍수시대의 노아	오전
1.23.	대하 26:16-23	웃시야 왕의 무덤	밤
1.30.	마 7:13-14	좁은 문	오전
2.6.	마 6:37-41	시험에 들지 말게 하라	밤
2.9.	벧전 4:17-19	구원의 반열	수요
2.13.	롬 1:14-17	내가 복음에 빚진 자	오전
2.13.	행 2:1-14	성령의 역사	밤
2.16.	벧전 5:1-4	장로의 직분	수요
2.20.	욘 1:1-3	여호와의 낯을 피하지 말라	오전
3.5.	사 5:1-7	포도원의 들포도	오전
3.12.	단 6:10-13	기도를 무릎 꿇고	밤
3.12.	롬 15:30-33	성령의 사랑	오전
3.15.	벧전 5:5-12	젊은이에게 권면	수요
3.19.	욜 1:1-12	말라 버린 인간의 희락	오전
3.26.	마 27:45-54	예수님의 죽음과 권능	오전
3.26.	마 27:62-66	돌을 인봉함	밤
3.29.	벧전 5:6-9	때를 기다려라	수요
4.2.	요 20:26-29	보지 못하고 믿는 자	오전
4.2.	눅 24:13-35	주 찬양하세	밤
4.16.	마 10:38-39	십자가	오전
4.19.	벧전 5:10-11	예수님의 은총	수요
4.23.	눅 21:1-4	과부의 두 렙돈	오전
4.23.	요삼 1:1-8	칭찬받는 가이오	밤
4.26.	벧전 5:12-14	사랑의 입맞춤	수요
4.3.	시 15:1-5	서원의 불변	오전
5.3.	계 1:1-3	밧모섬의 계시(계1)	수요
5.7.	삼상 1:21-28	아이를 데리고 여호와 집에 가다	오전
5.10.	계 1:1-3	밧모섬의 계시(계2)	수요
5.14.	엡 6:1-3	부모를 공경하라	오전
5.17.	계 1:1-20	예수 그리스도의 계시(계3)	수요
5.21.	창 2:7-17	에덴의 4강	오전
5.24.	계 1:1-9	예수 그리스도의 계시(계4)	수요
6.4.	행 10:1-8	고넬료의 신앙생활	오전
6.11.	골 3:1-11	위엣 것을 찾으라	오전
6.11.	막 3:1-6	네 손을 펴라	밤
6.18.	행 8:26-40	에디오피아 내시의 신앙	오전
6.21.	계 1:1-3	축복받은 자의 세 가지(계5)	수요

부록 설교 목록

날짜	본문	제목	시간
6.25.	창 43:26-34	요셉의 타는 듯한 정	오전
6.25.	슥 1:13-20	성전에 모여 구국기도 하다	밤
6.28.	계 1:4-5	은혜와 평강(계6)	수요
7.2.	고후 12:1-10	바울 사도의 만족	오전
7.2.	갈 6:6-10	승리의 길	밤
7.5.	계 1:4-7	은혜와 평강(계7)	수요
7.9.	말 1:13-14	너희 손에서 받겠느냐	오전
7.9.	행 1:4-8	전도의 폭발	밤
7.12.	계 1:7	구름 타고 오실 예수(계8)	수요
7.16.	출 20:1-17	여호와의 법	오전
7.23.	딤후 2:20-26	귀히 쓰는 그릇	오전
7.23.	사 43:1-13	너는 내 것이라	밤
7.30.	막 1:21-22	가르치시는 예수	수요
8.2.	계 1:8-9	밧모섬의 요한(계9)	수요
8.6.	마 5:17-20	성서적 천국관	오전
8.6.	전 12:1-10	기독 청년의 3대 요소	밤
8.9.	계 1:10-20	인자 같은 이(계10)	수요
8.13.	마 23:37-39	예수님의 슬픔	오전
8.13.	룩 7:31-37	수로보니게 여인의 믿음	밤
8.16.	계 1:10-12	일곱 금 촛대(계11)	수요
8.20.	출 9:1-7	이 시대의 사명	오전
8.20.	애 3:27-38	젊었을 때의 멍에	밤
8.23.	계 1:13-20	인자의 모습(계12)	수요
8.27.	눅 27:27-37	웃음을 잃은 민족	오전
8.30.	계 1:13-20	인자의 모습(계13)	수요
9.3.	수 14:6-15	모범의 갈렙	오전
9.3.	약 4:13-17	인생의 향로(向路)	밤
9.6.	계 1:15-20	인자의 모습(계14)	수요
9.10.	마 4:23-25	가시는 곳에 복음의 씨를	오전
9.10.	눅 10:17-20	전도자의 간증	밤
9.13.	계 2:1-7	에베소 교회(계15)	수요
9.17.	마 16:15-20	교회의 지상 과업	오전
9.17.	엡 2:8-10	다른 종교와 복음	밤
9.20.	계 2:4-7	에베소 교회(계16)	수요
9.24.	고후 11:23-28	거룩한 발자취	오전
10.8.	요 20:19-29	평강을 주신 예수	오전
10.8.	롬 15:1-7	그리스도 예수를 본받아	밤
10.15.	롬 8:18-26	탄식의 세계	오전
10.18.	계 2:12-17	주님께 편지 받은 버가모 교회(계17)	수요
10.22.	왕하 2:1-11	영감을 갑절이나 주옵소서	오전
10.25.	계 2:12-17	버가모 교회(계18)	수요
10.29.	딤전 2:1-12	기도하는 교회	오전
10.29.	마 3:4-12	아름다운 열매	밤
11.1.	계 2:18-29	두아디라 교회(계19)	수요
11.5.	요 1:4-13	세상에 와서 비취는 빛	오전
11.12.	행 2:37-39	세례와 성찬	오전
11.12.	마 27:33-36	십자가가 있었기에	밤
11.15.	계 2:18-29	두아디라 교회(계20)	수요
11.19.	막 6:24-34	천국민의 물질관	오전
11.19.	창 22:1-12	어린 이삭의 신앙	밤
11.22.	계 2:25-29	두아디라 교회의 약속(계21)	수요
11.26.	엡 5:15-21	기본적 성대 신앙생활	오전
11.29.	계 3:1-6	사데 교회(계22)	수요
12.3.	살전 1:1-10	믿음의 소문	오전
12.3.	삼상 16:6-13	중심을 보시는 하나님	밤
12.10.	롬 15:1-6	신앙인의 믿음	오전
12.10.	딤전 4:12-16	성도들에게 모범적 성직자	밤
12.13.	계 3:7-13	빌라델비아 교회(계23)	수요
12.17.	히 11:33-40	세상이 감당치 못하는 사람들	오전
12.17.	마 24:44-51	최후의 결산	밤
12.20.	계 3:14-22	라오디게아 교회(계24)	수요
12.24.	눅 2:36-39	여선지 안나의 신앙생활	오전
12.27.	계 3:17-22	라오디게아 교회에 대한 권책	수요

1973년 설교

날짜	본문	제목	시간
1.14.	요일 5:1-8	승리의 길	오전
1.17.	눅 13:6-9	충성하겠나이다	수요
1.21.	요 15:1-9	과실을 맺는 가지	오전
1.21.	마 11:2-6	기독교는 누구의 이웃인가	밤
1.24.	계 4:6-11	네(四) 생명(계27)	수요
1.28.	막 7:24-27	무너져 가는 신앙생활	오전
1.28.	계 14:27	참 행복은 어디에	밤
1.31.	계 5:1-8	일곱 인으로 봉한 책(계28)	수요
2.4.	룸 5:1-4	새 소망	오전
2.4.	갈 6:6-10	피곤하게 심은 선한 씨	밤
2.11.	행 5:40-42	성령 받은 사도들	오전
2.18.	마 7:1-8	신자의 낙원	오전
2.21.	빌 2:1-4	기쁨을 충만케 하라	수요
2.25.	욘 1:1-3	다시스로 가는 요나	오전
3.4.	엡 5:15-21	지혜로운 신앙생활	오전
3.4.	욘 1:1-3	다시스로 가는 요나	밤
3.11.	시 15:1-5	천국민의 길	오전
3.18.	룸 16:19-34	열 처녀	오전
3.21.	눅 5:9-14	찬미를 받으시는 예수(계29)	수요
3.25.	막 14:32-34	나와 함께 가자	오전
3.28.	계 6:1-8	인을 떼심(계30)	수요
4.1.	마 28:16-20	모든 족속으로 제자를 삼으라	오전
4.1.	마 8:23-27	병적인 신앙	밤
4.4.	마 6:3-6	둘째 인과 셋째 인(계31)	수요
4.15.	마 19:28-30	다 이루었다	오전
4.15.	눅 22:54-62	멀찍이 따라가는 베드로	오전
4.18.	마 27:45-54	십자가 위에서 말씀하심	오전
4.22.	마 28:1-10	부활하신 예수	오전
4.22.	요 20:19-29	손과 옆구리를 보이심	밤
4.25.	계 6:9-17	다섯째 인과 여섯째 인(계32)	수요
4.29.	눅 21:15-28	세 번 들리는 소리	오전
5.6.	삼상 1:21-28	하나님의 사람으로 양육 받음	오전
5.6.	딤전 1:3-5	디모데의 가정교육	밤
5.9.	계 6:7-11	넷째 인과 다섯째 인을 떼심(계33)	수요
5.13.	잠 6:20-23	효도의 신앙	오전
5.13.	마 28:16-20	무엇을 가르칠까	밤
5.20.	요일 1:5-10	은혜를 헛되이 받지 말라	오전
5.23.	계 6:9-17	5, 6인을 떼심(계34)	수요
5.27.	룸 1:1-11	승천하신 예수님	오전
5.27.	왕 3:17-21	함께 본받으라	밤
5.30.	계 7:1-17	인 맞은 자(계35)	수요
6.3.	행 1:12-26	다락의 새 역사	오전
6.6.	계 7:1-17	인 맞은 자(계36)	수요
6.17.	눅 23:39-43	낙원에 들어간 우편 강도	오전
6.17.	딤후 4:1-8	삶의 생생한 기쁨	밤
6.20.	계 7:15-17	영원한 목자(계37)	수요
6.24.	창 4:1-15	아벨이 어디 있느냐	오전
6.27.	계 8:1-6	나팔을 불 때(계38)	수요
7.1.	행 19:8-20	능력의 복음	오전
7.1.	삿 7:19-23	오른손의 나팔 왼손의 횃불	밤
7.4.	계 8:7-13	첫째, 둘째, 셋째 나팔(계39)	수요
7.8.	눅 10:30-38	외로운 이방인	오전
7.8.	학 1:7-11	주의 전을 건축하라	밤
7.11.	계 8:7-13	첫째, 둘째, 셋째 나팔(계40)	수요
7.15.	살전 5:15-22	항상 예수와 함께	오전
7.15.	눅 22:39-46	원대로 하옵소서	밤
7.18.	계 8:12-9:12	4, 5째 나팔(계41)	수요
7.22.	빌 2:17-24	바울 사도의 전형적 특성	오전
7.22.	단 1:8-16	기독교의 참 봉사	밤
7.29.	눅 18:13-14	구도자의 자세	오전
8.12.	마 6:31-34	기독 신자의 고민	오전
8.12.	고전 15:57-58	승리하는 신앙생활	밤
8.15.	요 14:1-7	모든 것이 되신 그리스도	수요
8.19.	룸 7:24-8:2	신령한 광복을 오게 하자	오전
8.19.	딛 2:11-15	천국민의 처세	밤
8.22.	계 8:12-9:12	4, 5째 나팔(계42)	수요
8.26.	전 12:13-14	다가를 지불하시는 하나님	오전
8.26.	딛 2:11-15	천국민의 처세	밤
8.29.	계 9:1-21	5, 6째 나팔(계43)	수요
9.2.	요 1:12-13	하나님의 사녀	오전
9.5.	계 10:1-11	증거를 위한 교회의 준비(계44)	수요
9.9.	딤전 4:1-15	그리스도의 선한 일꾼	오전
9.9.	고후 3:15-17	그리스도의 향기	밤
9.13.	창 13:1-13	아브라함과 롯	오전
9.16.	엡 1:15-23	마음눈을 밝히라	밤
9.19.	계 11:1-(4)	베옷을 입고 예언함(계45)	수요
9.23.	엡 5:22-33	하나님의 축복이 교회와 가정에	오전
9.23.	수 1:6-9	바른 길로 가라	밤
9.26.	계 11:1-(4)	베옷을 입고 예언함(계46)	수요
9.30.	마 25:24-30	무익한 종	오전
10.3.	계 11:5-(7)	베옷을 입은 자의 권세(계47)	수요
10.7.	행 1:8	전도하는 교회	오전
10.7.	마 13:3-9	믿음의 장애물	밤
10.14.	빌 2:4-8	예수님의 마음	밤
10.17.	계 11:8	두 증인(계48)	수요
10.21.	마 25:33-40	양은 그 오른편에	오전
10.24.	계 11:11-19	일곱째 나팔(계49)	수요
10.28.	마 11:28-30	최선의 축복	오전
10.28.	시 119:33-40	신앙인의 고백	밤

날짜	본문	제목	시간
10.31.	계 11:11-19	일곱째 나팔(계50)	수요
11.4.	창 27:24-29	최선의 축복(II)	오전
11.7.	계 11:11-19	일곱째 나팔(계51)	수요
11.11.	행 10:34-48	세례는 누구에게	오전
11.11.	요 5:18-21	거듭난 자의 생활	밤
11.14.	계 11:14-19	일곱째 나팔(계52)	수요
11.18.	눅 7:36-50	예수의 발에 향유를 부으라	오전
11.21.	계 12:1-6	해를 입은 여자와 붉은 용(계53)	수요
11.25.	롬 15:1-6	이웃을 기쁘게 하라	오전
12.2.	히 13:10-17	신자들의 제사	오전
12.2.	마 5:38-45	무저항의 신앙	밤
12.9.	딤전 3:8-13	아름다운 성직	오전
12.9.	딤후 4:1-8	항상 힘쓰라	밤
12.12.	계 12:7-17	여자와 용(계54)	수요
12.16.	딤후 2:3-13	십자가 지고 가는 길	오전
12.19.	계 12:7-17	여자와 용(계55)	수요
12.23.	눅 1:26-38	너와 함께 하시리로다	오전
12.23.	롬 15:1-6	이웃을 기쁘게 하라	밤
12.26.	계 12:7-17	여자와 용(계56)	수요
12.30.	눅 10:1-9	갈지어다	오전

1974년 설교

날짜	본문	제목	시간
1.2.	계 13:1-10	바다에서 올라온 짐승(계57)	수요
1.6.	출 1:21-12	진정한 선민의 출발	오전
1.6.	창 22:1-12	아브라함의 삼일 길	밤
1.9.	계 13:1-10	바다에서 올라온 짐승(계58)	수요
1.13.	출 1:21-12	진정한 선민의 출발	오전
1.13.	마 5:13-16	빛을 발하라	오전
1.20.	마 4:7	예수님의 개혁운동	오전
1.20.	출 14:15-25	모세에게 들려 준 지팡이	오전
1.20.	마 19:19-22	겉옷 가를 만지는 여자	밤
1.23.	계 13:1-10	바다에서 올라온 짐승(계59)	수요
1.27.	행 9:1-9	새로운 인간 구성	오전
1.27.	사 40:9-11	하나님을 보라	오전
1.27.	행 1:12-14	기독교의 출발	오전
1.30.	계 13:11-18	땅에서 올라온 짐승(계60)	수요
2.3.	행 9:1-9	새로운 인간 구성	오전
2.3.	눅 2:41-52	내 아버지 집에	오전
2.10.	왕상 3:4-9	참 지도자의 요구	오전
2.10.	행 6:1-15	초대 교회의 행정	오전
2.10.	행 20:17-28	선한 일을 끝까지	오후
2.17.	창 6:13-22	노아의 방주	오전
2.17.	단 1:8-21	다니엘의 신앙	오전
2.17.	왕하 5:8-14	나아만의 분한 모양	밤
2.20.	계 14:1-5	이마에 어린 양의 이름이 있는 자(계61)	수요
2.24.	빌 2:7-11	피를 주신 예수	오전
2.24.	엡 5:18-21	성령과 오늘의 교회	오전
3.3.	마 5:14-16	세상의 빛	오전
3.3.	눅 19:41-48	성을 보시고 우시며	오전
3.3.	행 8:14-25	사마리아로 가신 베드로와 요한	밤
3.10.	롬 13:11-14	예수로 옷 입으라	오전
3.10.	호 14:1-3	예수께로 돌아오라	오전
3.13.	계 14:6-13	영원한 복음과 순교자(계62)	수요
3.17.	마 3:1-12	도전하는 세례 요한	오전
3.17.	벧전 4:7-11	서로 사랑하라	오전
3.17.	마 19:16-22	의심하는 청년	밤
3.20.	계 14:9-20	주 안에서 죽은 자(계63)	수요
3.24.	행 2:43-47	기독교의 출발	오전
3.24.	눅 10:17-24	신자는 왜 기뻐하는가	오전
3.24.	마 16:13-20	예수는 누구인가	밤
3.31.	마 13:31-32	비유가 주는 답변	오전
3.31.	요 6:1-15	디베랴 해안의 성회	오전
3.31.	엡 3:14-21	바울 사도의 기도	밤
4.7.	사 53:1-9	죄를 지고 가는 어린 양의 살과 피	오전
4.10.	계 14:14-20	곡식 추수와 포도 추수(계64)	수요
4.14.	고전 15:20-22, 50-54	부활은 기독교의 진리	오전
4.14.	요 20:1-14	영원한 언약의 부활	밤
4.21.	눅 15:4-9	천국민의 가슴에 무엇이	오전
4.21.	잠 21:1-22	선한 얼굴	밤
4.24.	계 14:14-20	곡식 추수와 포도 추수(계65)	수요
4.28.	딤전 6:11-16	이 명령을 지키라	오전
4.28.	계 1:19-20	일곱 별과 일곱 촛대	밤
5.1.	계 14:14-20	곡식 추수와 포도 추수(계66)	수요
5.5.	마 19:13-15	어린이를 사랑하시는 예수님	오전
5.5.	히 12:1-3	예수를 바라보자	밤
5.12.	잠 23:22-26	몰락해 가는 효도	오전
5.12.	삼하 18:4-5, 31-33	부모님의 크신 사랑	밤
5.15.	계 14:14-20	곡식 추수와 포도 추수(계67)	수요
5.19.	벧후 1:3-7	하나님의 약속	오전
5.26.	벧후 1:3-7	하나님의 약속(2)	오전
5.26.	롬 1:12-26	다락방의 기도	밤
5.29.	계 15:1-8	모세의 노래와 어린 양의 노래(계68)	수요
6.2.	행 2:1-13	성령 받은 교회	오전
6.2.	행 12:1-17	기도의 능력	오전
6.9.	눅 7:11-17	예수님은 누구를 이웃으로	오전
6.16.	행 6:1-7	점점 부흥하는 교회	오전
6.16.	출 20:1-3	다른 신을 네게 있게 말라	밤
6.23.	마 24:6-13	비극의 그날 6:25	오전
6.23.	출 20:3-6	우상을 섬기지 말라	오전
6.30.	눅 7:1-10	칭찬받은 백부장	오전
6.30.	출 20:4-6	우상을 섬기지 말라	밤
7.3.	계 16:1-7	진노의 7 대접(계69)	수요
7.7.	눅 17:11-19	아홉인 언디 있느냐	오전
7.7.	살전 5:12-13	성직자와 교회	오전
7.10.	계 16:8-16	진노의 대접(4-6)(계70)	수요
7.14.	행 20:29-33	교회를 지키라	오전
7.14.	눅 6:12-16; 63-6	택하여 세우심	오전
7.14.	출 20:7	망령되이 일컫지 말라	밤
7.17.	계 16:8-16	진노의 대접(4-6)(계71)	수요
7.21.	눅 14:12-14	누구를 이웃으로	오전
7.21.	히 12:1-2	예수를 바라보자	오전
7.24.	계 16:17-21	진노의 대접(7)(계72)	수요
7.28.	마 24:3-14	미래의 사회	오전
7.28.	히 4:1-11	주일은 영원한 안식의 표	오전
7.31.	계 17:1-18	음녀의 받을 심판(계73)	수요
8.4.	막 5:35-43	야이로의 딸을 살리심	오전
8.4.	마 7:13-14	좁은 문	오전
8.4.	출 20:8-11	안식일을 지키라	오전
8.11.	막 5:35-43	야이로의 딸을 살리심	오전
8.11.	요 14:6-17	이 땅에 그리스도로 은혜와 축복을	오전
8.11.	출 20:13	네 부모를 공경하라	밤
8.14.	계 17:1-18	일곱 머리와 열 뿔(계74)	수요
8.18.	마 1:1-6	역사 속의 진리	오전
8.21.	계 17:1-18	일곱 머리와 열 뿔(계75)	수요
8.25.	출 3:1-12	이스라엘의 지도자 모세	오전
8.25.	골 1:18-29	그리스도의 몸 된 교회	오전
8.25.	출 20:12	효도의 계명	밤
8.28.	계 17:6-18	일곱 머리와 열 뿔의 비밀(계76)	수요
9.1.	눅 21:34-36	말세 성도들에게 경고	오전
9.1.	출 20:12	효도의 계명	밤
9.4.	계 18:1-8	큰 성 바벨론의 멸망과 재앙(계77)	수요
9.8.	롬 15:1-7	하나님께 영광을 돌리게 하라	오전
9.8.	요 4:27-38	봉사와 선교	밤
9.11.	계 18:8-20	바벨론의 멸망(계78)	수요
9.15.	엡 4:17-24	참된 그리스도인이 되려면	오전
9.15.	시 96:1-13	하나님께 찬양	오전
9.22.	행 11:19-30	안디옥에 파송된 바나바	오전
9.22.	출 20:13	살인을 금함	밤
9.25.	계 19:1-10	재림을 앞둔 천상의 노래(계79)	수요
9.29.	고전 12:27-31	성령의 은사	오전
10.2.	계 19:9-21	천사의 증거와 재림(계80)	수요
10.6.	마 3:7-12	좋은 열매	오전
10.6.	출 20:14	간음하지 말라	밤
10.9.	계 19:12-21	재림(계81)	수요
10.13.	행 28:1-6	역경의 은총	오전
10.13.	행 11:19-30	안디옥에 파송된 바나바	오전
10.27.	창 4:1-12	아벨의 감사	오전
10.30.	계 20:1-10	천년 기간(계82)	수요
11.3.	눅 19:1-10	주를 영접하는 삭개오	오전
11.3.	출 20:16	거짓 증거하지 말라	밤
11.6.	계 20:1-10	천년기간(계83)	수요
11.10.	마 13:1-9	100배의 열매	오전
11.10.	계 20:1-10	천년 기간(계84)	수요
11.17.	엡 5:25-32	성도의 참된 교제	오전
11.24.	고전 11:23-29	예수님의 살과 피로 세운 새 언약	오전
11.24.	출 20:17-(?)	탐내지 말라	밤
12.1.	빌 1:19-30	복음에 합당한 생활	오전
12.1.	롬 12:1-2	헌신적 신앙생활	밤
12.1.	계 20:1-6	천년 시대(계85)	수요
12.8.	행 16:19-34	밤중에 드리는 기도	오전
12.11.	계 20:3-7	천년 시대(계86)	수요
12.15.	갈 6:1-5	짐을 서로 지라	오전
12.15.	눅 1:46-55	마리아의 찬송	밤

날짜	본문	제목	시간
12.18.	계 20:7-15	생명책(계87)	수요
12.22.	레 2:8-11	네가 죽도록 충성하라	오전
12.22.	눅 2:1-11	베들레헴의 밤	밤
12.29.	딤후 4:1-9	나는 믿음을 지켰느니라	오전
12.29.	딤전 3:8-13	하나님의 교회 집사	밤

1975년 설교

날짜	본문	제목	시간
1.5.	마 4:17	천국사업의 시작	오전
1.5.	벧전 1:7-9	영원히 빛나는 믿음	밤
1.8.	계 21:1-8	새 하늘과 새 땅(계88)	수요
1.12.	마 5:1-12	하나님께서 원하시는 마음	오전
1.12.	창 5:21-24	에녹의 모범적 신앙	밤
1.15.	계 21:1-8	새 하늘과 새 땅(계89)	수요
1.19.	창 6:1-12	홍수시대와 노아	밤
1.22.	계 21:9-27	거룩한 성 새 예루살렘(계90)	수요
1.26.	마 14:22-33	주여 나를 구원하소서	오전
1.26.	창 12:1-4	아브라함과 그 가정	밤
1.29.	계 22:1-7	천국의 모습(계91)	수요
2.2.	마 16:13-20	너희는 나를 누구라 하느냐	오전
2.2.	수 1:4-9	눈은 멀리	밤
2.5.	계 22:3-9	천국의 복락(계92)	수요
2.9.	창 27:5-19	야곱이 걸어온 인생	오전
2.12.	계 22:8-15	예언의 말씀을 인봉하지 말라(계93)	수요
2.16.	마 10:34-39	예수님이 세상에 오신 뜻	오전
2.23.	롬 16:17-20	선에 미련하고 악에 지혜로운 시대	오전
2.23.	창 39:6-18	요셉의 신앙	밤
2.26.	계 22:16-21	성경의 권위(계94)	수요
3.2.	단 6:10-15	애국자 다니엘	오전
3.5.	출 2:1-10	나일강의 모세	수요
3.9.	롬 1:13-17	이 복음 전하세	오전
3.9.	눅 7:11-17	청년아 일어나라	밤
3.16.	마 4:17-22	사람을 낚는 어부	오전
3.16.	요일 4:16-21	하나님의 사람	밤
3.19.	출 14:21-25	출애굽하는 모세	수요
3.23.	마 22:39-46; 마 26:6-16	성만찬의 전후	오전
3.26.	출 14:21-25	출애굽하는 모세	수요
3.30.	요 11:25	부활의 종교	오전
3.30.	눅 24:13-35	엠마오로 가는 길	오전
3.30.	막 16:1-11	부활의 계시	밤
4.2.	출 20:1-21	모세와 율법	수요
4.6.	시 1:1-6	복 있는 사람	오전
4.6.	잠 2:1-12	삶과 진리	밤
4.13.	막 10:46-52	여리고 성의 소경	오전
4.13.	출 20:1-19	신도와 계명	밤
4.20.	살전 5:1-8	잠에서 깨어라	오전
4.23.	행 1:21-26	맛디아를 보선	수요
4.27.	요 2:37	교회의 출발	오전
4.27.	계 2:18-29	진리를 굳게 잡는 교회	오전
4.27.	시 112:1-10	불길한 소식을 두려워 말라	밤
4.30.	사 49:1-4; 50:4-9	선지자란 무엇인가	수요
5.4.	마 18:1-6	어린이를 사랑하심	오전
5.4.	마 18:1-6	어린이와 같이 되라	밤
5.4.	딤전 2:20-26	선한 일에 예비자	밤
5.11.	엡 6:1-3	행복한 가정	오전
5.11.	잠 22:22-26	네 부모를 즐겁게 하라	오전
5.18.	행 2:1-4	성령의 충만한 오순절	오전
5.25.	마 22:34-40	사랑하라	오전
6.1.	히 10:26-39	너희는 생각하라	오전
6.1.	빌 1:20-30	복음에 합당한 생활	밤
6.4.	레 8:10-13	아론과 그 성직	수요
6.8.	창 19:12-29	멸망받는 소돔과 고모라	오전
6.11.	출 29:38-42	구약에 나타난 제사	수요
6.8.	행 8:9-26	마술사 시몬의 간청	오전
6.15.	삿 7:19-24	기드온의 3백 명	밤
6.18.	레 7:1-10	구약에 나타난 제사	수요
6.22.	단 6:10-13	꿇고 기도하는 다니엘	오전
6.25.	민 6:22-27	예배와 축복기도	수요
6.29.	욘 3:1-10; 4:11	니느웨의 성과 어린이	오전
7.2.	수 1:6-11	강하고 담대한 여호수아	수요
7.6.	살전 5:1-8	잠든 깊은 잠	오전
7.6.	빌 2:12-18	관제로 드리고 싶은 목자	밤
7.9.	수 6:12-15	점령한 여리고 성	수요
7.13.	마 6:19-21, 30-34	보물을 하늘에 쌓아두라	오전
7.16.	마 5:1-11	예수님의 산상설교(산상1)	수요
7.20.	골 1:7	신실한 일꾼	오전
7.20.	마 11:1-11	가난한 자의 참 이웃	오전
7.20.	롬 7:15-25	성도의 고민	오전
7.20.	눅 9:18-27	예수께서 보시는 사람	밤
7.27.	마 7:13-14	넓은 길로 가고 있는 사람	오전
7.27.	시 1:1-5	두 길에 서 있는 인생	오전
7.27.	행 16:19-26	깊은 옥의 기도소리	밤
7.27.	마 13:24-30	가라지를 그냥 두시는 주인	오전
7.30.	마 5:1-5	산상설교의 특성(산상2)	수요
8.3.	마 7:13-14	한 길만 택해야 하는 인생	오전
8.3.	마 20:1-16	포도원의 석양	오전
8.3.	막 5:17-20	거라사의 광인	오전
8.6.	마 5:1-10	산상설교 서론(산상3)	수요
8.10.	히 12:2	눈은 하늘에	오전
8.10.	요 7:37-44	큰 명절	오전
8.10.	창 6:14-22	방주와 교회	오전
8.13.	마 5:3-4	애통하는 자의 복(산상4)	수요
8.17.	고전 11:1	그의 삶을 따라서	오전
8.17.	요 10:9-19	신자의 참 행복	오전
8.17.	룻 1:15-18	효녀 룻의 신앙	오전
8.20.	마 5:1-6	애통하는 자의 축복(산상5)	수요
8.24.	시 23:1-6	여호와는 나의 목자	오전
8.27.	마 5:1-5	애통하는 자의 복(산상6)	수요
8.31.	엡 5:1-14	빛의 자녀	오전
8.31.	창 8:3-17	인생아 어디 있느냐	오전
8.31.	시 23:1-6	여호와는 나의 목자	밤
9.3.	마 5:4-5	온유한 자의 축복(산상7)	수요
9.7.	히 13:7-9	신앙의 좌표	오전
9.7.	눅 18:9-14	성전에서 기도하는 두 사람	오전
9.7.	삼상 3:10-14	엘리의 가정과 소년 사무엘	밤
9.10.	마 5:5-6	의에 주리고 목마른 자(산상8)	수요
9.14.	빌 2:12-18	그리스도의 날에	오전
9.17.	마 5:6-7	긍휼히 여기는 자(산상9)	수요
9.21.	고전 1:29-31	예수 안에 있는 자	오전
9.21.	행 8:1-8	흩어진 예루살렘 교회	오전
9.21.	삼상 3:3-6	미스바의 성회	오전
9.24.	마 5:7-8	마음의 청결한 자의 복(산상10)	수요
9.28.	마 18:1-6	어린이를 사랑하심	오전
9.28.	딤전 2:20-26	선한 일에 예비자	밤
10.5.	빌 1:8-14	오네시모를 사랑하는 바울	오전
10.5.	갈 6:6-10	때가 이르매 거두리라	오전
10.5.	삼상 10:17-27	왕위에 오른 사울	밤
10.5.	마 5:9-10	기독교인과 박해(산상11)	수요
10.12.	고전 6:19-20	성령의 전	오전
10.12.	마 5:9-10	기독교인과 박해	밤
10.19.	행 9:26-31	부흥되는 교회	오전
10.26.	욥 1:19-22	욥의 신앙	오전
10.26.	삼상 16:6-13	하나님께 합당한 다윗	밤
11.2.	약 4:1-10	큰 복을 받을 자	오전
11.2.	삼상 18:1-5	요나단과 다윗	밤
11.5.	마 5:13-16	신자의 별명(산상12)	수요
11.9.	마 27:32-44	예수님의 살과 피	오전
11.19.	마 5:14-17	세상의 빛(산상13)	수요
11.23.	마 17:11-19	사마리아인의 감사	오전
11.23.	출 17:8-16	아론과 훌의 봉사	밤
11.30.	골 3:1-10	땅 위에 사는 천국민	오전
11.30.	왕상 18:1-19	엘리야와 아합	밤
12.3.	마 5:17-20	율법과 예수(산상14)	수요
12.7.	딤후 2:22-25	선한 일에 예비 된 자	오전
12.7.	마 25:31-40	하늘나라의 상속자	오전
12.7.	왕상 18:7-15	엘리야와 이세벨	밤
12.10.	마 5:17-20	신자의 율법관(산상15)	수요
12.14.	살전 1:6-10	그리스도인의 특징	오전
12.21.	출 4:10-17	손에 지팡이를 잡고 가라	오전
12.24.	마 2:1-12	별을 따라 왔네	수요
12.28.	요일 4:7-11	서로 사랑하자	오전
12.28.	히 13:15-17	인도자를 대하는 자세	밤
12.31.	벧전 2:9-12	나그네와 행인 같은 인생	밤

1976년 설교

날짜	본문	제목	시간
1.4.	눅 14:25-35	새해에 신앙인의 청사진	오전
1.11.	마 20:20-28	최대의 것을 소유하라	오전
1.11.	마 3:4-12	광야의 소리	밤
1.18.	마 17:1-8	이곳이 좋사오니	오전
	눅 3:3-6	새 시대의 새 역사	오전
	창 13:8-9	나님을 떠난 사람들	밤
	딤후 4:1-8	거룩한 투쟁	오전
	요일 3:1-24	신자의 7대 행복	밤
	마 26:26-30	언약의 살과 피	오전
11.21.	계 4:8-11; 7:9-12	천국민의 감사	오전
	삼상 4:19-22	하나님의 영광이 떠난 시대	밤

날짜	본문	제목	시간
	사 61:1-11	인생의 상처를 치료하심	오전
	고후 4:7-18	신앙의 장애물	오전
	마 26:69-75	타락과 실패의 길	밤
	갈 5:25-6:5	사랑과 봉사	오전
	호 11:1-12	하나님을 멀리하는 선민	밤
	사 5:22-23	병적인 신앙	수요
	딤전 1:12-20	선한 싸움을 싸우라	오전
	벧전 4:7-11	선한 청지기	밤
	마 6:33-34	행복의 계단	수요
12.25.	눅 2:1-14	최대의 소식	성탄
12.26.	마 20:1-16	어찌하여 놓고 섰느냐	오전
	마 25:31-46	신자의 일기	밤

1977년 설교

날짜	본문	제목	시간
1.2.	엡 4:20-24	새 사람을 입으라	오전
1.5.	마 7:24-27	반석 위에 지은 집 (산상16)	수요
1.9.	눅 16:19-31	승리한 나사로	오전
1.12.	마 7:24-29	반석 위에 세운 집 (산상17)	수요
1.16.	출 3:1-6	떨기나무 불꽃의 소리	오전
1.16.	마 14:23-34	두려워하지 말라	밤
1.30.	슴 2:1-4	여호와를 찾으라	오전
1.30.	롬 13:11-14	빛의 자녀	밤
2.2.	행 1:1-11	승천하신 예수님(행1)	수요
2.6.	롬 14:17-23	천국민이 힘써야 할 일	오전
2.6.	마 14:13-21	빈들의 이적	밤
2.9.	행 1:1-15	전진의 능력(행2)	수요
2.13.	왕상 2:1-4; 대상 29:1-5	다윗 왕의 유언	오전
2.16.	행 1:1-15	전진의 능력3	수요
2.27.	마 25:19-23	예수님의 칭찬	오전
2.27.	마 14:25-33	두려워하지 말라	밤
3.6.	갈 6:3-10	복 받도록 살라	오전
3.6.	행 27:14-37	강풍 중에 외치는 소리	밤
3.13.	막 9:14-29	우리도 할 수 있다	오전
3.16.	행 1:6-8	초대 교회의 태생(행4)	수요
3.20.	눅 8:1-3	예수와 함께한 사람	오전
3.23.	행 1:8-11	최후의 유언과 승천 (행5)	수요
4.3.	고전 11:23-29	나를 기념하라	오전
4.3.	눅 22:24-38	유월절의 다락방	밤
4.10.	고전 15:20-22, 50-54	부활의 종교	오전
4.10.	눅 24:1-10	향품을 가지고간 여자들의 증언	밤
4.13.	행 1:12-14	다락방에 기도(행6)	수요
4.17.	롬 7:7-25	성결한 생활	오전
4.17.	행 20:36-38	기도하면서 헤어지는 주의 종들	밤
4.20.	행 1:15-26	다락방의 120명(행7)	수요
4.24.	행 1:1-4	교회설립의 공통점	오전
4.24.	고전 1:26-31	약한 것들을 택하심	밤
5.1.	마 18:1-6	예수님이 본 어린이	오전
5.1.	막 10:13-16	축복 받은 어린이	밤
5.4.	행 2:1-4	오순절의 새 역사(행8)	수요
5.8.	잠 23:22-27	기독교의 체험	오전
5.8.	시 18:1-7	가장 안전한 곳	밤
5.11.	행 2:1-4	성령강림 모양(행9)	수요
5.15.	행 7:54-60	스데반의 신앙	오전
5.15.	벧전 2:11-12	가치 있는 생애	밤
5.18.	행 2:1-4	성령과 교회(행10)	수요
5.22.	계 14:1-5	천국민의 기본원리	오전
5.22.	요 18:25-26	실패한 베드로	밤
5.25.	행 2:5-13	경건한 유대인의 집회 (행11)	수요
5.29.	행 2:37-47	성령을 선물로 받으라	오전
6.1.	행 2:14-42	베드로의 설교(행12)	수요
6.5.	신 6:10-15	잊지 말라	오전
6.5.	요 14:1-3	실망치 않으신 예수님	밤
6.8.	행 2:37-47	은혜 받은 자의 품격 (행13)	수요
6.12.	요 21:15-18	네가 나를 사랑하느냐	오전
6.15.	행 2:41-47	은혜 받은 의의 생활 (행14)	수요
6.19.	학 1:3-12	구멍 뚫어진 전대	오전
6.22.	행 2:44-47	모여서 행한 일(행15)	수요
6.26.	갈 5:13-15	분쟁의 비극	오전
6.26.	요 14:1-3	실망치 않으신 예수님	밤
6.29.	행 3:1-10	성전 미문에 이적 (행16)	수요
7.3.	눅 7:36-39	신자의 눈물	오전
7.3.	요 10:1-10	주님의 양	밤
7.6.	행 3:1-10	내가 가지고 있는 것 (행17)	수요
7.10.	마 24:3-14	재림 이전의 세계	오전
7.10.	요일 2:7-11	신자들의 생활태도	밤
7.17.	신 16:16-17	선민의 삼대 명절	오전
7.24.	마 11:2-5	참 이웃은 기독교	오전
7.24.	딤전 3:14-16	이상적인 교회	밤
7.31.	요 6:1-13	먹고 남은 조각	오전
7.31.	왕상 18:41-46	누가 구름을 일어나게 할까	밤
8.3.	행 4:1-4	진리를 싫어하는 종교인(행18)	수요
8.7.	시 22:6-21	나를 구원 하소서	오전
8.7.	수 1:1-11	용기 있는 여호수아	밤
8.10.	행 4:5-12	위대한 증인(행19)	수요
8.14.	롬 8:1-11	진정한 해방	오전
8.21.	시 73:25-28	하나님께 돌아가자	오전
8.21.	엡 3:14-19	신령한 기도	밤
8.24.	요 4:12	구원의 길은 예수 (행20)	수요
8.28.	시 73:25-28; 눅 15:17-24	하나님께 돌아가자	오전
8.24.	시 95:1-7	간구와 찬송	밤
8.27.	행 4:13-22	하나님 앞에서 누구의 말을 들을까	수요
9.4.	눅 19:1-10	참 사람(행21)	오전
9.4.	갈 6:17-18	우리의 몸에 예수의 흔적	밤
9.7.	행 4:13-22	신령한 승리(행22)	수요
9.11.	엡 4:11-16	왜 나를 세우셨을까	오전
9.11.	약 1:2-8	온전한 신앙	밤
9.18.	사 55:6-13	구원의 하나님이 나오라	오전
9.21.	행 4:23-31	보고받고 감격적 기도 (행23)	수요
9.25.	딤전 4:6-16	일하는 자의 준비	오전
9.28.	행 4:23-31	은총의 체험 앞에서 기도(행24)	수요
10.2.	마 8:28-34	가다라의 이적	오전
10.2.	요 1:8-14	하나님의 자녀	밤
10.9.	롬 12:1-2	헌신적 믿음	오전
10.9.	유 17-23	말씀을 기억하라	밤
10.16.	요 14:25-31	우리는 행복한가	오전
10.16.	몬 1:8-22	바울 사도의 간청	밤
10.23.	벧전 1:1-7	산 소망을 가지라	오전
10.23.	히 11:1-6	믿음의 가치	밤
10.23.	막 10:32-34	경악과 공포의 시대	오전
10.30.	히 11:24-31	신앙의 가치	밤
11.2.	행 5:12-17	베드로 사도의 최대의 이적(행25)	수요
11.6.	요 12:44-50	주님의 말씀의 중요성	오전
11.6.	요 3:16-21	신앙의 효력	밤
11.9.	행 5:1-11	초대 교회의 권징 (행26)	수요
11.13.	마 26:26-29	성찬과 세례	오전
11.16.	행 5:12-16	베드로 사도의 최대 이적(행27)	수요
11.20.	살전 5:16-22	신앙과 감사	오전
11.27.	마 25:33-46	작은 자 하나에게 행한 선행	오전
11.27.	행 5:17-32	예수의 증인	밤
12.4.	약 1:12-18	죄의 종말	오전
12.7.	행 5:33-42	가브리엘의 증언(행28)	수요
12.11.	히 4:9-16	은혜의 보좌	오전
12.18.	딤전 6:11-21	부름 받은 주의 일꾼	밤
12.18.	행 6:1-7	집사를 택하여 세우심	오전
12.21.	행 6:8-15	스데반의 증거(행29)	수요
12.25.	눅 2:8-14	큰 기쁨의 좋은 소식	오전
12.25.	마 2:1-12	별 따라 와서 경배했네	밤

1978년 설교

날짜	본문	제목	시간
1.1.	엡 4:17-24	새 사람을 입으라	오전
1.1.	행 16:6-10	유럽의 축복받는 발	밤
1.4.	행 7:54-60	스데반의 설교와 순교 (행30)	수요
1.8.	창 27:21-30	우리가 받을 축복들	오전
1.8.	고전 10:29-11:1	내 장래를 그리스도와 함께	밤
1.11.	행 9:1-9	부름 받은 사울(행31)	수요
1.15.	살전 1:2-10	모범적 신앙과 교회 1	오전
1.18.	행 8:4-11	사마리아의 복음 전파 (행32)	수요
1.22.	요삼 1:1-8	모범적 신앙과 교회 2	오전
1.22.	요 1:1-14	어둠에 비치는 빛	밤
1.25.	행 8:14-25	사마리아에 두 사도를 파송함(행33)	수요
1.29.	요삼 1:1-8	모범적 신앙과 교회 3	오전
2.1.	행 8:21-24	시몬에 대한 베드로 사도의 경고(행34)	수요
2.5.	빌 4:10-21	모범적 신앙과 교회 4	오전
2.12.	마 22:8-14	모범적 신앙과 교회 5	오전
2.12.	눅 2:36-40	어머니 기도의 힘	밤
2.15.	행 8:25-40	빌립의 제2의 큰 전도 (행35)	수요
2.19.	삼상 15:20-24	모범적 신앙과 교회 6	오전
2.22.	행 8:25-40	빌립의 큰 전도(행36)	수요
2.26.	히 11:19-26	교회 성장의 비결	오전
3.5.	롬 9:1-3	애국과 신앙	오전
3.5.	마 22:37-38	하나님을 사랑하는 사람	밤
3.12.	출 14:10-14	홍해의 이적	오전
3.19.	마 11:1-11	생명의 왕 그리스도	오전
3.19.	행 1:8	성령으로 복음전파	밤
3.26.	고전 15:1-10	사흘 만에 다시 살아나셨네	오전

부록 설교 목록

날짜	본문	제목	시간	날짜	본문	제목	시간	날짜	본문	제목	시간
3.26.	눅 24:13-43	슬픈 빛을 띠고 가는 두 제자	밤	8.16.	행 11:24-30	안디옥 교회의 부흥 (행50)	수요	1.17.	행 15:1-11	사도행전 강해(행59)	수요
4.2.	요 21:15-18	내 양을 먹이라	오전	8.19.	행 2:1-4	오순절의 새 역사	오전	1.21.	엡 4:1-6	부름 받은 자의 생활	오전
4.2.	갈 6:17-18	나를 괴롭게 말라	밤	8.20.	유 11-13	열매 없는 가을나무 2	밤	1.21.	요 1:10-18	예수를 영접하라	밤
4.5.	행 19:1-9	사울을 부르심(행37)	수요	8.27.	요 5:1-9	빗나간 갈망	오전	1.24.	행 15:12-21	예루살렘 제1차 총회 (행60)	수요
4.9.	겔 47:1-12	생명의 강	오전	8.27.	마 8:1-4	원하시오 고치심	밤	1.28.	시 23:1-6	하나님은 나의 목자	오전
4.12.	행 9:10-22	아나니아의 안수기도 (행38)	수요	8.30.	행 11:25-30	안디옥 교회의 소문 (행51)	수요	2.4.	창 12:1-9	내가 지시할 땅으로 가라	오전
4.16.	요 15:10-15	예수는 누구인가 (1부)	오전	9.3.	마 24:3-14	세상 끝 날의 신앙	오전	2.11.	출 4:10-20	손에 하나님의 지팡이	오전
4.16.	삼상 16:6-13	여호와께 합당한 자 (2부)	밤	9.3.	마 8:1-4	원하시오 고치심 2	밤	2.11.	눅 2:35-39	선지 안나의 헌신	밤
4.19.	행 9:19-30	다메섹과 예루살렘에 나타난 사울(행39)	수요	9.6.	행 12:1-10	교회의 박해와 기도 (행52)	수요	2.18.	레 1:1-13	제사와 예배	오전
4.23.	사 41:10-13	하나님이 우리와 함께 하심	오전	9.10.	마 10:16-23	알고서 일하라	오전	2.21.	행 15:22-35	사도행전 강해(행61)	수요
4.23.	갈 6:17-18	나를 괴롭게 말라 2	밤	9.10.	마 9:27-31	소경을 고치심	밤	2.25.	막 1:6-11	복음 선포	오전
4.30.	계 2:8-11	이상적인 교회	오전	9.13.	행 12:5-19	이적의 탈옥 (행53)	수요	2.28.	행 15:22-25	사도행전 강해(행62)	수요
4.30.	롬 13:11-14	예수 그리스도를 옷 입으라	밤	9.17.	마 12:1-8	안식일의 주인	오전	3.4.	벧전 1:3-12	그리스도는 우리민족의 산 소망	오전
5.3.	행 9:26-31	예루살렘에서 온 사울 (행40)	수요	9.17.	마 11:20-24	회개치 않는 성읍들	밤	3.7.	요 1:14-18	은혜와 진리가 충만	밤
5.7.	욘 4:9-11	하나님은 어린이를 사랑하심	오전	9.27.	행 12:20-25	헤롯의 저주와 교회부흥 (행54)	수요	3.7.	행 15:22-25	사도행전 강해(행63)	수요
5.7.	마 25:19-22	하나님께 칭찬 받는 자	밤	10.1.	행 13:16-23	하나님의 뜻을 이루게 할 사람	오전	3.11.	행 9:10-19	택한 그리스도의 그릇	오전
5.14.	룻 1:11-18	효도의 종교	오전	10.1.	마 14:22-33	바다 위를 걸으신 예수	밤	3.18.	롬 8:31-39	복음의 밀물	오전
5.14.	엡 6:1	신앙인의 가정교육	밤	10.4.	행 13:1-3	선교사의 임직(행55)	수요	3.18.	시 1:1-6	나무와 가지	오전
5.17.	행 9:26-31	예루살렘에서 온 사울 (행41)	수요	10.8.	눅 15:1-7	잃은 양을 찾으라	오전	3.25.	마 26:40-46	기도 없는 기독교	오전
5.21.	요 15:16-19	하나님이 택하여 세울 자	오전	10.8.	딤후 1:3-14	신앙의 유산	밤	4.1.	눅 21:5-9	무질서한 말세	오전
5.24.	행 9:32-43	베드로의 이적(행42)	수요	10.15.	요 1:5-9	승리의 생활	오전	4.1.	마 6:23-34	천국민의 생활원리	밤
5.28.	요 8:1-11	죄 없는 자가 돌로 치라	오전	10.15.	마 15:21-28	가나안 여인의 믿음	밤	4.8.	마 26:26-29	만찬석의 유산	오전
6.4.	롬 12:1-3	이 시대를 본받지 말라	오전	10.22.	요 1:12-18	시험을 이기라	오전	4.11.	행 16:11-15	빌립보 교회 설립과 루디아(행64)	수요
6.4.	고전 1:4-9	고린도 교회의 장점	밤	10.22.	마 14:15-21	빈들의 이적	밤	4.15.	마 28:1-15	승리의 부활	오전
6.7.	행 10:1-8	고넬료의 신령한 생활 (행43)	수요	10.29.	롬 12:9-13	사랑의 길	오전	4.15.	고전 15:1-10	예수 부활하셨다	밤
6.11.	마 5:29-30	한 눈으로 천국	오전	11.1.	행 13:4-12	바울 사도의 일차 전도여행(행56)	수요	4.18.	행 16:11-15	빌립보 교회 설립 (행65)	수요
6.14.	행 10:1-8	고넬료의 신령한 생활 (행44)	수요	11.5.	롬 5:8-11	사랑의 하나님	오전	4.22.	마 22:34	사랑하라 (1부)	오전
6.18.	히 11:1-4	형보다 나은 동생	오전	11.5.	마 14:25-33	빠져가는 베드로	밤	4.22.	삼 1:8-16	내기 빗진자라 (2부)	밤
6.18.	창 52:19-34	야곱의 성공	밤	11.12.	엡 2:11-22	그리스도 피로 새 사람	오전	4.29.	마 16:13-20	예수는 누구인가(1부)	오전
6.21.	행 10:9-16	지붕에 올라간 베드로 (행45)	수요	11.12.	마 16:13-20	베드로의 확실한 고백	밤	4.29.	마 11:28-30	다 내게로 오라(2부)	밤
6.25.	마 23:37-38	애국의 눈물	오전	11.19.	눅 17:11-19	사마리아인의 감사	오전	4.29.	잠 2:1-22	말씀이 있는 곳에 축복	밤
6.25.	롬 8:31-39	신앙의 장애물	밤	11.19.	엡 5:15-21	감사의 생활	밤	5.6.	마 18:1-7	어린이를 영접하라	오전
6.28.	행 10:9-16	지붕에 올라간 베드로 (행46)	수요	11.26.	잠 12:1-7	선한 자의 길	오전	5.6.	잠 2:7-22	말씀이 있는 곳에 축복	오전
7.2.	삼상 16:10-13	형보다 나은 동생 2	오전	11.26.	마 17:1-7	빛이 나는 산상	밤	5.13.	룻 1:15-18	부모를 공경하는 룻	오전
7.2.	딤전 4:1-10	말세에 경고	밤	12.3.	시 1:1-5	복 받는 신앙생활	오전	5.13.	창 39:19-23	청년 요셉의 신앙	밤
7.5.	행 10:1-30	베드로를 영접하는 고넬료(행47)	수요	12.3.	마 19:16-22	나를 좇으라	밤	5.20.		(정성구 목사 설교)	오전
7.9.	딤전 3:14-16	하나님의 집	오전	12.10.	신 28:1-6	복 받는 신앙생활 2	오전	5.27.	행 16:6-10	두로아에 환상	오전
7.23.	딤전 3:14-16	하나님의 집 2	밤	12.17.	마 5:3-12	복 받는 신앙생활 3	밤	5.30.	눅 9:1-6	옥중의 찬미(행66)	수요
7.30.	사 119:67-72	고통과 신앙	오전	12.17.	사 43:1-3	너는 여호와의 것	오전	6.3.	행 2:1-4	성령의 충만한 오순절	오전
7.30.	행 16:25-34	체험과 확신	밤	12.20.	행 14:8-18	루스드라의 기적(행57)	수요	6.10.	약 4:6-10	큰 은혜를 받을 자	오전
8.2.	행 11:1-18	예루살렘 교회의 격론 (행48)	수요	12.24.	요 21:15-18	사랑의 고백과 헌신	오전	6.10.	마 5:37	순종과 거절의 신앙	밤
8.6.	마 4:1-11	광야의 금식기도	오전	12.25.	눅 2:8-14	탄생하신 예수께 경배 하세	오전	6.17.	잠 4:1-9	축복의 비결	오전
8.6.	유 11-13	열매 없는 가을나무	밤	12.25.	마 1:1-9	성탄의 의의	밤	6.20.	행 16:19-34	옥중의 기도와 찬미 (행67)	수요
8.9.	행 11:19-30	안디옥에서 폭발하는 복음(행49)	수요	12.31.	벧전 2:11-12	나그네의 인생	오전	6.24.	요 14:6	잃어버린 인생	오전
8.13.	눅 5:1-11	깊은 데로 그물을 내려라	오전	12.31.	눅 7:11-18	나인 성의 큰 이적	밤	6.27.	행 16:25-34	옥중의 기도와 찬미소리(행68)	수요
8.13.	마 3:1-12	세례 요한의 외침	밤	**1979년 설교**				7.1.	엡 5:23-33	오직 교회를 사랑하라	오전
				1.3.	행 14:19-28	지칠 줄 모르는 하나님의 사람(행58)	수요	7.1.	온 1:1-10	여호와의 낯을 피하여 가는 길	밤
				1.7.	고후 9:6-15	지극히 풍성한 축복의 하나님	오전	7.4.	행 16:27-34	주 예수를 믿으라 (행69)	수요
				1.7.	눅 15:11-32	하나님의 넘치는 사랑	밤	7.8.	요일 1:1-4	요한 사도가 본 예수	오전
				1.14.	엡 4:1-6	부름 받은 자의 생활	오전	7.15.	골 3:16-17	감사의 생활화	오전
				1.14.	마 5:13-16	너희는 세상의 빛이라	밤				

날짜	본문	제목	시간	날짜	본문	제목	시간	날짜	본문	제목	시간
7.15.	행 24:1-9	예수님 따라가는 자의 길	밤	12.25.	마 2:1-2	별을 보고 와서 경배했네	성탄	6.1.	행 2:43-47	그리스도인의 기쁨	밤
7.22.	딤후 4:1-8	선한 싸움	오전	12.30.	벧전 6:20-25	인생의 여정	오전	6.4.	행 22:1-30	하나님의 파송된 바울 사도(행87)	수요
7.22.	시 133:1-3	신령한 연합	밤	12.30.	롬 7:7-25	성결한 생활	밤	6.8.	엡 6:10-20	전신 갑주를 입으라	오전
7.29.	롬 12:1-2	신자의 3가지 할 일	오전	**1980년 설교**				6.8.	엡 4:11-16	교사의 책임	밤
7.29.	전 11:9-12:1, 13-14	사람의 본분	밤	1.2.	행 19:8-20	두란노 서원에서 외치심(행78)	수요	6.11.	행 23:1-35	470명의 호위 속에(행88)	수요
8.5.	마 13:47-50	천국과 그물	오전	1.6.	수 6:1-7	여리고 성을 점령하라	오전	6.15.	골 4:2-6	1) 기도와 사명자	오전
8.5.	딤후 3:1-15	예수 안에 경건한 생활	밤	1.6.	막 4:35-41	광풍 속에서 평화	밤	6.15.	약 5:13-18	2) 기도와 사명자	밤
8.8.	행 17:1-19	데살로니가의 복음 전파(행70)	수요	1.9.	행 19:23-41	데메드리오 사건(행79)	수요	6.18.	행 24:1-27	벨릭스 총독에게 변명함(행89)	수요
8.12.	에 9:20-32	한국의 부림날	오전	1.13.	창 37:5-11	꿈의 사람 요셉	오전	6.22.	마 4:1-11	큰일 전에 기도	오전
8.15.	행 17:10-15	베뢰아 지방의 전도(행71)	수요	1.13.	수 3:7-13	앞으로 나아갑시다	밤	6.25.	행 25:1-27	베스도 총독 앞에서 심문(행90)	수요
8.19.	요 5:2-9	예수님은 찾아오심	오전	1.16.	행 19:23-41	데메드리오 사건(행80)	수요	6.29.	딤전 2:1-4	청년과 기도	오전
8.19.	호 7:8-16	혼합된 오늘의 교회	밤	1.20.	창 12:1-9	지시할 땅으로 가라	오전	6.29.	단 6:10-24	기도의 승리	밤
8.22.	행 17:16-34	아덴에서 변증(행72)	수요	1.20.	삿 7:1-8	기드온의 삼백 명 용사	밤	7.2.	행 26:1-32	아그립바 왕의 심문(행91)	수요
8.26.	마 16:15-20	우리가 믿는 신앙고백	오전	1.30.	행 20:1-12	바울의 일행과 심야 설교(행81)	수요	7.6.	눅 22:39-47	간절한 기도	오전
8.26.	요 15:1-8	예수 안에 풍성한 열매	밤	2.3.	요 15:1-17	열매 맺을 가지	오전	7.6.	눅 11:1-4	기도의 학교	밤
8.29.	출 26:1-14	성막의 현대적 의의	수요	2.10.	막 2:1-12	중풍병자를 고치심	밤	7.9.	행 27:1-44	풍랑 중에 로마로 가는 바울 사도(행92)	수요
9.2.	요 1:49-51	우리가 믿는 신앙고백(2)	오전	2.10.	행 16:11-15	강변의 여성성회	오전	7.13.	마 7:7-12	기도와 응답	오전
9.2.	요 15:1-8	예수 안에 풍성한 열매	밤	2.13.	행 20:13-38	밀레도에 머문 바울 사도(행82)	수요	7.13.	대상 39:10-19	기도의 제목	밤
9.9.	마 26:36-46	기독교의 삼대 위력	오전	2.17.	막 6:45-52	안심하라 나다	오전	7.16.	행 28:1-31	멜리데 섬에서 이적(행93)	수요
9.9.	마 5:1-12	하나님께서 원하시는 마음	밤	2.20.	행 21:1-14	죽음을 각오한 행진(행83)	수요	7.20.	히 11:24-29	가장 귀한 것을 드림	오전
9.16.	눅 15:8-10	나는 잃었다	오전	2.24.	창 28:10-22	벧엘에서 야곱의 작정	오전	7.20.	살전 3:9-13	온전한 신앙생활의 방법	밤
9.16.	마 12:35-40	재림의 약속과 준비	밤	2.24.	요 8:1-11	다시는 죄를 범치 말라	밤	7.23.	요 2:1-11	첫 번째 이적	수요
9.23.	벧전 5:1-11	시험에 들까 조심하라	오전	3.2.	히 11:24-30	애국자 모세	오전	7.27.	갈 2:20-21	우리의 삶	오전
9.23.	요일 1:5-10	자신의 죄를 회개하라	밤	3.2.	행 10:1-6	이상적 가정	밤	7.27.	고전 12:3-13	성령과 교회	밤
9.26.	행 18:1-11	하나님의 말씀에 붙잡힌 바울	수요	3.9.	요 6:52-59	하늘에서 내려온 떡	오전	7.30.	수 6:1-7	여리고 성을 점령하는 이적	수요
9.30.	행 1:6-11	어느 때입니까	오전	3.9.	요 7:43-49	마음에 가득한 것	밤	8.3.	행 2:1	성령과 상징	오전
10.3.	행 18:1-11	말씀에 의해 사는 바울(행73)	수요	3.12.	요 20:33-38	최후 상봉의 기도	수요	8.10.	출 12:1-11	문설주에 양의 피를	오전
10.7.	마 20:1-16	포도원의 일꾼	오전	3.16.	요 4:25-28	행복의 비결	오전	8.10.	행 2:1-4	성령과 상징	밤
10.7.	롬 6:15-23	죽음의 두 길	밤	3.23.	마 60:1-3	일어나 빛을 발하라	밤	8.13.	마 14:23-34	바다 위를 걸으심	오전
10.14.	마 17:1-6	하나님을 산에서 만남	오전	3.23.	눅 15:8-10	잃은 것을 찾으라	밤	8.17.	눅 3:21-22	예수님과 성령	밤
10.14.	계 2:8-11	칭찬받은 서머나 교회	밤	3.30.	요 19:28-30	다 이루신 십자가	오전	8.20.	행 3:1-10	미문에서 이적	수요
10.17.	행 18:5-11	말씀에 붙잡힌 바울(행74)	수요	4.6.	눅 24:13-35	예수께서 과연 살아나셨다	오전	8.24.	갈 5:22-23	성령과 기질	밤
10.21.	마 17:1-6	하나님을 산에서 만남	오전	4.6.	요 20:26-29	보지 못하고 믿는 자의 축복	밤	8.27.	요 14:18-31	홍해의 이적	오전
10.28.	사 53:1-6	고난 받으신 예수님	오전	4.13.	요 5:2-9	베데스다 못가에 인생	오전	8.31.	행 3:1-15	성령과 하나님의 사랑	오전
10.28.	벧전 2:18-25	죄의 방지책	밤	4.13.	잠 1:1-9	신앙과 지식	밤	9.3.	눅 7:11-17	나인 성의 이적	밤
11.4.	벧후 1:1-11	1. 더욱 힘쓰자	오전	4.20.	행 13:1-12	성령의 보내심을 받자	오전	9.7.	고전 12:4-11	성령과 은사	오전
11.4.	벧후 1:1-11	2. 더욱 힘쓰자	밤	4.20.	사 43:1-7	선민을 영원토록 버리지 않음	밤	9.14.	딤전 6:11-16	하나님의 사람아	수요
11.11.	마 26:6-13	은혜를 감사하는 마리아	오전	4.23.	행 21:1-14	성령 안에서 사랑의 눈물(행85)	수요	9.21.	고전 12:4-11	성령의 은사	오전
11.11.	마 25:14-23	칭찬받는 청지기	밤	4.27.	엡 5:24-33	성장하는 교회	오전	9.21.	막 1:40-45	저를 깨끗케 하소서	밤
11.14.	요 1:9-14	예수를 영접하라(행75)	수요	4.27.	딤후 4:1-5	말씀을 전파하라	밤	9.24.	엡 5:15-17	세월을 아끼라	수요
11.18.	마 26:26-28	그리스도의 살과 피	오전	5.4.	마 18:1-6	확신이를 영접하라	오전	9.28.	고전 12:27-31	성령의 큰 은사	밤
11.18.	마 11:2-15	새로운 역사를 창조하라	밤	5.4.	삼상 1:21-28	아이에게 하나님을 섬기게 함	밤	10.1.	왕하 5:8-14	요단강에 일곱 번 씻으라	수요
11.25.	롬 8:5-11	그리스도의 사람	오전	5.11.	출 20:12	부모를 공경하라	오전	10.5.	롬 8:35-39	확신있는 승리의 신앙	오전
11.25.	마 6:31-34	기독 신자의 고민	밤	5.11.	룻 1:15-18	룻의 효행	밤	10.5.	마 14:23-33	바다 위를 걸으심	밤
12.2.	행 8:9-24	황금과 신앙	오전	5.14.	행 21:15-26	예루살렘에 올라간 바울(행86)	수요	10.8.	마 13:3-9	4종의 신자	수요
12.2.	고전 15:57-58	승리하는 신앙생활	밤	5.18.	행 21:15-22	베드로에게 요구하시는 예수님	오전	10.12.	롬 5:1-6	새 소망	오전
12.9.	행 20:28-32	교회를 사랑하라	오전	5.18.	출 20:4-6	우상을 섬기지 말라	밤	10.15.	마 13:3-9	네 종류의 신자	밤
12.12.	행 9:31	부흥해 가는 교회(행76)	수요	5.25.	고후 1:20-23	성령을 우리 마음에 주심	오전	10.19.	마 10:34-42	예수 따라 가는 길	오전
12.16.	사 40:3-11	예수님의 음성	오전	5.25.	삼상 16:6-13	하나님은 중심을 보심	밤	10.19.	마 17:1-8	여기 있는 것이 좋다	밤
12.16.	롬 13:1-13	신앙과 절제생활	밤	6.1.	요 14:6	갈길을 가야한다	오전	10.22.	마 13:3-9	네 종류의 신자	수요
12.19.	행 9:31	부흥해 가는 교회(행77)	수요					10.26.	욘 2:1-10	요나의 기도에서 보는 진리	오전
12.23.	마 21:18-22	길가에 있는 무화과	밤					11.2.	단 6:10	다니엘의 모습	오전
								11.23.	눅 5:1-11	깊은 데로 그물을 던지라	밤
								11.23.	요 1:9-14	예수를 영접하라	밤

부록 설교 목록

날짜	본문	제목	시간
11.30.	마 6:9-13	하늘의 뜻이 땅에	오전
11.30.	히 11:5-6	믿음의 생애	밤
12.7.	눅 22:39-46	땀, 눈물, 피의 기도	오전
12.7.	눅 25:14-30	결산의 신앙	밤
12.10.	눅 14:15-24	청함을 사양하는 세 사람	수요
12.14.	요 4:27-34	예수를 만난 수가성 여인	오전
12.21.	마 1:18-21; 눅 1:26-38	요셉과 마리아의 신앙	오전
12.24.	눅 2:8-14	탄생하신 예수께 찬양하세	수요
12.25.	눅 2:1-7	베들레헴에 왕이 나셨다	성탄
12.28.	마 19:16-22	근심하여 가는 이생	오전
12.28.	행 9:1-9	하늘과 빛과 소리	밤
12.31.	딤후 4:1-8	직무를 다하라	수요
1981년 설교			
1.4.	창 1:1-31	창조와 질서	오전
1.11.	창 1:6-31	창조와 질서 (2)	오전
1.11.	딤후 3:1-5	바른 신앙의 시대요소	밤
1.14.	마 1:1-25	마태복음 강해 (마1)	수요
1.18.	창 2:1-25	축복과 에덴	오전
1.18.	시 23:1-6	여호와는 나의 목자	밤
1.21.	마 1:1-25	마태복음 강해 (마2)	수요
1.25.	창 3:1-24	아담의 타락과 저주	오전
1.25.	욘 3:1-10	일어나서 가라	밤
2.1.	창 4:1-26	아벨의 모범 신앙	오전
2.4.	마 1:17-25	마태복음 강해 (마3)	수요
2.8.	창 5:1-32	하나님과 동행한 자	오전
2.15.	창 6:1-22	암흑가에서 의인생활	오전
2.22.	창 7:1-24	대 홍수와 방주	오전
2.25.	마 2:1-12	마태복음 강해 (마4)	수요
3.1.	에 4:14-17	생명 바친 구국기도	오전
3.4.	마 3:1	마태복음 강해 (마5)	수요
3.8.	창 8:1-22	방주에서 나온 노아	오전
3.15.	창 9:1-29	구별된 삼형제 축복	오전
3.15.	신 28:1-6	축복의 길	밤
3.22.	창 12:1-20	지시한 땅으로 가라	오전
3.25.	마 4:1-11	시험을 이기신 예수님 (마6)	수요
3.29.	창 12:10-20	아브람의 실수와 하나님의 보호	오전
3.29.	눅 8:49-56	두려워 말고 믿으라	밤
4.1.	마 4:5-22	예수님의 뿌리심과 부르심	수요
4.5.	창 13:1-18	네가 좌하면 나는 우하리라	오전
4.5.	눅 17:11-19	아홉은 어디 있느냐?	밤
4.12.	눅 22:14-23	예수님의 살과 피를 기념하며	오전
4.12.	단 1:8-16	뜻을 정한 다니엘	밤
4.19.	고전 15:12-24	부활의 확증	오전
4.19.	눅 24:13-35	더디 믿는 엠마오로 가는 자	밤
4.26.	창 15:1-21	하나님과 아브람의 계약	오전
4.26.	창 16:1-16	이스마엘의 출생	밤
5.3.	마 18:1-10	어린이를 영접하라	오전
5.3.	욘 4:6-11	어린이를 아끼시는 하나님	밤
5.10.	창 23:13-25	부모를 공경하라	오전
5.10.	신 5:16	복 받는 효도	밤
5.17.	창 18:1-33	주를 영접하는 자의 축복	오전
5.24.	창 20:28-32	교회를 사랑하자	오전
5.27.	마 7:1-14	신앙생활의 경계 (마8)	수요
5.31.	창 19:1-38	소돔 성의 멸망	오전
5.31.	왕상 3:4-9	다윗 왕의 3대 교훈	밤
6.3.	마 7:15-29	기독 신자의 신앙	수요
6.7.	창 20:1-18	그랄에 거한 아브라함	오전
6.7.	계 14:13	주 안에서 죽은 자의 축복	밤
6.10.	마 8:1-13	백부장의 신앙 (마10)	수요
6.14.	창 21:1-34	아브라함의 득남과 이스마엘을 추방	오전
6.17.	마 8:18-24	예수님께 바람과 바다가 순종함 (마11)	수요
6.21.	창 22:1-24	내가 이제야 알겠다	오전
6.24.	마 9:1-14	마태를 부르셨다 (마12)	수요
6.28.	창 23:1-20	죽음과 장사	오전
6.28.	창 3:1-21	인간의 타락과 응징	밤
7.1.	마 9:18-38	비웃는 중에서 이적 (마13)	수요
7.5.	마 24:1-67	이삭의 약혼과 결혼	오전
7.5.	마 5:13	너희는 세상 소금	밤
7.12.	창 26:1-33	우물을 판 이삭	오전
7.15.	시 16:10-12	자원하는 예물	수요
7.19.	창 27:1-46	에서의 실수와 야곱의 축복	오전
8.2.	창 28:1-22	벧엘에서 야곱의 서약	오전
8.2.	욘 1:1-17	다시스로 가는 요나 선지자	밤
8.5.	마 10:1-15	전도자를 파송하심 (마14)	수요
8.9.	창 29:1-35	야곱의 결혼	오전
8.9.	욘 2:1-10	물고기 뱃속에서 기도	밤
8.12.	마 10:16-42	두려워하지 말라 (마15)	수요
8.16.	출 12:1-14	민족의 해방 유월절	오전
8.19.	마 11:1-19	여자가 낳은 가장 큰 자 (마16)	수요
8.23.	살전 1:2-9	주를 본받는 자의 길	오전
8.30.	마 3:7-12	합당한 좋은 열매	오전
9.13.	요 14:1-7	하나님과 함께 살자	오전
9.13.	마 14:13-21	빈들에 이적	밤
9.20.	눅 5:1-11	사람 낚는 어부	오전
9.20.	마 13:31-32	밭에 심은 겨자씨 한 알	밤
9.27.	마 21:23-31	포도원에 가서 일하라	오전
10.4.	마 11:28-30	인생과 교회	오전
10.4.	고후 5:18-19	기독교의 평화	밤
10.11.	요일 4:7-12	하나님의 사랑	오전
10.21.	마 14:1-12	선지자의 머리를 소반에 (마17)	수요
10.25.	마 22:34-40	하나님을 사랑하라	오전
10.25.	마 15:1-20	자신을 더럽히 말라	밤
11.1.	마 22:34-40	서로 사랑하라	오전
11.1.	마 15:21-28	여인의 큰 믿음	밤
11.8.	눅 12:4-13	나를 기념하라	오전
11.8.	마 16:13-17	예수는 누구인가?	밤
11.15.	행 8:12-24	황금과 신앙	오전
11.15.	마 17:1-8	변화산의 예수님	밤
11.18.	마 12:3-21	그리스도의 직분	수요
11.22.	마 25:14-30	작은 일에 충성	오전
11.23.	마 18:1-10	천국에서 큰 자	밤
11.26.	롬 12:3-21	그리스도인의 직분	오전
11.29.	시 1:1-6	시냇가에 심은 나무	오전
11.29.	빌 3:17-21	본이 되는 신앙생활	밤
12.2.	마 7:7-12	신자와 기도 (마18)	수요
12.9.	마 7:7-12	신자와 기도 (마19)	수요
12.13.	창 4:1-9	지팡이를 던지라	오전
12.13.	삼상 1:21-28	주께 아이를 맡기라	밤
12.16.	빌 4:3-6	신자와 기도	수요
12.20.	수 6:1-7, 16-21	여리고를 점령하라	오전
12.20.	눅 1:26-38	아름다운 처녀 마리아	밤
12.23.	요 1:5-13	예수를 알지 못하는 세상	수요
12.25.	마 2:1-12	만왕의 왕이 탄생하셨네	성탄
12.27.	단 12:1-12	별과 같이 영원토록 비취리	오전
12.27.	딤전 6:17-21	참된 생명을 취하리	밤
1982년 설교			
1.3.	엡 4:17-32	새 사람을 입으라	오전
1.3.	계 2:8-11	죽도록 충성	밤
1.10.	고후 4:1-15	보배를 질그릇에 가짐	오전
1.13.	갈 3:10-14	믿음으로 성령의 약속을 받음	수요
1.17.	행 1-12	성령의 보내심을 받은 선교사	오전
1.20.	갈 3:10-14	성령의 약속을 받음	수요
1.24.	히 11:24-29	모세의 믿음	오전
1.31.	마 23:1-6	나를 초장과 물가로	수요
2.3.	롬 13:9	흑암의 세력	수요
2.7.	눅 15:8-10	교회의 할 일	오전
2.7.	시 37:5-9	주께서 맡기신 신앙생활	밤
2.10	히 12:1-3	바라보자	수요
2.17.	딤전 5:1-16	존경받는 성직자	수요
2.21.	눅 10:30-37	선한 사마리아 사람	오전
2.21.	욥 1:13-22	욥의 신앙	밤
2.23.	창 22:1-12	아브라함의 삼일 길	수요
2.28.	눅 10:1-11	갈지어다	밤
3.3.	사 55:1-9	너희 영혼이 살리라	수요
3.7.	엡 3:14-21	바울 사도의 기도	오전
3.7.	행 6:1-7	부흥하는 교회	밤
3.10.	출 3:1-6	우상을 섬기지 말라	수요
3.14.	행 16:11-15	은혜 받을 준비	오전
3.21.	계 2:8-11	칭찬받는 서머나 교회	오전
3.24.	슬 1:2-3	수치를 모르는 백성	수요
3.28.	눅 7:36-50	예수의 발에 향유를	오전
3.28.	마 19:16-22	근심하고 가는 청년	밤
4.4.	눅 22:39-46	감람산의 기도	오전
4.7.	고후 4:7-18	신앙생활의 기본	밤
4.7.	롬 12:1-18	헌신적 신앙	수요
4.11.	고전 15:1-11	부활의 종교	오전
4.11.	눅 14:13-35	예수가 살으셨다	밤
4.18.	요 14:1-6	일어버린 인생	오전
4.18.	마 20:1-16	포도원의 일꾼	밤
4.21.	마 8:5-13	백부장의 신앙	수요
4.25.	행 1:6-11	시대를 알라	밤
4.25.	마 25:14-23	칭찬받은 청지기	밤
4.28.	엡 3:14-19	충만한 신앙생활	수요
5.2.	마 19:13-15	어린이를 사랑하신 예수	오전
5.2.	딤후 1:3-14	교회의 장래와 아동교육	밤
5.9.	잠 23:13-25	부모를 공경하라	오전
5.16.	약 4:13-17	인생의 가는 길	오전
5.16.	엡 2:8-10	다른 종교와 복음	밤
5.19.	고후 11:23-28	거룩한 나그네	수요
5.23.	마 10:36-39	십자가	오전
5.23.	시 15:1-5	서원을 변치 말라	밤
6.20.	고후 11:24-28	바울 사도의 순교	오전
6.20.	마 5:10-12	핍박 받는 자의 생활	밤
6.23.	시 1:1-6	축복의 길	수요
6.27.	눅 2:8-14	베들레헴의 목자	오전

날짜	본문	제목	시간
6.27.	고후4:16-18	날로 새로워지는 신앙	밤
6.30.	고후6:1-10	모든 것을 가진 자	수요
7.4.	눅19:1-10	여리고에 가신 예수님	오전
7.11.	요20:25-29	시온산의 축복	오전
7.14.	요5:2-9	은혜와 축복	밤
7.18.	창19:23-28	소금기둥과 소돔.고모라	
7.18.	눅5:1-11	깊은 데로 그물을 내려라	밤
7.25.	눅19:41-44	감람산의 축복	오전
7.25.	마17:1-8	변화산의 축복	밤
8.1.	요11:17-44	나사로의 부활	오전
8.4.	마13:44	믿음의 보화	수요
8.8.	창22:1-19	모리아산의 축복	오전
8.8.	룻1:15-22	신앙인의 여인상	밤
8.15.	출4:10-20	여호와께 행한 구원	오전
8.15.	약5:13-18	기도는 병든 자를 구원	밤
8.18.	롬1:8-17	전도와 구역부흥	수요
8.22.	마2:19-23	나사렛에서 사신 예수	오전
8.22.	롬1:8-17	전도와 구역부흥	밤
8.25.	행11:24-26	구역 부흥의 길	수요
8.29.	행10:1-8	욥바 성의 교훈	밤
9.1.	엡1:15-23	마음의 눈을 밝히자	수요
9.5.	왕상18:16-24	승리의 갈멜산	오전
9.5.	왕상18:41-46	승답의 갈멜산	밤
9.8.	마21:23-32	하나님의 뜻대로 사는 자	수요
9.12.	요4:1-10	사마리아성에 은혜	오전
9.19.	막1:2-12	가버나움의 복음	밤
9.26.	막1:21-28	가버나움의 축복	오전
9.26.	눅1:20-28	승리의 신앙생활	밤
9.29.	마13:3-9	많은 열매	수요
10.3.	눅23:26-38	골고다로 가신 길	오전
10.3.	롬12:1-2	참된 헌신	밤
10.6.	엡6:18-20	깨어 기도 생활	수요
10.10.	요20:26-29	마가 요한의 다락방	오전
10.13.	아2:15-17	포도원을 허는 작은 여우	수요
10.17.	슥8:1-2	아이 성의 승전가	오전
10.17.	눅10:30-37	세 종류의 사람	밤
10.24.	롬5:1-6	신앙인의 소망	오전
10.24.	눅7:11-17	나인 성의 큰 이적	밤
10.31.	마5:3-12	축복된 심령	오전
11.7.	딤1:3-7; 2:1-4	신령한 교제	오전
11.7.	마5:3-4	애통하는 자의 축복	밤
11.10.	마5:5-6	의에 목마른 자	수요
11.14.	창2:37-42	세례와 성찬	오전
11.14.	마5:7-12	긍휼과 청결	밤
11.21.	고후9:6-15	넘치는 감사생활	오전
11.21.	마5:9-12	화평과 핍박	밤
11.24.	마5:13-16	세상의 소금	수요
11.28.	롬2:1-11	가나의 이적	오전
11.28.	마5:14-15	빛을 발하라	밤
12.1.	고전15:55-58	승리생활의 비결	수요
12.5.	슥3:14-17	갈라진 요단강	오전
12.8.	왕상21:1-10	포도원을 지키라	수요
12.8.	왕상3:4-15	다윗 왕의 삼덕	밤
12.12.	딤전3:8-13	아름다운 성직	오전
12.12.	단1:1-16	청년 다니엘의 신앙	밤
12.19.	빌4:8-9	신앙생활의 모범	오전
12.19.	엡5:1-4	신앙생활의 자세	밤
12.22.	눅1:8-23	세례 요한의 잉태	수요
12.25.	마2:1-12	아기 예수님께 경배하세	성탄
12.26.	고전4:1-5	맡은 자의 충성	오전
12.26.	엡5:1-4	신앙생활의 자세	밤
12.29.	약3:13-18	위로부터 난 지혜	수요

1983년 설교

날짜	본문	제목	시간
1.2.	엡4:22-24	새롭게 하나님을 따르라	오전
1.2.	잠8:1-11	가장 선한 지식	밤
1.9.	창2:1-4	창조와 축복	오전
1.12.	창4:1	아벨의 길	밤
1.16.	마7:1-5, 13-14	기독 신자의 경계	오전
1.16.	마8:1-4	문둥병이 깨끗하여짐	밤
1.19.	창3:1-15	에덴 동산에서 사탄의 침입	수요
1.23.	마11:28-30	다 예수께로 오라	오전
1.30.	창12:1-3	보내시는 하나님	오전
1.30.	창3:1-7	뱀의 침입을 주의하라	수요
2.6.	마3:1-12	광야에 외치는 소리	오전
2.9.	마7:7-11	교인과 기도	수요
2.13.	마26:16-18	기도하는 곳에 이적	오전
2.13.	행13:1-3	좋은 일꾼	밤
2.20.	눅19:1-10	예수 영접하라	오전
2.20.	행8:26-40	구스 내시의 신앙	밤
2.23.	행1:8-11	지금 어느 때입니까	수요
2.27.	벧전2:18-25	죄의 방지책	밤
3.2.	행20:17-24	전도자의 사명	수요
3.6.	에4:12-17	애국의 부림절	오전
3.9.	행1:9-19	이방을 위한 택한 그릇	수요
3.13.	요1:29-34	세상 죄를 지고 가는 어린 양	오전
3.13.	벧전5:8-11	신령한 싸움	밤
3.20.	행11:21-26	성령 충만한 생활	오전
3.27.	눅22:39-46	예수님의 땀과 눈물의 기도	오전
3.27.	마25:14-23	죽도록 충성	밤
3.30.	요10:38-42	마음이 분주한 여자	수요
4.3.	고전15:1-10	부활의 증거	오전
4.3.	눅24:13-35	뜨거운 마음	밤
4.6.	고전1:4-9	고린도 교회의 장점	수요
4.10.	고전13:1-13	사랑의 본질	밤
4.10.	계22:1-7	천국	밤
4.17.	마16:24-28	신령한 믿음	오전
4.24.	엡1:4-15	아름다운 교회	밤
5.1.	롬5:1-8	소망의 생활	오전
5.1.	막9:33-37	어린이를 사랑하라	오전
5.1.	눅2:41-52	더 사랑스러워 가신 예수	밤
5.4.	약5:13-20	하나님께서 고치심	수요
5.8.	엡6:1-4	부모를 공경하라	오전
5.8.	잠23:22-25	부모를 즐겁게 하라	밤
5.15.	요5:1-16	참 포도나무	오전
5.18.	요12:20-26	하나님이 귀히 여기심	수요
5.22.	행2:1-4	오순절 성령 강림	오전
5.22.	행4:31-35	성령 충만한 사람	밤
5.25.	행11:21-26	초대 교회의 전도운동	수요
5.29.	눅15:3-7	찾으시는 하나님	오전
6.1.	행12:3-19	철야기도의 위력	수요
6.5.	마5:1-11	믿음의 효과	오전
6.8.	행10:1-8	군인의 신앙생활	수요
6.12.	행16:19-26	밤중에 기도와 찬미	오전
6.12.	딤전6:11-14	부름 받은 뜻	밤
6.15.	골1:9-12	바울 사도의 소원기도	수요
6.19.	고전12:28-31	성직과 선미	오전
6.19.	롬6:1-6	성직자를 세우시는 하나님	밤
6.26.	마24:9-14	비극은 사랑의 파괴다	오전
6.26.	삼상17:41-49	소년 다윗의 신앙	밤
7.10.	행14:1-7	가라 무가면 보내라	오전
7.10.	막12:1-3	예수를 바라보라	밤
7.13.	눅6:12-16	큰일 앞에 특별기도	수요
7.17.	출23:16	맥추절의 감사	오전
7.17.	대하7:14-18	부흥의 정의	밤
7.20.	요10:11-15	다시 은혜	수요
7.24.	롬8:31-35	오직 예수님의 사랑	오전
7.24.	마17:1-8	산에서 새로운 신비	밤
7.27.	요10:10-16	크신 은혜	수요
7.31.	계2:8-11	칭찬받는 서머나 교회	오전
7.31.	갈6:1-5	그리스도의 법을 성취	밤
8.3.	계3:14-22	라오디게아 교회	수요
8.7.	눅16:19-31	부자와 나사로	오전
8.10.	마3:14-22	사랑의 책망	밤
8.14.	롬6:17-23	해방과 자유	오전
8.17.	요1:11-14	예수를 영접하라	수요
8.21.	마26:1-13	포도원에 들어가라	오전
8.21.	마14:26-33	배에서 내려 물위로	밤
8.24.	요2:14-22	성전은 장사하는 집이 아니다	수요
8.28.	마10:16-23	양을 이리 가운데로	오전
8.28.	마8:28-34	가다라 지방에 오신 예수님	밤
9.4.	마14:1-12	세례 요한의 순교	오전
9.4.	마13:44-46	보물 밭을 사라	밤
9.7.	살전1:2-8	신자들의 소망	수요
9.11.	마21:18-22	열매 없는 무화과	오전
9.11.	마15:32-39	굶지 못하겠노라	밤
9.18.	마19:16-22	부족을 모르는 청년	오전
9.21.	마27:15-26	신자와 명절	수요
9.25.	마20:20-28	분히 여기는 제자들	오전
9.25.	마11:28	천국에 대한 비유	밤
9.28.	마22:15-22	하나님의 것은 하나님께	수요
10.2.	고전10:31-34	은혜스러운 생활	오전
10.9.	슥3:1-10	금식기도와 신앙	오전
10.9.	히12:1-3	생명의 문	밤
10.12.	마22:15-22	하나님의 것은 하나님께	수요
10.16.	마24:3-14	감람산의 예언	오전
10.19.	마22:15-22	하나님의 것은 하나님께	밤
10.23.	마25:1-13	슬기있는 다섯 처녀	오전
10.26.	빌1:1-11	복음의 교제	수요
10.30.	빌2:1-11	예수님의 마음을 품으라	오전
11.6.	빌4:5-9	신앙의 평화	오전
11.9.	엡6:10-20	영적 무장	수요
11.9.	마25:14-30	충성스러운 일꾼	밤
11.13.	눅22:18-23	예수님의 성만찬	오전
11.13.	빌3:1-12	그리스도를 얻은 자	밤
11.16.	딤4:10-20	자족을 배우는 신앙	수요
11.20.	마6:19-24	보물과 신앙	오전
11.20.	시149:1-9	성도의 찬양	밤
11.23.	마1:14-17	복음의 증인	수요
12.1.	고전5:9-13	신자의 처세도	수요
12.4.	고전12:20-26	나를 따르라	오전
12.4.	마7:6-8	하나님의 일을 맡을 자	밤
12.11.	행20:28-33	교회를 사랑하자	오전
12.11.	욥2:7-10	굳게 지킨 욥의 신앙	밤
12.18.	약1:12-14	시험에 빠질까 조심하라	오전
12.18.	마11:15-19	감각 없는 시대	밤
12.21.	벧전2:18-25	죄의 방지책	수요
12.25.	마1:18-25	성탄의 별	오전
12.25.	눅2:8-14	기쁨의 성탄	밤

1984년 설교

날짜	본문	제목	시간
1.1.	엡 4:17-24	새해 새사람	오전
1.1.	시 13:5-9	청춘을 독수리 같이	밤
1.8.	수 6:15-21	앞으로 나아가자	오전
1.15.	행 13:1-5	선교운동	오전
1.15.	계 2:1-7	에베소 교회	밤
1.22.	수 14:6-15	갈렙의 신앙	오전
1.22.	계 2:8-11	서머나 교회	밤
1.29.	마 13:3-9	씨를 뿌리러 나가세	오전
1.29.	계 2:12-17	버가모 교회	수요
2.5.	삼상 12:1-5	거룩한 발자취	오전
2.5.	계 2:18-28	두아디라 교회	밤
2.8.	요 1:1-14	생명의 빛	수요
2.12.	행 16:19-31	옥중의 기도	오전
2.15.	요 1:1-14	생명의 빛	수요
2.19.	고전 15:8-10	위대한 바울 사도	오전
2.22.	계 3:1-6	사데 교회	수요
2.26.	행 11:19-26	성장해 가는 교회	오전
3.4.	요 21:1-3	나라를 사랑하라	오전
3.4.	계 3:7-13	빌라델비아 교회	밤
3.7.	엡 5:15-21	성령 충만한 자	수요
3.11.	마 22:1-15	하나님의 초청장	오전
3.18.	요 3:13-19	신앙인의 사랑	오전
3.18.	요이 1:1-11	처음 이적	밤
3.21.	눅 18:9-14	바리새인과 세리	수요
3.25.	마 7:7-12	기도와 응답	오전
3.25.	삿 16:1-14	일어난 삼손	밤
4.1.	딤후 4:1-5	복음 전파	오전
4.4.	마 5:10-12	천국민의 품위	수요
4.8.	마 14:23-33	안심하라	오전
4.11.	행 10:17-23	하나님께서 기억하신 고넬료	수요
4.15.	엡 2:11-19	은총의 십자가	오전
4.18.	눅 22:1-6	사단이 들어간 유다	수요
4.22.	고전 15:1-8	부활의 승리	오전
4.22.	눅 24:13-25	부활하신 예수님이 가르치심	밤
4.29.	행 1:12-26	다락방의 기도	오전
4.29.	요 21:19-23	너는 나를 따르라	밤
5.6.	마 18:1-4	어린이를 사랑하라	오전
5.9.	행 6:8-15	성령 충만한 스데반	수요
5.13.	잠 22:22-26	효도의 신앙	오전
5.16.	롬 5:1-6	신자의 소망	수요
5.20.	딤후 1:3-9	불 일듯 하게 하라	오전
5.23.	빌 1:4-7	기쁨과 면류관 된 신자	수요
5.27.	행 1:6-10	승천하신 예수님	오전
5.27.	고전 2:1-5	예수님만 간직한 마음	밤
5.30.	욘 4:1-11	하나님이 아끼시는 도성	수요
6.3.	행 2:1-4	오순절의 성령충만	오전
6.6.	행 2:37-42	우리가 어찌할꼬	수요
6.10.	행 3:1-10	예수님의 이름으로 걸으라	오전
6.17.	행 5:1-11	신앙인의 바른 길	오전
6.24.	창 22:1-14	여호와 이레	오전
6.24.	행 4:13-22	기탄없는 증거	밤
6.27.	마 12:1-13	하나님의 일과 안식일	수요
7.1.	마 16:21-28	천하보다 귀한 생명	오전
7.1.	히 11:6	하나님이 기뻐하시는 것	밤
7.4.	요 9:1-7	나타내시는 하나님의 일	수요
7.8.	롬 13:11-14	빛의 갑옷을 입자	오전
7.15.	롬 6:19-21	하늘에 쌓아 두라	오전
7.15.	롬 12:1-2	헌신의 생활	밤
7.18.	롬 3:1-4	성령으로 봉사	수요
7.22.	사 61:1-3	의의 나무	오전
7.22.	마 13:31-32	겨자씨 한 알	밤
7.25.	고전 1:1-3	고린도전서 강해 1	수요
7.29.	행 19:8-20	두란노의 신앙운동	오전
7.29.	행 18:1-11	디도 유스도 집의 교회	밤
8.1.	고전 1:1-3	고린도전서 강해 2	수요
8.5.	시 37:27-31	성도를 버리지 아니하심	오전
8.5.	요 20:1-7	포도원으로 들어가라	밤
8.8.	고전 1:1-3	고린도전서 강해 3	수요
8.12.	출 12:11-17	유월절과 해방	오전
8.15.	고전 1:1-3	고린도전서 강해 4	수요
8.19.	눅 1:8-19	노모의 출생	오전
8.19.	눅 18:9-14	두 종류의 기도	밤
8.22.	고전 1:1-3	고린도전서 강해 5	수요
8.26.	마 14:23-33	폭풍우 중에 오신 예수님	오전
8.29.	고전 1:1-3	고린도전서 강해 5	수요
9.2.	엡 5:1-9	성스러운 생활	오전
9.2.	빌 2:1-5	예수님의 마음	밤
9.5.	고전 1:3-9	고린도전서 강해 6	수요
9.9.	행 13:16-23	하나님의 마음에 합한 사람	오전
9.12.	고전 1:4-9	고린도전서 강해 7	수요
9.16.	사 55:6-13	여호와를 찾으라	오전
9.16.	고전 1:10-18	고린도전서 강해 8	밤
9.19.	마 16:5-12	누룩을 주의하라	수요
9.23.	사 55:6-13	여호와를 찾으라 2	오전
9.23.	고전 1:10-18	고린도전서 강해 9	밤
9.30.	마 10:5-15	전도하라	오전
9.30.	고전 1:14-17	고린도전서 강해 10	밤
10.3.	롬 12:2-3	마음을 새롭게 하라	수요
10.7.	벧전 1:24-25	인생의 가는 길	오전
10.7.	고전 1:18-26	고린도전서 강해 11	밤
10.10.	골 4:2-6	힘써야 할 신앙생활	수요
10.14.	고전 1:16-18	왜 예수를 믿는가	오전
10.17.	고전 1:18-26	고린도전서 강해 12	수요
10.21.	요일 4:15-17	하나님의 사랑	오전
10.21.	고전 1:26-31	고린도전서 강해 13	밤
10.28.	행 20:17-21, 36-38	밀레도의 향기	오전
10.28.	고전 1:29-31	고린도전서 강해 14	밤
11.4.	사 18:1-3	살아계신 하나님	오전
11.7.	고전 2:1-5	고린도전서 강해 15	수요
11.11.	고전 1:23-29	거룩한 성탄	오전
11.11.	고전 2:1-5	고린도전서 강해 16	밤
11.14.	빌 1:3-11	너희를 생각할 때마다 감사	수요
11.18.	눅 17:11-19	영광을 돌리러 돌아온다	오전
11.18.	마 21:28-32	하나님 뜻대로 하였느뇨	밤
11.21.	고전 2:6-16	고린도전서 강해 17	수요
11.25.	사 23:14-17	새로워지는 신앙생활	오전
11.25.	딤후 2:20-26	선한 일에 예비 된 자	밤
11.28.	고전 2:12-26	고린도전서 강해 18	수요
12.2.	행 16:11-15	루디아의 신앙	오전
12.9.	엡 6:10	탄탄한 전신 갑주	오전
12.9.	고전 3:1-7	고린도전서 강해 19	밤
12.16.	마 25:14-30	충성된 종아	오전
12.19.	고전 3:4-7	고린도전서 강해 20	수요
12.23.	마 11:11-15	여자가 낳은 자 중에 큰 자	오전
12.26.	고전 3:8-15	고린도전서 강해 21	수요
12.30.	엡 5:15-21	세월을 아끼라	오전
12.30.	잠 2:28-32	젊은이의 환상	밤

1985년 설교

날짜	본문	제목	시간
1.2.	고전 3:14-23	고린도전서 강해 22	수요
1.6.	엡 4:17-24	옛 사람과 새 사람	오전
1.9.	계 22:1-5	생명수의 강	수요
1.13.	행 13:8-10	사랑의 가치	오전
1.16.	고전 4:1-5	고린도전서 강해 23	수요
1.20.	마 5:10-12	최상의 신앙생활	오전
1.27.	요 9:1-7	실로암에 가서 씻으라	오전
1.27.	대상 29:1-9	하나님을 위한 성전건축	밤
2.3.	시 23:1-6	여호와는 나의 목자	오전
2.3.	계 21:1-7	하늘나라	밤
2.6.	고전 4:1-5	고린도전서 강해 24	수요
2.10.	시 23:1-6	여호와는 나의 목자 2	오전
2.10.	히 12:1-3	예수를 바라보자	밤
2.13.	고전 4:6-13	고린도전서 강해 25	수요
2.17.	행 16:16-18	빌립보성에서 이적	오전
2.17.	시 4:1-8	행실로 하나님께 영광	밤
2.20.	고전 4:14-21	고린도전서 강해 26	수요
3.24.	요 14:6-7	구원은 오직 예수	오전
4.3.	고심 1:5-8	선교의 기쁨	수요
4.7.	눅 24:1-12	다시 사셨네	오전
4.7.	눅 24:13-16	부활의 소문과 확증	밤
4.14.	요 21:15-18	내가 주를 사랑하나이다	오전
4.14.	눅 1:6-8	나라를 회복하는 때	밤
4.17.	고전 4:19-21	고린도전서 강해 27	수요
4.21.	삼상 7:3-12	미스바의 성회	오전
4.21.	행 1:12-26	다락방의 기도	밤
4.28.	눅 1:4-10	너는 가며 너는 말하라	오전
4.28.	딤후 4:1-9	네 직무를 다하라	밤
5.5.	막 10:13-16	어린이는 우리의 희망	오전
5.5.	마 7:24-27	반석 위에 집을 지으라	밤
5.12.	욥 1:15-18	신앙인의 효행	오전
5.15.	고전 5:1-8	고린도전서 강해 28	수요
5.19.	마 14:22-33	안심하라 두려워 말라	오전
5.19.	행 11:28-31	신앙의 행진	밤
5.26.	행 2:1-4	오순절의 성령충만	오전
6.2.	몬 1:4-7, 19-21	빌레몬의 신앙	오전
6.2.	엡 5:25-27	영광스러운 교회	밤
6.5.	고전 5:9-13	고린도전서 강해 29	수요
6.9.	눅 5:1-11	게네사렛 호수가 복음	오전
6.12.	고전 6:1-10	고린도전서 강해 30	수요
6.16.	마 13:31-32	겨자씨 한 알	오전
6.19.	고전 6:1-10	고린도전서 강해 31	수요
6.23.	빌 4:4-7	염려하지 말라	오전
6.23.	롬 10:10-15	좋은 소식을 전하는 자	밤
6.26.	고전 6:11-20	고린도전서 강해 32	수요
6.30.	롬 12:1-2	신자의 세 가지 할 일	오전
6.30.	행 20:36-38	밀레도의 이별 기도	밤
7.7.	출 23:14-17	감사의 생활	오전
7.7.	히 11:13-16	나그네의 심정	밤
7.10.	고전 7:1-7	고린도전서 강해 33	수요
7.14.	롬 10:9-10	믿음의 정의	오전
7.17.	고전 7:1-7	고린도전서 강해 34	수요
7.21.	마 8:5-13	믿음의 종류	오전
7.21.	요 4:35-38	눈을 들어 밭을 보라	밤
7.24.	고전 7:8-24	고린도전서 강해 35	수요
7.28.	잠 10:11-21	아름다운 말	오전
7.28.	롬 16:25-27	예수복음 전하세	밤
7.31.	고전 7:17-24	고린도전서 강해 36	수요
8.4.	요 1:4-13	세상에 비취는 빛	오전
8.4.	왕하 2:1-11	영감을 갑절이나 주옵소서	밤

날짜	본문	제목	시간	날짜	본문	제목	시간	날짜	본문	제목	시간
8.11.	딤후 1:1-8	신앙인의 자본	오전	2.16.	약 5:16-18	엘리야 선지의 특징	밤	8.13.	고전 14:3	고린도전서 강해 62	수요
8.18.	계 1:4-6	해방을 주신 하나님	오전	2.23.	출 20:1-7	하나님의 경애하라	오전	8.17.	히 11:23-29	애국과 신앙	오전
8.18.	사 55:6-9	잃어버린 인생	밤	2.23.	빌 4:6-7	염려를 주께 맡기라	밤	8.17.	고후 5:16-18	낙심하지 말라	밤
8.21.	고전 7:25-40	고린도전서 강해 37	수요	3.2.	히 11:23-29	애국자 모세	오전	8.24.	요 11:40-44	이적	오전
8.25.	빌 2:8-16	하나님이 원하시는 사람	오전	3.2.	시 119:67-72	고난과 신앙	밤	8.27.	딤후 2:8-16	인내와 승리	밤
8.25.	마 7:24-27	무너져가는 신앙생활	밤	3.5.	고전 12:3	고린도전서 강해 50	수요	8.27.	고전 14:3	고린도전서 강해 63	수요
8.28.	고전 8:1	고린도전서 강해 38	수요	3.9.	창 37:5-11	꿈의 사람 요셉	오전	8.31.	마 25:14-23	착하고 충성하라	오전
9.1.	롬 12:1-12	기도하는 교회	오전	3.12.	고전 13:2	고린도전서 강해 51	오전	8.31.	학 1:4-11	성전을 건축하라	밤
9.1.	마 3:4-12	아름다운 열매	밤	3.16.	눅 19:28-40	나귀 타고 입성하신 예수님	오전	9.3.	고전 14:19	고린도전서 강해 64	수요
9.4.	고전 8:4	고린도전서 강해 39	수요	3.16.	마 17:24-27	성전세를 바치심	밤	9.7.	골 1:9-14	주께 합당하게 행하라	오전
9.8.	눅 14:25-35	누가 주의 제자인가	오전	3.23.	엡 2:11-22	그리스도의 보혈	오전	9.7.	롬 10:14-15	좋은 소식	밤
9.11.	고전 9:1	고린도전서 강해 40	수요	3.23.	요 11:17-27	나사로를 살리심	밤	9.10.	고전 15:1	고린도전서 강해 65	수요
9.15.	수 1:1-9	마음을 강하게 하고 담대히 하라	오전	3.26.	막 14:1-12	기억해야 할 일들	수요	9.14.	요 1:1-5	말씀의 능력	오전
9.15.	갈 6:1-5	자신을 돌아보라	밤	3.30.	고전 15:1-8	사흘 만에 다시 살아나셨다	오전	9.14.	행 16:25-34	헌신의 생활	밤
9.18.	고전 9:5	고린도전서 강해 41	수요	4.6.	살전 4:16-18	예수의 재림	오전	9.17.	고전 15:1	고린도전서 강해 66	수요
9.22.	행 20:28-38	피로 사신 교회	오전	4.6.	갈 6:1-5	그리스도의 법	밤	9.21.	골 4:2-6	세월을 선용하는 신자	오전
9.29.	시 15:1-5	천국민의 길	밤	4.9.	고전 13:1	고린도전서 강해 52	수요	6:1-5	자기 일을 살피라	밤
9.29.	고후 2:15-17	그리스도인의 향기	오전	4.13.	요 21:15-18	나를 사랑하느냐	오전	9.24.	고전 15:13	고린도전서 강해 67	수요
10.2.	고전 9:22, 27	고린도전서 강해 42	수요	4.13.	전 7:1-10	보다 나은 생활	밤	9.28.	마 14:15-21	먹고 남은 열두 바구니	오전
10.6.	막 14:32-42	일어나 함께 가자	오전	4.16.	고전 13:2	고린도전서 강해 53	수요	9.28.	창 28:10-22	꿈에 본 사닥다리	밤
10.9.	고전 10:1-13	고린도전서 강해 43	수요	4.20.	고전 3:11-15	최선의 인생길	오전	10.1.	고전 15:13	고린도전서 강해 68	수요
10.13.	창 1:8	전파되는 복음	오전	4.20.	창 9:1-9	사울을 부르심	밤	10.5.	갈 1:7-10	좋은 복음	오전
10.13.	행 6:1-15	초대 교회의 모습	밤	4.23.	고전 13:4	고린도전서 강해 54	수요	10.5.	요 15:15-17	너희를 택하여 세웠다	밤
10.16.	고전 10:6-13	고린도전서 강해 44	수요	4.27.	행 16:1-5	성장해 가는 교회	오전	10.12.	눅 18:35-43	소경의 간구	오전
10.20.	롬 8:31-39	신앙생활의 고백	오전	4.27.	갈 1:13-15	은혜 받는 성회	밤	10.12.	잠 16:1-9	하나님을 기쁘게 하라	밤
10.27.	삼상 17:41-49	다윗의 승리	오전	5.4.	마 18:1-6	어린이를 사랑하라	오전	10.19.	마 11:28-30	참 평안을 얻으라	오전
10.27.	눅 10:17-24	신자의 3대 기쁨	밤	5.4.	눅 2:41-50	아버지 집에 계신 예수님	밤	10.26.	창 12:1-9	하나님의 가속	밤
11.3.	창 22:12-19	여호와 이레	오전	5.11.	출 20:12	부모를 공경하라	오전	10.29.	사 56:1-8	안식일을 더럽히지 말라	오전
실전 5:12-18	가장 귀히 여길 사람	밤	5.18.	행 2:1-4	오순절의 성령충만	오전	10.29.	고전 15:13	고린도전서 강해 69	수요
11.10.	고전 11:23-29	기념하는 예배	오전	5.18.	마 28:16-20	그리스도의 제자	밤	11.2.	요 3:16-21	하나님의 약속	오전
11.13.	고전 10:14	고린도전서 강해 45	수요	5.25.	마 14:22-34	믿음이 적은 자여	수요	11.2.	말 3:7-12	십일조와 헌금	밤
11.17.	시 118:1-9	여호와께 감사하라	오전	5.25.	눅 15:3-7	전도는 교회의 기쁨	밤	11.5.	고전 16:1	고린도전서 강해 70	수요
11.17.	살전 5:16-18	범사에 감사	밤	5.28.	고전 13:2-8	고린도전서 강해 55	수요	11.9.	엡 2:11-22	십자가의 보혈	오전
11.24.	약 4:13-17	너의 생명이 무엇이뇨?	오전	6.1.	막 1:16-20	갈릴리 바다	오전	11.16.	살전 5:15-22	하나님께 감사하라	밤
11.24.	요일 1:9-10	나의 고백	밤	6.1.	딤후 4:1-9	선한 싸움	밤	11.16.	갈 1:6-10	그리스도의 복음	밤
12.1.	눅 10:17-24	신자의 기쁨	오전	6.8.	창 3:1-10	성전미문에 앉은 앉은뱅이	오전	11.23.	요 10:12-14	하나님의 약속 III	수요
12.1.	갈 4:25-32	서로 용서하라	밤					11.23.	계 22:1-5	하나님의 약속 IV	밤
12.4.	고전 11:1	고린도전서 강해 46	수요	6.15.	창 4:1-12	최초의 순교자 아벨	오전	11.25.	창 1:1-5	창세기 강해 1	수요
12.8.	딤전 3:8-13	은혜의 직분	오전	6.18.	고전 13:4-13	고린도전서 강해 56	수요	11.30.	고 21:15-17	교사의 사명	오전
12.11.	고전 11:2-16	고린도전서 강해 47	수요	6.22.	창 21:8-21	분단되는 가족의 통탄	오전	11.30.	계 2:8-11	칭찬받는 교회	밤
12.15.	마 10:34-39	십자가의 길	밤	6.22.	벧후 5:11-11	더욱 힘써라	밤	12.3.	창 1:1-5	창세기 강해 2	수요
12.18.	고전 11:17	고린도전서 강해 48	수요	6.25.	고전 12:5-9	고린도전서 강해 57	수요	12.7.	딤전 6:11-12	하나님의 사람아	오전
12.22.	눅 1:26-38	은혜를 받은 여자	오전	6.29.	마 13:47-50	담을 것과 버릴 것	오전	12.10.	롬 8:26-30	하나님의 약속 (5)	밤
12.22.	마 1:18-21	요셉의 의로운 생활	밤	7.2.	고전 13:7	고린도전서 강해 58	수요	12.10.	창 1:1-5	창세기 강해 3	수요
12.29.	엡 5:15-21	주님의 뜻으로 사는 세월	오전	7.6.	살전 5:16-18	감사 생활	오전	12.14.	마 9:18-26	믿음이 너를 구원	오전
12.29.	전 3:11-15	참으로 아는 삶	밤	7.6.	눅 18:9-14	가슴을 치는 기도	밤	12.21.	마 1:18-25	의로운 사람	밤
1986년 설교				7.13.	마 14:13-23	산을 간직하라	오전	12.21.	마 5:13-16	신자는 세상의 소금	밤
1.5.	엡 4:22-24	새 사람	오전	7.13.	골 1:10-14	성도의 기업	밤	12.28.	창 47:5-12	험악한 나그네 길	오전
1.5.	마 4:17	시작하다	밤	7.20.	마 28:16-20	교사의 사명	오전	12.28.	행 20:23-27	승리의 길	밤
1.12.	욘 4:1-11	야미시는 니느웨성	오전	벧전 4:10-11	은혜를 받은 자의 봉사	수요	12.31.	창 1:1-5	창세기 강해 4	수요
1.12.	행 16:23-31	옥중의 이적	밤	7.23.	고전 13:8-13	고린도전서 강해 59	수요	**1987년 설교**			
1.19.	벧전 5:6-11	은혜의 하나님	오전	7.27.	마 16:21-25	하나님 일을 생각하라	오전	1.4.	행 20:22-27	사명을 다하는 교회	오전
1.19.	요삼 1:1-8	참으로 사랑하는 자	밤	7.27.	잠 6:23-26	주의 법은 빛과 생명	밤	1.11.	요 2:1-11	예수님을 초청한 잔치	오전
1.26.	마 22:15-22	하나님의 것은 하나님께	오전	7.30.	고전 13:13	고린도전서 강해 60	수요	1.11.	딤전 3:8-13	아름다운 지위	밤
1.26.	요 1:9-14	은혜와 진리 충만	밤	8.3.	마 9:9-13	병든 자는 나아라	오전	1.18.	눅 9:57-62	뒤를 돌아보지 말라	오전
2.2.	사 40:6-8	풀과 같은 인생	오전	8.3.	빌 4:4-20	주 안에서 살자	밤	1.18.	마 11:16-19	이 시대의 진단서	밤
2.2.	롬 12:1-2	헌신적인 신앙생활	밤	8.6.	고전 14:1	고린도전서 강해 61	수요	1.21.	창 1:6-13	창세기 강해 5	수요
2.5.	고전 12:1-12	고린도전서 강해 49	수요	8.10.	요 1:29-34	세상 죄를 지고 가는 어린 양	오전	1.25.	잠 4:20-21	신자와 성경	오전
2.9.	눅 16:19-31	한 부자의 무관심	밤	8.10.	갈 1:10-12	하나님을 아는 중에 자라라	밤	1.25.	출 17:6-13	축복의 손을 들라	밤
2.16.	마 24:42-51	신앙인의 경고판	오전					1.28.	창 1:9-19	창세기 강해 6	수요
2.16.	행 19:17-20	에베소 교회의 부흥	밤					2.1.	막 5:35-43	달리다굼	오전

2.1.	시 23:1-6	나의 목자이신 여호와	오후	8.9.	벧전 4:7-11	말세에 긴급 명령	오후	2.14.	욥 1:1-5	생일과 신앙	오후
2.4.	창 1:14-23	창세기 강해 7	수요	8.16.	롬 9:1-5	나라를 사랑하라	오전	2.17.	창 4:10-26	창세기 강해 31	수요
2.8.	마 13:18-23	뿌리를 내리라	오전	8.16.	에 4:7-17	신앙과 애국	오후	2.21.	요 1:39-42	안드레의 전도	오전
2.8.	수 1:7-17	신앙의 계승자	오후	8.19.	창 2:15	창세기 강해 18	수요	2.28.	마 10:21-29	거룩한 전쟁	오전
2.15.	마 7:24-37	지혜 있는 신앙	오전	8.23.	살전 1:2-4; 롬 3:10-18	신앙과 불신앙의 특성	오전	3.2.	창 5:1-32	창세기 강해 32	수요
2.22.	딤후 2:1-12	예수의 좋은 군사	오전	8.26.	창 2:16	창세기 강해 19	수요	3.6.	히 11:23-29	모세의 애국	오전
2.22.	눅 2:36-39	안나의 신앙생활	오후	8.30.	엡 5:8-17	빛의 자녀	오전	3.6.	사 60:1-10	일어나 빛을 발하라	오후
3.1.	에 4:13-17	신앙과 애국	오전	9.2.	창 2:16	창세기 강해 20	수요	3.9.	창 6:1-22	창세기 강해 33	수요
3.1.	요일 5:4-5	신자의 특성	오후	9.6.	잠 16:17-20	지켜라	오전	3.13.	요 15:1-5	예수는 나무 우리는 가지	오전
3.4.	창 1:20-23	창세기 강해 8	수요	9.9.	창 3:1	창세기 강해 21	수요	3.16.	창 6:9-22	창세기 강해 34	수요
3.8.	고후 1:8-10	고난의 유익	오전	9.13.	수 4:7-9	선민의 기념물들	오전	3.20.	마 21:1-11	나귀 타고 입성하심	오전
3.8.	빌 4:5-9	옥중 선교 활동	오후	9.13.	막 4:6-12	더 큰 은혜	오후	3.20.	마 8:19-20	예수님의 고난을 기억하자	오후
3.11.	시 27:1-14	두려움이 밀려올 때	오후	9.16.	창 3:1	창세기 강해 22	수요	3.23.	창 6:14-22	창세기 강해 35	수요
3.15.	왕하 5:1-27	사종의 사람	오전	9.20.	요 1:1-18	예수님만 우리의 구주	오전	3.27.	눅 22:18-20	최후의 밤	오전
3.15.	히 12:12-17	삶의 방향	오후	9.27.	요 15:1-14	은혜 생활의 유지법	오전	3.30.	창 7:1-24	창세기 강해 36	수요
3.18.	창 1:24-31	창세기 강해 9	수요	9.27.	창 26:17-25	이삭의 모범적 신앙	오후	4.3.	고전 15:1-19	예수 부활하셨네	오전
3.22.	요 12:3-6	참된 주의 일꾼	오전	9.30.	창 3:1	창세기 강해 23	수요	4.3.	요 20:24-29	도마의 고백	오후
3.22.	마 22:2-14	청하여 오너라	오후	10.4.	눅 15:4-10	잃은 것을 찾으라	오전	4.10.	요 21:15-17	제자들에게 부탁	오전
3.29.	롬 10:9-10	구원의 길	오전	10.4.	눅 20:9-16	세든 포도원	오후	4.10.	엡 5:1-17	빛의 자녀들	오후
3.29.	엡 5:1-17	신령한 생활	오후	10.7.	창 3:2-7	창세기 강해 24	수요	4.13.	창 7:1-24	창세기 강해 37	수요
4.5.	마 7:24-28	반석 위에 지은 집	오전	10.11.	행 1:6-9	온 세상에 복음을	오전	4.17.	마 7:7-11	기도의 뜨거운 열기	오후
4.5.	마 7:15-20	좋은 열매	오후	10.11.	행 6:1-7	초대 교회의 특징	오후	4.20.	창 8:1-22	창세기 강해 38	수요
4.8.	창 1:24-31	창세기 강해 10	수요	10.14.	행 3:5	창세기 강해 25	수요	4.24.	행 13:1-4	교회의 사명	오전
4.12.	사 1:1-9	보혈의 은혜	오전	10.18.	행 6:1-7	초대 교회의 특징	오전	4.27.	창 9:1-29	창세기 강해 39	수요
4.15.	눅 22:39-46	감람산의 예수님	수요	10.25.	시 1:1-6	천국민의 축복	오전	5.1.	눅 2:39-52	예수님의 어린 시절	오전
4.19.	고전 15:1-9	예수 다시 사셨네	오전	10.25.	고전 15:55-58	승리하는 길	오후	5.8.	엡 6:1-3	부모를 공경하라	오전
4.19.	눅 24:13-35	마음에 더디 믿는 자여	오후	10.28.	창 3:12	창세기 강해 26	수요	5.15.	마 28:16-20	사랑으로 가르치심	오전
4.26.	계 7:13	아름다운 교회	오전	11.1.	마 3:10-12	타작마당을 정하게 하심	오전	5.15.	잠 22:1-9	선한 눈	오후
4.26.	마 7:7-11	기도하는 젊은이	오후	11.1.	요 21:18-22	원하는 데로 가지 말라	오후	5.22.	행 1:7-9	권능을 받으라	오전
5.3.	마 19:13-51	어린이를 사랑하신 예수님	오전	11.8.	눅 22:19-23	나를 기념하라	오전	5.22.	고전 12:4-12	성령의 은사	오후
5.3.	눅 2:41-52	예수님의 어린 시절	오후	11.15.	빌 2:15-18	믿음의 제물	오전	6.19.	막 1:16-17	사람 낚는 어부	오전
5.10.	잠 23:22-26	효도의 길	오전	11.22.	엡 4:11-16	직분의 목적	오전	6.19.	사 16:9-10	참 신앙의 축복	오후
5.10.	겔 47:1-5	은혜의 계단	오후	11.22.	골 3:4	위엣 것을 찾으라	오후	6.26.	살전 3:1-13	주 안에 굳게 서라	오전
5.17.	골 3:1-4	위에 것을 찾으라	오전	11.29.	마 22:34-40	사랑하라	오전	6.26.	잠 8:35-36	얻은 자와 잃은 자	오후
5.17.	골 3:12-14	신령한 옷을 입어라	오후	11.29.	요삼 1:1-8	칭찬받는 가이오	오후	6.29.	창 10:1-32	창세기 강해 40	수요
5.20.	창 2:1-3	창세기 강해 11	수요	12.6.	마 22:34-40	사랑하라 2	오전	7.3.	출 23:14-19	명절과 감사	오전
5.24.	마 16:13-20	예수는 누구인가	오전	12.6.	계 1:12-20	일곱 금 촛대	오후	7.3.	롬 1:17-18	믿음의 승리	오후
5.24.	갈 6:1-5	그리스도의 법	오후	12.13.	마 23:11-12	교회에서 존경받는 사람	오전	7.6.	창 11:1-32	창세기 강해 41	수요
5.31.	행 1:12-26	다락방	오전	12.13.	마 22:34-40	이웃을 사랑하라	오후	7.10.	출 18:17-22	하나님 교회의 청지기	오전
6.14.	눅 3:2-14	광야의 소리	오전	12.16.	창 3:8-23	창세기 강해 27	수요	7.10.	사 6:6-13	나를 보내소서	오후
6.14.	행 2:1-13	오순절의 성령충만	오후	12.20.	사 6:6-13	나를 보내소서	오전	7.13.	빌 3:1-11	가장 고상한 지식	수요
6.21.	행 2:4-17	창세기 강해 12	수요	12.20.	시 94:8-11	속일 수 없는 하나님	오후	7.17.	살전 1:1-4	아름다운 교회	오전
6.21.	출 15:1-13	모세의 신앙고백	오전	12.23.	마 2:1-12	성탄의 별	수요	7.17.	살전 2:10-12	교사의 자세	오후
6.21.	롬 12:1-5	너희 몸을 거룩하게	오후	12.27.	마 20:1-16	포도원의 일꾼	오전	7.20.	창 12:1-20	창세기 강해 42	수요
6.24.	창 2:4-17	창세기 강해 13	수요	12.27.	딤후 2:20-26	귀히 쓰는 그릇	오후	7.24.	창 37:1-11	큰 인물 요셉	오전
6.28.	행 16:14-15, 22-34	빌립보 교회에 바쳐진 제물	오전	12.30.	창 3:17-24	창세기 강해 28	수요	7.24.	시 146:1-10	여호와를 의지하라	오후
6.28.	살전 2:10-12	흠 없는 신앙생활	오후	**1988년 설교**				7.27.	창 13:1-18	창세기 강해 43	수요
7.1.	창 2:5-11	창세기 강해 14	수요	1.3.	행 9:26-31	성장하는 교회	오전	7.31.	창 18:23-33	의인 10인을 찾으심	오전
7.5.	요 12:1-8	마리아의 감사	오전	1.3.	마 4:1-11	최후의 준비	오후	7.31.	롬 12:1-8	신령한 헌신	오후
7.5.	마 17:11-19	은혜와 감사	오후	1.10.	마 8:5-13	균형을 잃은 인생	오전	8.3.	창 13:1-8	창세기 강해 44	수요
7.12.	왕하 2:6-11	엘리야의 능력	오전	1.17.	사 41:10-13	도와주시는 하나님	오전	8.7.	수 14:6-15	참 신앙가 갈렙	오전
7.12.	딤후 2:1-13	그리스도의 군사	오후	1.17.	창 24:1-6	엘리에셀의 충성	오후	8.7.	고전 4:1-2, 9-15	복음을 위한 삶	오후
7.15.	창 2:9-14	창세기 강해 15	수요	1.24.	시 119:13-19	주의 말씀은 등이요 빛이라	오전				
7.19.	단 12:1-4	별과 같이 빛나리	오전	1.24.	눅 16:19-31	기억하라	오후	8.10.	창 14:1-24	창세기 강해 45	수요
7.19.	전 12:1-8	기회를 선용하라	오후	1.31.	갈 6:14-18	십자가를 자랑	오전	8.14.	출 12:37-51	해방과 독립	오전
7.22.	창 2:10-14	창세기 강해 16	수요	2.3.	창 3:14-24	창세기 강해 29	수요	8.17.	창 15:1-21	창세기 강해 46	수요
8.2.	마 1:14-20	예수를 따르라	오전	2.7.	눅 18:9-14	자만과 자책	오전	8.21.	눅 12:16-21	미련한 부자	오전
8.2.	시 27:1-14	여호와께 청원 한 가지	오후	2.7.	창 4:1-15	아벨의 신앙과 가인의 범죄	오후	8.21.	마 10:22-25	선행을 격려하라	오후
8.5.	창 2:15	창세기 강해 17	수요	2.10.	창 4:16-26	창세기 강해 30	수요	8.24.	창 16:1-16	창세기 강해 47	수요
8.9.	행 3:1-10	선용하는 손	오전	2.14.	엡 1:19-23	하나님의 능력	오전	8.28.	마 5:21-26, 43-48	살인하지 말라	오전

날짜	본문	제목	시간	날짜	본문	제목	시간	날짜	본문	제목	시간
8.28.	행 11:19-30	안디옥 교회의 부흥	오후	3.8.	창 27:1-46	창세기 강해 60	수요	9.17.	창 8:1-12	은혜의 실태	오전
8.31.	창 16:7-16	창세기 강해 48	수요	3.12.	요 1:35-46	예수께서 와 보라	오전	9.17.	고후 12:7-13	내 육체의 가시	오후
9.4.	욘 1:1-3	여호와의 낯을 피하지 말라	오전	3.12.	롬 1:13-17	복음을 땅 끝까지	오후	9.20.	창 39:1-23	창세기 강해 72	수요
9.4.	갈 6:1-10	신령한 직분	오후	3.19.	막 11:1-10	비상한 행진	오전	9.24.	행 1:8	세계는 우리의 교구	오후
9.7.	창 17:1-27	창세기 강해 49	수요	3.19.	막 11:12-14	저주받은 무화과	오후	10.1.	골 3:1-4	하늘을 쳐다보라	오전
9.11.	마 3:5-10	회개하라	오전	3.22.	눅 23:26-49	십자가상의 음성	수요	10.1.	갈 5:18-26	그리스도 예수의 사람	오후
9.14.	창 18:1-33	창세기 강해 50	수요	3.26.	고전 15:1-9	부활의 증거	오전	10.4.	창 40:1-23	창세기 강해 73	수요
9.18.	롬 1:14-17	국경 없는 사랑	오전	3.26.	요 20:24-31	부활의 믿음과 생명을	오후	10.8.	행 10:1-8	이상적 가정	오전
9.18.	눅 18:35-43	나를 불쌍히 여기소서	오후	3.29.	창 28:1-22	창세기 강해 61	수요	10.8.	창 41:1-57	창세기 강해 74	수요
9.25.	계 14:1-13	승리의 신앙	오전	4.2.	행 2:37-42	성령 충만한 신자	오전	10.15.	마 3:8-10	신령한 열매	오전
9.25.	벧후 1:4-11	거룩한 성품	오후	4.2.	행 11:19-27	주께 돌아오더라	오후	10.22.	눅 15:1-7	잃은 양을 찾으심	오전
9.28.	창 18:16-35	창세기 강해 51	수요	4.9.	호 14:4-9	이슬 같은 축복	오전	10.22.	롬 14:13-20	그리스도를 섬기는 사람	오후
10.2.	창 16:8-40	드로아에서 본 환상	오전	4.9.	딤후 1:1-8	어머니의 유산	오후	10.25.	창 42:1-38	창세기 강해 75	수요
10.2.	사 60:1-9	일어나라	오후	4.12.	창 29:1-35	창세기 강해 62	수요	10.29.	롬 1:14-17	복음의 약속	오전
10.5.	창 19:1-37	창세기 강해 52	수요	4.16.	요 18:28-40	십자가 앞에 세 사람	오전	10.29.	요일 1:1-4	말씀 안에서의 기쁨	오후
10.9.	딤후 1:3-8	자녀를 믿음으로	오전	4.23.	행 20:28-32	교회를 사랑하라	오전	11.5.	눅 18:18-30	심히 근심하는 인생	오전
10.9.	약 1:19-27	참 신앙인의 경건	오후	4.23.	고전 12:4-11	은사와 직임과 역사	오후	11.5.	요 3:16-18	십자가의 사랑	오후
10.16.	창 5:22-24	풍성한 열매	오전	4.30.	마 22:1-14	초청하신 예수님	오전	11.12.	벧전 3:13-17	선한 삶	오후
10.16.	약 5:13-18	고난과 기도	오후	4.30.	눅 15:8-10	잃은 것을 찾은 기쁨	오후	11.19.		신자들의 감사절	오전
10.23.	엡 4:1-12	그리스도 안에 하나	오전	5.7.	마 18:1-10	축복 받은 어린이	오전	11.19.	시 138:1-8	하나님께 찬양	오후
10.30.	롬 1:16-17	믿음으로 살리라	오후	5.21.	룻 1:16-17	룻의 효행	오전	11.22.	창 43:1-34	창세기 강해 76	수요
10.30.	오 14:6	거룩한 인생길	오후	5.21.	행 4:32-35	성령 충만한 교회	오후	11.26.	고후 6:1-10	직책을 완수하는 길	오전
11.2.	창 20:1-8	창세기 강해 53	수요	5.24.	창 30:1-43	창세기 강해 63	수요	12.3.	시 23:1-6	여호와는 나의 목자	오전
11.6.	히 10:23-27	모이기를 힘쓰라	오전	5.24.	눅 14:6-14	생명의 길	오후	12.3.	마 4:17-20	바다와 베드로 사도	오후
11.6.	요 3:10-21	영생과 예수님	오후	5.28.	행 11:19-26	성령이 충만한 교회(2)	오후	12.10.	행 11:22-26	교회 부흥의 길	오전
11.9.	창 21:1-34	창세기 강해 54	수요	6.4.	잠 3:27-28	선한 행실	오전	12.13.	계 1:18-20	교회의 평가	수요
11.13.	사 53:1-9	예수님의 살과 피	오전	5.31.	눅 5:1-11	창세기 강해 64	수요	12.17.	엡 5:8-17	세월을 아끼라	오후
11.13.	창 1:12-26	다락방의 제자들	오후	6.11.	시 31:6	두려워하지 않는 다윗	오전	12.17.	벧후 1:4-11	지식과 신앙의 품위	오후
11.16.	창 22:1-24	창세기 강해 55	수요	6.11.	눅 18:9-14	참다운 기도생활	오후	12.24.	눅 2:8-39	예수를 만나자	오전
11.20.	삼 4:13-20	향기로운 제물	오전	6.14.	창 32:1-32	창세기 강해 65	수요	12.25.	마 2:1-12	성탄의 별	성탄
11.20.	시 100:1-5	찬송으로 가득한 교회	오후	6.18.	고전 9:19-27	절제는 승리생활	오전	12.31.	벧전 4:7-11	선한 청지기	수요
11.23.	창 23:1-20	창세기 강해 56	수요	6.21.	창 33:1-20	창세기 강해 66	수요	12.31.	약 4:13-17	나그네 인생	오전
11.27.	전 11:7-12:1	인생은 무엇인가?	오전	6.25.	왕상 21:1-10	포도원을 지키라	오전	12.31.	요 14:6-7	아름다운 길	오후
11.27.	단 1:5-16	뜻을 정한 다니엘	오후	6.25.	수 6:12-21	여리고 성을 돌라	오후			**1990년 설교**	
12.4.	마 25:31-46	우리의 우편에	오전	7.2.	시 50:7-15	감사로 드리는 예배	오전	1.7.	계 3:7-13	힘 있게 일하는 교회	오전
12.4.	요 1:1-4	우리의 사랑	오후	7.2.	삿 7:15-18	여호와를 위하라	오후	1.14.	창 1:1-15	출발의 중요성	오전
12.7.	창 24:1-18	창세기 강해 57	수요	7.9.	딤후 3:14-17	온전한 하나님의 사람	오전	1.17.	창 44:1-34	창세기 강해 77	수요
12.11.	호 3:1-3	호세아의 사랑	오전	7.9.	수 7:22-26	괴로움의 골짜기	오후	1.21.	행 5:41-42	영광스러운 합격	오전
12.11.	약 1:19	속히 하고 더디 할 일	오후	7.16.	창 9:1-13	나라 사랑하는 마음	오전	1.21.	롬 6:1-11	새 생명 가운데 행함	오후
12.18.	창 20:22-38	직분자의 사명	오후	7.16.	롬 5:1-6	신앙생활의 훈련	오후	1.24.	창 45:1-28	창세기 강해 78	수요
12.25.	마 2:1-12	성탄의 예물	오전	7.23.	학 1:1-13	헌신의 제단을 쌓자	오전	1.28.	요 12:24-26	한 알의 밀알	오전
12.25.	눅 1:1-20	하늘에 영광 땅에 평화	오후	7.23.	계 21:1-7	그 나라는 없어서 좋은 곳	오후	1.28.	요 20:19-22	나도 너희를 보내노라	오후
		1989년 설교		7.30.	마 7:24-29	무너지지 않는 집	오전	2.4.	대상 29:1-9	이상적 봉헌	오전
1.1.	살전 4:11-12	큰일 하는 교회	오전	7.30.	눅 8:22-25	바람을 다스리는 예수님	오후	2.11.	마 20:1-16	포도원의 일꾼	오전
1.1.	잠 4:20-27	승리의 삶	오후	8.3.	창 34:1-31	창세기 강해 67	수요	2.11.	행 5:12-16	기다리는 사람들	오후
1.8.	수 1:5-9	이기는 생활	오전	8.6.	신 6:4-9	교육에 힘쓰는 교회	오전	2.11.	딤전 1:12-17	나를 능케 하심	오후
1.15.	고후 2:12-17	향기를 발하는 복음	오전	8.6.	행 16:11-15	여자 루디아의 신앙	오후	2.18.	계 5:8-14	향기로운 기도	오전
1.15.	잠 15:17	가난과 신앙	오후	8.13.	요 8:31-38	해방된 우리	오전	2.25.	시 56:8-13	나의 눈물	오후
1.18.	창 25:1-34	창세기 강해 58	수요	8.13.	마 22:34-40	기독교 최고의 것	오후	2.25.	막 3:1-6	예수를 송사하는 세상	오후
1.22.	마 7:1-14	신앙의 위험신호	오전	8.16.	창 35:1-29	창세기 강해 68	수요	3.4.	창 13:8-12	민족의 화합	오전
1.29.	요 4:10-14	영혼이 솟아나는 생수	오전	8.20.	빌 4:4-7	기쁨이 있는 신자	오전	3.11.	시 81:10-16	입을 크게 열라	오후
2.5.	출 4:1-5	하나님이 주신 지팡이	오전	8.20.	단 6:4-10	창문을 열라	오후	3.18.	마 25:10-13	구원의 지각생	오전
2.5.	마 7:24-29	신앙의 위험신호 (2)	오후	8.23.	창 37:1-36	창세기 강해 69	수요	3.18.	마 10:46-52	더욱 힘 있게 부르짖음	오후
2.8.	창 26:1-35	창세기 강해 59	수요	8.27.	마 17:1-8	황홀한 경험	오전	3.25.	시 126:1-6	웃으면 울라	오전
2.12.	눅 5:12-16	주여 원하시면	오전	8.27.	행 16:6-10	우리를 도우라	오후	4.1.	요 20:36-38	간절한 기도	오전
2.12.	엡 17:18-36	거룩한 전쟁	오후	8.30.	창 37:18-36	창세기 강해 70	수요	4.1.	고후 5:17-21	새롭게 된 사람들	오후
2.19.	욘 1:1-17	요나 선지자의 풍랑	오전	9.3.	마 3:1-7	저주받게 하는 사탄	오전	4.8.	눅 22:14-21	십자가로 대속하심	오전
2.26.	눅 7:11-17	울지 말라	오전	9.3.	계 21:1-5	새 하늘과 새 땅	오후	4.8.	눅 23:27-31	예루살렘이 딸들아	오후
2.26.	신 28:1-6	축복의 길	오후	9.6.	창 38:1-30	창세기 강해 71	수요	4.11.	마 21:17-22	열매 없는 무화과	오후
3.5.	행 5:40-42	중단 없는 신앙 운동	오전	9.10.	출 14:15-22	지도자는 손을 들라	오전	4.15.	눅 24:1-10	승리의 부활	오전
3.5.	행 20:28-38	사랑해야 할 교회	오후	9.10.	딤전 6:17-19	선한 일은 참 신앙	오후	4.15.	요 20:24-29	부활 신앙의 축복	오후

날짜	본문	제목	시간	날짜	본문	제목	시간	날짜	본문	제목	시간
4.22.	골 4:2-6	말에 소금을 치라	오전	12.9.	요 5:2-9	베데스다의 이적	수요	6.23.	행 6:1-6	원망을 없이하는 길	오후
4.22.	삼상 7:5-11	미스바로 모이라	오후	12.16.	마 25:14-23	아름다운 결산	오전	6.30.	살전 5:16-18	성숙한 감사	오전
5.6.	마 18:2-3, 10	어린이를 사랑하라	오전	12.16.	사 60:1-9	눈을 들어 보라	오후	6.30.	마 20:1-12	포도원에 들어가라	오후
5.6.	전 7:1-4	빛나는 이름	오후	12.23.	히 11:26-27	최선을 다하는 신앙	오전	7.14.	마 28:16-20	참 교사의 상	오전
5.9.	창 47:1-31	창세기 강해 79	수요	12.23.	계 1:16-20	별을 인하신 예수	오후	7.14.	창 4:1-10	아벨의 참 제단	오후
5.13.	엡 6:1-4	효도와 신앙	오전	12.25.	눅 2:13-14	현대 성탄의 의의	성탄	7.17.	행 10:1-8	고넬료의 경건생활	수요
5.13.	창 12:1-4	가나안으로 가는 길	오후	12.26.	엡 5:15-21	때가 악하니라	수요	7.21.	눅 2:25-38	기다리는 사람 II	오전
5.20.	마 15:21-28	부스러기의 신앙	오전	12.30.	마 10:37-39	버릴 것은 버리라	오전	7.21.	행 10:1-8	고넬료의 경건생활	오후
5.20.	수 3:1-17	요단을 건너라	오후	12.30.	갈 1:6-11	참 복음	오후	7.24.	잠 15:25-33	의인생활의 규범	수요
5.23.	창 47:1-31	창세기 강해 80	수요		**1991년 설교**			7.28.	히 12:1-3	예수를 바라보는 신자	오전
5.27.	창 9:20-27	삼종의 인생	오전	1.6.	행 2:16-24	능력으로 일하는 교회	오전	7.31.	잠 40:9-23	여호와께 맡기라	수요
5.27.	마 28:19-20	교회의 지도자	오후	1.6.	갈 6:14-18	절대로 필요한 인물	오후	8.4.	사 4:13-17	불안에서 사는 인생	오전
5.30.	창 48:1-22	창세기 강해 81	수요	1.9.	행 16:23-34	빌립보 옥중의 이적	수요	8.4.	롬 5:1-8	4층의 신앙	오후
6.3.	행 2:1-4	성령 충만	오전	1.13.	딤후 4:1-8	전도하는 교회	오전	8.7.	딤전 6:17-21	후계자에게 부탁	수요
6.3.	요일 1:1-4	예수님의 제자 요한	오후	1.16.	삼상 17:39-54	여호와의 이름으로 가다	수요	8.11.	마 19:16-22	근심하며 가는 청년	오전
6.6.	창 49:1-33	창세기 강해 82	수요	1.20.	행 12:1-9	합심기도	오전	8.11.	롬 1:8-17	힘써야 할 일	오후
6.10.	살전 4:1-8	더욱더의 신앙	오전	1.20.	출 12:29-36	가서 여호와를 섬기라	오후	8.14.	롬 8:1-11	예수 안에 참 해방	수요
6.10.	마 3:1-12	세례 요한	오후	1.27.	눅 5:1-11	예수님을 만난 제자들	오전	8.18.	히 11:23-28	모세의 애국	오전
6.13.	창 50:1-26	창세기 강해 83	수요	1.27.	행 8:26-40	일어나서 가라	오후	8.18.	왕상 9:35-43	다비다의 선행	오후
6.17.	잠 13:9-13	의인의 빛	오전	2.3.	마 25:14-23	직분자의 충성	오전	8.21.	빌 4:8-13	자족하는 신앙	수요
6.24.	딤전 2:8-10	기도의 합당한 손	오전	2.3.	창 4:1-12	지키는 자니까?	오후	8.25.	벧전 4:10-14	인생의 목적	오전
7.15.	시 100:1-5	감사와 은혜	오후	2.6.	마 10:40-42	상을 받을 것이요	수요	8.25.	딤전 4:9-15	명하고 가르치라	오후
7.18.	눅 8:1-3	자기의 것으로 헌신	오전	2.10.	눅 2:25-38	기다리는 사람	오전	9.1.	왕하 5:1-27	4층의 신앙	수요
7.22.	눅 14:7-11	가장 좋은 자리	오후	2.17.	요 21:1-11	깊은 대로 그물을	오전	9.1.	롬 16:1-4	빛나는 봉사	오후
7.25.	마 28:16-20	은총의 직분	수요	2.17.	히 11:4-7	하나님을 기쁘게 하는 증거	오후	9.8.	마 10:34-39	제자들의 십자가	오전
7.29.	고후 7:1-4	자신을 깨끗하게 하라	오전	2.24.	창 1:1-8	창조의 질서	오전	9.8.	사 56:1-8	기뻐하는 일을 선택하라	오후
7.29.	고전 13:8-13	온전한 것이 오리라	오후	3.3.	시 50:1-6	해가 돋고 지는데마다	오전	9.11.	창 40:9-23	감옥에 된 것들	수요
8.5.	행 27:1-8	바울 사도의 동행자	오전	3.3.	행 4:32-37	놀라운 신앙운동	오후	9.15.	고후 12:7-10	세 번 간구함	오전
8.12.	히 11:28-30	신앙인의 유월절	오후	3.10.	요 14:1-6	영원히 소유하자	오전	9.22.	행 16:14-34	빌립보의 삼대 기적	오전
8.19.	사 11:97-13	말씀 안에 사는 생활	수요	3.17.	마 5:43-48	교회의 새 것	오후	9.29.	삼상 7:5-6	미스바의 부흥회	오전
8.22.	마 14:22-24	홀로 산에 올라가심	오전	3.17.	계 14:1-5	이마에 어린 양의 이름	오전	10.1.	학 1:1-6	깊이 생각하며 일을 이루라	수요
8.26.	출 16:13-20	만나가 주는 교훈	오후	3.20.	신 28:1-6	충만한 축복	수요	10.1.	딤전 4:6-16	경건의 연습	오후
8.29.	행 16:31	기초적인 신앙생활	수요	3.24.	사 53:1-9	고난의 십자가	오전	10.6.	학 1:12-15	참 아름다운 일	오후
9.2.	빌 1:27-30	은혜 받은 자의 표시	오전	3.31.	눅 24:13-31	엠마오 길에 환희	오후	10.13.	요 5:10-18	힘써 일하라	오전
9.5.	대상 10:1-14	어려운 일을 믿음으로	오후	4.7.	사 60:1-7	일어나라	오전	10.20.	마 19:16-22	돈을 모르는 청년	오후
9.9.	롬 26:19-23	예수님의 부탁	오전	4.7.	빌 3:7-17	바울 사도의 신앙이	오후	10.20.	계 20:10; 21:1-7	천국과 지옥	오후
9.12.	렘 35:1-11	신앙의 전통을 가진 가정	수요	4.7.	삼상 6:10-16	법궤를 멘 두 암소	오전	10.27.	살전 1:6-10	교회를 사랑하라	오전
9.16.	마 4:1-10	유혹을 이기는 비결	오전	4.10.	마 16:13-20	나를 누구라 하느냐	수요	10.30.	행 16:6-10	드로아의 환상	수요
9.23.	요 7:45-53	예수님의 말씀은	오전	4.14.	빌 3:16-17	바울 사도의 신앙이II	오후	11.3.	마 21:17-22	저주받은 무화과	오전
9.23.	눅 19:1-10	예수님이 찾는 사람	오후	4.14.	단 1:8-21	신앙으로 사는 얼굴	오전	11.3.	행 27:22-26	이제는 안심하라	오후
9.30.	딤후 4:9-11	마가의 신앙	오전	4.17.	요 8:1-11	먼저 돌로 치라	수요	11.17.	고전11:23-26; 출 23:14-17	감사와 성찬	오전
9.30.	요 14:6	생명 되신 예수	오후	4.21.	행 20:22-27	바울 사도의 신앙이III	오전	11.17.	시 149:1-9	성도들은 찬양하라	오후
10.3.	빌 4:8-13	주 안에 할 수 있는 말	수요	4.21.	눅 16:19-31	지옥에서 들려오는 소리	오후	11.24.	창 13:14-18	신앙적 선택의 결과 (1부)	오전
10.7.	마 18:21-22	관용의 위력	오전	4.28.	마 7:15-23	좋은 나무	오전	11.24.	롬 14:1-8	주를 위하여 살리라 (2, 3부)	오전
10.14.	엡 5:23-27	교회를 사랑하라	오후	5.5.	눅 2:41-52	어린 예수님을 꾸짖는 부모	오전	11.24.	마 25:14-23	오랜 후에 결과	오후
10.17.	요 4:34-38	누가 주의 일 할까	수요	5.5.	딤후 1:3-9	부모의 참 믿음	오후	11.27.	빌 4:15-20	빌립보 교회의 향기	수요
10.21.	미 6:9	매를 순히 맞으라	오전	5.12.	잠 1:7-9	삼경도의 신앙인	오전	12.1.	고전 12:31; 13:1-3	큰 은사 (1부)	오전
10.28.	딤전 5:1-22	최고의 생애	오전	5.19.	행 2:1-4	성령의 불을 받으라	오후	12.1.	말 2:5-6	하나님의 언약 (2, 3부)	오전
10.28.	삼상 2:18-21	사무엘의 교육	오후	5.19.	온 1:1-3	일어나 니느웨 성으로	오후	12.1.	딤후 4:1-8	항상 힘쓰라	오후
11.4.	잠 15:1-6	의인의 보물	오전	5.22.	요 15:1-7	나무와 가지	수요	12.8.	골 3:1-3	위에 것을 찾으라 (1부)	오전
11.4.	수 1:3-9	앞을 향해 가라	오후	5.26.	막 5:1-20	예수 떠나기를 청하는 시대	오전	12.8.	딤후 2:20-22	쓰임받는 그릇 (2, 3부)	오전
11.7.	빌 1:27-30	주 안에 사는 삶	수요	5.26.	잠 7:1-10	보다 더 좋은 일	오후	12.15.	히 12:1-3	신앙인의 경주 (1부)	오전
11.11.	히 9:22	피의 종교	오전	6.2.	눅 7:11-17	울지 말라	오전	12.15.	롬 12:1-2	참 예배를 드리라 (2, 3부)	오전
11.11.	마 22:1-14	사거리 길에 가서	오후	6.5.	요 14:1-7	길을 찾으라	수요	12.15.	골 5:16-22	선한 일꾼 에바브라	오후
11.14.	살전 5:15-18	누가 감사할까	수요	6.9.	마 5:3-8	행복의 번지수	오전	12.18.	요 1:5-11	증거자 세례 요한	수요
11.18.	살전 5:16-22	아름다운 감사	오전	6.12.	마 21:12-17	내 집은 기도하는 집	수요	12.22.	눅 1:26-33	그 이름 예수 (1부)	오전
11.18.	계 19:1-10	할렐루야	오후	6.16.	온 1:1-3	다시스로 도망가는 선지자	오전	12.22.	요 1:12-14	예수를 영접하라 (2, 3부)	오전
11.25.	말 2:1-7	내 언약은 생명과 평화	오전	6.19.	사 55:1-5	너희 영혼이 살리라	수요	12.22.	마 1:18-25	의로운 요셉	오후
11.25.	마 21:28-32	가서 일하라	오후	6.23.	계 2:8-11	순교의 신앙	오전	12.25.	마 2:1-12	베들레헴의 큰별	성탄
12.2.	딤전 3:8-13	네 직무를 다하라	오후								
12.9.	행 1:8	세계는 복음의 구역	오후								

날짜	본문	제목	시간		날짜	본문	제목	시간		날짜	본문	제목	시간
12.29.	요 6:1-13	광야의 이적 (1부)	오전		5.31.	잠 16:1-3, 33	작정은 여호와께서	오후		12.25.	마 2:1-12	아기 예수께 경배	성탄
12.29.	엡 5:15-21; 요 20:21	세월을 아끼라 선교의 동기 (2, 3부)	오전		6.3.	창 5:21-24	하나님과 에녹의 동행	수요		12.27.	마 11:16-19	이 시대는 무엇인가?	오전
12.29.	딤후 2:4-7	신령한 성공	오후		6.7.	행 4:31-35	성령 충만한 사람들 (2, 3부)	오전		12.27.	마 9:35-38	일꾼을 찾으시는 하나님	오후
1992년 설교					6.7.	삿 4:4-10	드보라의 헌신	오후		12.30.	잠 3:1-10	말씀대로 사는 자의 축복	수요
1.5.	시편 1:1-6	시냇가의 축복 (1부)	오전		6.10.	단 6:1-10, 22-23	믿음의 승리자 다니엘	수요		**1993년 설교**			
1.5.	행 4:31-37	부흥하는 교회 (2, 3부)	오전		6.14.	창 2:1-4	에덴동산의 축복 (2, 3부)	오전		1.3.	엡 4:22-24	새 사람	오전
1.5.	출 12:21-27	거룩한 출발	오후		6.14.	왕상 2:1-4	솔로몬 왕에게 명하심	오후		1.3.	전 5:1-7	하나님 앞에서	오후
1.12.	엡 4:22-24	새 마음 새 사람 (1부)	오전		6.17.	마 11:12-19	이 시대를 무엇에 비유할꼬	수요		1.6.	삼상 16:6-13	이가 그니라	수요
1.12.	창 1:1-8	창조의 역사 (2, 3부)	오전		6.21.	빌 3:1-3	성령으로 봉사하라	오전		1.10.	룻 1:1-13	마음이 아프도다	오전
1.19.	신 28:1-8	순종의 생활화	오전		6.21.	마 7:21-23	천국에 들어갈 자	오후		1.10.	딤전 3:8-13	교회조직을 보강하라	오후
1.19.	창 2:1-3, 15-17	에덴 동산의 두 사람 (2, 3부)	오전		6.28.	마 8:1-4	예물 드려 증거하라 (2, 3부)	오전		1.17.	엡 5:1-4	향기로운 신앙	오전
1.26.	마 4:23-5:3	심령이 가난하면 (1부)	오전		6.28.	눅 10:38-42	마음이 분주한 시대	오후		1.17.	사 4:2-6	때가 됨이라	오후
1.26.	창 12:1-3	지시할 곳으로 가라 (2, 3부)	오전		7.5.	출 23:14-17	절기를 지키는 선민	오전		1.24.	롬 14:16-23	표준 신앙생활을 힘쓰라	오전
2.2.	약 2:14-26	행동하는 믿음	오전		7.12.	마 28:16-20	지키게 하라 (2, 3부)	오전		1.24.	왕상 6:11-13	여호와를 위한 전	오후
2.2.	행 3:12-16	신앙의 능력 (2, 3부)	오전		7.12.	눅 8:1-3	섬기는 여자들	오후		1.31.	히 5:7-10	기독교의 삼대위력	오전
2.2.	창 28:17-22	벧엘의 축복	오후		7.15.	벧전 4:7-11	선한 청지기	수요		1.31.	요 5:24-29	선한 일을 하라	오후
2.5.	요 3:16-18	믿음의 결과	수요		7.19.	행 12:11-17	집에 모여 기도함	오전		2.7.	롬 8:31-39	끊을 수 없는 사랑	오전
2.9.	창 50:15-21	하나님의 선하신 뜻 (1부)	오전		7.22.	요 8:12-14	생명의 빛	수요		2.7.	수 14:7-14	갈렙의 신앙	오후
2.9.	계 1:1-3	세 가지 축복 (2, 3부)	오전		7.26.	눅 12:13-21	어리석은 자여 (2, 3부)	오전		2.14.	고전 1:4-9	신자의 참된 삶	오전
2.12.	히 11:4	믿음의 삶	수요		8.9.	마 23:16-22	외식하는 자들	오전		2.14.	눅 4:16-20	예수님의 규례	오후
2.16.	빌 4:10-13	풍성한 삶 (1부)	오전		8.9.	요 15:1-5	예수 안에서	오후		2.21.	엡 1:15-19	마음의 눈을 밝히라	오전
2.16.	요 8:1-11	돌로 칠 자가 누구인가 (2, 3부)	오전		8.16.	느 1:1-7	나라를 사랑하라 (2, 3부)	오전		2.21.	마 16:13-20	베드로의 참 모습	오후
2.16.	행 20:28-38	예수님이 피로 사신 교회	오후		8.16.	요 15:1-5	예수 안에서	오후		2.28.	눅 9:23-27	날마다 헌신 생활	오전
2.19.	히 11:4-7	믿음의 결과	수요		8.26.	고후 7:5-11	위로를 주는 복음	수요		2.28.	마 13:44-46	보배로운 신자	오후
2.23.	마 5:8	마음이 청결한 자 (1부)	오전		8.30.	빌 1:20	바울 사도의 삼대소원	오전		3.7.	시 84:1-12	새 성전 건축하는 뜻	오전
2.23.	마 7:7-12	열릴 문 (2, 3부)	오전							3.7.	눅 18:9-14	바리새인의 기도	오후
2.23.	막 1:21-28	사람에게서 나오라	오후		8.30.	창 34:1-7	벧엘로 올라가라	오후		3.14.	수 2:1-7	여리고 성의 큰 변화	오전
3.1.	에 3:1-6	신앙과 애국 (1부)	오전		9.6.	빌 1:27-30	참 복음의 생활 (2, 3부)	오전		3.14.	마 9:27-31	두 소경을 고치심	오후
3.1.	단 6:10	다니엘의 애국 (2, 3부)	오전		9.6.	마 10:24-33	헌신자의 자세	오후		3.21.	창 22:9-14	표준의 믿음	오전
3.1.	사 58:1-3	크게 외치라	오후		9.13.	마 9:27-31	믿음대로 되리라 (2, 3부)	오전		3.21.	마 10:5-15	축복하며 전도하라	오후
3.8.	마 11:28-30	마음의 쉼 (1부)	오전		9.13.	롬 12:9-12	최선의 신앙생활 (2, 3부)	오후		3.28.	왕상 19:19-21	밭을 가는 소	오전
3.8.	요 1:43-51	큰일을 보리라 (2, 3부)	오전		9.20.	갈 6:1-5	자기의 일을 살피라	오전		3.28.	시 121:1-8	내가 빛길 자라	오후
3.15.	빌 4:1-9	성도의 삶	오전		9.27.	딤전 1:12-17	넘치는 주의 은혜 (2, 3부)	오전		4.4.	눅 22:19-23	나를 기념하라	오전
3.15.	계 3:7-13	칭찬과 축복 (2, 3부)	오전		9.27.	시 90:4-15	수고와 슬픔의 인생	오후		4.4.	마 21:1-10	호산나 다윗의 자손이여	오후
3.22.	행 14:1-7	함께 일하는 교회 (1부)	오전		10.4.	엡 2:19-22	주의 교회 (2, 3부)	오전		4.9.	눅 22:63-71	유다에게 사단이 들어감	금요
3.22.	빌 4:10-20	참 삶을 배웠노라 (2, 3부)	오전		10.4.	딤후 4:1-8	네 직무를 다하라	오후		4.11.	마 28:1-10	예수 다시 사셨네	오전
3.29.	고후 13:13	있어야 할 큰 은혜 (1부, 2부)	오전		10.11.	행 6:8-15	스데반의 얼굴	오전		4.18.	요 1:1-13	예수님을 묘사하는 별명	오전
3.29.	롬 12:9-18	선에 속하라	오후		10.11.	시 42:1-11	불안 속에서 신앙	오후		4.18.	마 10:16-17	전도와 순결	오후
4.5.	잠 22:1-10	선한 눈을 가지라 (2, 3부)	오전		10.18.	몸 6:7	왕성해 가는 교회	오전		4.25.	엡 4:1-6	예수님의 참 교회	오전
4.12.	엡 2:16-22	기독교는 오직 십자가	오전		10.18.	마 18:1-10	어린이를 지키라	오후		4.25.	출 20:1-6	다른 신들을 네게 있게 말라	오후
4.12.	딤전 6:17-19	좋은 터를 쌓아라	오후		10.25.	합 3:1-4	부흥케 하소서 (2, 3부)	오전		5.2.	눅 2:40-52	예수님의 어린 시절	오전
4.19.	고전 15:1-8	부활의 증인들 (2, 3부)	오전		11.1.	롬 1:17	믿음으로 살리라 (2, 3부)	오전		5.2.	출 20:1-6	다른 신들을 네게 있게 말라	오후
4.19.	막 16:1-6	놀라지 말라 그가 부활하셨다	오후		11.1.	히 11:33-40	세상이 감당치 못할 사람들	오후		5.9.	출 20:12	부모를 공경하라	오전
4.26.	행 20:28-32	피로 사신 교회 (1부)	오전		11.8.	마 15:12-15	십자가 앞에서 누구냐	오전		5.9.	창 8:1-4	방주를 나서는 노아	오후
5.3.	마 22:1-10	천국의 잔치 (2, 3부)	오전		11.8.	눅 22:39-46	시험에 들지 않게 기도하라	오후		5.16.	롬 12:9-13	더욱 힘을 쓰라	오전
5.3.	눅 9:1-9	비추는 하늘의 빛	오후		11.11.	마 17:1-8	구름 속에서 나는 소리	수요		5.16.	마 18:15-20	이 땅에서 할일	오후
5.6.	마 14:1-12	소반 위에 선지자의 머리	수요		11.22.	딤후 4:7-8	의의 면류관 (1부)	오전		5.23.	행 1:15-26	상처를 싸매는 다락방	오전
5.10.	룻 1:15-18	효행은 천명 (2, 3부)	오전		11.22.	전 12:13-14	하나님을 사랑하라	오후		5.23.	히 13:15-19	참 제사를 드리라	오후
5.10.	요 14:6	길이 되신 예수	오후		11.29.	마 25:14-30	착하고 충성된 종 (1부)	오전		5.26.	욘 1:1-3	여호와의 낯을 피하여	수요
5.13.	마 8:14-15	열병을 고치심	수요		11.29.	마 24:40-51	선택받은 축복	오후		5.30.	행 2:1-4	성령의 충만	오전
5.17.	행 10:1-8	아름다운 가정	오전		12.6.	마 3:4-12	새 시대의 일꾼 (2, 3부)	오전		5.30.	막 10:34-48	성령충만한 가정	오후
5.17.	고후 4:7-11	버림 바 되지 않는 자	오후		12.6.	삿 7:19-23	300명의 용사	오후		6.6.	히 11:24-26	나라 사랑하는 신앙인	오전
5.20.	마 8:14-15	열병을 고치심	수요		12.20.	사 55:6-9	하나님의 눈 (1부)	오전		6.6.	왕상 3:1-9	지혜를 가질 사람	오후
5.24.	마 9:9-13	마태를 부르심 (2, 3부)	오전		12.20.	마 1:18-25	요셉의 인격	오후		6.13.	눅 8:43-48	평안히 가라	오전
5.31.	행 6:1-6	너희가 택하라 (2, 3부)	오전		12.23.	눅 1:5-23	사가랴와 엘리사벳	수요		6.13.	마 16:24-32	밤중에 기도와 찬미	오후
										6.20.	요 4:1-3	일어나 좇으니라	오전
										6.20.	창 3:1-8	에덴 동산의 뱀	오후
										6.27.	살전 2:17-20	신자의 면류관	오전
										6.27.	왕하 5:8-14	일곱 번 씻으라	오후

부록 설교 목록

7.4.	시 17:1-9	여호와께 감사하라	오전
7.4.	마 11:29-30	멍에를 메라	오후
7.11.	욥 1:13-22	하나님을 믿는 욥	오전
7.11.	마 18:10	업신 여기지 말라	오후
7.18.	마 12:9-13	옳은 일을 하라	오전
7.18.	행 4:31-35	신앙의 새 역사	오후
7.25.	느 8:1-12	말씀 중심의 부흥	오전
7.25.	벧후 1:4-11	더욱 힘써 배우라	오후
8.1.	엡 2:16-22	십자가의 큰 능력	오전
8.1.	고전 11:1	예수님을 본받으라	오후
8.8.	출 17:8-16	승리의 사람들	오전
8.11.	엡 5:8-9	빛의 자녀들	수요
8.15.	갈 5:1	종의 멍에를 메지 말라	오전
8.15.	고전 11:1	예수를 본받으라	오후
8.22.	마 17:1-8	황홀한 신비	오전
8.22.	롬 14:13-20	그리스도를 섬기는 자	오후
8.29.	마 25:1-13	등과 열 처녀	오전
8.29.	빌 4:1-3	주 안에 서라	오후
9.5.	눅 21:34-38	마음이 둔하여짐	오전
9.5.	빌 4:8-9	무엇을 하며 살까	오후
9.12.	사 40:29-31	새 권능을 얻으라	오전
9.12.	출 19:1-2	광야와 선민	오후
9.19.	행 20:36-38	밀레도의 기도	오전
9.19.	마 7:21-23	하나님의 뜻대로	오후
9.26.	엡 3:14-21	넘치는 생활	오전
9.26.	살전 5:23-25	최선의 생활	오후
10.3.	눅 15:11-24	집 밖에 탕자	오전
10.3.	마 20:1-6	포도원의 일꾼	오후
10.10.	막 3:1-6	한 가운데 일어서라	오전
10.10.	롬 15:57-58	주 안에서 수고	오후
10.17.	딤전 3:13-16	이상적인 교회	오전
10.17.	딤후 2:23-26	젊은이의 헌신	오후
10.24.	막 2:16-17	내가 왔노라	오전
10.24.	행 10:1-6	신앙의 위대성	오후
10.31.	마 9:27-31	예수님을 만난 두 소경	오전
10.31.	행 6:3-8	스데반 집사	오후
11.7.	출 12:1-11	출발의 전야	오전
11.7.	눅 1:5-7	세례 요한의 부모	오후
11.14.	마 3:10-12	세례의 참뜻	오전
11.14.	롬 12:3-13	신령한 교회의 일꾼	오후
11.21.	시 136:1-7	하나님께 감사하라	오전
11.28.	고전 4:1-5	하나님의 일을 맡은 자	오전
11.28.	잠 3:1-10	어린이의 갈 길을 인도하라	오후
12.1.	잠 16:1-9	여호와께 맡기라	수요
12.5.	행 16:22-23	밤중에 특별기도	오전
12.5.	행 9:36-43	다비다야 일어나라	오후
12.8.	요일 5:18-21	너희 자신을 지키라	수요
12.12.	약 4:13-17	들으라	오전
12.15.	히 10:32-39	참 믿음을 가진 때	수요
12.19.	마 1:18-25	예수 그리스도의 나심은	오전
12.19.	마 2:1-12	동방박사들의 헌신	오후
12.22.	마 1:17	역사속의 그리스도	수요
12.25.	눅 2:11-14	하늘의 영광, 땅의 평화	성탄
12.26.	엡 5:15-21	세월을 아끼라	오전
12.26.	요 2:1-11	항아리에 물을 채우라	오후
12.29.	삼상 7:3-6	특별기도와 그 결과	수요

1994년 설교

1.2.	히 12:1-3	인내와 성취의 해	오전
1.2.	엡 4:17-24	새롭게 하라	오후
1.9.	눅 9:57-62	저는 좇으리라	오전
1.12.	요 3:22-30	세례 요한의 기쁨	수요
1.16.	마 3:13-17	요단강에서 신비	오전
1.16.	눅 22:1-13	잡히시던 밤	오후
1.19.	고전 16:21-24	주를 사랑하라	수요
1.23.	고전 13:1-13	사랑의 길	오전
1.23.	고후 12:7-10	내 은혜가 족하도다	오후
1.26.	딤후 2:8-15	신자의 아름다움	수요
1.30.	민 6:22-27	제사장의 삼대축복	오전
1.30.	눅 12:13-21	부요한 헌신	오후
2.2.	요일 5:1-5	세상을 이기는 힘	수요
2.6.	요 14:25-31	성령이 주시는 것	오전
2.6.	시 23:3-4	소생시키시는 하나님	오후
2.9.	롬 10:9-18	주의 이름을 부르는 자	수요
2.13.	행 28:16-31	로마성의 바울 사도	오전
2.13.	골 3:18-25	아름다운 가정을 지키라	오후
2.20.	고전 9:16-23	전도 생활	오전
2.20.	막 11:20-25	기도와 축복	오후
2.27.	갈 6:6-10	최선의 것을 심으라	오전
2.27.	약 4:6-10	겸손과 은혜	오후
3.2.	롬 1:8-13	바울 사도의 삼대표현	수요
3.6.	눅 22:39-43	아름다운 습관	오전
3.6.	행 2:37-42	우리가 어찌할꼬	오후
3.9.	골 3:12-14	아름다운 옷을 입으라	수요
3.13.	요 4:7-14	영생토록 솟는 생수	오전
3.13.	창 35:1-8	벧엘로 가라	오후
3.20.	행 13:1-3	파송하는 교회	오전
3.20.	룻 1:6-8	신앙인의 어머니	오후
3.27.	사 53:4-9	상하고 찔리신 예수	오전
3.27.	마 21:1-11	나귀 타시고 입성	오후
4.3.	고전 15:1-8	부활의 신앙	오전
4.3.	요 11:25-27, 41-44	생명의 종교	오후
4.6.	눅 24:28-35	엠마오 도상의 부활증거	수요
4.10.	요 15:5-8	많은 열매	오전
4.10.	마 25:1-13	밤중의 소리	오후
4.13.	마 28:16-20	예수님의 부탁	수요
4.24.	행 7:36	사십년의 뜻	오전
4.24.	수 6:22-25	여리고 성의 큰 은혜	오후
4.27.	행 7:54-60	스데반의 기도	수요
5.1.	욘 4:10-11	사랑받아야 할 어린이	오전
5.1.	행 10:1-2	아름다운 가정	오후
5.4.	눅 7:11-17	죽어버린 과부의 아들	수요
5.8.	엡 6:1-3	부모를 자녀들이	오전
5.8.	마 19:16-22	계명들을 지키라	오후
5.11.	계 22:16-17	생명수를 받으라	수요
5.15.	히 12:1-2	우리의 당한 경주	오전
5.15.	벧전 5:8-11	시련과 신앙	오후
5.22.	행 4:30-35	성령 충만한 교회	오전
5.22.	행 2:12-13	성령으로 변화를 받으라	오후
5.25.	행 8:34-39	내시의 세례	수요
5.29.	요 21:15-17	성직자의 생활	오전
5.29.	빌 2:24-26	아름다운 이름	오후
6.1.	고전 16:15-18	시원케 하는 사람	수요
6.5.	고후 4:7-11	큰 능력이 하나님이	오전
6.5.	갈 6:1-5	시험을 두려워하라	오후
6.8.	시 119:9-24	주를 찾으라	수요
6.12.	전 11:1-10	캄캄한 일생 길	오전
6.12.	시119:97-104	주께서 나를 가르치심	오후
7.3.	계 2:8-11	서머나 교회의 감사 생활	오전
7.6.	마 28:18-20	잘 가르치는 선생	수요
7.10.	대상 17:16-20	우리는 그리스도의 종	오전
7.10.	딤전 6:17-19	좋은 터를 쌓으라	오후
7.13.	벧전 4:9-11	참 봉사를 하라	수요
7.17.	엡 1:1-2	에베소의 자유	오전
7.17.	계 5:1-8	어린 양 앞에 엎드려	오후
7.20.	눅 18:9-14	두 사람의 기도	수요
7.24.	계 2:12-17	버가모 교회의 편지	오전
7.24.	계 2:1-7	에베소 교회의 형편	오후
7.27.	마 7:21-23	천국에 들어갈 자	수요
7.31.	계 2:18-29	두아디라 교회	오전
7.31.	약 4:13-17	허탄한 자랑	오후
8.3.	엡 4:25-32	참 된 말	수요
8.7.	계 3:1-6	사데 교회	오전
8.7.	계 2:23-29	두아디라 교회에 권면 (2)	오후
8.10.	마 20:17-28	찾아 주시는 제자들의 신분증	수요
8.14.	계 3:7-13	빌라델비아 교회	오전
8.14.	히 11:25-27	나라 사랑하는 신앙	오후
8.21.	계 3:14-22	라오디게아 교회	오전
8.21.	빌 1:26-30	협력하라	오후
8.24.	롬 8:28-34	하나님의 택하신 자	수요
8.28.	마 3:5-10	요단강에 세례 받은 무리	오전
8.28.	요 1:35-42	전도인의 사명	오후
9.4.	딤전 4:12-16	진보된 신앙	오전
9.4.	마 26:38-46	일어나 함께 가자	오후
9.7.	요 15:1-7	예수 안에 거하라	수요
9.11.	왕하 2:8-11	영감이 내게 있게 하소서	오전
9.11.	마 22:9-10	길의 복음	오후
9.18.	왕하 2:8-11	영감이 내게 있게 하소서 (2)	오전
9.18.	겔 47:6-12	성전에서 나오는 강물	오후
9.21.	엡 5:8-9	빛의 열매	수요
9.25.	갈 1:15-24	아라비아로 간 바울 사도	오전
9.25.	마 16:1-4	시대를 분별하자	오후
10.2.	엡 3:5-13	예수 안에서 함께 일어나는 일	오전
10.2.	마 16:1-4	시대를 분별하자	오후
10.5.	눅 20:9-16	포도원의 일꾼	수요
10.9.	눅 2:10-14	좋은 소식	오전
10.9.	눅 2:36-40	여선지자 안나	오후
10.16.	마 22:1-7	천국을 싫어하는 시대	오전
10.16.	시 113:1-3	종들아 찬양하라	오후
10.23.	행 4:30-35	부흥하는 교회	오전
10.30.	눅 15:3-7	잃은 양을 찾으라	오전
10.30.	눅 8:43-48	주께 손을 댄 자	오후
11.6.	고전 7:29-31	때가 단축하여 진고로	오전
11.13.	눅 22:19-23	나를 기념하라	오전
11.13.	학 2:4-9	보라 크게 하라	오후
11.20.	살전 5:16-18	감사하라	오전
11.20.	시 51:8-17	영을 새롭게 하소서	오후
11.23.	히 12:1-2	예수님을 보라	수요
11.28.	눅 9:23-27	주를 따르라	오전
11.28.	잠 16:17-20	자신을 보전하라	오후
12.4.	행 2:41-47	교회 성장의 비결	오전
12.4.	수 14:9-12	인생 황혼 길에 큰 별	오후
12.7.	잠 16:31-33	마음을 다스리는 자	수요
12.11.	행 2:12-15	재림을 기다리는 신앙	오전
12.11.	벧후 3:8-13	멸망을 원치 않으신 하나님	오후
12.14.	잠 16:1-7	여호와께 맡기라	수요
12.18.	눅 1:39-45	성탄 전에 일어난 일들	오전
12.18.	계 1:1-3	인생 황혼에 큰 별	오후
12.21.	마 1:18-25	성탄의 준비	수요
12.25.	마 2:1-12	성탄의 참 경배	오전
12.25.	눅 2:8-14	큰 기쁨의 소식	오후

날짜	본문	제목	시간
12.28.	전 12:5-8	흙에서 온 인생길	수요
1995년 설교			
1.1.	고후 5:17-19	보라 새 것이로다	오전
1.1.	마 5:3-10	아름다운 심령	오후
1.4.	창 1:1-5	창조와 질서	수요
1.8.	행 1:8	전도하는 해	오전
1.8.	고전 4:2	충성하라	오후
1.15.	마 3:13-17	요단강의 큰 역사	오전
1.22.	룻기 1:16-18	결단의 신앙인	오전
1.22.	창 28:16-22	벧엘의 축복	오후
1.29.	엡 5:22-33	영화로운 교회	오전
1.29.	딛 2:12-15	힘써야 할 그리스도인	오후
2.1.	출 23:14-17	명절에 신앙인	수요
2.5.	엡 5:22-33	영화로운 교회	오전
2.5.	갈 6:1-5	속지 말라	오후
2.8.	고후 7:1-4	자신을 깨끗이 하라	수요
2.12.	삼상 16:6-13	지켜본다	오전
2.12.	막 8:22-26	밝히 보고 계십니까?	오후
2.15.	빌 3:9-16	앞에 있는 것을 잡으라	수요
2.19.	요일 5:1-7	승리의 신앙	오전
2.19.	딤전 6:17-19	더 좋은 터	오후
2.22.	시 4:1-8	의의 제사	수요
2.26.	마 6:33-34	먼저 해야 할 일	오전
2.26.	행 11:25-26	그리스도인	오후
3.5.	계 1:19-20	아름다운 교회	오전
3.5.	고후 8:1-8	풍성한 은혜	오후
3.8.	약 5:13-18	믿음의 기도	수요
3.12.	마 10:1	전도와 권능	오전
3.15.	행 16:13-18	전도는 신앙 운동이다	수요
3.19.	요 1:40-45	전도의 두길	오전
3.19.	딛 2:7-8	전도자의 생활	오후
3.22.	고전 12:18-27	지체를 영적 도구로	수요
3.26.	롬 5:1-6	믿음의 복	오전
3.26.	고전 12:18-27	지체를 영적 도구로	오후
3.29.	시 119:9-16	주를 찾으라	수요
4.2.	사 40:6-8	인생의 참모습	오전
4.2.	눅 7:44-50	마리아의 헌신	오후
4.9.	눅 22:39-46	보혈의 기도	오전
4.9.	마 21:1-11	호산나 다윗의 자손이여	오후
4.12.	마 26:31-35	제자들의 호언	수요
4.16.	요 11:25-27	예수는 부활이요 생명	오전
4.16.	고전 15:1-8	부활의 복음	오후
4.23.	딤후 4:1-5	전도인의 일을 하라	오전
4.26.	수 1:6-8	너와 함께 하시리라	수요
4.30.	사 60:1-3	일어나라 빛을 발하라	오전
4.30.	살전 5:16-18	쉬지 말고 기도하라	오후
5.3.	행 4:12-22	놀라운 증언	수요
5.7.	마 18:1-6	어린이를 사랑하라	오전
5.7.	삼상 3:1-9	어린 사무엘	오후
5.10.	행 10:1-6	아름다운 가정	수요
5.14.	엡 6:1-3	네 부모를 공경하라	오전
5.14.	창 23:22-26	부모님의 은혜	오후
5.17.	계 3:7-13	새 이름을 가질 교회	수요
5.21.	마 2:1-14	예수님의 큰 잔치	오전
5.21.	계 3:7-13	새 이름을 가질 교회	오후
5.24.	욘 3:1-5	니느웨의 외치는 소리	수요
5.28.	마 11:28-30	기다리시는 예수님	오전
5.28.	마 11:28-30	기다리시는 예수님	오후
6.4.	요일 4:15-21	하나님의 사랑이시라	오전
6.4.	약 4:31	성령으로 충만하라	오후
6.7.	잠 4:1-6	교육을 잘하는 교회	수요
6.11.	행 20:24-27	삶과 인생	오전
6.11.	마 7:13-14	생명으로 인도하는 문	오후
6.14.	마 28:19-20	잘 가르치는 교회(2)	수요
6.25.	갈 5:13-15	전쟁과 멸망	오전
7.1.	시 100:4-5	하나님께 감사하라	수요
7.2.	롬 12:9-18	열심을 품은 신앙인	오전
7.9.	고전 11:1	주를 본받으라	오전
7.9.	창 2:18-23	여자의 책임	오후
7.12.	눅 5:1-11	고기 잡는 사람	수요
7.16.	마 10:20-22	안심하라	오전
7.16.	시 34:11-15	축복의 조건	오후
7.19.	약 1:15	육심과 죄	수요
7.23.	마 11:16-19	모르는 사람들	오전
7.23.	요 2:1-11	처음 표적	오후
7.26.	행 4:1-14	기탄없이 말을 함	수요
7.30.	마 23:25-28	개혁을 외치신 예수님	오전
8.6.	요 22:16	이것을 증거하라	오전
8.6.	갈 5:1	종의 멍에	오후
8.13.	딤전 6:11-16	하나님의 사람	오전
8.13.	골 4:2-8	기도에 힘쓰라	오후
8.16.	마 4:4-6	마음을 돌이켜라	수요
8.20.	롬 10:8-15	시인과 전파	오전
8.27.	마 14:26-33	손을 내밀어 붙잡으시니	오전
9.3.	행 11:23-26	부흥하는 교회	오전
9.6.	요 7:1-9	명절과 예수님	수요
9.17.	골 3:1-4	위에 것을 찾으라	오전
9.17.	마 18:19-20	합심기도	오후
9.20.	고전 4:1-4	그리스도의 일꾼	수요
9.24.	딤후 3:14-26	하나님 교회	오전
9.24.	딤후 3:13-17	신앙교육의 3요소	오후
9.27.	행 2:37-42	초대 교회로 돌아가자	수요
10.1.	갈 5:22-24	맺어야 할 열매	오전
10.1.	요 1:45-51	칭찬 받는 나다나엘	오후
10.8.	잠 16:31-33	제비는 사람, 선택은 하나님이	오전
10.8.	눅 9:28-36	기도하실 때 일어나는 일	오후
10.11.	눅 1:35-42	주의 일을 할 수 있는 사람	수요
10.15.	엡 4:1-3	평안의 매는 줄	오전
10.15.	눅 8:1-3	마리아의 헌신생활	오후
10.22.	고전 16:13-14	가장 힘 있는 사람	오전
10.25.	딤전 6:11-12	영생의 길	수요
10.22.	살전 5:12-15	상처를 치료하자	오후
10.29.	롬 1:16-17	참 되게 사는 길	오전
10.29.	벧전 1:22-23	성결된 신앙생활	오후
11.1.	롬 5:2-6	시련 속에 감사	수요
11.5.	엡 2:11-19	하나님의 권속들아 감사하라	오전
11.5.	눅 16:9-13	두 주인을 섬기지 말라	오후
11.12.	마 13:44	보화를 차지할 자	오후
11.15.	마 8:35-39	예수 사랑으로 사는 자	수요
11.19.	롬 1:28-32	인간을 상실한 사람	오전
11.19.	막 14:22-26	예배와 찬양	오후
11.26.	마 2:1-12	무리 중에 이 사람	오전
11.26.	행 12:1-5	기도의 용장들	오후
11.29.	행 20:36-38	무릎을 꿇고 기도함	수요
12.3.	눅 15:1-2	잃은 자를 찾으심	오전
12.3.	잠 10:13-15	아름다운 발이여	오후
12.6.	눅 9:28-36	변화산의 기도	수요
12.10.	딤전 4:12-16	진보를 보이라	오전
12.10.	잠 3:15-17	하나님의 사랑이 되면	오후
12.13.	롬 11:19-30	안디옥 교회의 부흥	수요
12.17.	창 49:22-26	담을 넘은 가지	오전
12.20.	눅 1:5-7	사가랴와 엘리사벳	수요
12.24.	엡 5:15-21	세월을 아끼라	오전
12.24.	눅 1:36-38	은혜를 받은 마리아	오후
12.27.	눅 22:39-46	하나님께 간절히 기도하라	수요
12.31.	마 25:45-46	최후의 날	오전
1996년 설교			
1.7.	마 2:1-11	예수님을 초청한 잔치	오전
1.7.	수 1:1-9	강하고 담대한 출발	오후
1.10.	마 5:17-20	완전케 하신 예수님	수요
1.14.	수 4:19-24	길갈에 세운 열두 돌	오전
1.17.	고후 6:4-10	신앙인의 생활철학	수요
1.21.	창 25:27-34	떡과 삶	오전
1.28.	출 17:1-7	반석의 뜻을 찾으라	오전
1.31.	마 8:1-4	문동병자를 고치심	수요
2.4.	겔 47:1-12	은혜의 네 단계	오전
2.7.	눅 2:21-39	시므온과 안나	수요
2.11.	막 6:34-43	푸른 잔디 위의 이적	오전
2.11.	마 12:46-50	하나님의 뜻대로 사는 자	오후
2.14.	눅 2:36-39	바누엘의 딸 안나	수요
2.18.	엡 6:1-4	가정을 지키라	오전
2.21.	마 11:7-14	예수님께서 보신 세례	수요
2.25.	고전 13:12-13	거울에 보이는 교회	오전
3.6.	롬 14:16-23	이것들로 교회를 채우라	수요
3.10.	마 22:1-10	하나님이 준비한 잔치	오전
3.10.	단 1:2-10	해같이 빛날 사람	오후
3.13.	딤전 6:17-19	좋은 터를 쌓으라	수요
3.17.	딤후 2:1-7	은혜 속에 참 그리스도인	오전
3.17.	요 14:6-7	길과 진리와 생명	오후
3.24.	고전 16:13-14	건강한 삶	오전
3.24.	딤전 4:1-5	진리를 아는 자들	오후
3.31.	행 2:37-42	세례와 하나님의 선물	오전
3.31.	마 21:1-11	입성하시는 메시야	오후
4.3.	마 21:18-19	무화과 나무가 저주를 받음	수요
4.7.	요 20:12-18	부활이 있는 기독교	오전
4.10.	눅 24:19-35	엠마오에서 부활하신 예수님을 만남	수요
4.14.	시 1:1-6	의의 길	오전
4.14.	창 28:15-22	벧엘의 하나님	오후
4.17.	갈 6:16-26	성령으로 살자	수요
4.21.	잠 3:5-10	네 몸에 양각	오전
4.21.	마 13:47-50	의인 중에서 악인	오후
4.24.	롬 16:21-27	온 교회 식주인	수요
4.28.	눅 6:12-16	삼 지형의 기독교	오전
4.28.	잠 1:25-33	진리를 거부하는 시대	오후
5.5.	마 18:1-7	어린이를 사랑하라	오전
5.8.	잠 2:5-12	성도의 길을 지키심	수요
5.12.	출 20:12	파괴되는 효행	오전
5.12.	잠 8:5-7	창대의 시기	오후
5.19.	출 3:1-5	삼 지형의 기독교(2)	오전
5.19.	룻 1:15-18	위대한 시어머니	오후
5.22.	눅 15:11-32	아버지 집에서 일어나는 일들	수요
5.26.	눅 22:39-46	삼 지형의 기독교(3)	오전
5.26.	마 9:9-13	죄인을 부르러 왔노라	오후
5.29.	사 63:1-11	내 영혼이 만족하도다	수요
6.2.	눅 9:28-36	변화산에 계신 분들	오전
6.5.	전 12:8-14	뜻이 헛되느냐	수요
6.9.	창 50:15-21	위대한 사람 요셉	오전
6.9.	고후 4:7-15	보배를 질그릇에	오후
6.12.	시 51:6-10	성도의 참 기쁨	수요
6.16.	시 92:12-15	성도는 흥왕하리라	오전

날짜	본문	제목	구분	날짜	본문	제목	구분	날짜	본문	제목	구분
6.19.	눅 3:8-14	세례를 받으러 나온 자들	수요	12.1.	약 4:1-12	오늘의 삶	오전	6.1.	시 21:26-27	생명책에 기록된 자	오후
6.23.	갈 5:22-26	예수의 사람	오전	12.1.	약 4:13-17	미래를 위한 삶	오후	6.4.	요 8:1-11	여자를 끌고 온 군중	수요
6.26.	히 13:1-8	저희 믿음을 본받으라	수요	12.4.	수 23:5-11	크게 힘써 지키라	수요	6.8.	시 34:3-10	두려움에서 사는 사람들	오전
6.30.	실전 5:14-22	삶 속에서 감사	오전	12.8.	눅 10:30-37	거리의 참 이웃	오전	6.15.	창 1:1-5	빛과 질서	오전
7.3.	행 28:1-10	멜리데에서의 은혜	수요	12.8.	계 1:12-20	일곱 금 촛대	오후	6.15.	요 21:24	참된 증거	오후
7.7.	욥 6:3-6	이기가 충만한 사람	오전	12.11.	잠 16:6-9	죄를 떠나는 길	수요	6.22.	마 13:58	믿음으로 살자	오전
7.7.	롬 13:11-14	빛의 갑옷	오후	12.15.	요 5:5-9	누운 자를 찾아오신 예수님	오전	7.6.	딤전 1:12-17	바울 사도의 감사	오후
7.10.	히 11:8-10	터가 있는 성	수요	12.15.	롬 6:1-7	왕성해지는 교회	오후	7.13.	마 22:37-40	주를 사랑하라	오전
7.21.	마 10:5-8	잃어버린 이스라엘 집	오전	12.22.	벧전 4:7-11	세기 말의 신앙	오전	7.20.	마 14:8	믿음을 지킨 삶	오후
7.21.	수 5:10-15	여리고 평지에 유월절	오후	12.22.	고후 6:2-10	행복과 불행 속의 삶	오후	7.20.	막 2:14-17	예수와 함께 앉은 사람들	오후
7.28.	마 6:33-34	참 신앙인의 삶	오전	12.25.	마 2:16-18	베들레헴의 통곡 소리	성탄	7.27.	눅 15:8-10	교회가 잃어버린 것과 찾을 것들	오전
7.28.	실전 1:4-10	믿음의 소문	오후	12.29.	계 22:10-14	시작부터 끝까지	오전				
7.31.	슥 14:15-18	지팡이를 들고	오전	12.29.	단 12:3-4	너희는 빛날 것이다	오후	8.3.		최후의 성만찬	
8.4.	왕상 3:4-9	지도자의 힘	오전	**1997년 설교**				8.3.	삼상 14:6-7	요나단과 병기든 자	오후
8.4.	삼상 1:26-28	위대한 어머니	오후	1.1.	창 1:1-5	새 날이다	수요	8.17.	삿 9:53-57	죄와 벌	오전
8.11.	약 4:6-10	하나님을 가까이 하라	오전	1.5.	수 1:6-7	강하고 담대하라	오전	8.17.	막 6:45-52	두려워 말라	오후
8.11.	시 119:67-72	고난은 신앙의 징검다리	오후	1.5.	엡 4:11-16	온전한 헌신	오후	8.20.	마 20:13-16	은혜의 보상	오전
8.14.	요 12:1-8	마리아의 지극한 헌신	수요	1.8.	빌 1:12-14	특별기도회	수요	8.24.	마 14:13-21	빈들에서 예수님의 잔치	오전
8.18.	빌 2:12-18	생명의 말씀을 밝혀	오전	1.12.	눅 5:1-11	출발의 중요성	오전	8.24.	시 90:6-10	노년의 자랑이 무엇이뇨	오후
8.18.	계 14:1-5	새 노래	오후	1.19.	출 3:8-12	너와 함께 있으리라	오전	8.27.	룻 1:19-22	괴로움에서 돌아온 자	수요
8.21.	요 5:2-9	베데스다의 이적	수요	1.19.	삼상 16:6-7	여호와는 중심을 보시느니라	오후	8.31.	요 4:35-38	뿌리 것을 거두는 때	오전
8.25.	롬 3:26	믿는 자는 의롭다	오전					8.31.	눅 6:12-16	밝은 아침의 새 역사	오후
8.25.	삼상 17:41-49	구원은 여호와께	오후	1.22.	골 1:24-29	교회를 위한 삶	수요	9.3.	잠 16:16-20	여호와를 의지하는 자의 축복	수요
8.28.	행 8:26-40	병거로 나아가라	수요	1.26.	잠 16:6-9	참 신앙인의 모습	오전				
9.1.	엡 6:21-24	생명의 편지	오전	2.2.	마 8:23-27	주여 구원하소서	오후	9.7.	마 14:3-12	생일잔치에 있던 사람들	오전
9.1.	행 8:26-40	병거로 나아가라	오후	2.9.	요 13:1-7	자기 사람들을 사랑하심	수요	9.7.	행 13:1-3	안디옥 교회	오후
9.4.	삿 7:19-23	기드온의 300명	수요	2.9.	딤전 3:8-12	아름다운 지위	오전	9.14.	전 2:22-26	기쁨을 누리는 삶	오전
9.8.	빌 1:1-3	생명의 편지(II)	오전	2.9.	잠 17:1-6	가족과 명절	오후	9.14.	엡 4:11-16	할 일을 찾으라	오후
9.15.	고전 13:7: 빌 2:25-30	사랑의 실체	오후	2.16.	마 7:26-27	무너지는 소리가 들린다	오전	9.17.	시 121:1-8	나를 지키시는 하나님	수요
				2.16.	벧전 1:24-25	꽃은 떨어지는데	오후	9.21.	엡 5:29-32	아름다운 교회	오전
9.15.	눅 15:8-10	잃은 것을 찾으라	오후	2.19.	단 1:8-9	다니엘의 결심	수요	9.21.	빌 3:12-15	상을 위해 좇아감	오후
9.22.	행 3:13-16	잃어버린 영광	오전	2.23.	마 3:12	알곡 교회	오전	9.28.	마 13:31-32	자라는 교회	수요
9.22.	수 5:10-12	유월절에 큰일들	오후	2.23.	눅 3:2-6	광야의 증인	오후	9.21.	시 23:1-6	인도하시는 하나님	오전
9.25.	말 4:1-6	돌이키게 하리라	수요	3.2.	출 3:6-12	내 백성을 인도하리라	오전	10.5.	고후 6:4-10	보여야 할 신자의 모습	오후
9.29.	창 2:1-3	창조와 안식	오전	3.2.	시 42:1-5	낙망과 불안	오후	10.5.	고전 10:5-11	거울에 보이는 멸망	오전
9.29.	계 22:17	오라 하시는다	오후	3.5.	롬 8:1-11	그리스도의 사람	수요	10.12.	마 5:48	너희는 온전하라	오후
10.2.	마 1:1	사복음서의 시작	수요	3.9.	히 13:1-8	성도에게 최후의 부탁	오전	10.2.	요 1:39-44	만남의 복음	오전
10.6.	욘 3:1-5	무너짐을 막으라	오전	3.12.	빌 9:34-38	두루 다니시며 하신 일	오후	10.19.	말 3:8-12	십일조와 신앙생활	오후
10.6.	눅 10:38-42	참 좋은 마리아들	오후	3.16.	엡 2:1-5	많은 대가로 얻은 우리	오전	10.26.	히 13:1-5	성도들의 이웃	오전
10.9.	요 1:1-5	이 생명은 사람들의 빛이라	수요	3.23.	눅 14:22-25	예수님의 살과 피	오후	10.29.	엡 6:23-24	받은 은혜	오후
				3.23.	눅 19:28-44	종려주일에 일어난 일	오전	10.29.	시 150:1-6	하나님을 찬양하라	수요
10.13.	시 97:10-12	거룩한 기념	오전	3.30.	고전 15:3-8	기독교는 부활의 종교	오전	11.2.	행 3:1-1: 4:22	앉은뱅이 40년	오전
10.13.	요 1:1-5	예수는 생명과 빛이다	오후	3.30.	창 1:1-5	천지창조는 하나님이시다	오후	11.2.	시 150:1-6	하나님을 찬양하라	오후
10.16.	행 6:1-7	말씀이 흥왕하여짐	수요					11.9.	마 26:26-30	언약의 살과 피	오전
10.20.	마 11:28-30	행복한 휴식	오전	4.6.	시 1:1-3	신앙의 위험신호	오전	11.9.	마 25:19-21	작은 일에 충성하라	오후
10.23.	시 34:15-22	여호와는 성도와 함께 하심	수요	4.9.	막 5:14-16	이 시대의 가로등	수요	11.16.	눅 17:11-19	그 아홉은 어디 있느냐	오전
10.27.	전 7:1-7	더 좋은 것을 택하라	오전	4.13.	마 6:28-29	들의 백합화	오후	11.16.	시 126:1-6	기쁨으로 감사할 수 있는 자	오후
10.27.	고전 9:24-27	이기는 자가 상을 얻는다	오후	4.13.	수 14:6-12	사십 세의 갈렙	오전	11.19.	욥 6:31-34	염려하지 말라	수요
10.30.	계 3:15-19	중병에 걸린 시대	수요	4.20.	막 2:1-12	중풍병자를 달아 내림	오후	11.23.	민 1:4-5	예루살렘	오전
				4.27.	왕 20:28-32	교회가 기억해야 할 일들	오전	11.23.	고후 5:17	새 것이 되었도	오후
11.3.	행 11:22-26	안디옥 교회의 부흥회	오전	4.27.	약 4:6-10	은혜와 존귀	오후	11.30.	행 1:8	예루살렘(II)	오전
11.3.	시 100:1-5	감사와 찬양	오후	5.4.	막 9:35-37	어린이를 사랑하라	오전	12.3.	엡 4:17-24	하나님의 생명에 떠난 자	수요
11.10.	딤 2:6-11	예수님의 십자가	오전	5.7.	창 30:7-9	신앙인의 소원	오후	12.7.	행 2:1-4	예루살렘(III)	오전
11.10.	마 18:10	어린이를 업신여기지 말라	오후	5.11.	출 20:12	네 부모를 공경하라	오전	12.7.	행 12:5-12	특별기도	오후
11.13.	시 90:9-16	삶의 자랑은	수요	5.11.	막 5:14-16	착한 행실을 보이라	오후	12.10.	엡 4:20-24	진리 안에 새사람	오전
11.17.	실전 5:15-22	감사의 신앙생활	오전	5.18.	욥 4:31-37	성령충만한 사람들	오전	12.14.	시 122:1-9	성령의 불길이 예루살렘에서	오후
11.17.	롬 14:5-8	주를 위한 삶	오후	5.21.	왕하 2:1-5	세 곳을 다녀서 승천	오후	12.14.	눅 14:15-23	복음이 삶의 현장으로	오후
11.20.	창 2:1-3	칠(?)의 깊은 뜻	수요	5.25.	요 10:3-5	목자를 따르는 양	오전	12.17.	시 90:3-6	황혼의 세월	수요
11.24.	마 21:28-32	하나님의 뜻대로 사는 자	오전	5.25.	전 11:9-10	청년의 날을 기뻐하라	오후	12.21.	행 2:43-49	예루살렘교회(II)	오전
11.24.	출 16:4-6	광야의 기적들	오후	5.28.	욘 1:13-20	금식일과 성회 선포	수요	12.21.	딤전 6:11-12	하나님의 사람	오후
11.27.	롬 12:1-2	거룩한 산제사	수요	6.1.	창 3:16-19	잃어버린 인생	오전	12.24.	막 3:1-6	안식일에 생명을 구함	수요

날짜	본문	제목	시간
12.25.	눅 2:8-14	큰 기쁨의 소식	성탄
12.28.	마 25:14-23	결산하시는 예수님	오전

1998년 설교

날짜	본문	제목	시간
1.4.	행 1:8; 마 28:20; 고전 13:13	선교, 교육, 사랑	오전
1.11.	고전 13:1-7	사랑의 교회	오전
1.11.	행 20:24-27	예수께 받은 사명	오후
1.14.	막 1:15-20	갈릴리의 복음	수요
1.18.	살후 3:8-15	지금은 힘써 일할 때라	오전
1.18.	시 34:7-11	여호와를 경외하는 자	오후
1.25.	마 18:12-14	길 잃은 양을 찾으라	오전
1.28.	시 34:7-11	여호와를 경외하라(II)	수요
2.1.	눅 15:3-7	길을 잃은 양을 찾으라	오전
2.1.	마 5:23-34	옷에 손만 대여도	오후
2.4.	창 39:7-18	요셉의 위대한 신앙	수요
2.8.	엡 5:15-21	주의 뜻을 찾으라	오전
2.8.	사 60:1-3	일어나라	오후
2.11.	살후 2:13-15	주의 사랑하는 자들아	수요
2.15.	빌립 6:16-18 (12-34)	빌립보 성의 이적	오전
2.15.	요삼 1:5-8	나그네 된 자에게 선행	오후
2.18.	약 4:13-17	생명은 없어지는 안개	수요
2.22.	행 16:24-34	빌립보 성의 이적(2)	오전
2.22.	마 11:29-30	멍에를 매라	오후
2.25.	에 4:13-17	이 때를 위함	수요
3.1.	히 11:23-27	민족의 보배	오전
3.1.	겔 37:3-10	너희가 살리라	오후
3.8.	시 91:14-16	하나님이 건지리라	오전
3.8.	고후 13:11-12	거룩한 만남	오후
3.11.	벧전 4:1-6	마음에 갑옷을 삼으라	수요
3.15.	시 34:12-19	여호와의 얼굴	오전
3.15.	약 3:13-18	위에서 오는 것들	오후
3.18.	수 2:8-14	라합의 행동	수요
3.22.	행 8:1-3	큰 핍박받는 교회	오전
3.22.	눅 7:11-17	장례행렬	오후
4.5.	사 53:4-6	그가 상함은 우리의 죄악을 인함이라	오전
4.5.	요 12:12-15	종려주일	오후
4.8.	마 24:4-14	종말 교훈	수요
4.12.	요 11:25-27	예수는 부활이요 생명이시다	오전
4.12.	눅 24:22-31	그가 살아나셨다	오후
4.19.	마 5:13-16	성도들의 삶	오전
4.22.	빌 4:15-20	향기로운 제물	수요
4.26.	계 1:20	참 좋은 교회	오전
4.26.	눅 8:1-3	위대한 여성도들	오후
4.29.	골 1:4-6	하늘에 쌓아둔 소망	수요
5.3.	마 19:13-15	어린이를 축복하신 예수님	오전
5.3.	막 9:35-37	어린이를 영접하라	오후
5.6.	요 8:1-11	돌에 맞을 사람	수요
5.10.	엡 6:1-4	부모를 공경하라	오전
5.17.	마 25:34-40	사랑의 실체	오전
5.17.	마 16:15-20	이 반석위에 내 교회를 세우라	오후
5.20.	엡 5:22-27	자기 자리를 거룩하게 지키라	수요
5.24.	시 121:1-8	도움이 어디서	오전
5.24.	창 24:15-20	아름다운 리브가의 품성	오후
5.27.	시 120:1-7	경계해야 할 것들	수요
5.31.	행 11:24-26	성령의 충만한 사람들	오전
5.31.	눅 10:30-37	사랑의 실천	오후
6.7.	고전 11:28-32	자기를 살피라	오전

날짜	본문	제목	시간
6.7.	고후 7:10	기쁨과 부요과 소유	오후
6.10.	마 13:24-30	가라지와 곡식의 공존	수요
6.14.	행 4:29-35	성령충만자의 삶	오전
6.14.	마 12:6-13	믿음의 분수대로 살자	오후
6.17.	딤전 4:1-6	양심에 화인 맞은 자	수요
6.21.	창 2:8-10	찾아오신 하나님	오전
6.21.	요 2:3-11	찾아오신 없는 사람	오후
6.28.	창 12:1-4	찾아오신 하나님 II	오전
6.28.	창 37:5-11	꿈을 꾸는 청년 요셉	오후
7.5.	마 13:44	발견한 나의 보화	오전
7.5.	창 28:13-22	찾아오신 하나님 (III)	오후
7.8.	출 3:4-12	찾아오신 하나님 (4)	수요
7.12.	눅 24:25-35	큰 변화가 일어남	오전
7.12.	시 57:1-11	절박한 위험 속에 기도	오후
7.19.	마 14:24-33	찾아오신 하나님	오전
7.19.	마 9:19-27	몸에 손을 얹으소서	오후
7.26.	요 5:1-9	베데스다에 찾아오신 예수	오전
7.26.	마 5:22-24	구원을 얻어 살게 하소서	오후
8.2.	마 21:12-17	성전에 찾아오신 예수님	오전
8.2.	시 34:14-22	고난 많은 의인들	오후
8.5.	호 3:1-5	여호와께서 사랑하심	수요
8.9.	눅 5:1-11	게네사렛 호수에 찾아오신 예수님	오전
8.9.	딤전 3:8-13	참되게 사는 길	오후
8.16.	눅 19:41-44	눈물 흘리시는 예수님	오전
8.16.	눅 21:31-36	너희는 조심하라	오후
8.19.	마 14:16-20	그리스도를 잘 섬기는 자	수요
8.23.	눅 18:18-23	심히 근심하며 가는 큰 부자	오전
8.23.	마 9:12-13	병든 자는 의사에게 죄인은 예수에게	오후
8.26.	출 12:1-11	애굽의 최후의 밤	수요
8.30.	요 14:6	참된 길	오전
8.30.	마 5:37-42	저항의 복음	오후
9.2.	행 27:20-26	이제는 안심하라	수요
9.6.	눅 15:6-10	잃은 것을 찾아라	오전
9.6.	마 10:5-16	전도 헌장	오후
9.13.	잠 3:1-10	마음 판에 새기라	오전
9.13.	마 10:7-16	전도 헌장 (2)	오후
9.20.	잠 22:1-10	선한 눈을 가지라	오전
9.20.	요 21:14-19	힘써야 할 신앙생활	오후
9.23.	빌 3:1-3	세 가지를 삼가라	수요
9.27.	계 1:13-20	촛대와 별들	오전
9.27.	잠 24:16	의인은 다시 일어남	오후
9.30.	빌 3:1-3	세 가지를 삼가라	수요
10.4.	시 51:4-8	하늘로 눈을 들라	오전
10.4.	마 18:19-20	주의 이름으로 모인 곳	오후
10.7.	골 4:2-6	전도의 문을 열어 주소서	수요
10.11.	대하 17:1-6	여호사밧 왕의 참 모습	오전
10.11.	잠 16:31-32	의로운 길은 백발의 면류관	오후
10.14.	마 3:7-12	열매를 보라	수요
10.18.	마 13:47-50	그물과 물고기	오전
10.18.	빌 8:13-25	사마리아 교회	오후
10.21.	빌 3:12-17	신앙생활의 옷을 입으라	수요
10.25.	행 20:31-35	주는 것이 복이 있다	오전
10.28.	빌 8:13-25	사마리아 교회	오후
11.1.	롬 1:17	믿음으로 살리라	오전
11.1.	롬 1:9-11	의의 열매	오후
11.8.	고전 11:23-29	새 언약이니 기념하라	오전
11.15.	빌 4:15-21	향기로운 제물	오전

날짜	본문	제목	시간
11.15.	마 8:23-27	풍랑 중에 제자들	오후
11.22.	롬 14:16-20	신자의 참 모습	오전
11.25.	벧전 1:24-25	나뭇 잎이 떨어짐	수요
11.29.	딤전 5:21-22	자신의 것을 지키라	오전
11.29.	행 20:28-32	교회가 할 일들	오후
12.2.	시 23:1-3	부족함이 없도다	수요
12.6.	마 21:9-11	포도원의 품군	오전
12.6.	롬 14:16-19	하나님의 나라는	오후
12.13.	고전 11:1-2	그리스도를 본받아라	오전
12.16.	마 25:14-23	신앙인의 결산서	수요
12.20.	행 10:1-8	가정의 참 모습	오전
12.20.	단 12:1-3	빛과 같이 빛날 교사	오후
12.23.	마 1:18-25	요셉은 의로운 사람	수요
12.25.	마 2:1-12	성탄의 별	성탄
12.27.	행 47:7-12	험악한 세월을 살았도다	오전
12.30.	출 12:21-25	출발의 전날 밤	수요

1999년 설교

날짜	본문	제목	시간
1.3.	사 60:1-3	빛을 발하라	오전
1.3.	잠 2:1-10	졸업생들의 길	오후
1.6.	약 1:1-4	야고보서 강해(1)	수요
1.10.	마 22:17-22	악한 질문에 대답	오전
1.17.	마 8:19-22	사명자의 문제들	오전
1.20.	마 11:16-19	시대의 평가	수요
1.27.	약 1:1-4	야고보서 강해(2)	수요
1.31.	마 5:13	너희는 세상의 소금	오전
1.31.	갈 6:1-5	네 자신을 돌아보라	오후
2.3.	약 1:2-4	야고보서 강해 (3)	수요
2.7.	요 15:7-11	예수 안에 기쁨	오전
2.7.	행 6:1-6	예루살렘 교회의 조직	오후
2.10.	약 1:5-8	야고보서 강해 (4)	수요
2.14.	마 13:44	보화를 발견한 자	오전
2.14.	잠 30:7-9	두 가지 제목의 기도	오후
2.17.	약 1:6-11	야고보서 강해 (5)	수요
2.21.	히 11:20-21	교회역사와 신앙생활	오전
2.21.	출 3:11-12	당황하는 모세	오후
2.24.	약 1:12-15	야고보서 강해 (6)	수요
2.28.	고전 16:13-14	믿음에 굳게 서라	오전
2.28.	롬 14:6-8	주의 것이로다	오후
3.3.	시 142:1-7	내 심령 속이 상할 때에	오전
3.7.	시 92:12-15	의인이 번성함	오전
3.14.	잠 24:16-23	넘어질 때 취할 태도	오후
3.17.	시 1:13-15	야고보서 강해 (7)	수요
3.21.	엡 4:25-32	인치심을 받은 자들아	오전
3.21.	골 3:12-17	선택받은 거룩한 자들	오후
3.24.	약 1:15-18	야고보서 강해 (9)	수요
3.28.	마 21:1-11	나귀에 타신 예수님	오전
3.28.	시 148:12-14	사람들아 여호와를 찬양하라	오후
3.31.	마 24:3-14	말세의 징조	수요
4.4.	눅 24:1-12	예수 부활하셨네	오전
4.4.	요 20:19-31	부활하신 예수님이 나타나심	오후
4.7.	약 1:17-18	야고보서 강해 (10)	수요
4.11.	왕하 2:6-14	선생과 제자	오전
4.14.	약 1:18-20	야고보서 강해 (11)	수요
4.18.	요 10:46-52	보기를 원하나이다	오전
4.21.	약 1:19-21	야고보서 강해 (12)	수요
4.25.	마 5:14-16	세상의 빛 되는 교회	오전
4.25.	행 20:28	아름다운 교회	오후
5.2.	엡 1:5-23	자녀를 진정 원한다면	오전
5.2.	사 1:3	잘 심은 나무와 열매	오후
5.5.	약 1:25-27	야고보서 강해 (13)	수요

부록 설교 목록

날짜	본문	제목	시간
5.9.	잠 23:22-26	네 부모를 즐겁게 하라	오전
5.12.	약 1:27	야고보서 강해(14)	수요
5.16.	막 5:25-34	혈루증을 고치심	오전
5.16.	빌 3:3-9	가장 고상한 삶	오후
5.19.	약 2:1-9	야고보서 강해(15)	수요
5.23.	행 4:31-35	성령이 충만한 사람	오전
5.30.	요 1:44-51	부름 받은 나다나엘	오전
5.30.	삼하 6:11-15	하나님의 법궤	오후
6.2.	약 2:2-4	야고보서 강해(16)	수요
6.6.	고전 11:1	나를 본받는 자 되라	오전
6.9.	약 2:5-8	야고보서 강해(17)	수요
6.13.	고후 5:15-17	변화 되어야 한다	오전
6.16.	약 2:6-8	야고보서 강해(18)	수요
6.20.	요 8:1-11	죄인 앞에 등장하는 인물들	오전
6.20.	녹 17:11-19	하나님께 영광을 돌리는 자	오후
6.27.	살전 5:16-22	범사에 감사하라	오전
6.27.	왕하 2:19-22	엘리사의 샘물	오후
7.4.	왕상 18:16-19	엘리야의 참 모습	오전
7.7.	약 2:9-13	야고보서 강해	수요
7.11.	녹 1:39-45	여자 중에 복이 있는 마리아	오전
7.11.	요 2:1-11	돌 여섯 항아리	오후
7.18.	요 14:1-6	신앙인의 삶	오전
7.18.	마 13:31-32	잘 심은 겨자씨 한 알	오후
7.21.	약 2:14-17	야고보서 강해(20)	수요
7.25.	시 42:6-11	불안 속에 사는 신자들	오전
7.25.	마 18:19-20	합심 기도의 위력	오후
7.28.	약 2:17-21	야고보서 강해(21)	수요
8.1.	출 3:1-8	거룩한 땅이니 신을 벗으라	오전
8.1.	삿 1:1-7	헌신하는 사람들의 모습	오후
8.4.	약 2:20-26	야고보서 강해(22)	수요
8.8.	렘 17:5-11	만물보다 부패한 마음	오전
8.11.	약 3:1-6	야고보서 강해(23)	수요
8.15.	창 18:31-33	의인이 없는 도시	오전
8.18.	약 3:3-6	야고보서 강해(24)	수요
8.22.	마 16:26	가장 귀한 생명	오전
8.22.	롬 8:27-30	선을 이루는 은혜	오후
8.25.	약 3:5-12	야고보서 강해(25)	수요
8.29.	전 1:4-8	바다를 채우지 못함	오전
8.29.	딤후 2:20-22	꼭 필요한 사람	오후
9.1.	약 3:9-12	야고보서 강해(26)	수요
9.5.	창 39:19-23	의인 요셉의 고난	오전
9.8.	약 3:13-18	야고보서 강해(27)	수요
9.12.	행 1:8	권능을 받으라	오전
9.15.	약 3:17-18	야고보서 강해(28)	수요
9.19.	요 15:1-9	열매 맺는 가지	오전
9.22.	약 4:1-4	야고보서 강해(29)	수요
9.26.	마 26:4-13	좋은 일을 기념하라	오전
10.3.	빌 1:8-11	더 풍성하게 하자	오전
10.10.	잠 16:1-9	신자는 여호와께 있다	오전
10.10.	엡 5:15-21	지혜가 있는 신자들	오후
10.13.	약 4:3-5	승리하는 신앙생활	수요
10.17.	녹 15:11-24	둘째 아들의 참 모습	오전
10.17.	벧전 3:13-17	선한 양심을 가지라	오후
10.20.	약 4:5-7	야고보서 강해(31)	수요
10.24.	녹 9:7-9	당황하는 헤롯 왕	오전
10.24.	삼상 16:6-13	이가 그니 일어나 기름을 부으라	오후
10.27.	약 4:7-10	야고보서 강해(32)	수요
10.31.	롬 1:16-17	오직 의인은 믿음으로 살리라	오전
10.31.	요 1:7-14	주를 영접하리	오후
11.7.	행 16:12-15	빌립보의 부흥회	오전
11.14.	사 53:1-6	그가 상함은 우리의 죄악을 인함이라	오전
11.21.	시 100:1-5	감사예배를 드리세	오전
11.21.	시 149:1-5	성도들아 찬양하라	오후
11.24.	약 4:8-10	야고보서 강해(33)	수요
11.28.	행 16:16-22	빌립보의 부흥회(2)	오전
11.28.	벧전 1:22-25	꽃도 잎도 떨어지는데	오후
12.1.	약 4:10-12	야고보서 강해(34)	수요
12.5.	행 16:23-34	빌립보의 부흥회(3)	오전
12.5.	엡 5:22-33	부부와 선교	오후
12.8.	약 4:13-17	야고보서 강해(35)	수요
12.12.	행 6:2-6; 13:1-3	교회 일꾼들을 선택함	오전
12.12.	행 1:12-14	기도에 힘쓰는 여자들	오후
12.15.	약 4:15-17	야고보서 강해(36)	수요
12.19.	마 1:18-21	의인 요셉	오전
12.19.	녹 1:5-17	세례 요한의 부모	오후
12.22.	녹 1:28-38	마리아가 은혜를 받음	수요
12.25.	녹 2:1-14	하늘에 영광 땅에 평화	성탄
12.26.	엡 5:15-17	세월을 주의 뜻대로 살자	오전
12.26.	딤전 1:12-14	충성된 자에게 직분을	오후

2000년 설교

날짜	본문	제목	시간
1.2.	왕상 3:4-15	새천년 일천예배	오전
1.2.	단 1:6-9	뜻을 정한 다니엘	오후
1.5.	욘 3:1-10	위기에 특별기도	수요
1.9.	롬 12:1-2	거룩한 영적 예배	오전
1.16.	단 1:3-9	뜻을 정한 다니엘	오전
1.19.	약 5:1-6	야고보서 강해(37)	수요
1.23.	마 13:44	보화를 발견한 사람	오전
1.30.	히 13:1-5	있는 바를 족한 줄로 알라	오전
1.30.	왕상 3:4-6	큰 은혜는 성실과 공의와 정직	오후
2.2.	약 5:6-9	야고보서 강해(38)	수요
2.6.	행 8:14-25	사마리아에서 복음운동	오전
2.6.	롬 8:1-11	생명과 사망	오후
2.9.	약 5:9-11	야고보서 강해(39)	수요
2.13.	행 8:18-24	사마리아에서 복음운동	오전
2.13.	골 3:1-4	위의 것을 찾으라	오후
2.20.	잠 10:11	생명의 샘	오전
2.20.	전 11:9-10	청년의 때를 알라	오후
2.23.	약 5:12	야고보서 강해(40)	수요
2.27.	녹 12:35-40	허리에 띠를 띠고 깨어 있으라	오전
2.27.	삼상 3:19-21	여호와께서 함께 하시는 사무엘	오후
3.1.	약 5:13-15	야고보서 강해(41)	수요
3.5.	마 11:28-30	내가 너희를 쉬게 하리라	오전
3.5.	행 2:42-47	성령충만한 교회의 모습	오후
3.8.	약 5:14-15	야고보서 강해(42)	수요
3.12.	고전 16:13-14	승리하는 신앙생활	오전
3.12.	잠 16:31	백발의 면류관	오후
3.15.	약 5:15	야고보서 강해(43)	수요
3.19.	요 8:1-11	예수님께 모여든 사람들	오전
3.19.	녹 14:6-12	천국의 잔치	오후
3.22.	약 5:16-17	야고보서 강해(44)	수요
3.26.	롬 13:11-14	밤이 지나면 아침이 온다	오전
3.26.	시 146:1-10	찬양은 하나님께	오후
4.2.	녹 18:35-43	급하고 귀한 요구들	오전
4.2.	시 119:9-11	주를 찾으라	오전
4.2.	출 2:5-10	유모가 된 요게벳	오후
4.2.	약 5:17-18	야고보서 강해(45)	수요
4.9.	마 11:4-11	무엇을 보느냐	오전
4.9.	빌 4:8-9	하나님이 누구와 함께 계시는가	오후
4.12.	약 5:19-20	야고보서 강해(46)	수요
4.16.	마 21:6-11	호산나 다윗의 자손이여	오전
4.16.	마 6:19-20	황금과 신앙	오후
4.19.	마 24:1-14	종말에 대한 교훈	수요
4.23.	마 11:25-26	부활과 생명	오전
4.23.	요 21:15-17	부활하신 주님의 부탁	오후
4.26.	롬 10:13-15	아름다운 발은 전도하는 발	수요
4.30.	요 3:16	하나님은 사랑하신다	오전
4.30.	마 11:28-30	예수님께 배우라	오후
5.3.	마 24:14-21	일터와 일꾼	수요
5.7.	막 9:35-37	어린이는 보배	오전
5.7.	마 23:1-12	본받을 선생님들	오후
5.14.	출 20:12	효도는 큰 계명	오전
5.14.	룻 1:12-17	참 효자의 모습	오후
5.17.	막 2:1-5	많은 사람 중에 은혜	수요
5.21.	행 5:7-11	삽비라의 모습	오전
5.28.	삼상 6:10-16	여호와의 궤와 두 암소	오후
5.28.	마 5:8	청결하라	오전
5.31.	딤전 4:8-16	자신에게 투자하라	수요
6.4.	딤전 4:15-16	전심 전력하라	오전
6.4.	고전 16:13	가장 강한 신자	오후
6.11.	엡 5:15-21	성령충만한 신자	수요
6.18.	벧전 1:22-25	여행가방 속의 인생	오전
6.18.	요 14:20-24	예수님의 계명	오후
6.25.	요 12:1-8	마리아의 헌신	오전
6.25.	창 33:1-11	에서와 야곱의 만남	오후
7.2.	사 55:6-9	좋은 기회	수요
7.9.	마 16:13-20	반석 위에 세운 교회	오전
7.9.	마 25:1-13	미련과 슬기	오후
7.23.	렘 9:23-24	신앙인의 자랑	오전
7.23.	고전 11:1	신자의 삶	오후
7.30.	고후 11:22-28	신앙생활 보고서	오전
7.30.	창 24:57-60	믿음의 사람 리브가	오후
8.6.	엡 2:13-22	십자가의 참뜻	오전
8.9.	마 25:21-26	어머니 리브가는 믿음의 사람	오후
8.9.	시 1:1-6	신앙생활 자체가 축복	수요
8.13.	히 11:24-28	백성과 함께 고난을	오전
8.13.	요 9:1-7	실로암 못에 씻으라	오후
8.16.	시 1:3-6	의인의 길	수요
8.20.	창 45:1-8	만나서 소리쳐 울더라	오전
8.20.	민 9:15-23	여호와의 명을 좇아	오후
8.27.	렘 31:12-14	심령은 물댄 동산	오전
8.27.	마 20:1-8	포도원의 품꾼	오후
9.3.	마 13:31-32	천국은 겨자씨 한알 같다	오전
9.10.	엡 4:25-32	선한 일을 하라	오전
9.10.	히 13:1-5	계속 해야 할 일들	오후
9.13.	욥 6:1-4	빛나는 가정	수요
9.17.	마 7:15-20	아름다운 열매	오전
9.17.	고후 12:7-9	예수의 능력을 머물게 하라	오후
9.24.	벧전 5:7-11	굳게 강하게 하라	오전
9.24.	행 6:3-4	아름다운 집사들의 모습	오후
10.1.	빌 4:14-20	풍족한 제물	오전
10.1.	창 3:1-5	안전한 신앙인	오전

날짜	본문	제목	시간	날짜	본문	제목	시간	날짜	본문	제목	시간
10.1.	요 11:40-44	예수를 믿으면 하나님의 영광을 보리라	오후	3.11.	막 1:1-3	그리스도 복음의 시작 1강	오전	8.8.	막 4:8-10	하나님을 가까이 하라	수요
10.8.	행 1:23-26	봉사와 직무를 대신할 사람	오전	3.11.	눅 3:7-14	회개에 합당한 열매 (3부)	오전	8.12.	막 3:1-6	완악한 무리 앞에서 복음증거 19강	오전
10.8.	유 1:20-21	참 신앙인의 모습	오후	3.11.	마 1:7-8	회개의 세례 2강	오후	8.19.	막 3:7-12	큰일을 듣고 나아옴 20강	오전
10.15.	마 25:14-23	일을 맡을 사람	오전	3.18.	마 1:7-8	세례 요한의 증거 3강	오전	8.19.	눅 10:13-15	좋은 소식을 전하는 발	오후
10.15.	살전 5:23-24	온전한 사람	오후	3.18.	마 1:9-11	세례를 받으신 예수님 4강	오후	8.26.	막 3:13-19	열두 사도를 세우심 21강	오전
10.22.	마 15:10-20	듣고 깨달으라	오전	3.25.	막 1:12-13	예수님 광야 사십일 5강	오전	9.2.	막 3:14-16	제자들의 할 일들 22강 (1, 2부)	오전
10.22.	욘 3:9-10	하나님이 뜻을 돌이키심	오후	3.25.	시 146:1-4	내 영혼아 찬양하라	오후	9.2.	요 14:6	길과 진리와 생명 (3부)	오전
10.29.	히 3:1-6	거룩한 형제들	오전	4.1.	막 1:13-15	회개하고 복음을 믿으라 6강 (1, 2부)	오전	9.2.	마 7:15-21	아름다운 열매	오후
10.29.	행 1:12-14	전혀 기도에 힘쓰니라	수요	4.1.	막 1:14	요한이 잡힌 후 6강 (3부)	오전	9.9.	막 3:17-19	제자들의 모습 23강	오전
11.5.	고전 10:31-33	교회에 꼭 필요한 사람들	오전	4.8.	마 21:7-11	호산나 다윗의 자손이여	오전	9.9.	골 3:1-4	위엣 것을 찾으라	오후
11.5.	고전 10:33	기쁨을 주는 사람	오후	4.8.	마 21:12-13	성전에 들어가신 예수님	오후	9.16.	막 3:18-19	예수님의 제자들 24강	오전
11.5.	고전 16:13-14	믿음에 굳게 서라	수요	4.11.	마 22:34-40	예수님께 질문하는 자들	수요	9.16.	고후 4:7-10	위험을 당해도 망하지 않음	오후
11.8.	요 6:5-8	기도생활의 수칙	수요	4.15.	마 11:25-26	부활이요 생명이다	오전	9.23.	막 3:20-30	예수님을 악평한 25강	오전
11.12.	엡 2:13-22	십자가의 큰 은혜	오전	4.15.	마 20:24-25	보지 않고는 믿지 않겠다	오후	9.23.	단 1:8-16	뜻을 정한 청년들	오후
11.12.	계 3:14-18	금과 옷과 안약을 사라	오후	4.29.	마 1:16-20	나를 따라 오너라 7강	오전	9.30.	막 3:31-35	예수님의 참 가족 26강	오전
11.15.	히 5:7-10	예수님의 눈물 기도	수요	4.29.	마 1:21-28	안식일에 회당에서 가르치심 8강	오후	9.30.	마 16:1-4	일기와 표적	오후
11.19.	시 100:1-5	여호와께 감사하라	오전	5.6.	삼상 1:23-28	아이가 여호와께 경배함 (1, 2부)	오전	10.7.	막 4:1-9	씨 뿌리는 비유 27강 (1, 2부)	오전
11.19.	행 27:20-28	이제는 안심하라	오후	온 4:9-11	아이들을 아끼시는 하나님 (3부)	오전	10.7.	막 4:8-9	좋은 땅 (3부)	오전
11.26.	마 3:13-17	하늘이 열리고	오전	5.6.	마 18:1-6	천국에서 큰 자	오후	10.7.	엡 6:1-3	신앙과 효행	오후
11.26.	룻 1:15-18	아름다운 젊은 여자	오후	5.13.	출 20:12	네 부모를 공경하라	오전	10.14.	막 4:5-9	돌밭과 가시떨기 28강	오전
11.29.	히 5:3-10	애통하는 자	수요	5.13.	요 19:25-27	마리아를 어머니로 모신 요한	오후	10.14.	딤 21:5-9	불행과 놋뱀	오후
12.3.	마 19:16-22	재물이 많은 청년 관원 (1부)	오전	5.20.	막 1:21-28	안식일에 회당에서 하신 일 9강	오전	10.21.	막 4:8-9, 20	좋은 땅에 떨어진 씨 앗 29강	오전
12.3.	마 19:16	청년의 질문 (2부)	오전	5.27.	막 1:23-28	귀신들린 자를 고치심 9강	오전	10.21.	마 2:4-7	잃은 것을 찾으라	오후
12.3.	레 21:1-7	하나님과 함께 사는 자들	오후	6.3.	행 1:8	성령으로 충만하라 (1, 2부)	오전	10.28.	마 4:21-25	등불과 헤아림 30강	오전
12.10.	레 21:1-7	하나님과 함께 사는 자들	오전	6.3.	행 2:38	성령을 선물로 받으라	오전	10.28.	사 64:5-9	주의 길을 가는 자	오후
12.17.	마 24:42-47	너희도 준비하라	오전	6.3.	고전 12:4-11	성령의 은사	오후	11.4.	마 4:26-29	추수 때까지 과정 31강	오전
12.17.	창 3:1-6	간교한 뱀과 여자	오후	6.10.	막 1:29-31	시몬의 장모를 고치심 10강	오전	11.4.	엡 5:8	빛의 열매	오후
12.20.	행 11:20-27	일 년간 모여서 성지를 가짐	수요	6.10.	막 1:27-28	권세있는 새 교훈	오후	11.11.	마 3:11-12	성령과 불로 세례를 주심 (1, 2부)	오전
12.24.	마 1:18-25	요셉은 의로운 사람	오전	6.17.	막 1:32-34	많은 병자를 고쳐 주심 11강	오전	11.11.	신 28:1-6	여호와의 말씀을 듣고 행하면	오전
12.24.	눅 2:8-14	천사의 좋은 소식	오후	6.17.	막 1:35-39	전도하러 왔노라	오후	11.18.	빌 4:18-20	나는 풍족하다 (1, 2부)	오전
12.25.	마 2:1-12	경배하러 왔노라	성탄	6.24.	막 1:40-45	문둥병자를 고치심 12강	오전	11.18.	시 100:3-4	찬송과 감사	오후
12.31.	마 6:33-34	과거와 현재와 미래	오전	6.24.	눅 1:2-6	이제 주는 땅으로 가라	오후	11.25.	막 4:30-34	겨자씨 비유 32강	오전
12.31.	딤후 2:4-7	경주자와 면류관	오후	7.1.	막 1:42-45	고침 받은 문둥병자 13강 (1, 2부)	오전	12.2.	막 4:35-41	바람과 바다를 꾸짖으심 33강	오전
2001년 설교				7.1.	요 14:6	생명 되신 예수 (3부)	오전	12.9.	막 5:1-9	거라사인의 지방에서 된 일들 34강	오전
1.7.	딤후 3:16-17	성경대로 믿자 (1, 2부)	오전	7.8.	마 6:19-24	하늘의 보물을 쌓아두라	오후	12.9.	고전 16:13-14	믿음에 굳게 서라	오후
1.7.	딤후 3:16	성경은 하나님의 말씀 (3부)	오전	7.15.	막 2:1-5	가버나움의 중풍병자 14강	오전	12.16.	마 25:33-40	예비 된 상속자	수요
1.7.	수 1:8-9	강하고 담대하라	오후	7.15.	막 2:6-12	네 죄 사함을 받았노니라 15강	오후	12.16.	막 5:10-20	귀신들린 자를 고치심 35강	오전
1.14.	약 2:26	성경대로 살자	오전	7.22.	마 2:13-17	레위를 부르심 16강	오전	12.16.	눅 15:11-24	삶의 반성문	오후
1.14.	약 3:13-18	위로부터 난 열매	오후	7.22.	창 37:5-11	요셉의 꿈	오후	12.19.	눅 15:1-2	죄인을 영접하는 예수님	수요
1.21.	고전 11:1	예수님의 삶과 바울 사도	오전	7.25.	벧전 4:7-11	말세 신자들의 본분	수요	12.23.	막 5:21-24	많이 간구하는 회당장 36강	오전
1.21.	창 4:1-12	가인과 아벨의 모습	오후	7.29.	딤후 2:18-22	금식과 새 부대 17강	오전	12.23.	엡 5:31-33	아름다운 부부	오후
1.28.	눅 4:16-21	예수님의 삶	오전	7.29.	마 28:16-20	제자삼아 가르쳐 지키게 하라	오후	12.26.	마 2:13-15	애굽으로 피난가신 아기 예수님	수요
1.28.	삼 4:1-4	모세가 하나님께 받은 것	오후	8.1.	빌 4:8-13	무엇에든지 이렇게 하라	수요	12.30.	막 5:25-34	열두 해 혈루증 앓은 여자 37강	오전
2.4.	눅 22:39-46	기도하시는 예수님 (1, 2부)	오전	8.5.	마 2:23-28	주는 안식일의 주인 18강 (1, 2부)	오전	12.30.	엡 5:15-16	세월을 아끼라	오후
2.4.	눅 6:12-13	철야기도 하시는 예수님 (3부)	오전	8.5.	출 20:8	안식일을 지키라 (3부)	오전	**2002년 설교**			
2.4.	단 12:1-4	말세 신자의 참모습	오후	8.5.	딤후 2:5-6	경기하는 자와 면류관	오후	1.6.	살전 1:2-3	믿음을 새롭게	오전
2.11.	엡 6:1-4	신자의 가정생활	오전					1.6.	수 1:1-9	새 시대의 인물	오후
2.11.	눅 5:36-43	소녀야 일어나라(달리다굼)	오후					1.13.	막 5:35-43	소녀야 일어나라 38강	오전
2.18.	마 18:15-20	신자들의 교회생활	오전					1.20.	막 6:1-5	고향에 가신 예수님 39강	오전
2.18.	요 6:27-35	생명의 떡	오후					1.20.	왕하 5:1-3	나아만 장군과 문둥병	오후
3.4.	계 2:10-11	면류관을 받으라 (1, 2부)	오전								
3.4.	계 2:11	승리의 삶 (3부)	오전								
3.4.	온 3:1-10	일어나 가서 선포하라	오후								

부록 설교 목록

날짜	본문	제목	시간
1.27.	막 6:7-13	열두 제자를 파송함 40강	오전
2.1.	막 6:14-20	예수님과 세례 요한의 평가들 41강	오전
2.1.	창 12:1-9	나타나신 여호와 하나님	오후
3.3.	살전 1:2-7	아름다운 교회	오후
3.10.	시 23:1-4	여호와는 나의 목자	오전
3.10.	잠 16:31-33	백발의 영화	오후
3.17.	마 22:34-40	예수님께 질문한 것들	오전
3.17.	마 24:42-46	기다리는 삶	오후
3.24.	행 2:37-42	세례를 받고 죄사함 받으라	오전
3.24.	마 21:1-11	나귀 타고 입성하신 예수님	오후
3.27.	마 26:31-35	오늘밤 나를 버리리라	수요
3.31.	눅 24:1-7	예수 살아 나셨네	오전
3.31.	고전 15:1-8	부활의 증거들	오후
4.7.	막 6:21-29	잔악한 생일잔치 42강	오전
4.7.	딤후 1:3-8	어머니의 자리가 흔들리고 있다	오후
4.14.	막 6:30-36	빈들에 넘치는 이적 43강	오전
4.14.	마 20:1-16	포도원의 품꾼	오후
4.21.	막 6:35-44	빈들의 이적 잔치 44강	오전
4.21.	딤후 3:1-5	네가 돌아서라	오후
4.28.	막 6:45-52	바다 위로 걸어오심 45강	오전
4.28.	시 23:1-3	물가와 초장	오후
5.5.	마 19:13-15	아이들에게 이렇게 하라	오전
5.5.	마 21:15-17	어린이 입에서 나오는 찬미	오후
5.12.	출 20:12	부모를 공경하라	오전
5.12.	잠 23:22-25	네 부모를 즐겁게 하라	오후
5.19.	행 6:3-6	성령충만한 사람	오전
5.19.	고전 12:4-11	성령의 은사	오후
5.26.	막 6:53-56	예수님의 옷에 손을 대는 자 46강	오전
5.26.	롬 4:31-35	성령으로 충만한 교회	오후
6.2.	막 7:1-9	장로의 유전과 계명 47강	오전
6.9.	막 7:10-23	내 말을 듣고 깨달으라 48강	오전
6.9.	출 3:1-5	거룩한 곳에서 신을 벗으라	오후
6.16.	막 7:24-30	딸에게서 귀신을 쫓아 주심 49강	오전
6.16.	전 7:1-4	지혜로운 마음을 가지라	오후
6.23.	막 7:31-37	에바다 곧 열리라 50강	오전
6.23.	룻 1:15-17	만남과 변화	오후
6.30.	막 8:1-10	사천 명을 이적으로 먹이심 51강	오전
7.7.	말 3:5-10	처음 열매로 여호와를 공경하라	오전
7.7.	막 4:13-17	너희 생명이 무엇이냐?	오후
7.14.	막 8:11-13	예수님의 깊은 탄식 52강	오전
7.14.	빌 4:4-7	염려하지 말고 기도하라	오후
7.21.	막 8:14-21	주의하라 53강	오전
7.21.	삿 1:1-8	유다 지파와 시므온 지파	오후
7.28.	막 8:22-26	소경을 보게 하신 예수님 54강	오전
7.28.	삼상 37:1-2; 삼상 16:11-13	청소년 때의 요셉과 다윗	오후
8.4.	막 8:27-29	베드로의 고백 55강	오전
8.4.	삼상 16:11-13	청소년 때의 다윗	오후
8.11.	막 8:30-34	하나님의 일을 생각하라 56강	오전
8.18.	막 8:35-38	주를 위하여 살아야 함 57강	오전
8.18.	왕상 3:4-9	솔로몬 왕의 간절한 기도	오후
8.21.	행 14:8-18	루스드라의 이적	수요
8.25.	막 8:38-9:1	부끄럽지 않은 삶 58강	오전
8.25.	렘 9:23-24	자랑치 말고 이것을 알라	오후
9.1.	막 9:2-8	변형하신 예수님 59강	오전
9.1.	사 45:22-25	주를 앙망하라	오후
9.8.	막 9:6-8	변형하신 예수님-2 60강	오전
9.8.	행 16:29-34	기도는 신자들의 사명이다	오후
9.15.	막 9:9-13	산에서 내려올 때 주신 교훈 61강	오전
9.15.	출 23:14-17	신앙인의 명절	오후
9.22.	막 9:14-29	벙어리 귀신들린 자를 고치심 62강	오전
9.22.	신 5:10; 6:5	하나님을 사랑하라	오후
9.22.	단 1:8-16	뜻을 정한 청년들	오후
9.29.	막 9:30-37	누가 큰 자냐 63강	오전
9.29.	시 118:5-10	여호와는 내 편이라	오후
10.6.	사 55:1-5	예수께 나아오라	오전
10.6.	막 4:1-5	기도에 항상 힘쓰라	오후
10.13.	눅 15:1-7	목자를 잃은 양	오전
10.13.	눅 3:7-17	세례 요한의 말씀증거	오후
10.20.	눅 15:11-24	하나님의 사랑	오전
10.20.	사 60:1-3	빛을 발하라	오후
10.27.	막 16:31	예수 믿는 세 사람	오전
10.27.	눅 10:1-3, 17	칠십인 전도와 그 보고	오후
11.3.	눅 10:25-29	네 이웃을 사랑하라	오전
11.3.	계 2:8-11	충성과 면류관	오후
11.10.	엡 2:12-19	예수의 십자가	오전
11.10.	살전 5:16-18	하나님의 뜻	오후
11.17.	막 6:19-21	신자의 보물	오전
11.24.	출 23:14-17	감사절에 할 일	오전
11.24.	마 25:14-23	큰일을 맡은 자들	오후
11.24.	왕상 3:6-10	주의 마음에 맞는 간구	오후
12.1.	막 9:38-41	주의 이름으로 사는 자 64강	오전
12.1.	잠 2:1-10	하나님의 말씀을 간직하는 자	오후
12.8.	막 9:43-47	자신을 불행케 하지 말라 65강	오전
12.8.	삼상 3:10-14	소년 사무엘에게 계시를 주심	오후
12.15.	막 9:48-50	자신을 행복하게 하라 66강	오전
12.15.	계 21:1-7	이기는 자의 유업	오후
12.22.	잠 20:24	달려갈 길과 사명	오전
12.25.	눅 2:14	참 평화로다	성탄
12.28.	잠 4:23	마음을 지키라	오전
2003년 설교			
1.5.	롬 10:13-15	전도하는 교회	오전
1.5.	딤후 2:1-8	교육과 삶	오후
1.12.	막 10:1-12	결혼생활의 신성 67강	오전
1.12.	딤전 3:5-13	제직들의 품위	오후
1.19.	막 10:13-16	어린 아이에게 안수기도	오전
1.26.	막 10:17-22	근심하며 예수님을 떠나는 사람 69강	오전
2.2.	막 10:23-27	땅의 재물과 하늘나라 70강	오전
2.2.	시 112:1-6	의인의 자손들	오후
2.9.	막 10:28-31	버리는 자에게 영생을 71강	오전
2.9.	사 51:4-6	눈을 들어 하늘과 땅을 살피라	오후
2.16.	막 10:32-34	예루살렘으로 올라가시는 예수님 72강	오전
2.16.	엡 1:10-14	그리스도 안에서 일어나는 일들	오후
2.23.	막 10:35-40	나의 마시는 잔을 마시라 73강	오전
3.2.	마 10:41-45	참 지도자의 길 74강	오전
3.2.	롬 15:14-16	그리스도 예수의 일꾼	오후
3.9.	막 10:46-52	소경 바디메오의 믿음 75강	오전
3.16.	막 11:1-10	주가 쓰시겠다 하라 76강	오전
3.23.	막 11:7-11	나귀 새끼와 군중들 77강	오전
3.23.	마 13:3-9	좋은 땅에 복음을 심자	오후
3.30.	막 11:12-14	저주 받은 무화과 78강	오전
4.6.	막 11:15-18	내 집은 만민의 기도하는 집 79강	오전
4.6.	마 28:19-20	전도에 대한 현대교회 문제	오후
4.13.	요 1:29	세상 죄를 지고 가신 예수	오전
4.13.	마 21:14-17	종려주일과 베다니	오후
4.16.	마 22:15-22	유대지도자들의 질문들	수요
4.20.	고전 15:1-8	부활의 증거	오전
4.20.	요 20:24-29	참 믿음	오후
4.23.	느 8:1-12	말씀의 은혜를 사모하라	수요
4.27.	요 21:15-17	나를 사랑하느냐	오전
4.27.	마 4:1-11	승리의 기도	오후
5.4.	마 18:1-6	아이들을 기뻐하시는 예수	오전
5.4.	마 3:14-17	요단강에서 일어난 일들	오후
5.11.	엡 6:1-4	부모의 위치를 찾으라	오전
5.11.	출 20:12	네 부모를 공경하라	오후
5.18.	막 11:20-26	믿음과 기도의 능력 80강	오전
5.18.	행 10:1-4	아름다운 가정	오후
5.25.	막 11:27-33	성전숙청에 대한 권위 81강	오전
5.25.	마 14:15-20	예수님의 손에 떡 5개와 물고기 2마리	오후
6.1.	막 12:1-12	포도원의 비유 82강	오전
6.1.	사 51:4-6	주를 앙망하며 의지하라	오후
6.8.	행 2:1-4	성령으로 충만하라	오전
6.8.	갈 5:22-24	성령의 열매	오후
6.15.	막 12:13-17	하나님의 것과 가이사의 것 83강	오전
6.15.	엡 4:29-32	서로 용서하게 하라	오후
6.22.	막 12:18-27	사두개인들의 질문 84강	오전
6.22.	마 20:29-34	성공적인 인생	오후
6.29.	막 12:28-31	사랑하라 85강	오전
6.29.	시 37:25-34	악에서 떠나 선을 행하라	오후
7.6.	살전 5:16-22	신자의 참 감사	오전
7.13.	막 12:32-34	계명보다 더 귀한 것 86강	오전
7.13.	삼상 2:18-19	사무엘의 어린 시절	오후
7.20.	막 12:35-40	참 메시앙과 서기관을 경고하심 87강	오전
7.20.	욘 1:4-10	배가 깨어지게 됨	오후
7.27.	막 12:41-44	참 연보 88강	오전
7.27.	말 4:4-6	신자의 기억상실증	오후
8.3.	사 58:13-14	주일을 거룩하게 지키라	오전
8.3.	계 1:13-20	교회를 지키시는 예수님	오후

날짜	본문	제목	시간
8.10.	막 13:1-8	일어나는 징조 89강	오전
8.10.	시 119:9-16	청년아 행실을 깨끗케 하라	오후
8.17.	계 1:14-20	지키시는 예수님	오전
8.24.	막 13:5-8	성도들은 주의하라 90강	오전
8.24.	출 3:5-9	듣고 보았다	오후
8.31.	막 13:9-13	너희는 스스로 조심하라 91강	오전
9.7.	막 13:14-23	환난의 날이 온다 92강	오전
9.7.	몬 1:19-22	바울 사도의 목회상	오후
9.10.	골 3:18-24	아름다운 가족	오전
9.14.	막 13:24-27	그리스도의 재림 93강	오전
9.14.	요 14:1-6	마음에 근심하지 말라	오후
9.21.	막 13:28-37	주의하라 깨어있으라 94강	오전
9.21.	왕하 6:14-19	눈을 열어서 보게 하소서	오후
9.28.	막 13:34-37	맡은 자는 깨어 있으라 95강	오전
9.28.	고전 11:1	예수님의 삶	오후
10.5.	막 14:1-9	힘써서 좋은 일 하자 96강	오전
10.12.	마 11:28-30	예수께로 오라	오전
10.12.	시 142:1-7	주는 나의 피난처시라	오후
10.19.	행 16:25-34	주 예수를 믿으라	오전
10.26.	막 12:24-40	사랑하라	오전
10.26.	시 37:25-31	의인의 모습	오후
11.2.	막 11:1	믿음이란 무엇인가	오전
11.8.	엡 2:13-19	십자가의 능력	오전
11.8.	딤후 1:5-8	외조모 로이스의 믿음	오후
11.16.	마 22:15-22	하나님의 것은 하나님께	오전
11.16.	요삼 1:1-4	영혼이 잘 된 자	오후
11.23.	막 14:10-14	가룟 유다의 비참한 모습 97강	오전
11.23.	눅 8:1-3	섬기는 자의 모습	오후
11.30.	막 14:12-16	유월절을 예비하라 98강	오전
12.7.	막 14:17-25	성만찬의 12제자 99강	오전
12.7.	마 3:7-10	뿌리와 열매	오후
12.14.	막 14:26-31	다 나를 버리리라 100강	오전
12.14.	빌 4:4-7	모든 일에 기도하라	오후
12.21.	행 20:23-28	교회를 사랑하라	오전
12.24.	마 1:18-25	자기 백성을 구원할 자	수요
12.28.	엡 5:16	세월을 아끼라	오전
12.28.	갈 3:26-27	그리스도의 옷을 입으라	오후

2004년 설교

날짜	본문	제목	시간
1.4.	히 12:2	예수를 바라보자	오전
1.11.	마 14:32-42	겟세마네의 기도 11강	오전
1.18.	마 14:35-42	기독교의 삼대 위력 12강	오전
1.21.	엡 6:1-4	참 가정생활	수요
1.25.	마 14:37-42	시몬아 자느냐 13강	오전
1.25.	고전 4:1-5	그리스도의 일군	오후
2.1.	막 14:43-50	예수께서 잡히심 14강	오전
2.1.	행 16:16-18	변화시켜서 쓰심	오후
2.8.	막 14:47-52	도망가는 제자들 15강	오전
2.15.	막 14:53-65	예수를 사형에 해당함으로 정죄함 16강	오전
2.15.	사 60:1-3	청년아 일어나라	오후
2.22.	막 14:66-72	세 번이나 부인하는 베드로 사도 17강	오전
2.29.	히 11:24-27	애국하는 모세	오전
2.29.	단 6:10-12	위대한 기도 생활	오후
3.7.	눅 15:1-5	너희 유대인의 왕이냐 18강	오전
3.7.	딤후 3:1-5	네가 이것을 알라	오후
3.14.	막 15:6-15	빌라도의 법정 19강	오전
3.14.	딤후 3:15	네가 이것을 알라	오후
3.14.	막 15:16-20	브라이도리온 뜰 110강	오전
3.21.	엡 4:1-3	힘써 지키라	오전
3.28.	막 15:21-32	골고다의 십자가 111강	오전
3.28.	롬 6:13-14	하나님께 영광을 돌리라	오후
4.4.	요 19:25-30	십자가 상의 말씀	오전
4.4.	마 21:12-13	성전을 개혁하심	오후
4.11.	마 28:9-10	부활하신 예수님	오전
4.11.	요 11:25-27	예수는 부활이요 생명이시다	오후
4.14.	막 1:16-17	사람 낚는 어부	수요
4.18.	막 16:14-20	본 자들의 말을 믿지 아니함 112강	오전
4.18.	벧전 1:24-25	풀과 꽃과 같은 인생	오후
4.25.	마 15:14-16	너희는 세상의 빛	오전
4.25.	마 10:5-10	복음을 전파하라	오후
5.9.	잠 23:22-26	부모를 즐겁게 하라	오전
5.9.	엡 6:1-3	부모를 주 안에서 순종하라	오후
5.16.	벧전 4:7-11	신자에게 삼대급무	오전
5.16.	수 2:8-14	화합의 신앙	오후
5.23.	출 17:8-16	두 손 들어 기도하는 모세	오전
5.23.	마 11:16-19	이 세대를 평하는 예수	오후
5.30.	행 2:1-4	성령의 충만	오전
5.30.	엡 5:15-21	오직 성령의 충만을 받으라	오후
6.6.	엡 4:11-16	장성한 신자들	오전
6.6.	행 9:3-9	예수님을 만난 사울	오후
6.13.	시 1:3	이 시대의 과실	오전
6.13.	수 1:5-9	마음을 강하게 하라 담대히 하라	오후
6.20.	시 19:7-10	금보다 더 귀한 말씀	오전
6.20.	창 13:7-13	롯을 사랑하는 아브라함	오후
6.27.	요 1:12-27	은혜와 진리	오전
6.27.	행 16:21-31	옥중에 기도와 찬미	오후
7.4.	눅 17:11-19	하나님께 감사하세	오전
7.4.	요 6:32-40	생명의 떡	오후
7.11.	요 8:1-11	죄 없는 자가 돌로 치라	오전
7.11.	막 5:34-43	달리다굼	오후
7.18.	요 12:1-8	베다니의 잔치	오전
7.18.	마 18:1-4	아이들을 가운데 세우심	오후
7.18.	시 133:1-3	선하고 아름다운 것	오전
7.25.	마 3:4-6, 13-17	요단강에서 일어난 일들	오후
8.1.	롬 16:1-2	겐그레아의 뵈뵈	오전
8.1.	사 54:2-4	사람이 살 곳이 되게 하라	오후
8.8.	창 25:27-34	도적과 잃은 것	오전
8.8.	마 6:31-34	한 날 괴로움	오후
8.15.	고전 9:24-27	승리를 위한 경주	오전
8.15.	시 80:15-19	주를 위해 힘 있게 하라	오후
8.22.	마 5:37	아니라 옳다 할 수 있는 신자	오전
8.22.	행 2:37-42	전혀 힘쓰니라	오후
8.29.	마 6:19-21	예수님은 이렇게 하라 하심	오전
8.29.	사 40:6-8	인생의 계절	오후
9.5.	약 1:14-18	죄와 저주	오전
9.5.	시 19:7-8	새롭게 하는 여호와의 교훈	오후
9.12.	마 25:19-23	잘 하였도다	오전
9.12.	막 11:15-18	아름다운 성전	오후
9.19.	행 1:21-26	맛디아를 사도로 세움	오전
9.19.	마 3:4-12	세례 요한의 세례	오후
9.22.	행 2:1-21	대부흥기도회 (충현교회당)	수요
9.26.	히 11:24-26	위대한 믿음	오전
9.26.	계 14:1-5	인 맞은 자의 모습	오후
10.3.	사 5:1-7	좋은 포도 맺기를 기다림	오전
10.10.	수 14:6-12	갈렙의 위대한 신앙	오전
10.10.	엡 4:11-16	성장하는 교회	오후
10.17.	롬 1:8-17	내가 빚진 자라	오전
10.17.	딤후 2:20-22	귀히 쓰는 사람	오후
10.24.	온 3:2-3	일어나 전도하라	오전
10.24.	시 119:9-16	주의 말씀으로 사는 삶	오후
10.31.	눅 15:4-6, 8, 21-24	찾으러 쏠라 기다리라	오전
10.31.	창 39:1-3	요셉은 성공적 삶이다	오후
11.7.	창 47:7-9	네 나이 몇이냐	오전
11.7.	마 7:13-14	생명의 문	오후
11.14.	막 15:21-32	십자가 앞에 있는 사람들	오전
11.21.	마 19:16-26	재물과 근심	오전
11.21.	수 3:1-6	가나안을 향해 가는 길	오후
11.28.	행 12:4-10	급히 일어나라	오전
11.28.	행 11:22-26	부흥사의 참 모습	오후
12.5.	마 25:20-21	충성스러운 사람	오전
12.5.	마 7:7-12	기도하는 사람	오후
12.8.	눅 21:34-36	너희는 조심하라	수요
12.12.	전 3:11-14	가장 좋은 것	오전
12.12.	잠 19:16-21	신앙생활의 참 모습	오후
12.19.	마 4:23-24	좋은 소문	오전
12.19.	창 5:21-24	하나님과 동행한 사람	오후
12.22.	삼상 17:41-47	하나님의 이름으로 가노라	수요
12.26.	시 90:6-10	평생이 일식간	오전
12.26.	마 11:29-30	예수님의 멍에	오후

2005년 설교

날짜	본문	제목	시간
1.2.	창 3:8-12	들리는 하나님의 음성 (1)	오전
1.2.	고후 5:17-19	새것이 되었도다	수요
1.9.	창 4:3-12	들리는 하나님의 음성 (2)	오전
1.9.	행 6:1-7	칭찬 받는 제자들	오후
1.23.	창 6:12-22	들리는 하나님의 음성 (3)	오전
1.30.	창 12:1-4	들리는 하나님의 음성 (4)	오전
1.30.	마 11:16-19	이 세대를 무엇으로 비유할고	오후
2.6.	창 28:11-15	들리는 하나님의 음성 (5)	오전
2.6.	잠 17:1-6	아름다운 삶	오후
2.13.	창 32:22-32	들리는 하나님의 음성 (6)	오전
2.13.	잠 31:1-9	여호와를 경외하라	오후
2.20.	창 35:1-15	들리는 하나님의 음성 (7)	오전
2.20.	마 16:15-20	삼대사명을 받은 베드로 사도	오후
2.27.	마 17:1-8	들리는 하나님의 음성 (8)	오전
2.27.	요 1:4-9	사랑과 진리	오후
3.6.	출 3:1-12	들리는 하나님의 음성 (9)	오전
3.6.	전 4:9-12	두 사람이 한 사람보다 나음	오후
3.13.	출 4:1-4, 17	지팡이를 잡고 이적을 행하라 (10)	오전
3.13.	마 12:46-50	하나님의 뜻대로 하는 자	오후
3.20.	마 21:1-11	주가 쓰시겠다 하라	오전
3.20.	마 21:12-17	내 집은 만민의 기도하는 집이라	오후
3.27.	요 11:25-27	부활의 신앙	오전
3.27.	요 20:24-29	부활을 믿는 자가 되라	오후

날짜	본문	제목	시간
4.3.	마 28:16-20	들리는 예수님의 음성	오전
4.3.	시 150:1-6	여호와를 찬양하라	오후
4.10.	마 11:28 30	예수님께 오라 배우라	오전
4.24.	막 2:1-12	중풍병자를 고치심	오전
4.24.	요 5:1-9	물이 동함을 기다리는 병자들	오후
5.1.	마 18:1-6	어린이를 사랑하라	오전
5.8.	엡 6:1-3	부모를 공경하라	오전
5.29.	마 22:37-38	하나님을 사랑하라	오전
5.29.	마 24:3-14	말세의 흉한 징조	오후
6.5.	요 3:16	하나님의 사랑	오전
6.5.	롬 16:1-2	사도가 칭찬한 뵈뵈	오후
6.12.	고전 13:1-7	사랑하라	오전
6.12.	출 14:10-14	여호와의 구원을 보라	오후
6.19.	눅 15:3-6	잃은 양 한 마리	오전
6.19.	빌 4:10-17	내가 받은 능력	오후
6.26.	계 21:1-8	하나님의 백성	오전
6.26.	전 3:11-14	하나님의 선물	오후
7.10.	살전 5:15-18	신앙과 감사	오전
7.10.	행 14:8-18	루스드라의 이적	오후
7.17.	빌 4:1-7	주 안에 서라	오전
7.17.	행 3:1-10	놀라운 이적	오후
7.24.	마 8:5-13	백부장들의 믿음	오전
7.24.	출 17:8-16	아말렉과 전쟁	오후
7.31.	계 2:1-7	삼종의 교회들	오전
7.31.	마 26:69-75	베드로의 실수와 회복	오후
8.7.	마 17:1-8	예수님과 그 분들	오전
8.7.	수 2:17-18	라합의 아름다운 믿음	오후
8.14.	마 17:1-8	예수님과 그 분들 (2)	오전
8.14.	수 6:8-11	여리고 성을 점령하라	오후
8.21.	눅 9:28-36	예수님과 그 분들 (3)	오전
8.21.	엡 6:1-4	그리스도의 사람	오후
8.28.	막 9:2-8	예수님과 그 분들 (4)	오전
8.28.	마 16:13-17	내가 믿는 기독교는	오후
9.4.	요 15:5-8	많이 맺는 과실	오전
9.4.	창 6:9-12	노아시대와 노아	오후
9.11.	약 4:13-17	사람의 생명이란	오전
9.11.	눅 7:11-17	청년아 일어나라	오후
9.18.	행 20:19-24	목회자의 고백	오전
9.18.	눅 8:22-25	풍랑을 잔잔케 하심	오후
9.25.	벧전 4:7-11	성도가 힘써야 할 세 가지	오전
9.25.	고전 12:1-2, 13	제일은 사랑이라	오후
10.2.	마 24:32-36	재림의 신앙	오전
10.2.	딤전 6:11-16	하나님의 사람	오후
10.9.	창 2:1-3	주일을 거룩하게 지키라	오전
10.9.	눅 16:19-26	부자와 나사로	오후
10.23.	전 12:9-14	하나님을 경외하라	오전
10.23.	시 15:1-5	성산에 거하라	오후
2006년 설교			
1.1.	엡 4:11-16	아름다운 제자들	오전
1.22.	요 15:1-7	예수 안에 사람	오후
2.5.	잠 3:1-10	참 교육의 가치	오후
2.19.	욥 1:21-22	욥의 신앙	오후
3.5.	롬 12:9-13	열심 있는 신앙생활	오전
3.12.	롬 12:9-21	선에 속하라	오후
3.26.	마 2:9-12	예수님께 드린 예물	오후
4.23.	엡 5:15-21	찬송과 신앙	오후
4.30.	엡 5:22-32	주께서 교회를 사랑하심	오후
5.7.	삼상 1:26-28	어린이를 양육하는 길	오후
5.14.	계 14:1-5	구속함을 얻은 자	오후
5.21.	행 2:37-39	성령을 선물로 받으라	오후
6.18.	골 4:7-14	아름다운 신자	오후
7.2.	요 3:16	사랑과 은혜	오후
7.23.	요 1:1 3	하나님의 말씀이 임하니라	오후
7.30.	행 20:28	교회를 사랑하라	오후
8.6.	롬 16:11-15	루디아의 헌신	오후
8.20.	마 9:18-22	구원받은 여자	오후
8.27.	히 11:8-11, 17-19	믿음의 조상 아브라함	오후
9.3.	벧전 4:7-11	종말이 가까웠다	오전
9.3.	시 126:1-6	울며 씨를 뿌리는 자	오후
9.17.	눅 8:1-3	아름다운 여성	오후
10.1.	행 2:1-4	성령의 충만을 받으라	오후
10.8.	행 12:8-12	마리아 집에서 모여 기도함	오후
10.15.	행 20:22-24	예수께서 받은 사명	오후
11.5.	수 14:6-12	갈렙의 신앙	오후
11.12.	창 4:1-4	형보다 나은 아우	오후
11.26.	마 16:23-26	고난 중의 찬미	오후
2007년 설교			
1.28.	엡 4:11-16	온전케 하는 직분	오후
2.4.	행 11:19-30	복음의 폭발	오후
2.11.	계 3:14-22	라오디게아 교회	오후
2.18.	눅 2:46-52	사랑스럽게 자라가심	오후
3.18.	창 12:1-9	보여준 땅으로 가라	오후
4.1.	마 21:12-17	성전에 들어가신 예수님	오후
4.8.	눅 24:25-35	눈이 밝아짐	오후
4.15.	빌 1:3-11	의의 열매	오후
4.22.	행 2:43-47	교회의 상황	오전
4.29.	시 147:1-7	찬양은 선한 일이다	오후
5.13.	눅 19:2-10	속히 내려오라	오후
5.20.	엡 6:1-4	아름다운 가정	오후
6.3.	막 10:46-52	보기를 원하나이다	오후
6.17.	출 12:1-11	최후의 준비	오후
7.1.	히 12:1-3	예수를 바라보자	오후
7.8.	히 11:1-3	믿음의 진리	오후
7.15.	히 11:1-3	보지 못하는 것들의 증거	오후
7.29.	롬 5:1-4	믿음의 효력	오후
8.5.	롬 3:24-31	믿음의 효력 (2)	오후
8.19.	전 11:6-10	손을 놓지 말라	오후
8.26.	히 11:6-7	믿음의 상속	오후
9.9.	계 2:1-11	헌신적인 신앙의 모습	오후
9.16.	요 2:1-11	물로 된 포도주	오후
9.23.	마 25:1-13	지주와 은총	오후
9.30.	창 14:13-16	아브라함과 조카 롯	오후
10.14.	눅 5:27-32	예수님을 따르는 마태	오후
10.21.	마 7:1-6	예수께서 경고하심	오후
11.4.	요 13:1-4, 9-14	신자가 살펴야 할 들이	오후
11.18.	수 1:7-9	하나님이 함께 하시는 사람	오후
12.9.	요일 1:1-3	듣고 보고 만진 바라	오후
12.23.	출 15:6-12	주의 오른손	오후
12.30.	전 3:1-10	졸업과 입학	오후
2008년 설교			
1.6.	창 1:1-5	하나님 보시기에 좋았더라	오후
2.3.	마 28:16-20	참 기독교 교육	오후
2.17.	마 22:34-40	기독교의 강령	오전
2.17.	엡 5:15-21	세월을 아끼라	오후
3.2.	마 10:16-23	험악한 목장	오후
3.16.	마 22:15-22	울무의 시대	오후
3.30.	시 100:1-5	찬양과 헌신	오후
4.6.	벧전 4:7-11	종말의 신앙	오후
4.20.	요일 2:15-17	신자의 삶	오후
5.4.	미 19:13-15	어린이를 축복하심	오후
5.18.	계 5:9-14	아멘 하고 찬송함	오후
6.1.	막 3:31-35	예수님의 가족	오후
6.15.	눅 15:3-7	잃은 것을 찾는 자	오후
7.6.	눅 7:36-50	감사의 참모습	오후
7.20.	사 5:1-5	하나님이 사랑하는 포도원	오후
8.3.	마 13:44-46	신자들의 보화	오후
8.17.	행 10:1-6	아름다운 가정	오후
9.7.	히 11:1-6	믿음의 생활	오전
9.14.	톰 5:1-6	새 소망	오후
9.21.	창 4:1-7	아벨과 그 제물	오전
10.5.	눅 16:19-31	부자와 나사로	오후
10.19.	수 6:15-16	여리고 성을 점령하라	오후
11.2.	히 1:1-2	예수 바라보자	오후
11.16.	전 11:9-10	신앙의 교육	오후
11.30.	요일 4:7-11	하나님의 사랑	오후
12.7.	행 11:19-24	안디옥 교회	오후
12.21.	삿 7:3-8	기드온의 300명 용사	오후
12.28.	고전 16:13-18	졸업과 출발	오후
12.31.	잠 13:11-14	예수의 옷을 입자	송구
2009년 설교			
1.25.	벧전 4:7-11	신자의 필수적 신앙	오전
2.1.	욥 1:4-9	예수님의 최후말씀	오후
2.8.	마 5:10-12	고난 받는 신자	오후
2.15.	잠 16:31-33	노년의 면류관	오후
3.8.	딤후 1:3-5	할머니들의 신앙	오후
4.5.	고전 4:1-5	그리스도의 일꾼	오후
4.19.	히 12:14-17	아름다운 기회	오후
5.10.	잠 23:22-26	참 효도의 길	오전
5.17.	마 4:1-11	예수님의 40일 특별 기도	오전
5.24.	히 11:1-3	참 믿음이란	오전
5.31.	히 11:6-7	믿음을 받은 큰 은혜	오후
6.7.	창 2:1-3	참 복받은 날	오후
6.14.	시 23:1-6	하나님은 나의 목자	오전
6.21.	시 23:1-6	하나님은 나의 목자 (2)	오후
6.21.	시 126:1-6	눈물로 뿌리는 복음	오후
6.28.	욥 16-12	하나님이 평가하는 기준	오후
7.5.	눅 17:11-19	엎드리어 감사함	오전
7.12.	창 39:1-6	범사에 형통케 하심	오후
7.19.	창 41:37-43	하나님의 영에 감동된 요셉	오전
8.2.	전 11:9-12:2	가야할 길	오후
8.16.	사 60:1-5	떠오르는 광명	오후
8.30.	행 2:43-47	초대 교회의 신자들	오후
9.6.	마 24:9-14	종말과 신자	오후
9.2.	롬 6:11-12	참 하나님의 사랑	오후
10.18.	시 13:1-11	청춘을 새롭게	오후
10.25.	단 1:8-9, 17-21	참 아름다운 결심	오전
11.1.	마 25:19-23	칭찬 듣는 사람	오후
11.8.	마 13:44	신자들의 보배	오후
11.15.	시 150:1-6	여호와를 찬양하라	오후
12.6.	롬 16:25-34	네 집에 구원이	오후
12.27.	엡 4:20-24	새 삶의 법	오후
2010년 설교			
1.3.	마 16:13-20	교회와 제직	오후
1.10.	마 16:13-20	교회와 제직	오후
1.17.	마 28:16-20	교회와 기관들	오후

날짜	본문	제목	시간
1.31.	마 7:13-14	생명과 멸망의 문	오후
2.7.	요 2:1-11	예수님을 초청한 혼인 잔치	오전
2.14.	요 8:1-11	죄를 범하지 말라	오전
3.21.	행 28:23-31	바울 사도의 새 가족 교육	오후
4.4.	요 20:24-31	참 믿음과 생명	오후
4.18.	행 16:24-32	기도와 찬송의 소리	오후
5.2.	잠 22:1-6	선택을 잘하라	오후
5.16.	잠 15:22-30	참 아름다운 것	오후
5.30.	행 5:1-11	거룩한 교회	오후
6.6.	엡 4:1-7	성령으로 하나 되기를 힘쓰라	오후
6.13.	계 14:1-5	속량함을 받은 자들	오전
6.20.	히 11:8-10; 17:19	위대한 아브라함의 믿음	오후
6.27.	눅 16:19-31	부자와 나사로	오전
7.4.	신 6:1-9	자녀에게 가르치라	오전
7.18.	눅 23:20-23	빌라도에게 들리는 소리	오후
8.1.	딤전 6:6-12	버릴 것과 취할 것	오후
8.15.	마 5:1-3	심령이 가난한 자	오후
9.5.	마 6:31-34	염려와 만족	오후
9.19.	마 25:19-23	잘하였도다	오후
9.26.	마 4:17-22	예수님의 음성을 들으라	오전
10.3.	마 8:23-27	예수님의 음성	오전
10.17.	마 15:21-28	가나안 여인의 믿음	오후
11.7.	수 1:6-9	청년들아 담대하라	오후
11.21.	마 28:19-20	예수님의 부탁	오후
12.5.	창 39:1-6	요셉의 발자취	오후
12.19.	눅 1:26-38	성탄과 세 여인	오후
12.26.	마 25:19-23	송년의 결산	오전

2011년 설교

날짜	본문	제목	시간
1.2.	행 20:28-32	교회를 보살피라	오전
1.23.	마 22:34-40	삼문삼답	오전
1.30.	마 22:34-40	삼문삼답	오전
2.2.	마 11:28-30	예수님의 멍에를 매라	오후
3.6.	수 1:7-9	가장 안전한 곳	오전
3.20.	롬 15:1-7	믿음이 약한 자를 인도하라	오후
4.3.	계 1:16-20	성경에 있는 일곱 수	오후
4.17.	계 14:1-5	새 노래를 부를 자가 되라	오후
5.1.	딤후 3:14-17	성경의 힘	오후
5.8.	출 3:5-12	하나님이 함께 하는 자	오후
5.22.	요 10:11-16	예수님은 선한 목자	오전
5.29.	마 5:14-16	너희는 세상의 빛이라	오전
6.5.	요 14:6	길과 진리와 생명	오전
6.19.	사 40:27-31	희망이 넘치는 청년	오후
7.3.	삼상 1:24-28	여호와의 집에 있게 함	오후
7.31.	고전 10:1-5	반석 되신 예수 그리스도	오후
8.7.	막 14:3-9	한 여자의 진정한 헌신	오후
8.21.	마 10:16-18	양을 이리 가운데로 보냄과 같도다	오후
9.4.	롬 12:10-13	성도의 삶	오전
9.11.	행 27:24-26	여러분이여 안심하라	오전
9.18.	마 6:1-4	바른 신앙생활	오전
10.2.	고전 1:18-24	십자가의 참뜻	오후
10.16.	눅 8:5-8	사종의 신자들	오전
10.23.	살전 1:2-7	선택받은 자의 모습	오전
10.30.	룻 1:15-20	굳게 결심함	오전
11.6.	행 1:1-4	예수님이 분부하신 말씀	오전
11.13.	마 28:18-20	세례와 성찬	오전
11.20.	시 100:1-5	여호와께 감사하라	오전
11.27.	고전 13:13	이 세 가지는	오전
12.4.	눅 5:4-11	갈릴리 바다	오전
12.11.	마 3:13-17	요단강	오전
12.18.	롬 12:9-13	승리의 삶	오전
12.25.	마 2:1-12	엎드려 경배하세	오전
12.31.	창 1:1-5	하나님의 창조 신비	오전

2012년 설교

날짜	본문	제목	시간
1.1.	고후 5:17-19	보라 새 것이로다	오전
3.4.	눅 10:25-37	4종의 인생	오전
3.11.	시 18:1	교회의 위대한 힘	오전
3.25.	딤후 2:20-22	귀히 쓰는 사람	오전
9.30.	히 11:1-3	믿음이란 무엇인가	오전
10.28.	눅 10:25-28	사랑하라	오전
11.25.	살전 5:15-22	항상 신자의 할 일	오전
12.30.	계 1:12-20	일곱 금 촛대	오전

2013년 설교

날짜	본문	제목	시간
2.24.	행 27:14-22	풍랑 중에 항해하는 사람들	오전
4.28.	요 1:12-18	큰 은혜 받은 자	오전
10.27.	신 6:4-9	신자의 참 모습	오전
11.24.	마 5:13-16	신자는 세상의 소금과 빛이라	오전
12.29.	출 34:18-23	지키라	오전